GRAMMAIRE
DE LA LANGUE D'OÏL

OU

GRAMMAIRE DES DIALECTES FRANÇAIS

AUX XIIe ET XIIIe SIÈCLES

SUIVIE

D'UN GLOSSAIRE

CONTENANT TOUS LES MOTS DE L'ANCIENNE LANGUE QUI SE TROUVENT
DANS L'OUVRAGE

PAR

G. F. BURGUY.

DEUXIÈME ÉDITION.
TOME II.

BERLIN, 1869.
W. WEBER.

PARIS,

CH. REINWALD,
RUE DES SAINTS-PÈRES 15.

A. FRANCK,
RUE RICHELIEU 67.

PRÉFACE.

En entreprenant d'écrire une grammaire de la langue d'oïl, je ne me suis pas fait la moindre illusion sur les difficultés que j'aurais à vaincre; je savais à l'avance que je toucherais parfois à faux dans la classification des formes dialectales; mais, je l'avoue franchement, jamais je ne me serais imaginé qu'on viendrait me dire: „N'avez-vous pas cherché à „saisir l'insaisissable? La langue déjà littéraire de cette „époque n'avait réellement pas de dialectes, mais seulement „des variétés provinciales d'orthographe et de prononciation. „Vous avez voulu donner une grammaire à une langue qui „n'était pas grammaticale et des règles à ce qui n'en avait „pas."[1] On rencontre, à la vérité, des idées analogues dans plusieurs ouvrages; cependant je les avais souvent entendu qualifier d'arbitraires, et je croyais qu'en France comme ailleurs, elles avaient enfin cédé la place à des principes solides basés sur la philosophie des langues. J'aurais vraiment pensé me battre contre des moulins à vent que de chercher à prévenir de pareilles objections. J'étais fortement dans l'erreur, je le vois à mon grand regret. Il ne me reste donc qu'à me défendre. Je le ferai, en prenant pour base d'opérations la critique citée, vu que la question à débattre s'y trouve précisée mieux que partout ailleurs. On ne supposera, j'espère, aucun autre motif à ce choix;

---

(1) *Journal des Débats* du 22 octobre 1853, article de *M. Ernest Renan.*

il s'agit d'opinions, non de personnalités. J'ai la ferme conviction d'être sur la seule bonne voie, je suis redevable de mes raisons aux lecteurs de cet ouvrage.

On ne *donne* pas une grammaire à une langue: le pédantisme ne peut pas la créer, la servile routine ne saurait l'imposer. Chaque langue étant une émanation de la pensée a par elle-même ses lois psychologiques. Ces lois sont dans la langue quand même celui qui la parle n'en a pas la conscience: le défaut de sentiment intime n'exclut pas l'existence — ou bien: le sentiment ne fait pas surgir l'existence. Les lois de la pensée ne créent pas la langue, c'est la langue qui contient ces lois psychologiques. L'impulsion de l'esprit qui force l'homme à parler, à se communiquer, enferme déjà implicitement la loi selon laquelle il parle. De même que nous respirons avant de connaître la physiologie, que l'enfant marche sans connaître la physique; de même l'homme n'a eu conscience des lois de la langue qu'au jour où il est parvenu à la période de réflexion. Quand l'esprit commence à réfléchir sur son activité et sur lui-même, alors seulement les lois d'après lesquelles il agit et se communique lui deviennent manifestes: il range, ordonne les lois de la langue et fonde sur elles une nouvelle science, la *Grammaire*. Telle est la marche qu'ont suivie toutes les littératures dans leur développement: les premiers monuments de toutes les langues, tels qu'ils nous ont été transmis dans les poésies des divers peuples, sont un *produit du sentiment;* les ouvrages *philosophiques,* dont la grammaire fait partie, se montrent dans un âge bien postérieur. Prétendre qu'une langue n'a pas de grammaire, c'est-à-dire de lois psychologiques, parce que cette grammaire n'a pas été fixée à la Noël et Chapsal, c'est faire des immortels chants d'Homère un amas confus et barbare de sons; c'est arracher et disperser les feuilles des tendres fleurs de la poésie du moyen-âge; c'est faire de nouveaux Prométhées de nos philologues, mettre au rang des dieux MM. G. DE HUMBOLDT, C. F. BECKER, J. GRIMM, BOPP, DE SACY, etc. (ma vive admiration pour ces grands hommes ne me permet pas de consentir à une divinisation de ce genre), c'est les mettre au rang des dieux, dis-je, parce que, selon vous qui déniez à l'homme l'instinct de l'intelligence, ils ont les premiers prononcé le *fiat lux* pour les peuples dont ils ont approfondi les langues, et que leurs travaux seuls ont introduit ces peuples dans la grande famille humaine: et cependant bon nombre de ces pauvres gens sont fort à plaindre, car ils ne soupçonnent pas même l'existence de leurs divins bienfaiteurs.

En conséquence, j'ose croire que ce n'est pas un simple jeu de l'imagination que d'avoir essayé de retrouver les lois grammaticales qui régissaient notre langue aux XIIe et XIIIe siècles.

Du reste, mon critique se contredit d'une manière formelle, en donnant à la langue des XIIe et XIIIe siècles le nom de *langue littéraire*. Il serait trop long d'examiner ici en détail toutes les phases par lesquelles passe une langue avant de parvenir à ce degré de développement; mais on m'accordera sans doute comme chose incontestable, qu'il est bien permis de tenter de retrouver la grammaire d'une langue qui s'est élevée au rang de langue littéraire. Si l'on reconnaît ce principe, je suis parfaitement tranquille en ma conscience touchant mon essai, et j'ose espérer de la part de mon critique absolution pleine et entière „d'avoir cherché „à saisir l'insaisissable."

Je viens de répondre à la question que m'adresse mon critique; il ne prendra sans doute pas en mauvaise part que je lui en adresse une à mon tour. Qu'est-ce qu'un dialecte? Je désirerais d'autant plus vivement connaitre la signification qu'il faut attribuer à ce mot, que j'aimerais à comprendre ce que veut dire: „la langue déjà littéraire de „cette époque n'avait réellement pas de dialectes, mais seu- „lement des variétés provinciales d'orthographe et de pro- „nonciation." Jusqu'ici j'avais cru que les variétés d'orthographe et de prononciation par lesquelles les familles d'un seul et même peuple se différencient l'une de l'autre dans leur langage, étaient précisément ce qu'on appelle dialectes. J'avais remarqué p. ex. *veir, tenomes, dressa*, dans une province; *veoir, tenons, dressait* (déf.), dans une autre; *veer, tenum, dressad*, dans une troisième, etc. etc. et je m'étais dit: ce sont là les formes dialectales de la langue d'oïl, par la même raison que p. ex. τύπτεν, τύπτειν, ἄγειν, ἄγῃν; ἐτύπτομεν, ἐτύπτομες; ποιεῖ, ποιοῦ; πεινᾶμες, πεινᾶμεν (πεινῶμεν), etc. etc. sont des formes dialectales de la langue grecque. Les paroles de mon critique me lancent dans le vide, et je suis condamné à y demeurer suspendu jusqu'à ce qu'il aura eu la bonté de répondre à ma question.

Mon critique m'impute enfin à faute d'avoir exclusivement fait usage, pour la classification des dialectes, des éditions imprimées des textes du moyen-âge, et il base là-dessus une grande partie de son raisonnement. Je suis tombé des nues en lisant ce passage, car je dis formellement, à la page V du premier volume, que je ne me suis pas servi, pour la distinction des dialectes, de textes d'ouvrages, soit imprimés, soit manuscrits. Je prie le lecteur de vouloir bien relire les deux alinéas concernant ce point.

27 Octobre 1853.

TROISIÈME CONJUGAISON.

Les verbes en *oir* sont ceux qui, dans la langue littéraire, ont en général conservé le plus exactement les marques de la conjugaison forte, à laquelle ils appartiennent presque tous.

DEVOIR (v. fo.), debere.

Les dialectes bourguignon et picard assourdirent en *o* l'*e* long radical latin, et obtinrent les formes *dovor*, *dovoir*, [1] tandis que le normand conserva cet *e*, d'où *dever*, et dans les dialectes mixtes, *deveir*.

D'après ces thèmes, on conjuguait le présent de l'indicatif régulièrement fort:

BOURGOGNE.	PICARDIE.	NORMANDIE.
doi-,	doi-,	dei-,
doi-z,	doi-s,	dei-z,
doi-t,	doi-t,	dei-t,
dev-ons,	dev-omes,	dev-um,
dev-eiz,	dev-es,	dev-ez,
doiv-ent	doiv-ent	deiv-ent
ou	ou	ou
doi-ent.	doi-ent.	dei-ent.

Ce tableau donne les formes les plus ordinaires, et, comme on voit, la première et la seconde personne du pluriel avaient un *e* radical, au lieu de l'*o* primitif, en Bourgogne et en Picardie. On rejeta très-probablement l'*o* à ces personnes, parce

---

(1) Rien n'est plus faux que d'admettre une terminaison infinitive *evoir*. On prétend, je le sais, faciliter par là aux enfants le mode de conjugaison des verbes en *oir*; mais que *ev* fasse partie du radical ou de la terminaison, je ne vois pas comment ils comprendront mieux le changement de *ev* en *oi* à certaines personnes du présent de l'indicatif, à la seconde du singulier de l'impératif et au présent du subjonctif. On m'objectera peut-être encore que le parfait défini est inexplicable en prenant *recev*, *dev*, etc. pour radical. Je répondrai que la forme de ce temps est fort indifférente, puisqu'on le considère dans nos grammaires comme un temps primitif. — Les grammairiens qui ne reconnaissent que la véritable terminaison *oir*, tombent dans une erreur plus grave encore en regardant *ev*, *oi*, dans les verbes *devoir*, *redevoir*, et les composés de *capere*, comme faisant partie de la terminaison. *Ev* appartient au radical, et *oi*, qui représente l'*e* de la syllabe *ev* devant les terminaisons légères, n'en peut par conséquent être séparé non plus. Il y a, dans la langue littéraire, syncope de la consonne terminative du radical aux trois personnes du singulier du présent de l'indicatif, et à la seconde de l'impératif; voilà tout.

(Cfr. *mouvoir*, *vouloir*.)

qu'on craignait que cette large voyelle pleine ne donnât trop de valeur au radical, et puis l'inaccentuation de l'*o* favorisait l'affaiblissement en *e*. Dès la fin du XIIe siècle, l'*e* repoussa l'*o*, et, durant tout le XIIIe, les formes en *e* radical furent, pour ainsi dire, les seules en usage à ces personnes. Les provinces du sud-ouest de la langue d'oïl qui faisaient un fréquent emploi de l'*o*, comme on l'a déjà observé souvent, continuèrent à se servir de l'*o* radical.

Au lieu de *deiz*, *deit*, *deient*, on trouve quelquefois, en Normandie, *dez*, *det*, *deent*, c'est-à-dire des formes non renforcées.

Dans la Touraine, le Maine et l'Anjou, on écrivait *dai*.

Quant à *doivent*, *doient*, *deivent*, *deient*, il faut remarquer que les textes les plus anciens emploient *doient*, *deient*, beaucoup plus souvent que *doivent*, *deivent*. *Doivent*, du reste, s'est fixé plus tôt en Picardie qu'en Bourgogne; et, d'autre part, *deivent* a devancé *doivent* dans son emploi général. Après 1250, les formes pleines avaient prévalu, sans toutefois exclure celles où il y avait syncope du *v*, surtout en Bourgogne.

> Certes, se je nel vange, j'an *doi* avoir le tort. (Ch. d. S. II, 63.)
> Mais par Mahon à cui jo *doi* servise,
> Ains que soit hui la bataille conquise
> I ferrai je de m'espee forbie. (O. d. D. v. 1714-6.)

Cume li reis le sout e veud les out, parlad al prophete, si li dist: *Dei* jo ceste gent ocire, bel pere? (Q. L. d. R. IV, p. 368.)

> Hom sui Rollant, jo ne li *dei* faillir. (Ch. d. R. p. 32.)
> Ben *dai* murir pur sue amur. (Trist. II, p. 97.)
> Guiteclin, fait il, sire, tu ne *doiz* pas atandre.
> (Ch. d. S. I, p. 106.)
>
> Ice *doiz* tu savoir touz dis,
> Ces choses sunt senefiance,
> Qu'en fera de toi remembrance. (R. d. S. G. v. 914-16.)
> Que li *dois* tu plus demander
> Ne mais que sol tes hom deviegne
> Et des Romains sa terre tiegne. (Brut. v. 4887-9.)
> Des ore fai çou que tu *dois*. (Fl. et Bl. v. 1009.)
> Donc me *deiz* tu por Dieu aidier. (Chast. XIV. v. 153.)
> Sire mult te *deiz* esforcier... (Ben. v. 6673.)
> Veies mult te covient garder,
> Ne t'en *dez* pas aseurer
> Del reaume qu'as à tenir
> Qu'i ne le t'essait à tolir... (Ib. v. 20459-62.)

Chaitivel et male est lor conversations, mais pitiet *doit* ou avoir de la subversion de ton peule. (S. d. S. B. p. 556.)

En ses oyvres *doit* mostrer li prelaiz ke tot ceu ne *doit* ou mies faire qu'il ensaignet à ses disciples estre contraire à lor salveteit. (Ib. p. 570.)

Vers Damedeu ne *doit* nuns guerroier. (G. d. V. v. 992.)

Sire, Sire, ne te *deit* pas huem cuntrester, mais tu *deis* les orgueillus abatre e defuler. (Q. L. d. R. III, p. 301.)

Quau Deus venistes querre, estre vus *dait* le melz. (Charl. v. 168.)

Menbrer vus *dait*, dame raïne,
Cum je guarri par la meschine. (Trist. II, p. 106.)

Dont *devons* nos grant estre entre toz ceaz d'Orient. (M. s. J. p. 497.)

Qar par celui Seignor que nos *devons* proier,
Mar direz à Berart qi li doie enuier. (Ch. d. S. I, p. 227.)

De Desier vos *devones* canter. (O. d. D. v. 5028.)

Saul nus deprienst felenessement; pur ço si *devum* depriendre ces ki sunt de sun lignage, que neis un n'i remaigne en tute la terre de Israel. (Q. L. d. R. II, p. 201. 2.)

Pur nostre rei *devum* nus ben murir. (Ch. d. R. p. 45.)

Coment, fait dunc li quens, puet estre deturne,
Quant vus li *devez* fei, humage e ligee? (Th. Cantb. 27. v. 23. 4.)

Qui est il, Helissant, nel me *devez* noier? (Ch. d. S. I, p. 112.)

Et d'altre part molt les atruevet om pis quant il *doient* rezoyvre la cure des ainrmes. (S. d. S. B. p. 556.)

Et par droit *doient* aleir à perdicion tuit cil ki à sa semblance (del diaule) parmainent ensemble lui en pechiet. (Ib. p. 525.)

Mais tel maniere d'oile ne *doivent* mies doneir les saiges, car coment feroient eles à altrui ceu k'eles ne welent mies c'un facet à ales? (Ib. p. 564.)

Desous moi ai maint chevalier
Et gens qui me *doivent* cherir. (R. d. M. v. 546. 7.)

Lors li respont li gentis Olivier;
Dist tel parole ke molt fist à proisier:
Tuit chevalier l'en *doient* tenir chier. (G. d. V. v. 2294-6.)

Mande que bien consentireit
Al rei (que ja nel desvoudreit)
E à Franceis qu'au plait nome
Là ù *deivent* estre assemble
Viengc: Ce me plaist e agree. (Ben. v. 6571-5.)

Quant sainz Thomas les het, tuit les *deivent* hair.
(Th. Cant. p. 43. v. 25.)

Cum il *deent* plus deffendre que travailler. (Roquefort I, p. 334. c. 1.)

Le présent du subjonctif avait pour formes:

BOURGOGNE.	PICARDIE.	NORMANDIE.
doie,	doie, doive,	deie, deive
doies,	doies, doives,	deies, deives,
doiet, doie,	doiet, doie, doive,	deiet, deive,
doiens,	doiemes, doiomes,	deium,
doiciz,	doies, doiies,	deiez,
doient.	doient, doivent.	deient, deivent.

Doive n'a pas été employé dans le dialecte bourguignon pur durant tout le XIIIe siècle, et ce n'est guère que vers 1285 et 1290 qu'il se montre un peu fréquemment en Picardie. Avant 1250, au contraire, *deive* était déjà d'usage en Normandie, néanmoins *deie* continua d'y prévaloir jusqu'à la fin de l'époque qui nous occupe. Il faut en outre observer que les formes en *v* n'eurent cours, pour les deux premières personnes du pluriel, que longtemps après le XIIIe siècle.

        Comment que longue demeure
        Aie faite de chanter,
        Ore est bien raison et heure
        Que m'i *doie* retorner. (C. d. C. d. C. p. 28.)

Robers ne vaut mie tant que je vous *doie* conter plus de lui. (H. d. V. 510ᵈ.)

        Certes ne sai que faire *deie*,
        Mais sur tute ren vus desir. (Trist. II, p. 79.)
        Une ne fis evesque sacrer
        Nul dunt me *deive* tant penser. (Ben. v. 39609. 10.)
        Es tu tant gentix hom que *doies* cest mestier
        Tenir sanz mesprison, sanz mon pris abaissier?
                          (Ch. d. S. II, p. 171.)
        Biaz fiz, il cuident, tot de voir,
        Que tu *doies* faire de mi,
        A la cort, ton millor ami. (Dol. p. 200.)
        Dux, funt il, ce n'a mestier;
        Ne covient mie issi laissier
        Sole en travers ceste cite,
        Ne n'ies uncor pas de l'ae
        Qu'à tel ovre *deies* eissir,
        Nel porriom pas consentir. (Ben. v. 19794-9.)
        Vausaus, fait il, laisies vostre vanter;
        Porter l'en cuit, cui k'en *doie* peser,
        En l'ost le roi, ke jai n'iert trestorne. (G. d. V. v. 671-3.)
        Bele, ce dist Partonopeus,
        El siecle n'est nus hom carneus
        Qui tant vos *doie* com je doi,
        Tant aves mis entente à moi. (P. d. B. v. 6859-62.)
        N'i perdrat Carles li reis ki France tient,
        Men escientre, palefreid ne destrer,
        Ne mul ne mule que *deiet* chevalcher. (Ch. d. R. p. 30.)
        Cum que l'ovre *deie* avenir,
        Cest enfant avum fait seisir
        Del ducheame. (Ben. V. 11505-7.)

Quant li quens Biertous sot que li Lombart estoient ensi pris, si en fu moult lies, por chou que il cuide ore moult bien que, por els atendre et por eus delivrer, lui *doive* on rendre Cristople. (H. d. V. p. 216. XXVII.)

S'il nos font faire et otriier par force chose que nous ne *doions*, en non Diu, la force paist le pre, et on doit moult faire pour issir hors de prison. (Ib. p. 202. XIV.)

   Si sages hom, si gentix sire,
   Comme tu es, com osas dire
   Que nous *doions* serf devenir
   Qui n'avons apris à servir. (Brut. v. 4019-22.)

Et est contenut, ke pour aide ke nous *doiens* faire au duc, ne nos gens, nous ne devons aleir sur fief contiengue, ki mueuve de nous, ne li dus ne ses gens aussi, pour aide qu'il nous *doivent* faire. (1287. J. v. H. p. 450.)

.... Et quant que on porra trouveir ki apartiegne à le parrie de Liege.... ke nous *doyemes* tenir del eveske et del eglise de Liege, nous le en releverons et tenrons..... (1283. J. v. H. p. 421.)

   Ja Dex ne le voelle avenir
   Qu'ensi vif *doionmes* perir! (R. d. M. p. 66.)
   Où estions nos donc ale
   Dont *deion* estre retorne? (Chast. XVII. v. 116. 7.)
   Et ne savon terme nommer
   Combien i *deion* sejorner,
   Et ensorquetot ce nos dit
   Un saives hom en son escrit,
   Que por l'autre siecle devon
   Ovrer comme se quidion
   Maintenant de vie sevrer. (Ib. XXIII. v. 149-55.)
   Puis que tel chose volons faire,
   Comment nous poriies retraire
   Que vous aidier ne nous *doiies*. (R. d. M. p. 70.)
   Ma fille, vous respondes bien,
   Et je ne vous dirai ja rien
   Que ne *doies* faire pour moi. (R. d. l. M. v. 518 — 20.)
   Ne cuit que por joster refuser me *doiez*. (Ch. d. S. II, p. 172.)
   Jeo ne sui mie si surpris,
   Ne si destreis par nule guerre
   Que de ceo me *deiez* requerre. (M. d. F. I, p. 110.)

Je trouve, en Bourgogne, *doige* au lieu de *doie*:

Il s'en doit souffrir, si nos et li sires de Grance regardons por droit que il s'en *doige* suffrir. (1269. H. d. B. II, 33.)

Je passe au parfait défini, qui avait la terminaison *ui*, et je vais indiquer en détail, pour n'y plus revenir, le mode de flexion des parfaits de cette classe.

BOURGOGNE.	PICARDIE.	NORMANDIE.
dui,	dui, duc,	dui,
deús,	deús,	deús,
duit, dut,	dut, diut,	dut (dout),

deúmes,   deúmes, deúsmes,   deúmes,
deústes,   deústes,   deústes,
durent.   durent, diurent.   durent (dourent).

Au lieu de *ui*, on trouve *oi* dans quelques verbes. (Voy. *pouvoir*.)

Ut, *urent* étaient souvent remplacés par *out*, *ourent*, surtout dans les dialectes du Maine, de l'Anjou, du nord du Poitou et de la Touraine; *ou* est, dans ces contrées, la traduction ordinaire de l'*u* normand. Je dois cependant faire observer qu'on trouve aussi quelquefois *ou* aux formes qui ont d'ordinaire *eu*. (V. ci-dessous Imp. du subj.)

Dans le Hainaut et la Flandre orientale, on préposait généralement un *i* à l'*u*, vers le milieu du XIIIe siècle.

La forme *uit* est du dialecte pur de la Bourgogne; elle eut cours jusqu'à la fin du XIIIe siècle; mais, après 1250, on la voit reculer rapidement devant *ut*, qui était la forme de la plus grande partie du dialecte picard et de la Normandie.

Les verbes de cette classe, qui avaient au radical un *e* devant la consonne finale, formaient souvent leur parfait défini de la même manière que le participe passé, c'est-à-dire que la consonne finale se syncope et que l'*e* reste devant l'*u* à toutes les formes, excepté à la première personne du singulier. (cfr. p. 9 t. II.) Ce mode de conjugaison du parfait défini était surtout en usage dans la Picardie occidentale, l'est de la Normandie, l'Anjou, le Maine et la Touraine. Les S. d. S. B. fournissent aussi plusieurs exemples où l'*e* est conservé, ce qui semblerait prouver que ce mode de conjugaison a été le primitif pour les verbes de cette espèce.

Après 1250, il n'est pas rare de trouver un *s* intercalaire à la forme *ut: ust;* ce qui, en certains cas, rend fort difficile la distinction du parfait défini et de l'imparfait du subjonctif.

Les verbes dont le parfait défini était en *ui*, avaient pour formes à l'imparfait du subjonctif:

BOURGOGNE.	PICARDIE.	NORMANDIE.
duisse, deusse,	deusse, deiusse, deuisse,	deusse, (dousse),
duisses, deusses,	deusses, deiusses, deuisses,	deusses,
duist, deust,	deust, deiust, deuist,	deust,
duissiens, deussiens,	deussiemes, deiussiemes, deuissiemes,	deussium,
duissieiz, deussieiz,	deussies, deiussies, deuissies,	deussiez,
duissent, deussent.	deussent, deiussent, deuissent.	deussent.

La forme *uisse* n'a été en usage que dans la Bourgogne proprement dite, où elle fut de bonne heure remplacée par *eusse*, à l'exception de la troisième personne du singulier, qui conserva ordinairement *uist* jusque dans la seconde moitié du XIIIe siècle.

La forme *euisse* était celle du Hainaut et de la Flandre orientale, dans la seconde moitié du XIIIe siècle : *eiusse* celle de l'est de la Picardie, à la même époque.

Eusse avait cours dans la Normandie et toutes les provinces de la langue d'oïl pour lesquelles je n'ai mentionné aucune forme particulière. *Ousse* le remplaçait quelquefois dans les dialectes qui se servaient de *out* pour *ut*. Les provinces en question connaissent encore aujourd'hui le changement de *eu* en *ou*, très-fréquent dans les dialectes de l'ouest de la langue d'oc.

Tout à la fin du XIIIe siècle, on trouve les formes incorrectes deu*w*ist, du*w*ist, etc. qui devinrent plus tard assez communes.

Au XIIIe siècle, on rencontre déjà, en Normandie surtout, des exemples de *usse*, c'est-à-dire de la forme avec élision de l'*e*, qui a prévalu dans la langue fixée.

Exemples [1].

Ke vos *dui* je faire ke je ne vos fesisse. (S. d. S. B. p. 559.)
 Quere vus *dui* al os le rei
 Vostre sennur, ke je ci vei... (Trist. II, p. 108.)
 Mais dès c'une feiz l'oi vestue (la chemise),
 Ce qui jus à la terre entoche,
 Ne *dui* torner vers vostre boche:
 Je feïsse laid e folie. (Ben. v. 31465-8.)
 Bien .xv. cierges avoit fait alumer,
 .X. chevaliers avoit fait adouber,
 Ke tote nuit fist le conte guarder
 Jusc' al demain ke il *duit* ajorner. (G. d. V. v. 963-6.)
 Rois, fait il, .i. damoisiax fut
 Ki par noblesce et par vertut
 Duit bien estre apellez gentiz. (Dol. p. 263.)
 Quis furent et pris entreset,
 Jugie furent par loi honnieste
 Que cascuns *diut* perdre la tieste. (Phil. M. 4333-5.)
 Celui endoctrina li quens
 E enseigna que il *dut* dire ;
 N'i besoigna seel de cire. (Ben. v. 21083-5.)
 Mais si tost comme nos peumes
 Ço en fesimes que *deusmes*. (P. d. B. v. 3819. 20.)
 Quant nous *deusmes* as Sarrasins joster,
 Vi la bataille mervillose mortel,

---

(1) Je renvoie aux verbes *mouvoir*, *boire*, *connaître*, *gésir*, *savoir*, etc. pour les preuves des formes qu'on ne trouvera pas ici.

Je m'en tornai, n'i osai demorer. (O. d. D. v. 882-4.)
Ahi! Yseut, bele figure,
Com *deustes* por moi morir
Et je *redui* por vos perir. (Trist. I, p. 61.)
Cil se coukent qui dormir *durent*. (R. d. l. V. v. 1689.)
A Gaumerei, n'i out tarjance, | Oï messe li reis de France
Le jor qu'il *durent* assenbler. (Ben. v. 33266-8.)
Quant il moru dolant en furent
Toutes ses gens, si com il *diurent*. (Phil. M. v. 268. 9.)
Toz les manjait an tel maniere,
Et si me fist de touz mangier,
Par poc ke ne *duisse* enragier. (Dol. p. 241. 2.)
Or m'estuet armes endoser
Et jou *deuisse* reposser. (Phil. M. v. 8700. 1.)
Voir je ne m'en donnoie garde
Que je *deusse* anui avoir. (R. d. l. V. v. 3934. 5.)
Je cuidoie que tu *deusses*
Chaiens longhement demourer. (Ib. v. 5045. 6.)
Funt il: Mais tu *deusses* venir plus sagement;
D'altre seignur *deusses* aveir avoement.
(Th. Cant. p. 121. v. 27. 8.)

Et qui seroit nuls ki osast dire k'ele (la creature) por ceste imperfection ne *duist* venir à salveteit? (S. d. S. B. p. 544.)

Haibiers moru par une gierre,
Et Dagobiers si ot sa tierre,
Car il n'avoit feme ne oir,
Ki ses ricies *deuist* avoir. (Phil. M. v. 1368-71.)
Et pour çou k'il n'avoient oir
Ki leur tiere *deuist* avoir
Si revint l'onor, ce trueve on,
A lor frere, le roi Charlon. (Ib. v. 12517-20.)

Nous... faisons savoir à tous, ke comme.... li rois de France, en sen dit.... adjoustast et desist ke nobles hom et nos chiers sires Guys..... nous acquitast.... de quatre mil mars de Brabançons, por le paine dont nous encheimes, en l'ocoison dou mariage, ki *deiust* estre fais de no fil et de le fille mon seingneur Godefroid.... (1289. J. v. II. p. 512.)

Semblant vout faire e demostrer
Que mult par l'en *deust* peser:
Si *deust* il sor tote rien,
Kar rei le fist, ce set l'om bien. (Ben. v. 12813-6.)
Toz jors *deust* uns preudon vivre,
Se mort eust sens ne savoir.
S'il fust mors, si *deust* revivre,
Ice doit bien chascuns savoir. (Rutb. I, p. 89.)
Li quens Rollans nel se *doust* penser. (Ch. d. R. p. 15.)

A luy *deussions* nos voirement anzois aleir qu'il venir à nos. (S. d. S. B. p. 526.)

>Bien *deussons*, si com moi samble,
>Ens en un jor issir de vie,
>Se la mors fust à droit partie. (Fl. et Bl. v. 722-4.)
>Trop en est granz vostres li torz
>C'umquor vos vei ci ajuer
>Son cher fiz à deseriter,
>Qui ja ne *deusseiz* faillir
>Jor, por vivre ne por morir. (Ben. v. 16199-16203.)
>*Deussiez* dire c'on lor donnast mangons. (A. et A. v. 254.)
>Ha! fait il à chelui, maintenant
>Ne *deuscies* pas estre chi. (L. d'I. p. 24.)
>Vous me *deuissies* ensaignier,
>Et de vos bons livres laissier. (R. d. S. S. v. 1835. 6.)
>Nel *dusez* ja penser par si grant legerie. (Charl. p. 27.)
>Ki ço jugat que *dousez* aler,
>Par Charlemagne n'ert guariz ne tensez. (Ch. d. R. p. 15.)
>Vos le *doussez* esculter e oir. (Ib. p. 18.)

Dunkes, solunc sa davant aleie vie, *deussent* il ses paroles cui il ne pooient entendre penser, et nel *deussent* mie por les presenz flaialz blameir, mais por sa vie redoteir et ne *deussent* mie encontre lo flaeleit juste elleveir. (M. v. J. p. 475.)

>Seignors, oez queu desdeignance
>E quel orguil osent mander,
>Qu'il ne *deussent* sol penser. (Ben. v. 8535-7.)
>En tot le mont n'en a ducheaume
>Ne terre en siecle ne reaume,
>Qu'em le *deust* vers eus defendre,
>Qu'à force ne *deussent* prendre. (Ib. p. 35261-4.)
>Et commanda s'ariere garde
>Rollant, ki ne s'en prendoit garde
>K'il *deuissent* avoir anui. (Phil. M. v. 6764-6.)

E depeschad le serpent de araim que Moyses fist faire pur ço que la gent jesque à cel tens li ourent ported reverence plus que faire ne *dussent* e fait oblatiuns. (Q. L. d. R. IV. p. 406.)

Le participe passé *uit*, *ut*, *ud*, *u*, des verbes de la classe qui nous occupe, remplaçait ordinairement la terminaison latine *itus*. La flexion, comme je l'ai déjà dit, s'ajoutait au radical après la syncope de la consonne finale: *deüt*, *receüd*, *deü*, *receü*, etc. L'élision de l'*e*, qui représentait la voyelle radicale, était déjà assez fréquente à la fin du XIIIe siècle; aujourd'hui elle a toujours lieu. Au lieu de *u*, on trouve *ou* dans les provinces qui avaient un défini et un imparfait du subjonctif en *ou*, au lieu de *u*, *eu*.

Voici des exemples des formes de l'imparfait, du futur et du conditionnel du verbe *devoir*. Ce que j'ai dit de l'emploi de l'*e* au lieu de *o*, en Bourgogne et en Picardie, aux deux premières personnes du pluriel du présent de l'indicatif, s'applique aux formes de ces temps.

> De ci ne me puis eslongier,
> Se g'i *devoie* ore estre pris,
> Les menbres perdre u estre ocis. (P. d. B. v. 1212 - 14.)
> Por li est çou que jou pensoie
> A cest mangier et souspiroie,
> Et por içou que ne savoie
> Quel part jou querre le *devoie*. (Fl. et Bl. v. 1331-4.)
> Al païs me estoit ariver
> Ke jo *deveie* plus duter. (Trist. II, p. 105.)
> Li reis demanda e enquist
> Que *deveit* e que ceo fu. (M. d. F. I, p. 128.)
> Sire, se Jhesus me gart d'ire,
> Li chastelains moru en mer;
> Si com *deviens* dechà passer,
> Qu'il fu trais ou païs delà
> D'un quarel si qu'il devia. (R. d. C. d. C. v. 7964 - 8.)
> Li autre villierent et burent
> Qui gaitier cele nuit *devoient*
> Dusch'al demain que le jour voient. (R. d. l. V. p. 85.)
> Li reis selonc ce l'apela | Que il esteit et henora,
> Et tuit cil qui o lui esteient,
> L'enorouent com il *deveient*. (Chast. XVIII. v. 11 - 14.)
> Qant lave auras,
> Ja mar puis rien atocheras
> Fors ce que tu *devras* mengier. (Ib. XXII. v. 171 - 3.)
> Forment cremoit en son corage
> Que quant ses fix ert en eage
> Que feme *devra* espouser,
> Que ne s'en puisse deporter (de l'amour da Blanceflour.)
> (Fl. et Bl. v. 275 - 8.)
> J'en penserai si del merir
> Ne vous en *devrois* repentir. (R. d. S.S. v. 303. 4.)
> Morir *devroie* laidement. (R. d. l. V. p. 174.)
> Contre deus homes *deveroies* conbutre;
> Es tu venus prendre à Ogier bataille? (O. d. D. v. 8736. 7.)
> Et du me *redevroies* dire,
> Quex hom tu ies et que tu quiers. (Romv. p. 526..v. 5. 6.)
> Bien t'en *devreies* repentir. (Ben. v. 34932.)

Et se il ne le mettoit dans les huit jours, et plainte en venoit, il nos *devroit* sexante sols d'emende. (1288. M. s. P. 11, p. 552.)

On vous *devroit* ardoir en cendre
Con laron qui enble par fosse. (Poit. p. 23.)
Bien lor *devriens* faire le premier avantage. (Ch. d. S. I, p. 101.)
Oïr *devrions* et veoir,
S'il est auques de grant savoir. (R. d. S. S. v. 479, 80.)
Bien li *devriez* faire ço qu'il vus ad proie. (Th. Cant. p. 5. v. 5.)
Vous vos *deveries* pener
De vostre ami reconforter. (R. d. C. d. C. v. 7312. 3.)
Por ce si *devriiez* entendre
A revengier et à deffendre
La terre de promission. (Ruth. I, p. 92.)
Cil le *devroient* bien par raison commencier. (Ch. d. S. II, p. 37.)

Le *v* du futur et du conditionnel a-t-il toujours eu le son de la consonne? Je ne le pense pas; dès le milieu du XIIIe siècle, il doit s'être prononcé en voyelle dans une grande partie de la Picardie, dans la Touraine et l'Anjou, c'est-à-dire dans celles de nos provinces qui favorisaient le son large *eu*. Au XIVe siècle, cette prononciation devint générale, pour ainsi dire, et plusieurs de nos patois l'ont conservée.

Le composé *redevoir*, qui aujourd'hui ne s'emploie que dans le sens de: *Etre en reste, devoir après un compte fait;* était autrefois en usage dans toutes les significations de *devoir:*

Or s'en *redoit* en France retorner. (A. et A. v. 102.)

Voy. ci-dessus *redui, redevroies.*

Voici quelques exemples des formes où l'*o* du thème *dovoir* a été conservé.

Vous *doveiz* bien estre effraieie de cel torment qui est avenuz à vostre peire et à vostre meire. (Romv. p. 365.)

Por ceu mismes si vint il petiz à nos, qu'il la misericorde nos donast, et ke li misericorde, ki davant seroit doneie, atemprest lo jugement ki *dovoit* venir en la fin. (S. d. S. B. p. 537.)

Tu me *doveroies*, ce di saint Johans, baptiier et tu viens à mi. (S. d. S. B. p. 552.)

On trouve enfin des thèmes avec *a* radical, au lieu de *e*, dans le Comté de Bourgogne et la Franche-Comté. Voy. *Voir*, futur.

Après l'époque qui nous occupe, on remonta de nouveau au latin *debere*, c'est-à-dire qu'on rétablit irrégulièrement le *b* à côté du *v*, qui le représentait déjà; d'où les formes: *debvoir, doibs, doibt, debvons, debvez, doibvent; doibve, debvoie*, etc.

La conjugaison de *devoir* peut, en général, servir de paradigme pour les verbes formés des composés de *capere*: *concevoir*, *(aconcevoir)*, *decevoir*, *percevoir*, *apercevoir*, *recevoir*, et pour le vieux mot *mentevoir*, avec ses composés *amentevoir*, *ramentevoir*. Tous ces verbes appartiennent à la conjugaison forte.

Cependant ces verbes ont, dans l'ancienne langue, quelques particularités qui exigent des explications.

L'état de mobilité continuelle où étaient des dialectes au XIIIe siècle, n'avait pas encore permis de fixer d'une manière invariable la forme infinitive de cette classe de verbes. A la fin du XIIe siècle, on trouve quelques exemples où les composés de *capere* ont conservé leur *i* radical latin: ce sont de purs latinismes; mais qu'on y fasse bien attention, les bons textes n'emploient jamais cet *i* dans les formes où le radical doit être renforcé. A la même époque et durant tout le XIIIe siècle, en Bourgogne et en Picardie, ils flottent constamment entre la quatrième et la troisième conjugaison: *recoivre*, *recevoir*, *rechoivre*, *rechevoir*, etc. J'ai expliqué ces formes T. 1, p. 205. Rem. 1.

La Normandie n'a connu que *recever*, *recevre*, *concever*, *concevre*, etc. qui devinrent *receveir*, *receiveir*, *receivre*, etc. dans les dialectes mixtes. L'anglo-normand ajoutait un *e* aux terminaisons en *er*: *recevere*.

Ce que j'ai dit de *rezoivre* ou *recoivre*, *recevoir*, *recever*, etc. s'applique exactement à *amentoivre*, *amentevoir*, etc.

La première personne du présent de l'indicatif n'ayant aucune flexion, la forme des verbes de cette classe s'y terminait donc par *v*, finale du radical. Le *v*, en pareille position, se permutait ordinairement en *f*, on le sait; d'où les formes *rezoif*, *receif*, etc. qui sont très-communes. En Bourgogne et en Picardie, on retrancha de bonne heure ce *f* au présent de l'indicatif, mais on le conserva le plus souvent à la seconde personne de l'impératif. Le dialecte normand, au contraire, employa ces formes en *f* jusque dans le milieu du XIVe siècle. A la seconde et à la troisième personne du singulier du présent de l'indicatif, le *v* se retirait devant la flexion. [1]

Le dialecte bourguignon écrivait ordinairement les composés de *capere* avec *z* médial au lieu de *c*, quand il les rapportait à la quatrième conjugaison: *rezoivre*, *conzoivre*, etc.; et ce *z* reparaît à toutes les formes renforcées. Le dialecte picard remplace le *z* ou le *c* par son *ch*.

---

(1) Les exemples d'une forme *duif*, de *devoir*, sont fort rares; le *f* = *v* paraît s'être retiré ici dès les premiers temps de la langue.

Voy. à la p. 6 t. II. une remarque sur le parfait défini.

Exemples.

Dunkes oïr la repunse parole, ce est *concivoir* el cuer l'aparlement del saint Espir, cui senz failhe nuz ne puet savoir se cil non ki l'at. (M. s. J. p. 477.)

O cum est mervillouse li bonteiz et li misericorde de Deu, ke par defors enluminet à moens de celestiene clarteit celuy ki ancor nen est convenaules de *rezoivre* la lumiere par dedenz. (S. d. S. B. p. 556.)

Et si puet mettre son siergant pour *recoivre* le winnage. (1238. Th. N. A. 1, p. 1007.)

Dont passerent tout outre sans domage *recevoir*. (H. d. V. 499ᵃ.)

....Car il savoit bien que Marsiles et Balligans ne li greveroient mie, ains s'apareleroient por *rechevoir* batesme.... (Cité ds. Phil. M. I, p. 471.)

  Je cuic quant de nous partires
  Autel loier emporteres
  Com veu li aves *rechoivre*.
  Dist Gerars: Bien puis *aperchoivre*
  Que biaus parlers n'i valt noient. (R. d. l. V. p. 213.)

A prendre e *recevere*. (1268. Rym. I, 2. d. 109.)

E si nel font dedenz le tens devaut dit, si puissent les appelanz adonques retorner à nostre court, e *receiver* dreit en nostre court. (1286. Ib. I, 2. p. 8.)

  Pur Deu vos pri, en seiez purpensez
  De colps ferir, de *receivere* e de duner. (Ch. d. R. p. 46.)

Faites .c. mulz *receivere* d'or e d'argent trusset. (Charl. p. 9.)

  Tut li haut prince e li meillor
  I sunt venu mort *receveir*.
  Pout l'om mais gent si *deceveir*? (Ben. I, v. 1678-80.)

E en la viz out fenestres à plented, pur le jur *receivre* e la clarted.
(Q. L. d R. III, p. 247.)

Car se il ne navret l'entencion par son premier enhortement, si tend il à la fin *dezoivre*. (M. s. J. p. 447.)

L'empereres voit bien que Lombart ne le gaitent fors pour *decevoir*. (H. d. V. 509ᵃ.)

  Or donques che que tu vels di,
  Sans moi *dechoivre* par tes dis,
  Aussi com tu as fait tous dis. (R. d. M. p. 37.)

  Il parole par grant savoir;
  Car sa dame velt *dechevoir*. (Ib. p. 19.)

  Bien poe(e?)z *percevoir*, se n'estes avenglez,
  La contree et le leu où il a conversez. (Ch. d. S. II, p. 15.)

  Ce vous dirai ge maintenant,
  Si que vous dires que di voir,
  Se vous vous saves *percevoir*. (R. d. l. M. v. 1413-15.)

Trois manieres de sainteit poons *appurzoivre* en cez trois festes, et la quarte ne cuiz je mies c'um puist ligierement troveir en toz les sainz. (S. d. S. B. 542.)

Et si nos eswardons la cause de nostre exil, tost par aventure porons *aperzoivre* par nostre esprueve mismes cum covenaule chose soit ke nos fussiens delivreit maimement par lo Fil. (Ib. p. 522.)

> Le liu descuevre où le miel a
> Repus et la liqeur del lait;
> S'asaie quel saveur ele ait,
> Ensi con se rien n'en seust,
> Qu' *aperchevoir* ne s'en peust
> Auchun. (R. d. M. v. 1465-70.)

L'an ne doit sa proece *mentevoir* ne prisier. (Ch. d. S. I, p. 225.)

> Por ce c'on ne doit *mentevoir*
> Homme où il n'a point de savoir. (Rutb. II, p. 124.)
> Car ki bien set si doit bien dire,
> Et des biens à *ramentevoir*
> Conquiert on proaice e savoir. (Phil. M. v. 16-18.)
> Et des oevres St. Augustin
> Ooit volentiers *ramentoivre*. (Ib. v. 2977. 8.)
> Ce vos sai bien ci *amenteivre*
> Dunt li covint mort à receivre. (Ben. v. 10739. 40.)
> Ja n'orrez mais *amenteveir*
> Ne n'ert jusqu' à la fin retrait,
> Que issi tres grant deslei fust fait. (Ib. I, v. 1364-6.)
> Pur ço qu'um le seust, *amentiveir* li oi. (Th. Cant. p. 85, v. 5.)
> Sire, fait il, si jel *receif*,
> Sai je meismes m' i *deceif*,
> Que jeo nel aurai dunt tenir
> Ne dunt fermer ne dunt garnir. (Ben. v. 11916-9.)

Respundi Berzellaï: Sire, sire, vielz hum sui de quatre vinz anz, ne sui aised des ore à ester à curt, ne me *aperceif* pru que est dulz e que amer. (Q. L. d. R. II, p. 195.)

Aparceif (Ib. I, p. 78.)

> Tu voiz, et *parsois*, et entens
> Le meschief de la sainte terre. (Rutb. I, p. 126.)
> Lors fu li bers à mort jugies,
> Se ne se *perchoit* li chevaliers,
> U curs ne l'en fait revenir. (L. d'I. p. 14.)
> Tut qu'*aparceit* e conoist bien
> Perdre poent al aseger
> Assez plus tost que gaainnier. (Ben. I, v. 1358-60.)
> Ensi soutilment les *dechoit*. (R. d. M. p. 58.)

Car en sa remembrance *conzoit* li pechieres esperance de pardon. (S. d. S. B. p. 554.)

Es funz entre, mais rien n'i prent | Fors à s'alme destruiement,
N'i *receit* point del baptestire
Quant ne s'amende, ainceis s'empire. (Ben. I, v. 1535-8.)

Si nos disons ke nos pechiet nen avons, nos *decivons* nos mismes et veritez nen est mies en nos. (S. d. S. B. p. 540.)

Car en tant com nos *recivons* les deleiz, si nos temprons nos moins des choses ke il ne loist. (M. s. J. p. 503.)

Si est ceste parole clameie repunse, car senz failhe ce k'un pau d'elliz *recoivent* en lur cuers ne seit la tres grant partie des hommes. (Ib. p. 477.)

Si tu ton airme aemplis del sostenement de la parole de Deu, et tu feolment et par tel devotion cum tu pues, ancor ne soit ele mies digne, *rezoiz* celuy pain ki de ciel dexendit. (S. d. S. B. p. 534.)

  Tuit t'unt par mei merci crie,
  Que tu lor cors e lur servises
  Des or en avant ne despises,
  Mais *receif* les cume tes serfs
  Vers tei offenduz e purvers. (Ben. v. 8779-83.)

Mais ki me frad juge que jo *receive* bonement ces ki unt parole à mustrer, e jo frai dreiture a tuz amiablement e dulcement. (Q. L. d. R. II, p. 173.)

Que il *recoive* droit en nostre cort. (M. s. P. I, p. 555.)

  Heraut Herfagan a requis....
  Qu'en pais le consente e *receive*
  Si qu'il nel engint ne *deceive*. (Ben. v. 36845. 8. 9.)
  N'est mes nus qui le *ramentoive*. (Rutb. I, p. 79.)
  Li baron descendirent à la tante tot droit
  Où la bele Sebile molt doucement ploroit
  Et les faiz son seignor sovant *amentevoit*. (Ch. d. S. II, p. 86.)
  Or si vos en volez retraire,
  Gel connois bien à cel senblant,
  Que vos en alez repentent,
  Orainz m'*apercui* au plorer,
  Quant vos de lui volez parler,
  Et s'en atendez ma requeste. (P. d. B. v. 6436-41.)
  Moult me gari soef ma plaie
  Que je *recui* en Cornuaille. (Trist. I, p. 219.)
  Plus de vingt rois ai conquis en bataille,
  Ainc mais par nul ne *rechui* tel damage. (O. d. D. v. 2970. 1.)

Ma char *receut*, ne mies la char Adam, c'est celei cui Adans ot davant la colpe. (S. d. S. B. p. 547.)

  Meint malade e meint contreit,
  Meint fevros e meint engrotie
  Receut par cel oille santie. (St. N. v. 1365-7.)

Vint en Ebron od vint cumpaignuns, e David le *receut* od grant honur e à cunvivie, lui e ses cumpaignuns. (Q. L. d. R. II, p. 131.)

Puis s'en va son gage porter;
Pepins le *rechut* sans fauser. (Poit. p. 47.)
Li vesques ki fu de bon non,
Voiant tous, en *reciut* le don
Ki moult fu biaus..... (Phil. M. v. 1090-2.)
        Entra ens
Segurement, il et ses gens,
C'onques om nes *perciut* en ost. (Ib. v. 4524-6.)
Souvent repairoit en l'ostel
Cheli qui folement se cuevre,
Tant k'il *aperchut* toute l'uevre. (L. d'I. p. 19.)

Uns chevaliers de Hielemes qui Lyenars avoit nom, preudom durement et de grant pooir, *perchut* l'orgueil et le beubant qui iert en eulx. (H. d. V. p. 171. II.)

Mes, par la fei nostre seignur | Jhesu Crist nostre creatur
Que par baptesme *receumes*.
De dreite creance, e eumes. (M. d. F. II, p. 477.)
Et tant de cele guerre eustes
Que .v. plaies en *receustes*
En la crois ù fustes ficies
Et d'un glave ou coste percies. (R. d. L. M. v. 1133-6.)

Ensi soffeist as innocenz à sainteit li martyres qu'il por Deu *receurent*. (S. d. S. B. p. 543.)

Li fol pruveire ne *receurent* le chastiement, kar Deus les volt ocire e faire vengement. (Q. L. d. R. I, p. 9.)

Là fors sunt curuz li plusurs e asquanz,
Receurent les destrers e les forz mulz amblanz. (Charl. p. 14.)
Tant i ont endure cil de françoise geste
Que molt sont esmaie et *reçurent* grant perte.
                    (Ch. d. S. II, p. 114.)
Si les *reciurent* vistement
Et combatirent fierement. (Phil. M. v. 6910. 11.)
Tuit le *reciurent* à signor,
Et li porterent grant ounor. (Ib. v. 13581. 2.)
Franc les *percurent*, as armes sont sailli. (O. d. D. v. 7007.)
Li prestres de mal cuer sorrist
Pour la merveille de cel homme
Que chascune des dames nomme;
Onques autrui n'i *ramenturent*. (L. d'I. p. 13.)
Mult me requist, bel me priat
K'en ma guarde vus *receusse*. (Trist. II, p. 120.)

Jo quidoue que il en eisist e jesque à mei venist e tuchast ma liepre de sa main, e à sun Deu feist sa ureisun, e si *rechusse* guarisun. (Q. L. d. R. IV, p. 362.)

Là requistrent le marchis Boniface qu'il preist la crois, et qu'il pour

Dieu *receuzt* la seignorie de l'ost, et fust el lieu Thiebaut de Champaigne, et preist son avoir et ses homes. (Villeh. p. 14. XXVII.)

C'on ne *perciust* de son iestre. (Phil. M. v. 28448.)

Dun ne sez que pur ço i vint (devant tei), qu'il de *deceust* et scust tes privetez, e quanques tu fais? (Q. L. d. R. II, p. 131.)

E ne fust pas liverez li argenz par cunte as chamberlains, mais *receussent* e despendissent sur lur Iceltcd. (Ib. IV, p. 423.)

Si guerpis ta creance et laisse vostre loi,
Avec moi t'an vanras, si *recevras* ma loi. (Ch. d. S. II, p. 177.)

Nous avons enconvent, ke nous ne *recheverons*, ne souferons à rechevoir nulle des gens le duc à bourgois, en nos bourgesies.

(1287. J. v. H. p. 450. 1.)

Ci *receveront* les granz loiers
Qu'aveir deivent bons chevaliers. (Chr. A. N. I, p. 198.)

Qui fame voudroit decevoir
Je li faz bien apercevoir
Qu'avant *decevroit* l'anemi,
Le deable, à champ arami. (Rutb. I, p. 295.)

Mais il n'en aront ja solas,
Ains en sera Jakes *decheus*,
Tristres, dolens, correchies et mus. (R. d. M. d'A. p. 3.)

Quant Mahons a *apercheu*
K'il a sa dame *decheu*
Grant joie a en son cüer mene. (R. d. M. p. 50.)

Cume li reis Ezechias out *receud* cez lettres, sis out oies, erranment en alad al temple. (Q. L. d. R. IV, p. 413.)

O parole brief et plaine, parole vive et fructifianz et digne k'ele tot par tot soit *receue!* (S. d. S. B. p. 558.)

Et bien sachiez que qui pour Dieu en cestui besoing morra, s'ame s'en ira toute florie en paradis, et cil qui vis en escapera, sera tous les jours de sa vie hounoures et *remanteus* en bien apres sa mort. (H. d. V. 495[b].)

Ne ja n'i ert *ramanteuz*. (Brut. I, XLVIII.)

Le covenant son pere li a *amanteu*. (Ch. d. S. I, p. 137.)

On trouve aussi le participe sans *e*:

Ignaures, tu nous as bien *dechutes*,
Tant con en sommes *aperchutes*. (L. d'I. p. 18.)

Où voit Gerard, se li ait *ramantu*. (G. d. V. v. 317.)

Je ferai enfin remarquer le composé *s'entrerecevoir*:

Et quant il fu dedens, tantost
Apres lui l'uisset on reclost,
Et s'en vint où sa dame estoit
Qui en sa chambre l'atendoit,
Et *s'entrereçurent* en joie. (R. d. C. d. C. v. 4047-51.)

Molière s'est encore servi de *ramentevoir*: Ne *ramentevons* rien, et réparons l'offense.

CHOIR (v. fo.), cadere.

La forme primitive de ce verbe a été: en Bourgogne, *chaor*, et dès la fin du XIIe siècle, *chaoir;* dans le nord-est de l'Ile-de-France, *caoir*, vers le centre et le sud-est de cette même province, au XIIIe siècle, *chaoir*, *cheoir;* en Normandie, *caer*, en s'approchant de l'Ile-de-France et de la Picardie, *caeir*, *chaer;* dans le Maine, l'Anjou, la Touraine, *chaeir*, *chaair;* dans le nord-est du dialecte picard, *keir; keoir*, dans le Hainaut, au milieu du XIIIe siècle; *cair* et *chair*, dans le Vermandois; dans l'ouest de la Picardie propre, *cheir*, qui, en passant dans les textes normands, reprit l'*a* primitif et y devint *chair*.

Cil mismes ki ester vuelt ancor ne lacet il mies la voie, sel covient il totevoies *chaor* por ceu qu'il ne welt esploitier. (S. d. S. B. p. 567.)

Quant il virent lor seignors, lor parenz et lor amis *chaoir* à lor piez, si distrent. (Villeh. 446ᵉ.)

En vait as pies le roi *chaoir*. (P. d. B. v. 3544.)

Et nos savons ke maintes foiz est moins de pechiet *chair* en la corruption de la char ke par taisieble pense pechier en parpenseit orguelh.
(M. s. J. p. 507.)

Pour *chair* molt souvent canchielent. (R. d. l. V. v. 1995.)

Là veist on escus partir
Et haubers rompre et dessartir,
Chevaliers *cair* et navrer,
Et maint chief de bu desevrer,
Chevaus fuir, lor regnes rotes. (Ib. v. 2854-8.)

Esclas vint en la tente devant tous les barons qui là estoient, si se laist *cair* as pies. (H. d. V. 496ᵈ.)

Pouretes faut, mais hontes dure,
Ne puet *cheoir* par aventure. (R. d. S. S. v. 1553. 4.)

Ja ne sera de tel pooir
Qu'il ne l'estuise jus *caoir*. (Brut. v. 9812. 13.)

Où voit Turpin, as pies li va *caoir*. (O. d. D. v. 9357.)

Sacent tout cil ki cest escrit veront et oront ke Colars Mouskes a vendut.... toutes les escances ki *eskeir* li doivent ne *eskeir* li pueent de signeur Jehan Mousket. (1265. Phil. M. suppl. p. 27.)

Le mantel de son col dessicre,
Si le lait *keoir* à la tierre. (Phil. M. v. 18948. 9.)

As pies le roi se lait *cheir*. (L. d. M. p. 66.)

Le dialecte normand qui, moins que les autres, était porté à la syncope, nous a conservé quelques exemples avec le *d* latin.

Carlles verrat sun grant orguill *cadeir*. (Ch. d. R. p. 23.)

Baligant veit sun gunfanun *cadeir*
Et l'estendart Mahumet remaneir. (Ib. p. 137.)

Sur l'erbe verte le sanc tut cler *caeir*. (Ib. p. 134.)
N'aveies tu lict l'escripture
Que bien deit *chaer* le torment
Sor celui qui pendu despent   (Chast. IV, v. 56-8.)
Lait sei *chaair* jus del cheval. (Ben. v. 16660.)
E tex unt longement poeir
Que l'om veit mult à fais *chaeir*. (Ib. v. 20505. G.)

Je ferai encore mention de la forme *choier*, qui est de la seconde moitié du XIIIe siècle, et des contrées situées au nord de l'Anjou et de la Touraine, en tirant vers l'Ile-de-France. L'*o* radical provient d'un assourdissement de l'*a*, ordinaire dans ces provinces.

Se lait *choier* au pie le roi. (Trist. I, p. 54.)

Le présent de l'indicatif du verbe *choir* offre une particularité fort remarquable, dans les dialectes où la voyelle radicale était *a*; au lieu de la diphthongaison régulière *ai* devant les terminaisons légères, on voit toujours *ie*.

Ainsi aplatissement de l'*a* en *e*, puis diphthongaison ordinaire avec *i*. On eut recours à ce moyen pour distinguer les trois premières personnes du présent de l'indicatif de celles du parfait défini et, pour l'uniformité, on admit *ie* à la troisième personne du pluriel. Cependant, comme il n'y avait en ce dernier cas aucune confusion à craindre, les exemples de la diphthongaison régulière *ai* ne sont pas rares.

Le dialecte normand employait *e* aux mêmes formes, mais il ne renforçait pas.

Les provinces qui avaient *e* pour voyelle radicale, le diphthonguaient naturellement en *ie*.

Ex.: Filz, se tu *chiez* en povrete,
N'en deis à Dieu savoir mau gre. (Chast. XVIII. v. 85. 6.)
Ha! biaus fillz, dist li peres, ce ne puet estre; biaus filz, se tu i *chiez* (dans la chaudiere), tu es morz. (R. d. S. S. d. R. p. 32.)
Car cant li hom ne parzoit les blandissemenz del malvais delit, si *chiet* il en la nuit de la tres felenesse oevre. (M. s. J. p. 456.)
Li destriers *chiet*, ne pot le cop porter. (G. d. V. v. 702.)
Con li oisiaux qui *chiet* es las. (Poit. p. 9.)
Quant Braiher *ciet*, si comença à braire. (O. d. D. v. 11396.)
Li dains *ciet* mors sans pasmison. (Chr. A. N. III, p. 109.)
Mais onques por sa meskeance
Ne *kiet* en male desperance. (Ib. ead. p. 74.)
A poi que il ne *chet*, fuant s'en est turnet
E si muntet d'elais tuz les marbrins degrez. (Charl. v. 132. 3.)
E mult par en *chet* des morz. (Ben. v. 33553.)
Li paiens *chet* cuntreval à un quat. (Ch. d. R. p. 50.)

Quar cant nos tornons les vitiouses penses es vertuz, si *chaons* nos par mi lo sacrefice de la entencion les anemiables batailhes dés temptacions et si en faisons alsi com cuers de noz amis. (M. s. J. p. 455.)

Et cil ki welent devenir riches *chieent* ens temptacions et el laz del diaule. (S. d. S. B. p. 568.)

En çou que ele ensi parloit,
Li rois le regarde, si voit
Les larmes des ix qui li *cieent*. (R. d. l. M. v 1305-7.)

Plus tard, on retrancha, devant la terminaison *ent*, l'*e* provenant de l'aplatissement de l'*a*, et on obtint la forme *chient*, qui est générale vers le milieu du XIIIe siècle.

Lai fuit l'estors et fors et esbaudis:
Chevalier *chient* des chevalz arabis. (G. d. V. v. 1490. 1.)
En Mueze *chient* de merveillouz randon. (Ch. d. R. Intr. XL.)
Cil fuient et cil *chaient*: costume est de tel dance.
(Ch. d. S. II, p. 83.)
Cil *caient* envers et adens,
Sampres en i ot quatre cens
Et soixante, en la place mors
Des plus riches et des plus fors. (Brut., v. 7437-40.)
Foudres *cheent* e feus ardanz. (Ben. II, v. 2073.)
Mainz s'en i sunt les cous bruisez,
Cheent à destre e à senestre. (Ben. v. 28757-8.)

Et avec le *d*:
Chiedent i fuldres e menut e suvent,
E terremoete ço i ad veirement. (Ch. d. R. p. 56.)

Je citerai enfin la forme normande suivante avec un *i* picard postposé:

Franceiz de tutes parz espeissent,
Normanz *decheient* e decreissent. (R. d. R. v. 9266. 7.)

Les plus anciens textes bourguignons emploient quelquefois au subjonctif la forme *chaie*, c'est-à-dire qu'ils conservent intacte la voyelle radicale; mais, le subjonctif se réglant ordinairement sur l'indicatif, on abandonna bientôt tout à fait *chaie* et on le remplaça par *chiee*, *chie*. Le dialecte picard avait *chiece*, qui pénétra de fort bonne heure en Normandie. La forme primitive du dialecte normand était *chee*, contractée de *chede*.

Tenes moi bien que jo ne *chie*. (P. d. B. v. 9718.)

E cil cessent ki bien sunt es postoiz, ki par la divine amor mettent arier et entrelaissent les penses des terriens plais, ke li cuers ne *chuiet* jus des sovraines choses, quant il est ensongiez es basses. (M. s. J. p. 473.)

Raisons, qui d'autre part se mist,
Li dist que il d'iloec s'en voise,
Qu'il ne *chiee* en briquetoise. (R. d. l. M. v. 418-20.)
Men escientre, nel me reproverunt

Que il me *chedet* cum fist à Guenelun
De sa main destre que reçut le bastun. (Ch. d. R. p. 31.)
Respont Rollans: Ne placet damne-Deu
Que mi parent pur mei seient blasmet,
Ne France dulce ja *cheet* en viltet! (Ib. p. 42.)
La gent gart qui li est baillee,
Que vers Deu ne vers eus n'en *chce*. (Ben. v. 41243. 4.)
E si facent, si cum il solent,
Mun comandement senz desdire,
Qu'il n'en *cheent* vers mei en ire. (Ben. v. 10484.)
Lai le moi porter une piece,
Ge ne cuit mie que je *chiece*. (Fabl. et C. IV, p. 244.)

Respundi li poples: Nu fras; si nus fuium de champ n'entendrunt mie grant plait à la meited de nus *chieced* par terre. (Q. L. d. R. II, p. 185.)

Hum vus deit bien mustrer que ne faciez tel fait
Dunt saint iglise *chiece* en plus dolerus plait.
(Th. Cant. p. 72, v. 21. 2.)

Et disoit, comme dame fine,
Qu'ele morroit tousjours roine,
Que su hautaice ne *dekiece*,
Ensi fu li rois moult grant piece. (Phil. M. v. 19362-5.)
Dieu proi que il ne m'en *mesquieche*. (Th. F. M. A. p. 61.)

Le parfait défini avait pour formes: *chai, cai, chei, kai, kei,* et, à la fin du XIIIe siècle, *cheu*, dans l'Artois, sur les frontières de la Picardie et de la Normandie. Plus on avance dans le XIIIe siècle, plus les formes en *e* radical deviennent fréquentes.

Quant j'oi à Tristran retraire
La bataille que li fis faire,
Pitie en oi, petit falli
Que de l'arbre jus ne *chai*. (Trist. I, p. 25.)
Il *chait* jus, kant la teste ot copee. (G. d. V. v. 2682.)
Mahons *chai* de passion
Devant la congregation,
Molt oriblement se dejete. (R. d. M. p. 35.)

Lores *chaid* la sort sur la lignee Benjamin, e refud faite entre cels de Benjamin, e *chaid* sur la meignee Metri, e al derain sur Saul le filz Cis.
(Q. L. d. R. I. p. 35.)

Quant le dut prendre (le guant), si li *cait* à tere. (Ch. d. R. p. 14.)
En orguel mie ne *kai*
Pour çou s'avoirs li *eskai*,
Ançois en donoit larghement
Meismement la povre gent. (R. d. l. M. v. 2429-32.)
Quant il est en chambre entrez,
La dame li *chci* as piez,
Estreitement l'ad beisiez. (M. d. F. I, p. 170.)

Li reis Alred, ki ert dedenz
Od grant masse de ses parenz,
Kuida desfendre la cite,
Mais il *cheu* en infermete. (R. d. R. v. 6502-5.)

Cfr. Les resnes luy *cheurent* des mains, et luy tomba de dessus son cheval en terre. (Amyot. Hom. ill. Pyrrhus.)

Gieres por conforteir vinrent li ami(s?), mais il *chairent* en paroles de chosemenz. (M. s. J. p. 453.)

(Il) l'en *chairent* as piez mult plorant; et il lor rechiet as piez et dit que il le fera mult volentiers. (Villeh. 438°.)

Et li baron lor *cheierent* as piez. (Villeh. 446°.)

Cil qui *cheirent* en enfer
(Leur meistres en est Lucifer)
Tourmentent en enfer les ames. (R. d. S. G. v. 2104-6.)
Outre s'en passent, que estret' n'i perdirent:
A cele fois ne *cairent* il mie. (O. d. D. v. 1798. 9.)
Car andui si arçon rompirent,
Et lès lui à tere *kairent*. (R. d. l. M. v. 2759. 60.)

L'imparfait du subjonctif, comme toujours, avait des formes correspondantes au parfait défini.

Molt est foible humainne nature:
Ne poi si haute creature
Souffrir, c'à terre ne *cheisse*,
Non pas pour chou que mal sentisse,
Ja soit chou qu'ensi escumasse
Et laidement me demenasse. (R. d. M. p. 37. 38.)
... Si li hopoit ses cevals,
Ki n'est ne chevelus ne caus,
Se il sor le ceval seist,
Ja en tel lieu ne s'aersist
A sele, à crigne, amont, n'aval,
Qu'il ne *chaist* jus del ceval;
Mais la dame n'en pot chair. (L. d. T. p. 80.)
Onques por çou n'eustes defois
Que li caus sour vous ne *kaist*,
Ja li nons ne vous garesist. (L. d'I. p. 12.)

Se chis varles *cheist* à terre dou cop. (1312. J. v. H. p. 549.)

Mais ançois que li quens *keist*
Plus de .xxx. paiens ocist. (Phil. M. v. 7264. 5.)

Et avec *s* intercalaire.

En les queles (lettres) est contenue qe nus ne entendioms pas qe, par tel pardon, ren *discheisi*(s)*t* des amendes, qe nus devioms prendre par vostre dit. (1278. Rym. I, 2. p. 168.)

Et nous commenderent que nous vous en *cheissiens* as pies, et que nous n'en levissiemes devant que vous le nous aries otroie. (Villeh. p. 8. XVI.)

Mult ert hidus as trespassanz,
Qu'il ne *chaissent* contreval
El dolerus puiz enfernal. (M. d. F. II, p. 464.)

Le futur était: *charrai, carrai, charai, cherrai, cherai*, et, au milieu du XIIIe siècle, au nord-est de l'Ile-de-France, *chierai;* dans le Hainaut, à la même époque, *kairai*.

Se il mun dun ne me retaille
E il vers mei ne face faille,
Jeo n'en *charrai* mie vers lui. (Ben. v. 14586-8.)

He! corone de France, fait il, com or *cheras!* (Ch. d. S. II, p. 186.)

Car Diex dist par la bouche Salmon: Tu *cheras* en la fosse que tu as aparillie pour ton frere. (Phil. M. t. I, p. 41 c. 1.)

De ci qu'ait Dreues son chastel
N'en *charra* por home un quarrel. (Ben. v. 28628. 9.)

Cil qui *chura* n'ara autre loier
Fors le l'ocire à duel et à pechie. (R. d. C. p. 94.)

On le doit nommer quant il tonne,
Ja puis ne *carra* cos en l'estre. (L. d'I. p. 12.)

Li Juif pensent qu'il feront:
Joseph, Nychodemus penrunt
Si coiement c'on nou sara,
Et puis ceste chose *cherra*. (R. d. S. G. v. 649-52.)

Li quels que soit *chiera* ancui. (P. d. B. v. 8054.)

Or ne vos en proierons mes,
N'à vos pies n'en *chierons* à fes. (Ib. v. 6369. 70.)

Nous *decarrons* et il sordront. (Brut. v. 550.)

Et cil qui seront envai
Et *charront* là où cil chai
Qui par orgueil perdi sa grace! (Rutb. I, p. 104.)

Desuz mes piez *charrunt*. (Q. L. d. R. II, p. 209.)

Conditionnel:

.... S'ot une clef en la main diestre.
En cele ymage si creoient
Turc et paien, et si disoient
Que cele cles jus li *kairoit*
Quant .i. rois crestiiens venroit. (Phil. M. v. 6491-5.)

Puiz fist à sez homes veer
Ke kant li or des piez *charreit*,
Ke ja nul d'els les reprendreit. (R. d. R. v. 8222-4.)

Quant li saetes descendreient,
Desor lor testes droit *charreient*,
Et as viaires les ferreient. (Ib. v. 13282-4.)

Por ce ke il par sa mervilhouse poance at porveut ke il, se il longement estisoient en paiz et en repaus, ne poroient soffrir les temptations, anz *charoient* abatut des plaies de le pense. (M. s. J. p. 489.)

Qu'avis li fu que mieuz seroient
Les goutes ki dedenz *cherroient*
Qu'en liu ou mestre les poust. (R. d. S. G. v. 565-7.)

Imparfait de l'indicatif:

Car de l'un basmes decouroit,
Et de l'autre cresmes *caoit*. (Fl. et Bl. v. 625. 6.)

A ces grans chaignes se hurtoit,
Par mi ces boissons s'abaitoit
Et *cheoit* ansi com uns trons,
Car moult par estoit grans le lons. (Dol. p. 250.)

Se chis varles *keoit* à terre du coup. (1312. J. v. H. p. 549.)

Et non pourquant pour ceu qu'il assembla sans commandement, li preudome de l'ost disent qu'il avoit fait un fol hardement, et que nus hom ne l'en devoit plaindre, se il li *mesceoit* de ceste emprise. (H. d. V. 492ᵇ.)

... Et que nus hom ne le deveroit plaindre se li *meschaoit* de cette emprise. (H. d. V. p. 171. II.)

Chaioit (R. d. R. v. 9138), *eschaioit* (G. l. L. I, p. 123), sont des formes incorrectes des bas temps.

Li lais estoit grant et parfons,
Car de valees et de mons
Soisante eves dedens *caoient*
Et aloc totes remanoient. (Brut. v. 9662-5.)

Tant fu li tenz pesmes et forz,
.C. foiz cuidai bien estre morz
Des foudres, qu'entor moi *chaoient*,
E des arbres qu'il despecoient. (Romv. p. 529 v. 12-15.)

Là trebuchoent e *chaeient*,
E cil à pie les occieient. (Ben. v. 37558. 9.)

Les formes du participe passé étaient aussi variées que celles de l'infinitif; on les classera facilement, si on se souvient de ce que j'ai dit plus haut de ces dernières.

Et si restorassent les murs de Jherusalem ki *chaut* estoient.
(S. d. S. B. v. 524.)

Et li cuens ot este *chaus*, et un suen chevalier qui ot nom Johan de Friaise fu descenduz, si le mist sur son cheval. (Villeh. 475ᵃ.)

Aude l'entant, s'est *chaue* pamee. (G. d. V. v. 2563.)

E cume il fud *chaud*, fierement cumenchad à braire. (Q. L. d. R. II, p. 213.)

Falt li le coer, si est *chaeit* avant. (Ch. d. R. p. 86.)

Sur l'erbe verte si est *caeit* envers. (Ib. p. 88.)

Humles, preianz, agenoilliez,
Li est li quens *chaet* as piez. (Ben. v. 14171.2. cfr. R. d. R. v. 13298.)

Asez l'en est *chaait* as piez. (Ib. v. 11698. cfr. v. 11794.)

La cite vist mult empirie
Et de bons chiteains widie,

Maisons gastes, mostiers *chaois*,
Asses l'a plainte mainte fois. (Brut. v. 8187-90.)

Lendemain chauça et vesti sa mesnie, et fist redrecier ses mesons qui estoient *chaoites*. (R. d. S. S. d. R. p. 31.)

Or est *chevite* entre deus sicles. (R. d. S. S. v. 3903.)
Les vies cites fist renforchier
Et les murs *caois* rederchier. (Brut. v. 3211. 12.)
Mult vit iglises desertees
Maisons *caoites* et gastees. (Ib. v. 9840. 1.)
Carles cancelet, por poi qu'il n'est *caut*. (Ch. d. R. p. 139.)
Ja fust *caus* quant as arçons se prant. (O. d. D. v. 478.)
J. gourle de deniers portoie,
Si m'est *cheus* en mi la voie. (R. d. M. p. 13.)
Se lor sires estoit occis
Keu sont en males merchis. (R. d. l. V p. 97.)
Keue sui de l'escafaut
Où je cuidoie estre montee. (Ib. p. 148.)
Errament est *queus*[1]) pasmes. (Ib. p. 201.)
Se ne fust la sele doree
Ele fust *queue* pasmee. (Poit. p. 22.)
L(e?) gant pare du blanc hermine
Li sont *choiet* sor la poitrine. (Trist. I, p. 101.)

Participe présent: *chaant* (Chast. XXII. v. 180.), *caant*, *cheant*, etc.

Les composés de *choir* étaient:

1) *Rechoir*, 2) *Enchoir*, tomber dans; 3) *Renchoir*, 4) *Dechoir*, 5) *Meschoir*, mésarriver, tourner à mal, arriver malheur, mal réussir; 6) *Eschoir*.

Quant je refui si haut montee,
Je refui si asseuree
Que ja *recair* ne quidai. (R. d. l. M. v. 4685-7.)
Si tu i mez entente e paine,
N'i *encharrai* mie granment. (Ben. v. 14611. 2.)
Vit son lignage *dechacir*. (R. d. R. v. 13948.)
Sire, il me va moult *mesceant*,
Ne vous aroie aconte hui
Tot le moitie de mon anui. (Poit. p. 29.)

Cfr. Imparfait de l'indicatif.

S'il *esquiet* une rente à Reins u à Conloingne,
S'uns preudons la demande, cuidies vos qu'on li donne?
(Rutb. I, p. 237.)
Qui que tisse chascuns desvide;
Li penssers *chiet*;

---

(1) Simple variante orthographique pour *keu*. *Queu* et *keu* sont des formes exclusivement picardes.

Nul bel eschet ne lor *eschiet*.
N'en pucent mes qu'il lor *meschiet*,
Ainz lor en poise. (Ruth. I, p. 32.)

S'il evenoit que cele terre *eschaist* de la contesse Johanne de Poitiers à noz .... nos ... seriens tenu de rendre la au roy d'Angleterre.

(1259. Rym. I, 2. p. 50.)

Choir, dit l'Académie, ne s'emploie qu'à l'infinitif présent et au participe passé. C'est bien à tort qu'on abandonne la conjugaison de ce verbe; il a un substantif, et *tomber*, qui le doit remplacer, n'a pas cet avantage. *Choir* a du reste de très-beaux emplois de la synonymie:

Tout va *choir* en ma main, ou *tomber* dans la vôtre. (Corneille.)

Quoi qu'il en soit, jusqu'à la fin du XVIe siècle, *choir* a été employé à tous les temps.

Par où l'on peust comprendre, que les oiseaux qui tombent de l'air en terre, ne *cheent* pas pour ce que l'air agité par auscune vehemente concussion se rompe ny se fende. (Amyot. Hom. ill. Pompeius.)

L'Académie et, après elle, tous les lexicographes disent: *il échoit* ou *il échet*: mais ils ne donnent que *déchoit*. Pourquoi cette différence? La raison étymologique qui fait écrire et prononcer *il échet*, existe aussi pour *il déchet*.

En un austre aage elle (la science de deviner les choses à advenir) vient en mespris, et *dechet* de reputation. (Amyot. Hom. ill. Sylla.)

Jusqu'au XVIIe siècle, tous les composés de *choir* ont été d'un fréquent usage; *eschoir*, entre autres, s'employait encore au XVIe dans un sens beaucoup plus étendu qu'aujourd'hui.

Estant lors *escheute* la feste des mysteres (Amyot. Hom. ill. Alexandre.) Il *escheoit* bien des occasions, où il regardoit plus tost à l'utilité publique (Ib. cad. Agesilaus.) Selon qu'il *escherroit* par le sort: et luy *escheut* la prose grecque. (Ib. ead. Lucullus.) Auquel des deux consuls *escherroit* la province de la Macedoine. (Ib. cad. Paulus Aemylius.)

CHALOIR (calere).

Ce verbe, dont la signification est *importer*, avait pour formes infinitives: *chaloir*, en Bourgogne; *caloir*, en Picardie; *chaler*, *chaleir*, en Normandie.

Petit nos puet *chaloir* que l'an vande les blez. (Ch. d. S. II, 4.)
Signor, dist il, or vos ires couchier;
Ne puet *caloir* de chi huimais gaitier. (O. d. D. v. 8882. 3.)
Qui bon conseil ot, s'il nel creit,
Ne pot *chaleir* puis pro foleit. (Ben. v. 16126. 7.)

Chaloir était un verbe impersonnel; il faisait, au présent de l'indicatif: *chalt*, *calt*, et par suite du fléchissement du *l*: *'chaut*, *caut*.

Se il ont grant gent, vous que *calt?* (Brut. v. 7887.)
L'escu q'il porte laist à terre caïr,
Nel porte plus, ne li *calt* qu'il presist. (O. d. D. v. 7747. 8.)
Molt le font bien François, veritez est provee;
Mes que *chaut*, qant lor gent iert vancue et matee?
(Ch. d. S. II, 119.)

S'il ont plus grant gent que nous n'avons, que nous *chaut?* tant arons plus grant hounour, et il ne valent riens. (H. d. V. 495^b.)

Si s'en va li honteus mucier
Et li faus s'embat sans hucier,
K'il ne li *caut* que on li die. (Rutb. N. et E. I, p. 342.)
Quant li bons vesques entendi
Que nus bourgois n'i s'asenti,
Fors li millour et li plus haut,
Des autres moult petit li *caut*. (Phil. M. 890-3.)

Subjonctif: *chaille, caille.*

Dist li abes: Ne vous en *chaille.* (Rutb. I, p. 316.)
S'il est nomez dux, ce ne *chaille.* (Ben. v. 9010.)
Ne ne vous *caille* de savoir
Que je sui ne de quele terre. (R. d. l. M. v. 4942. 3.)
Li rois a Brien apele,
Prie li a et commande
Que car de venison li quiere,
Ne li *caille* de quel maniere. (Brut. v. 14637-40.)

L'emploi des présents de l'indicatif et du subjonctif de *chaloir* ne répond souvent pas à l'idée que nous nous faisons de ces temps; on trouve l'indicatif où on attend le subjonctif, et vice versâ. Pour ce qui est du second cas, il s'explique par ce que j'ai dit de l'emploi du subjonctif dans l'ancienne langue; cependant, vers la fin du XIIIe siècle et au XIVe, les exemples où *chaille* n'a été mis que pour la rime, sont assez nombreux. Quant à l'usage de l'indicatif pour le subjonctif, il n'est qu'apparent. On le rencontre dans les provinces qui n'avaient pas l'habitude de mouiller les *l*, et ici le présent du subjonctif et celui de l'indicatif avaient nécessairement la même forme. (Cfr. *alt, aut*, de *aler*.

Mes Baudoins est liez et joianz sanz iror:
Ne li *chaille* qi face ne tristor ne iror,
Bien se tient à paiez de trestot son labor. (Ch. d. S. II, p. 94.)
La mort de Baudoin ne vos *chaille* plorer,
Mar vos esmaierez tant com porrai durer. (Ib. II, p. 166.)
Mainz bas hom a feru sor duc et sor princier:
Que *chaille* de parage, s'il est bon chevalier,
Et que il soit meslins as rustes cox baillier? (Ib. II, p. 172.)

> Dame, dist il, et vos que *chaut?*
> La merci Dieu rien ne vos faut,
> Si gardez ce que vos avez,
> Et si faites vos volentez.
> Et si ne vos *chaut* dont je l'aie,
> Qant nus hom ne vos en aplaie. (Chast. XXI. v. 27-32.)

Au lieu de *chalt*, *chaut*, on trouve *chelt*, *cheut*: formes assez rares, il est vrai, mais qu'on doit reconnaître: Il y a eu l'aplatissement très-ordinaire de l'*a* en *e*.

> De ço qui *chelt*, quant nul n'en respundiet. (Ch. d. R. p. 93.)
> Dunc se purpense de sa amie
> E dit: Ki en *cheut* si il me ocie. (Trist. II, p. 97.)

Le parfait défini et l'imparfait du subjonctif avaient pour formes: *chalut*, *chalust*, *calut*, *calust*; et l'imparfait du subjonctif avec *s* intercalaire: *chalsist*, *chausist*; *calsist*, *causist* (u = l).

On lit à la page 228 du tome premier de cette grammaire: „Les verbes en *loir*, et *toldre*, *soldre*, avaient, au parfait défini et à l'imparfait du subjonctif, une forme avec *s* intercalaire, qui a pris naissance en Picardie." En y regardant de plus près, je m'aperçois que cette remarque a besoin de quelques explications supplémentaires. MM. d'Orelli, Diez, et tous ceux qui les ont copiés, admettent un parfait défini avec *s* intercalaire, dont les formes seraient, à la troisième personne du singulier, *chausist*, *faulsist*, *vausist*, *vousist*. C'est une erreur; *chausist*, *faulsist* (mieux *fausist*), *vausist*, *vousist*, sont toujours des imparfaits du subjonctif. Il est facile de s'en convaincre, si l'on part du point de vue que suivait la langue d'oïl dans l'emploi de ce temps, et si l'on compare aux exemples que rapportent MM. Diez et d'Orelli, ceux que je cite t. I. p. 240-42, p. 336, et à l'occasion de l'imparfait du subjonctif de chaque verbe. (Cfr. encore la remarque t. I, p. 243.) MM. Diez et d'Orelli ne donnent du reste aucun exemple de *vausist* avec le sens de *valoir*, et M. d'Orelli avait été mieux avisé d'abord en indiquant *fausist* comme imparfait du subjonctif, qu'en suivant M. Diez dans la seconde édition de sa grammaire. J'ai prouvé l'existence de cette forme avec *s* intercalaire à la 2e pers. du sing. du parfait défini de *faillir*; elle est très-fréquente pour *vouloir* — mais sans troisième personne du singulier *fausist*, *vousist* —; pour ce qui est de *chaloir* et de *valoir*, je n'en ai trouvé aucune trace: aussi, selon ma coûtume, malgré les imparfaits du subjonctif qui semblent la supposer, je ne l'admettrai pas touchant ces deux verbes, jusqu'à ce qu'on en ait démontré l'existence par des exemples. Je prie donc le lecteur de vouloir bien corriger en ce sens la remarque du t. I. p. 228. (V. *toldre*, *soldre*.)

> Ne valt mialz cil que ne valut
> Alixandres cui ne *chalut*
> De charite ne de nul bien. (Brut. I, LI.)
> Ne li *chalut* du seureplus. (Rutb. II, p. 195.)
> Ne lur *chalust* kel plaist feissent,
> Mais ke en paiz se departissent. (R. d. R. v. 9597. 8.)
> Tristran, s'à vus parle eusse,
> Ne me *calsist* se puis morusse. (Trist. II, p. 76.)
> Et se il son prou en feist,
> Lui ne *causist* qui i perdist. (Brut., v. 2385. 6.)
> Se sul n'eust perdu Guirin
> Poi li *chausist* de trestut l'al. (Ben. II, v. 910. 11.)

Et sachies que il i avoit assez de ciaus qui bien vousissent que li corans enmenast les vaissiaus contreval le bras ou li vens, ne leur *chausist* comment l'aventure avenist, mais qu'il se departissent de la contree et alassent leur voie. (Villeh. p. 77. CIII.)

Imparfait de l'indicatif:

> Ne li *chaloit* s'ele trambloit. (Rutb. II, p. 214.)
> Del escondit ne li *caloit*
> Que sa fille fait li avoit. (R. d. l. M. v. 625. 6.)

Voy. Dol. p. 259. R. d. R. v. 15958. Brut. v. 12368.

Futur et conditionnel: *chaldra*, *chaudra* (*u* = *l*), *chaldroit*, *chaudroit*; *caldra*, *caudra*, *caldroit*, *caudroit*.

> Ne li *chaudra* s'en est honiz,
> Mais sol que ses cors seit mordriz. (Ben. v. 12013. 4.)
> Tiebauz, qui à rien el n'entent,
> Ne li *chaudreit* sol ciel coment
> Mais que li dux fust mort u pris. (Ib. v. 20589 - 91.)

De *chaloir* on formait *rechaloir*:

> Certes, ne mi ne *recausist*
> Del couroue mon pere granment,
> Se jou de vos tant seulement
> Cuidaisse compaignie avoir. (Chr. A. N. III, p. 109.)

Le verbe *chaloir*, qui ne nous est parvenu que dans la phrase: *Il ne m'en chaut*, était encore d'un fréquent emploi au XVIe siècle.

Quant à moy, il me semble que pour avoir la vraye felicite, de laquelle la plus grande partie gist es moeurs, qualitez et conditions de l'ame, il ne peust *chaloir* que l'homme soit né en ville obscure et de peu de renommee. (Amyot. Hom. ill. Demosthenes.)

MOUVOIR (v. fo.), movere.

Mouvoir avait pour formes: en Bourgogne, *movoir*; en Picardie, *mouvoir;* en Normandie, *muver? mover;* dans les dialectes mixtes, *moveir.*

Très-anciennement, en Bourgogne, on a rapporté aussi ce verbe à la quatrième conjugaison: *muevre.* (Cfr. t. I p. 205 Remarque 1). *Muevre* se montre de nouveau dans l'Ile-de-France vers la fin du XIIIe siècle; il provient sans doute ici de l'influence des formes renforcées et de celles de la Normandie.

La véritable forme du nord de la Picardie, *ir*, n'a laissé que de faibles traces de son existence; elle disparut promptement devant *oir.*

Après 1250, le normand *mover* prit souvent l'*u* picard: *mouver* [1].

>Maintenant me covint *movoir.* (Dol. p. 258.)
>Li rois lor a dit tierme et jour.
>De *mouvoir.* (Phil. M. v. 10304. 5.)
>Ses chiens ont envoie *mover*
>En .i. espoise .i. fier sengler. (Trist. I, p. 207.)
>Maiz quant il li piez *mover* dut
>En sez braies s'empeescha,
>Ne pout aler, ainz tresbucha. (R. d. R. v. 9746-8.)

Mouver (Ib. v. 9081.)
>Demi mort, plat, senz els aidier,
>Senz eus *moveir* ne senz drecier,
>Unt mais tut mis au convenir,
>Qu'il n'atendent mais le morir. (Ben. II, v. 2083-6.)

Entre les autres fu venues une novele à l'empereor Baudoins dont il fu molt dolenz, de la contesse Marie sa fame, que il avoit laissie en Flandres enceinte por ce qu'elle ne pot avec lui *movir*, qui adonc ere cuens, et la dame si ajut d'une fille. (Villeh. 470c.)

Li voiz de l'enfant ki criet ne fait mies à dotteir, ainz doit plus à ceu *enmuevre* c'un ait pitiet de luy. (S. d. S. B. p. 537.)

>Les levres *muevre* ne les denz
>Ne font pas la relegion,
>Mes la bone componcion. (Rutb. II, p. 216.)

Le présent de l'indicatif de *movoir* diphthonguait régulièrement l'*o* en *ue*.

>L'enfes Raoul n'a mie sens d'effant,
>L'onnor son pere va molt bien chalengant.
>Si *muet* li rois une guerre si grant
>Dont mainte dame auront les cuers dolant. (R. d. C. p. 37.)
>Ele *muet* d'ilec de randon,
>Tantost s'en va en sa meison. (R. d. S. G. v. 1565. 6.)

---

[1] La langue fixée, qui a admis la forme picarde pour le sens général, a conservé aussi *mouver* dans quelques expressions techniques. Le peuple de certaines contrées se sert encore de *mouver* au sens de *mouvoir.*

Et se li ai quite tous les homages qui *muevent* de la terre d'Estruem. (1228. Th. N. A. I, p. 1007.)

Ja saverad li reis Heuri asez ù *mover* sei :

Franceis li *muevent* guerre . . . . (Ben. t. 3. p. 535.)

Impératif :

Ne voz *moveiz*, licheor pautonier. (G. d. V. v. 548.)

De delez moi ne vous *mouvez*,

Ce que vous direi retenez. (R. d. S. G. v. 2995. 6.)

Présent du subjonctif : *mueve :*

Se li prie que il le voie

Anchois que de la vile *mueve*. (R. d. l. V. p. 284.)

Puis apela Persans et Esclavons,

Sus lor cors perdre lor comande par non,

Nus ne se *mueve* por cri ne por tenchon

Dusqu'à cele eure que venir le verront. (O. d. D. v. 9911-4.)

On retrouve ici la variante *oe* pour *ue*, que j'ai déjà expliquée plusieurs fois :

Nes eschacent ne nes *emoevent*,

Mais od les branz nuz s'entretrovent. (Ben. v. 5335-6.)

Or entent je à qu'il vout traire :

A prendre sei à achaison

Cum vers mei *moeve* contençon,

Ocire u prendre u desconfire. (Ib. v. 15229-32.)

Parfait défini : *mui*, où *u* n'est que le *v* latin, devant lequel on a syncopé l'*o*. On a cependant quelques exemples où l'*u* est précédé de la voyelle *o ;* mais la combinaison *ou* qui en résulte, représente simplement *u* ou *eu*. (V. *devoir*.)

Amis, tot aie en talent,

Et ne vueil pas à vos celer,

Ne me *mui* pas por deporter. (P. d. B. v. 5596-8.)

L'arcevesques d'Everwic, uns sages hom lettrez,

Vus enveiera dous messages privez ;

Mes jo *mui* premerein, ki soi les veritez. (Ben. t. 3. p. 610.)

Lendemain par matin se *mut* de Naples, et cil ki les osteus devoient prendre se *murent* devant, fors que ne sai quant escuyer qui se leverent plus matin. (H. d. V. 498ᵉ.)

E od riche compaignie

Mut de Barbeflo sa navie. (Ben. v. 15682. 3.)

De nostre terre, li bons abes a dit,

Meusmes nous, il n'a pas quinze dis. (G. l. L. II, p. 262.)

Quar il est crestiens tout ausi come vos estes, et bien sait certainement que vous ne *meustes* que pour la sainte terre d'outremer.

(Villeh. p. 43. LXVI.)

Et cil s'acesment, puis ont lor ars tendus,

Les quarriaus traient, les homes ont ferus,

Ainc ne se *murent*, car tot furent de fust.
(O. d. D. v. 8413 - 5.)

Avec *o*:
La dame en sa preere demurad; ses levres *mout*....
(Q. L. d. R. 1, p. 3.)
Apres li dist: Culvert, mar i *moüstes*,
De Mahumet ja n'i aurez ajude. (Ch. d. R. p. 52.)

Imparfait du subjonctif:
Ainz i ot jut vij anz à ost banie,
K 'il ne s'en *muist* ne por vant ne por pluie
De siege de Viane. (G. d. V. v. 345-7.)

Dont apela le mareschal, et li dist qu'il de là ne se *meust* dusques adonc que li castiaus fust refermes. (H. d. V. 497ᵇ.)

Deffier me deussiez vos,
S'il eust querele entre nos,
Ou au mains droiture requerre,
Aincois que me *meussiez* guerre. (Romv. p. 531, v. 3 - 6.)
Ne le *meussent* cinq vilain par poeste. (O. d. D. v. 11846.)
Ses gentils homes moult cremoit,
De ses riceces lor donoit;
Et si les apeloit parens,
Qu'il ne li *meuscent* contens. (P. d. B. v. 419 - 22.)

Futur et conditionnel:
Ci oncor pas ne m'en remu,
Qu'al jor enpris *movrai* premiers
Od plus de set cenz chevaliers. (Ben. v. 14583 - 5.)
G'iere ses anemis prochains,
Et si li *mouvrai* telle guerre,
N'aura si fort lieu en sa terre
Que je ne le voise trouver
Pour honnir et deshonnourer. (R. d. C. d. C. v. 4804 - 8.)
Jou ne me *moverai* de chi
Desque vous revenres à mi. (Poit. p. 34.)

Quant d'iluecques *remouveras*,
Argent ou faille enporteras. (Rutb. I, p. 29.)
D'iluec ne se *mouvra* il plus
Ainz i sera ce seureplus
Qu'il a à vivre. (Ib. I, p. 83.)
Je vuel aler saint Jacque requerir....
Noumes le jor que nos *movrons* de ci. (R. d. C. p. 322. 3.)
A la feste de la Toussains
Mouverons, n'i a plus ne mains. (R. d. C. d. C. v. 6230. 1.)
Ja mar pour ce ne vous *mouverois*, ne ma dame autresi; jou irai là, se vous volez, et sarai pourquoi il ont ce fait. (H. d. V. 505ᶜ.)
Et vous ne vous *mouvres* de chi. (R. d. l. M. v. 5961.)
Et li bons rois fist sa proiere

> A Dam el Dieu de grant maniere,
> Et dist que de là ne *mouvroit*
> Dusques adont que il auroit
> Le liu dedie et sacre
> Et en l'ounor de Dieu mondé. (Phil. M. v. 3310-15.)
> A tost les noveles oïes,
> Que li baron matin *movroient*
> Qui à Paris aler devoient. (Brut. v. 12507-9.)

Participe passé : *meu*, *meue*, et quelquefois déjà *mu*.
> En Flandres vinrent au tierc jor
> De Creel, dont erent *meu*. (R. d. l. M. v. 4042. 3.)
> La nuit sejorna l'ost; au matin est *meue*,
> Qant il virent le jor et l'aube apareue. (Ch. d. S. I, p. 99.)

L'empereres qui estoit *mus* pour aller vers Salenique. (H. d. V. 499ᵈ.)
Et avec *o*, comme au parfait défini :
> Osz e maisnees fait joster,
> Contre le duc en est *mouz*. (Ben. v. 4507. 8.)

Les composés de *mouvoir* étaient :

1) *Removoir*, renouveler, rappeler, remuer, retirer, déplacer.
> Mahommes se part de l'hermite;
> De la parole k'il a dite,
> Ne puet *removoir* son corage. (R. d. M. p. 10.)

2) *Enmovoir*, émouvoir à, exciter à. Voy. l'infinitif *enmuevre*.

3) *Esmovoir*, *s'esmovoir*, *(se resmovoir)* émouvoir, exciter, faire naître; faire lever, dépister (P. d. B. v. 608); mouvoir, avancer, se retirer.
> Un en i ot mult malartos,
> Et de parler mult engiugnos ;
> Bien sot muer une raison,
> Et *esmovoir* une tençon. (Brut. v. 2379-82.)

E Abner fud ja *esmeuz* hors de la cited. (Q. L. d. R. II, p. 131.)
Tut le quer li fud chalt pas *esmeud* en tendrur vers sun fiz. (Ib. III, p. 237.)
> Et quant orent osté les tables,
> Et servi ainssi con on dut,
> Ma dame de Faiel *s'esmut*,
> Et d'entr les rens se leva... (R. d. C. d. C. v. 3861-4.)
> Or faut la feste,
> Or remainent chançons de geste ;
> Si s'en vont nu comme une beste
> Quant il *s'esmuevent*. (Rutb. I, p. 33.)
> Eissi sunt les genz departies.
> Si se *resmut* li granz navies. (Ben. v. 31172. 3.)

Esmovoir la main, la lever contre qqn., comme pour le frapper.

4) *Commovoir*, mouvoir, émouvoir, agiter, exciter, animer.

Quant Joab vit qu'il ne pout le rei *commoveir* vers Abner, eissid fors e enveiad ses messages tut batant apres Abner.... (Q. S. d. R. II, p. 132.)

Li altre sunt semblant à la pesant et à la dure lenge ki tardiement ensprendent, mais se il une foiz sunt enspris, griement les puet l'om estaindre; et par ce que il plus tardiement soi *commuevent* en asperiteit, plus fortement gardent lo fou de lur forsenerie. (M. s. J. p. 515.)

    Por quoi es tu si *commeu*? (Brut. v. 14520.)
    Et se l'amor de son païs
    L'a si *commeu* et espris
    Que il s'en veille arreire aler
    Et ci ne voille demorer . . . (Chast. XXII. v. 47-50.)

5) *Promovoir.*

Quant sainz Paules enstruioit son chier disciple del establissement des offices de le glise, que il nului ne *promorist* desordineement az saintes ordenes, dist. (M. s. J. p. 511.)

MANOIR (v. fo.), manere,

d'où *remanoir*, qui est plus ordinaire que le simple.

Ce verbe avait pour formes infinitives: en Bourgogne, *(manor) manoir;* en Picardie, *manoir;* en Normandie, *maner;* dans les dialectes mixtes *maneir*. A dater de 1250 environ, on trouve *mennoir* au nord-ouest de l'Ile-de-France, à l'ouest de la Picardie propre et dans l'Artois. La forme propre du nord du dialecte picard, *manir*, nous a été conservée dans quelques textes.

Dès le premier tiers du XIIIe siècle, on trouve sur les frontières de la Normandie, *maindre*, *meindre*, au lieu de *maner*, *maneir*. Cette forme qui, du reste, n'a rien d'extraordinaire, a peut-être été occasionnée par le futur, avec influence des formes fortes du présent, laquelle se manifeste par l'*i* ajouté au radical. Ce qui me porte à cette supposition, c'est que les premiers textes qui donnent *maindre*, la traduction des Rois p. ex., n'admettent cet *i* qu'aux formes à terminaisons légères; partout ailleurs l'*a* radical reste intact. Plus tard, les textes qui emploient *maindre*, conservent *i* dans toute la conjugaison. *Maindre* passa dans l'Ile-de-France, et, dans la seconde moitié du XIIIe siècle, on le rencontre même quelquefois en Champagne.

Manoir en maison est restrendre soi dedenz les secreiz de la pense.
              (M. s. J. p. 474.)

Et com plus creist la science del conseil ke il les choses ki perir covient deguerpisset, plus est awoite la dolurs de ce ke il encor n'atochet à celes ki *permanir* doivent. (Ib. p. 493.)

    Et si commanda que tout cil . . . . .
    Ki venroient à Ais *manoir*,
    De tous usages fusent franc. (Phil. M. v. 2530. 3. 4.)

Mult ot illuec grant pitié del pueple de la terre et des pelerins, et mainte lerme ploree, por ce que cil prodom aust si grant ochoison de *remanoir*. (Villeh. 441ᴿ.)

Jo manderai mes humes, quantque en purrai aver
E irrai en Espaine, ne purat *remaner*. (Charl. v. 229. 30.)
Mais li reis nel volt pas metre à desfactiun,
Ainz li dist qu'il alast *maneir* à sa maisun.
(Th. Cantb. p. 8. v. 28. 9.)

En enfer les covint *mennoir*
Tant com Diex le vout, et ne plus,
Qu'il envoia sen fil çà jus
Pour saver l'uevre de son pere. (R. d. S. G. v. 136 - 9.)

Remennoir (Ib. v. 2926), *remenoir* (M. d. Fr. II, p. 127.)

Pharaun le reccut unureement; terre li dunad pur là *maindre*, rescantise e maisun, e de vitaille l'en asist livreisun. (Q. L. d. R. III, p. 277.)

Jel fiançai, si ke bien le saveiz;
Je ne vodroie mie estre perjureiz.
Ne puet *remaindre* por home que soit neiz,
Ke je n'i aile sor mon destrier armeiz. (G. d. V. v. 2208 - 11.)

Le présent de l'indicatif de *manoir* se conjuguait régulièrement fort: *main, mains, maint, manons, maneiz, mainent.*

Permains tu encor en ta simpliciteit? beni Deu e si muer. (M. s. J. p. 451.)

Por ceu si ne *remaint* mies ton airme en enfer. (S. d. S. B. p. 525.)

Encore le tient on en memore
Pour le signour ki *maint* en glore. (Phil. M. v. 3434. 5.)
Mains haus prinches i est venus;
N'i *remaint* hom qui vaille nus. (R. d. M. p. 32.)
Nous, qui el cief del mont *manons*
En une ille que nous tenons. (Brut. v. 3997. 8.)
S'ensi nel faites amati,
Nos verons en la fin honi,
Et se vos *manes* en pechie,
Sel guerpissies por s'amistie,
S'en ales à confession. (P. d. B. v. 4411 - 15.)
Si vos rendrai apris e sages
Que vos devez creire e coment,
E que Deus sout e done e rent
A ceus qui en bien estunt e *mainent*
E qui od juz faiz s'acompaignent. (Ben. v. 23862 - 6.)

Voici des exemples pris d'un texte qui donne l'infinitif *maindre*:

Cele respundi: Jo *main* mult bien e à suerted entre mes amis e od ma cunuissance. (Q. L. d. R. IV, p. 357.)

Cist lieus ù nus *manuns* od tei est estreiz. (Ib. ead. p. 365.)

Impératif: *remain* (Q. L. d. R. II, p. 175. Fl. et Bl. v. 1633.)
remanez. (R. d. R. v. 12043.)

Subjonctif: *maigne* ou *meigne:*

> Beal frere, et il est comande
> Que l'en la vende tot enfin
> Ainz que *maigne* pres tel veisin. (Chast. XIV. v. 248-50.)

Pur ço est mielz que *remaignes* en la cited; si i serras cume nostre forteresce. (Q. L. d. R. II, p. 186.)

Ju voil qu'il ensi *maignet* enjosk'à tant ke ju venrai. (S. d. S. B. p. 543.)

> Jo quit que d'iloc en avant
> N'a nul autre tere à gent *maigne*
> Entre Cornuaille et Bretaigne. (Brut. v. 14628-30.)
> E prict à Jhesu que cele ewe *remaignet*. (Charl. v. 790.)
> Je dout li païs ne *remeigne*
> En grant doleur et en grant guerre. (Ruteb. I, p. 61.)
> Venus vos sui priier e dire
> Que vos *remaignies* à ma court. (Chr. A. N. III, p. 127.)

Li quens, qui ces paroles oï, en est mult joians en son coer; car bien se cuide toutesvoies delivrer et faire tant que li chastiel li *remaignent*.
(H. d. V. 505°.)

> Dient alquanz que diables i *meignent*. (Ch. d. R. p. 39.)

La forme de la troisième personne du pluriel du subjonctif se trouve aussi comme indicatif; mais le plus souvent à la rime. Voy. Brut., v. 9511. Ben. v. 23955.

> Quele est la veie es cieus amunt
> U cil *maignent* qui od Deu sunt,
> E queus cele qui là descent
> U sunt li doleros torment. (Ben. v. 24301-4.)

Au lieu de *maigne*, on rencontre quelquefois *magne:*

> Charles, ki son peciet regarde,
> Reprit à feme Lindegarde,
> Pour çou qu'en peciet trop ne *magne*. (Phil. M. v. 2764-6.)

Le parfait défini, si on l'eût régulièrement renforcé, aurait été semblable au présent de l'indicatif; on rejeta donc la diphthongaison et on le forma de deux manières. On syncopa le *s* (mansi) et on adopta la terminaison *ui*; ou bien on syncopa le *n*, puis on rejeta la terminaison et l'*a* s'aplatit en *e: mes*. Cette seconde méthode est de beaucoup la plus employée; l'autre n'eut guère cours que jusque vers la fin du XIIe siècle. Lorsque *maindre* fut devenu un peu général, c'est-à-dire après 1250, on composa un nouveau parfait défini sur cet infinitif: *mains*. Le sentiment des bons usages commençait alors à se troubler.

> Une fois en sa court *manui*,[1]
> Et mout de bien trouvai en lui. (R. d. l. M. v. 5927. 8.)

---

(1) *Manui*, dans un texte de cette époque et de ce dialecte, n'est que pour la rime.

Cest raim vos met ju davant, car il trois ans *manuit* en soliteit, conuiz solement à Deu, et ne mies as homes. (S. d. S. B. fol. 125. r.º V. Roquefort. s. v.)

De ce est ke la Scriture tesmonget, ke solement Joseph ki juske en la fin *permanut*[1] justes entre ses freres, out sa cotte juske al talun.
(M. s. J. p. 448.)

Li espiriz nostre Signor *manut* sor luy. (S. d. S. B. p. 563.)

Ne jo ne *mes* unches en maisun, dès le jur que jo menai les fiz Israel de Egypte jesque cest jur, mais erred ai en tabernacles e en tentories.
(Q. L. d. R. II, p. 143.)

David s'en partid d'iloc, e *mest* là ù il truvad asseur recet en Engaddi. (Ib. I, p. 93.)

Et quant celle grant noise *remest*, li bons dux de Venise... monta el leteri. (Villeh. 436ª.)

   Cil Robiers estoit uns bevere,
   Uns chevaliers fors tremelere;
   Tant fist que riens ne li *remest*,
   Fors qu'uns seus manoirs ù il *mest*. (Phil. M. v. 17008-11.)
   La gentil dame au gent cor avenant
   De lui *remest* ensainte d'un anfant. (R. d. C. p. 4.)

Au lieu de la forme *remest*, on trouve *remist* dans quelques textes normands mélangés:

   Ci rout si doleros contenz,
   Dunt toz li chans *remist* sanglenz. (Ben. v. 16294. 5.)
   Por le grant espoentement
   E por si fait destorbement
   De ceus qu'il virent si laidiz
   E de lor cors si maubailliz,
   Remist lor rage e lor emprise. (Ib. v. 26839-43.)

Mais dans ces mêmes textes, la forme du simple est toujours *mest* (V. Ben. v. 38849), et *remest* ne leur est pas inconnu.

Et nos *remessimes* tout seul à seul, moi et vos. (R. d. S. S. d. R. p. 73.)

La troisième personne du pluriel de la forme *mes* avait naturellement toutes les variantes des parfaits définis avec *s* intercalaire.

E cez en alerent en Damasche, e là *mestrent*. (Q. L. d. R. III, p. 278.)

Cil de la ville *remestrent* mult esbais, et traistrent à la prison où l'empereres Sursac estoit. (Villeh. 453ª.)

   Cele compaigne e celes genz
   Dunt Rous se faiseit si dolenz,
   Qui *remestrent* en la travaille
   E el fer champ de la bataille... (Ben. v. 5477-80.)

Et, comme à la troisième personne du singulier, *i* au lieu de *e*:

---

(1) Deux lignes plus haut, on trouve la 2e pers. du pluriel *permanistes*.

.Iij. fiz *remistrent* de cel roi
E une bele file, si come jeo croi. (Chr. A. N. I, p. 29.)
Cil qui *remesent* al camp vif
S'entornerent par mer fuitif. (Brut. v. 8565. 6.)
Le jor i o maint chevalier ochis,
Dont mainte dame *remeisent* sans maris. (O. d. D. v. 7020. 1.)

Cette diphthongaison *ei* est picarde-champenoise, du XIIIe siècle; elle se rencontre aussi à la troisième personne du singulier:

Une grant piesce *remeist* la chose ensi. (R. d. C. p. 21.)
Maint orfe firent et maint homme morir,
Dont mainte dame *remerent* sans maris. (G. l. L. I, p. 76.)
Ço peise mei ke chà venis
E k'à Lundres ne *remainsis*. (R. d. R. v. 13035. 6.)

Ge m'en parti comme sages, vos *remainsi(s)tes*, comme fole, et descirastes vostre robe. (R. d. S. S. d. R. p. 73.)

Li .vij. sage *remeinstrent* el bois seint Martin. (Ib. p. 9.)

Voici enfin une forme qui ne se rattache à aucune des précédentes, et sur l'authenticité de laquelle il est permis d'avoir des doutes:

Del mostier issent quant li servise est dit:
A lor ostel *mainerent* .i. petit,
Et puis monterent sor les chevax de pris... (R. d. C. p. 324.)

L'imparfait du subjonctif conservait toujours l'*a* radical; il eut pour formes, selon les temps et les dialectes: *masisse, massisse, maisisse, mansisse, mainsisse.*

La force ert soe, si cremeie,
Se sa volonte ne faseie,
Ke jo jamaiz ne revertisse,
Et toz tems là *remainsisse*. (R. d. R. v. 11963-6.)

David requist le rei Achis qu'il li livrast une de ses citez ù il *masist*. (Q. L. d. R. I, p. 107.)

Une chevalier nul n'encontra
Tant cum la lance li dura
Qu'al cors n'entrast sis gunfanons
Ne qu'il *remasist* es arçuns. (Ben. II, v. 775-8. cfr. v. 9636.)
Quidez qu'i *remassist* Bealves
N'autres citez en France ades. (Ib. I, v. 1117. 8.)
E il, verais, jusz, dreiz e sages,
Vout que *remassist* li damages. (Ib. v. 29405. 6.)
Ne vout qu'il *maisist* en lecce. (Ib. v. 29913.)
Mais ainz eumes la maison
Que cist *mainsist* el veisine. (Chast. XIV. v. 246. 7.)
Hai! Viane! mal feus et mal charbonz
Voz eust arse entor et anviron,

N'i *remainsist* ne saule ne donjon,
Kant se conbatent por vos tel dui bairon. (G. d. V. v. 2500-3.)
Li chevaliers si il poist
Tuz jurs sen fin i *remansist*. (M. d. F. II, p. 481.)
Et s'il vous venoit à talent,
Qu'en cest païs *remansisies*
Tot et franc et quite series. (Brut. v. 586-8.)
Aleune feiz vus ai e preie e requis
Que vus *remansissiez* el regne saint Denis. (Th. Cant. p. 97. v. 16. 17.)

Remainsissiez. (R. d. R. v. 12164.)

.... Que il, por Dieu, eussent pitie et merci de la terre, et qu'il *remansissent*. (Villeh. p. 124. CXVII.)

Remainsissent. (R. d. R. v. 15942.)

L'imparfait de l'indicatif avait pour formes: *manoie, menoie, maneie*; le futur: *manrai* et, avec *d* intercalaire, *mandrai*; plus tard *maindrai, mainrai; menrai, mendrai,*

Là ert uns rois qui là *manoit*
Et tot le raine em pais tenoit. (Brut. v. 37. 8.)
Quant Pilates seüt où *mennoit*
Et comment ele à non avoit,
Il ha tantost envoie là. (R. d. S. G. v. 1495-7.)

Et se ore ne *remanoit* la bataille de la partie des Blas et des Comains, bien croi que de la nostre partie ne *remanroit* ele pas. (H. d. V. 498ᵉ.)

Li message vindrent en Gabaath, ù li reis Saul *maneit*. (Q. L. d. R. I, p. 36.)

Se Diex eust consenti que nostre gent fuissent plus tost venu là quatre jours, tout cil qui *manoient* de là le Bras eussent este pris. (H. d. V. 497ᵉ.)

Maneient. (R. d. R. v. 15941.)

E jo aturnerai un lieu à mun pople de Israel e si l'i planterai, e jo si *mandrai* od lui e n'iert mais trublez. (Q. L. d. R. II, p. 143.)

E! France dulce, cun hoi *remendras* guaste! (Ch. d. R. p. 77.)
Ne *remandrat* en bois cerf ne daim à fuir. (Charl. p. 25.)
Beals doz amis, il est escrit
Que qui maison deit achater, | Que tot avant deit esprover
Et savoir bien quels teches a
Son veisin qui apres *maindra*. (Chast. XIV. v. 240-4.)

Remeindrum. (Ch. d. R. p. 44.)

Vos *remanroiz* de cà à molt riche compaigne. (Ch. d. S. II, p. 101.)

Remanrez (G. l. L. I, p. 68.)

.... Soient tous jours franc et en pais,
Si com cil ki *manront* à Ais. (Phil. M. v. 2540. 1.)
Damme, dist il, par le cors saint Richier!
N'i *remanroie* por la teste à tranchier. (Ch. d. R. Intr. XLIII.)

> S'or li avoit li dus Gerars donee,
> Si *remainroit* la guerre. (G. d. V. v. 1026. 7.)

Et li consaus fu tiex que Tierris de Los.... *remaindroit* en Nicomie atout ses chevaliers et serjans. (Villeh. p. 160. CLXXIV.)

Et distrent que cele chose lor sambloit estre mult longue e mult perillose, et que il *remanroient* en l'ysle et en lairoient l'ost aler. (Villeh. 446ᵃ.)

Le participe passé avait trois formes: *masu*, *mes*, *manu*, qui dérivent du latin *mansum*, comme les parfaits définis de *mansi*. A la fin du XIIIe siècle, on en trouve une quatrième: *mansu*.

> Dedens la vile n'a home *remasu*,
> As murs ne soient por desfendre venu. (R. d. C. p. 58.)
> Le borc ont ars, n'i a rien *remasu*. (Ib. p. 59.)
> Berarz de Mondidier est illuec *remasuz*. (Ch. d. S. I, p. 170.)

Comme variante de ce dernier vers:

> Berarz de Mondidier est ou guez *remanuz*. (Ib. ead.)
> Si li mustra dunques le liu
> Où el aveit lung tans *manu*. (M. d. F. II, p. 268.)

Sire, sire, jo e ceste meschine avum *mes* en une maisun. (Q. L. d. R. III, p. 235.)

> Si sui *remese* sans mari. (R. d. M. p. 18.)

Manoir avait encore le composé *permanoir*, *parmaindre*, etc. qui signifiait *ester*, *demeurer*, *persévérer*, *durer*, *continuer*.

E si en vostre malice *parmaindre* volez, vus e vostre rei ensemble perirez. (Q. L. d. R. I, p. 41. cfr. p. 78.)

> Quant il fu sacre e miz el se,
> Deu del ciel en ad loe,
> Lur creatur,
> Qui *parmeint* en trinite. (Ben. t. 3. p. 474.)

Voy. ci-dessus infinitif et parfait défini.

PAROIR (v. fo.), parere.

La langue actuelle a rejeté ce verbe simple et conservé la forme inchoative *paraître*, à laquelle on rattache aussi le parfait défini *parus* et le participe passé *paru*, qui, à proprement parler, appartiennent au radical *paroir*.

Paroir (composés: *apparoir*, *comparoir*, *disparoir*), avait pour formes à l'infinitif: *paroir*, en Bourgogne et dans le sud de la Picardie; *parir*, dans le nord-est du dialecte picard; *parer*, en Normandie; *pareir*, dans les dialectes mixtes.

En la primiere apparicion volt il *apparoir* ensemble la Virgine sa mere. (S. d. S. B. p. 553.)

Car cil ki est pris al devin service doit devant les oez Deu nes des carneiz penses *aparir*. (M. s. J. p. 483.)

> Tant les ont de maces batus

Et d'espees et de coutiaus
Qu'il en font *paroir* les boiaus. (Phil. M. v. 7611-13.)
Une ne le meudre ne le pire
Ne vout fors porte remaneir,
Ne ne se voudrent *aparcir*,
Dedenz les murs s'esterent quei. (Ben. v. 19057-60.)

Le présent de l'indicatif de *paroir* était régulièrement fort: l'*a* s'affaiblissait en *e*, et, dans la Bourgogne propre et la Champagne, on diphthonguait cet *e* avec *i* postposé, tandis qu'on le préposait dans le sud de l'Ile-de-France, la Touraine, l'Orléanais et le Berry. La diphthongaison *ei*, qui probablement avait été aussi en usage dans une grande partie de la Picardie, se perdit de fort bonne heure, et, vers le milieu du XIIIe siècle, les formes en *e* pur étaient les seules employées dans la Picardie, le nord-est de l'Ile-de-France et le nord de la Champagne. A la même époque, *ie* avait, au contraire, gagné du terrain du côté de l'ouest, dans l'Ile-de-France.

La Normandie a toujours eu des formes en *e* pur.

Mais à ceaz ki ce funt *apeirt* li angles. (M. s. J. p. 449.)
   Tuit sont fanduit li escut à lieon
   Et desrompu li hauberc fremilon
   Si ke desouz *peirent* li aqueton. (G. d. V. v. 2491-3.)
   Dont granz dols parut et *piert*. (Romv. p. 419. v. 14.)
   Arere funt Normant torner;
   Ce *piert*, ne s'i sunt mie feinz. (Ben. v. 21543. 4.)
   N'i *piert* de terre demi pie. (Ib. v. 16495.)

Si come il *apiert* par les lettres dou devant dit Edward. (1269. Rym. I, 2. p. 115.)

   Rire ne bourder ne voloit;
   A paines le connoist mais nus:
   Il *pert* que del ciel soit venus. (R. d. M. p. 51.)
   Par mi le groz dou piz son confenon li guie,
   Si que de l'autre part an *pert* aune et demie. (Ch. d. S. II, p. 12.)
   Passet la noit, si *apert* le cler jor. (Ch. d. R. p. 142.)
   Moult se portent cil ceval bel,
   Moult *perent* delivre et isnel. (P. d. B. v. 7905. 6.)

Lorsque la diphthongaison fut hors d'usage, on reprit quelquefois la voyelle radicale au présent: *part*, *parent*, au lieu de *pert*, *perent*.

   Mais elle verroit moult celer
   Tot son coraige à sa seror,
   Porquant si *part* à sa color
   Qu'el se tient moult à mal baillie. (P. d. B. v. 6378-81.)

Présent du subjonctif: *peire (paire)*, *pere*, *piere*, *perge*, *pierge*.
   Vrois est que vostre outrage *paire*. (L. d'I. p. 16.)

Jamais n'iert jors ke il n'i *paire*. (Dol. p. 259.)
Dame, or te pri que à moi *pere*
Ce qu'il à pecheors promist. (Ruth. II, p. 116.)
Ore i *perge* s'unques m'ama. (Trist. II, p. 59. ¹)

Et come vous junez, ne voillez estre fait tristes com les ypocrites, car il forfont lour faces qu'il *apiergent* as homes junantz. (Roquefort, Gloss. s. v. Forfaire.)

Futur: *parra*, *perra*; conditionnel: *parroit*, *perroit*; imparfait de l'indicatif: *paroit*.

Et alsi com à lumiere serat mostreit tot ce ke dont *aparrat* el esgard de toz, cest jor tornons nos en tenebres se nos tot ce ke nos forfaisons, destruions par penitence. (M. s. J. p. 457.)

Or i *parra* qui ci ert pruz. (Ben. II, v. 2535.)
Ancui ferai ou tas tot por la soe amor,
Que tres par mi la broigne an *perra* la suor. (Ch. d. S. II, p. 115.)
Si loerent le roi Carlon
Qui desfendu en laisast son cors;
Si *parroit* li drois et li tors. (Phil. M. v. 9413-5.)
Et cil s'en vait cui *paroit* la boele. (R. d. C. p. 185.)
Tant an ot cravantez par delez .i. roion
Que desor l'erbe vert ne *paroit* se sanc non. (Ch. d. S. II, p. 130.)
Et à trop grant dolor montoie
Les hautes montaignes agues
Qui *paroient* desor les nues. (Dol. p. 252.)

Parfait défini: *paruit*, *parut*; imparfait du subjonctif: *parust*; participe passé: *paruit*, *paru*.

Et quant ons (lis . nos) eswardemes où il venoit, si nos *apparuit* une mervillouse humiliteiz. (S. d. S. B. p. 526.)

Li benigniteiz et li humaniteiz de Deu nostre salvuor, ce dist li Apostles, est *apparue*. Sa poxance *apparut* duvant en la creation des choses, et sa sapience *apparoit* el governement des choses ki creeies estoient.... Sa poosteiz avoit *apparuit* as Geus en signes et en miracles. (Ib. p. 536.)

La grant lance li a lez le flanc seelee:
D'autre part an *parut* .i. aune mesuree. (Ch. d. S. II, p. 118.)
Dex, à Marie Magdelainne
Vous *aparustes* tous premiers,
Et puis à vos apostoles chiers. (R. d. l. V. p. 250.)
Mais ainz que *parust* li matins
Se fu la danzele endormie. (Ben. v. 31483. 4.)
Ne s'est pas tantost *aparus*,
Car le seigneur vit en la salle. (R. d. C. d. C. v. 6567. 8.)

---

(1) M. Fr. Michel dérive *perge* du latin *pergere*, et le traduit par *aille*. Je ne sais alors quel sens il attache à ce vers, car le précédent exprime déjà l'idée que donnerait celui-ci, en rendant *perge* par *aille*.

> Et quant li jors est *aparus*,
> Li ber est caucies et vestus. (P. d. B. v. 1809. 10.)

Participe présent: *parant*.

> Par là où il s'an vont est bien *paranz* la trace. (Ch. d. S. II, p. 83.)
> Cele nuit se reposent, tant que jorz fu *parans*. (Ib. I, p. 208.)
> Sire, perdu avons, dit Berars, duremant:
> As eschieles est bien, ce veez, *aparant*. (Ib. II, p. 79.)
> Car l'emperere au couraige vaillant
> Dort molt à aise et molt seuremant
> Dedans Viane jusc'à l'abe *aparant*. (G. d. V. v. 3785-7.)

Reparoir:

Et au cheval *reparoit* auques que il avoit este espouronnes par besoing. (H. d. V. p. 172. IV.)

Le verbe *apparoir* a encore été employé par Labruyére: Ne faire qu'*apparoir* dans sa maison.

Comparoir, inusité aujourd'hui, même en termes de palais, s'employait fréquemment au XVIe siècle avec toutes les significations de *comparaître*, comme *apparoir*, avec celles de *apparaître*.

Cela couvroit grandement ceste deffectuosité; et qui plus est, faisoit davantage *apparoir* la gentillesse de son courage. (Amyot. Hom. ill. Ages.)

(Cleomenes) vuida les rues si bien que personne des ennemys n'y osa plus *comparoir*, à cause des Candiots et gents de traict qu'il y faisoit tirer. (Ib. ead. Agis et Cleomenes.)

Je crois devoir faire remarquer l'emploi de *apparoir* et *disparoir* comme verbes pronominaux. (Cfr. p. 42. l. 42.)

> Mes sire St. Jake en demainne
> Une autre nuit, com il dormoit,
> *S'aparu* e à lui dissoit:
> Biaus fius que fes? (Phil. M. v. 4753-6.)

Cet emploi était encore fréquent au XIIIe siècle, et, dans la langue fixée, il s'est même conservé pour *apparaître*.

Et dict on aussy que la nuict *s'apparut* à Sylla mesme en songe la deesse Bellone. (Amyot. Hom. ill. Sylla.)

Cestuy (Titus Latinus) eut une vision en dormant, par laquelle il luy feut advis que Jupiter *s'apparut* à luy. (Ib. ead. Cariolanus.)

Les austres disent que toutes ces choses là se font et se disent en remembrance de l'inconvenient qui advint à Romulus, quand il *se disparut*. (Ib. ead. Furius Camillus.)

Bossuet a dit: Il *s'apparait* à lui la belle idée d'une bonne vie.

PLEUVOIR (v. fp.), pluere.

Les formes infinitives de ce verbe étaient: en Bourgogne et en Picardie, *plovoir*; en Normandie, *pluver*; dans les dialectes mixtes, *pluveir*, *ploveir*. Ce n'est que tout à la fin du XIIIe siècle, que l'*o* s'assourdit en *ou*: *plouvoir*, forme qui resta fort longtemps en usage à côté de *pleuvoir*.

Le *v* de *plovoir* (pleuvoir) est une intercalation pour faire disparaître le hiatus qui existoit dans le radical latin. Cette intercalation est fort ancienne; les premiers textes de la langue d'oïl ne connaissent pas la forme simple. [1]

>Mais la nuis vint, solaus prist à sconser,
>Et si commence li airs à obscurer,
>Et à *plovoir* et forment à toner,
>Et cil esclistre l'un apres l'autre aler, (O. d. D. v. 6190-3.)
>Car tu verras si foudroier,
>Venter et arbres pecoier,
>Toner, *plovoir* et esparcir... (Romv. p. 527, v. 21-3.)
>Beau tens faiseit seri et cler,
>Cum senz *pluveir* e senz venter. (Ben. v. 7678. 9.)

Le présent de l'indicatif faisait *pluet*, *pluevent*; ainsi l'*o* s'y diphthonguait régulièrement en *ue*. On pourrait, il est vrai, expliquer aussi *pluet* comme dérivant directement du latin *pluit*, par suite de l'affaiblissement de l'*i* en *e*; cependant je préfère admettre la diphthongaison, non pas pour rester fidèle au système que j'expose, mais parce que l'*u* latin s'est écrit *o* dès les premiers temps de la langue, dans la Bourgogne et la Picardie. (Cfr. le provençal *plore*, l'italien *piòvere*, l'espagnol *llover*, le portugais *chover*.)

>He! Dex peres, dit il, par cui il *pluet* et vante. (Ch. d. S. II, p. 3.)
>Il ont à boivre et à mengier:
>Si ne lor chaut c'il *pluet* ou vente. (Ruth. I, p. 129.)
>De l'eve que les nues *pluevent*,
>Por soffraite de millor, boivent. (Chr. A. N. III, p. 56.)

Parfait défini: *plut*, *(plout)*; imparfait du subjonctif: *pleust*; futur: *plovra*; conditionnel: *plovroit*; participe passé: *pleu*.

>Cel matin *plut*, si fist molt lait. (R. d. l. V. v. 1358.)
>Ne cuit, c'onqes si fort *pleust*. (Romv. p. 528, v. 9.)
>Et quant onques plus i *plovra*,
>Li pavemens plus clers sera. (P. d. B. v. 829. 30.)
>La terre est mole, si ot i poi *pleu*. (R. d. C. p. 109.)

Outre *replovoir*, l'ancienne langue avait les composés:

1) *Aplovoir*, tomber comme une pluie, affluer, abonder:

E cume Absalon fist le sacrefise, ces ki od lui furent firent cunjureisun encuntre David. E li poples *apluveit* de tutes parz; e fud e se teneit od Absalon. (Q. L. d. R. II, p. 174.)

>Devert li veit, del autre part,
>La rive de Dieppe vestue

---

[1] Cfr. au contraire, *pluios* = pluvieux. (Ben. II, v. 1426.)

De la grant gent qui est venue,
E de par tot vient e *apluet*. (Ben. v. 21743-6.)
Le cri fist par la terre aler
Por les granz geudes assembler.
De par tot i sunt *apleues*,
Od fauz, od ars e od maçues. (Ib. v. 21374-7.)

Venir soudain, on ne sait d'où :
Sor ço lor est puis *apleus*
Uns diables qui fu perdus. (P. d. B. v. 2497. 8.)

2) *Enplovoir*, mouiller :

Ha! sire, ge ne m'en pris garde, et je le fis pour ce que je savoie bien que vos vendriez toz moilliez, et touz *enpleuz*. (R. d. S. S. d. R p. 45.)
Si fu Gerars molt bien *emplus*. (R. d. l. V. v. 1359.)

POUVOIR (v. fo.), posse.

Ce verbe a eu pour formes infinitives : *poor*, *pooir*, (= potere,[1] en Bourgogne et dans le sud de la Picardie ; *puer*, *poer*, en Normandie ; *poeir*, dans les dialectes mixtes ; *poir*, dans le nord-est de la Picardie.

Toutes ces formes syncopent le t[2] latin ; plus tard, on le remplaça par *v*, pour faire disparaître le hiatus qui résultait de la contraction du radical. Cette intercalation du *v* ne se montre que fort tard dans le XIIIe siècle, et encore les exemples n'en sont-ils pas communs ; sans compter qu'il est quelquefois assez difficile de décider si l'on doit lire *u* ou *v*. Quant à moi, je pense que l'*ou* des manuscrits est, dans la plupart des cas, un simple assourdissement de l'*o*, et non pas notre *ov*.

On a déjà vu plusieurs fois que la première personne du singulier du présent de l'indicatif des verbes forts ne correspondait pas aux autres formes renforcées. Tel est encore le cas pour la première personne du présent de *pooir* : *puis*.

Puys ou *puis* était la forme primitive de la Bourgogne et de la Picardie. Au lieu de *puis*, on a écrit quelquefois *pui* (Villeh. 451°) et, vers le milieu du XIIIe siècle, on remplaçait ordinairement, en Bourgogne, le *s* par *x*. (Voy. Substantifs t. I. p. 95.)

La Normandie avait *puus*, *pus* ou *puz* ; et, par la raison que j'ai donnée à l'occasion du présent de *trouver*, *puis* devenait *pois* dans les dialectes soumis en partie à l'influence normande.

La seconde et la troisième personne du singulier, et la troisième

---

(1) *Potesse* dans Térence, Lucrèce.

(2) Le *t* s'était permuté en *d*. M. Diez cite la forme *podibat* dans une charte du VIIe siècle (Marini pap. dipl. p. 100) ; les Serments ont *podir* ; le Fragment de Valenciennes, *podist* (l. 11 verso) ; et l'on trouve encore *poedent* dans la Chanson de Roland : Demurent trop, n'i *poedent* estre à tens. (p. 72. CXXXVI.)

du pluriel du présent de l'indicatif de *pooir*, renforçaient régulièrement l'*o* en *ue*, dans la Bourgogne et la Picardie: *pues* (plus tard *puez*, en Bourgogne), *puet*, *pueent*, qu'on écrivit souvent *puent*, au XIIIe siècle, rejetant ainsi l'*e* de la diphthongaison.

La Normandie propre avait à ces mêmes personnes: *puz*, *put*, *puent*; formes qui devinrent *poz*, *pot*, *poent*, sur les confins de cette province, au nord et au sud. Ces formes en *o* avaient pénétré, à la fin du XIIIe siècle, jusqu'au centre de l'Ile-de-France. Enfin, de même qu'on vient de voir *pois* pour *puis*, on trouve *poet* au lieu de *puet*. Je n'ai rencontré nulle part *poez* pour *puez*; on évitait probablement cette forme, parce que, dans les dialectes mixtes, elle aurait été tout à fait semblable à la seconde personne du pluriel.

Ex. Tot ceu ke ju doner li *puys* en mes chaitis cors, et assez est se ju ceu li done. (S. d. S. p. 549.)

Quels graces *puis* je rendre de la salveteit de mon airme à celui ki lo velin de detraction me mat davant? (Ib. p. 557.)

S'il voz en poise, bien m'en *puix* consirer. (G. d. V. v. 675.)
Par foi, dist il, je voi mervelles,
Qu'à grant painne le *puis* jon dire;
Je ne m'en *puis* tenir de rire. (L. d'I. p. 20.)
Sire, dist Carlemaines, ne *puus* lesser nel die. (Charl. p. 29.)
Se Deu ne(n) pense jo murrai,
Ne *puz* vivre (plus) lungement
A la dolur, al mal que sent. (Trist. II, p. 60.)
Vos savez bien ne *pus* issir,
Par vos m'en estuet revertir. (Ib. I. p. 47.)
Ocis e mort e encbaucie
Furent Franceis, ceo vos *pois* bien dire. (Ben. v. 3542. 3.)
Sel *pois* trover à port ne à passage,
Liverrai lui une mortel bataille. (Ch. d. R. p. 26.)

Et ceu faces tant cum tu *pues* par bone conscience. (S. d. S. B. p. 569.)
Baudoin, garde toi!
Trop te *puez* oblier avec fame de roi. (Ch. d. S. I. p. 120.)

De ço ne lur iert à guaires, kar tu suls *puz* estre acuntez pur dis milie. (Q. L. d. R. II, p. 185.)

Respundi David: *Poz* tu me mener là ù ti cumpaignun sunt? (Ib. I, p. 115.)

E si tu es en iceo pris
Sez de quei tu *poz* estre fis?
D'aler en enfer e descendre. (Ben. v. 6241-3.)
Tant par est tis nons eshanciez
Que mult par te *poz* faire lez. (Ib. v. 6547. 8.)

El chief est li fontaine de la divine pitiet, ke ne *puet* estre espusicie. (S. d. S. p. 562.)

Mainte chose samble contraire
A Jhesucrist que on *puet* faire
Molt bien, quant on i a pris garde. (R. d. M. p. 47.)
E dist li emperere: Ore gaberat Ogers,
Li dux de Denemarche, qui tant se *put* traveiller. (Charl. p.21.)
Car nuls hume ne me *put* garir
Fors sulement reïne Ysolt. (Trist. II, p. 53.)
E si alcuns vait enquerant
Pur que il sunt apele Normant,
Ci *pot* oïr la verite. (Ben. I, v. 663-5.)
Mais lisant sui e bien le sai,
Kar en l'estoire le trovai,
E creire le *pot* l'om senz faille,
Que plus dolerose bataille
N'out el regne ne puis ne ainz. (Ib. v. 27958-62.)
Mais or *poet* eist de fi saveir
Que li plus vaillant del païs
L'en unt auques eu defors mis. (Ib. v. 40240-2.)
Dient paien: Issi *poet* il ben estre. (Ch. d. R. p. 3.)

Ke *poons* nos dons dotter, puez ke cil est ensemble nos ki tot affait portet? (S. d. S. B. p. 572.)

Et nos, tant com la corruptions de la char nos appresset, ne *poons* en nule maniere la clarteit de la divine poance veir ensi com ele est en soi, senz muance. (M. s. J. p. 478.)

De cest chasticl aurons dangier,
Se nous ne nous *poons* vengier. (L. d'I. p. 22.)
Ceste bataille ben la *puum* tenir. (Ch. d. R. p. 49.)
Oiez, funt il, cum faite joie
Vos *poum* dire: l'ost s'en fuit. (Ben. v. 19759. 60.)
Savoir *poeiz*, molt ot le cuer ire. (C. d. V. v. 2588.)
D'une rien vos *poez* venter
Qu'en tot le siecle n'a son per. (P. d. B. v. 6429. 30.)
Par vos saveirs s'em *puez* acorder,
Jo vos durrai or e argent asez. (Ch. d. R. p. 4. cfr. 46. 124.)
Quant si compaignon l'ont veu,
Plus tost k'il *pueent* li ont dit:
Nous avons veu Jhesucrist. (R. d. M. p. 41.)
En nule guise
Ne *pueent* cil estre rendu. (R. d. l. V. v. 84.)
Et jurent Dieu qui se laisa pener
En sainte crois por son peule sauver,
Se Raoul *puent* en lor terre trover,
Seurs *puet* estre de la teste colper. (R. d. C. p. 81.)
. XI. milie chevalers *poeent* estre. (Ch. d. R. p. 118.)
Ja unt il tant del men que il nel *poent* porter. (Charl. v. 843.)

> A malvais port sunt arivez,
> Se or ne se *poent* d'els defendre. (Ben. II. v. 2340. 1.)

Outre ces formes principales et régulières, on trouve déjà, dans la seconde moitié du XIIIe siècle, le renversement de l'*ue* en *eu*, que la langue fixée a même admis à la première personne du singulier.

> Tu ne me *pueus*[1] navrer si malemant. (O. d. D. v. 11422.)
> Et queu femme le *peut* nourrir. (R. d. S. G. v. 3468.)
> Qui gaignier vuet, illuec faire le *peut*. (H. d. V. p. 224. XXXI.)
> Sauf ce que ce mes sires et ma dame de Flandres dessus dit....
> voloient ralongier le jour dou raport, il le *peuent* faire selonc ce qu'il lor plairoit et bon lor sembleroit. (1286. J. v. H. p. 438.)

M. d'Orelli (p. 195) cite une pareille forme, qu'il écrit à tort *pevent*. *Eu* est le renversement de *ue*, et c'est de *peuent* qu'on forma plus tard notre *peuvent*, par l'intercalation euphonique du *v*. L'éditeur du Roman du Chastelain de Couci est tombé dans la même erreur:

> Passerent oultre sans atendre
> Quanque chevaus lor *pevent* rendre. (v. 1189. 90.)

lis. *peuent*.

Dans l'exemple suivant, il faudrait peut-être lire aussi *peuent* au lieu de *povent*:

> Et les *povent* chascun an changier et muer tos quatre. (1282.
> M. et D. i. p. 460.)

Sinon, on doit écrire *ou*, parce que cette nouvelle forme en *o* reporte nécessairement à un infinitif *pouoir*, tout à fait en accord avec la prononciation un peu large de cette province.

La forme ordinaire du présent du subjonctif était dérivée de la première personne de l'indicatif *puis, pois: puisse, poisse*. En Bourgogne, on a eu, jusque dans le premier quart du XIIIe siècle, un présent du subjonctif formé par la diphthongaison de l'*o* radical avec *i* postposé: *poie*. Par suite de l'influence des formes de l'indicatif, l'*o* s'y changea bientôt en *u*, et on voit dans les Sermons de S. Bernard, qui donnent toujours *puist* à la troisième personne du singulier, la troisième du pluriel flotter entre *poient (poyent)* et *puient (puyent)*. La première et la seconde personne du pluriel de la forme *poie* se conservèrent cependant jusque dans le milieu du XIIIe siècle, parce qu'ici le présent de l'indicatif avait aussi *o*.

> Et il me doinst le jour veoir
> Que je *puisse* pooir avoir

---

(1) A dire vrai, la forme *pueus* conserve le renforcement primitif et admet en même temps le nouveau; c'est un tâtonnement d'orthographe.

Que je vous rende vo servise. (R. d. l. V. p. 205.)
Mais ne me puet el cuer entrer
Que j'onques celui *puisse* amer,
Ne pardoner mon mautalent,
Qui m'a sosduite à essient. (P. d. B. v. 4963 - 6.)

Puise. (G. d. V. v. 1319.)
Au dessevrer de moi ne sera à ton chois
Que *puisses* doner terre Alemanz ne Tiois. (Ch. d. S. II, p. 161.)
Si tu es entrepris de rien
Qui granment te *puisse* grever,
Et tu t'en *puisses* delivrer
Legierement, ne te chaut mie
D'atendre plus legiere aïe. (Chast. IV, v. 62 - 6.)

Tu varoyes k'il (ceux qui se noient) ceos tienent kes tienent, ne k'il par nule raison ne welent dewerpir ceu où il premiers *puyent* mettre lor mains, quel chose ke ce soit, ancor soit ceu tels chose ke ne lor *puist* niant aidier, si cum sunt racines d'erbes, ou altres tels choses. (S. d. S. B. p. 521.)

De vostre part doit il avoir loier,
Un riche don ou un garnemant chier,
Dont il se *puist* an l'ost le roi proisier. (G. d. V. v. 998 - 1000.)
Il n'est nule riens en cest mont
Que nus hom *puist* faire pour femme
Que je ne face pour vous, dame. (R. d. l. M. v. 122 - 4.)
Dont nus ne se puet tant pener
Que les milliers *puisse* nombrer. (P. d. B. 2335. 6.)
Torner lor *puise* à male perte! (Trist. I, p. 53.)
Beste n'en est ki *poisset* curre à lui. (Ch. d. R. p. 62.)
Quidez vous qu'il vivre *poisse*? (R. d. S. p. 10.)

Lo *posciomes*. (F. d. V. l. 33 v.) [1]

En telle maniere que nos en *poiens* fere nostre volunte. (1249. Th. N. A. I, 1042.)

Alons ferir sor ax sanz plus de demorer,
Si que nos tuit *puissiens* cest regne governer. (Ch. d. S. II, p. 108.)
Mes pur ço ke tant nus pechames
E de pechie nus encombrames,
Le nus estut espenir
Einz ke ci *puissuns* venir. (M. d. F. II, p. 477.)
Qui ne lor toudra plainement
Secors, vitaille e entrement

---

(1). Cet exemple prouve le cas qu'il faut faire de la remarque de M. Diez (II, 184), touchant les terminaisons *omes*, *om* (*um*, *on*), *ons*. *Om* (*um*, *on*), dit-il, se montre, *dans le fait*, plus tôt que *omes*, bien que ce dernier porte l'empreinte d'une plus grande ancienneté. Et comme preuves de l'apparition antérieure de *om*, il cite pêle-mêle des formes des Q. L. d. R., du R. d. R., de M. d. F. et du R. d. S. S. (!!) Voilà où l'on en vient, je le répète, en voulant soutenir un système imaginé à priori, et en ne faisant aucune distinction dialectale. *Om* n'est pas plus ancien que *omes* ou *ons*; *om*, *um*, *omes*, *ons* existaient simultanément, mais dans différentes provinces.

Tot, si ne nos preiseront gaire
Riens que nos ja lor *puissum* faire. (Ben. v. 19286-9.)

Nus n'avum ne pain ne el que à honuer li *poissum* presenter. (Q. L. d. R. I, p. 29.)

Nus et lui en ceste vie
Defende tuz jurz de vilenie
Et de peche,
Que aver *poissom* la compainnie
Que seint Thomas ad deservie
Par sa bonte. (Ben. t. 3. p. 509.)

Si prenez tout, jel vous otroie et quit,
Dont vous *puissiez* les soudoiers tenir
Qui vous deffendent, vous et vostre païs. (G. l. L. I, p. 8.)

Cist est voirement cist en cuy nen a nule chose ke desplaiset al Peire et dont sei oyl *poyent* estre ahurteit. (S. d. S. B. p. 552.)

Car ainsi plaist il à ols mismes, c'est k'il or *poient* faire franchement lor volenteit ensi ke nuls n'en parost. (Ib. p. 556.)

De ceu est ceu ke li altre l'arguent et reprennent et dient k'il soffrir ne *puient* la perece de sa tevor. (Ib. p. 567.)

Et quant cil del castiel l'entendent,
Ne sevent que il *puissent* faire. (R. d. l. V. p. 87.)

Nous otrions et volons, ke... li cuens de Gelre... li archeveske de Colongne.... *puissent* aleir et venir par tout en no terres segurement et sauvement. (1287. J. v. H. p. 454.)

Suz ciel n'ad gent ki plus *poissent* en camp. (Ch. d. R. p. 118.)

Le parfait défini avait pour formes: en Bourgogne, *poi;* dans l'est de la Picardie propre et le Vermandois, *poc;* dans le reste du dialecte picard, *peuc*, *peu;* en Normandie, *pou*. Lorsque l'on eut renversé la diphthongaison *ue* du présent de l'indicatif, le parfait défini picard se trouva être semblable aux formes fortes de ce temps; et il est à croire que cette identité d'orthographe hâta l'admission de la forme contracte *pus*, comme moyen de distinction. *P'ou* a été aussi employé dans le sud de la Champagne pendant la seconde moitié du XIIIe siècle.

Droit m'en offristes, ce ne puis je noier.
Por l'amendise *poi* avoir maint destrier. (R. d. C. p. 89.)

Ne *poc* jou cele part aler
Que vous ne me fuissies devant. (R. d. l. V. p. 22.)

De duel qu'en oi ne *peuc* mot dire. (Fl. et Bl. v. 2739.)

Et saces bien que tes paiens
Ai je conviertis pour lor biens
Quant jou *peu*, et encor ferai,
Se Dieu plest, tant com je vivrai. (Phil. M. v. 5308-11.)

Meis ne *peu* savoir qu'il devint,
Quel chemin ne quel voie tint. (R. d. S. G. v. 1869. 70.)

Neporqant plus isnellemant
Que je *pou*, et en tel maniere
Reving à la maison arriere. (Dol. p. 259.)

Pur ço que enveias tes messages pur cunseil demander à Belsebud le deable de Acharon, ensement cume Deus ne fust pas en Israel de qui *pous* cunseil demander, pur ço del lit ù tu es aculchiez ne leveras, einz i murras. (Q. L. d. R. IV, p. 346. 7.)

Certes repris fut Saulus; ne *pot* covrir son malice, ne nel *pot* denoier. (S. d. S. B. p. 555.)

Mort l'abatit, ne li *pot* faire pis. (G. d. V. v. 507.)
Il ne sout que ceo fud, nel out de luign apris,
Ne *pout* ester sur pez, sur le marbre s'asist. (Charl. p. 16.)
Quis e deschaciez fu assez,
Mais unc ne *pout* estre trovez. (Ben. v. 9620. 1.)
Cis tint quanque ses peres ot,
Moult *peut* et valu et moult sot. (Phil. M. v. 13997. 8.)
Lonc tens l'avomes espie,
Ainc mais avoir ne le *peusmes*,
Tant agaitier ne le scusmes. (Ben. t. 3. p. 515.)
Nous essaiemmes et veismes
En toutes choses que *poimes*
Que nus le pourroit essaier. (R. d. S. G. v. 3607-9.)
Onkes contre alz ne nos tenismes,
Ne desfandre ne nos *poismes*. (Dol. p. 240.)
Primes nus en *poumes* conforter e aitier. (Th. Cant. p. 70. v. 11.)
Là *poistes* conquerre vostre pris de legier. (Ch. d. S. I, p. 227.)
Kar me faites, fait il, saveir.....
U trovastes defendement
Ne ù eustes arestement,
Cum *poustes* eschaper. (Ben. v. 6016. 19-21.)
Merveille fu que par enbler | *Peustes* tel chose aüner,
Quer unques n'en fustes retez,
Que nos seusson, n'escriez. (Chast. XXI. v. 43-6.)

Or ne *porent* il veoir que mais puist remaindre sans bataille à ceu que lor anemis sont si pres d'eus sur une bruiere. (H. d. V. 494ᵇ.)

Au mur montent plus tost que *porent*. (R. d. l. V. p. 86.)
Es vus à tant un char errant,
Li bovier qui vindrent devant
Ne *peurent* l'ome trestornier
Ne les bos *peurent* desturbier. (St. N. v. 776-9.)
Plus tost k'il *peurent* sont retorne. (R. d. M. d'A. p. 14.)

Rasin li reis de Syre e Phacee le fiz Romelie li reis de Israel vindrent à Jerusalem, si l'asegierent, mais ne *pourent* pas prendre le rei à cele feiz. (Q. L. d. R. IV, p. 396. 7.)

Au lieu de *pot*, on trouve *polt*, qui dérive de *pollere:*

De kai me *polt* om plus solacier ke del douz nom de salveteit? (S. d. S. B. p. 548.)

Le présent a aussi des formes semblables.

Imparfait du subjonctif: *peuisse* (*peuise*, Th. fr. M. A. p. 109), *peusse* (*peuse*, Trist. I, 108); *pusse* (*puce* Trist. II, 53), *poisse pousse*.

> Sie ne me seroit jamais hons
> Que je m'i *peuisse* acorder,
> Ne je ne me puis concorder
> Que nous *peuissions* estre ensamble
> Par mariaige, che me samble. (R. d. M. p. 23.)
> Si m'a conmande et enjoint
> Que sans cesser je vous quesisse
> Et où que trouver vous *peuisse*. (R. d. C. d. C. v. 6543-5.)
> Sire, fait il, n'ai mais fiance
> En rien fors en Deu e en vos,
> Coment je *peusse* estre rescos. (Ben. v. 33125-7.)
> Or vos fail de covant, ma foi vos ai mentie;
> Mes se *poisse* vivre, bien l'eusse acomplie. (Ch. d. S. II, p. 133.)
> Ne m'a laissie qi vaille en seul denier,
> Ne borc ne ville, ne castel ne plaissie,
> Ne tant de terre où je *pusse* coucher. (O. d. D. v. 3387-9.)
> Od cez, si lor amor eusses,
> Te di.de veir que tu *peusses*
> Totes les terres seignorier
> Des munz en çà desqu'en la mer. (Ben. v. 15120-3.)

En ka me *poist* il plus loer sa benigneteit k'il fesist en ceu k'il ma char receut? (S. d. S. B. p. 547.)

Et soi mimes avoit il crucifiet al munde; car teil soi volt il faire en lui ke li mundes nel *poust* alsi com mort amcir. (M. s. J. p. 465.)

E ruvad que il esleist quel membre que il volsist que il le *poust* mustrer à nostre Seignur. (Q. L. d. R. II, p. 217.)

> Ceci au meins bien cuidions,
> Qu'en terre ne venist nus hons
> Qui de cors de femme naschist,
> De no pooir fuir *pouist*. (R. d. S. G. v. 3535-8.)
> Et pour çou que çou fust estable,
> I mist son saiiel delitable
> Li rois, pour mious aconfermer
> Que nus om nel *peuist* fauser. (Phil. M. v. 2518-21.)
> N'est nus ki le *peuist* conter
> Ki ne convenist mesconter. (R. d. M. p. 34.)
> Molt estoient en grief torment,
> Et trotoient si durement
> Qu'il n'a el mont sage ne sot

Qui *peust*[1] soffrir si dur trot
Une lieuete seulement. (L. d. T. p. 78.)
Bon feroit tel voie trover
Que la *peussiens* delivrer. (R. d. l. M. v. 3745. 6.)
N'avum nos gent, force e leisir | Que ço lor *peussum* tolir,
Qu'assis fusses de tutes parz ? (Ben. v. 19282 - 4.)
Si nos aidez de Rolland li marchis
Par quel mesure le *poussum* hunir. (Ch. d. R. p. 25.)
Là *peuissies* oïr grans bruis. (L. d'I. p. 17.)
Car à plus bel ne à mellor
Ne *peussies* avoir amor. (P. d. B. v. 4921. 2.)

Et ensi avient par grant dispensation ke li bien ki *poissent* estre atennueit se il fuissent acomplit, creissent par mi ce ke il sont arier mis. (M. s. J. p. 466.)

Senz cest ordre, senz ceste gent,
Ne sai mie com faitement
Li autre *peussent* durer. (Ben. v. 11103 - 5.)
Si fil que grans noris avoit
Peuissent bien vengier leur pere,
Mais il ne vorent par misere. (Phil. M. v. 1403 - 5.)

Et s'il avenist chose, ke li devant dit procureur ne vosissent u *peuissent* le dite cause poursuir duskes en le fin..... (1288. J. v. H. p. 474.)

Cunseil quistrent cume *poussent* e deussent l'arche ariere envoier. (Q. L. d. R. I, p. 20. cfr. p. 36.)

Je passe aux exemples de l'imparfait de l'indicatif, du futur et du conditionnel.

Volentiers de rehaiteroie
Ce dist li rois, se jo *pooie*. (L. d. M. p. 45.)
Li chambellains li dist, por veir,
Se *poeie* l'ore saveir,
Je le fereie si lier
Qu'il ne nos *porreit* domagier. (Chast. XXVI. v. 55 - 8.)
Se tu *pouoies* entraitier
La damoiselle nullement,
Si li di tout hardiement... (R. d. C. d. C. v. 2970 - 2.)
Mais il orent si forte tiere
C'on nes *pooit* vaincre par guerre. (Phil. M. v. 178. 9.)
E s'il li *poeit* faire ennui,
A ce sereit mult ententis
Toz les jorz mais qu'il sereit vis. (Ben. v. 14240 - 2.)
S'or li *poions* par bataille tolir
Cel grant navilie.... (O. d. D. v. 315. 6.)

---

(1) Je trouve *puest* dans une charte de 1270, J. v. II. p. 404; *puessent*, M. d. F. I, p. 43; etc. Sont-ce des fautes de lecture, ou des formes picardes du présent du subjonctif, formées, dans la seconde moitié du XIIIe siècle, d'après l'analogie de celles de l'indicatif?

S'à Karlemaine me *poiez* acourder,
Ainz demain vespre vos en laroie aler. (G. d. V. v. 934. 5.)
Seurement *pooient* nostre Franc chevauchier,
Tant comme furent vif li noble chevalier. (Ch. d. S. II, p. 152.)
Or lor avint un jor eissi
Que tot lor vivre lor failli,
Fors qu'un poi de ferine aveient
Dont un sol pain faire *poeient*. (Chast. XVII. v. 8-11.)
Volentiers à eus palleroient,
S'il ensemble avoir les *pouoient*. (R. d. S. G. v. 1399-1400.)

L'éditeur, M. F. Michel, écrit *povoient;* mais, comme on va le voir, le même texte porte au futur et au conditionnel: *pourrai, pourroie;* ce qui prouve que l'*ou* du manuscrit est un simple assourdissement de l'*o*. Ce sont ces formes en *ou* qui ont donné naissance aux nôtres, par l'intercalation euphonique du *v*. Cette remarque s'applique à la forme *pouoies*, citée plus haut, que Crapelet écrit aussi avec un *v: povoies*.

Car nule rien tant ne desir,
Dist la vielle, com mal à faire:
Des or m'en *porrai* bien refaire. (R. d. l. V. p. 29.)
Dunc valent mielz Abana e Pharphar, les eves de Damasche, que tutes les eves de Israel ù jo me *purrai* baigner e guarir? (Q. L. d. R. IV. p. 362. 3.)
Se ço n'est veir ke jo te di,
Dire *porras* ke j'ai menti. (R. d. R. v. 15216. 7.)
Mais où *porat* estre atroveie cele neis ke si granz ondes et si forz puist sostenir et estre seure en si grant peril? (S. d. S. B. p. 569.)
Il l'aimme tant ne s'en *porra* garder
Qu'il n'en menjust, ce *porra* lui peser. (Ch. d. R. Intr. XXVI.)
Set anz i *purrat* estre, né serrat remue. (Charl. p. 13.)
Lons tans *porrons* tenir an pais noz herite(z). (Ch. d. S. II, p. 39.)
Oliver frere, cumment le *purrum* nus faire? (Ch. d. R. p. 66.)
La *pores* faire vo desir. (L. d'I. p. 14.)
Tuit morrez à dolor, n'an *porrez* eschaper,
Se Dex m'amaine cez que je ai fait mander. (Ch. d. S. II, p. 129.)
Ensi par les vertus devines
Porront de petites rachines
Naistre grans pules crestiains. (R. d. M. p. 47.)
Judas leur mist le jour, pour voir,
Comment il le *pourront* avoir,
Et en quel liu le trouverunt. (R. d. S. G. v. 299-301.)
Mais je ne *poroie* retraire
Les maus que trai pour vous et tir... (R. d. l. V. p. 22.)
Se bestes le mengoient, g'en *porroie* avillier. (Ch. d. S. II, p. 89.)
Ne sai, fait il, se je vos ottrei | Ce que ci requerez vers mei,

Cum j'en *porrcie* vers paiens
Ovrer n'avenger à nul sens. (Ben. v. 23079-82.)
Ne je ne le *pourroie* feire. (R. d. S. G. v. 930.)
N'i auras pas tel destorbier
Com tu *porroies* or avoir. (Trist. I, p. 51.)
Tu nes *purreies* guverner. (M. d. F. II, p. 386.)
Ha! bele fille, si ne t'en *pourroies* tenir? (R. d. S. S. d. R. p. 47.)
Ke ceste aroit à moilier et à per,
Bien *poroit* dire de bon ore fu neiz. (G. d. V. v. 741-2.)
Nus hom ne *porroit* pas descrire
Vostre biaute ne bouce dire. (Fl. et Bl. v. 731. 2.)
Sa grant valor kil *purreit* acunter? (Ch. d. R. p. 21.)
Et qui de lui *pourroit* trouver
Aucune chose et aporter... (R. d. S. G. v. 1159. 60.)
Car tel roïne recouvrer
Ne *poriens* en tout le mont
De toutes celes qui i sont. (R. d. l. M. v. 4108-10.)
U ci *porrium* mais atendre
E le tens gaster de despendre. (Ben. v. 19293. 4.)
Pilates est mout vaillanz hons,
Plus que dire ne *pourrions*. (R. d. S. G. v. 1137. 8.)
Atandez vostre gent, trop vos poise la pance:
Ne *porriez* monter à cheval sanz grevance. (Ch. d. S. II, 29.)
Ne *poriies* longhes garir. (R. d. S. S. v. 413.)
Plus *purriez* conquerre par vostre humilite.
(Th. Cant. p. 72. v. 28.)
Remenront les contesses o les cors seignoris,
Qar sosfrir ne *porroient* l'errer ne les durs lis.
(Ch. d. S. I, p. 87.)
Ainz fist comander que ses genz
Passassent, quant venuz sereient,
Apres lui cum plus tost *porreient*. (Ben. v. 40384-6.)

Et distrent tout premierement à leur conseil que il iroient par Babiloine, pour ce que miex *pouroient* Sarrasins destruire par Babiloine que par autres terres. (Villeh. p. 9. XVIII.)

Je citerai en dernier lieu une forme picarde de la fin du XIIIe siècle, où l'o est diphthongué avec *i*:

Mes sires et ma dame de Flandres dessus dit en *poirroient* dire lor volonte. (1286. J. v. H. p. 438.)

Cette diphthongaison n'est pas rare. (Cfr. le provençal *poiria*.)

Participe présent:

Mult est *poanz* seint Nicholas. (St. N. v. 1130.)

Cfr. Dunkes cant li *toz poanz* Deus soi demostret à nos parmi les craveures de contemplation, ne parolet mie à nos, anz runet. (M. s. J. p. 478.)

Encontre lo juste et lo *tot poant* jugeor. (Ib. p. 489.)

Remarquez la locution:

> Et je *qu'en puis* se je m'esmoie. (Ruth. I, p. 6.)

c'est-à-dire *je n'en puis mais*.

Pouvoir n'avait que deux composés: *entrepooir* et *repooir*.

> Or *repoions* l'estor recommancier. (G. d. V. v. 2988.)

ESTOVOIR (v. fo.).

Estovoir, verbe impersonnel, signifiait *falloir, convenir, être important, être nécessaire*. Il n'est pas facile de retrouver l'origine de ce mot. M. Diez (II, 208) pense que le parfait défini du verbe *ester*, formé d'après le latin *steti*, a donné lieu à un nouvel infinitif, composé selon l'analogie de la plupart des verbes à parfait en *ui*: *estovoir*; d'où un nouveau présent régulièrement renforcé: *estuet*. Cette interprétation me paraît forcée; je crois qu'il faut rechercher la racine d'*estovoir* dans l'allemand, et ici se présente le verbe faible *stuoan, stowan? stuên*, qui répond peut-être à toutes les exigences.

Voici des exemples des différents temps de ce verbe, qui se conjuguait comme *pouvoir, mouvoir*.

> Niez Olivier, por Deu le droiturier,
> Ceste bataile vos *estuet* à laisier. (G. d. V. v. 1993. 4.)
> Mais puis que il (vostre mari) est trespasses,
> Et atendu aves asses,
> Et que remese estes sans oir,
> J. autre vous *estuet* avoir. (R. d. M. p. 27.)
> Li oel li troblent, si l'*estuet* trebuchier. (R. d. C. p. 77.)
> Ci se partent tant bon vassal
> De cest siecle senz revertir
> A qui les cors *estoet* partir. (Ben. v. 5318-20.)
> Si Ebalus se fist irie
> Ceo n'*estoet* mie demander. (Ib. v. 5542. 3.)
> A Rou le vunt nuncier e dire.
> S'il out anguisse e dol e ire
> Ceo nen *estot* ja demander. (Ib. II, v. 753-5.)
> En France, à mun realme m'en *estut* returner. (Charl. v. 217.)
> Les napes metent sergant et despencier.
> Au dois s'asient li vaillant chevalier.
> Qui qu'en mengast Ybers l'*estut* laissier. (R. d. C. p. 76.)
> Nus hom ne te puet garantir
> Qu'il ne t'*estuise* morir. (Brut. v. 1385. 6.)
> En vos me met del revenir,
> Que moi n'*estuisse* à duel morir. (P. d. B. v. 7699. 700.)

Que de falt ci entur mei? pur quei te *estuce* vers ta terre aler e partir de mei? (Q. L. d. R. III, p. 278.)

Ne ert tant fort le estache ke nel *estucet* briser,
E le palais verser, vers terre trubucer. (Charl. v. 524. 5.)
Grant paor ont dedanz nes *estuese* afamer. (Ch. d. S. II, p. 107.)

On lor rendi... la Pulmach, qui seoit sur un lac d'aigue dolce, un des plus fort chastiaus et des meillors que il *esteust* querre. (Villeh. 470°.)

(Puis s'aperchut) que il out ses messages envecz à Sua le rei de Egypte pur requerre que il le delivrast del rei des Assiriens, que ne li *esteust* cest treud rendre. (Q. L. d. R. IV, p. 401.)

  Ne se peust longes desfendre,
  Ne l'*esteust* morir u rendre. (P. d. B. v. 8981. 2.)
  Et cele clacicle [1] guardoit
  En .i. escrignet k'il avoit
  Quanqu'*estevoit* à monniage. (Ph. M. v. 14375-7.)
  Kant vi ke morir l'*estuveit*. (R. d. R. v. 5891.)
  Or m'*estovra* [2] sofrir fortune,
  Trop m'aura fait mal et rancune. (Trist. 1, p. 15.)
  Or m'*estevra* hiaume lacier,
  Ki me deuisse solacier;
  Or m'*estevra* escut porter,
  Si m'en deuisse deporter... (Ph. M. v. 8702-5.)
  Et se vous en aves envie,
  Deporter m'en *estavera*. (R. d. l. V. v. 3044. 5.)

De vostre pecunie frad sun plaisir, sers serrez sil vus *estuverad* suffrir. (Q. L. d. R. I, p. 28.)

  Li reis Marsilie de nos ad fait marchet,
  Mais as espees l'*estuverat* esleger. (Ch. d. R. p. 45.)
  ... Quant il oi et sot l'agait
  Qu'Artus avoit contre lui fait;
  Vit que combatre li *estovroit*... (Brut. v. 12864-6.)
  Ne vos puis lor duel aconter,
  Trop m'i *estevroit* demorer. (P. d. B. v. 7645. 6.)

Les exemples du futur et du conditionnel donnent les différences dialectales de la forme de ce verbe: *estovoir, estevoir, estavoir, estuver;* plus tard, l'*o* s'assourdit en *ou: estouvoir.*

Le composé *restovoir* était aussi en usage.

SAVOIR (v. fo.), sapere.

Ce verbe avait pour formes: *(savor) savoir,* en Bourgogne et au sud de la Picardie; *savir* [3], dans le nord-est du dialecte picard; *saver,* en Normandie; *saveir,* dans les dialectes mixtes. *Savir* se perdit de très-bonne heure, et fut remplacé partout

---

(1) Petite clef.
(2) *Estovira* (P. d. B. v. 6617) est-il exact? On lit partout ailleurs, dans ce texte, *estevra* (v. 9007), etc.
(3) *Savir* se trouve déjà dans les Serments.

par la forme en *oir*. On trouve encore *savoer* (M. d. F. II, p. 219), qui n'est qu'une variante orthographique de *savoir; saveier* (Chast. II, v. 50) et *saveer* (M. d. F. II, p. 448), formes créées pour la rime d'après l'analogie du verbe *voir*.

Giers-al homme est la voie repunse, car ensi met il commencement à sue oevre ke il ne puet *savoir* l'eissue de le fin. (M. s. J. p. 469.)

<blockquote>
Quant li dus le voit sainne en vie
De nule riens n'a tel envie
Comme d'oïr et de *savoir*
De s'aventure tout le voir. (R. d. l. V. p. 60.)
Alez à cel crucified,
Saver u non s'il est devie. (R. d. S. p. 10.)
Li quens Rollans, quant il veit Sansun mort,
Poez *saveir* que moult grant doel en out. (Ch. d. R. p. 62.)
</blockquote>

Le présent de l'indicatif de *savoir* était régulièrement fort. La première personne du singulier a d'abord été *sai*, en Bourgogne et en Picardie, tandis que la voyelle *a* se diphthonguait en *ei* à la seconde et à la troisième du singulier et à la troisième du pluriel. Le dialecte normand avait de même, sans diphthongaison, *sa, sez, set, sevent*. Le renforcement *ei*, comme je l'ai déjà fait observer, était moins stable que *ie;* aussi, dès le milieu du XIIIe siècle, trouve-t-on souvent, dans l'Ile-de-France surtout, des orthographes en *e* pur, et vers 1300, elles étaient, pour ainsi dire, d'un emploi général. C'est à cette époque aussi qu'on prit l'habitude d'écrire *sc* au lieu de *s*, plutôt pour renforcer le son initial, que par influence du latin *scire*.

Au lieu de la diphthongaison *ei*, on trouve *ie* à la troisième personne du singulier, dans plusieurs textes de la Touraine et de l'Orléanais occidental. Ces provinces, on le sait, conservaient fort souvent les formes normandes, et le renversement de *ei* en *ie* ne provient ici que du besoin de distinguer *seit* de *savoir*, de *seit*, troisième personne du singulier du présent du subjonctif de l'auxiliaire *être*.

Ju ne me juge mies, dist il, car ju ne me *sai* de nule chose consachaule. (S. d. S. B. p. 570.)

<blockquote>
Mes je' ne *sai* oncor an cest mont hom ne,
Par cui il peust estre de son cheval verscz. (Ch. d. S. II, p. 14.)
Uncore en *sa* jo un ki plus se fait leger
Quant il porte corune entre ses chevalers. (Charl. p. 1.)
</blockquote>

Cfr. R. d. l. M. v. 1560.

Je suys cil de cuy ta lois anoncet k'il Nazareus serat apeleiz: mais tu ne *seis* ancor mies ke ceu soit aemplit. (S. d S. B. p. 558.)

Et tu *seiz* que entraprocier
Se suelent la gent d'un mestier. (Chast. III, v. 127. 8.)
Tu ne *sez* mais gesir fors an chans et an bois.
(Ch. d. S. I, p. 148.)

Sez tu que nostre Sires ravirat tun seignur à cest jūr de vie? (Q. L. d. R. IV, p. 347.)

Ses tu, bons rois, por saint Nicols,
Pour coi l'en fait la feste as fols. (R. d. S. S. v. 2346. 7.)
Atant vous en deves tenir,
Il *seit* les choses à venir,
Bien en deves estre asseur. (R. d. M. p. 44. 5.)
Ço *set* hom ben que jo sui tis parastres. (Ch. d. R. p. 12.) [1]
Si unt il fait si faitement
Et si tres dolerosement
Que hom ne vos *siet* conter ne dire. (Ben. v. 8638-40.)
Fort s'atorne e fort s'apareille,
A ce entent e à ce veille;
Bien *siet* sur lui ira li dux,
E si fist il, ne targa plus. (Ib. v. 32484-7.)

Cfr. ib. I, v. 1357: II, v. 461, etc.

Quant nos les pechiez laissons et à justice tendons, si *savons* nos dont nos venons, mais nos ne *savons* ù nos parvenons; bien *savons* queil nos fumes hier, mais nos ne *savons* queil nos serons demain. (M. s. J. p. 468. 9.)

Plus ont ja gent que nos n'avons,
Et plus *sevent* que ne *savons*. (P. d. B. v. 2389. 90.)

Et *savez* coment? (Villeh. 463ª.)

Vous *saves* bien que je voel dire. (L. d'I. p. 9.)
Mais vos veez e *savez* bien,
Si vos nel poez traïr
E son orguil desavancir,
Qu'il chascon jor vers vos atise.... (Ben. v. 21055-8.) [2]

Quels choses est si senz malice cum est li agnels et li colons? il ne *seyvent* à neluy faire mal, il ne *seyvent* faire grevance. (S. d. S. B. p. 552.)

Poc *sevent* ores com il m'est avenu. (G. d. V. v. 3840.)
Or *sevent* tuit petit e grant
Quel quor avez et quel talant. (Ben. v. 9314. 5.)
Cil ne *saivent* ke fere, ne *saivent* ù fuir. (R. d. R. v. 799.)

Cette diphthongaison *ai* n'est pas des bons temps de la langue.

---

(1) En parlant des phrases impersonnelles, M. Diez (III, 181) rappelle le verbe *sedere*, et il cite, à cette occasion, la phrase: *Ço set hom bien*, avec le renvoi *Rol.* 12, c'est-à-dire Chanson de Roland, p. 12. *Ço set hom ben* (et non *bien*) se trouve deux fois dans cette page; mais les deux fois, *set* est la troisième personne du singulier du présent de l'indicatif de *savoir* et non de *seoir* (*sedere*). Voici le second exemple: *Ço set hom ben, n'ai cure de manace*.

(2) La Chanson de Roland, p. 45. str. LXXXVIII, donne *saives*, forme certainement inexacte dans un texte normand de cet âge.

On a vu *vois* pour *vai;* on trouve de même *soi* pour *sai.* V. Trist. I, 91.

Le subjonctif présent était d'abord régulièrement fort: *saiche, saiches, saichet, sachions, sachiez, saichent.* Ces formes sont bourguignonnes; le dialecte picard avait *sace, saces, sace, sacions, sacies, sacent;* le normand *sache, saches,* etc.

La diphthongaison bourguignonne se troubla de bonne heure. Au fur et à mesure que le dialecte picard empiète sur celui de bourgogne, on la voit se perdre dans l'ouest; tandis qu'à l'est de la Champagne, en Lorraine, en Franche-Comté, elle avait gagné, vers le milieu du XIIIe siècle, la première et la seconde personne du pluriel. Au commencement du XIVe siècle, les formes non renforcées, qui sont celles de la langue fixée, étaient, pour ainsi dire, les seules en usage.

Le *ch* et le *c* de *saiche, sache, sace,* sont l'*i* épaissi et chuinté du latin *sapiam.* Dans la seconde moitié du XIIIe siècle, on trouve quelquefois *g* au lieu de *c,* dans l'Ile-de-France.

Dame, dist il, vos dites verite.
Il n'ait si belle an la crestiante,
Ne jusc'ai Rome, ce *saichiez* par verte,
N'en aillors, ke je *saiche.* (G. d. V. v. 1821-4.)
Fisique ne puet mal garir
Dont jo ne *sace* à cief venir. (P. d. B. v. 4589. 90.)
Mult me desdaing, mult me mervel·
De ce que tu prans tel consel
De prandre contre Rome estrif,
Tant com *saces* un Romain vif. (Brut. v. 10927-30.)

Ceste merveilluse multitudine de pople que tu as veue te liverai à cest jur de ui, que tu *suches* veirement que jo sui Sires forz e poestifs. (Q. L. d. R. III, p. 324.)

Petiz enfes est, ki ligierement puet estre apaisanteiz, car nen est nuls ki bien ne *saichet* ke li enfes pardonet legierement. (S. d. S. B. p. 549.)

Mais li ordenes des continens trespesset à pont, et nen est nuls ki bien ne *saichet* ke ceste voie ne soit plus bries et plus legiere et plus seure. (Ib. p. 567.)

Ainz ke nul le *sachet* u l'oie,
Arunt il mut de lur buns fait. (M. d. F. I, p. 86.)
Nus des lions ne l'atouca
Por rien que il lor *sace* faire. (Fl. et Bl. v. 956. 7.)
Nus ne maintint, que nos *sachons,*
Plus jor saintes religions. (Ben. v. 40917. 8.)

Por ceu voil bien, chier freire, ke vos *sachiez* ke tuit cil enseuent l'anemin avuertement, ki aucune chose de la sainte Escripture traient maliciousement et orguillousement à lor sens. (S. d. S. B. p. 573.)

Le plus tres biel que vous *sachies*
Ignaures li prus, l'ensaignies:
C'est cil à cui je sui donnee. (L. d'I. p. 9.)
Sire, fait il, çou voel k'aies
Et Blancellor gre en *sacies*. (Fl. et Bl. v. 1475. 6.)
Afublez çà chape de laine,
Que ja nel *sachent* vos veisins. (Ben. v. 31311. 12.)
Sunez vos graisles que mi paien le *sacent*. (Ch. d. R. p. 121.)

Impératif: *saches*, *saces*, *saiches*; *sacies*, *sachez*

Sire, funt il, *saches* e veies,
Apren e reconois e creies.... (Ben. v. 20276. 7.)
Mais ceo *sachez*, cil de Teleres
Lor en i metent maint en bieres. (Ib. v. 28418. 9.)
Amis, par verite provee
Sacies que jou sui ses maris. (Chr. A. N. III, 65.)
Este ont an grant paine longement, ce *suchois*.
(Ch. d. S. 1, p. 105.)
Et *sachiez* bien, se biauz servirs ne ment....
(C. d. C. d. C. p. 53.)

Le parfait défini, dérivé de *sapui*, a eu pour formes: en Bourgogne, *saui*, *sau*, ensuite *soi*; en Picardie, *seui*, *seuc*, *seuch*, *seu*; en Normandie, *su (sui)*, *sou*. (Voy. *devoir*.) Comme à l'ordinaire, en Picardie, au lieu de *i*, on écrivait, au XIIIe siècle, *c*, *ch*: *seuc*, *seuch*, qui devinrent *seu* en passant dans l'Ile-de-France et, en général, dans le nord du dialecte bourguignon. La forme bourguignonne primitive *saui*, *sau*, ne fut pas de longue durée; dès le premier quart du XIIIe siècle, on avait permuté *au* en *o*: *soi*. *Sapui* avait donc subi les changements: *saupi*, *saui*, *soi*, en Bourgogne; *seupi*, *seui*, en Picardie. Au milieu du XIIIe siècle, on se servait aussi de *sou* en Champagne. (Voy. *avoir*, parf. déf. t. I, p. 250.)

Il moi plaist ke ge ne *sau* ce ke ge demandai, quant moi avint en si grant subtiliteit aprendre ce ke ge ne *sau*. (S. Grégoire. Roquefort. s. v. *sau*.)

Tant que je fui meschins et jovencel,
Soi je molt bien maintenir mon cenbel,
Et de ma lance à droit porter le fer. (R. d. C. p. 229.)
Jakes, li sains de Composticle,
Toli mes homes la boiele,
Et si m'aveuli de mes ious,
Ne *soi* que fu tiere ne cious. (Phil. M. v. 12313-6.)
.Vij. anz toz plains i ai jai converse:
Ainz ne *sou* mais cest chamin par verte. (G. d. V. v. 3645. 6.)
Ainc mais ne *seuc* que fu amour,
Ne meller ne m'en voel nul jour. (R. d. l. M. v. 1771. 2.)

Les sept ars tot premiercment
Apris et *seuc* parfitement. (P. d. B. v. 4581. 2.)
Ne vi ne *seu* et si l'enquis. (R. d. S. G. v. 1368.)
(Tu) Ne bien faire ne me *seuis*. (Phil. M. v. 3067.)
Li rois le *sot*, molt l'en pesa,
Mander le fist, à lui parla. (L. d. M. p. 45.)
Ignaures, ki cel engien ne *sot*,
A une d'eles s'en ala. (L. d'I. v. 226. 7.)
Li rois *sout* s'aise e sa puissance | E vit sa fiere meschaance,
Sout sun esforz e qu'il pout faire. (Ben. v. 6207-9.)
Il ne *sout* que ceo fud, nel out de luign apris,
Ne pout ester sur pez, sur le marbre s'asist. (Charl. v. 386. 7.)
Moult *seut* de consel et de lois. (P. d. B. v. 2485.)
Ensi fist bien, et si nel *seut*. (Chr. A. N. III, 100.)

A la fin du XIIIe siècle et au XIVe, on diphthongua souvent les formes *sot*, *seut* avec *i*, de la manière suivante:

Li reis out conseilliers, si *sieut* tut lur afaire. (Ben. t. 3, p. 588.)
Mais il *soit* molt bien la contree. (R. d. S. S. v. 4914.)
Par Perinis, li franc meschin,
Soit Tristran novel de s'amie. (Trist. I, p. 145.)
N'onc ne *seumes* que Deus est. (Ben. v. 24334.)
N'eusmes pas longues erre
Que nos fumes si esgare,
Ne *seusmes* quel part aler,
Tote nuit nos estut foler. (Chast. XVI, v. 29-32.)

Dun ne *seustes* que l'um lance legierement les darz del mur e des kernels? (Q. L. d. R. II, p. 156.)

Vus le *soustes* e oistes
E vus le uveraine consentistes. (Trist. II, p. 121.)
Quant paien *saurent* que Juliiens fu pris,
En fuie tornent molt forment entrepris. (R. d. C. p. 307.)

Il virent li gonfanon Saint Marc de Venise en une des tors, et mie ne *sorent* qui l'y porta. (Villeh. 452ᵈ.)

La chose unt tost faite saveir.
Adunc *sorent* bien qu'out dit veir
Li clerzuns. (Ben. I, v. 1333-5.)
Plus savoit la vielle d'engien
Qu'entre Tessale[1], ne Brangien
Ne *sourent* onques, ce m'est vis. (R. d. l. V. v. 513-5.)

La nuvele vint al rei des Assyriens, si li dist l'um que pur ço que il ne *sourent* la lei al Deu de cele terre, lur vint sure tele pestilence e tel flael. (Q. L. d. R. IV, p. 403.)

Cume li paisant *surent* que li reis Nabugodonosor out fait Godolie maistre de la terre... (Ib. ead. IV, p. 437; cfr. I, 88.)

---

(1) Voy. sur ce mot la note de M. F. Michel.

Tant en retine et tant en *soi*,
Tuit autre en *seurent* vers moi poi. (P. d. B. 4599. 600.)

Au lieu de *sout*, on trouve *solt*, qui peut avoir été formé d'après l'analogie de *volt*, *vout*, par des copistes qui n'avaient pas l'habitude des formes en *ou*; ou confondu avec *solt*, dérivé de *soloir*. Voy. Trist. II, p. 37. Ben. t. 3, p. 489, etc.

Imparfait du subjonctif: *sausse*, *seusse*, *seuisse*, *sousse*. Les dialectes qui se servaient du parfait défini *soi*, avaient pour formes correspondantes, à l'imparfait du subjonctif: *sausse*, *seusse*. *Sausse*, à la troisième personne du singulier surtout, se rencontre assez souvent, même à la fin du XIIIe siècle. *Sousse* est très-rare; les textes qui ne connaissent que *sou* au parfait défini, se servent ordinairement de la forme *seusse*.

Ja deffendu ne lor eusse
Se de par Diu ne le *seusse*
Que c'est contre sa volente. (R. d. M. p. 75.)
Onkes ne vi, ke je *seusse*,
Pere ne mere ke j'eusse. (Dol. p. 288.)

Por ceu ke tu *sausses* cum granz soit li destroiz ki vient, si vint davant li humiliteiz si granz. (S. d. S. B. p. 549.)

Il n'est nus hom ki de meire soit neiz,
Que deviser *seust* les granz bonteiz
Ne la richese des granz palais listeiz. (G. d. V. v. 3357-9.)
Ceo ne purreit nus tant aprendre,
Que certe chose en *seust* rendre:
Nul ne sout onkes sa laür (du monde)
Ne s'amplete ne sa grandur. (Ben. I, v. 21-4.)
Helas! se li bons rois *seuist*
Sa traïson, il le pendist
Le traïtour, le foursene. (Phil. M. v. 7536-8.)
Quant il pert la reïne Ysolt
Murir desiret, murir volt,
Mais sul tant ke il la *soust*
Ke il pur la sue amur murrust. (Trist. II, p. 90.)
Sanz et savoir voloit aprandre
Par coi desfandre ce *saust*
S'an aucun tans besoing aust. (Dol. p. 211.)
Celi qu'il voit que mix valt et plus set
Doit il doner s'oriflambe à porter
Qui le *saust* et conduire e guier,
Et en l'estor e venir e aler. (O. d. D. v. 912-5.)
Qui sereit li fols ni desvez,
Hors de sun sen e afolez,
Qui alast là où ne *sust*
Quels mal avenir li dust. (M. d. F. II, p. 415.)

Et por ceu ke nos *saussiens* ke cist espiritels avenemenz est receleiz, si dist il apres: En son ombre viveronz entre la gent. (S. d. S. B. p. 528.)

E des gestes dun nus. parluns,
Poi u nient *seussum* dire,
Se l'um nes eust fet escrire. (R. d. R. v. 5247-9.)
Mandai vous que tous lies fussies,
Et certainement *seussies*
Que ma dame ert saine et hardie
Et de sa porteure lie. (R. d. l. M. v. 4195-8.)
Bien vouroie que *seuissies*
Mes maus, et que les sentissies. (R. d. C. d. C. v. 5072. 3.)
Et vos *saussiez* bien mon estre. (Trist. I, p. 225.)
Se *seusez* que fud amiste. (Ib. II, p. 47.)
Se cil de l'ost ke por lui sont dolant.
Seuxent ore com li est avenant,
Molt pluis à aise en fuissent li auquant. (G. d. V. v. 3782-4.)
Mieuz vieut que par lui le *seussent*
Que par autrui le conneussent. (R. d. S. G. v. 1293. 4.)

Imparfait de l'indicatif: *savoie, saveie*.

Ne *savoie* mais rien que me deust grever,
Se Baudoins mes nies poist longues durer. (Ch. d. S. II, p. 149.)
Dame, dist il, quer je *saveie*
Un boen charme que je diseie. (Chast. XXI, v. 47. 8.)

Mais ke respondoit li hom ki sentoit l'affliction et ne *savoit* ke paiz fust? (S. d. S. B. p. 546.)

Car, pour la verite abatre,
Et pour çou que nous pensions
Vostre maltalent arions
Se vous *saviies* cest afaire.... (R. d. l. M. v. 4232-5.)
Sans et suours lor est meslee
Es iex, si que goute ne voient
Ne où trouver ne se *savoient*. (R. d. l. V. p. 99.)

Les formes primitives du futur et du conditionnel ont été, dans tous les dialectes, *saverai, saveroie, savereie, saveras*, etc. qui se contractèrent de bonne heure en *sarai, saroie, sareie, saras*, etc. Les formes pleines continuèrent néanmoins à être employées, en Normandie surtout. Dès le second quart du XIIIe siècle, on voit paraître, au sud de la Picardie et dans le nord de l'Ile-de-France, les formes que nous avons conservées, c'est-à-dire celles où l'*e* a été syncopé et le *v* permuté en *u: saurai, sauroie*.

Par mun chef! dist Carle, ço *suverai* jo uncore. (Charl. v. 51.)
Et dist la vielle: Oïl, molt bien
A dire vous *surai* tel rien. (R. d. l. V. p. 30.)

A moens en ceu *saveras* tu k'il nen est mies venuiz por ti à ocire, mais por ti à salveir. (S. d. S. B. p. 537.)

Saives huem es e bien *saveras* que tu li fras, si que en enfern descende par occisiun. (Q. L. d. R. III, p. 228.)

Anqui *saras* com mes fers est agus. (O. d. D. v. 11372.)

Quant le *saverat* li reis Hugon, grains ert e maris. (Charl. v. 601.)

Mais tout adies m'amour aura,
Ne ja nus, fors moi, nel *saura*. (R. d. l. V. p. 57.)

Dunc dist Saul: Faites ci venir les princes e les maistres; e *saverums* par ki cest pecchie est avenuz que de Deu ne poum aveir nul respuns. (Q. L. d. R. I, p. 50.)

Ensi *sarons* certainnement
Li quele aimme plus hautement. (L. d'I. p. 9.)

Drois emperere, ne vos esmaiez ci;
Laisiez venir le prou conte hardi,
Lors *savereiz* kel plait il ont basti,
Par coi sont bien ensamble. (G. d. V. v. 3117-20.)

E pur quei la venjance Deu ne cesse, dunc *saverez*. (Q. L. d. R. I, p. 20.)

Si vos pri que vos me conteiz
Qanque de lor engiens *saureiz*. (Chast. X, v. 114. 5.)

K'ensi moi vient en propens
Que pour mal ne pour grevance
Ne *sauront* ma mesestance. (C. d. C. d. C. p. 58.)

Et por ceu ke ses fiz ne mure,
Le me donast et jel manroie
Tel leu ke bien le *saveroie*. (Dol. p. 255. 6.)

Dame, fait il, molt volentiers,
S'il vous plaisoit, quel gent ce sont
Saroie que ci passe sont. (L. d. T. p. 80.)

Sire, ce dit Sebile, miaz vos *sauroie* aprandre. (Ch. d. S. I, p. 107.)

Tot quanque dire me *sauroies*. (Romv. p. 509, v. 1.)

Nulz ne vous *saveroit* conter
Le deduit qu'il orent la nuit. (R. d. C. d. C. v. 1004. 5.)

Et dit li quens: Je jur sur m'ame,
Se vous mi volies aidier, | Que ja ne *saries* soushaidier
Que je ne vous fesisse avoir,
Robes et chevals et avoir. (R. d. l. V. p. 29. 30.)

Saveriez vous enseignier
Qui ha nule chose dou sien? (R. d. S. G. v. 1478. 9.)

A la fin du XIIIe siècle, on trouve, en Picardie, un assez grand nombre d'exemples où l'*a* des formes *saurai, sauroie*, s'était permuté en *e*.

Et ki encontre le pais irait, il seroit à punir comme brisieres et monleres de pais, se ne les *scuroent* mes sires li veskes, li sires de Durbuy... recepteir en leurs terres. (1288. J. v. H. p. 465.)

Participe passé: *seu*, *seue*.

> E quant il vit qu'il ert *seuz*,
> As suenz fait prendre lur escuz. (Ben. II, v. 2691. 2.)
> Ceste chanson n'est pais partot *seue*. (G. d. V. v. 3691.)

Resavoir:

Biele fille, or soiiez sage et courtoise; vous savez un homme pris avoec lequel vous vos en alez, qui est auques sauvages: car vous n'entendez son langage, ne il ne *reset* point dou vostre. (H. d. V. p. 189, XII.)

Le participe présent du verbe *savoir*, qui faisait déjà *sachant* dans l'ancienne langue (non *sachanz*, S. d. S. B. p. 553), se trouve plus tard avec la forme *scavant*, même encore au XVIe siècle.

Phaeton mal aprins en l'art, et ne *scavant* ensuyvre la ligne ecliptique... varia de son chemin. (Rabelais Pantagruel. II, 2.)

VOIR (v. fo.), videre.

La première chose qu'il faut remarquer dans ce verbe, c'est l'affaiblissement de l'*i* latin en *e*, de sorte qu'après la syncope du *d*, on eut d'abord le radical *ve*. *Veor*, et, dès la fin du XIIe siècle, *veoir*, en Bourgogne; *veir*, dans le nord et l'est du dialecte picard; *veder*, plus tard *veer*, en Normandie; *veeir*, dans les dialectes mixtes; *veoir*, au sud de la Picardie: telles sont les formes primitives de *voir*. Après 1250, on diphthongua l'*e* radical avec *i*, dans l'Ile-de-France: *veioir*; forme qui devint *veier* en passant du côté de la Normandie. Enfin l'*e* radical subit, au nord de l'Anjou et de la Touraine, en tirant du côté de l'Ile-de-France, le changement que l'*e* latin éprouvait souvent dans ces provinces, c'est-à-dire qu'il s'assourdit en *o*, d'où *voer*, *voier*. Vers 1280, ces formes en *o* se rencontrent dans toute l'Ile-de-France, mais avec la terminaison *oir*: *vooir*. Je ne pense pas qu'elles y aient passé d'un autre dialecte; elles y sont primitives, et proviennent de l'influence de la diphthongaison *oi* du présent de l'indicatif. A cette époque, les règles des bons temps étaient pour ainsi dire oubliées; l'on ne savait plus s'expliquer un *e* radical en présence de l'*oi* de certaines formes, et l'on introduisit l'*o* à l'infinitif. C'est d'après ces thèmes en *o* radical que s'est fixée plus tard la conjugaison de *voir*. *Voier* resta très-longtemps en usage dans quelques contrées.

> Dont poroies *veor* un molt horrible monstre. (S. d. S. B. p. 562.)
> Chascun voloit *veor* ki seroit esliz. (Villeh. 463ᵈ.)
>   D'iluec puet il *veoir* le mer. (P. d. B. v. 693.)
>   Car je les voloie *veoir*. (Dol. p. 256.)
> Li monz si est nostre contemplations en cui nos montons por ke nos

soiens elleveit por *veir* cez choses ki sunt desor nostre floibeteit. (M. s. J. p. 487.)

    Tant por oir ses cortesies,
    Tant por *veir* ses mananties. (Brut. v. 10022. 3)
    Vus e vostre barnage voil *veer* volenters. (Charl. v. 309.)
    Bien sai conoistre e *veer* cler
    Qu'assez a ci à amender. (Ben. v. 15174. 5.)
    Dous cuntes enveia pur s'enferte *veeir*. (Th. Cant. p. 15, v. 23.)
    Guardez amunt devers les porz d'Espaigne,
    Veeir poez; dolente est l'arereguarde. (Ch. d. R. p. 44.)
    Or poeiz *veioir* le biau geu
    De quoi li siecles scit servir. (Rutb. I, 122.)
    Ysengris fist dedenz garder
    Por *veier* et por aviser
    La forme qui tote i pareit
    De la lune qui pleine esteit. (Chast. XX, v. 175-8.)
    Qu'on puist el mont ne *voer* ne trouver. (C. d. C. d. C. p. 22.)
    Qu'il *voer* peusse e beisier. (St. N. v. 1388.)
    Et com el pin plus hautement
    Les fist monter por eus *voier*
    A lor asenblement le soir. (Trist. I, p. 25.)
    Acoru fu *voier* cel plait. (Ib. ead. p. 57.)
    Resuscita, c'onques nou seurent
    Li Juif ne *vooir* nou peurent. (R. d. S. G. v. 605. 6.)

Seingnor, or poez *rooir* de coi mi sires m'a toz jorz blasmee et ferue et chaciee, qu'il creoit sa pie de quanqu'ele disoit. (R. d. S. S. d. R. p. 57.)

Le dialecte normand fournit quelques exemples où le *d* n'est pas encore syncopé:

E tute terre le (Salomun) desirad à *vedeir*, pur oir de sun savoir. (Q. L. d. R. III, p. 274.)

    Sin vois *vedeir* alques de sun semblant. (Ch. d. R. p. 11.)
    Ne loinz ne pres ne poet *vedeir* si cler
    Que reconoistre poisset nuls hom mortel. (Ib. p. 77.)

Les formes du présent de l'indicatif étaient:

BOURGOGNE.	PICARDIE.	NORMANDIE.
voi	voi	vei
vois, voiz	vois	veis, veiz
voit	voit	veit
veons	veomes	veum
veciz	vees	veez
voyent, voient.	voient.	veient.

Ainsi, diphthongaison au formes à terminaison légère; cependant, en Bourgogne et en Picardie, elle n'est pas faite, comme à l'ordinaire, sur la voyelle radicale de la langue d'oïl, mais sur celle du latin: $\bar{\imath} = oi$. Quant au langage normand, il conservait intact l'*e* radical et le diphthonguait régulièrement avec *i*. La Touraine, le Maine et l'Anjou avaient *ai: vai*.

Mais je *voi* ke à esgardeir fait ke en cel convive de cez freres, paist li uns l'altre. (M. s. J. p. 497.)

 Vous saves bien et cist baron | Qui chi sont assis environ,
 Que Lisiars, que je *voi* là,
 De gageure m'apiela
 K'il feroit ses bons de m'amie. (R. d. l. V. p. 290.)
 Bien doi amer, car en mon non
 Voi ge raison que doi amer. (R. d. l. M. v. 1776. 7.)
 Del combatre ne *vei* nul aise. (Ben. I, v. 1981.)

Sire, Sire, auvre les oilz de cest mien servant que il veied ço que jo *vei*. (Q. L. d. R. IV, p. 367.)

 Quant je *vai* tut m'est contraire,
 Certes, Brengien, ne sai quai faire. (Trist. II, p. 116.)
 Pren m'espee, que tu *vois* chi. (R. d. l. V. v. 6503.)
 .... Rewarde en ceste crois,
 Et si di chou que tu i *vois*. (Th. F. M. A. p. 64.)
 Filz, d'autre chose de chasti,
 Que se tu *veiz* que deservi
 Ait aucuns par sa felonnie
 Qu'il seit destruit, ne metre mie
 Trop grant entente à lui garir. (Chast. III, v. 157-61.)

Tu *veis* que jo main en paleis de cedre, e l'arche Deu est herbergie desuz peels. (Q. L. d. R. II, p. 142.)

Tot ceu *voit* nostre Sires, et si se coiset. (S. d. S. B. p. 556.)

 Et quant il ot tot ce veu,
 N'a gaires iluec atendu,
 Quant une dame venir *voit*
 Ki sor .j. sor ronci seoit. (L. d. T. p. 79.)
 Ore *veit* li patriarches Deus i fait vertut,
 Tost fait la glas suner par la citet menut. (Charl. v. 196. 7.)
 Set n'a ne force ne amis,
 Si *veit* par tot ses enemis. (Ben. v. 7654. 5.)
 Tristran à cest conseil se tient,
 Un peschur *vait* ki vers lui vient. (Trist. II, p. 98.)

En ceu appert bien ke molt est perillouse lor voie, ke nos tant de gent i *veons* perir, dont nos dolor avons, et ke nos si poc i *veons* de ceos ki ensi trespessent cum mestiers seroit. (S. d. S. B. p. 566. 7.)

 Venus m'en suix issi com vos *veeiz*. (G. d. V. v. 1399.)

Ne laissiez mie vostre assembleie, si com coustume est az alkanz, mais conforteiz la, et tant plus com vos *veeiz* lo jor aprochier. (M. s. J. p. 467.)

 Veez vos outre Rune ces tentes fremoier,
 Ces ansaignes de soie vanter et ondoier? (Ch. d. S. I, p. 187.)

Sire, fait il, por Diu, merchi!
Vous *vees* ques est nos fois. (L. d'I. p. 24.)

Car com plus *voient* lor guerredons, plus delitousement soi painent del travilhier. (M. s. J. p. 467.)

Si teil gent *voyent* c'un les soffret et c'un ait pitiet de lor enfarmeteit, facent por Deu de ceu lor esploit. (S. d. S. B. p. 559.)

Cil qui munterent el dongun | Virent les feus, virent l'arsun,
Veient les armes resplendir
E *veient* la preie acoillir. (Ben. II, v. 749-52.)

Veient Jerusalem une citez antive. (Charl. v. 108.)

Le présent du subjonctif se réglait exactement sur celui de l'indicatif.

Por la grant paor ke j'avoie
Me samble ancor ke je les *voie*. (Dol. p. 252.)

Quelque peril que jou i *voie*,
Il couvient que je vostre soie. (R. d. l. M. v. 1761. 2.)

Mais c'est le meuz que je i *veie*. (Ben. v. 31652.)

Par ce t'en ferai, bien le creies,
Ainz que la Pentecoste *veies*,
Aveir tes dreiz à ton voleir. (Ib. v. 21976-8.)

Va là où nul hume ne *voies*,
Que nus ne sace où tu soies. (M. d. F. II, p. 395.)

Cil à cuy li cure de ceu à aministrer n'est ancor enjointe, a cuy om nen at commandeit ancor k'il *voiet* et k'il *porvoiet* à ceos ki les oylz ont avuerz et niant ne voient. (S. d. S. B. p. 560.)

Cascune nuit est li sermons
Tot belement, sains contençons,
Qu'il onques ne *voie* s'amie
Trosqu'à cel ore qu'el li die. (P. d. B. v. 4289-92.)

Las! tante lerme en ert ploree
Ainz qu'il *veie* maiz sa contree! (Ben. v. 13415. 6.)

Veied (Q. L. d. R. IV, 367.). Voy. prés. ind. 1ᵉʳ pers. sing.

Sire, Sire, avuglez tute ceste gent que il ne *veient* ne entendent quel part jes merrai. (Ib. p. 368.)

Le parfait défini eut d'abord, dans tous les dialectes, les formes: *vi*, *veis*, *vit*, *veimes* puis *veismes*, *veistes*, *virent*:

Duze cuntes *vi* ore en cel muster entrer
Oveoc euls le trezime. Unc ne *vi* si formet. (Charl. v. 137. 8.)

Là vos *vi* primes, beaus amis,
Et i demorai quinze dis. (P. d. B. v. 1377. 8.)

Or di, biele, foi que moi dois,
Veis tu or cel chevalier,
Qui chaiens vint à cheval ier? (R. d. l. V. v. 2725-7.)

Respundi Joab: Si tul *veis*, pur quei hastivement nel occis? e jo te dunasse vint sicles d'argent e un baldrei. (Q. L. d. R. II. p. 187.)

Il *vit*, ce dist nostres Sires, un homme ki sor lui mattoit sa main por ceu k'il receut la veue. (S. d. S. B. p. 560.)

   Quant de Franceis les escheles *vit* rumpre,
   Si apelat Tierri le duc d'Argone... (Ch. d. R. p. 137.)
   La *veimes* le caple grief
   Et entre vos dels le mescief... (P. d. B. v. 3767. 8.)

Car nous *veismes* en la lune toute la some que se je parlasse ne tant ne quant... (R. d. S. S. d. R. p. 97. App.)

   Veistes fame mais de si grant biautey? (G. d. V. v. 740.)
   Nequedent trois ans a passes
   C'autre fois chaiens me *veistes*. (R. d. M. p. 46.)
   Veistes cele grant ewe qui si brut à cel guet? (Charl.
                  v. 555.)
   Les puis e les muntaines *virent* en Romanie. (Ib. v. 106.)
   Si home le regardent, *virent* le aubrunchier. (Ch. d. S. I,
                  p. 103.)

On trouve des orthographes avec *h*, qui nous indiquent la prononciation des formes où l'*e* est conservé:

   Apres *vehimes* trespasser
   Treis homes par mi cele rue. (Chast. IX, v. 70. 1.)

Au lieu de *vit*, *virent*, on rencontre quelquefois *viut*, *viurent*, dans le dialecte picard de la seconde moitié du XIIIe siècle (cfr. *viunrent*, *tiunrent*, de *venir*, *tenir*).

   Quant li rois et cil qui là furent
   Viurent le bras et aperchurent
   Que la mains en estoit ostee... (R. d. l. M. v. 801-3.)

Et, d'après l'analogie d'autres premières personnes du parfait défini, *vic* pour *vi*:

   Encor n'a guires, c'est verites provee,
   Que je vos *vic* en tele randonee,
   Qui vos donast d'or fin une caree
   Ne sonissies à vo cor la mellee. (O. d. D. v. 2264-7.)

Imparfait du subjonctif: *veisse*, *veisses*, *veist*, etc.

Si veirement cume nostre Sire vit devant ki jo sui, se ne fust pur le rei Josaphat, jo ne te *veisse*, ne de tes paroles plait ne tenisse. (Q. L. d. R. IV, p. 353.)

   Si me menbre ore de vos dis
   Con jes *veisce* ci escris. (P. d. B. v. 6093. 4.)
   Qi là *veist* le cortois Guiclin
   Son cors desfendre contre ses anemis,
   De gentil home li peust sovenir. (O. d. D. v. 7111-3.)
   Ses *veissons* corporelement
   Ci entre nus suffrir turment,
   Trop grant leidesce feriuns,
   Se nus ne lur aidissiuns. (M. d. F. II, p. 467.)

Se *veissum* Rollant cinz qu'il fust mort,
Ensembl' od lui i durriums granz colps. (Ch. d. R. p. 70.)
A lui veer e esgarder
Veissiez grant jent asembler. (Ben. v. 7706. 7.)
Lai *veisiez* un estor commancier,
Ke duit torner à mortel ancombrier. (G. d. V. v. 597. 8.)
Je doutai k'elles ne venissent,
Ne vos pas k'elles me *veissent.* (Dol. p. 256.)

Et les formes qui dérivent de thèmes en *o:*
A merveille poissiez par li camps mors trover,
E mult les *voissiez* laidement demener. (R. d. R. v. 4107. 8.)
Donc *voissiez* chevaliers poindre. (Ib. v. 9105.)

De pareils exemples sont rares et de plus bas temps. Roquefort (II, p. 707) cite *vesist* pour *veist:*

Adairiens (*lis.* à dairiens) furent amoneies les bestes à Adam, por ceu qu'il *vesist* coment il les apeleroit. (S. d. S. B. fol. 110.)

Impératif: *vei, voi, veons, veum, veeiz* (G. d. V. v. 601), *veez* (Charl. v. 95).

Imparfait de l'indicatif: *veoie, véeie.*
Ceu saichiez k'an tel leu seoie,
Que defors et dedans *veoie.* (Dol. p. 256.)
Je leur dis pas nou jugeroie,
Car reison nule n'i *veoie.* (R. d. S. G. v. 1313. 4.)
Le munt de France ù tu esteies
E ù si riche te *veeies*
Te di, si nel mescreire mie,
Que sainte iglise segnefie. (Ben. II, v. 1521-4.)
Il ne *veoit* nule chose, et si avoit les oylz overz. (S. d. S. B. p. 559.)
Tout li descouvri son corage
Pour chou qu'ele le *veoit* sage. (R. d. M. p. 18.)
Mais Ahia ne *veeit* gute de viellesce. (Q. L. d. R. III, p. 291.)
Et la forme où le *d* n'est pas encore syncopé:
Perdu out la veue, e gute ne *vedeit.* (Ib. I, p. 16.)
Quant *veiez* la doleure
Si saviez ben à dreiture
Ke jo vendreie la nuit... (Trist. II, p. 127.)
Moult duremant s'an mervilloient
Totes les gens ki la *veoient,*
Mais il n'an pooient plus faire. (Dol. p. 275.)

Le futur avait pour formes: en Normandie, *verrai;* en Picardie, *verrai,* puis vers la fin du XIIIe siècle, avec une diphthongaison irrégulière, *vierrai,* et du côté de la Normandie, dans l'Artois et la Flandre, *veirrai;* en Bourgogne, *varai.* Cet *a* radical pour *e* paraîtra extraordinaire, mais il était dans les habitudes du dialecte bourguignon. On le retrouve même, à la fin du XIIIe siècle, à la première et à la seconde personne du pluriel du présent de l'indicatif, dans le comté de Bourgogne et dans la Franche-Comté. J'ai déjà fait mention d'un pareil emploi de l'*a* à l'occasion de *devoir*, et aujourd'hui on se sert souvent encore d'*a* pour *e* dans les mêmes contrées; p. ex. *darre*, derrière, *darrei*, dernier; *varbe*, verbe; *var*, vert, ver (vermis), vers (versus), etc. . Voici des exemples du XIIIe siècle, où *a* est radical pour *e*:

Nos ne *davons*. (1288. M. s. P. II, 552.)

Nos... retenons et *davons* avoir les deniers. (1292. Ib. ead. 559.)

Tout ainsi comme nos personnement lou porriens et *dariens* faire. (1289. Ib. ead. 617.)

Se nos *vaons*. (1292. Ib. I, 378.)

Vers 1250, on diphthongua irrégulièrement l'*a* du futur *varai* avec *i*: *vairai*, dans le sud-est de la Champagne et en Lorraine.

Je passe aux preuves de différentes formes du futur et du conditionnel.

He! Dex! *verrai* jou ja abatre
Son orguel ne sa felonnie. (R. d. l. V. p. 83.)

Se Garins l'a, France *verras* honnir. (G. l. L. II, p. 1.)

Or *varra* bon vostre bontei:
Preneiz la croix, Diex vos atant. (Rutb. I, p. 150.)

Et ke vit ceu, jai ne *vairait* maix tant... (G. d. V. v.2461.)

Et dist bien que ce est merveille,
Jamais ne *verra* sa pareille. (L. d. T. p. 77.)

Et cil de nos treis qui *veirra*
Graignor mervoille en son dormant... (Chast. XVII, v. 39. 40.)

Sire, fait ele, que dirons,
Quant vostre fil Flore *verrons*? (Fl. et Bl. v. 533. 4.)

Jai plus prudome de Rollan ne *vaireiz*. (G. d. V. v. 384.)

Cum plus *verreiz* lo jor aprocheir. (M. s. J. p. 467.)

Mult en *verres* granz maus eissir. (Ben. v. 11513.)

Certes, sire, vos ne me *verroiz* james. (R. d. S. S. d. R. p. 37.)

Ales i, si *verrois* les gens.. (R. du Renart. Suppl. p. 215.)

Et sel *varunt* venant et paut, ki gisanz et paissanz ne polt estre davant veuz. (S. d. S. B. p. 528.)

Dex, que cil ki ne vous *verront*
Et vraiement en vous querront... (R. d. l. V. p. 250.)

En lor cuers forment me maldient,
Et moult orellent et espient,
Quant il *veront* liu d'els vengier
Por moi destruire et escillier. (P. d. B. v. 2627-30.)

Quant si tormente me *vierront*. (R. d. S. S. v. 2955.)

Je ne la *verroie* ardoir. (Trist. I, p. 56.)

Lasse, dist la roïne, q'or ne poi sohaidier!
Rune seroit si basse c'on *verroit* le gravier,
Tant q'il vanroit à nos parler et acointier. (Ch. d. S. I, p. 112.)
Là *veries* les elemens. (P. d. B. v. 853.)
Je vous mandai, li rois a dit,
De moi meismes fu escrit,
C'à grant honeur fust maintenue
Tant que *verries* ma revenue. (R. d. l. M. v. 4164-7.)
Odes de Troies, prendes cent chevaliers,
En la montagne là sus les envoies:
Se ja *verroient* Sarrasins e païens... (O. d. D. v. 389-91.)

Après le XIIIe siècle, on trouve souvent un futur formé sur le thème *vooir*, et Rabelais même emploie tantôt *verrai*, tantôt *voirai*. La langue fixée a admis la forme régulière normande et picarde primitive.

Le participe passé était *veu*.

Quant sainz Pols ot ceu *veut*, chier frere, il ne fut mies apermenmes enlumineiz, anz atendit la main Ananie, car il par aventure avoit *veut* en son somme k'il devoit venir à lui. (S. d. S. B. p. 560.)

Cume li reis le sout e *veud* les out, parlad al prophete. (Q. L. d. R. IV, p. 368.)

Si tost con li sains l'a *veu*. (R. d. M. p. 8.)
Mais ne serai *veus* du roi. (Fl. et Bl. v. 946.)

Les principaux composés de *voir* étaient:

1. *Revoir:*
   Iloc *reveient* lor seignor,
   Là li mostrent joie e amor. (Chr. A. N. I, p. 231.)

2. *Mesvoir*, voir mal:
   Apres revindrent par ici
   Dui autre, se je ne *mesvi*,
   La terre lor vi entreovrir
   Et celui qui remest saisir. (Chast. XVII, v. 136-9.)

3. *Sorvoir*, examiner, considérer, voir tout d'un coup, à la fois:

David *survit* sa ost; si fist cunestables sur mil chevaliers, e altres sur cent. (Q. L. d. R. II, d. 185.)

[Igitur considerato David populo suo, constituit super eos tribunos et centuriones.]

Bien savez que à tort nos guerroie cist rois:
Alez i *sorveoir*, se c'est voirs ou gabois;
.xx.m. homes menez o trestot lor hernois.
Se François passent outre, si les receverois. (Ch. d. S. II, p. 44.)
A lui ont li dux comande
Que il alast l'ost *sorveeir*,

Aprendre e conoistre e saveir
Cumbien i a de chevaliers... (Ben. v. 22123-6.)
De eus i esteit tels la plentez
Que li païs e li regnez
En ert eisi en loinz coverz
Que oilz abaissiez ne overz
N'en poeit *surveeir* le quart. (Ib. II, v. 1411-5.)

4. *Porvoir, parvoir*, examiner, parcourir, voir d'un bout à l'autre, voir de loin, prévoir, pourvoir, prendre ses mesures. (Voy. la préposition *par*.)

Si li ont prie et requis
Qu'il lor die qu'il a el brief.
Cil le *porvit* de chief en chief,
Qant *porveu* l'ot si lor dit... (Chast. XXVII, v. 272-5.)
Si s'a mis en une valee
Que il ot ançois *porveue*,
Dedens le bois, pres de l'issue. (Brut. v. 406-8.)
De parent ert mult enforcies
Et bien cointes et vezies;
De bien loins avant *porveoit*
Ce que il engignier voloit. (Ib. v. 6638-41.)
Malement devina de mei,
Ki ne sout deviner de sei;
S'il de tot sout dire veir,
Bien deust sa mort *porveir*. (R. d. R. v. 11701-4.)
Que plusors choses *purveeit*
Sovent tot ceo qu'en aveneit. (Ben. II, v. 1501. 2.)

Car cil ki vraiement soi duelt dedenz, *parvoit* fortement ke l'om doit par defors faire u laissier. (M. s. J. p. 454.)

Pur ceo nos covient esgarder
E *purveer* e porpenser.
Que ne scions del tot sopris. (Ben. v. 8964-6.)

Et le réitératif *reporvoir*.

SEOIR (v. fo.), sedere.

Seoir, signifiant *être assis*, n'est d'usage aujourd'hui qu'aux participes présent et passé. L'ancienne langue au contraire en faisait un fréquent emploi, bien qu'elle connût aussi le composé *asseoir*. Au XIIIe siècle, *seoir* avait, outre toutes les significations qu'on lui donne actuellement, celle de *être situé*.

Les thèmes de l'infinitif de *seoir* étaient les mêmes que ceux de *veoir*, et tout ce que j'ai dit de ces derniers s'applique exactement au verbe *seoir*.

Est ceu dons granz chose si cil jeunet ensemble Crist, ki ensemble luy doit *seor* à la taule del Peire? (S. d. S. B. p. 561.)

Li sires s'ala *seoir* et la dame se rasist au chief de la table, en une chaiere. (R. d. S. S. d. R. p. 47. 8.)

Or veut aler, or veut *seoir*. (Chr. A. N. III, 77.)
Et si orent por miex *seir*
Lor treces fait defors issir
De lor ceveus. (L. d. T. p. 75.)
Tout bielement et tout souef
Vont *seir* sous une ente aval. (L. d'I. p. 15.)

(Li Sires) le mesaise esdrezce del puldrier; le povre sache del femier, od les princes le fait *sedeir*. (Q. L. d. R. 1, p. 7.)

Si out al brief cumandement que il se assemblassent e feissent Naboth à un des plus onurez lieus *sedeir*. (Ib. III, p. 331.)

Jo vi nostre Seignur *seer*[1] en sun sied e tute sa maisnee des angeles fud entur lui. (Ib. p. 337.)

Gart que il puisse estre en estant
De si que *seier* le comant
Li reis... (Chast. XXII, v. 109-11.)
Bien me verra li rois Artus
Soier au chief sor le Mal Pas. (Trist. I, p. 160.)
Viegnent *sooir*, tu le vieus bien,
A la grace Nostre Seigneur. (R. d. S. G. v. 2552. 3.)
Je descendi en l'erboie,
Lez li *soer* m'en alai. (Th. F. M. A. p. 45.)

Au lieu de *seir*, on trouve souvent *sir*, à la fin du XIIIe siècle et au commencement du XIVe.

Ens ou liu saint Coisne doit *sir*. (Th. F. M. A. p. 118.)
Rire, plourer, parler ou taire,
Ou *sir*, ou aler ou venir... (R. d. l. M. Préf. VII.)

Les formes à terminaison légère du présent de l'indicatif et la seconde personne du singulier de l'impératif, diphthonguaient l'*e* radical avec *i* préposé.

Pur coi, fet il, *siez* tu lassus
En si grant vent, descens çà jus,
Si *siez* lez moi en cest abri. (M. d. F. Fab. LII.)

Sire, Sire Deu sur Israel, ki *siez* sur cherubin, tu es Deu sur tuz reiz de terre e tu feis ciel e terre. (Q. L. d. R. IV, p. 413.)

Sie tei ici, kar nostre Sires m'ad enveied en Jericho. (Ib. p. 347. 8.)

---

(1) Il ne faut pas confondre cette forme et les suivantes avec *seer, scier, soier* (*secare*) = *scier, faucher*.
Des uns en frad sos prevoz e cunestables, des altres vileins pur sa terre arer, et pur ses blez *seer*, o pur ses armes forgier, e ses curres agreier. (Q. L. d. R. I, p. 27.)
A cel cuntemple, cil de Bethsames *seierent* furmenz en la valee. (Ib. ead. p. 22.)
Puis el tierz an semez e *seiez* e vignes plantez, e les fruiz à vostre plaisir despendez. (Ib. IV, p. 415.)

Seie e coillt sunt lor pre,
Mult se tenent à malmene. (Ben. v. 17587. 8.)

Seanz el fembrier. Cil *siet* el fembrier ki viz choses et despites sent de soi mimes. El fembrier *seons* quant nos les oez de la pense ramenons, en repentant, à tot ce ke nos mal avons fait. (M. s. J. p. 450.)

    Et *siet* an un moult grant ceval
    Qui bien covient à tel vasal. (P. d. B. v. 2971. 2.)
    Nous l'otrions, puis k'il vous *siet*. (L. d'I. p. 18.)
    En mi le munde *siet* la terre
    Que l'ocean aclot e serre. (Ben. I, v. 35. 6.)
    Et puis li dist: Sire, comment
    Es ce que vous ne vous *sees?* (R. d. C. d. C. v. 2826. 7.)
    Jakes li a dit maintenans:
    Ma douce amie, or vous *sees;*
    .I. petit si vous reposes. (R. d. M. d'A. p. 2.)
    Sur palies blancs *siedent* cil cevalers. (Ch d. R. p. 5.)

Après la syncope du *d*, la troisième personne du pluriel était *sieent;* mais, comme on l'a déjà vu à l'occasion de *chieent*, on retrancha l'*e* radical, et, vers le milieu du XIIIe siècle, l'orthographe *sient* avait prévalu.

Sieent (v. les composés).

    A hautes tables *sient* li chevalier. (R. d. C. p. 189.)
    Cil ont le brief le roi veu;
    Grant piece *sient* coi e mu. (P. d. B. v. 2877. 8.)

La Normandie propre n'avait aucun renforcement:

    Kaunt il la (la corune) met sur sa teste, plus belement lui
                      set. (Charl. v. 16.)

Il *seent* en la terre nostre Segnur. (Rym. I, 3. 115.)

Tout à la fin du XIIIe siècle, on rencontre, dans l'Artois et à l'ouest de la Picardie proprement dite, la forme *seient* pour *sieent*. Cette transposition de l'*i* provient sans doute de l'influence de la forme normande *seent*, qu'on renforça, selon l'habitude, avec *i* postposé, lorsqu'elle passa dans le dialecte picard. La langue fixée a encore admis la diphthongaison *ei* à la première et à la seconde personne du pluriel, pour éviter le hiatus qui résultait de la rencontre des voyelles *eo* et *ee*.

Or vous lairons à tant de ceus ester. Si vous dirons de ceus qui devant Constantinoble *scient*. (Villeh. p. 74. CI.)

Le présent du subjonctif se réglait sur celui de l'indicatif.

    Or ne quidies mie qu'il *sice*
    A chiaus du païs ne au roy
    Qui pour li demainent desroi. (R. d. l. M. v. 95-7.)

Et *siece* pour *siee*, de même qu'on a vu *chiece* pour *chiee*.

    Telx ce fait ore baus et joians et lies;
    Ains que je isse de la cort Desier

Ne que je *siece* au boire n'al mengier,
N'i volroit estre por mil livres d'ormier. (O. d. D. v. 4221-4.)

Il me ad dit que si mes fiz... tiengent sei en lealted e en verited de tut lur quer, nen iert jur que de mun lignage ne *siece* alcuns al sied real de Israel. (Q. L. d. R. III, p. 227.)

Parfait défini: *sis;* imparfait du subjonctif: *seisse.*

Del bain vus membre ù cnz jo *sis*. (Trist. II, p. 109.)

Sist (F. d. V. 1. 8, verso).

Sire, mult estes beer,
Sis as en la chaere ù *sist* mames Deus. (Charl. v. 156. 7.)

Là *sist* Macedoine dont Phelippes fu rois. (H. d. V. 499°.)

Bien me membred à une feiz que jo e tu *seimes* en un curre e fumes od son pere le rei Achab que nostre Sires li pramist. (Q. L. d. R. IV, p. 377.)

Ensamble *sisent* li doi roi. (L. d. M. p. 63.)

Bien li *sistrent* les armes, si s'an sot bien aidier. (Ch. d. S. I, p. 8.)

Se g'i *seisse*, geo sai bien
Qe tutes genz mult me huereient. (M. d. F. fabl. L.)

Totes blans palefrois avoient,
Qui si tres souef les portoient
Qu'il n'est hom, se sor .j. *seist*,
Se le palefrois ne veist
Aler, que por voir ne quidast
Que li palefrois arestast. (L. d. T. p. 75.)

Imparfait: *seoie, seeie;* futur: *serrai,* et, en Bourgogne, *sarai.* (Cfr. *varai.*)

E Hely *sedeit* sur le chemin devers l'ost. (Q. L. d. R. I, p. 16.)

D'iqui apres à douze lieues *seoit* la cite de Rodestoc sor mer. (Villeh. 481ᵈ.)

De l'autre part deleiz de roi poissant
Seoit[1] Guibors au couraige vaillant. (G. d. V. v. 3756. 7.)

Tant vos amoie arme et fervesti
Quant vos *seies* sor le destrier de pris
Ki fu Kallon le roi de Saint Denis. (O. d. D. v. 7784-6.)

Et li destrier sor coi *scoient*
Molt tost et molt souef ambloient. (L. d. T. p. 76.)

Dunc *seeient* les genz le plus à lur super. (Th. Cantb. p. 32, v. 26.)

Ju *sarai,* dist il, el mont del testament, et si serai semblanz al haltisme. (S. d. S. B. Voy. Roquefort. s. v. *Ju.*)

Mais lès vos ne *serrai* jou pas;
A vos pies voel seoir en bas,
Car trop haus hom vos me saules. (Chr. A. N. III, p. 126.)

E od lui alez e venez, e il *serrad* en mun sied. (Q. L. d. R. III, p. 224.)

---

(1) *Seeoit* (R. d. R. v. 985) est une forme incorrecte, à laquelle on a laissé l'*e* de la terminaison normande (se - eit) et ajouté l'*oi* picard: *see-oit.*

> Ne mais de chose ki m'anuit
> Ne me proies, que che scroit
> Anuis, puis k'il ne me *serroit*. (R. d. l. V. v. 410-12.)

Participe passé: *sis*; participe présent: *seant*, *soiant*.

> A la table trouva Jhesum
> Avec ses deciples *seant*. (R. d. S. G. v. 240. 1.)
> Et estoit dame du chastel
> Que on apelloit de Fayel,
> Qui biaus estoit et bien *seans*. (R. d. C. d. C. v. 91-93.)
> D'un drap od seignes d'orfreis
> Out robe chere e ben *seante*
> E à son cors mult avenante. (Ben. v. 17192-4.)
> Forz chasteaus ont, bien clos de pal,
> *Soiant* sor roche, sor haut pui. (Trist. I, v. 3109. 10.)

Seant, comme substantif abstrait:

> E li cors rest autre feiee
> Dresciez tot dreit *en sun seant*
> Od effrei merveillos e grant. (Ben. v. 25097-9.)

Seoir se conjuguait souvent avec le pronom *se*:

> Au disner *se seoit* li rois. (R. d. l. M. v. 1247.)

Li chevaliers entra el chastel, et trouva le seigneur qui *se seoit* sus .i. perron. (R. d. S. S. d. R. App. p. 90.)

Li reis Benadab *se seeit* à sun cunvivie od les reis ki venuz furent à sa aïe. (Q. L. d. R. III, p. 324.)

P. Corneille a encore fait usage de *se seoir*.

Asseoir (assidere), outre les significations qu'on lui donne aujourd'hui, avait celles de *être situé*, et *assiéger* (comme le latin *assidere*)[1].

> Gautiers ont fait ens el pre *aseir*. (R. d. C. p. 179.)
> Por *aseer* lor forz citez. (Ben. v. 20597.)
> Alum *aseeir* lor chasteaus. (Ib. v. 3595.)
> Unques n'i sorent si forte tur
> Qu'il ne l'alasseut *assaeir*. (Ib. v. 4605. 6.)

Cette dernière orthographe est sans doute une analogie à *chaeir*.

> Li rois demande l'aive, s'est *assis* au mengier;
> La roïne (Sebile) à sa d'estre s'*assiet*.
> Lors manda maintenant Dyalas le guerrier,
> Dejoste lui l'*assist*, ne le vot aloignier. (Ch. d. S. II, p. 168.)

---

(1) *Asseoir* s'employait comme terme de musique et de chasse.
> Puis sonne son cor et justise,
> Si *assiet* bien les mos de prise. (P. d. B. v. 601. 2.)
> Par els sont *assis* li levrier,
> Et il a pris le liemier. (Ib. v. 1829. 30.)

c'est-à-dire par eux sont mis les levriers sur la trace, etc.

L'iaue demandent, s'*asieent* au souper. (G. d. V. v. 915.)
Aseeiz vos, ne faites noise. (Ruth. I, p. 251.)
Sire rei, dist il, mal feistes
Quant o tel home m'*aseistes*. (Chsst. XVIII, v. 43. 4.)
Li baron s'*asisent* entor. (Brut. v. 8795.)
En la tente le roi s'*asisent*. (Phil. M. v. 26533.)

Apres ce, il chevauchierent à une cite qu'on apele Coronne, qui siet sour mer, et l'*assistrent* et n'i sistrent gueres longuement quant la cite leur fu rendue. (Villeh. d. 109. CXXXV.)

Les tables furent mises et li tabliers, et les saliers, et li coustel; et il s'*asistrent*. (R. d. S. S. d. R. p. 47.)

El chef lui *asserra* corone
Ainz que demain past ore de none. (Ben. I, v. 1783. 4.)
Mais or alumes ces candelles,
Si *asserrommes* à mangier. (R. de Renart. Suppl. p. 227.)
As deus Guillaumes unt mande
Ou que il guerpent la cite,
Ou que demain les *asserront* [1]
Tant que par force les prendront. (Ben. v. 38757-60.)
Ic'est l'eve, ce m'est avis,
Sor que (?) Barbello est *assis*. (Ib. v. 27187. 8.)

Jusqu'à la fin du XVIe siècle, le verbe *seoir* et son composé *asseoir* conservèrent toutes les significations qu'ils avaient au XIIIe.

Raseoir:

Il se vunt trestout *rasooir*. (R. d. S. G. v. 1579.)

Il ne faut pas confondre le participe présent *raseant* avec *reseant*, terme d'ancienne jurisprudence, qui signifie *habiter*, *demeurer*, *avoir son domicile*.

(On ne doibt) point trouver nouveau que le peuple d'Athenes ayt eu si grand soing d'exercer charité envers ces femmes là qui estoyent *resseantes* en la ville. (Amyot. Hom. ill. Aristides.)

Cfr. le substantif *reseant*, vassal obligé à résidence.

Desseoir:

Por çou que eles (les larmes) li *dessieent*. (R. d. l. M. v. 1308.)
(Cfr. v. 3233.)
Ne vos desplesé ne *dessiee*. (Romv. p. 459, v. 28.)

---

(1) Quoiqu'on employât *asseoir* dans le sens d'*assiéger*, l'ancienne langue connaissait aussi *assegier*, *useger*, *asejer* (adsediare).
Quant Sigebiers ceste oevre sot,
A quanque de gent avoir pot,
Les fist *assegier* à Tournai. (Phil. M. v. 906-8.)
Lalde chose est mult del laisser
E gref chose del *raseger*. (Ben. v. 4333. 4.)
E cumandad erranment que l'um la cited avirunast e de plus pres l'*asejast*. (Q. L. d. R. III, p. 324.)

Enseoir, enterrer, donner la sépulture à un cadavre:

> Trouvai un homme qui mucet
> Une femme en terre et *ensiet*. (F. et C. II, p. 258.)

Ensiet est ici pour *enfuet* (cfr. t. I, p. 248). Ducange a noté *enseu* pour *enfeu*, sépulcre, tombeau. *Suet* se trouve deux fois dans Tristan (I, p. 93) pour *fuet*.

On trouve enfin *porseoir*, avec la signification de *entourer, enchâsser*:

> *Porsise* estoit (la porte) de bones peres
> Mult precioses o mult cheres. (M. d. F. II, p. 469.)

VALOIR, valere.   VOULOIR = volere; velle (v. fo.).

Les thèmes de l'infinitif de ces deux verbes ont été: en Bourgogne et en Picardie, *valoir, voloir;* en Normandie, *valer, vuler;* dans les dialectes mixtes, *valeir, voleir.*

Je n'ai rencontré, en Bourgogne, aucune trace de la terminaison *or*, ni pour *valoir*, ni pour *vouloir*. *Vailler* (Trist. II, 72) est un thème des bas temps, qui a été fait sur les formes mouillées des présents de l'indicatif et du subjonctif. *Vouloir* se montre dès avant le milieu du XIIIe siècle, et l'*u* provient sans doute ici moins d'un assourdissement de l'*o*, que de l'influence des nombreuses formes en *ou*, dans lesquelles l'*u* représente *l*, qui avait subi son fléchissement ordinaire.

> Et puet plus c'uns povres *valoir*
> Qui n'a ne per ne compaignon,
> Ne nul ados se de soi non. (P. d. B. v. 8921-3.)
> Ne puet li fiz au pere *valoir* .i. esperon. (Ch. d. S. II, p. 64.)
> Qui de proece ne de sens
> Les peust *raler* en lor tens. (Ben. v. 36374. 5.)
> Proeisse ne lu pot *valer*. (Trist. II, p. 96.)
> E en France por ceus aveir
> Qui plus li poeient *valeir*. (Ben. v. 36408. 9.)
> Ne vos devroie bien *voloir*. (P. d. B. v. 6348.)
> La bataille ne puis *voleir*. (Ben. I, v. 1992.)
> Je ne doi pas, Amors, grant mal *vouloir*
> S'à la plus bele dou mont mon cuer rent. (C. d. C. d. C. p. 42.)

Les formes du présent de l'indicatif de *vouloir* sont aussi compliquées et multiples que les thèmes de l'indicatif sont simples. Je vais essayer de les classer.

> Voil, wels, welt, volons, voleiz, welent;

telles sont les formes constantes des sermons de saint Bernard. *Wels, welt, welent*, donnent lieu à une question très-importante: Faut-il voir, dans les deux *u* des manuscrits, un double *w*, comme le portent le plus souvent les textes imprimés, ou simplement *vu*, ainsi que les mêmes textes l'écrivent quelquefois? Don Mabillon (Nouveau traité de paléographie t. II, p. 283) fait observer que les deux *u*, bien distingués durant le XIe siècle, furent au XIIe confondus par la complication de leurs branches, ce qui leur donna la forme du double *w*. Or, le texte des sermons de saint Bernard est du XIIe siècle, et la copie que nous en avons du XIIIe; cette circonstance permettrait déjà la conclusion que les deux *u* avec la figure *w* n'y représentent pas notre double *w*, mais *vu*. A cette raison tirée des règles de la paléographie établies par les maîtres de la science, il s'en joint une autre qui ne laisse aucun doute sur la prononciation des deux *u* dans les formes *wels*, *welt*, *welent*, à savoir *vu*; c'est que la première personne du singulier, et la première et la seconde du pluriel sont constamment écrites par un simple *v*. Pourquoi cette différence, si *w* était égal à *v*? Je n'hésite donc pas à admettre *vuels*, *vuelt*, *vuelent*, c'est-à-dire le renforcement régulier de l'*o* en *ue*.

La première personne du singulier *voil*, où l'*o* radical est diphthongué avec *i* postposé, et *vuilh* pour *voil*, dans les Moralités sur Job, sont des exceptions dont j'ai parlé à l'occasion du verbe *mourir* (voy. t. I, p. 359). Le *lh* de *vuilh* est indicatif du son mouillé du *l*.

Ex.: K'ai ju à faire en ciel senz ti, et senz ti ke *voil* ju sor terre? (S. d. S. B. p. 525.)

De ce est ke sainz Paules somunt ses disciples, si dist: Ge *vuilh*, fait il, ke vos soiez sage en bien, et simple en mal. (M. s. J. p. 442.)

Ne mattre dons mies à nonchaloir la misericorde de Deu, si tu sentir ne *vuels* sa droiture; mais si tu sentir ne *vuels* son iror, son desdeing, sa venjance et sa forsennerie. (S. d. S. B. p. 549.)

Il me *vuelt* assi seure, mais je *voil* k'il ensi remaignet. (Ib. p. 543.)

Cil mismes ki ester *vuelt*[1] ancor ne lacet il mies la voie. (Ib. p. 567.)

Ne *volons* nos soffrir nule dolor, et si *volons* avoir communiteit à la joye? (Ib. p. 561.)

Estroite est li voie, et cil qui esteir *vuelt* est à enscombrement à ceos qui *vuelent* aleir avant et ki desirent esploitier. (Ib. p. 567.)

Et por ceu covient perir ceos ki repentir ne se *vuelent*, kar li amors del peire et li honors del roi aimmet lo jugement. (Ib. p. 524.)

A dater du second quart du XIIIe siècle, on trouve la diphthongaison régulière *ue* à la première personne du singulier, dans le centre et le nord de la Champagne, et la plus grande partie de l'Ile-de-France, au sud de l'Aisne: *vuel*, au lieu de *voil*,

---

[1] L'éditeur, M. le Roux de Lincy, écrit ainsi en cet endroit. *Wuelt* (p. 533).

vuilh. Autour de 1250, on mouilla le *l* de *vuel* dans l'Ile-de-France, d'où *vueil* qui fut d'un emploi très-fréquent et très-étendu pendant la seconde moitié du XIIIe siècle. Toutefois *voil* resta en usage, surtout dans la Bourgogne proprement dite, le sud de la Champagne et les provinces de l'est.

>Ferez, franc chevalier!
>Je *vuel* aller Origni pesoier. (R. d. C. p. 57.)
>Si le vos covient il jus metre,
>Puis que je m'en *vuel* entremetre. (Ben. t. 3, p. 519.)
>Baron, dist l'ampereres, cil Sires qu'est sanz fin
>Vos doint si grant honor com je *vuel* et destin. (Ch. d. S. I, p. 65.)

Et *vueil* et otroie qu'ele soit franche de toutes choses. (1252. H. d. M. p. 155. Montmirail.)

>Ge *vueil* en Ardenne morir,
>Et ne *vueil* pas tozjors languir. (P. d. B. v. 5599. 600.)
>Se ce n'est voirs que dist vous ei,
>Je *vueil* et si l'otroierei
>Que la teste me soit coupee
>Ou à coustel ou d'une espee. (R. d. S. G. v. 1175-8.)
>Là fors me *voil* aler esbanoier. (G. d. V. v. 407.)
>Freire, dist ele, où deveiz chevachier?
>— Bele, as François *voil* aler tornoier. (Ib. v. 409. 10.)

Au lieu de *vuel*, on écrivait *voel* dans la Picardie.

>Fole sui ki tant vous sermon,
>*Voel* jou ensaignier Salemon? (R. d. M. p. 21.)

Jou ne *voel* mie que vous ne autres puiessiez à droit dire que je vous faille de convenances. (H. d. V. 503ᵉ.)

>Dont i *voel* jou, fait il, aler.
>Au marceant *voel* jou parler. (Chr. d. Tr. III, p. 125.)

La forme primitive normande de la première personne du singulier de l'indicatif a été *vul*.

>Jol (?) *vul* melz asez la mort
>Que la vie u la sante. (Trist. II, p. 32.)

Dans les dialectes mixtes, *vuil*[1] pour *vul*; *voeill*, *voeil*, *voell*, *voel* pour *vuel*, *vueil*.

>Ci ne *vuil* or plus demorer,
>Kar ainz que vienge al definer
>En diron plus plenierement. (Ben. v. 7936-38.)
>Kar contre mei n'unt nul orguil,
>Ainceis me funt quanque je *vuil*
>E plus que je ne lor demant. (Ib. v. 24449-51.)
>Ademplir *voeill* vostre comandement. (Ch. d. R. p. 13.)
>Mun jugement *voel* sempres guarantir. (Ib. p. 148.)

Voeil (ib. p. 20. XXXVI), *voell* (ib. p. 84. CLIX.)

---

(1) *Viul* (Q. L. d. R. II, p. 188) est sans doute une faute d'impression pour *vuil*.

Entre 1250 et 1260, on voit paraître une nouvelle forme avec *e* radical, au lieu de *o (ue, oe)*: *veil* ou *velh, welh, wel; i* et *lh* indiquent un *l* mouillé. Quelques grammairiens, Fuchs entre autres, pour expliquer ce *veil, wel*, ont eu recours à un infinitif *veler*, qu'on aurait formé sur *velle*. Cette supposition est sans le moindre fondement. En effet, ne serait-il pas fort extraordinaire qu'on fût remonté au latin à une époque où l'on ne l'entendait plus? Admettant même que je me trompe dans la fixation de l'âge de cette forme, comment se fait-il qu'on ne rencontre aucune trace de l'infinitif *veler* ni antérieurement à 1250, ni pendant la seconde moitié du XIIIe siècle? Comment se fait-il qu'on n'ait pas du moins quelques exemples d'un futur avec *e* radical? Voilà les erreurs où l'on tombe quand on n'a égard ni au temps ni au lieu, en expliquant les formes de la langue d'oïl.

Veil, welh, wel, ont été formés sur *voil, voel*, par analogie aux substantifs en *oil*, qui recevaient la terminaison *eil* ou *el* dans les provinces où *veil, wel*, ont pris naissance, c'est-à-dire au nord-est de l'Ile-de-France et à l'est de la Picardie proprement dite. L'emploi fréquent de la première personne du sing. du prés. de l'indicatif de *vouloir* comme substantif favorisait ce mode de formation, et l'on verra ci-dessous la plupart des autres variantes des substantifs en *l* final: *viols, vials, veals, vious, viaus, veaus, viax*, etc.

   Ex. Je *wel* le porcel descrvir. (R. d. M. d'A. v. 244.)
       Ne *welh* pas morir malement. (N. R. F. et C. I, p. 88.)
       Meis de ce ne me *weil* je teire. (R. d. S. G. v. 324.)

Et l'autre tierce partie je *veil* et covient que cle soit donee et despendue aux pauvres. (1271. H. d. M. p. 174.)

Quar je *veil* savoir et esprover combien il set, de tant de terme come ils l'ont tenu à escole. (R. d. S. S. d. R. p. 7.)

Quant au *w*, ce n'est plus ici qu'une habitude d'orthographe picarde qui avait perdu sa véritable valeur.

Je passe aux autres personnes à terminaison légère.

Les formes primitives de la seconde personne du singulier ont été: *vuels*, en Bourgogne; *voels*, en Picardie; *vuls*, en Normandie.

Vuels, dont on a déjà vu des exemples, resta, il est vrai, en usage jusqu'à la fin du XIIIe siècle; mais, après 1250, il devient toujours de plus en plus rare et alors on le trouve ordinairement orthographié *vuez* (z = ls) et *vues*.

Les provinces qui avaient remplacé *voel* par *veil, wel*, admirent *vels* pour *voels* à la seconde personne; et, ce qui n'eut jamais lieu pour *veil*, *wel*, on en créa une forme forte: *viels*, avec la contraction *viex*, dans les cantons situés au sud-ouest de ceux où *veil* avait pris naissance. *Vels* et *viels* gagnèrent rapidement beaucoup de terrain au sud et à l'est, et par suite du fléchissement ordinaire de *l* en *u*, on obtint les deux nouvelles formes: *veus*, *veuz* et *vieus*. Dans le Hainaut et la partie avoisinante de l'Artois, on se servait de *viols* au lieu de *vels*, *viels*, et, comme cela se faisait souvent dans la seconde moitié du XIIIe siècle, on retranchait le *l*, d'où *vios*. Il y avait aussi de ce thème une forme en *x* et une autre en *ou: viox*, *vious*. Dans l'ouest de l'Artois et la plus grande partie de la Flandre, on écrivait *vials*, avec la forme contracte *viax*, et, par suite du fléchissement de *l*, *viaus*.[1]

La véritable forme normande était *vuls*, qui devint *vols* sur les frontières de la Picardie et de l'Ile-de-France, dans le Maine, l'Anjou et une partie de la Touraine, où elle était en usage. Par suite du fléchissement de *l*, *vols* produisit *vous*.

On trouve enfin dans le sud-est de la Normandie, le nord de l'Orléanais, une partie du Maine et dans le nord de la Touraine, une seconde personne en *eals: veals*, d'où *veaus*.

Cfr. Substantifs *F* (t. I, p. 87).

Ex. Hervis demande: Qui *vuels* tu, biaus amins? (G. 1. L. I, p. 189.)
Vuez te tu plus combattre? vis m'est qui tu recrois.
(Ch. d. S. II, p. 161.)

Tu dis si grant abusion
Que nus ne la porroit descrire,
Qui *vues* sans tribulation
Gaaignier Dieu por ton biau rire. (Rutb. I, p. 128. 9.)
Or donques chou que tu *vels* di. (R. d. M. p. 22.)
Dist Gerars: Se tu *vels* avoir
Merchi, di que tu ies outres. (R. d. l. V. v. 2023. 4.)
Dira que tu *viels* sormonter. (R. d. S. S. v. 559.)
Et tu *viex* ravoir ton porchiel! (R. d. M. d'A. p. 12.)
Or *viex* aler cel terre chalengier
Où tes ancestres ne prist ainz .i. denier.
Et quant por moi ne le *viex* or laisier,
Cil Damerdiex qui tout a à jugier,
Ne t'en remaint sain ne sauf ne entier! (R. d. C. p. 45.)
Veus tu dedire per ta grant vantarie
Li dus Gerard k'il n'ait sa foi mantie
Envers Kallon, cuil l'avoit plevie? (G. d. V. v. 1235-7.)

---

(1) L'emploi de l'*a* pour *o* et *e* est encore très-commun dans plusieurs de nos patois.

Saches tu bien, se tu le fais,
Toi et les tiens lairai em pais;
Et se ensi ne le *veus* faire,
Tous vous ferai à la mort traire. (R. d. M. v. 1135-8.)
De chou ne te puet nus garir,
Se conbatre vers moi te *vieus*. (R. d. l. V. p. 94.)
Que *vieus* tu c'on face de toi? (R. d. S. G. v. 1169.)
Jo te conjur en loial foi,
Si com tu tiens t'onor de moi,
Et com tu *viols* m'onor garder
Et tos nos sairemens sauver,
Que t'envoises et faces pes. (P. d. B. v. 3459-63.)
Samble ton frere et, se tu *vios*,
Ja soie jou ferrans et vious,
A court tierme t'adoberai. (Phil. M. v. 9200-2.)
Se tu me *vials* croistre mes drois
Et se tu bien m'aimes et crois,
De noirs dras te deliverrai,
Et roiax dras te vestirai. (Brut. v. 6661-4.)
Vieign ennuit ou demain, se *vials*. (Romv. p. 572, v. 29.)
Venqu nous as, mais lai nous vivre,
Quel par que soit terre nous livre;
Lai nous, se *viax*, vivre en servage,
Et nous et tot nostre linage. (Brut. v. 9750-3.)

E est envolupee en un palie apres le seintefied vestement de chaens; si tul *vuls*, sil pren, kar ci n'ad altre. (Q. l. d. R. I, p. 84.)

Se bon cristien es e *vols* ta fei guarder,
Bien creum e volum qu'en ço voilles ester. (Th. Cant. p. 61, v. 6.7.)
Ordene, Sire, e establis
Le mien petit povre d'espris,
E s'en mei *vols* rien e atenz,
Pri que apaises ces elemenz..... (Ben. II, v. 2159-62.)
Si en France t'en *vous* aler,
Cel ne te poum pas veer,
E sez cum bien nos te siuverom. (Ib. v. 9318-20.)
Qui es, fait il, qui si me tiens?
Dunc nen est il li chevaus miens?
Que *vous*? que quers? Ne me merras
Che lès. (Ib. v. 16586-9.)

Mais si tu as rien à main, dunc le mei, si *veals*, cins pains u ceo que tu truveras. (Q. L. d. R. I, p. 83.)

Sire, sire, fist Absalon, quant venir n'i *vols*, vienge i, si *veals*, mes freres Amon. (Ib. II, p. 165.)

Quant rendre ne li poum vif, | Si *veaus* od farce e od estrif
En alom le cors aporter. (Ben. v. 18848-50.)

> Se *veaus*, oies cum tu le poz faire
> Contre tot son nuisement
> Qu'il ne sa force ne sa gent
> Te poent faire n'engignier. (Ben. v. 21965-8.)

Cette dernière forme *veals*, *veaus*, paraît avoir été réservée d'abord à un emploi particulier, soit comme formule de supplication, soit comme formule de civilité, à la manière du latin *obsecro*: Prodi, me conciliate: do obsecro. (Ter.) Attica mea, obsecro te, quid agit? (Cic. Att. 13, 13.)

Les variantes de la troisième personne du singulier étaient les mêmes que celles de la seconde. (Cfr. cependant le parfait défini.)

La forme *vuelt* produisit *vuet* et *vueut*: le premier orthographié d'après la seconde personne, *vuez* ou *vues*, où le *l* avait disparu; le second formé directement de *vuelt* par le fléchissement du *l*.

> Se contre *vuet* issir, ne voit pas le champ per.
> (Ch. d. S. II, p. 107.)

> Recoumanciez novele estoire,
> Car Jhesu Criz li rois de gloire
> Vos *vuet* avoir, et maugre vostre
> Sovaigne vos que li apostre
> N'orent pas paradix por pou. (Ruth. I, p. 123.)

Et si voz mande que vos veingniez à cort, atout son fill; quar il *vueut* savoir que il set, de tant de tens comme vos l'avez tenu à escole. (R. d. S. S. d. R. p. 7.)

Voelt fut de plus longue durée que *voels*, quoique, dans la seconde moitié du XIIIe siècle, son emploi fût restreint à quelques cantons de l'ouest de la Picardie et aux dialectes mixtes. (Voy. 1ère pers.) *Voelt* produisit *voet*.

Et pour ce *voelt* il dire et traitier cele chose.. et *voet* que li honours que nostre sire fist à l'empereour illoec... soit seue communaument (H. d. V. 491e.)

S'il *voelt* ostages, il en averat par veir. (Ch. d. R. p. 4. VI.)

Velt, *vielt*, *violt*, *vialt*, *volt*, *vealt*, formés d'après *vels*, *viels*, *viols*, *vials*, *vols*, *veals*, donnèrent naissance à *veut*, *vieut*, *viout* et *viot*, *viaut*, *vout*, *veaut*.

> S'auchuns *velt* oïr ou savoir
> La vie Mahommet, avoir
> En porra ichi connissanche. (R. d. M. v. 1-3.)

> Miez *veut* morir à onor en cel pre
> K'ai couardie li soit jai atorne,
> Ke dou foir ait jai sanblant mostre. (G. d. V. v. 2595-7.)

En la forest s'en *veut* aler
Por le rossegnol escouter. (L. d. T. p. 73.)
Mais qui *vielt* se vie enlacier,
Et de toutes pars embracier,
Fox est s'il ne laist ses degras. (V. s. L M. p. 18. V.)
Il li aide si com il *vieut*. (R. d. M. v. 195.)
Mors est Herbers, ainc tel baron ne vi,
De tout son fie *vieut* estre ravesti. (R. d. C. p. 36.)
Car sos ciel n'a si france rien
Com est dame qui *violt* amer,
Quant Deus la *violt* à ço torner. (P. d. B. v. 1252-4.)
Et quant Diex *violt* que seus remagne,
Dont me convient il que ges plagne? (Phil. M. v. 8104.5.)
Car ki loiaute *viout* avoir
Ne tol pas autrui son avoir. (Ib. v. 3862. 3.)
Jou et ma tiere à Dagobiert
Sommes, s'il *viot* nos amis iestre. (Ib. v. 1379. 80.)
Et cis Romains qui tot *viot* prendre
Ne me dagne mon home rendre. (Ib. v. 12333. 4.)
Qui *vialt* oïr et *vialt* savoir
De roi en roi et d'oir an oir,
Qui cil furent... (Brut I, XLV.)
Et Dex li doint joie et saute,
S'il *vialt* par sa doce bonte. (Trist. I, p. 219.)
Et se fera por fol sambler,
Que à Ysiaut *viaut* il parler. (Ib. ead. p. 222.)
Ancor vorra plus halt munter,
Sun curaige *viaut* espruver. (M. d. F. II, p. 133.)
Ceo que chascuns en *volt* e sent
Loe l'oevre diversement;
Ceo que l'un *volt* l'altre desdit. (Ben. 1, v. 1213-5.)
Chascun lo *vout* e le desire. (Ib. 1, v. 1599.)
E quant li dux Hue le veit,
Ne conoist pas ne n'aperceit
Qu'il quiert, qu'il *vout* ne qu'il demande. (Ib. v. 14125-7.)
N'est riens qu'ele face ne die
Qu'il desvuelle ne contredic;
Quanqu'ele *veaut* li fait acroire. (Ben. t. 3, p. 517.)
En luxure a de borbe tant
C'om doit celui com ors beter
Qui *veaut* tel borbe borbeter. (Ib. ead. p. 529.)

La forme normande de la troisième personne du singulier était *vult*, qui produisit *vut*.

Kaherdin une part apele,
Demande si anel *vult* vendre

E quel aveir il en *vult* prendre
U s'il ad altre marchandise. (Trist. II, p. 67.)
E il resspunt ke il le ad cher,
E sur touz hommes le *vut* amer
E servir. (Ben. t. 3, p. 623, c. 1.)

J'ai déjà fait observer plusieurs fois que telle ou telle forme à l'une des personnes d'un temps n'implique pas nécessairement la même forme à toutes les autres. Tel est encore le cas pour la troisième personne du pluriel du présent de l'indicatif de *vouloir;* on n'y trouve que *vuelent, voelent, vulent, volent, vellent, veulent, welent*.

Mes bien avez oï le dit dou messagier,
Comment Saisne nos *vuelent* de la terre chacier.
(Ch. d. S. I, p. 28.)

Quant li empereres voit que Lombart ne *voelent* assentir à s'amour ..., si s'en parti à tant. (H. d. V. 511ᵉ.)

Ki *voelent* faire avoir Mahom,
Qui estoit devant sers, leur dame,
Por ses grans dons avoir, à fame. (R. d. M. v. 608-10.)
Amor fet cels del tot foler
Qui *vulent* sagement amer. (Chast. XI, v. 175.6.)
Mais que de Sarazins e de paiens vus gardet
Qui nus *volent*[1] destrure e sainte cristientez. (Charl. v. 224.5.)
Li fil Herbert *welent* tenir lor drois. (R. d. C. p. 97.)
Et ce c'onques ne fu veu
Vellent il tesmoignier à voir. (Rutb. II, p. 76.)

Et se Guis, Aubretins et Rollans ne *veulent* otrier tele pais, bien sacent, dist li connestables, que ja por eus ne remanra(s?)t. (H.d.V. p. 227. XXXII.)

La première et la seconde personne du pluriel du présent de l'indicatif avaient régulièrement pour voyelle radicale: *o*, en Bourgogne et en Picardie; *u*, en Normandie; mais, vers la fin du XIIIᵉ siècle, la forme *wel, weil*, qui avait pris une très-grande extension, finit par s'introduire à ces deux personnes.

Par voisdie et par san nos covient à errer,
Se nos an saine vie an *volons* retorner. (Ch. d. S. II, p. 149.)
Bataile aureiz, s'atandre la *voleiz*. (G. d. V. v. 683.)
Puis li dist: *Voles* vous le prestre? (R. d. I. V. v. 6543.)
Tristran dit: Que li *vulez*[2] vus? (Trist. II, p. 44.)
Vos la *velez* sanz jugement
Ardoir en feu, ce n'est pas gent. (Ib I, p. 54.)

---

(1) *Vaulent*, dans M. d. F. Grael. v. 554. indique une prononciation large de l'*o* dans certaines contrées.

(2) Cet *u* normand était aussi devenu *o* dans les dialectes qui avaient admis *vols, volt, volent*, pour *vuls*, etc.

> Ensin con i poez entendre,
> Se vos un po *velez* aprendre. (N. R. F. et C. I, p. 113.)

L'assourdissement de l'*o* en *ou*, à la première et à la seconde personne du pluriel, ne se montre avec quelque fréquence qu'au XIVe siècle.

Malgré le grand nombre de variantes que l'on vient de lire pour le présent de l'indicatif de *vouloir*, la liste n'en est pas épuisée. Il y a encore plusieurs formes qui exigent des explications particulières.

Je commence par *wil; wils, vix* et *vius; vilt*. Il faut d'abord distinguer deux *wil;* l'un qui se rencontre dans les textes anglo-normands, où l'on doit voir *vuil*, de même qu'on a *wt* pour *vut*, *wnt* pour *vunt*, *ws* pour *vus*, etc.; et l'autre, dans les textes où l'on suivait les habitudes d'orthographe picarde. (Voy. plus haut *weil*.)

Les formes *wil*, *vils*, *vilt*, sont explicables de trois manières. La première serait de les rapporter aux formes allemandes du singulier de l'indicatif du verbe *wollen* (en v. h.-all. *wëllan, wollan;* all. du moyen-âge *wëllen*); elles étaient en v. h.-all.: *wili, willu; wilis, wili; wili, wilit;* en all. d. m.-â.: *wil; wilt, wil; wil.* 2°. La seconde personne pourrait avoir été calquée sur le latin *vis* et on lui aurait donné le *l* radical, puis on aurait créé une première et une troisième personne d'après la seconde. 3°. On a changé l'*o* des formes *wel*, *vels*, *velt*, en *i*, comme cela avait lieu très-souvent pour l'*e* latin, soit long, soit bref, et l'on a obtenu *wil, vils, vilt*. Le dernier mode de formation est celui que j'admets comme le plus vraisemblable, les formes *wil, vils, vilt* ne se montrant que dans la seconde moitié du XIIIe siècle, c'est-à-dire à une époque où l'allemand et le latin n'étaient plus entendus.

> Ki ws ad ce fet entendre,
> Ki por mal sout ben rendre,
>   Jo le countredi;
> En totes courz le *wil* defendre. (Ben. t. 3, p. 621, c. 1.)

Car je *wil* tout ce que tu veus. (F. et C. IV, p. 279.)

> Callot de France, dist Ogiers li senes,
> Mult es hardis qi à moi *vilx*[1] parler. (O. d. D. v. 8810. 11.)

Merchie te prie, n'en *vilx* faire nient. (Ib. v. 10922.)

> Mais se tu *vius* faire à mon devis,
> Ke croies Diu ki en la crois fu mis,
> Si te rendrai à Kallon au fier vis. (Ib. v. 11310-12.)

---

(1) Pour ce *x*, v. les Substantifs.

Se tu femme *vix* avoir, je te donrai à un roi u à un conte. (F. et C. I, p. 381.)

>Quant Diex le *vilt* li peres tot poissant,
>Ja contre Diu n'estrai en mon vivant. (O. d. D. v. 11031. 2.)

On a vu plus haut *vols*, *volent*, dérivant des formes normandes *vuls*, *vulent*. Les copistes picards des plus bas temps firent subir une nouvelle transformation à *vols*, *volent;* ils les diphthonguèrent avec *i* postposé: *voils*, *voilent*.

>Tu s'orquiers mult à mon seignor;
>Tolir li *voils* pris et enor,
>Ke li roves son regne rendre,
>Come s'il nel osast desfendre. (R. d. R. v. 12001-4.)

>E se nus *voilent* guerreier,
>Bien avum cuntre un chevalier,
>Trente u quarante païzans,
>Maniables e cumbatans. (Ib. v. 6035-8.)

On trouve, à la troisième personne du singulier, le renversement de *oe* en *eo*: *veolt*, au lieu de *voelt*, et par suite du fléchissement de *l*: *veout*. (Cfr. *doel* et *deol*, I, p. 91.)

>Mult li durrai, s'il *veolt*, del mien,
>E tuz jorz ert mais de mei bien. (Ben. II, v. 1475. 6.)
>Li reis i *veolt* sa curt tenir. (Trist. II, p. 143.)
>Eisi le fait qu'issi le *veout*. (Ben. v. 13625.)

Vult, dans les Moralités sur Job, est une forme toute latine.

Quar à la foiz *vult* demesurcie irors sembleir justice et dissolue remissions pieteit. (p. 453.)

A la foiz *vult* faire ce ke il a porveut. (p. 501.)

Quant à *vuolez*, qui se lit dans Tristan II, p. 11, c'est une orthographe fautive provenant du mélange de la vraie forme normande avec sa dérivée en *o* radical.

>Pur quei me volez vus traïr?
>Quei li *vuolez* vus descouverir?

Je terminerai ce que j'avais à dire sur le présent de l'indicatif de *vouloir* par la question: L'*eu*, qui s'est fixé dans la langue littéraire aux trois personnes du singulier et à la troisième du pluriel, provient-il partout du fléchissement du *l* des formes *vel*, *vels*, *velt*, *vellent;* ou bien y a-t-il eu quelque part renversement en *eu* de l'*ue* des formes *vuel*, *vuels*, *vuelt*, *vuelent?* C'est là un point difficile à éclaircir. Voyons d'abord des exemples.

>Quant jou ai mout partout ale,
>Et çou que je *veul* devise. (R. d. l. M. Préf. VI.)

Belle fille, des que tu ne t'en *veuls* tenir, or te dirai que tu feras. (R. d. S. S. d. R. p. 45.)

> Li roiz t'a mult sofert, ne te vout mez sofrir;
> Toz tems li *veulz* à tort e mal fere e laidir,
> *Veuls* li desceriter, *veuls* sa terre tolir,
> *Veuls* li par felonje essillier e honir. (R. d. R. v. 4453-6.)
> Car mult la (la feste) *veult* tenir honeste. (Brut. v. 8788.)

Au premier coup d'oeil, ces formes semblent prouver le renversement de l'*ue* en *eu*; mais il ne faut pas perdre de vue qu'elles appartiennent à des textes picards qui ne connaissent pas *vuel*, *vuels*, etc., ou bien à d'autres dans lesquels l'influence picarde est prédominante; qu'elles datent en outre d'une époque où l'on avait l'habitude de rétablir le *l* à côté de l'*u*, que celui-ci représentait déjà. Cette double considération permet de rejeter le renversement de *ue* en *eu*, et l'on ne doit voir dans *veul*, *veuls*, etc. que les formes *vel*, *vels*, devenues ensuite *veu*, *veus*, etc. auxquels on ajouta plus tard un *l* irrégulier. (Cfr. Substantifs.)

S'il y a eu renversement de *ue* en *eu*, et je suis assez disposé à le croire, ce ne peut être que dans les dialectes du sud de la langue d'oïl où *vuels*, *vuelt*, *vuelent* étaient en usage. Toutefois les cas où le renversement avait eu lieu sont en bien petit nombre en comparaison de ceux où le *l* des formes *vel*, *vels*, etc. avait subi son fléchissement ordinaire en *u*; et comme le dialecte de l'Ile-de-France, qui eut une grande prépondérance dans la formation de la langue littéraire, était principalement soumis à l'influence picarde, je pense que notre *eu* du présent de vouloir doit être rapporté aux formes *veus*, *veut*, *veulent*, dérivées de *vels*, *velt*, *vellent*. La première personne *veul* a été créée postérieurement d'après l'analogie de *veuls*, *veult*, *veulent*.

Le présent du subjonctif de *vouloir* n'a pas toutes les variantes de l'indicatif; on ne rencontre que *voille*, *vuelle*, *vueille*, *voeille*, *voelle*, *vuille*, *veille*, *veulle*, *ville*, correspondants à *voil*, *vuel*, *vueil*, *voeil*, *voel*, *vuil*, *veil*, *vel (veu)*, *vil*, et une forme normande en *ge* dérivée des présents de l'indicatif en *o*: *volge*, *vouge*. L'impératif était semblable.

> Meis ains morrai, par la vertu du ciel,
> Et mengerai la car de mon destrier,
> Que je le siege *voille* nul jor laissier. (O. d. D. v. 8328-30.)
> Si me laissies à esgarder
> Tant que jo me *voelle* mostrer. (P. d. B. v. 1723. 4.)
> *Voilles* que ceo remaigne mes:
> Ne nos seum plus damagant,
> Ne haïnos ne malvoillant;
> *Voilles* que ait paiz e quitée

D'or en avant en cest regne,
Et jo revoldrai ensement... (Ben. II, v. 624-9.)

Que ceu est que tu *voeles* faire? (H. d. V. 513ᵈ.)

Douz feiz ou treis t'en fai prier
Ainz que li *veilles* otreier. (Chast. XXII, v. 235. 6.)

S'est que t'en *vouges* repairier,
Par les pas sunt lur chevalier
E lor serganz, ç'ouns nos dire,
Por nos leidir e desconfire. (Ben. v. 19484-7.)

Por ceu mismes poons nos apenre coment cil *voillet* estre receut de nos ki en Belleem volt estre neiz. (S. d. S. B. p. 533.)

Sire Rollan, dit li quens Olivier,
Bien sai que tant com Deus me *voile* aidier
Ne dout je home que me puist domagier,
Ne ke jai mal me face. (G. d. V. v. 2999-3002.)

Li rois a sa fille amenee,
Al roi Artus l'a presentee
A tote sa volente faire,
Voille l'ardoir, *voille* desfaire. (L. d. M. p. 66.)

Tant a hurte, l'uis ouvert a
Qu'il se teust, molt li proia
K'elle se *voelle* conforter. (R. d. M. p. 36.)

Si'n a pite, mais ne porquant
Ne l'ara pas de li si grant
Qu'ele le *voelle* conforter
Par son consel dire et mostrer. (P. d. B. v. 7111-4.)

Trop nos avint grant meschaance
Et trop nos fu pesme et amere
L'eure que Dex en fist sa mere,
Car n'oson chose contredire
Qu'ele *vuelle* faire ne dire. (Ben. t. 3, p. 517.)

Ne quit ja se *vuille* entremetre
D'eles changier por autres metre (les lois et les constitutions).
(Ben. v. 8294. 5.)

E si alcuns est que venir n'i *vuille*, il en murrad. (Q. L. d. R. IV, p. 383.)

Se mes maris i vient encui,
Qu'il *veulle* gesir aveuc vous,
Trover m'i pora à estrous
Et soufferai chou k'i vaura. (R. d. M. d'A. p. 7.)

Que Dex ne *vuelle*! (1278. M. s. P. I, 366.)

Que Dieu ne *veuille*! (?) (1278. Ib. I, 364.)

Ja por ce ne te dirai
Que Moriax *wille* avaine n'orge. (F. et F. IV, p. 279.)

Suz ciel n'a hume que *voeillet* hair. (Ch. d. R. p. 49.)

Que il s'en *veille* arreire aler. (Chast. XXII, v. 49.)

De entremeins aveir; kil voldrad clamer emblet, e il *volge* doner wage e trover plege à persuir soun apel, dunc l'estuverad à celui quil auverad entremeins, nomer soun guarant, si il l'ad. (L. d. G. p. 181, 25.)

Et de la forme *veul:*

> A peine i a nus tel amor | Ne od parent ne od seignor,
> Por que plus tost s'en puisse aler,
> Por lui s'i *veuge* demorer. (Ben. v. 19744-9.)

Nous ne somes mie encore à ce venut ne à ce mene que nous *voellons* si tost perdre ceu que nous avons conqueste. (H. d. V. 500ᵈ.)

Nous ne sommes mie encore à chou mene, se Diu plaist, que nos *voellons* encore pierdre ce que nous avons conqueste. (Ib. p. 196, XVII.)

> Ou nos *vuelliens* ou non, nos covient ancontrer
> Cez Sarrazins felons, que Dex puist cravanter!
> (Ch. d. S. II, p. 149. 50.)
> Et se c'est chose ke la *voillies*[1] mener,
> Voz la covient chierement comparer. (G. d. V. v. 681. 2.)
> Or donc vostre volente dites;
> Mais que me *voellies* loiaument
> Tenir chou que m'aves couvent. (R. d. M. p. 47.)
> Se huen nos met en autre voie
> Que ne *vuelliez* le mien servise,
> Ge m'en irai au roi de Frise. (Trist. I, p. 125. 6.)

E seur ce j'entens que ma dame la reine vous prie par ses lettres, qe vous li *vueilliez* faire tel grace, que vous le devantdit homage *vueilliez* recevoir per son procureur especial... (1278. Rym. I, 2, p. 174.)

> E por la criemme que j'en ai
> Que ge m'ent espanoirai,
> Vos requier je que la (paiz) *voilleiz*
> Si que plus ne la destorbeiz. (Ben. v. 24379-82.)
> Or *vueillies* donques consentir
> Qu'anuit o vous puisse venir. (R. d. C. d. C. v. 2299.2300.)

Et se vos ainsi le fetes que vos *veilliez* errer au conseil au(x) sages, ne croire vostre fils. (R. d. S. S. d. R. p. 33.)

Avec assourdissement de l'*o* en *ou:*

> Ainsi vous pri je et requier
> Que vous me *vouilliez* conseillier,
> De ce que cele gent demande. (R. d. S. G. v. 2454-6.)

Il covient eswarder quel chose il *voillent* ke li ministres et li vicaires de Crist lor comanst, car il endroit d'ols nen eswardent mies quels soit li volenteiz de celui ki sor ols doit comandeir. (S. d. S. B. p. 559.)

> Vienent as cans, voient l'avoir
> Tel que plus n'en *voilent* avoir. (Phil. M. v. 30057. 8.)

---

(1) Ne confondez pas cette forme avec la suivante, qui a la signification de *veiller: Voilhiez* et si teneiz en ramenbrance coment ge par trois ans ne cessai jor et nuit de somunre chascun dé vos en larmes. (M. s. J. p. 476.)

Et k'il li *voellent* par amour
Porter reverenche et honnour. (R. d. M. p. 26.)
Mors est li cuens! Diex en ait l'ame!
Sainz Jorges et la douce Dame
Vuellent prier le sovrain maitre
Qu'en cele joie qui n'entame,
Senz redouteir l'infernal flame,
Mete le boen conte à sa destre! (Rutb. I, p. 56.)
Et s'il nous welent acuser,
Qu'il le nous *vueillent* demander,
Tantost com le pourruns seisir,
De mort les couvenra morir. (R. d. S. G. v. 653-6.)

Je passe au présent de l'indicatif de *valoir*.

Valoir n'était pas un verbe fort, bien qu'on trouve, à la première personne du singulier du présent de l'indicatif, la forme *vail*, qui de prime abord semblerait prouver le contraire. *Vail* appartenait au sud de la Picardie et à l'Ile-de-France, et il ne se montre que vers le milieu du XIIIe siècle; l'*i* indiquait simplement un *l* mouillé.

Val, vals, valt, valons, valeiz, valent, telles sont les formes primitives du présent de l'indicatif de *valoir*. Le *l* subit son fléchissement ordinaire en *u* devant le *s* et le *t* de la seconde et de la troisième personne du singulier, d'où *vaus, vaut*. La forme *val* devint quelquefois aussi *vau* dans la Picardie, mais on lui ajouta le *c* final: *vauc*.

Cil li respont plains de grant ire:
Aeure Diu! quant j'en sui sire,
Je *vauc* miex que li autre asses. (L. d'I. p. 22.)
Car je *vail* miols de cortesie ...
Que cil que il ont esleu. (P. d. B. v. 9485. 90.)
Venus sui au point del essai
De moi vengier, se je tant *vail*. (R. d. l. V. v. 5821. 2.)
Tant as, tant *valz*. (Cité p. M. d'Orelli, p. 207.)
Quar l'en dit et bien l'ai apris:
Tant as, tant *vaus*, et tant te pris. (Rutb. II, p. 47.)
Rois, tu *vaus* miex c'Arcedeclins,
Car tous cis mons vous[1] est aclins. (Poit. p. 3.)

Et la forme contracte de *vals*:

Tant as, tant *vax* et jo tant t'ain. (Brut. v. 1790.)
Belleem *valt* altretant cum maisons de pain, et Juda *valt* altretant cum confessions. (S. d. S. B. p. 534.)

---

(1) Ce rapide passage du *tutoiement* au *vousoiement* était très-fréquent dans l'ancienne langue. M. Diez (III, 51) fait observer que le latin du moyen-âge employait souvent aussi *tu* et *vos* envers la même personne. Tu domine mi rex, audiat me clementia vestra (Fl. XXXIV, 474 [a. 985].) Nolui sine consilio vestro; tu autem dixisti. (Greg. Tur. 5, 19.)

Et ne *valt* riens la force se ele n'est stancencie par conseil. (M. s. J. p. 497.)

>Kar poi *vaut* lor defensions
>Contre les cuilverz Sarrazins. (Ben. v. 5220. 1.)
>Que *vaut* biautez de dame, s'an jovant ne l'amploie?
>(Ch. d. S. I, p. 108.)

On trouve la forme *valt* renforcée avec *i* préposé: *vialt*. Ce *vialt*, qui est de la fin du XIIIe siècle, n'est très-probablement que la forme *vialt* = *vielt*, de *vouloir*, qu'on a rapportée à *valoir*, à cause de l'*a* radical.

>C'est li cuens Phelipes de Flandres
>Qui mialz *valt* ne fist Alexandres,
>Cil que l'an dist qui tant fu buens;
>Mes je proverai que li cuens
>*Vialt* mialz que cist ne fist asez. (Brut. I, L.)

Enfin les formes incorrectes, où le *l* a été rétabli à côté de l'*u*.
>Que *vault* chou? (H. d. V. p. 170. II.)
>Plus *valent* mil bon chevalier
>Que de malvais .iiij. millier. (R. d. M. p. 68.)
>Mais n'i *valent* confortement. (Fl. et Bl. v. 802.)

Présent du subjonctif: *valle*, *vaille*, *vaile*, *vauge*.
>De mon service n'ai qui *vaile* .i. tornois. (R. d. C. p. 30.)
>N'a nule el monde qui miols *vaille*. (P. d. B. v. 798.)
>En qel terre sera mais nee
>Fille de roi, qui ton cors *valle*! (Trist. I, p. 42.)
>E vers tuz li aït e *vauge*
>E le maintienge en son poeir. (Ben. v. 17214. 5.)

La première personne du singulier du *parfait défini* de *vouloir* était: *vols*, d'où *vos*, *vous*, et la contraction *vox*. Puis, comme au présent, des orthographes en *au*: *vauc*, *vauch*.

>Mais sacies bien tout à estrous
>Que mes cuers se tient si à vous
>Que je ne *vols* puis autre avoir
>Que j'aperçui vostre savoir. (R. d. l. M. v. 1999-2002.)
>Sire, ge nel *vos* consentir,
>Mes il me fist ses *cox* sentir. (Dol. p. 189.)
>Mes ne lor vaut lors mortes traïsons,
>Quar en la fin ert grans li guerredons
>Quant on sara qu'ains ne li *vos* mentir. (R. d. C. d. C. v. 2624-6.)
>Tant le vi(s?) bel qu'il me prist grant pites.
>Ainc ne le *vos* ocirre n'afoler
>Nourir l'ai fait et tenir en chierte. (R. d. C. p. 312.)
>Marcent ma mere o le coraige entier
>Vi je ardoir; ce ne puis je noier.

Pour ceul itant que m'en *voux* aïrier,
Me feri il d'un baston de poumier;...
Droi m'en offri; ce ne puis je noier;
Mais je nel *vox* prendre ne otroier. (Ib. p. 73.)
Quant virent que nou *vous* jugier,
Si se prisent à couroucier. (R. d. S. G. v. 1315. 6.)
Je *vox* savoir de lor couvainne. (Rutb. II, p. 74.)
Quant le trovai, grant ire en oi.
De duel qu'en oi ne peuc mot dire;
En es le pas le *vauc* ocirre. (Fl. et Bl. v. 2738-40.)
Aussi tost com je *vauc* mouvoir,
Le vi devant mi apparoir. (R. d. l. M. v. 4429. 30.)
Au Noel nel *vauch* otroier. (Ib. v. 537.)

Seconde personne du singulier: *volsis*, *vousis*, *voussis*; *vosis*, *vossis*; *vausis*.

Les sainz ne poras tu troveir en aiwe en ta tribulation, cui tu ne *volsis* avoir companions en ta joie. (M. s. J. p. 513.)

E ui m'as mustred le bien que fait m'as: cume Deus m'out livred en tes mains, e ocire ne me *volsis*. (Q. L. d. R. I, p. 95.)

Ne tiens de lui feu n'eritage,
N'onc ne li *vousis* faire homage. (Ben. v. 21096. 7.)
Tu fus si mauveis que jugier | Ne le *voussis* ne ce vengier;
N'en *roussis* penre vengement,
Ainz t'en pesoit par samblement. (R. d. S. G. v. 1433-6.)
Dame-Dex, sire Pere qi tot as à jugier,
Que jadis te doigna por nos amenuisier,
Qant la Virge pucele *vossis* acompaignier
A nostre humanite por les tuens avoir,
Que li cuverz diables avoit pris et loiez. (Ch. d. S. II, p. 145.)

Si li distrent: Or *vosis*, or convoitas, or auras, et d'or morras. (R. d. S. S. d. R. p. 54.)

Dont ne te membre del autrier,
Que del graffe de ton graffier
Por li ocirre te *vausis*,
Et or penses de ton pais. (Fl. et Bl. v. 1623-6.)

On trouve à la troisième personne du singulier: *volt*, *vout*, *vot*, *volst*, *voust*, *vost*, *valt*, *vaut*.

Por ceu ke cil Lucifer ki par matin leveiz se *volt* eslevoir à la semblance del Haltisme, e ki ewals *volt* estre à Deu, k'al Fil apartient propprement, si fut il aparnenmes trabuchiez. (S. d. S. B. p. 522.)

Et ce demostret Jheremies bien et subtilment quant il nos *volt* ensengnier queiz choses avenoient en nos, parmi ce ke il recontat cez choses ki defors astoient faites, quant il dist. (M. s. J. 445.)

Li marchis li *volt* assez doner terre et d'avoir, por ce qu'il remansist avec lui; il n'en *volt* point prendre. (Villeh. 471ᵈ.)

Mais Hieu le faiseit par engin, kar destruire *volt* e deserter ces ki soleient Baal cultiver. (Q. L. d. R. IV, p. 383.)

Si tost con li ans fut passes,
La dame .j. jouene bacheler
Propose à prendre; mais celer
A Mahommet ne le *voul* mie,
Ains s'en est à lui consillie. (R. d. M. p. 18.)
.... Desos le castel apres,
Avoit rivieres et fores,
Où li chevaliers *vout* aler
Sovent por son cors deporter. (L. d. T. p. 72.)
Einsi le fist il, eisi le *vout*,
Eisi ravint des que lui plout. (Ben. II, v. 55. 6.)
Qant il se durent aprismier
Li leus *volst* les siens enssengnier. (M. d F. II, p. 243.)
Ainsi le *voust*, ainsi li plust. (R. d. S. G. v. 212.)
Unques ne *voust* aveir dou mien,
Fors le cors dou profete rien. (Ib. v. 1359. 60.)
N'a que .iii. mois que il fu adobes:
Puis a .i. roi en bataille mate,
Onques n'an *vot* tenir les herites. (R. d. C. p. 312.)
Grans gent i mena de mains lius,
Quar il en *vot* iestre baillius. (Ph. M. v. 31193. 4.)
Moult hai li rois yrezie, | Fausete et ypocrezie
Et *vot* sevrer de sainte glise
Tout leur afaire par devise. (Ib. v. 3078-81.)
Vit le preudoume, cel retint volentier,
En ceste terre ne *vost* plus repairier,
Toi ne autrui ne daigna ainc proier. (R. d. C. p. 67.)
Uns gaians moi et li ravi
Et moi et li aporta ci:
La pucele *valt* por gesir,
Mais tendre fu, nel pot soffrir. (Brut, v. 11688-91.)
Artur vit sa gent resortir,
Et cil de Rome resbaldir,
Et le camp contre lui porprendre,
Ne pot ne ne *valt* plus atendre,
Od sa compaigne vint criant. (Ib. v. 13275-9.)
Gaufrois ses peres n'en *valt* ainc nul paier,
Ains en laissa por le cavage Ogier. (O. d. D. v. 4325. 6.)
La fille ne sot que respondre,
D'ire et de honte quida fondre;
Ne pot à son pere estriver
Ne il ne la *vaut* escouter. (Brut, v. 1821-4.)
Quant li rois vit son fil si bel,

>De son eage damoisel,
>Et aperçut que sot entendre,
>A letre le *vaut* faire aprendre. (Fl. et Bl. v. 201-4.)
>Il me remembre de Raoul le marchis
>Qui desor lui avoit tex orguel pris,
>Qu'à mes cousins *vaut* lor terre tollir.
>Veis ci le leu tot droit où je l'ocis. (R. d. C. p. 325.)

Dont s'en alla li emperere viers Constantinoble, por chou que il ne *vaut* mie que David fesist nul mauvais plait al Ascre. (H. d. V. p. 187. XI.)

On trouve, dans les textes normands mélangés, quelques exemples d'une forme *vuolt*, *vuot*, à la troisième personne du singulier du parfait défini.

>Li emperere fut ier as porz passer,
>Si s'en *vuolt* en dulce France aler. (Ch. d. R. p. 107.)
>Un poi vus esteit ici lesser,
>Al le rei de Engleterre reperer
>   E à sa gent,
>Ki à l'apostoille *vuot* enveier
>Ses sages hommes, à sei deliverer
>   De encusement. (Ben. t. 3, p. 620, c. 2.)

Je ne suis guère disposé à reconnaître *vuolt*, *vuot* : *vuot* est sans doute un *vout* renversé par les copistes ou les éditeurs; *vuolt*, une faute de lecture ou de copie pour *volt*.

Remarquez enfin les formes en *ou*, dans lesquelles le *l* a été irrégulièrement rétabli à côté de l'*u*.

L'empereriz l'esgarda et le *voult* faire entendre à soi. (R. d. S. S. d. R. p. 10.)

Mais nostre Sires qui les desconseillies conseille ne le *voult* mie ensi soufrir. (Villeh. p. 20. XXXVII.)

Première et seconde personne du pluriel : *volsimes*, *vousimes*, *vossimes*, *vausimes*; *volsistes*, *vousistes*, *vosistes*, *vausistes*.

>Nul mal fere ne li *volsimes*
>Fors qu'à vos clamer nos venimes. (Dol. p. 190.)
>Que ne la *volsimes* ardoir,
>Ains l'avons mise en une nef
>Où il n'a ne voille ne tref. (R. d. l. M. v. 4220-2.)
>Nos en *vousimes* repairer,
>De ceo eumes grant desirer. (Ben. I, v. 1421. 2.)
>Et quant vos *volsistes* dormir,
>En cest lit venistes gesir. (P. d. B. v. 1409. 10.)
>Quant l'apelastes baceler,
>De sens le *volsistes* blasmer. (Ib. v. 2451. 2.)
>Je leur ei dist que morz estoit,
>Que vous deffere le feistes
>Pour ce que feire le *vousistes*. (R. d. S. G. v. 1426-8.)

Vous *voussistes* au darriens
Soufrir les tourmenz terriens,
Et *voussistes* la mort soufrir
Et pour nous en terre morir. (R. d. S. G. v. 2753-6.)
Mal vos estoit lie à fallir,
O lie *vosistes* mex fuir. (Trist. I, p. 116; cfr. p. 26.)
Por che qu'Ogiers en valt un mot parler,
Dedens vo cartre le *vausistes* jeter. (O. d. D. v. 9551. 2.)
Vausistes morir à dolor. (R. d. l. M. v. 1098.)

Formes irrégulières:
Nous ne *voulsimes* pas soufrir. (R. d. S. G. v. 1805.)
Mar i *voisistes* le franc bairon tochier
Par si grant felonie. (G. d. V. v. 2747. 8.)
Vos me preistes par le col et me *voulsistes* baissier. (R. d. S. S. d. R. p. 73.)

La troisième personne du pluriel avait pour formes:

volrent, vourent,   *voldrent, voudrent,*
vorrent, vorent, } d'où, avec *d* intercalaire: { *vodrent,*
valrent, vaurent,   *valdrent, vaudrent;*

avec *t* intercalaire entre *s* et *r*: *volstrent, voustrent, vostrent.*

— Par son sens et engin que il avoit mult cler et mult bon, les mist en ce que il loerent et *volrent*. (Villeh. 453ᵈ.)

Li Grieu ne s'oserent venir ferir en lor estal; et cil ne *volrent* eslongier les lices. (Ib. 453ᵉ.)

Tot coiement s'alerent haubergier;
Le tref Cailot *volrent* de pres gaitier. (O. d. D. v. 8903. 4.)

Et quant lor gent orent coru par la terre et il s'en *vourent* revenir, si troverent les destroiz mult forz. (Villeh. 490ᵉ.)

A ce soufrir
Ne se *vourrent* plus aboennir. (R. d. S. G. v. 2377. 8.)

Cele nuit domagement l'empereres Alexis de Constantinople prist de son tresor ce que il en pot porter, en mena de ses gens avec lui qui aller s'en *voldrent*. (Villeh. 453ᵈ.)

A cel cuntemple grant partie de cez de Israel se tindrent à Thebni le fiz Ginet, s'il *voldrent* rei faire. (Q. L. d. R. III, p. 308.)

La véritable forme normande de ce thème était *vuldrent*:

Tant en prengent Franceis cum en *vuldrent* porter.
(Charl. v. 223.)

Sa volente e son talent
Li graanterent tot à faire;
N'i *voudrent* plus estre contraire.
Par son purchaz, bien le vos sai,
Evesque e arcevesque e lai
E tuit li baron des Franceis
Voudrent que Lowis fust reis. (Ben. v. 10050-6.)

Mes or avint en .i. este
C'une torbe d'Egypciens,
De preudomines, bons crestiens,
Voudrent le sepulcre requerre. (Ruth. II. p. 108.)

Et quant il les *vodrent* assaillir, si firent plait que il se rendroient. (Villeh. p. 129. CLI.)

A honur les fist cunreer
U ke il *vodrent* sejurner. (R. d. R. v. 6448. 9.)
N'i *valrent* estrange ome atraire,
Ne d'estrange ome lor oir faire. (Brut, v. 10066. 7.)
Mais ne se sorent espargnier
La bataille *valrent* perchier. (Ib. v. 13019. 20.)
Toute lor conte l'aventure
Et del vregie et des confiesses,
Et ensi comme les engresses
Le *vaurent* mordrir as coutiaus. (L. d'I. p. 21.)
Et quant il s'en *vaurent* partir,
Li rois fist cascun departir
Hanas d'or, de madre u d'argent,
Selonc çou qu'estoient la gent. (R. d. l. M. v. 2349-52.)
Cil ne *valdrent* mie remaindre,
Ne de lor requeste refraindre. (Ib. v. 591. 2.)
De la ville issent andui li chevalier;
Desci à l'ost ne se *vorent* tardier
Por dire lor noveles. (G. d. V. v. 1061-3.)
Caus qui se *vorent* batisier
Fist Karlemaine en pais laisier,
Et li autre furent tot mort. (Phil. M. v. 4824-6.)
En chascun ot tant à blasmer
Qu'il nes *vorrent* de nul loer. (P. d. B. v. 6473. 4.)

David e ses cumpaignuns vindrent tut las, là ù il *volstrent* lores demurer. (Q. L. d. R. II, p. 179.)

E ne *volstrent* pur lui partir. (M. d. F. II, p. 430.)
Mais mult en out poi de leisir,
Kar por ce qu'il ert convertiz
Fu des Norreis en he coilliz:
Ne *voustrent* plus tenist l'empire. (Ben. v. 28927-30.)
A cel consoil se tienent li demoine et li per.
Puis departi la corz, ni *vostrent* plus ester. (Ch. d. S. I, p. 58.)

Les variantes du parfait défini que l'on vient de lire forment deux classes bien distinctes: l'une à laquelle appartiennent *vols*, *volt*, *volrent* (*valt*, *valrent*), et leurs dérivés; l'autre, avec *s* intercalaire.

Chose remarquable, le latin *volui* ne passa pas dans la langue d'oïl; on retrancha la terminaison *ui*, et l'on eut *vol*, dans la Bourgogne. Les exemples les plus anciens que je connais de cette forme ne remontent pas au-delà du second quart du XIIIe siècle, et tous la donnent avec un *s* final. Quelle est l'origine de cette lettre? C'est sans doute la traduction bourguignonne, ordinaire au XIIIe siècle, du *c* final qui se trouvait dans la forme picarde. Quant au *c*, je ne saurais décider s'il représente l'*i* de *volui*, ou si c'est une analogie aux nombreux parfaits picards qui prenaient cette finale. (Cfr. le prov. *volc*.)

Vols, *volt*, *volrent* et leurs dérivés étaient des formes bourguignonnes et normandes; le picard avait en général *a* radical; toutefois les provinces de l'est de ce dialecte se servaient aussi des formes en *o*, ainsi que les cantons qui employaient *viols*, *violt* à l'indicatif [1].

Tout à la fin du XIIIe siècle, on voit paraître, et d'abord à la troisième personne du pluriel, des formes avec la terminaison *u*, par analogie à *valoir* et aux autres verbes en *oir*. Plus tard, dans la Picardie, on trouve un parfait défini avec *eu* radical.

Valoir faisait *valui* au parfait défini.

> Tant com jo oi et tant *valui*
> Et tant ames et prisies fui. (Brut, v. 1991. 2.)
> L'on li amaine un bon ceval,
> Poi *valut* mains de Boucifal. (P. d. B. v. 9629. 30.)

En anglo-normand:

> Ke ne *valout* unkes une maille
> Endreit de sei. (Ben. t. 3, p. 619, c. 1.)
> Les pieres qui es pecols furent
> Plus de cent livres d'or *valurent*. (P. d. B. v. 10311. 12.)
> N'à sa biaute riens ne *valurent*
> Toutes celes qu'à la cort furent,
> Et à feme avoir le vaurra. (Poit. p. 63.)

Cfr. *Chaloir*, parfait défini, p. 28.

L'imparfait du subjonctif de *vouloir* avait pour formes: *volsisse*, *vousisse*, *vossisse*, *vosisse*, *valsisse*, *vausisse*.

> Car se vos tant porcacisies
> Que par engien me veissies
> Ains que me *volsisce* mostrer,
> Tornee seroie al plorer. (P. d. B. v. 1513-6.)
> Si *vousisse* lor faiz escrire,
> Trop lunge chose fust à dire. (Ben. v. 37512. 3.)

---

(1) On trouve des exemples de *violt*, *viout*, qui semblent être au défini; cependant ces cas douteux sont en très-petit nombre.

N'est hons devant cui nel deisse
Et que prouver ne le *vousisse*. (R. d. S. G. v. 1083. 4.)
Ne m'atandriez mie por .c. livres d'or mier,
Par coi parceussiez que me *vossisse* aidier. (Ch. d. S. I, p. 251.)
Et poûr chou *vausisse* jou, sire,
Que ses cors fust mis à martire,
Et livres à destruiement. (R. d. S. S. v. 5030-2.)
Comment pensoit nus que tel fait
Vausisse par lettres mander
De celi qui tout commander
Me peust quanques bon li fust? (R. d. l. M. v. 4301-4.)
J'ai atendu que Deus te *volsist* visiter,
Que tu de male veie *volsisses* returner
E tun felun conseil d'entur tei tut oster.
(Th. Cant. p. 59, v. 6-8.)
Mais s'il te venoit à plaisir | Que nous *vausisses* retenir
Et une partie agardaisses
De ta terre que nous donaisses,
Volantiers te servirions,
Et ti home devendrions. (Brut, v. 3345-50.)

Se nostre Sire nos *volsist* ocire, il n'oust mie receut lo sacrefice de noz mains. (M. s. J. p. 482.)

Ne ja partir ne s'en *volsist*
Dusques à chou k'il li fesist
Auchun signe de relever,
Ja tant ne li deust grever. (R. d. M. p. 52.)
Ore a tant honte e deshonor
Que meux *vousist* estre feniz. (Ben. v. 27793. 4.)

De tout ciaus qui laiens estoient n'en ot nul qui à ceste chose se *vousist* asentir. (H. d. V. 503°.)

Ja coars n'enterra en paradyx celestre,
Si n'est nuns si coars qui bien n'i *vouxist* estre.
(Rutb. I, p. 140.)
Une fille avoit, si *valsist*
Qu'apres sa mort s'onor tenist. (Brut, v. 5930. 1.)
Il n'i ot baron qui *valsist*
Que li moines rois devenist,
Orible cose lor sambloit. (Ib. v. 6649-51.)
Il ne *valsist* pour nul chatal,
Que nule rien li feist mal. (R. d. S. S. v. 3102. 3.)
Si durs eurs m'est tous jors otroies,
C'aine ne fis ben nul home desous ciel
Qu'au daarrain ne me *vausist* tricier. (O. d. D. v. 12420-2.)
Se Diex nel *vausist* garandir,
A cel cop l'eust porfendu. (Poit. p. 50.)

Car j'ai, dist il, molt grant joie de chou que je voi que il atendent; car s'il fesissent semblant de fuir, et Buriles *vausist* apries lui ardoir la terre, sachiez bien que je n'eusse nulle fiance en nostre repaire. (H. d. V. p. 178. 9. VII.)

Le texte publié par D. Brial porte:

... Se il feissent sanlant de fuir, et Burille *vausist* apres lui ardoir sa terre, sachiez bien que je n'eusse nule fiance de nostre retour ... (494ᵈ.)

    Molt fu granz la parole, et troblee la corz,
    N'i a cel des messages ne *vossist* estre aillors. (Ch. d. S. 1. p. 47.)
    Onques Dex ne vos vot tant prisier ne amer
    Que de vostre lignage *vossist* home sauver
    Qui apres vostre mort aidast à governer
    Le douz païs de France, qi tant fait à loer. (Ib. II, p. 120.)
    S'or avenoit que tuit vos *vossissiens* laissier,
    Guiteclins auroit pais à vos, au mien cuidier. (Ib. I, p. 251.)
    Ne quida quel *volsissiez* de rien contralier,
    Mais conseillier le regne e partut avancier.
                   (Th. Cant. p. 72, v. 11. 12.)
    Et dist Pilates: Je quidoie | Et dedenz mon cuer le pensoie
    Que greigneur chose *vousissiez*
    Et, certes, que vous l'eussiez. (R. d. S. G. v. 459-62.)
    Sel voz tolli, ou *vosissies* ou non. (G. d. V. v. 191.)
    Bele, dist il, s'il vus plaiseit.
    E icele joie m'avendit
    Que vus me *vausisiez* amer,
    Ne me sariez rien cumander
    Ke je ne face à mun pooir. (M. d. F. 1, p. 212.)

Quant la messe fu dite, li dux manda par les messages; et que il requissent à tot le pueple humblement que il *volsissent* que celle convenance fust faite. (Villeh. 435ᵈ.)

Et sachies que li cuers des gens ne fu mie en pais, quar une partie del ost se travelloit à ce que il se *volsissent* bien departir, et l'autre partie se travelloit à ce que il se tenissent ensemble. (Villeh. p. 31. LIV.)

Et il le disoient por ce que il *vousissent* moult volentiers que li os se departist, et s'en ralast chascuns en son païs. (Ib. p. 19. XXXVI.)

Ensi a les Lombars assieges, qui mie n'en sont joiant, ains bien *vausissent* iestre tous li plus hardis aillours que là. (H. d. V. 510ᵉ.)

On remarque en outre à ce temps une forme en *eu*, comme au parfait défini:

    Li chastelains s'est avises
    Que la dame eust eu asses
    Lieu et temps se elle *veusist*
    Le laissier ens s'il li pleuist. (R. d. C. d. C. v. 2583-6.)

J'ai encore trouvé les formes suivantes:

Et iço qui li desplaisoit
Volist voloir en autre endroit. (P. d. B. v. 9973. 4.)

Savoir faisons que comme nous *voulissons* que continuellement fut celebree une messe en la chapelle . . . (1235. H. d. M. p. 135.)

E si avenoit (que Dex nen veille) qu'il venissent encontre, et il ne le *voulissent* amender . . . (1259. Rym. I, 2, p. 51.)

Lors ot mout grant descorde en l'ost, si come il avoit eu maintes fois, de ceus qui *volissent* que l'on se departist, quar il lor sembloit qu'il durast trop longuement. (Villeh. p. 62. 3. LXXXIX.)

Volist, *voulissons*, *volissent*, répondraient au défini *volismes* :
Au quinzime jour si veismes
Un fluève que passer *volismes*.
(Vie de S. Brandin. V. Roquefort. s. v. *colismes*.)

On a vu au défini la forme incorrecte *voisistes*, on trouve de même *voisise* (G. d. V. v. 3211) à l'imparfait du subjonctif.

Je signalerai enfin *voulsist*, *voulsissent*, avec un *l* irrégulier ; voy. R. d. R. v. 7249. 15246.

Les formes de l'imparfait du subjonctif de *valoir* étaient : *valsisse*, *vausisse*.

En cest païs n'ai ami si cortois
Que vers ces .ii. me *valsist* .i. balois. (R. d. C. p. 29.)

Icist Cis out un fiz ki out num Saul : pruz fud, e à esliture bon, kar entre tuz ces de Israel n'out un ki plus *valsist*. (Q. L. d. R. I, p. 29.)

Li reis respundid que parled out à Naboth de Jezrael que sa vigne li laissast pur une altre vigne ki plus *valsist*, u en argent sun pris preist . . . (Ib. III, p. 330.)

Or l'a pris Diex en son voiage
Ou plus haut point de son aage,
Que s'on, en ceste region,
Feist roi par election
Et roi orendroit i fausist,
Ne sai prince qui le *vausist*[1]. (Rutb. I, p. 53.)

N'a mie atendu la viellece
De la roïne, ançois s'adrece
Vers li, et si l'a empainte
Qu'ele la fait et pale et tainte
La coulour, qui estoit si bele
Rien n'i *vausist* rose nouvele. (R. d. l. M. v. 89-94.)

L'endemain recovrerent d'un rote de serjans à cheval, mais bien fust mestiers que il *valsissent* plus que il ne valoient. (Villeh. 474ʰ.)

---

(1) *Vousist* avec le sens de *valoir* n'est pas exact, je crois.
S'outre mer n'eust fet estraine
De lui miex en *vousist* le raisne :
S'en fust la terre plus seure. (Rutb. I, p. 109.)

Mais ainz que venist al retor,
N'al departir n'al congie prendre,
Ne furent si don de rien mendre
Qu'il ne *vausissent* cent besanz. (Ben. v. 10158-61.)

Je passe au futur de *vouloir* et de *valoir*.

VOULOIR: volrai, vourai, vourrai, voldrai, voudrai, vorrai, vorai, vodrai; valrai, vaurai, valdrai, vaudrai.

VALOIR: valrai, varrai, vaurai, vaurrai, valdrai, vaudrai.

Le *d* est intercalaire. La forme *vorrai* provient d'une assimilation de *l* à *r*; et, dans le principe, elle s'écrivait régulièrement avec un double *r*, mais, au XIIIe siècle, on orthographia souvent avec un seul. Quant à *vodrai*, qui était surtout en usage dans la Champagne, au milieu du XIIIe siècle, il est assez difficile de dire si c'est la forme *voldrai*, dont on a retranché le *l*; ou bien si le *d* a été ajouté à *vorrai*, forme bourguignonne, par suite de l'influence des variantes avec *d* intercalaire. Je penche pour la dernière alternative. *Volrai, voldrai, voudrai*, étaient les formes de l'est de la Picardie et de l'Ile-de-France. La Normandie ne connaissait que les formes avec *d* intercalaire, qui produisirent aussi, dans la Touraine, l'ouest de l'Orléanais, et les cantons avoisinants, une variante en *ou* radical, par suite de la permutation de *u* en *o* et du fléchissement de *l*; de sorte que la forme actuelle du futur de *vouloir* nous vient en même temps du nord et du sud-ouest. On sait à quelles provinces appartenaient *valrai, valdrai*, etc. ayant le sens de *vouloir*.

Futur de „vouloir".

A la pucele m'en *vorrai* repairier
Qui mult se haste et pense du coitier. (O. d. D. v. 12443. 4.)
C'à ices jostes me *vorai* essaier. (G. d. V. v. 209.)
Et dist Gerars, tot ceu laissiez ester,
Car autre chose ros *vodrai* demander. (Ib. v. 932. 3.)
De ce et d'autre chose vos *vodrai* je proier. (Ch. d. S. II, p. 10.)
Mais armes me faites prester;
Que je me *volrai* aprester. (R. d. l. V. v. 1743. 4.)
Mais congie vous *volrai* requerre. (Ib. v. 3546.)
Maistre, fait il, vostre plaisir
Voudrai tot faire e obeir. (Ben. v. 13928. 9.)
Tout ainsi le croi et crerei,
N'autrement croire nou *vourrei*. (R. d. S. G. v. 2223. 4.)
Des or vos *vaurai* raconter
Une aventure ke je sai,
Car plus celer ne le *vaurai*. (R. d. M. d'A. p. 1.)

Nostre Sires ne redemandet mies ceu qu'il doneit at, k'il por ceu ait moens; mais por ceu ke tu ne perdes tot ceu ke tu à lui *vorras* retorneir. (S. d. S. p. 563.)

    La terre est an ta main, si soit com tu *vorras*. (Ch. d. S. II, p. 164.)
        Au matinnet doit on aler orer
        Por le service et la messe escouter,
        Tu n'iras pas, ainz *voldras* sejorner. (A. et A. v. 2798-800.)
        J'en ferai qanque tu *voudras*
        Et qantque tu en locras. (Chast. XV, v. 163. 4.)
        Diex dist: Joseph, quant *vouras*
        Et tu mestier en averas
        A ces trois vertuz garderas,
        Q'une chose estre ainsi creiras. (R. d. S. G. v. 939-42.)
        Ce dist li rois: qant tu *valras*
        Mande tos cels que bons saras. (Brut. v. 7227. 8.)
        Done lor tant com tu *rauras*
        Et fai all mius que tu saras. (Ib. v. 6753. 4.)
        Lors se porpanse li nobile guerrier
        Qu'à la quitaine *vorait* ferir premier. (G. d. V. v. 402. 3.)
        Quar l'empereres i manda
        Qu'avoec aus outre s'en ira,
        Et *volra* iestre cies del ost. (Phil. M. v. 30397-9.)
        Là *vuldrat* il chrestiens devenir. (Ch. d. R. p. 7.)
        Qu'il *voudra* que la terre tienge. (Ben. v. 8152.)
        Que il t'ameinnent devant toi
        Celui qui femme aveques soi
        Ne *voura* avoir ne tenir. (R. d. S. G. v. 2903-5.)
        Mes nel te *vodra* pas soffrir. (Ben. v. 40706.)
        Et nous voelle certefiier
        Que loi il nous *vaurra* baillier. (R. d. M. p. 62.)

Si soyez simple, douche, debonnaire et souffrans tant comme vostre mari *vaudra*, et si honneres toute sa gent por s'honnour. (H. d. V. p. 189. XII.)

Nous en *vorrons* dire et ordener. (1288. J. v. H. p. 481.)
        Je e mi home *volrons* cest plait bastir. (O. d. D. v. 1117.)
        Car vers vus nus volt faire parjurer e trichier,
        E devant l'apostolie l'en *voldrum* chalengier.
                      (Th. Cantb. p. 25, v. 14. 15.)
        Mais ce me dites, se vos plest,
        S'ires demain en la forest,
        Quel vie *volres* demener,
        En bos u en riviere aler. (P. d. B. v. 1779-82.)
        Vos direz ço ke vos *voldrez*. (R. d. R. v. 11230.)
        A aler là où vous *voudrez*. (Rutb. II, p. 109.)
        Je vous donrei ce que *vourez*. (R. d. S. G. v. 450.)
        Cil que vous i *vodreiz* amer. (Ben. v. 10705.)

Là dedens ne lor falent engien ne mangonne
Desfendre se *vorront*, s'on lor trainet cembel. (Ch. d. S. I, p. 131.)
Demander *vodront* Karle s'il les tient à cuvers. (Ib. I, p. 60.)
Adont *volront* estre delivre. (R. d. l. V. v. 6286.)
Et les pecheeurs laverunt
Qui à Dieu *vouront* obeir. (R. d. S. G. v. 362. 3.)

Nous les en devons et prometons à croire de ce qu'il en *vourront* dire en bone foi. (1286. J. v. H. p. 438.)

Tant en prengent Franceis cum il en *volderunt* porter.
(Charl. v. 840.)

E cil qui aler s'en *voudrunt*
Naïve preste troveront. (Ben. v. 24672. 3.)
Par brief les en ferai semondre
Si orai qu'i *valront* respondre. (Brut. v. 3971. 2.)
Che senefie que il m'ont desfie,
Et me *valront*, se il puent, grever. (O. d. D. v. 8488. 9.)
Dire pueent ce qu'il *vauront*,
Ja por home mal n'i aront. (Brut. v. 11001. 2.)

Et puis que il *vauront* aller contre raison, ja puis, che dist, n'aront aide de lui ne des siens. (H. d. V. p. 227. XXXII.)

Futur de „valoir".

Or me di: que atient à moi | Se mon peres fu contes ou roi
Quant ge nule riens ne *valrai*? —
Miez que de cordnan *varra*. (N. R. F. et C. I, p. 89.)
Ne rendroi mie mal por mal
Comme à mon anemi mortal.
Mes oncles est, ne li falrai,
Neu li ai, or li *vaurai*. (Brut. v. 4870 - 73.)
Se jo, dist il, vos pui valoir,
Je vous *vaudrai* à mon pooir. (Ib. v. 6547. 8.)
Li plus hardi en pleurent de pitie,
Car tres bien sevent, n'i *valra* amistie. (R. d. C. p. 94.)
Par cele foi que je doi saint Denis,
Jamais en France n'en serai revertis
Si les arai tos mort et desconfis,
Ou jo perdrai que *valra* ben Paris. (O. d. D. v. 993 - 6.)
E jo te durrai une altre vigne ki plus *valdra*. (Q. L. d. R. III, p. 330.)
Ne recevrunt argent ne or, poi nus *valdrad* preiere.
(Chr. d. J. F. Ben. t. 3, p. 538.)
Ne princes nuls nel *vaudra*
Qui seit ne qui fust cent anz a. (Ben. v. 13805. 6.)
Dès or sousferrai maint asal
D'amors; mes ne me *vaudra* riens. (R. d. l. V. p. 110.)
Adont pensa bien li cuvers
Que poi li *vaurra* sa desfense. (Ib. p. 303.)

Petit li *vaurra* sa raison. (R. d. l. M. v. 662.)
Se cent besanz poon aveir
Sanz pechie, ce saciez de veir,
Miez nos *vaudront* que ne fereient
Les mil se il nos remaneient
Com vos retenir les volez. (Chast. XV, v. 43-7.)

Je passe aux formes du conditionnel.

Je nel *voroie* por l'or de Monpellier
Qu'en eusiens la monte d'un denier. (G. d. V. v. 984. 5.)
Dou tort et de la honte me *vorroie* vangier. (Ch. d. S. I, p. 28.)
Je nel *codroie* por tot l'or de Paris. (G. d. V. v. 1440.)
Moult iniex estre morte *volroie*
Que la gens de moi mesdesist. (R. d. M. p. 24.)
Toutes les foiz jue je *vourroie*. (R. d. S. G. v. 2450.)
Perdre *voldroie* mix Paris la cite,
Chartres et Blois et Flandres la conte,
Qu'il m'escapast por nule adversite. (O. d. D. v. 6215-7.)
Kar mei meisme estoet avant aler
Pur mun neud que *vuldreie* truver. (Ch. d. R. p. 110.)

Voldereie (ib. p. 113.)

Sire, se Dex ait de moi part,
Vous poes bien de fi savoir | Que ne *voudroie* mie avoir
D'Alemaigne l'empereour
Et avoec lui toute s'ounour
En liu de lui. (R. d. l. V. p. 207.)
De vos est estraiz mis lignages:
Je sui de vos, por ce *voudreie*
Atorner vos à bone veie. (Ben. v. 24292-4.)
Par vous m'en *valroie* vengier
Et tos ocirre et escillier. (Brut. v. 6967. 8.)

Car, en nulle maniere, je ne *vauroie* que nostre gent feussent decreu par Lombars. (H. d. V. p. 223. XXXI.)

Et de l'enfant *vaurroie* oïr. (R. d. l. M. v. 6137.)
Bele, fait il, de vostre terre
Vous *vaudroie* ge mout enquerre. (Ib. v. 1283. 4.)
Mais or me di, garde nel me celer,
Se tu *voldroies* encores respasser. (A. et A. v. 2789. 90.)
Et que *voudroies* tu trover? (Romv. p. 526, v. 10.)
Que *vauroies* tu avoir mis,
Et tu fusses mais à toudis
Si bons menestreus con tes pere? (Th. Fr. M. A. p. 66.)
Un jour se prist à pourpenser
Que moult se *vorroit* reposer
Et que mais ne se combatroit
Quar asses travellies estoit. (Phil. M. v. 4718-21.)

Et que l'emperere prendroit
Lor omage, quant il *vodroit*. (Phil. M. v. 29939. 40.)
Miols *volroit* estre mors que vis. (P. d. B. v. 4762.)
Li hons, quant se repentiroit
Et *vouroit* son pechie guerpir... (R. d. S. G. v. 188. 9.)
Por ceo l'en *voldreit* destorber
E lui del tot deseriter. (Ben. v. 14353. 4.)
Eisi vout e prameteit
Se Damne Deus li consenteit,
Que le munde *voudreit* gerpir
E à religion venir. (Ib. v. 8100-3.)
Si s'en pooit vis eschaper
A Rome s'en *valroit* vanter. (Brut. v. 13255. 6.)

Qui nous *vauroit* ja la terre tolir apres si grans travaus que vous savez que nous y avons eus, trop vous en devroit peser. (H. d. V. 500ᵈ.)

Se ele ne le veut anchois.
Veut! Dix! que *vaudroit* ele dont. (R. d. l. M. v. 1642. 3.)

Avec le sens de *valoir*:

Mais que *vauroit* une brebis
Entre .M. leus de faim rabis? (Ph. M. v. 7648. 9.)

Et mal que mal, encore *vauroit* il miex que nous en fuissions hors dou païs. (H. d. V. 501ᵉ.)

Mes plaindres n'i *vaudroit* la monte d'un boton.
(Ch. d. S. II, p. 91.)

E s'ele (la terre) esteit d'omes poplee
E gaaignice e abitee
Que *vaudreit* ele meins de France? (Ben. v. 6365-7.)
Beaus amis, or nos dites voir,
Par vos le *volriemes* savoir. (P. d. B. v. 9197. 8.)
Se meisme li Deu celestre
Nous voloient si abaissier,
Si nous *valriens* nous esforchier,
Car ja par home ne perdrons
Ce que nous tant tenu avons. (Brut. v. 4032-6.)
Pour çou que vous nous tenes ciers,
Vaudriiens nous de vous avoir
Hoir qui ce regne doie avoir. (R. d. l. M. v. 344-6.)
Sire, dient si home, si iert com vos *vorrois*. (Ch. d. S. I, p. 98.)

Nennil, fait ele, mauves lechierres, vos *voudries* ore que ge fusse el puis, mes je n'i sui pas. (R. d. S. S. d. R. p. 37.)

Ains qu'il soit vespres, vos ferai si taisant
Que ne *vaurries* por tot l'or d'Oriant
De la pucele eussies pris le gant. (O. d. D. v. 2867-9.)
Ce fu cil qui prophetisa, | Qui dedens son cuer avisa
Que *vaudries* de feme nestre. (R. d. l. M. v. 1111-13.)

Et à lui combatre *voroient*
Tantos com as ious le veroient. (Phil. M. v. 5696. 7.)
Ne il pas ne *vodroient* de neant abaissier.
(Ch. d. S. II, p. 37.)
Cil li respont sans demorer
Por aler là où j'ai conte
Voudroient estre en mer monte. (Rutb. II, p. 109.)

Forme incorrecte: *vouldroient* (Villeh. p. 10. XX).

Nous ... faisons savoir à tous ... ke chil ki adversitei nous *vauroient*, se doient plus douter d'enprendre et de maintenir chose ki nous fust contraire ... ke ... (1201. J. v. H. p. 540.)

Avec le sens de *valoir*:
Car n'i *valroient* vaillant une maaille. (R. d. C. p. 43.)

Voici quelques exemples des formes de l'imparfait de l'indicatif de *valoir* et de *vouloir*:
Quant cil que je *voloie* amer
Ne m'a daigne ne velt oïr. (R. d. l. V. p. 236.)
Et qanque je *voleie* pris. (Chast. XXI, v. 66.)

Et avec *ou* radical:
Que, se la *vouloie* celer,
Par vous le pourroient prouver. (R. d. S. G. v. 1327. 8.)
Et se *rouoies* faire ce que je te demant. (Ch. d. S. II, p. 159.)
Purquoi nel *vuleies* tu ainz dire? (M. d. F. II, p. 326.)

Mais del humle enhortement les *voloit* il plus humlement apaiseteir, cant il disoit. (M. s. J. p. 476.)
Li dyables l'a conqueste
Ki en faisoit chou k'il *roloit*. (R. d. M. p. 10.)
Quant el *vuleit* aler cuchier. (B. d. F. I, p. 274.)
Tout ainsi comme il garissoit
Les malades quant il *vouloit*. (R. d. S. G. v. 1301. 2.)

A la fin du XIIIe siècle, on trouve cette troisième personne et celle du pluriel écrites avec deux *l*. Le redoublement des consonnes était alors très-ordinaire, comme on l'a déjà pu remarquer.

Et si *volloit* prendre vostre fame par force. (R. d. S. S. d. R. p. 16.)
Desheriter nos *volies* à bellois,
Vus en ares soldees d'achier froit. (O. d. D. v. 6836. 7.)
Dites que li *vuliez* mander,
E jo m'en irai aprester. (Trist. II, p. 55.)
Remener an *voloient* François lor juene roi.
(Ch. d. S. II, p. 116.)
Dont l'ovraigne moult plus *valoit*
Que l'ors meismes ne faisoit. (P. d. B. v. 10629. 30.)
Gros fut li ancls et pesans,
Muelz *valloit* de .iiii. besans. (Dol. p. 250.)

Li povres hom s'escondiseit,
Mes qui chaut? Rien ne li *valeit*. (Chast. XV, v. 99. 100.)
Si drap *valoient* .v.c. mars. (Poit. p. 3.)

Mais bien volissent et mestiers fust qu'il vausisent miels que il ne *valoient*. (Villeh. p. 116. CXLI.)

Participe passé: *volu, voulu;* — *valu.*

Participe présent: *volant, voillant, vuillant, vulant;*
valant, vallant, vaillant, et *valisant.*

Nos Othes... façons scavoir... que nos desirans et *vuillans* le accreissement et multipliement de notre ville de Poligny. (1288. M. s. P. II, p. 551.)

Plus de *vaillant* dis mile mars
Lui unt ja sa terre empeiriee. (Ben. v. 18275. 6.)

Si que puis n'en perdirent *vaillant* un denier, de chose qu'il eussent. (Villeh. p. 148. CLXVI.)

Ce dist li filz, mout ert *vallanz*
Li philosophes et savans. (Chast. XIV, v. 251. 2.)

N'auras de gent *valissant* une paille. (R. d. C. p. 43.)

Les composés de *valoir* et *vouloir* n'étaient pas nombreux. Outre *revaloir* = valoir de nouveau, rendre la pareille; *revoloir* = vouloir de nouveau, on trouve:

Contrevaloir, égaler en valeur, équivaloir:
Tu cuides bien e si est faille
Que nus ne te *contrevaille*. (M. d. F. fabl. LXVII.)
Jamais n'iert hume ki tun cors *cuntrevaillet*. (Ch. d. R. p. 77.)

Contrevoloir, s'opposer, ne vouloir pas:
Quant Diex joint home et fame, por ce faire le volt
Que tozjors s'entrefussent loial, ferme et devost;
Mes je vois ore entre eulx loiaute de prevost:
Car quant li unz desvuide, li autre *contrevost*.
(Testament de J. de Meung. V. Roquefort. s. v.)

Entrevoloir, vouloir mutuellement.

Desvoloir, ne pas vouloir, cesser de vouloir, refuser.
E ce que Deus en apareille,
Qui tote sainte ovre conseille,
Ne devez desamonester
Ne *desvoleir* ne destorber. (Ben. v. 11439-42.)
Mais vostre lige chevalier
Serrai u que jo unques seie,
Eisi que riens ne *desvoldreie*
Que vos pleust à comander. (Ib. II, v. 1972-5.)

„Ce mot fort significatif" n'est donc pas de l'invention de Malherbe, comme le dit Roquefort (s. v. *desvouloir*).

L'ancienne langue avait encore deux verbes qui, au présent, se conjuguaient comme *vouloir*; ce sont les suivants:

DOULOIR (dolere), SOULOIR (solere).

Douloir est resté en usage jusqu'à la fin du XVIe siècle, et La Bruyère le regrettait; *souloir* se trouve encore dans La Fontaine.

On aimme miels *doloir* le ventre
Que li bons morsiaus dedenz n'entre. (R. d. M. p. 42. 3.)
Por Dieu fet mult son cors *doloir*. (Rutb. I, p. 69.)
Ja en feist tot son voloir
Qui q'apres s'en deust *douloir*. (Dol. p. 180.)
Trop ai à *doleir* e à pleindre. (Ben. v. 19399.)
De rien, fait il, plus ne me *doil*
Que jo faz de son grant orgoil. (Ben. v. 21030. 1.)
He! Oliviers, biaus dous compaing,
Com je vous *duel*, com je vous plaing. (Phil. M. v. 8074. 5.)

Jo *duil* sur tei, chier frere Jonathas, bels e amiables, que jo amoue si cume la mere sun fiz qui n'ad mais un. (Q. L. d. R. II, p. 123.)

Por çou que jou l'osai veer,
Me bati si que jou m'en *doel*. (Chr. d. Tr. III, p. 108.)
Si je m'en *dueil* et souspir. (C. d. C. d. C. p. 51.)
Tu portes mes dolors, et si te *duels* por mi. (S. d. S. B. p. 562.)
La voiz li respondi: Que vels?
N'as tu assez? De quoi te *dels*? (N. R. F. et C. II, p. 245.)

Se li cuers soi *duelt* vraiement, li visce n'ont encontre point de leügne. (M. s. J. p. 454.)

Cil ki met science met dolor, car il ki ja seit les sovraines choses cui il encor n'at mie, se *duelt* tant plus des basses ù il encor est retenuz. (Ib. p. 493.)

Mult lor en *doelt* les quors e saigne. (Ben. v. 10536.)
Sire, dist il, forment me *dolt* d'Ogier. (O. d. D. v. 12456.)
Li quens Alains conoist l'ovraigne
Teu dunt le quor li *dout* e seigne. (Ben. v. 30976. 7.)
De Teleres li *dout* le quor. (Ib. v. 28168.)
Del sien li donra mult, s'il velt,
Car mult a mal, et mul se *delt*. (Brut, v. 8915. 6.)
Or le refuse, or le reveut,
Or en souspire, ore s'en *deut*. (R. d. l. M. v. 1745. 6.)
Vos seres dame, se Dex violt,
Et saures dont li cuers me *diolt*,
Et ameres conme jo fas. (P. d. B. v. 7043-5.)

Cfr. ib. v. 4154. 7568. 8273.

Sovant sopire et moult se *dialt*. (Trist. I, p. 217.)
Cele qui l'escondit, s'an *diaut*. (N. R. F. et C. 1, p. 65.)
A l'otroier li cuers li *dieut*. (Romv. p. 457, v. 18.)

Se noz dedenz nos *dolons* de l'amor del parmanable pais. (M. s. J. p. 453.)

De ce faire ne nous *dolons*. (R. d. l. M. v. 3780.)
De Deu aiez beneiçun ki *dulez* ensemble od mei. (Q. A. d. R. I, p. 91.)

Dame Avarice et dame Envie
Se *duelent* moult quant sui en vie. (Ruth. II, p. 28.)

Et tant desirent plus fortement les permanables choses que il soi *doelent* folement avoir travilhiet por les temporeiz. (M. s. J. p. 510.)

Kar mult lor *dolent* lor eschines. (Ben. v. 20040.)

Necessaire chose me samblet, chier frere, ke ju la raison de la sollempniteit ki ui est, vos espoigne, si cum ju *soil* faire des altres. (S. d. S. B. V. Roquefort s. v. *soil*.)

Dist lor: Seignors, al quer m'en doil,
Plus sui gregiez que je ne *soil*. (Ben. v. 20176. 7.)
Sire, fait ele, de mentir
Ne vos *suel* jo mie servir. (P. d. B. v. 6067. 8.)
Or n'amerai je mes là où je *sueil*. (Th. F. M. A. p. 36.)
Et tu te leveras bien main,
Si com tu *seus*, te vestiras. (Dol. p. 184.)

Or soit liez cil ki granz choses *suelt* desirer, car li granz rewerdoneres est venuz. (S. d. S. B. p. 532.)

Ce *suelt* om dire. (Ib. p. 564.)

El horror de la nocturneil vision, cant li songes *suet* parpenre les hommes. (M. s. J. p. 481.)

Ja est ço Rollans ki tant vos *soelt* amer. (Ch. d. R. p. 78.)

E sil frai de Jerusalem cume fait l'ai de Samarie e del lignage Achab, si la destruirai e abaterai, e aplanierai si cume l'um *sult* planier tables de graife. (Q. L. d. R. IV, p. 421.)

Mais ce *selt* estre l'aventure,
Que cil vit trop qui n'en a cure. (P. d. B. v. 5747. 8.)
Sez, funt li il, que l'om *seut* dire?
En vain labore e paine e tence
Qui sor pere seme semence. (Ben. v. 24460-2.)
Encore est il là où il *sielt*,
Bien nos conseillera, s'il velt. (Du Segretain, Moine I, p. 244.)
1. pre avoit mervillous et plagnier
Soz Origni, là on *sieut* tornoier. (R. d. C. p. 56.)
Quanqu' a el siecle precios | Et bon et bel et mervellos,
A la cite vient par la mer,
Et tot *siolt* iluec ariver. (P. d. B. v. 1631-4.)
Mult a or plus biens qu'il ne *siolt*. (Ib. v. 6189.)
Qui quiers les voies et les sentes
Où l'en se *siaut* empaluer. (V. s. l. M. III, p. 17.)
Brengien est venu à Ysolt,
Si li surrist cum faire *solt*. (Trist. II, p. 121.)
Tristran respunt: Raïne Ysolt,
Je sui Tristran ke amer vus *solt*. (Ib. II, p. 123.)
N'i ad beivre fors ewe de funteine
U *sout* aveir cerveise en la semeine. (Chr. d. J. F. Ben. t. 3, p. 559.)

M. Francisque Michel regarde les trois dernières formes comme des parfaits définis; quant à moi, j'y vois des présents, et ils satisfont pleinement au sens.

>Voudriiez vous Dieu renoier,
>Celui que tant *solez* proier,
>Toz ses sainz et toutes ses saintes. (Ruth. II, p. 82.)
>Ja *soles* vos jugier si voir. (P. d. B. v. 9074.)

Eswarzent ceu cil ki de la volenteit et de l'oyvre *suelent* desputeir et tencier. (S. d. S. B. p. 514.)

Ensi qu'il la veriteit de Deu detienent en menzonge, si cum pluisor gent *suelent* faire à la fieye. (Ib. p. 573.)

De ce dist Moyses ke l'om ne gostet de peissons ki scrafes n'ont; li peisson ki scrafes ont *suelent* saillir desor les aiwes. (M. s. J. p. 473.)

>De Bretaigne treu demandent,
>Avoir le *soelent*, ce nous mandent,
>Des autres illes ensement,
>Et de France demainement. (Brut. v. 11096-9.)
>Empereor et roi et conte
>Et duc et prince à cui l'en conte
>Romanz divers por vous esbatre
>De cels qui se *seulent* combatre
>Ça en arriers por sainte Yglise,
>Quar me dites par quel servise
>Vous cuidiez avoir paradis. (Ruth. I, p. 91.)
>Jeo voil, fait il, par vos oïr
>Queles eglises de cest païs
>*Solent* estre de maire pris. (Ben. v. 6890-2.)

Présent du subjonctif de *douloir*:

>Bien est droit que me *dueille*. (C. d. C. d. C. p. 39.)
>Ne cuidiez pas qu'ele s'esjoie
>S'ele ne set qu'autres se *dueille*. (Ruth. II, p. 35.)
>Et il n'ert riens dont tant se *duelle*. (R. d. l. M. v. 3876.)

Nuls n'est ki *duille* pur mei, ne ki nuvele me ported de lui. (Q. L. d. R. I, p. 86.)

Je n'ai aucun exemple à ma disposition pour le subjonctif de *soloir*.

Parfait défini de *doloir*:

>Moult fui navrez destroitemant,
>Et moult me *dolui* durcmant. (Dol. p. 259.)
>Li apostoles le manda
>L'empereor, mais n'i aida,
>Rien ses mandemens ne valu,
>Dont l'apostoles se *dolu*. (Phil. M. v. 29919-22.)

Participe passé: *dolu*.

>Et ses peres l'avoit toudis

Soucouru, nouri et valu
Et son frere Aure moult *dolu*. (Phil. M. v. 17255-7.)

Le verbe *soloir* paraît n'avoir eu ni parfait défini, ni participe passé; du moins, je n'en ai rencontré nulle part aucune trace.

Voyez encore: doloie (C. d. C. d. C. p. 102), doloit (Brut. v. 3597); soloie (Phil. M. 9354), suleie (Ch. d. R. p. 79), soloit (S. d. S. B. p. 572), solions (R. d. l. M. v. 7450), soliens (Ch. d. S. I, p. 48), soliez, soliiez (G. d. V. v. 3442; Th. Cant. p. 113, 7; Rutb. I, p. 89), soulies (R. d. C. d. C. v. 4215), soloient (Ch. d. S. II, p. 152), etc.

Desdoloir, consoler, réjouir:
Ja ne deussiez tel dol fere,
Ce vos deust tot *desdoloir*
Que vos selonc vostre voloir
En esclairerez vostre cuer. (R. d. Ren. t. II, v. 16918-21.)

Adouloir, affliger, chagriner, faire de la peine.

Condoloir (se), partager la douleur de qqn., témoigner qu'on prend part à son déplaisir. C'est à tort qu'on abandonne ce mot, qui nous est nécessaire.

Je ne m'arrêterai pas aux formes: *deult* (Berte aux grans pies, p. 11), je *seul* (R. d. l. M. Préf. VI), etc.; on sait se les expliquer. Mais je ferai observer que, dans les dialectes de l'est et principalement du Comté de Bourgogne, le verbe *souloir* avait admis partout, vers la fin du XIIIe siècle, le renversement *eu* de *ue*, de la diphthongaison du présent de l'indicatif.

Apres nos leur octroions l'usage en notre bois de Vevre selon Poligny ainsi comme il l'i *seuloient* avoir ça ennars (çà en arrière). (1288. M. s. P. II, p. 552.)

Cfr. *florir* qui, dans la langue fixée, a adopté le même *eu*, excepté au figuré, où la conjugaison régulière s'est conservée à l'imparfait et au participe présent. Montaigne, au contraire, disait:

Où la science *fleurissoit*; divine police lacedemonienne ... si longtemps *fleurissante* en vertu et en bonheur. (Essais, II, 12.)

ARDOIR (ardere).

Ce verbe, qui signifie *brûler*, *briller*, *étinceler*, s'est conservé longtemps dans cette phrase populaire: Le feu Saint-Antoine vous *arde!* La Fontaine s'en est encore servi: Haro! la gorge m'*ard!* (Le paysan qui avait offensé son seigneur.)

Ardoir était la forme picarde et bourguignonne; *arder*, celle de la Normandie, d'où *ardeir*, dans les dialectes mixtes. Dès le premier quart du XIIIe siècle, *arder* prit la forme de la quatrième conjugaison sur les confins de l'Ile-de-France : *ardre*.

Le Roman de Rou fournit *arsir*, dans la partie interpolée du texte de Wace, qui a une forte teinte picarde. *Arsir* pourrait avoir été composé, sous l'influence des formes du parfait défini et de l'imparfait du subjonctif, d'après l'analogie d'un infinitif picard *ardir*. Cependant, quoique très-naturelle, on ne trouve, pour ce verbe, au XIIIe siècle, aucun exemple de la terminaison infinitive *ir*: *oir*, *er*, *eir* ou *re* s'étaient fixés partout. Or *arsir* ne date que du commencement du XIVe siècle, d'où je conclus que c'est une création tout à fait nouvelle de cette époque de décadence. L'influence des formes du parfait défini et de l'imparfait du subjonctif aurait alors aussi déterminé le changement du *d* final en *s*.

Et ki ne saichet ke mult est miez *ardoir* de le flamme de fievre ke de flamme des visces? (M. s. J. p. 490.)

Et la ville fist tote fondre, et les tors et les murs et les halz palais et les riches maisons *ardoir* et fondre. (Villeh. 480ª.)

  Se les choses que dit vos ai
  Pour voir, li oes denoier,
  Faite(s) m'*ardoir*, pendre u noier. (R. d. M. p. 45.)
  Dunc veissiez flambe voler,
  Chapeles *arder* e mostiers. (R. d. R. v. 16223. 4.)
  Ceo semble qu'*ardeir* volt le munde. (Ben. II, v. 2059.)

Pur quei as fait *ardre* mes blez? (Q. L. d. R. II, p. 172.)

Li viles fist *arsir*, li païs vout cunquerre. (R. d. R. v. 1101.)

Présent de l'indicatif:

  Las! fait il, se je *arch* ma dame,
  Je sai bien que je perdrai m'ame. (R. d. l. M. v. 887. 8.)
  Avoec i ont mis li Escler [1]
  Une lampe de cristal cler;
  Devant la tombe Mahon pent;
  Il n'a riens dedens, et si rent
  Tel clarte k'il sanle qu'ele *art*.
  Elle i fu assise par art. (R. d. M. p. 80. 81.)
  Com plus couve li feus, plus *art*. (Rutb. I, p. 38.)
  Li carbuncles *art* que bien i poet home veer
  Cume en mai en estet quant soleil esclarcist. (Charl. p. 18.)
  Sire, fet ele, vous *ardez*. (L. d'H. v. 441.)
  Pierres i ad (en l'escut), ametistes e topazes,
  Esterminals e carbuncles ki *ardent*. (Ch. d. R. p. 59.)

Le parfait défini avait une double forme: l'une qui dérivait directement du latin *arsi*, l'autre formée sur le radical français.

---

[1] Voy. la note des éditeurs du R. d. M. touchant le mot *Escler*.

La ville comence à esprendre et à alumer mult durement, et *ardit* tote cele nuit. (Villeh. 462ᵇ.)

Encore fist il plus: il prist trestouz les livres qu'il avoit, si les *ardi*. (R. d. S. S. d. R. p. 28.)

Froissart et ses contemporains se servaient surtout de cette forme.

Quant Johannis oï que li Frans venoient si nes osa attendre, ainz *arst* ses engins et se desloja. (Villeh. 483ᵈ.)

Gasta e *arst* si desertee
C'uncor est à peine habitee. (Ben. v. 3321. 2.)

La cite prist par traïson,
Tot craventa tors et donjon,
Arst le palais, destrui(s)t les murs,
Nus hom n'estoit dedens seurs. (Brut I, XXIV.)

Ma mere *arcistes* en Origni mostier
Et moi fesistes la tete pecoier. (R. d. C. p. 89.)

Li nostre message les assiegerent la sus, si *arsent* la maistre porte. (H. d. V. 506ᵃ.)

Ensi d'Eneas, dont jou di, | Cis grans linages descendi
Par caus ki de Troies partirent,
Quant Griu l'*arsent* et abatirent. (Phil. M. v. 158-61.)

Dont recommencerent la gierre
Li Lombart, et *arsent* la tierre
Saint Piere od le roi Desiier. (Ib. v. 4150-2.)

Amunt Seine senz demuree
Puis la genz desmesuree
Desqu'à Roem, cele *arstrent* si
Que unkes riens nule n'i gari. (Ben. I, v. 985-8.)

Si emporterent l'ydle e la statue Baal hors de sun temple, si l'*arstrent*. (Q. L. d. R. IV, p. 384.)

Imparfait du subjonctif:

Et li feus aluma mout haut, si qu'il sembloit que toute la terre *ardist*. (Villeh. p. 69, XCV.)

Dame, li seneschals a dit,
Commande me fu sans respit
Du roy qu'en .i. four vous *arsisse*,
Sacies, ou ma vie perdisse. (R. d. l. M. v. 983-6.)

Bien set, se il fust conseuz,
Li rois l'*ursist* por son seignor. (Trist. 1, p. 48.)

Autresi les culverz, les chens,
Retirent il puis à Orliens;
Or en orent qu'il ne l'*arsissent*
E que il ne la destruississent. (Ben. I, v. 1099-1102.)

Ardrai (R. d. l. M. v. 901) — *ardra*, s'*ardra* (Fl. et Bl. v. 616; Ruth. I, p. 264) — *ardroit* (Ben. t. 3, p. 528) etc.

Participe présent: *ardant;* participe passé: *ars, arse.*

Tous jors i durent en *ardant*
Doi cierge de vertu molt grant,
Dont li candelabre sont d'or. (R. d. M. p. 79.)

Et tenoit bien li frons del feu, si com li aloit *ardant*, bien de une lieue de terre. Del domage ne del avoir, ne de la richesse qui là fu perduz, ne vos porroit nus conter, et des homes et des fames et des enfanz dont il ot mult d'*ars*. (Villeh. 456°.)

Li forz chasteaus fu abatuz,
Ars e versez e tuz desfeiz,
E les granz aveirs pris e traiz. (Ben. v. 3656-8.)
Arse unt la province e esprise. (Ib. v. 5057.)

Les auteurs du XVIe siècle, qui faisaient un fréquent usage de ce verbe, le rapportaient ordinairement à la IVe conjugaison. *Ardre* (Rabelais, Pant. V, 41) — *ard* (indicatif) (ib. II, 22) — *ardoit, ardoyent* (Amyot, Hom. ill. Marcellus. Pelopidas) — *ars, arse* (ib. ead. Numa Pompilius. Themistocles. — Montaigne III, 1).

Je terminerai ce que j'avais à dire sur la troisième conjugaison, en citant le verbe

OLOIR (olere),

qui s'est perdu sans laisser aucune trace.

C'est une peaus qui moult miols *iolt*
Que nule espisce *oloir* ne siolt. (P. d. B. v. 1073. 4.)
Li font emplastres et entrais
D'un onghement ki fu fors trais
D'une boiste ki souef *ole*. (R. d. l. V. v. 2121-3.
Le Huie esgarderent parfunt...
Cum les rives d'erbes e de flors
E de divers arbres plusors
Olent suef e dulcement. (Ben. v. 3013. 19-21.)
Bone fame, n'en dot de rien,
E si tres sainte e si tres nete
Que *aut* plus soef que violete,
Que fleurs de lis ne fresche rose,
Et Dex en lui maint e repose. (Ben. t. 3, p. 526.)
Qant la rose suef *oleit*. (Romv. p. 419, v. 21.)
Et en iver et en este
I aveit vert herbe à plente,
O les flors qui soef *oleient*
De divers fruiz qui creisseient. (Chast. XIX, v. 7-10.)
Seignors, dist il, estrange chose | Vos sembleroit se une rose
Bele et clere et soef *olante*
Naisseit d'une espine poignante. (Ib. III, v. 21-4.)

Cfr. Ben. II, v. 1385. 1526. 1533. 2019, etc. M. d. F. II, p. 192, etc.

QUATRIEME CONJUGAISON.

PARADIGME DES VERBES FAIBLES DE LA IVe CONJUGAISON
dans les trois dialectes

BOURGUIGNON.	PICARD.	NORMAND.
	INFINITIF.	
rend-re [1].	rend-re.	rend-re, -er [2].
	PARTICIPE.	
	Présent.	
rend-ant.	rend-ant.	rend-ant.
	Passé.	
rend-uit, -u.	rend-ut, -u.	rend-ud, -u.
	INDICATIF.	
	Présent.	
rend, rent (ren),	renc, rench,	rend (ren),
ren-z,	ren-s,	ren-z,
rend, rent,	rend, rent,	rend,
rend-ons,	rend-omes, -ommes,	rend-um,
rend-eiz,	rend-es,	rend-ez,
rend-eut.	rend-ent.	rend-ent.
	Imparfait.	
rend-oie (-oe),	rend-oie (-oe),	rend-eie,
rend-oies,	rend-oies,	rend-eies,
rend-oit,	rend-oit,	rend-eit,
rend-iens,	rend-iemes (-iomes),	rend-ium,
rend-ieiz,	rend-ies,	rend-iez,
rend-oient.	rend-oient.	rend-eient.
	Parfait défini.	
rend-i,	rend-i,	rend-i,
rend-is,	rend-is,	rend-is,
rend-it, -i,	rend-it, -i,	rend-id, -i,
rend-imes (-ismes),	rend-imes (-ismes),	rend-imes (ismes),
rend-istes,	rend-istes,	rend-istes,
rend-irent.	rend-irent.	rend-irent.

(1) Ou *randre*. Voy. 2e conjugaison.
(2) *Ere* dans l'anglo-normand. V. Ben. t. 3, p. 480, etc.

BOURGUIGNON.	PICARD.	NORMAND.
	Futur simple.	
rend-rai,	rend-rai,	rend-rai, -erai,
rend-rais, -ras,	rend-ras,	rend-ras, -eras,
rend-rait, -rat, -ra,	rend-rat, -ra,	rend-rad, -ra, -erad, -era,
rend-rons,	rend-romes,	rend-rum, -erum,
rend-reiz,	rend-res,	rend-rez, -erez,
rend-ront.	rend-ront.	rend-runt, -erunt.
	Conditionnel présent.	
rend-roie,	rend-roie,	rend-reie, -ereie,
rend-roies,	rend-roies,	rend-reies, -ereies,
rend-roit,	rend-roit,	rend-reit, -ereit,
rend-riens	rend-riemes,	rend-rium, -erium,
rend-rieiz,	rend-ries,	rend-riez, -eriez,
rend-roient.	rend-roient.	rend-reient, -ereient.
	IMPÉRATIF.	
rend, rent (ren),	renc, rench,	rend (ren),
rend-ons,	rend-omes,	rend-um,
rend-eiz.	rend-es.	rend-ez.
	SUBJONCTIF.	
	Présent.	
rend-e,	renc-e, rench-e,	reng-e,
rend-es,	renc-es, rench-es,	reng-es,
rend-et, e,	renc-et, -e, rench-et, -e,	reng-ed, -e,
rend-iens (-ions),	renc-iemes, rench-iemes (-iomes),	reng-ium (ren-jum?),
rend-ieiz,	renc-ies, rench-ies,	reng-iez, reng-ez,
rend-ent.	renc-ent, rench-ent.	reng-ent.
	Imparfait.	
rend-isse,	rend-isse,	rend-isse,
rend-isses,	rend-isses,	rend-isses,
rend-ist,	rend-ist,	rend-ist,
rend-issiens (issions),	rend-issiemes,	rend-issium, -issum,
rend-issieiz,	rend-issies,	rend-issiez, -issez,
rend-issent.	rend-issent.	rend-issent.

AHERDRE, AERDRE (adhaerere),
attacher, joindre, saisir.

Se ke il totes les temporeiz choses despitent, et ne mie solement por ce ke l'om les doit tost perdre, mais ne s'i vuelent *aherdre*, mimes se eles astoient permanables. (M. s. J. p. 510.)

>Mout se fet à sens boen *aerdre*,
>Quer cel ne puet l'en onques perdre. (Chast. prol. v. 43. 44.)

Ensi totes voies si ju del tot renoye l'aperceue falseteit, et si ju m'*ahert* à la veriteit cuy ju averai deconue. (S. d. S. B. p. 524. 5.)

>Naymes passa avant, si l'*ahert* par le doit. (Ch. d. S. II, p. 86.)
>Fuions la (la luxure) tuit, fuion, fuions!
>Ne cuer ne cor n'i apuions,
>Qui s'i *aart*, qui s'i apuie,
>Le porcel resemble e la truie. (Ben. t. 3, p. 529.)

Et avec la diphthongaison picarde *ie*, de la seconde moitié du XIII siècle :

>Si l'*ahiert* par la trece blonde. (Poit. p. 25.)
>Si nous à vous nous *aerdons*. (R. d. l. M. v. 5666.)
>Par mainte fois as nes s'*aerdent*
>Et tant les tienent et demorent
>Que as roces el peril corent, (Brut. v. 750-2.)
>Les escus guerpissent et perdent,
>Bras à bras ensi s'*entraherdent*,
>Tant sachent et boutent et tirent,
>Et si malement s'entratirent,
>Que des hiaumes rompent les las. (R. d. l. V. v. 1932-6.)

Bone chose est à mi del tot ke ju à ti m'*aherde*. (S. d. S. B. p. 562.)

Parfait défini :

>Un fust *aerst*, si l'embrassa,
>E tant s'i tint k'il arriva
>Ke la gent vint ki l'emporta. (R. d. R. v. 15309-11.)
>E li fors venim eschausfat,
>En le os s'*erst*, nercir le fist. (Trist. II, p. 105.)

Imparfait du subjonctif :

>Car si le hopoit ses cevals,
>Ki n'est ne chevelus ne caus,
>Se il sor le ceval seist,
>Ja en tel lieu ne s'*aersist*,
>A sele, à crigne, à mont, n'aval,
>Qu'il ne chaist jus del ceval. (L. d. T. p. 80.)

Participe passé : *ahers*, *aers*, *aherse*, *aerse*.

Certes, bienaureiz est li membres ki del dot ne serat *ahers* à cest chief, et kel seurat tot cele part où il irat. (S. d. S. B. p. 561.)

>Barbe noire, grenons torcis
>Et le menton *aers* au pis. (Romv. p. 524, v. 9. 10.)

Et avec la diphthongaison picarde *ie*, comme au présent :

>Maintenant l'a *ahiers* li dus. (Poit. p. 8.)

Outre le composé *entraherdre*, dont on vient de voir un exemple, on trouve *desaherdre*.

> En saillant, guenci de travers,
> De l'anemi s'est *desaers*. (Brut. v. 11924. 5.)
> A mort i unt livrez lor cors;
> Des murs les unt si *desaers*,
> Tuez e trebuchez envers,
> Que n'i a rien del effundrer,
> Del abatre ne del entrer. (Ben. v. 19095-9.)

BOIRE (v. fo.), bibere.

Ce verbe était, dans le principe, régulièrement fort; mais la forme infinitive *bovre*, *bevre*, prit de bonne heure la diphthongaison du présent de l'indicatif: *boivre*, en Bourgogne et en Picardie; *bevre*, en Normandie; *beivre*, dans les dialectes mixtes; *baivre*, dans le Maine, la Touraine et les cantons adjacents. Après 1250, on trouve enfin les formes contractes *boire* et *beire*, dont la première est restée dans la langue littéraire.

> Vos me nouristes, se ne puis je noier,
> Et me donastes à *boivre* et à mengier. (R. d. C. p. 206.)
> Ce n'ert pas por *boivre* à guersoi;
> Ainz avoit soi de nous reembre. (Ruth. I, p. 93.)
> Tuit li plus riche chevalier
> N'ont que *beivre* ne que manger. (Ben. v. 8734. 5.)
> Je oi sai, si à *baivre* demandai. (Trist. II, p. 120.)
> De si qu'il vint à Saint Denis ne volt mangier ne *beire*.
> (Chr. d. J. F. v. 26.)
> Onques n'en oi tel desirier
> Ne de *boire*, ne de mangier. (Brut. v. 11289. 90.)
> Qui venus est à la mer *boire*. (V. s. l. M. XLV.)

Le présent de l'indicatif se conjuguait de la manière suivante:

BOURGOGNE et PICARDIE.	NORMANDIE.
boif, boi,	beif, bei,
boi-z, boi-s,	bei-z,
boi-t,	bei-t,
bev-ons, bev-ommes,	bev-um,
bev-eiz, bev-es,	bev-ez,
boiv-ent.	beiv-ent.

c'est-à-dire régulièrement fort, avec affaiblissement de l'*o* en *e*, dans les dialectes bourguignon et picard, à la première et à la seconde personnes du pluriel. J'ai expliqué ce changement à l'occasion de *devoir*. Impératif de même.

> Je *boif* de l'eve de mon puis. (N. R. F. et C. II, p. 430.)

Ne *boi* mie encor aiwe. (M. s. J. p. 511.)
    Et si ne puis avoir sejour
    Se je ne *boi*, ou dorc, ou masque. (Th. F. M. A. p. 101.)
    Manjue et *boif* et si t'enyvre,
    Que mauvais est de pou lassiez. (Rutb. I, p. 131.)
    Nuns cele nuit ne *boit* ne ne manjue,
    Ne boins chevalz n'i ot selle tolue. (G. d. V. v. 3728. 9.)
    Partonopeus repaire à Blois,
    Et siet un jor à son haut dois ;
    Mais il n'i *boit* ne ne mangue,
    Ne ses iols d'un liu ne remue. (P. d. B. v. 3835-8.)
    Ne dort ne *beit* ne ne manjue,
    Que tote la chere a fundue. (Ben. v. 13936. 7.)
    Et nous *bevons* de la fontaine. (Th. F. M. A. p. 112.)
    Sire Lambert, maingiez et si *beveiz*. (G. d. V. v. 923.)
    Filz e filles perduz avez
    Se la mer tote ne *bevez*. (R. d. R. v. 13361. 2.)
    Et li autre par la maison
    De vin *boivent* par contençon. (Fl. et Bl. v. 1347. 8.)
    Mais trop *boivent*, n'en sai avant. (P. d. B. v. 7278.)
    Tant en *beivent* qu'à toz jors mais
    Aura li dux Richart d'eus pais. (Ben. v. 21530. 1.)

Parfait défini: *bui*.
    Tant *bui* la nuit que je fui yvres. (R. d. l. M. v. 4437.)
    Naie, je ne *bui* hui de vin! (Th. Fr. M. A. p. 62.)
Donkes sainz Johans *buit* assi lo boyvre de salveteit. (S. d. S. B. p. 542.)
    Longemant *buit* por sa soif restainchier. (G. d. V. v. 2726.)
    Por ço ne li fist mal ne bien,
    Qu'il n'i manga ne ne *but* rien. (P. d. B. v. 3845. 6.)

Avec *s* intercalaire: *bust* (R. d. S. G. v. 2019).
    Je sui roïne, mais le non | En ai perdu par ma poison
    Que nos *beumes* en la mer. (Trist. I, p. 107.)
    Del beivre qu'ensemble *beuimes*. (Ib. II, p. 57.)
    Vus en *beustes* e je en *bui*. (Ib. ead. p. 112.)
Tuit cist *burent* lo boivre de salveteit. (S. d. S. B. p. 542.)
    Cele nuit *burent* et mangierent. (R. d. l. V. v. 1345.)
Cume cil malade vindrent al premier chief del ost, entrerent en une loge, si i mangerent e *beurent*. (Q. L. d. R. IV, p. 372.)

Imparfait du subjonctif:
Kar nostre Sires le defendi que jo n'i *beusse* ne manjasse. (Q. L. d. R. III, p. 288.)

Kar sil m'ad cumanded nostre Sire que jo n'i *bousse* ne manjasse. (Ib. ead. p. 287.)

Que jo cumandai qui ici ne manjasses ne *beusses*, tis cors n'iert pas enseveliz en la sepulture de tes ancestres. (Ib. ead. p. 289.)

Que atient ce ke il dist des repuns pechiez des alquanz hommes et des aoverz à ce ke il avoit defendut lo malade ke il ne *bewist* aiwe. (M. s. J. p. 511.)

Si com la meillor gent qi onques *beust* vin. (Ch. d. S. I, p. 65.)

Et il envoievent, si apelevent lor trois serors, ke eles manjaissent et *buissent* avoc eaz. (M. s. J. p. 498.)

Ja de morir garant n'eussent,
Se la mer tote ne *beussent*. (R. d. R. v. 11845. 6.)

Futur: *bevrai*, *beverai*; conditionnel: *bevroie*, *bevreie*, *bevereie*. (Voy. *devoir*, pour l'*e* radical, en Bourgogne et en Picardie.)

Mangerai sun peisun e *bevrai* sun claret. (Charl. v. 585.)

Si dist: Propice me seit Deu que jo n'en guste, ne *beverai* pas l'ewe que cist unt par entre lur enemis prise e portee, en pour de lur sanc espandre, e en peril de mort. (Q. L. d. R. II, p. 213.)

Se sanz vilanie veuz beivre,
Garde que ta boche seit scivre
Del morsel que mis i auras,
Quer ja mar o tel frein *bevras*. (Chast. XXII, v. 189-92.)

Ja por ce, de vin ne *bevra*,
Ne plus chaut chaperon n'aura. (Dol. p. 204.)

Nos *bevrons* de l'autre picier,
Si lairons lui et le plaidier. (P. d. B. v. 3971. 2.)

Mais faites un bel digner à lur oes aturner, e mangerunt e *beverunt*, e puis à lur seignur en irunt. (Q. L. d. R. IV, p. 368.)

Od tei ne irreie, ne pain mangereie, ne ewe ne *bevereie*. (Ib. III, p. 287.)

Imparfait de l'indicatif:

De l'eve *bevoit* au ruissel
Qu'ele n'avoit point de vessel. (Rutb. II, p. 122.)

Li sien manguoient et *bevoient*
Et moult grant joie demenoient. (P. d. B. v. 3839. 40.)

Quant il manguoient et *bevoient*,
Li oisel deseure aus cantoient. (Fl. et Bl. v. 251. 2.)

Od eus manjoent e *beveient*. (Ben. v. 39030.)

Participe passé:

Quant ot *beut* li niez l'empereor,
Conte Olivier apele par vigor. (G. d. V. v. 2749. 50.)

Kar il n'en out de treis jurz ne de treis nuiz de pain mangied, ne *beud*. (Q. L. d. R. I, p. 115.)

Petit i ot mengie et *beu* de vin frois. (Ch. d. S. II, p. 122.)

Quar il ot ja tel puision *biute*,
Dont il ot pries la mort reciute. (Phil. M. v. 19660. 1.)

Li miez guariz en unt *boud* itant,
Tuz sunt nejez par merveillus ahan. (Ch. d. R. p. 96.)

Ces exemples posés, je vais chercher à résoudre plusieurs difficultés que présente le verbe *boire*.

J'ai indiqué ci-dessus la forme *bovre*, comme la primitive bourguignonne et picarde, ce qui paraîtra extraordinaire puisque les S. d. S. B. donnent déjà *boivre*, infinitif employé substantivement. Je me fonde sur le futur :

Vos *boverez* mon boyvre, ce dist nostre Sires, à saint Jaike et à saint Johan. (S. d. S. B. p. 542.)

On voit qu'ici la diphthongaison n'avait pas encore trouvé place, vu la terminaison lourde [1]. Les verbes forts de la quatrième conjugaison, on le remarquera, renforcèrent, en général, de fort bonne heure l'infinitif, parce que la terminaison étant très-brève, on chercha à donner plus de valeur à la forme en diphthonguant le radical, pour satisfaire à la loi de l'équilibre.

Du reste, à supposer que la forme primitive du verbe *boire* ait été *bevre* dans tous les dialectes, cela ne lui enlève pas son caractère de verbe fort ; car l'*e* radical se trouve toujours sans renforcement devant les terminaisons lourdes, et l'on s'expliquerait très-bien l'*oi*, en Bourgogne et en Picardie, par la diphthongaison de l'*i* latin devant les terminaisons légères (cfr. *voir*). Ces diphthongaisons auraient alors donné lieu à un nouvel infinitif en *o* radical, qui plus tard se renforça avec *i*.

Le *v* du futur et du conditionnel s'est-il prononcé en consonne pendant tout le XIIIe siècle ? A en juger par l'analogie, je ne le pense pas ; les dialectes de la Picardie, de la Touraine et des provinces avoisinantes l'ont sans doute changé en *u* dès le milieu du XIIIe siècle, au plus tard.

Favorisée par le *v* terminatif, l'influence des formes du parfait défini et du futur, après le changement de *ev* en *eu*, s'il est vrai qu'il ait existé alors, fit introduire *u* comme voyelle radicale, au lieu de *e*, à certains temps. Entre 1250 et 1260, on voit paraître, en Picardie, l'imparfait *buvoie* et le futur *buvrai*:

  Cil homme vivoit sans vilonnie,
  Poi *buvoit* de bon vin sour lie,
  Mais aighe ki n'ert pas boulie. (R. d M. p. 7.)
  Et en este, pour son deduit,
  Si mangeoit .i. poi de bon fruit,
  Apries mangier, al miedi,
  E *buroit* une fois ausi. (Phil. M. v. 2980-3.)
  Vous mangeres à la vespree

---

(1) Cfr. *bovraige*: Et dona dist, ci que vos je vig, car cist *bovraiges* ne puet mie trespasser si je nel buef. (Roquefort s. v. *bovraige*.)

Pain et tarte, car et poisson,
Et *buveres* vin affuison (à fuison). (R. d. M. d'A. p. 4.)

Pour ce qui est des deux premières personnes du pluriel du présent de l'indicatif, où l'*u* s'est aussi fixé, je ne connais, au XIIIe siècle, aucun exemple qui le porte.

Ces formes en *u* ne pourraient-elles pas s'expliquer aussi, en partie du moins, par un souvenir de la forme *bovre?*

Comme termes de comparaison à ce que je viens de dire, je citerai :

Sommeliers, o createurs de nouvelles formes, rendez moy de non *beuvant, beuvant.* (Rabelais, Gargantua I, 5.)

Beuvez tousjours, vous ne mourrez jamais. (Ib. cad.)

Beuvent (ib. Pantagruel IV, 43) — *beuviez* (ib. Gargantua I, 39) — *beurez* (ib. Pantagruel III. 13) — *beuroyt* (ib. ead. V, 5.).

Il proposa une couronne en prix à celuy qui *beuroit* le mieulx. (Amyot. Hom. ill. Alexandre.)

Le composé le plus fréquent de *boivre*, est *aboivre, abevre,* plus tard *abevrer, abeuvrer, aboivrer,* etc. d'où nous avons fait, par transposition du *r*, notre mot *abreuver*. *Aboivre*, signifiait *faire boire, désaltérer, enivrer;* par extension, *imbiber, pénétrer, instruire.*

A cels le (le paradis) donent e delivrent
Qui les *aboivrent* et enyvrent
Et qui lor engressent les pances
D'autrui chatels, d'autrui substances. (Rutb. I, p. 189.)

E li marinier fol e sort,
E ivre e *abevre* e lort. (Ben. v. 41059. 60.)

Emboivre, imbiber, tremper, se pénétrer — s'enivrer, être ivre (sens propre et figuré).

Dont par ert il si deceus
Et de vostre amour *embeus*. (Fl. et Bl. v. 2177. 8.)
(Cfr. ib. v. 2239.)

Comme homme *embeu*, qui chancelle et trepigne.
L'ai veu souvent quand il se alloit coucher. (Villon, p. 61.)

La terre *embue* du sang du juste. (Rabelais, II, 1.)

Voy. le Glossaire aux mots *forsboivre, sorboivre, autant, lut.*

CLORE (claudere).

Le verbe *clore* conserva cette forme pendant le XIIIe siècle tout entier, et ce n'est que dans le XIVe, que l'*o* s'y assourdit fréquemment en *ou*. *Clore* avait beaucoup de dérivés, qu'on voit se mélanger avec les composés de *cludere*, soit par suite de l'affinité qui existait entre ces derniers et *claudere*, soit à cause de l'emploi facultatif de l'*o* et de l'*u*. Prenons d'abord quelques exemples de *clore*.

Il a fait l'uis *clore* sor soi. (P. d. B. v. 2539.)

E fist *clorre* les portes del temple que l'um n'i entrast. (Q. L. d. R. IV, p. 400).

Quar il de lur greit *cloent* lur oez encontre la lumiere d'entendement. (M. s. J. p. 509.)

Cloent la porte et le pont ont sus mis. (O. d. D. v. 6948.)

Quar li amors de droiture aoevret un pau apres plus largement les permanables choses en la paiz, cui ele davant *clooit* en la commotion. (M. s. J. p. 516.)

Apres li *clost* l'uis et ferma. (Dol. p. 179.)

Oez pur quele ententiun
Se *clostrent* apres d'envirun. (Ben. I, v. 1025. 6.)

Lors se *clostrent* li nostre de lices par defors. (Villeh. p. 131, CLIII.)

Quar li termes vient et aprouche
Que la mort nous *clorra* la bouche. (Rutb. I, p. 97.)

Tous *clora* chius les huis tous .iij.
Qui fait sont de vermeil laiton. (Poit. p. 58.)

L'uis a *clos*, dou mostier se part. (R. d. M. p. 74.)

Et si ot molt bele maison
Close de haut mur environ. (L. d. T. p. 72.)

Ouvrans et *cloans* à dangier. (Romv. p. 321, v. 8.)

Reclore, refermer.

Et quant tres grant joie le prent,
Si s'ovre li cuer et s'estent;
E se *reclore* ne se puet,
Delivrement murir l'estuet. (R. d. R. v. 7539-42.)

Par .xii. feniestres issoient,
Et apries toutes *reclooient*
Quant il en estoient issu. (Phil. M. v. 2566-8.)

Aclore, clorre, fermer; *raclore*, renfermer. (V. Roquefort s. v. *raclore*, *raclos*.)

Dure est la terre, senz mareis,
Entre Argences e Cingeleis,
Dreit vers midi; en teu maniere
L'*aclot* e ceint une riviere. (Ben. v. 33262-5.)

Desclore, défermer; éclaircir, expliquer.

Ausi voir comme est Évangile
Est ceste chose:
Si vous doit bien estre *desclose*. (Rutb. II, p. 104.)

Enclore, enclore, enfermer.

Cume li reis fud venuz à sun palais, ses dis suignantes que Absalon ses fiz out deshunurees fist *enclore*, e puis à el(e)s ne aprechad nule feiz, mais *encloses* furent e cume vedves jesque à lur mort. (Q. L. d. R. II, p. 197.)

Moult par estoit li lieux plaisans
Et pour deduire delitans,
Car li bois par dales estoit,
La riviere les *enclooit*. (R. d. C. d. C. v. 1831-4.)
Dites pour quoi ci le meistes
Et pour quoi ceenz l'*enclossistes*,
Et que vous avoit il meffeit? (R. d. S. G. v. 1955-7.)
Et li rois . . . .
Lor deffendi qu'il n'asausissent.
Mais là dedens les *enclosissent*. (Phil. M. v. 26775. 7. 8.)

Esclore, éclore — manifester, faire connaître. Je ferai d'abord observer que ce verbe se trouve employé activement dans Rabelais: Un pigeon *esclouant* ses petits.

La dame parlast; mais el n'ose,
Qu'as rois ne soit s'entente *esclose*. (P. d. B. v. 8737. 8.)

Forsclore, exclure, priver, empêcher de fuir, couper, séparer — fermer, interdire (l'entrée d'un lieu).

Dont se conrurent armer, si monterent et les *forcloent* en un destroit . . . . car nostre gent se travailloit de iaus aprochier le plus qu'il pooient et d'eus *forclore*. (H. d. V. 506e.)

Treis mile heaumes les *forscloent*
Qu'il ne s'entreveient ne oent. (Ben. v. 5413. 4.)
De ceus qui de proesce unt los
Ne devez mais estre *forsclos*. (Ib. v. 22206. 7.)
Maintenant lor furent as dos,
Bien les quident aveir *forsclos*. (Ib. v. 34367. 8.)
Dales ma garderobe apres
A un huis qui siet asses pres
Pour venir ci priveement.
Il a passe moult longuement
Qu'a este fermes et *fourclos*. (R. d. C. d. C. v. 2241-5.)

Voltaire fait quelque part la remarque suivante: „On arrive aux portes d'une ville fermée, on est quoi?... Nous n'avons plus de mot pour exprimer cette situation. Nos pères disaient *forclos*; ce mot très-expressif n'est demeuré qu'au barreau; c'est dommage."

Cfr. les exemples suivants, où les mêmes formes se rattachent à des composés de *cludere*.

Par iror est la splendors del Saint Espir *fors esclose*. (M. s. J. p. 513.)

A la p. 465 du même texte, on lit:

Car cil ki or soi gettet parmei ses desciers de ceste dolor de cuer, remanrat dont *fors enclous* de cele sue deventriene feste.

Je crois les deux leçons admissibles.

Floridan et Ellinde n'estoient mie si *forclus*, ne privez du donx et agreable regard, ne de gracieuses devises de l'ung et de l'autre, qu'il ne parlassent et devisassent ensemble. (Roquefort s. v. *forclus*.)

Cfr. enfin le substantif *enclus*, moine (reclus), enceinte.

> Il n'espargnoit ne clers, ne moines,
> *Enclus*, hermites, ne canoines,
> Et les nonains, et les convers,
> Qui plus erent à lui ahers. (Roquefort s. v. *enclus*.)
> :I. brief aport, sil met ci jus
> El senestrier de cest *enclus*. (Trist. I, p. 119.)

Je ferai encore remarquer que, vers la fin du XIIIe siècle, ces verbes diphthonguèrent quelquefois irrégulièrement l'*o* et l'*u* avec *i*.

CONNAITRE (v. fo.), cognoscere.

La forme primitive de ce verbe a été: *conostre*, en Bourgogne et en Picardie; *cunustre*, en Normandie.

> Car cil ki sa misere ne conoist, ne puet assi *conostre* son solaz. (S. d. S. B. p. 546. Cfr. p. 550.)
> Ke ore *cunustre* ne me volt? (Trist. II, p. 119.)

Dès avant la fin du XIIe siècle, le dialecte picard remplaça la forme primitive et correcte par *conoistre*, où la diphthongaison provient de l'influence des formes renforcées de l'indicatif. *Conoistre* s'introduisit un peu plus tard en Bourgogne. La forme normande *cunustre*, devint *conuistre*, *cunuistre*, dans les dialectes mixtes. Au lieu de *cunustre*, on trouve *conustre* dans des textes mélangés.

La variante *cognoistre* (J. v. H. p. 434), *congnoistre* (R. d. R. v. 1036), est de la fin du XIIIe siècle. Elle n'appartint d'abord qu'à la vie commune; mais, au XIVe siècle, elle devint très-ordinaire et on l'employa jusqu'à la fin du XVIe. L'*o* de *cognoistre* s'assourdit en *ou*, d'où *cougnoistre*.

Vers 1250, on voit paraître, à l'est de la Picardie, la forme *quenoistre*, qui s'explique de la manière suivante: On écrivit le *c* fort par *q* (voy. la Dérivation), et l'*o* devint *e* par suite de l'influence de la lettre *q(u)*. Ou bien *que* représente-t-il simplement *q*, et y a-t-il eu rejet de l'*o*? Le patois picard moderne connait encore l'élision d'un *o* inaccentué entre deux consonnes: *cmander*, commander, *qment*, comment.

> (Li visce) ne nos puent *conoistre* quand nos sumes dolent. (M. s. J. p. 454.)
> Qar *conoistre* le vuet Sebile la roïne,
> Qi li a pardone mautelant et corine. (Ch. d. S. I, p. 115.)
> Li rois tramist al duc message
> Pour bien *connoistre* son corage. (Phil. M. v. 3196. 7.)

Au milieu du XIIIe siècle, ce redoublement de la consonne

n était ordinaire, en Picardie, à toutes les formes du verbe *conoistre*.

E seient traveillez de mesaventures et de enfermetez, e il vuillent *cunuistre* e pardun requerre de lur mesfaiz. (Q. L. d. R. III, p. 262.)

Home qui plaide en curt... e home li metted sur qu'il ait dit chose, que il ne voille *conustre*, se il ne pot derainer per .ii. entendable home del pleidant e veant, que il ne l'aurad dit, recovered a sa parole. (L. d. G. p. 182, 28.)

<blockquote>
Mais *conuistre* i pout l'un mult tost l'encloeure.
(Th. Cant. p. 121, v. 5.)

Si li faimes tant à saveir
E *conuistre* e aperceveir. (Ben. I, v. 2073. 4.)

Car si com li muls aveit honte
De *quenoistre* la verite,
Que asne l'eust engendre. (Chast. III, v. 100-2.)
</blockquote>

Le présent de l'indicatif avait pour formes :

BOURGOGNE.	PICARDIE.	NORMANDIE.
conois,	conois, connois,	cunuis,
conois,	conois,	cunuis,
conoist,	conoist,	cunuist,
conessons,	conissons,	cunessum, (cunussum?)
conesseiz,	conisses,	cunessez, (cunussez?)
conoissent.	conoissent.	cunuissent.

Il était donc régulièrement fort. En Bourgogne et en Normandie, pour la raison que j'ai donnée à l'occasion de *devoir*, le second *o* devenait *e* aux deux premières personnes du pluriel ; en Picardie, l'*e* était représenté par *i*. Si cet *i* a été de suite employé au lieu de *o* ou de *e*, ou s'il date seulement de l'époque où *oi* s'était déjà fixé à l'infinitif, c'est ce qu'il est impossible de déterminer ; mais, dès la fin du XIIe siècle, il était en usage [1]. Impératif de même.

Noe conduist l'arche parmei lo peril del duluve, en cui je *reconois* aparmenmes la forme de ceos qui sainte eglise ont à governeir. (S. d. S. B. p. 566.)

<blockquote>
Mais je *connois* bien vostre essoigne. (P. d. B. v. 7024.)

Kar ne *conuis* ne jeo ne vei
Qu'en l'estorie ait rien si bien nun
E doctrine e cognitiun. (Ben. I, v. 2130-2.)

Ben le *conuis* que gueredun vos en dei
E de mun cors, de teres e d'aveir. (Ch. d. R. p. 132.)

Fait il, tu ne *connois* la gent. (Fl. et Bl. v. 1606.)
</blockquote>

---

[1] On a déjà vu l'*i* picard remplacer quelquefois l'*e* bourguignon ; cet emploi de l'*i* tient peut-être à la nature de l'*e* muet picard. (Voy. l'Article.) — Le patois picard actuel emploie *i* pour *oi*, *u*, *ui* : *pisson*, *disque*, *edpis*.

Ore, chier pere, vei e *cunuis* ceste piece de tun afublail que tienc
eu ma main. (Q. L. d. R. I, p. 94.)

    Li quens sait bien qu'il a passez
    Guivres et serpenz et de malfez;
    Des lions *connoist* bien les traces,
    Et lor tesches et lor effaces. (P. d. B. v. 5751-4.)
    E Renomee, qui tot veit
    E tot *conuist* e aparceit. (Ben. v. 3215. 6.)
    Veit sun esforz, veit sun poeir,
    Conuist l'esforz de son saveir. (Ib. v. 4869. 70.)
    Mult ad apris ki bien *conuist* ahan. (Ch. d. R. p. 98.)

Car ce ke nos veons en lumiere, ce *conissons* nos. (M. s. J. p. 458.
Cfr. p. 487.)

Nous ... *recounissons* et avons recouneu, ke nous et no hoir duc
de Braibant tenons et devons tenir del eveske, et del eglise de Liege,
Hakendeure et toutes les appartenances. (1283. J. v. H. p. 421.)

Vos ki *coneisseiz* vostre exil. (S. d. S. B. p. 546.)

Cet *ei* radical est certainement une faute, ou une simple
variante orthographique de *e*, comme le prouveront les formes
en *e* pur qu'on verra plus bas.

Dans le dialecte picard, on trouve d'ordinaire la terminaison
ies à la seconde personne du pluriel du présent de l'indicatif et
de l'impératif. Cette diphthongaison provient sans doute de
l'influence des deux *s*.

    Dist Peanda: n'est pas issi,
    Vous *connissies* petit Osgui. (R. d. B. v. 14987. 8.)
    Bien *connissies* le saint Hermite
    Qui est hom de haute merite. (R. d. M. v. 1035. 6.)
    Maistres, qu'est che chi qui me lieve?
    Vous *connissies* vous en cest mal? (Th. F. M. A. p. 62.)
    Counissies donques la folie. (C. d. C. d. C. p. 26.)

Li visce ne nos *conoissent* se nos sumes afflit, car manes ke il
hurtent lo dolent cuer si resailhent. (M. s. J. p. 453.)

    Kar bien *conuissent* e ben veient
    Que rien ne puent perdre od eus. (Ben. v. 28349. 50.)

Présent du subjonctif:

    S'est tens que je m'en *reconnoisse*. (Romv. p. 323.)
    Mais ço c'ore me presentes,
    Vostre merci à cief menes,
    Que voie ma dame et m'amie
    Sains ço qu'el me *connoisse* mie. (P. d. B. v. 6863-6.)
    Ceste bataille ne poet remaneir unkes
    Josque li uns sun tort *reconuisset*. (Ch. d. R. p. 139.)

E il là facent lur penitence e lur penance, e *cunuissent* lur pecchied
e lur iniquited e de tut lur quer se prengent à Deu. (Q. L. d. R. III, p. 264.)

L'*e* et l'*i* que l'on a vus aux deux premières personnes du pluriel, remplacèrent aussi, en Bourgogne et en Picardie, l'*o* de la seconde syllabe, à l'imparfait, au futur et au conditionnel, où les terminaisons sont lourdes. La Normandie conserva son *u* à ces temps; *ui*, *oi*, dans les dialectes mixtes. Vers 1250, l'*oi*, venant de l'infinitif *conoistre*, s'introduisit aussi au sud de la Picardie, sans toutefois repousser les formes en *i*, qui restèrent en usage dans l'est et le nord du dialecte picard jusque bien après le XIIIe siècle. A dater de la même époque, *oi* était, pour les temps ici en question, la forme ordinaire de l'Ile-de-France en suivant le cours de l'Aisne, à partir de l'est, et en remontant vers Beauvais. Cet *oi*, favorisé par celui de Touraine et des cantons avoisinants (oi = ui), se répandit au sud et à l'est de la langue d'oïl et finit par devenir la forme prédominante.

L'*i* picard, dont je viens d'indiquer l'usage, a induit plusieurs grammairiens à admettre un infinitif *conistre*, qui n'a jamais existé jusqu'à la fin du XIIIe siècle.

Par ceus où j'ai eu amor,
Où plus *conoisseie* valor. (Ben. v. 39425. 6.)
Et tu ne me *reconnissoies?* (Th. F. M. A. p. 107.)

Il savoit bien ke li angele ne pooyent mais repairier à la voie de paix, car il *conessoit* bien l'orgoyl Moab. (S. d. S. B. p. 524.)

Et quant ele obliet ce ke ele savoit et conoist ce ke ele ne *conissoit*. (M. s. J. p. 485.)

Bien *connissoit* cascuns s'ensaigne. (R. d. M. p. 76.)
Kar apertement *conoisseit*
Qu'à eus soffrir n'aveit esforz. (Ben. v. 27769. 70.)
Toutes les terres *quenoissoit*,
Et les manieres en savoit. (R. d. S. S. v. 1771. 2.)
Ne *conoissiez* pas la contree. (Ben. v. 15316.)
Cil qui l'eslection faisoient
Pertonopeus ne *connissoient*. (P. d. B. v. 9325. 6.)
Cil meismes kil *congnoisseient*. (R. d. R. v. 594.)

De ce dist sainz Paules: Dont *conistrai* ge ensi com je sui conuz. (M. s. J. p. 478.)

Se c'est Ogier, ben le *conisterai*. (O. d. D. v. 9247.)

Pur ço entre les genz te *cunuistrai* e à tun num chanterai. (Q. L. d. R. II, p. 210.)

Quant jeo *conuistrai* ma baniere,
Maintenant ert sur eus li huz. (Ben. II, v. 726. 7.)
Par dreit jugement m'en metras
Qant la pramesse *quenuistras*. (Chast. XX, v. 63. 4.)
De sun ami bien *conustra*
Le bastun, quant ele le verra. (Trist. II, p. 144.)

Par sens ferai qu'il y venra,
Que nulz ne le *connoisterra*. (R. d. C. d. C. v. 5942. 3.)
As armes vous *congnoisterons*. (Ib. v. 714.)
Comment *connoistruns* donc celui? (R. d. S. G. v. 310.)
Sin *reconistres* miols l'outrage
Que me faites... (P. d. B. v. 6000. 1.)
Savoir si vus le *cunustrez*. (Trist. II, p. 118.)
Me *connoisteres* verite. (R. d. C. d. C. v. 5272.)
Mais quant il mix *connisteront*
Sa maniere, mix l'ameront. (R. d. l. M. v. 2343. 4.)
Kar par ce sanc bien *quenoistreit*
Qel enferte ses pere aureit. (M. d. F. II, p. 195.)
Sovent avoient fait omages | Sovent orent donc ostages
Que des Bretons *reconnistroient*
Lor fiu et que d'aus les tenroient. (Brut, v. 13843-6.)

Parfait défini: *conui, connui, connuc (counui), cunui.*

Je sui tos pres de jurer au mostier
Moi sissantisme de barons chevaliers,
Ne vos *conui*, par le cors saint Richier! (O. d. D. v. 3976-8.)
Cis aura le pris de l'estour,
Se onques chevaliers *connui*. (R. d. l. V. p. 282.)
Robin, je te *connuc* trop bien
Au canter, si con tu venoies. (Th. F. M. A. p. 107.)
Car bien sai, s'onques le *counui*. (Romv. p. 318.)
Mar vi l'ure que vus *cunui*
E vus e Tristran vostre ami. (Trist. II, p. 1.)
Si coiemant en est an l'ost antreiz
Desoz un arbre k'est foillus et rameiz,
Ke nel *conuit* nuns hom de meire ney
Del ost le roi de France. (G. d. V. v. 1079-82.)
De veir, senz mençonge e senz ni,
Saint Hues, l'abe de Cloigni,
Conut e sout en un moment
Sa mort e son trespassement. (Ben. v. 40845-8.)

Congnut (R. d. R. v. 1039), *counut* (M. d. F. Gug. v. 154.)

Vos lettres veimes tout troi,
Ne de çou decen ne fumes:
Vostre seel bien *conneumes*. (R. d. l. M. v. 4212-4.)

Et nous Henris.... *reconneumes* bien le devantdit Jehan à home. (1253. Th. N. A. I, p. 1052.)

Soit sainz Johans martres en ayer les engeles, car cil si cum espiritels creatures *conurent* plus certement les esperitels signes de sa devotion. (S. d. S. B. p. 543.)

Cil *conourent* l'ovraigne aperte,
Manifestee e descoverte. (Ben. v. 21270. 1.)

Imparfait du subjonctif:

> Pluis tost k'il pot issi fors coiemant;
> Puis se ferit an la prese pluis grant,
> Que nel *conuist* ne Karle ne sa gent. (G. d. V. v. 434-6.)
> Grim li out fet changer son non,
> Qe par tant nel *conuist* l'om. (L. d'H. v. 148. 9.)
> S'il *conneussent* l'aigue là où je la connois,
> Mostre vos eussent lor force maintes fois. (Ch. d. S. I, p. 98.)

Participe passé: *conuit, conut, conu, coneu.*

Nos faisons ui, chier freire, l'encommencement de l'Avent, cuy nous est asseis renommeiz et *conuiz* al munde, si cum sunt li nom des altres sollempniteiz; mais li raisons del nom nen est mies par aventure si *conue*. (S. d. S. B. p. 521.)

Seignors, je ai veues vos lettres; bien avons *queneu* que vostre seignor sont li plus haut home qui soient sans corone. (Villeh. 434ᵈ.)

> Gerars li a tout *conneu*
> Son grant anui et sa grant perte. (R. d. l. V. v. 2383. 4.)
> L'avision q'avez veue
> Demain poet estre *coneue*. (L. d'H. v. 457. 8.)

On voit, par les exemples cités, que *connaître* avait souvent la signification de *faire connaître, avouer.*

Le participe présent de *connaître* joint au verbe *faire*, signifiait *faire savoir, donner connaissance, avertir:*

Nous .... *faisons cognissant* par ces presentes lettres. (1285. J. v. H. p. 436.)

Outre *reconnoistre*, on trouve souvent les composés: 1° *desconnoistre*, ne pas reconnaître, déguiser, travestir, défigurer; 2° *mesconnoistre*.

> Par ceo les *descunut* li reis,
> Si fu en dute e en suspeis. (M. d. F. Elid. v. 237. 8.)

Lors luy compta Tristan comme la playe luy avoit este faicte, par quoy il estoit tout *descongneu*. (Trist. II, p. 225.)

> Jusqu'à la salle ne fina, si i vint,
> Por *desconoistre* ot son chaperon mis. (G. l. L. II, p. 256.)
> E Tristran mult ben se aperceuit
> Ke ele del tut le *mescunuit*. (Trist. II, p. 130.)

COUDRE (consuere).

Coudre est une forme avec *d* intercalaire pour *cous're*, dont le primitif peut avoir été *cosre, cosdre;* mais, au XIIIe siècle, on ne trouve que *coudre*, et, dans le dialecte picard, *keudre*. Plus tard on écrivit *cousdre*.

Le *d* de *coudre* étant intercalaire, les irrégularités de ce verbe ne sont qu'apparentes.

Mout saveit bien *coudre* et taillier. (Chast. XXVI, v. 8.)
Di as enfans dant Gilemer
Ke tu fais l'aiguille enfiler
Dont tu lor dois *coudre* les mances. (V. s. l. M. IX.)
Ses filles fist bien doctriner
Et aprendre *keudre* et filer
Et à ouvrer soie en taulieles. (Phil. M. v. 2850-2.)
Et taillent et *keusent* ses dras. (P. d. B. v. 6270.)
Flourentine seant trouva
Sour une queutepointe asise,
Et si *cousoit* par grant cointise
Une cote à armer molt riche....
    Or vous sees
Ma damoisiele, et si *couses*
Et je vous ferai compaignie. (R. d. l. V. v. 3603-6; 10-12.)
Cil mestres plusors varlez ot
Qui *couseient* ce qu'il taillot. (Chast. XXVI, v. 3. 4.)

Les exemples du parfait défini que je puis citer, donnent, comme aujourd'hui, la terminaison *i*.

Ensi avala li literil, et alla devant l'autel et se mist à genoilz mult plorant, et il li *cousierent* la croiz en un grant chapel de coton, por ce que il voloit que la gent la veissent. (Villeh. 441ᵇ.)

  Apres ce coteles se firent
  De fueilles, qu'ensemble *acousirent*. (R. d. S. G. v. 123. 4.)

Ce dernier exemple nous fournit le composé *acoudre*, coudre à, l'un à l'autre.

Imparfait du subjonctif :
  Aincois qu'il *cousissent* lor manches. (Romv. p. 583, v. 34.)

Cfr. : Gylippus *descousut* par dessoubz les coustures des sacs où l'argent estoit, et en tira de chasque sac une bonne somme, puis les *recousut*. (Amyot. Hom. ill. Lysander.)

Participe passé : *cousu*.
  Kar Normanz ki l'orent veu
  L'ont parsui e conseu,
  As fers de lances l'ont *cosu*. (R. d. R. v. 13870-2.)

On voit ici *coudre* employé comme aujourd'hui *enfiler*, en termes d'escrime, et *embrocher*, dans le discours familier.

Au lieu de *coudre*, on trouve *encoudre* dans le même sens.

Descoudre, signifiait *séparer*, *découper* (Ch. d. R. str. CXLIII.)

CROIRE (v. fo.), credere.

Le texte des sermons de saint Bernard donne déjà à ce verbe la forme *croire*, qui avait été précédée de *crore*, en Bourgogne et en Picardie. Le dialecte normand disait *crere* et *creer;* les dialectes mixtes, *creire*.

> Et ke doiens nos *croire* por kai il vint. (S. d. S. B. p. 526.)
> On doit bien *croire* chou c'on voit. (R. d. M. p. 41.)
> Si *crere* me volez, tute en serrez garie. (Charl. v 713.)
> De ceo que dites qu'il ad mande
> Ne puis *creire* que seit verite
>   En nule guise. (Ben. t. 3, p. 493.)

E vous prioms que eaus deus, e un de eaus ensement voillez *creer* en ceo, q'il vous diront, de la nostre part, sor les besoignes avant nomees. (1283. Rym. I, 2. p. 218.)

Le présent de l'indicatif se conjuguait de la manière suivante:

BOURGOGNE et PICARDIE.

croi, crois, croit, creons, creomes, creeiz, crees, croient.

NORMANDIE.

crei, creis, creit, creum, creez, creient.

Ainsi, aux personnes à terminaison légère, diphthongaison régulière de l'*e* radical avec *i*, dans le dialecte normand; en Bourgogne et en Picardie de l'*o* avec *i*, puis, comme on l'a déjà vu plusieurs fois, affaiblissement de l'*o* en *e* devant les terminaisons lourdes.

Peut-être m'objectera-t-on que l'infinitif *crore* n'a pas existé, et que *croire* a été formé d'après les personnes en *oi* du présent. Supposé même, ce qui n'est pas, que *crere* soit aussi primitif en Bourgogne et en Picardie, ce verbe n'en conserve pas moins son caractère fort. En effet, comme en d'autres occasions, la voyelle radicale latine se serait diphthonguée devant les terminaisons légères, et partout ailleurs on aurait conservé l'*e* latin, qui alors avait perdu son ancienne valeur.

> Mes ce ne *croi* je mie que vos soiez tuez. (Ch. d. S. II, p. 155.)
> Respunt li dux: Sire, jo vos en *crei*. (Ch. d. R. p. 134.)

Mais tu, par aventure, ne *crois* mies bien lo tesmoignage saint Johan. (S. d. S. B. p. 552.)

> Se tu me *creis*, ne feras tu. (Chast. XX, v. 103.)
> Ki en lui *croit*, il est plus faus que bris,
> Tos ses pooirs ne vaut deus parisis. (O. d. D. v. 11320. 1.)
> E si vos sai mostrer e dire,
> Qui nel (J. C.) *creit* e si nel crerra,
> Ja en son regne n'entera. (Ben. v. 24112-4.)

Se nos *creons* bien en Dieu, li chans demourra nostres. (H. d. V. 495ᵇ.)

> Si m'en *creeiz*, par le cors S. Simon,
> Pendre feriez as forches cel glouton. (G. d. V. v. 1348. 9.)

Si vous *crees* ma demoustranche,
Nous end arons bonne venjanche. (L. d'I. p. 22.)

Mais or *croient* à moens li gent à lor veue, car li tesmoignaige de Deu sunt devenuit trop creaule. (S. d. S. B. p. 547.)

Escandalizanz un de cez petiz ki en lny *croyent*. (Ib. p. 557.)

Set qu'il *creient* qu'il seit ocis. (Ben. v. 37391.)

Présent du subjonctif : *croie*, *creie*.

Le parfait défini avait deux formes: *crei*, *crui*. La première était la plus ordinaire.

Se vostres consaus fust creus,
Partonopeus fust sains et drus ;
Mais g'en *crei* mes volentes,
Dont je sui morte et il derves. (P. d. B. v. 6997-7000.)
Ge l'en *crui*, et si fis que fous. (Trist. I, p. 16.)

Por coi *crui* ge ma fame? (R. d. S. S. d. R. p. 58.)
Raoul *creis* et sa losengerie. (R. d. C. p. 74.)
Fist .i. preudome e saint martir,
Quant il *crei* de cuer entir. (Phil. M. v. 3820. 1.)
Consel *crei*, consel ama. (R. d. l. V. v. 72.)

E vos faites mout mal quant vos le *creistes*. (Villeh. p. 97. CXXIII.)
Et il *creirent* ce qu'il dist. (Brut, v. 429.)

Imparfait du subjonctif: *creisse*, *creusse*.

Je me fi mult en lui et croi.
Se ne m'i *creusse* et fiaisse,
En nul sens ne li envoiasse. (Dol. p. 159. 60.)
Il couvendroit qu'en lui *creisses*
Et ses conmandemenz feisses. (R. d. S. G. v. 2075. 6.)

Qui *creust* dons k'il fils de Deu fust? (S. d. S. B. p. 551.)
Certeinnement, que je quidoie
Que vous ne m'en *creussiez* mie. (R. d. S. G. v. 804. 5.)
Certes, se vous m'en *creissies*,
Ja ne vous entremesisies. (R. d. l. V. v. 286. 7.)

La forme ordinaire du futur est *crerai*, et, avec transposition du *r*, *kerrai*, *querrai*, en Picardie. Le texte des sermons de saint Bernard donne déjà *croireiz*, et les formes en *oi*, dérivant de l'infinitif *croire*, deviennent de plus en plus communes à mesure que l'on avance dans le XIIIe siècle, sans toutefois prédominer sur les autres. La forme *creire* produisit aussi un futur *creirai*, qui paraît seulement vers la fin du XIIIe siècle. Enfin, on a quelques exemples de la même époque, où le *r* est précédé d'un *s* intercalaire. [1]

---

(1) L'intercalation d'un *s* devant *r* est assez rare et ne se montre guère que dans la seconde moitié du XIIIe siècle: *esraument* (R. d. C. d. C. v. 3710.)

Par Deu! ço dist li escut, ja ne vus en *crerai*. (Charl. v. 515.)
Vaspasyens dist: Jou *creirai*
Et mout volentiers l'aourrei. (R. d. S. G. v. 2081. 2.)
Ja ne *querrai* nul jor que soie vis
En vostre Deu que penerent Juis. (O. d. D. v. 11317. 8.)

Mes sauve vostre grace, et sauve vostre parole, et sauve vostre reverance, je ne *cresrai* hui qu'il le s'en pensast onques. (R. d. S. S. d. R. p. 16.)

Ja ne faldra
Qui de tot sa feme *kerra*,
Qu'en la fin ne soit mal baillis. (L. d. M. p. 67.)
Lors a dit que *croira* dou tot son loemant. (Ch. d. S. II, p. 109.)
Cant fu li reis amonestiez
Des evesques sainz ordenez,
Qu'il *crerra*, ce dit, lor conseilz,
Maintenant fu fait li enveiz. (Ben. v. 22866-9.)
Par son message ra mande
Que por parole nel *cresra*,
Ne ja ne s'en remuera. (Brut, v. 4638-40.)

Si ju vos ai dit, dist il, les choses terrienes et vos ne creez, coment *croireiz* vos si je vos di les celestienes? (S. d. S. B. p. 539.)

Il dist al rei: Ja mar *crerez* Marsilie. (Ch. d. R. p. 8.)
Tres ben s'afice, ja mal le *mesquerres*. (O. d. D. v. 4889.)
Et cil bon eure seront
Qui par vraie foit me *creront*. (R. d. M. p. 41.)
Qui en moi vraiement *croirunt*,
De leur maus repentance arunt. (R. d. S. G. v. 883. 4.)
Dient ke ja ne le *kerront*
Dusk'à tant que il le verront. (R. d. l. M. v. 6435. 6.)
Là sont les dames qi *querront* en Jhesu. (O. d. D. v. 13001.)
Certes ja mes ne me *crerrunt*
Des que ceste aventure saverunt. (M. d. F. Fr. v. 77. 8.)

Conditionnel: *croiroie* (G. l. L. II, p. 220), *kreroie* (M. d. F. II, p. 272), *mesquerroie* (Th. Fr. M. A. p. 61), *creroit* (M. s. J. p. 505), *crerreit* (M. d. F. II, p. 418), *crerroit* (Romv. p. 564, v. 2), *kerroit* (Phil. M. v. 28910), *querries* (O. d. D. v. 841), *kerroient* (Phil. M. v. 29873), *crerreient* (M. d. F. II, p. 422).

Et per les apostres la (la patenostre) comandait il à dire à tous ices qui an lui *croroient*. (Apoc. f. 50, v. 2. c.)

Imparfait de l'indicatif: *creoie* (P. d. B. v. 3535; Romv. p. 479, v. 33; Ch. d. S. 1, p. 258), *creeies* (Chast. XX, v. 257; XIX, v. 134), *creoit* (P. d. B. v. 7816; O. d. D. v. 4519), *creeit* (Chast. XXII, v. 32), *creioient* (St. N. v. 350), etc.

Participe passé: *creu*.

Jhesucris dit: Tu m'as *creu*
Thumas, por chou que m'as veu. (R. d. M. p. 41.)

Les composés de *croire* étaient:

Acroire: a) croire faussement et sans un fondement raisonnable.

>Quanque m'as dit e fait *acreire*
>Voil que seit chose certe e veire. (Ben. v. 18324. 5.)

Cfr. ci-dessous *mescroire*, et Régime des verbes.

b) donner à crédit, prendre à crédit, prêter, emprunter.

De ces .ii. sages qui furent remes, li uns en fu si larges et si despenderes, qu'il mestoit en donner tout ce qu'il avoit, et ce qu'il ne pooit meesme avoir, et *acreoit* en plusieurs leus; li siens n'estoit veez à nului. (R. d. S. S. d. R. p. 30.)

>On doit tres bien paier la gent
>De cho quant on l'a *acreue*. (Fab. et C. IV, p. 28.)
>Hé! Baudoin, fait ele, malement vos estait.
>Ja verrez Saisnes venir sor vostre plait;
>Qan q'avez *acreu* crienz que ja ne vos pait. (Ch. d. S. I, p. 238.)
>Nampourquant pas ne se recroient
>Ains paient bien chou k'il *acroient*. (R. d. l. V. p. 97.)
>S'ot el chief le heaume lacie,
>Et tant i estoit bien assis,
>Qu'il ne vous fust mie avis
>Q'emprunte n'*acreu* l'eust. (Romv. p. 506.)

Cfr. Roquefort s. v., et Phil. de Commines l. IV, ch. III: Trois compagnons de la dite ville, qui hantoient les tavernes, vinrent à un tavernier à qui ils devoient, prier qu'il leur *accrust* leur ecot, et qu'avant deux jours le payeroient du tout.

Le simple *croire* avait aussi la signification de *vendre à crédit:*

>N'a bolengier en trestot cest païs
>S'il vos *creot* .xv. pains atamis
>Qu'en cuidast estre paies molt à envis,
>Car trop vos voi desnues et despris. (Romv. p. 229.)

Concroire, confier.

>Sa traisun e sa merveille
>Lors dit e *concreit* e conseille. (Ben. I, v. 1553. 4.)
>Ne je n'ai ami si prive
>Qui je cest ovre *concreisse*,
>Ne sai home qui la deisse. (Ib. v. 18139-41.)

Mescroire, refuser d'ajouter foi, se défier, se douter, soupçonner.

Ne soit nuls 'ki ceu *mescroiet* et qui de ceu dotet. (S. d. S. B. p. 532.)

>Por ce si n'en parlerent mie
>Et por ce ke il nel savoient
>De voir, mes il le *mescreoient*. (Dol. p. 198.)
>Suer, fait la dame, à tant en sui
>Que vostre consel mar *mescrui*. (P. d. B. v. 6969. 70.)

En son cuer dit or croit sa feme
Et *mescroit* les barons du reigne
Qui li faisoient chose acroire
Que il set bien que n'est pas voire,
Et qu'i la prove à mençonge. (Trist. 1, p. 16. 17. Cfr. p. 25.)
L'anel ne set comment *mescroire*
Ne la verite comment croire. (R. d. l. M. v. 6155. 6.)

Descroire, ne pas croire, regarder ou traiter comme faux. *Descroire* est restrictif, atténuatif; portée au plus haut point, l'action de ce verbe n'est toujours que négative. *Mescroire* renferme l'expression d'un sentiment affirmatif, positif, qui fait considérer en mal ce qui en est l'objet.

Bien m'est avis que ne soient de neant *descreu*. (Ch. d. S. II, p. 106.)

Cfr.: Quant à telles choses, il y a danger à trop les *croire* et à trop les *descroire*. (Amyot. Hom. ill. Camillus.)

Genz desleie e *descreue*
S'est ci sor mei trop enbatue. (Ben. v. 10421. 2.)

M'oriflamble portez entre les *mescreuz*. (Ch. d. S. II, p. 182.)

Mescreuz, c'est-à-dire *mécréants*, dans le sens propre du mot. Notre *mécreant* est le participe présent du verbe *mescroire*.

Et, si estoient Saisne et *mescreant* ançois,
Or sont chrestiene et de molt bone fois. (Ch. d. S. II, p. 122.)

Recroire: a) donner caution; rendre; restituer; accorder la liberté; ressaisir, dans le droit coutumier; b) avouer, faire savoir; se lasser, s'arrêter, se dédire, être rebuté, cesser, abandonner, se regarder comme vaincu; c) soupçonner, accuser.

Chevalier sire, *recreez* moi ce brant.
(Agolant. Ed. Bekker. v. 1087.)

Dist li empereres: Bons pleges en demant.
.Xxx. paienz li plevissent leial
Ço dist li reis: E jol vos *recrerai*. (Ch. d. R. p. 148.)
Li emperere le *recreit* par hostage. (Ib. p. 149.)
A Roem dreit à sun fillol
Tramet sun message e enveie
Qui trestot li cont e *recreie*
Que, se il vout, tant a poeir,
Sil set, qu'il seit à suen volcir. (Ben. v. 7555-9.)
Bien pens faire le me feront,
Ja pour mon dit ne le lairont,
S'aucune chose en moi ne voient
Par quoi de ce voloir *recroient*. (R. d. l. M. v. 605-8.)
Langue, qui onques ne *recroit*
De mesdire, soit maleoite. (Rom. v. p. 535, v. 19. 20.)
Tels i a oi este l'orguilz
Qu'à peine les parti la nuiz;

> Senz ceo que de rien se *recreient*,
> Vont s'en por ce que mais n'i veient. (Ben. v. 4464-7.)
> Lasserat Carles, si *recrerrunt* si Franc. (Ch. d. R. p. 35.)

Cfr. Ben. v. 6692. 23712; Ch. d. S. II, p. 20; O. d. D. v. 6854; C. d. C. d. C. p. 61; R. d. l. M. v. 74, etc.

Rabelais, Amyot, Montaigne, font souvent encore usage de ce mot.

CROITRE (crescere).

Le *t* de *croître* est intercalaire. Ce verbe a eu d'abord la forme *(crasre) crastre*, dans la Bourgogne propre. En Normandie, on disait *(cresre) crestre;* dans les dialectes mixtes, *creistre;* en Picardie, *croistre*, dès le premier quart du XIIIe siècle.

> Nul mal en lui ne laissoit *croistre*. (R. d. M. p. 7.)
> Seignor vassal
> Si fait ovre voil comencier
> Pur vos plus *creistre* e eshaucier. (Ben. I, v. 1616-8.)

Voyons d'abord des formes en *a* radical.

Certes, ensi cesset li decors de la grace lai où li recors nen est, car al non greit saichant ne *crast* nuls bien; anz li tornet en plus grant dampnation ceu mismes qu'il receut avoit. (S. d. S. B. p. 563.)

Rendons graces à Deu par cuy nostre solaz habondet et *acrast*. (Ib. fol. 74. Roquefort s. v. habondet.)

Ensi *acrast* assi en mi et dolor et crimor li aasmenenz de la medicine. (Ib. fol. 20. Roquefort s. v. aasmement.)

Dans cette dernière citation *acrast* signifie, fait accroître.

Altrement ne *craisseroient* eles mies si bien (les noveles plantesons), et eles del tot iroient à mal par la sachor. (S. d. S. B. p. 538.)

Présent: *crois*, *cres*, *creis;* parfait défini: *crui;* participe passé: *creu*.

Cant il voient ke la prosperiteiz de cest munde lur *creist*. (M. s. J. p. 463.)

Li bien .... *creissent* parmi ce ke il sont arier mis. (Ib. p. 466.)

Mais par ce est lur desiers atargiez ke il *creisset*. (Ib. p. 466.)

Ces dernières formes supposent un infinitif *crestre* ou *creistre*, qui peut être du dialecte bourguignon ou picard (voy. I, p. 313), et l'on doit se demander si, hors la Bourgogne propre, le verbe *croître* n'a pas eu partout la forme *crestre*, dont on aurait fait plus tard *croistre* en Picardie, par analogie aux nombreuses formes en *oi* de ce dialecte. Je ne saurais répondre positivement à cette question; mais on pourrait admettre *crestre*, *creistre* dans la plus grande partie du dialecte bourguignon, et *croistre*, *croistre* en Picardie. Cette supposition est conforme aux usages picards.

>   Lors os *croist* moult de cevaliers,
>   Par cens, par deux cens, par milliers;
>   Bien sont *creu* de trente mile. (P. d. B. v. 2315 - 7.)

Car bien sachiez que en douze grans journees ne *croist* ne bles, ne orges, ne vins, ne avoines. (H. d. V. 493ᵉ.)

>   Ausi cum l'ente edefiee
>   Qui del buen arbre fu trenchee
>   *Creist* et foillist e rent sa flor
>   E son cher fruit de bon odor,
>   Autresi fist li dameiseaus. (Ben. v. 12731 - 5.)
>   Mais al chaple des branz d'acer
>   *Crut* li orguiz devers les treis,
>   E baissa mult devers Franceis. (Ib. v. 28345 - 7.)
>   La mier *crut* et flot monta
>   De si q'à lui: grant poour a. (L. d'H. v. 419. 20.)
>   Li mers enfla, onde leverent;
>   Wage *crurent* et reverserent. (Brut, v. 2527. 8.)

Car et se il sentoient alcunes diverses choses, droiz fust senz failhe ke il humiliment les desissent, ke il par lur destempreies paroles ne *creussent* les plaies al navreit. (M. s. J. p. 475.)

>   Et lors tenoient d'Argentille
>   La meschine, que ert sa fille,
>   Que ja estot *creue* et grant
>   Et bien poeit avoir enfant. (L. d'H. v. 283 - 6.)
>   Nous *decroistrons* et il *croistront*. (Brut, v. 549.)
>   Mult vos *crestreie* oi en cest jor
>   De fieu riche e de grant honor. (Ben. v. 14446. 7.)

COMPOSÉS.

Acroistre, accroître.

Li quens garni Cristople et la Serre, et de teles gens qui n'avoient mie grant volente de *acroistre* l'honnour de l'enfant. (H. d. V. 504ᵉ.)

Voy. ci-dessus les formes en *a* radical.

Decroistre, décroître. V. plus-haut.

Escroistre, sortir; accroître, augmenter, agrandir.

>   C'est li dolenz, li durfeuz
>   Qui de noient est *escreuz*. (F. et C. I, p. 324.)
>   Des noz aveirs senz nul mentir
>   Les quide *escreistre* e enrichir. (Ben. v. 8962. 3.)
>   Cil que vous i vodreiz amer | E *escreistre* e alever,
>   Cil i aura joie e honor,
>   A celui porterai amor. (Ib. v. 10705 - 8.)
>   Por eus amerai lor parenz
>   E *escreistrai* mais à ma vie. (Ib. v. 9719. 20.)

Parcroistre, au participe, signifiant: qui a toute sa croissance, grand, développé.

>Qant ot pris garnemanz et agrez receuz,
>Il estut ou palais larges e *parcreuz*. (Ch. d. S. II, p. 182.)
>Desor toz les François fu plain pie *parcreuz*. (Ib. ead.)
>Tant que il eurent douze fiuz
>Et biaus et genz et *parcreuz*. (R. d. S. G. v. 2845. 6.)
>Cist entrerent en la gastine,
>E virent la grant desertine
>E la forest grant, *parcreue*. (Ben. v. 10877-9.)
>Tu es forz, *parcreuz* et granz,
>Si porras grant fes porter. (L. d'H. v. 178. 9.)

DIRE (dicere).

Ce verbe n'a eu qu'une seule et même forme dans les trois dialectes de la langue d'oïl: *dire*.

Om ne puet jai mies *dire* ke li prestres soit si cum li peules. (S. d. S. B. p. 556.)

Le présent de l'indicatif se conjuguait de la forme suivante:
>Di, dis, dit — dist, disons, dites — distes, dient.

Impératif: di, disons, dites — distes.

A dater de 1240 environ, la troisième personne du singulier s'écrivait fréquemment avec *s* dans la Picardie. *Dites* est la forme ordinaire de la seconde personne du pluriel; *distes* se trouve assez rarement.

>Se vos estes ocis, je vos *di* sanz boisier,
>An vostre sole mort an morront .c. millier.
>(Ch. d. S. II, p. 152.)
>Et je vos *di* que j'ai amie
>Et moult rice et moult debonaire,
>Mais nel vos caut d'aillors retraire. (P. d. B. v. 3876-8.)
>Ge ne *di* pas à vostre entente
>Que de Tristran j'or me repente. (Trist. I, p. 112.)

Di al serjant qu'il alt avant. (Q. L. d. R. I, p. 32.)
Di mei, fist Saul à Jonathan, qu'as tu fait? (Ib. ead. p. 51.)
>Paien, dist il, il t'est mesavenu
>Quant tu *medis* del digne roi Jhesu. (O. d. D. v. 11338. 9.)
>Willame, dist Boton, tu *dis* grant avillance. (R. d. R. v. 2175.)
>Son ost comande tant qu'il viengent,
>Et *dit* coment il se contiengent. (Ren. v. 34455. 6.)
>Mais on *dist* que besoins n'a loi. (P. d. B. v. 6749.)

Mais ne te samblet il dons ke novele chose soit ceu ke nos *disons* c'un oygnet lo chief en la geune? (S. d. S. B. p. 565.)

En Normandie, on disait *dium* pour *disum*.

Ne *dium* que li reis n'ait mesfait e mespris,
Mais il est partut prez de l'amender tuz dis.
(Th. Cant. p. 73, v. 16. 17.)
Tant vus durrad aveir entre or fin e mangun,
E plus encore asez que nus ne vus *dium*. (Ben. t. 3, p. 586.)

On trouve encore *dimes*. (Voy. *faire*, prés. indic.; 1ère pers. du plur.)

Nos li diromes nos meimes.
Alon au roi et si li *dimes*,
Ou il nous aint, ou il nous hast,
Nos volon son nevo enchast. (Trist. I, p. 31.)
Mais *dites* moi, je le voel, tos,
Quel gent sont caiens à ostel....? (Phil. M. v. 19930. 1.)
Sire, fait il, ne *dites* rien
Fors nostre honte et vostre bien. (P. d. B. v. 3113. 4.)

Li empereres le mainne en sa chambre par la mein, et li *dit* li empereres: or *dites*. (R. d. S. S. d. R. p. 61.)

E si *distes* entre vus. (Q. L. d. R. I, p. 35.)

Doneiz nos, ce *dient* les sottes virgines, de vostre oile. Et por kai *dient* eles ceu? (S. d. S. B. p. 564.)

Et il vienent al duc, et li *dient*. (Villeh. 443ª.)

Chascune s'en esmervilla | Quant oie la nouviele u.
Dient: Bien estes euree
Quant à lui estes mariee. (R. d. M. p. 53.)
Li chevalier *dient* et jurent
Conques mais tel jouste ne virent. (R. d. l. V. v. 1919. 20.)
Sire, savez que *dient* vilain an reprovier?
„Selonc tans, trampreure ne fait à desjugier."
(Ch. d. S. II, p. 152.)

Présent du subjonctif: *die*.

De m'amie me demandes,
Et à certes m'en conjures
Que je verite vos en *die*. (P. d. B. v. 3873-5.)
Dreiz est e biens que je vos *die*
Ço que ei me retrait la vie. (Ben. v. 7470. 1.)
Ja de ce ne serai estiers
Que je ne *die* vo plaisir. (R. d. l. V. p. 12.)
Si m'estuet que je *die* tout. (Ib. p. 24.)

Et por ceu ke tu or ne *dies* assi. (S. d. S. B. p. 537.)

Encore te requier e cunjur que ne me *dies* si veir nun el num nostre Seignur. (Q. L. d. R. III, p. 336.)

Kar chascuns quide e creit
Que tu n'en *dies* si veir non. (Ben. v. 25735. 6.)

Molt est grunz cist los, mais nen iert mies parfaiz li los enjosk'à tant ke cil vignet ki *diet*.... (S. d. S. B. p. 543.)

Si tu veis qu'il se desdeigne e enquierge pur quei nus si apruchames al mur e *died* . . . . (Q. L. d. R. II, p. 156.)

    Or me laissies dire mon samblant,
    Puis *dic* chascune son talant. (L. d'I. p. 16.)
    Pour çou vous conjur que le voir
    Me *diies*. (R. d. l. M. v. 6175. 6.)

Si ke il par entencion ne voisent mie en sus de perfection, ne par orguelh ne *contredient* à l'ateirement de lur faiteor. (M. s. J. p. 466.)

Le subjonctif *die* se trouve encore dans La Fontaine et Molière.

Parfait défini: *dis*; imparfait du subjonctif: *deisse*, *desisse*. (Voy. *quérir*.)

    Quant jel vos *dis*, cumpainz, vos ne deignastes. (Ch. d. R. p. 67.)

Ta buche ad parlec encuntre tei e à tun damage, en ço que tu *deis* que l'enuint nostre Seignur oceis. (Q. L. d. R. II, p. 122.)

    Or voil de ço respundre qu'en tes lettres *desis*[1]. (Th. Cant. p. 76, v. 21.)
    Et dit Bernars: Voirement le *desis*. (G. l. L. II, p. 26.)

La forme suivante est tout à fait incorrecte:

    Li chevalier parla, si *dcit*. (R. d. R. v. 7490.)
    Faites le moi, si com *desistes*. (Ph. M. v. 4817.)

(Nous) *desimes* et ordenames . . . . ke lidis cuens de Flandres . . . . mesist en no main Lembourg. (1288. J. v. H. p. 479.)

A mei venistes, e me *desistes*. (Q. L. d. R I, p. 40.)

    Si ore ne sunt aampli li gab que vus *deistes*,
    Trancherai vus les testes od ma spee furbie. (Charl. v. 645. 6.)
    Et en la prison me *deistes*,
    Quant vous ce veissel me rendistes . . . (R. d. S. G. v. 2761. 2.)

Li message s'en vont, et *distrent* que il parleroient ensemble, et lor en respondront lendemain. (Villeh. p. 435°.)

Li barun de la terre parlerent al rei, si li *distrent*. (Q. L. d. R. II, p. 151.)

Et quant li empereres oi ce, si *dist* que il s'y acorderoit bien, sauf ceu qu'il voloit savoir qui li cinquisme seroit, et li Lombart *disent* qu'il nel sauroit ja. (H. d. V. 504 ᵇ.)

Cist parlerent ensanle e *disent*. (Ib. 501ᵇ.)

    Cil l'en *disent* la verite
    Et offrirent leur carite. (Phil. M. v. 14387. 8.)

Ensi com il *dissent*, si le firent et vindrent à la cite de Visoi.
                                      (Villeh. 483*.)

    Li baron firent jugemant,
    Et *dissent* tuit outreemant
    Q'ansi com li escris enseigne . . . . (Dol. p. 220.)

Li conte et li baron et cil qui à els se tenoient parlerent ensemble, si *disrent*. (Villeh. p. 26. XLVIII.)

---

(1) Ces formes sont encore en usage dans nos campagnes.

Quant à *desistrent*, *disistrent*, qu'indique sans preuve aucune M. d'Orelli, même encore dans la seconde édition [1] de sa grammaire, ce sont de pures inventions de sa part. La langue d'oïl n'a pas plus connu *desistrent*, *disistrent*, que l'infinitif *distrer* forgé par Roquefort à l'occasion de *distrent*.

    Se n'i mist onkes contredit
    An chose ke je li *desisse*. (Dol. p. 243.)
    Nule autre chose ne volcie
    Ne mais sol desqu'à vos venisse
    E ce vos contasse e *deisse*. (Ben. v. 29188 - 90.)
    Je cuidai que voir me *deisses*
    Et que de mot ne me mentisses. (R. d. M. p. 44.)
    S'estoies si hardiz que *deisses* que non,
    Je le te proveroie à loi de champion. (Ch. d. S. II, p. 170.)
    Por chou le saint homme proioit
    K'il li *deist*, se lui plenst,
    Pour coi il laidengie l'eust. (R. d. M. p. 9.)
    Mais onques ne le porent prendre
    K'il *desist* auchune folie. (Ib. p. 40.)
    S'altre le *desist*, ja semblast grant mençunge.
                  (Ch. d. R. p. 69.)
    Ore volroie molt savoir
    Que vous me *desissies* le voir
    De vo non et de vostre afaire. (R. d. l. V. p. 109.)

E cumandad que il *deissent* à Amasa, de sa part, que il le freit maistre cunestable de tute sa chevalerie el liu Joab.
                          (Q. L. d. R. II, p. 192.)

    Et li rois comandait adonkes
    As barons, et ke il *deissent*
    Jugemant et raison feissent. (Dol. p. 220.)

Michalis fist lire les lettres, et quant elles furent leues, si dist as messages que il *desissent* lor volente. (H. d. V. p. 235. XXXVII.)

---

(1) Je n'eus connaissance de la IIe édition de la Grammaire de M. d'Orelli (autrefois d'Orell) qu'après la publication du premier volume de mon ouvrage. Cette IIe édition a les mêmes défauts que la Ière, et, quoi qu'il en dise dans sa confiante préface, l'auteur a tiré très-peu de fruit des nombreuses publications qui ont été faites depuis 1830, époque où parut la Ière édition, jusqu'en 1848, date de la IIe. Les changements les plus importants qu'il a faits sont de simples reproductions des idées de M. Diez. Toutefois, pour ce qui est de la IVe conjugaison, qu'il place au second rang, comme M. Diez, il semble avoir un peu perdu de vue son modèle. Ainsi, M. d'Orelli donne *desis*, *disis*, *fesi*, *lisis*, etc. comme des formes propres du parfait défini, et, dans la langue d'oïl, *desis*, *disis*, *fesi*, *lisis*, etc. n'ont jamais existé de la sorte. Ensuite, M. d'Orelli attribue sans cesse au parfait défini un thème de la troisième personne du singulier de l'imparfait du subjonctif; p. ex. *mesist*, *misist*, *rescosist*, *rescousist*, *ochesist*, etc. seraient, selon lui, des formes du parfait défini, et elles appartiennent exclusivement à l'imparfait du subjonctif. (Cfr. *chausist*, *vousist*, *vausist*, *faurist*, t. II, p. 28.) Une fois pour toutes, j'ai cru devoir porter l'attention sur ces graves erreurs, inconcevables de la part d'un observateur aussi fin que M. d'Orelli, parce que l'*Altfranzösische Grammatik* est citée partout comme une autorité, et souvent à juste titre.

Au lieu de l'*e* radical et régulier, on trouve *i*, en Picardie, dans la seconde moitié du XIIIe siècle. L'influence des formes en *i* radical, favorisée par l'habitude que le dialecte picard avait de cette lettre, la fit introduire à l'imparfait du subjonctif.

Quant Cuenes de Bietune oi ceste response, mult li torna à grant anoi, et ne se pot tenir que à ce ne *disist* .... (H. d. V. 501 c.)

De le quele mise lidit cuens nous requist en le presence de ceaus ki deseure sont dit, ke nous en *disissienmes* no dit et ke nous le determinissieus. (1288. J. v. II. p. 473.)

Voici quelques exemples des formes des autres temps, qui ne donnent lieu à aucune remarque particulière.

   Et, se verite vous *disoie*. (Phil. M. v. 2554.)
   Mes je *diseie* neirement
   Que perdu aveie un serpent. (Chast. XV, v. 193. 4.)
   Or sai bien que tot ce *diseies*
   Por mei traïr que tu veeies. (Ib. XXI, v. 119. 20.)
   Tu *dissoies* k'elle estoit fee. (Dol. p. 273.)
Alsi cum se ele *disoit*. (M. s. J. p. 511.)
   Et si *disies* ne cremies un festu. (O. d. D. v. 11377.)

Et *disoient* les lettres que ils (?) fussent cru de tout che que ils (?) *diroient* de par l'empereour. (H. d. V. p. 235. XXXVII.)

Et tuit cil prophete *diseient* ensement. (Q. L. d. R. III, p. 336.)

Ço que Deu me demusterrad, jol *dirrai*[1]. (Ib. ead.)
   Mais là avant, quant ge *dirai*
   Ses aventures et devrai. (P. d. B. v. 5733. 4.)
   E nos tot eissi l'otriom
   Cum tu *dirras* sanz nul content. (Ben. v. 25737. 8.)
   Si *dirons* de Bernart le messager cortois. (Ch. d. S. II, p. 122.)
   Dont vous estes vous me *dires*. (R. d. l. M. v. 4864.)
   Qu'en *dirreie* mes? tant siglerent
   Qu'al port vindrent que desirerent. (St. N. v. 436. 7.)
   Jai de moi nul bien ne *diroies*. (Dol. p. 249.)
   Que *dirriez* se li reis .... (Th. Cant. p. 73, v. 25.)

Cist de cui ge ai *dit* que nuls n'entent, peristerunt senz fin, senz dote morrunt et ne mie en sapience. (M. s. J. p. 511.)

   Tart est *dite* ceste novele. (P. d. B. v. 6736.)

Vers la fin du XIIIe siècle, on trouve quelquefois ce participe écrit avec un *s* irrégulier intercalaire.

   Au tierz jour ha à Joseph *dist*. (R. d. S. G. v. 3443; cfr. v. 1175.)

Le verbe *dire*, s'employait seul avec la préposition *à*, ou avec *être* et *avoir: estre à dire, avoir à dire*, dans le sens de s'en falloir de, manquer, être de manque.

---

(1) Je ne m'arrête plus à ce redoublement du *r*, qui, comme je l'ai déjà fait observer souvent, était surtout propre à la Normandie.

S'il le trove
Metre le quide en tel esprove
Que de set anz, senz jor *à dire*,
Ne remaindra son dol ne s'ire,
Ne son deshet ne sa pesance. (Ben. v. 32490-4.)
Del poin me feri à tel ire
Ke quatre denz me *sunt à dire*. (Trist. II, p. 155.)
Rende li tut le suen, que rien n'en *seit à dire*.
(Th. Cantb. p. 107, v. 1.)
Et si demande nostre oiant
Ton aveir que tu li ballas,
Et je crei bien que tu l'auras:
Si Dieu plest qui de tot est sire,
Ja n'en *sera* denier *à dire*. (Chast. XIII, v. 178-82.)
Là furent si bien sejornez.
Là orent si lor estoveirs
E lor plaisirs e lor voleirs
Que riens nule n'en *ert à dire*,
E mult lor deveit bien soffire. (Ben. v. 27817-21.)

Cfr. ib. v. 17096. 23759. 27638, etc.

Ces locutions étaient encore d'un fréquent emploi au XVIe siècle.

C'est la meilleure munition (les livres) que j'aye trouve à cet humain voyage; et plainds extremement les hommes d'entendement qui *l'ont à dire*. (Montaigne. Essais III, 3; cfr. III, 13.)

C'est à cette locution qu'on doit rapporter notre: *il y a bien à dire* = il s'en faut de beaucoup.

Au demourant, je faisois grand compte de l'esprit, mais pourveu que le corps n'en *feust* pas *à dire*. (Ib. ead. III, 3.)

Il ne faut pas confondre *est à dire* signifiant *il manque*, etc. avec *est à dire* qui répond à notre *c'est-à-dire;* celui-ci est toujours précédé du pronom relatif.

Septimius se leiva le premier en pieds qui salua Pompeius en language romain du nom d'imperator, *qui est à dire*, soubverain capitaine. (Amyot Hom. ill. Pompeius.)

Je ferai enfin remarquer la combinaison suivante, où il faut bien se garder de voir notre locution actuelle.

De toute cette multitude infinie de combattants qu'ils avoyent il n'en eschappa que dix mille seulement..., et, au contraire, Sylla escript qu'il ne *trouva à dire* que quatorze de ses souldards seulement, encores en revint il deux le soir mesme. (Amyot. Hom. ill. Sylla.)

Voy. encore *faire*, locutions.

Je passe aux composés de *dire*.

Contredire, discuter, répondre à une question (v. Roquefort, Supplément p. 88); désapprouver, contrarier, s'opposer.

Contredist (El. 23.)

> Saint Pere en a jure, c'on an Pre Noiron prie,
> Q'à Guiteclin fera pais et trive escherie,
> Tant q'avera destruite Borgoigne et Lombardie,
> Alemaigne et Baviere; ja n'iert qu'ou *contredie*,
> Que je par mes grenons n'an prieroie mie. (Ch. d. S. II, p. 42.)

> Coustentins, qui le cuer ot noble,
> Est venus à Coustantinoble;
> Mais cil pas ne le *contredirent*,
> Toutes les portes li ovrirent. (Poit. p. 68.)

Contredite gent, dans le même sens que *la gent à l'aversier*, *a l'anemi*, c'est-à-dire *la gent du diable*.

> Quant Rollans veit la *contredite* gent
> Ki plus sunt neirs que nen est arrement. (Ch. d. R. p. 75.)

Entredire, interdire. — L'archevêque Henri dit:

> Or escoutez, li grant et li petit!
> Vez ci de Mez le Loherenc Garin
> Qui prent à feme la fille au roi Thieri
> De Moriane, Blancheflor au cler vis;
> Qui rien i set, por Dieu, die le ci,
> Ou se ce non, jamais n'en iert ois,
> Ains l'*entredi* et si l'escomeni. (G. l. L. II, 9.)

> Refist par tut sun ban crier
> E *entredire* e devoer
> Que lerres ne fust consentuz. (Ben. v. 7148-50.)

S'entredire, se dire l'un à l'autre.

> Pluisors paroles s'*entredient*. (P. d. B. v. 4279.)

Desdire.

> Li rois lor acreante, et cil pas nel *desdient*. (Ch. d. S. II, p. 42.)

Esdire, qui se trouve, au moins au participe, avec la signification de *interdit* (troublé, étonné).

> Tuit sunt *esdit* e esbahi. (Ben. v. 11426.)

> Mult unt de Bernart grant merveille,
> Que tant quidoent engignos
> E vize, e saive, e enartos,
> De ceo qu'or est si esbahiz,
> E si ateinz e si *esdiz*. (Ib. v. 14917-21.)

Indire, indiquer, annoncer, convoquer; faire une imposition. Il se trouve encore dans Amyot:

Tellement qu'on avoit desja *indict* l'assemblée du conseil pour desliberer des articles....

Cfr. Roquefort, s. v. *indire*.

Maldire, maudire.

Sa vie het et blasme, et *maudit* son jovant.
(Ch. d. S. II, p. 167.)

E *maldistrent* cez ki Deu guerpireient.
(Q. L. d. R. III, p. 302.)

Remarquez *maldire de*:

Il le *maldist du* digne roi Jhesu. (O. d. D. v. 7244.)
Il les *maldist de* Deu et *de* son non. (Ib. v. 7249.)

Mesdire, dire mal, médire.

N'est pas de mes pours la mendre
Que de *mesdire* e de mesfaire
Chose qui ne li deie plaire. (Ben. v. 26523-5.)

Moult miex estre morte volroie
Que la gens de moi *mesdesist*,
Ne que auchuns fel en desist
C'avoec moi euissies couchie. (R. d. M. p. 24.)

Je saisis l'occasion que m'offrent *maldire* et *mesdire*, pour faire une remarque générale sur les verbes et les noms composés avec les mêmes préfixes. Tous ceux de nos lexicographes qui se sont occupés d'étymologie, prétendent que la préfixe *mé* des mots *médire*, *méfaire*, *méfier*, *méconnaître*, *mecontent*, etc. est là pour *mal*, qu'on retrouve en entier dans les mots *maudire (maldire)*, *maltraiter*, *malcontent*, etc. Cette origine commune attribuée à deux classes de composés bien distinctes l'une de l'autre, et par la signification et par la forme, choque le sens commun, et l'on a lieu de s'étonner que personne n'ait encore attiré l'attention sur ce point. Outre l'erreur qu'ils ont commise touchant le plus grand nombre des composés de la préfixe *mé*, quelques lexicographes se montrent encore inconséquents avec eux-mêmes en donnant, en certains cas, une origine différente à *mé*. Ils dérivent p. ex. les mots *mépris*, *mépriser*, de *minus pretium*, *minus pretiare*. Pourquoi donc ici *minus* et autre part *me = mal?* Il aurait fallu, du moins, donner les raisons qui ont déterminé à ne voir pas, dans le *mé* de *mépriser*, le *mal* qu'on croit trouver ailleurs.

La préfixe *mal (mau)* dérive du latin *male*; la préfixe *mé* tire son origine du latin *minus*, qui se trouve déjà contracté en *mis* dans les écrits latins de la fin du VIIIe siècle: *misfacere*, *misdicere*. Les Espagnols et les Portugais ont conservé la forme grammaticale primitive de *minus* dans *menos*; les Italiens ont adopté *mis*: les Provençaux, *mens*, *mes*; les Français, *mes*. *Mes*, qui s'est maintenu dans les mots où le simple commence par une voyelle, est, dans le fait, la véritable forme de notre préfixe, et c'est sans doute faute d'avoir remarqué cette circonstance, que les lexicographes ont été induits à regarder le *mé* moderne comme une autre orthographe de *mal (mau)*.

Conformément à la signification de *minus: pas bien, pas d'une manière convenable*, la préfixe *mes* en s'ajoutant aux mots simples, leur fait signifier des choses, des actions défectueuses, méjustes (qu'on me passe le terme), mauvaises, ou prises en mauvaise part, en sens contraire, ou tout autres qu'elles ne seraient, exprimées par le radical pur; elle est péjorative, perversive, vitupérative. Tel est son caractère général. *Mes* répond de tout point à l'allemand *miss* (en v. h.-all. *missa, missi*, du *missan*, mangeln, fehlen), et en partie au grec δυς.

Quelques philologues allemands ont donné deux origines fort distinctes à notre *mes*: dans certains mots, il dériverait de *miss*; dans les autres, de *minus*. Cette double étymologie est tout à fait inutile. Les diverses significations de *mes (minus)* se développèrent de la même façon que celles de l'allemand *miss*; on pourrait tout au plus accorder que *miss* a contribué à donner de l'extension à l'emploi de *mes (minus)*.

La communauté d'origine faussement attribuée à *mes* et à *mal* devait faire supposer une identité de signification. C'est en effet ce qui arriva, et peu à peu l'on abandonna, comme inutiles, un grand nombre de mots en *mé*. Il serait à souhaiter que nos jeunes écrivains remissent en honneur la préfixe *mé* et quelques-uns de ses nombreux composés de l'ancienne langue, qu'il nous est souvent impossible de traduire.

Sordire, enchérir; accuser, calomnier.
> Se devant lui sui alegie,
> Qui me voudroit apres *sordire*? (Trist. I, p. 155.)
> E li auctors apres nous dist
> Que cil qui preudomme *sordist*
> A tort. (Ben. t. 3, p. 34, note.)
> Moult sui *sordiz* de plusors bestes.
> (Ren. t. 2, p. 171.)

Pardire, achever de dire, de réciter.

ESCORRE (excutere).

Ce verbe signifiait *enlever, arracher, reprendre, recouvrer, délivrer, dégager, secourir*. *Escorre*, en Bourgogne et en Picardie; *escurre*, en Normandie.

Le composé *rescorre*, qui s'employait tout à fait dans le même sens, était d'un usage plus fréquent que le simple.

Et bien set que vos iestes meu por la sainte terre d'oltremer, et por la sainte croiz et por le sepulcre *rescorre*. (Villeh. 449*.)

Firent tuit cil ki furent paltunier e felun e pesmes de ces ki 'aled furent à *escurre* la preie[1] od David: Pur ço que ces n'alerent od nus, de la preie rien ne lur en durrum. (Q. L. d. R. I, p. 117.)

>Roger a fait ses genz armer,
>Si qu'à bref terme, senz demore,
>Quit qu'il iront la preie *escorre*. (Ben. v. 32015-7.)

Dans la seconde moitié du XIIIe siècle, on trouve *escoure*, *esceure*.

Li Venicien corent à leur vaissiaus et tuit li autre qui vaissiaus avoient et les commencent à *rescoure* moult viguereusement dou feu. (Villeh. p. 69. XCVI.)

>A aus s'eslaise, si fiert ens,
>Pour *resceure* lui et ses gens,
>Mais trop en i avoit sor lui. (Phil. M. v. 28793-5.)

Enfin *escolre*, *rescolre*, comme on a vu *colre* pour *corre*.

>Uter valt sa cite socolre
>Et ses amis dedens *rescolre*. (Brut, v. 8655. 6; cfr. 12430.)

Escolre (ib. I, p. 212, var. a.)

Parfait défini: *escos*, *rescos*; *escus*, *rescus*; *escous*, *rescous*.

>Car bien me manbre ancores de l'atrier,
>Kant ma serour bele Aude à cors ligier
>En voliez porter sor le destrier.
>La merci Deu, le peire droiturier,
>Je la *rescous* au branc forbi d'acier. (G. d. V. v. 2253-7.)

>Jonas salvas el poisson noant,
>Saint Daniel du lion deglutant,
>Les trois enfans en la fornaise ardant
>*Rescosis*, Sire, par ton comandemant. (O. d. D. v. 11665-8.)

>Ja li eust la teste fors do bu desevree,
>Qant sa gent le *rescost* à bataille fermee. (Ch. d. S. II, p. 119.)

David el jur *escust* la preie, e quanque li Amalechite en ourent ported, e ses dous femmes. (Q. L. d. R. I, p. 116.)

>Vos *rescosistes* la roïne,
>S'avez este puis en gaudine. (Trist. I, p. 115.)

La troisième personne plurielle suivante est incorrecte:

>Od granz maisnies ke il ont
>Le *rescotrent* hardiement. (R. d. R. v. 13481. 2.)

Il faudrait *rescostrent*, comme dans cet exemple:

>Tuit aquiterent le païs,
>E *rescustrent* as branz moluz. (Ben. v. 36139. 40.)

Je ne connais, de l'imparfait du subjonctif, que les deux exemples:

---

(1) *Escorre la proie*, enlever, faire, ramasser du butin. — *Rescorre ses fies*, relever.

> Dix mille chevalier fist armer
> Sis rova tote nuit aler,
> Et les prisons adevancissent
> Se il pueent sis *rescolsissent*. (Brut, v. 12510-3.)
> Morte m'eust et essilliee,
> Car il m'a toute combrisiee,
> Se mes puceles ne venissent,
> Et s'eles ne me *rescousissent*,
> N'eschapaisse por nul pooir. (Dol. p. 189.)

Imparfait de l'indicatif:
> Cels qui caoient *rescooit*. (Brut, v. 12375.)

Et traioient as nos, qui *rescooient* le feu, et en y ot de bleciez. (Villeh. 458ᵃ.)

Présent du subjonctif:
> U il les garnisse u *rescoe*. (R. d. R. v. 9517.)

Participe passé: *escos*, *escus*, *escous*.

Mult fut grant joie à cels de l'ost de Reniers de Trit qui ere *rescous* de prison. (Villeh. 484ᶜ.)

> Et aumosnes et orisons
> Les ames des bons compaignons
> Qui par bien fere sont *rescosses*
> Et des deables mains *escosses*. (Brut, I, XLVII.)
> Hauz criz crient e angoissus,
> De nule part ne sunt *rescus*. (Ben. l, v. 1727. 8.)
> Si unt oi *escósse* la preie
> Que tote la terre en rogeie. (Ib. v. 27301. 2.)

On trouve aussi *escols*:
> Que par son bien faire furent *rescols*. (Villeh. 472ᵇ.)
> Et si serons par lui *rescols*. (Brut, v. 8725.)
> E se jo sui *rescols* par toi. (Ib. v. 4624.)

Les seules formes du présent de l'indicatif à ma connaissance, sont:
> Ainz seisit le lou et l'aërt
> Tant que cil vient cui il ansert
> Et que sa proie li *rescolt*. (Brut, I, XLVII.)
> Ke vos n'*escoez* vos aveirs,
> Grant reprovier iert à vos eirs. (R. d. R. v. 7819. 20.)

Roquefort, au mot *esqueure*, cite la forme *esqueut*, comme appartenant à la racine *excutere*. Voici l'exemple qu'il en donne:
> Car li sengler se revencha
> Come fiere et orgueilleuse beste,
> Contre Adonis *esqueut* sa teste,
> Ses dens en l'aine li flati,
> Son groing estort, mort l'abati.

Esqueut est la troisième personne du verbe *esquellir, escoillir* (v. cueillir). *Escoillir* signifiait *prendre son élan, donner l'élan, l'essor, brandir;* [1] et *esqueut* sa teste contre Adonis veut dire: il donne l'élan à sa tête (il élève et laisse retomber sa tête) contre Adonis. Je préfère cette leçon à celle de Méon: *escout* = secoue (v. 15950); *esqueut* est beaucoup plus expressif. Cependant il paraît que, vers la fin du XIIIe siècle, le verbe *escourre* avait pris la signification de *lancer, frapper.* V. Ren. t. III, p. 96, v. 22390; Guill. Guiart. t. II, p. 253.

Escorre avait aussi la signification de *faire sortir en secouant, secouer, examiner, fouiller, approfondir.*

J'ai ci asses me bourse *escouse.*
(Romv. p. 318. Th. Fr. M. A. p. 93.)

Escous en a tote la flor. (Berte, p. 194.)

Et Ysengrin *escout* la teste,
Et rechine et fet lede chiere. (Ren. t. I, p. 42.)

Dites lui bien, c'en est la summe,
Que ja ne serom mais si home,
C'est mais tot *escos* e bale,
N'il à nos sire n'avoe. (Ben. v. 9200-3.)

E doibt le fourier battre et *escourre* le liet et mettre à point la chambre. (Mém. d'Olivier de la Marche II, p. 494.)

Vos qui estes en la pousiere, *escoez* vos et siloez, car veez ci nostre Signor ki vient atot la Salveteit. (S. d. S. B. p. 531.)

M. Diez cite encore le verbe *secorre* (succutere), toutefois sans en donner aucun exemple, et M. d'Orelli le copie, en ajoutant que ce verbe est *rare.* Le provençal avait *secoter, secodre.* Je ne connais aucun exemple de l'infinitif *secorre*, ni du participe *secos*, qui remonte au XIIIe siècle; mais plus tard on trouve souvent *secous:*

Sans estre esbransle ne *secous.* (Cl. Marot III, p. 44.)

Ce mot a-t-il été formé de *succussus*, sans qu'on ait admis le verbe *succutere* dans la langue d'oïl, et est-ce une création postérieure au XIIIe siècle? Notre verbe *secouer* dérive-t-il du prétendu verbe *secorre*, ou bien de *escorre, escourre, escouer*, dont on a retranché ou plutôt transposé l'*e*, qu'on croyait peut-être prosthétique? (V. Dérivation G.) *Secous* alors ne serait-il pas le même mot que *escous?* Je n'ai jusqu'à présent aucun moyen de résoudre ces questions assez importantes pour l'histoire de notre verbe *secouer.*

Voici cependant une forme qui semble prouver que l'on se servait, au XIIIe siècle déjà, de *escouer* pour *secouer*, au lieu de *escoure:*

---

(1) On trouve à la page 328 du t. I, un exemple où *esquielt* a le sens d'*apercevoir, remarquer.*

Grans fu li cols, molt fist à resoignier:
Si l'*escoua* quil fist agenollier. (R. d. C. p. 102.)

ECRIRE (scribere).

Ecrire, autrefois *escrivre*, *escrievre (?)*, *escrire*, avec un *e* prosthétique.

Et cuy om ne puet par parole *descrivre*. (S. d. S. B. p. 525.)

Pierres Anfors qui fist le livre,
Mostra qu'il deveit sens *escrivre*. (Chast. pr. v. 103. 4.)
Pour ce qu'il fist ung novel livre
Où sa vie fist toute *escrivre*. (R. d. l. R. II, v. 354.)

Escrivere (Chr. A.-N. I, 62), en anglo-normand.

Ses brefs fist *escrire* en latin. (Ben. v. 28665.)
Adont lor veissies *escrire*. (Fl. et Bl. v. 259.)
Avantage ai en cest labur
Que al soverein e al meillur
Escrif, translat, truis e rimei
Qui el mund seit de nule lei. (Ben. I, v. 2157-60.)

Escrivez en livre ceo ke vos veez. (Q. L. d. R. Intr. XVI.)

Que est ce ke il desor *descrist* lo merite des renfuseiz, quant il dist. (M. s. J. p. 511.)

E Samuel mustrad al pople quel servise il deust faire al rei, e en livre l'*escrist*, e en tresor le mist. (Q. L. d. R. I, p. 35.)

Lor graffes sont d'or et d'argent,
Dont il *escrisent* soutiument. (Fl. et Bl. v. 263. 4.)
E *escrirent* e ramembrerent.
Par moralite *escriveient*. (M. d. F. II, p. 59.)

Escristrent (Fab. et C. IV, p. 59.)

Ce que il dist que il *escriverait* les .iij. nons senefie....
(Apoc. f. 6, v. 1. c.)

Et encore ces formes du défini, qui sont de la seconde moitié du XIIIe siècle.

Cil Felices estudia
Tant c'un livre *escriut* et fina
Contre la loi de Jhesu Crist. (Phil. M. v. 3092-4.)
Et cest afaire et cest estorie
Escriut il et mist en memorie. (Ib. v. 9588. 9.)

Escriut = escrivt?

Imparfait du subjonctif:

Apres ceo commanda Nostre Seignor à seint Johan qu'il *escrivist* à.... (Q. L. d. R. Intr. XVI.)

Participe passé: *escrit*, de scriptus.

De cuy est *escrit*. (S. d. S. B. p. 525.) — Eh bien seant e bien *escrite*. (Ben. I, v. 2162.) — De fin or, ù *escrit* estoit. (Fl. et Bl. v. 471.)

Et comme au parfait défini :

S'i trouva *escriut* le pecie
Ki Charlon avoit entecie. (Phil. M. v. 3996. 7.)

Dès le XIVe siècle, on remplaça par *p* le *v* de la forme *escrivre*, d'où *escripre*, qui se trouve encore dans Rabelais, Montaigne, etc. Mais les écrivains de ces âges commirent une faute en rétablissant, à certaines formes, le *v* à côte du *p* : *escripvi* (Froissart), *escripvoit* (Rabelais), etc. Froissart emploie aussi le parfait latin *scripsi*, *escripsi* ; l'imparfait *escripsois*, etc.

FAIRE (v. fo.), facere.

Faire est-il un verbe fort ? Je n'hésite pas à répondre affirmativement ; mais il passa de fort bonne heure à la conjugaison faible. Le Fragment de Valenciennes[1], le Chant d'Eulalie donnent déjà l'infinitif renforcé *faire*, au lieu de *fare* ; les Sermons de saint Bernard portent également *faire*. A dater du XIIe siècle, nous trouvons, en Normandie, *fere*, qui n'est peut-être pas l'orthographe primitive de cette province. (Cfr. plus bas les présents et l'impératif.) Pendant la seconde moitié du XIIIe siècle, la forme *fere* était très-répandue dans l'Ile-de-France et tout l'ouest de la langue d'oïl, où, par suite de l'influence normande, l'*ai* prenait un son plus fermé, qu'on représenta dans l'écriture. On rencontre aussi la forme mitoyenne *feire*.

La forme primitive *fare* nous a été conservée dans Tristan (II, p. 128) :

Si vus *fare* le puussez.

Je ne vois pas pourquoi M. d'Orelli se fait un scrupule d'admettre *fare*, tandis qu'il reconnaît l'authenticité d'autres formes qui ne se trouvent non plus que dans ce texte, où, soit dit en passant, il semble découvrir plus de fautes qu'il n'y en a véritablement. La prosodie normande et anglo-normande diffère un peu de celle des autres provinces.

Voldrent la *faire* diavle servir. (Eln. 4.)

Faire (F. d. V. l. 30. 8.)

Coment puet nuls dire k'il soit si appresseiz de sa malvestiet ki por bien à *faire* ne se puist drecier. (S. d. S. B. p. 554.)

Mahommes arriere repaire,
Ki tant barat set dire et *faire*. (R. d. M. p. 74.)

---

[1] L'assertion des Bénédictins que les notes tironiennes ont cessé d'être employées en France au IXe siècle, a fait fixer l'âge de ce Fragment au IXe siècle. Cette assertion est erronée, et je prouverai ailleurs par d'autres inductions que le Fragment de Valenciennes ne remonte pas au-delà du Xe siècle.

> Meis à nul fuer
> N'en osast *feire* nul semblant. (R. d. S. G. v. 202. 3.)
> Paien respundent: Nus le devuns ben *fere*.
> (Ch. d. R. p. 131.)
>
> Je n'ai qu'engagier ne que vendre,
> Que j'ai tant eu à entendre
> Et tant à *fere*. (Rutb. I, p. 13.)

Cfr. le provençal *far*, *fair*, *faire*; ancien espagnol *far*; italien *fare*.

La première personne du singulier du présent de l'indicatif appartenait à la conjugaison faible: *faz*, *fas*, en Bourgogne et en Normandie; *fac*, *fach*, en Picardie. (Voy. *mourir*.) Ce n'est que dans la seconde moitié du XIIIe siècle, que l'on trouve *fais*, *faich*; toutefois ces formes étaient encore, à la fin du siècle, bien moins en usage que les autres dans les poèmes; mais les chartes en fournissent un assez grand nombre d'exemples, ce qui semblerait prouver qu'elles étaient d'un emploi plus fréquent dans le langage ordinaire. On a aussi des exemples de *fa*.

La seconde personne de l'impératif fit, au contraire, de très-bonne heure *fai*, et s'écrivit souvent *fais*, surtout dans l'Ile-de-France, dès le milieu du XIIIe siècle. On a cependant des exemples de *fa*. (V. prés. du subj. 2ᵉ pers.)

> Mais jeo vos *faz* un requerrement. (Ben. v. 11443.)

E s'il parmaint en sa malice vers tei, si jo nel te *faz* saveir, icel mal vienge sur mei que il pensed à tei. (Q. L. d. R. I, p. 78.)

> Bien a . vij. ans. par le cors saint Richier,
> Ne me senti si fort ne si legier,
> Com je *fas* ore, por mes armes baillier. (R. d. C. p. 148.)
> Figure d'ome sai muer
> Et l'un en l'altre retorner;
> L'un *fas* bien à l'altre sambler
> Et l'uns *fas* bien à l'altre per. (Brut, v. 8931-4.)

Jo Watiers sires d'Avesnes *fac* savoir à tous ciaus qui sunt et qui venrunt, que .... (1238. Th. N. A. I, p. 1007.)

> Cil le (le tans) perdent qui ne font rien
> Moult plus que jo ne *fac* le mien. (P. d. B. v. 81. 2.)
> Cele qui j'aime an bonne foy,
> Autant u plus que je *fach*[1] moi. (R. d. l. M. v. 1917. 8.)
> Je vous *fach* savoir que ma dame
> S'est delivree d'un enfant. (Ib. v. 3002. 3.)
> Et encor vous *fa* ge certain. (Ib. v. 5082.)
> Meis je *fais* bien à touz savoir. (R. d. S. G. v. 3495.)
> Et pour chou vus *faich* entendant. (R. d. S. S. v. 1991.)

---

(1) On voit qu'alors *faire* s'employait, comme aujourd'hui, pour un autre verbe qu'on ne veut pas répéter.

Respundi li reis: L'umbre puet legierement avant aler, mais *fai* la, si te plaist, ariere returner. (Q. L. d. R. IV, p. 417.)

>Amis, fait il, *fai* moi venir
>Ton pere, se tu l'as ancor. (Dol. p. 207.)
>Conforte moi de mes dolors,
>Et bonement me *fais* secors. (P. d. B. v. 5403. 4.)

On a vu je *vois* pour je *vais;* on trouve de même je *fois* pour je *fais*, mais, à ma connaissance, *fois* ne se montre pas au XIIIe siècle, ou du moins est-ce fort tard. *Fois* était encore en usage au XVIe siècle.[1]

Si le papier de mes schedules beuvoit aussi bien que je *foys*, mes crediteurs auroient bien leur vin quand on viendroit à la formule de exiber. (Rab. Garg. I, 5.)

Si les aultres se regardoient attentifvement, comme je *fois*, ils se trouveroient, comme je *fois*, pleins d'inanite e de fadeze.
(Mont. Essais III, 9.)

Seconde et troisième personnes du singulier du présent de l'indicatif: *fais, feiz, fez, fes; fait, feit, fet;* c'est-à-dire régulièrement fortes dans le principe. L'orthographe *fais, fait* se conserva assez intacte en Bourgogne et dans les provinces au sud de la Normandie, qui employaient *ai* pour *ei*.

>Et comant puet çou avenir
>Que tu *fais* les cignes venir
>A toi.... (Dol. p. 287.)

Si li demandet: Reis magnes, que *fais* tu? (Ch. d. R. p. 139.)

Ceste apparicions nostre Signor clarifiet ui cest jor et li devocions et li honoremenz des rois lo *fait* devot et honraule. (S. d. S. B. p. 551.)

>Li reis *fait* faire une fertere, unkes meldre ne fud,
>Del plus fin or d'Arabie i out mil mars fundud. (Charl. v. 198. 9.)

Et où est il? *feit* li empereres. (R. d. S. S. d. R. p. 52.)

Il n'est riens, *fet* ses amis, que je ne face pour vos. (Ib. p. 69.)

>Reis, *fet* li fols, mult aim Ysolt. (Trist. II, p. 104.)

La première personne du pluriel, qui, dans les Sermons de saint Bernard, se trouve déjà renforcée, se présente souvent encore sous sa véritable forme dans des textes postérieurs, et mêmes dans des chartes de la fin du XIIIe siècle. Impératif semblable.

Et por ceste conissance *faisons* nos ui ceste feste de l'Aparicion. (S. d. S. B. p. 550.)

Solunc la nature l'apelet ele (l'Ecriture) home là ù ele dist; *Faisons* un home à nostre ymagene et à nostre semblant. (M. s. J. p. 456.)

>La mort de Baudoin lor *faisons* comparer. (Ch. d. S. II, p. 149.)
>D'une de nous *fasons* nous prestre. (L. d'I. p. 8.)

---

(1) Plusieurs de nos patois ont *foire* au lieu de *faire*.

Nos Alis de Savoie.... *fassons* et ordonnons nostre testament en cette maniere: premierement *fassons* et etaublissons.... (1277. M. s. P. I, p. 360.)

Et nos Alix.... *façons* scavoir. (1278. Ib. I, p. 363.)

La première personne du pluriel présente encore la forme *fesum*, en Normandie; *fesomes*, dans l'Ile-de-France surtout, lorsque les orthographes en *e* furent prédominantes.

Fesomes (Roman du Renart).
        Fesum bargaine, *fesum* change. (Trist. II, 103.)

On a vu plus haut la forme *dimes*; on rencontre de même *faimes*. Quelle est l'origine de *dimes* et de *faimes*? Ces formes seraient-elles des contractions de *disomes*, *faisomes*? Non; car, bien que l'exemple cité à l'occasion de *dimes* soit précédé de *diromes*, *faimes*, qui est une formation tout à fait semblable, ne se montre d'ordinaire que dans des textes où l'on employait la terminaison *um* ou ses équivalents *om*, *ums*, *uns*. *Dimes* et *faimes* dérivent des formes latines correspondantes, qu'on traita comme *sumus*, c'est-à-dire que l'on affaiblit simplement en *e* l'*u* da la syllabe *us*, par suite de l'analogie qui existait entre la seconde personne du pluriel d'*être* et celles des verbes *dire*, *faire*, tirées aussi directement du latin: *estes: dites, faites;* et non d'après le mode de formation usuel de la langue d'oïl: *diseiz*, *faiseiz*. Pour *faire*, il y avait en outre l'analogie de la troisième personne du pluriel qui exerçait son influence: *sont: font;* aussi *faimes* est-il beaucoup plus commun que *dimes*. *Dimes*, *faimes*, sont des formes du Maine, de l'Anjou et de la Touraine. *Faimes* se répandit promptement en Normandie, s'il n'y est pas primitif aussi, tandis que *dimes* était remplacé par *dium* dans cette province.

Au lieu de *faimes*, on écrivit *fomes*[1] dans l'Ile-de-France, au commencement du XIVe siècle. (V. le Roman de la Rose.) Cette orthographe en *o*, au lieu de *ai*, est due, sans doute, à l'influence de *fesomes* et *font*.

Faimes s'employait naturellement aussi à l'impératif.

        Vos ne nos poez pas fuir;
        Kar nos vos *faimes* or sentir
        Que buies peisent, ne s'est liez
        Cil qui les traine od ses piez. (Ben. v. 2905-8.)
        E si vos *faimes* bien certains
        Qu'onques sis peres ne sis aives,

---

[1] C'est de ce *fomes* qu'est dérivée la forme *fons* employée encore aujourd'hui dans plusieurs patois. Cfr. *sons* pour *somes*.

Sis ancestres ne sis besaives,
A home sus ciel ce ne firent
Ne homage ne li offrirent. (Ib. v. 6742-6.)
E pur ceo si vos en garnis
Que conseil prenion salvable;
Si *faimes* aliance estable
E covenant ferm e entier
De nos securre e entraidier. (Ib. v. 8967-71.)
Faimes que teus seit mes li tens,
Que sor nos n'ait plus graverens. (Ib. v. 26719. 20.)

La seconde personne du pluriel du présent de l'indicatif, qui reçut une terminaison légère, prit part à la conjugaison forte dès les plus anciens temps. Impératif de même.

Faites vost almosnes. (F. d. V. v. 1. 30.)
Ke *faites* vos, signor roi, ke *faites* vos? (S. d. S. B. p. 550.)
Plus tard *feites*, *fetes*, et même *festes*, *faistes*.

A Bron dist: Sire, or vous hastez,
S'en *feites* ce que vous devez. (R. d. S. G. v. 2935. 6.)
Ou vos ne parlez james à moi, ou vos *fetes* ma volante. (R. d. S. S. d. R. p. 68.)
Se vos ainsint ne le *festès*, comme vos dites. (Ib. ead.)
Faistes de li vostre seignur. (R. d. R. v. 7388.)

Troisième personne du pluriel: *font*, en Bourgogne et en Picardie; *funt*, en Normandie. (V. la Dérivation.)

Totevoies celei persecution tient il por plus cruyere et plus griement la sent ke sei propre ministre li *font*. (S. d. S. B. p. 556.)
J'ai chamberieres et serghans
Ki bien *font* mon commandement. (R. d. M. p. 18.)
Les cuntrez i redrescent e les muz *funt* parler. (Charl. p. 11.)
Vient il? *funt* il. Oil, fait Robert, veirement.
(Th. Cant. p. 121, v. 25.)

Le présent du subjonctif se réglait sur la première personne du présent de l'indicatif, c'est-à-dire qu'il ne diphthonguait pas la voyelle radicale: *face*, en Bourgogne et en Normandie; *fache*, en Picardie. Mais, dans la seconde moitié du XIIIe siècle, on trouve des formes renforcées, lorsque *fais*, *faich* se furent introduits à la première personne du singulier du présent de l'indicatif.

Sire, dist il, ke wels tu ke je *face*? (S. d. S. B. p. 558.)
Que vols tu que jo te *face*? (Q. L. d. R. IV, p. 369.)
Or n'i aura plus atendu,
Que je ne *fache* un cointe dru. (R. d. S. S. v. 2504.)
Lors fa samblant de toi drechier,
Si que *fuches* tout trebuchier. (Ib. v. 2690. 1.)

Jo requier que tu *faces* mun message al rei, kar à tei ne purrad rien escundire, que il me duinst à femme Abisag de Sunam. (Q. L. d. R. III, p. 229.)

Menciz joye, vos qui encuviz granz choses, car li filz de Deu est dexenduz à nos, por ceu qu'il nos *facet* heretiers de son regne. (S. d. S. B. p. 531.)

   Il cange coulour en sa fache
   Souvent, et ne set que il *fache*. (R. d. M. p. 10.)
   Proiet li ait et comandeit
   Que, por s'amor et por sa graice,
   Que des chaaignes d'or li *faisse*
   1. hanap moult isnelement. (Dol. p. 279.)
   S'autres siecles n'est, donques viaus
   Ait ci li cors toz ses aviuus
   Et *faiche* quanque li delite. (V. s. l. M. XXXV.)

Sire, font cil à Joffroi, que voles vos que nos *faciemes!* nos ferons ce qu'il vos plaira. (Villeh. p. 122. CXLVII.)

   E sachies que bien apartient
   Que *fachons* autres festeletes. (Th. F. M. A. p. 120.)

Faciest (F. d. V. l. 28. v.)
   Dames, ja ne seres si crueux
   Que vous *fachies* si grant pechiet. (L. d'I. p. 17.)
   ... Que dous tels chardenals li *faciez* enveier
   Que bien puissent partut lier et deslier. (Th. Ct. p. 40, v. 18. 19.)
   Ne souferra la gentillece
   Que ja *facies* rien fors noblece. (P. d. B. v. 1507. 8.)
   Mais ce pre à toz e requier
   Que vos la li *faceiz* esposer. (Ben. v. 20187. 8.)
   Ma desirance e mis poeirs,
   C'est que vos *facez* seignor novel
   D'un fiz que j'ai ... (Ib. v. 31635-7.)
   N'os querrai plus, si cum je crei;
   Mais de cest me *facez* ottroi. (Ib. v. 29241. 2.)

A l'occasion de cette dernière citation, je relèverai une erreur qui s'est glissée dans le premier volume de cette grammaire. J'ai indiqué une double forme pour l'impératif de quelques verbes; *ouïr* p. ex., ferait, selon l'explication donnée à la p. 368 du t. I: *oï*, *oons*, *oez*, ou *oies*, *oions*, *oiez*. Les formes *oies*, *oions*, *oiez*, de même que le *faces* cité ci-dessus, appartiennent au présent du subjonctif. (V. t. I, p. 239. Remarque *a*.)

   A cui que il *facent* acuel,
   Od mon cuer jugeront mi oel. (P. d. B. v. 9139. 40.)

Parfait défini: *fis*.
   Tote ceste oevre *fis* jo si
   C'on ne m'i vit ne ne m'oï. (P. d. B. v. 1387. 8.)

Je li *fis* char de buef mangier. (R. d. S. S. v. 1763.)
Peres du ciel, fait il, merci,
Qui *feis* que tes filz nasqui | Por sauver li humaine gent
Que *feis* par ton loemement. (P. d. B. v. 5396-9.)

Oi ai ta preiere, e la requeste que tu me *feis*. (Q. L. d. R. III, p. 267.)
(Dex) Et Adan *fesis* de ta main,
Puis *fesis* sa moillier Evain. (R. d. l. V. p. 242.)
Tu ki *fesis* et estoile luisant,
Et home et feme *fesis* à ton talent. (O. d. D. v. 10958. 9.)
Hai! dist la dame, mal *fessis*,
Qant maintenant nes occis. (Dol. p. 277.)

Et voleiz savoir cum longe parole il *fist* brief, et cum brief il la *fist*? (S. d. S. B. p. 535.)

Au prestre vint, se *fist* .j. ris. (L. d'I. p. 9.)
Vous saves bien de fi, sans faille,
Que l'autrier *fesimes* fremaille
Entre moi et l'enfant Gerart. (R. d. l. V. v. 732-4.)
Overte avons tote la porte arier,
Et le grant pont *fesimes* abaissier. (O. d. D. v. 8240. 1.)

Unkes moleste ne lur *feimes*, ne unkes ne perdirent rien par nus. (Q. L. d. R. I, p. 97.)

Sire, mei e ceste femme *feimes* cuvenant que nus mun fiz mangerium à un jur e le suen al altre. (Ib. IV, p. 369.)

Quant de nus turnastes, grant outrage *feistes*. (Charl. v. 686.)
N'onques, nul jor ne me *feistes* lie. (C. d. C. d. C. p. 36.)
Car vos remembre du fort estor pesant
Que vos *fesistes* desus un garillant. (O. d. D. v. 485. 6.)
Vous *fesistes*, jeo quit, cel ploit. (M. d. F. 1, p. 102.)

Fisient (F. d. V. 1, 24. v. Ead. 1. 27. etc.).
Si *firent* une assaillie cil de la tor de Galathas. (Villeh. 450ᵈ)

A preechier molt entendirent,
Par toutes terres s'espandirent,
Maintes gens crestiienner *firent*. (R. d. M. p. 42.)

Sire, ensi se rendirent, puis lor *fisent* li nostre jurer sour sains que jamais encontre vous ne se meteroient ne en chastel ne aillours. (H. d. V. 506ᵃ.)

A une liue, ci com j'oi noncier,
Del ost Raoul se *fisent* herbergier:
Loiges i *fisent* aprester et rengier. (R. d. C. p. 83.)
E tant parlerent e tant *fistrent*
Qu'il la li dona à moillier
E qu'il la li *fist* noceier. (Ben. v. 41804-6.)

Imparfait du subjonctif: *feisse, fesisse.*

Kar si veirement cume Deu vit ki est Deu de Israel, ki defendud m'ad que jo ne *feisse* cest mal, si tu ne fusses de plus tost venue encuntre mei, ne remasist à Nabal, jesque le matin, neis le chien de sa maisun. (Q. L. d. R. I, p. 101.)

   Sel me looient totes gens
   Ne me venroit ja en corage
   Que je *feisce* tel oltrage,
   Dont seroie plus viols d'un chien. (P. d. B. v. 4294-7.)
   Mes cuers n'est mie si aquis
   Que je, pour la vostre complainte,
   Qui mout est anieuse et fainte,
   Fesisse la vostre requeste. (R. d. l. V. v. 466-9.)
   S'il se volsist à no loi atorner,
   Je le *fesisse* à honor esposer
   Lui et s'amie, et ses laissasse aler. (O. d. D. v. 3063-5.)

Bel pere, si li prophetes te deist que grant chose e grevuse *feisses*, faire la deusses. (Q. L. d. R. IV, p. 363.)

Fesist (F. d. V. l. 11. v.)

Ou por kai volt il estre Criz apelez, si por ceu non k'il *fesist* purir le juf davant la fazon del ole? (S. d. S. B. p. 531.)

Ne te samblet il dons ke cil facet plus grief persecution ke ne *fesist* li Geus ki son sang espandit...? (Ib. p. 555.)

   Li quens Reinaut aveit tant fait
   Qu'à son plaisir li *feist* plait
   Si ne fust uns decevemenz | E uns trop laiz traissementz,
   Par quei li quens Reinauz fu pris. (Ben. v. 29541-5.)
   Nel remua de son estal premier
   Ne que *feist* une tor de mostier. (O. d. D. v. 10037. 8.)

Et s'il advenist que enfens, qui fuist ou pain de se pere et se mere, *meffisist*, on ne porroit riens demander le pere ne le mere. (1312. J. v. H. p. 551.)

Cette forme picarde, où l'on voit un *i* qu'on a déjà rencontré souvent pour d'autres voyelles, n'est pas des bons temps.

Et nous vous ferons tot son avoir baillier, et vous jurerons seur sains et le vous ferons as autres jurer, que nous, en aussi bone foi vous servirons en l'ost, come nous *feissions* lui. (Villeh. p. 12. XXIV.)[1]

   (Jeo) Pensoe cest nostre seignor
   En *feissum* empereur,
   Corune eust el chef assise. (Ben. I, v. 1807-9.)
   Et se ne fust la traissons
   Que Mares fist, s'en eussons
   La fin veue de l'estor,
   U plait *fesissons* à honor. (P. d. B. v. 3773-6.)
   Por Deu vos pri, ke se laisa dressier
   En sainte crois por son pueple essaucier,
   Ke ceste guerre *fesissiez* apaier. (G. d. V. v. 2298-300.)

---

(1) Le texte de D. Brial donne *faississiens* (438 b), où la diphthongue *ai* est fautive.

> Que faites vos ? por quei vivez,
> Que vos Richart ne decevez
> Par aucun art soprisement
> Dunt il ne se gardast neient,
> Que les Bretons e les Normanz
> *Feissiez* vers vos apendanz? (Ben. v. 21018-23.)

> Et si aloient tot plus tost
> Que ne *fesissies* les galos
> Sor le plus haut ceval d'Espaigne. (L. d. T. p. 75. 6.)

E *feissent* dous humes avant venir ki Naboth acusassent e sur lui testemoniassent que il out mesparled de Deu meime e del rei. (Q. L. d. R. III, p. 331.)

> Et fist faire nes et galies
> Pour garder toutes ses parties,
> Que li paien d'estrange tierre
> Ne li *feissent* par mer gierre. (Phil. M. v. 3292-5.)

> Zakarie lues remanda
> L'apostoles et commanda
> A tous les barons de la tiere,
> Pour le pais oster de gierre,
> Qu'il *fesissent* roi de celui
> Ki bien aidast soi et autrui ... (Phil. M. v. 2030-5.)

Et pour ce ne demoroit mie qu'il(s?) n'en *fesissent* asses par cele porte ou par autres. (Villeh. p. 50. LXXIV.)

L'imparfait se trouve orthographié *fesoie* et *faisoie* dans les S. d. S. B. *Fesoie*[1] est plus correct que *faisoie*, puisque le premier se rapproche davantage de la forme primitive du verbe *faire* : l'*e* représente l'*a* qui s'est affaibli devant la terminaison lourde. *Faisoie* date d'une époque où la véritable conjugaison de *faire* était déjà troublée. L'orthographe en *ai* radical fut prédominante pendant tout le XIIIe siècle, surtout en Champagne, à l'est du dialecte picard, et dans le Maine et l'Anjou. Dans l'Ile-de-France, on trouve fort souvent *fesoie* vers la fin de l'époque qui nous occupe. *Feseie* était la forme normande. Les orthographes en *a* pur et en *ei* ne sont pas rares et s'expliquent facilement par ce que j'ai dit de l'infinitif.

> Si m'aït Deus, grant droit avoient,
> Quant jo *faisoie* c'uns vilains
> Les avoit si tos en ses mains ... (P. d. B. v. 2564-6.)

Ja ne *fesoie* je mie, se por li chastier non, et por lui espoanter. (R. d. S. S. d. R. p. 37.)

---

[1] On voit que la prononciation que nous donnons à *faisais*, etc. est tout à fait fondée en raison, et que l'orthographe *fesais*, etc. combattue par les grammairiens comme une innovation fautive, est aussi ancienne que la langue et même plus exacte que l'autre.

Mais mult ere poi coveitos
De faire en plus que je *feseie*. (Ben. v. 29186. 7.)

Et ke *fesoit* li Fil quant il por luy à vengier veoit si enmeut le Peires k'il à nule creature n'en espargnievet? (S. d. S. B. p. 523.)

Et por cen, dist il meismes k'il ades *faisoit* ceu ke plaisivet à luy. (Ib. p. 552.)

Adonc li manbrait de la feie
K'à fame ot prise et espousee,
Cui il trovait à la fontaine,
C'or li *faissoit* soffrir tel poinne. (Dol. p. 287.)

Et se aulcuns y *facoit* fourg, nos le devons faire oster. (1482. M. et D. i. p. 463.)

Ces derniers exemples montrent ce qu'était devenue la prononciation du *s*.

E cil distrent ke bien *faseit*,
E ke bien fere le poeit. (R. d. R. v 641. 2.)
Leenz eut un veissel mout gent,
Où Criz *feisoit* son sacrement. (R. d. S. G. v. 395. 6.)

Et *fessoit* li uns de lui son talent. (R. d. S. S. d. R. p. 68.)

Trop seroient peu no cuer tendre
Se nous *faisiens* celi ardoir
Qui donne nous à son avoir. (R. d. l. M. v. 3742-4.)
Se vous nul mal li *faisiies*,
A tous jours m'amor perderies. (Ib. v. 2393. 4.)
Li François grant duel en *faisoient*. (P. d. B. v. 3783.)
Normanz se *faseient* nomer. (R. d. R. v. 129.)

La forme primitive du futur et du conditionnel a été *ferai*, *feroie*, en Bourgogne et en Picardie; l'*a* s'est affaibli en *e* devant la terminaison fortement accentuée. En Normandie, on n'écrivait même pas cet *e*, le radical se syncopait et l'on avait *frai*, *freie*. Après 1250, on rencontre des exemples avec *a* radical; mais ce sont des exceptions qui tiennent à des particularités de prononciation dont j'ai déjà eu l'occasion de parler. En Franche-Comté, en Lorraine, dans une partie de la Champagne, on avait même introduit *ai* à ces temps.

Neporquant je *ferai* vostre commandement. (Ch. d. S. I, p. 217.)
Respundi Jonathas: Tut ço que te plaist *frai*. (Q. L. d. R. I, p. 77.)
Cunuistre me *frai* e oir. (Trist. II, p. 136.)
Jure que tu ne *defferas*
Le temple, et que tu ne *feras*
Nul mal n'à moi n'à mes amis. (R. d. M. v. 1093-5.)

E quant Deu ces biens te *frad*, de mei tue ancele te memberad, e bien me *frus*. (Q. L. d. R. I, p. 100.)

Por ceu nos covient joie avoir de ceu qu'il en nostre nature est venuz, car or nos *ferat* il legierement pardon. (S. d. S. B. p. 549.)

Car parmi vostre paine doit l'om penseir coment il ferrat ceaz à cui il soi correcerat, se il soffret ke cil en cui il at joie soient ci si durement afflit; u coment ferrat il ceaz à cui il *ferat* juste jugement, se il si cruciet li mimes ceaz cui il nurrist piement chastiant. (M. s. J. p. 475.)

J'ai cité ce dernier exemple pour faire ressortir la différence d'orthographe qui existe entre le futur de *ferir* et celui de *faire*.

Mais ki me *frad* juge que jo receive bonement ces ki unt parole à mustrer, e jo *frai* dreiture à tuz amiablement e dulcement. (Q. L. d. R. II, p. 173.)

E *fra* en puis si grant honur. (Trist. II, p. 77.)

A Diu se rent et au saint Piere
Qu'il li doinst bone nuit entiere;
Si *fara* il, mien ensient,
Se l'aventure ne nous ment. (R. d. M. d'A. p. 8.)

Nos lor *ferons* noz trez et noz tantes voidier. (Ch. d. S. I, p. 187.)

Nus vus *frum* ruer sun chief aval del mùr. (Q. L. d. R. II, p. 200.)

Et volons qu'un chacun d'aux se tienne por payé par non de hoirs, de telle partie com nos li *fairons*, et donrons par nos lettres. (1278. M. s. P. I, p. 360.)

Mais ore un char nuvel nus *frez*. (Q. L. d. R. I, p. 21.)

Bien croi loialment le *feront*. (R. d. l. M. v. 2587.)
Qar, se le refusoie, je *feroie* folor. (Ch. d. S. II, p. 88.)
Je nel *faroie* por estre demanbreiz. (G. d. V. v. 2634.)

Je *fereie*
Par mon engien et par mon art
Que petite en sereit sa part. (Chast. XX, v. 108-10.)

Et tout ensi com tu as fait des autres, savons nous bien que tu *feroies* de nous. (Villeh. p. 141. CLX.)

Si'n creistreit tant ta seignorie
Qu'à tei en *fereies* aclins
Toz les autres regnes veisins. (Ben. v. 20478-80.)

Ta conscience ne te remorderad, ne tu n'en plurras, pur cest pecchied que tu *freies* se de mun mari te venjasses. (Q. L. d. R. I, p. 100.)

Agoulans à s'ost en rala ; Et à tous ses barons proia
K'il se fesisent baptisier;
Si *feroit* il sans detriier. (Phil. M. v. 5406-9.)

Ne ja por chou ne *feriemes* deloiaute de requerre apres nostre raison, fust hui ou demain, se nous en poiesmes venir en point. (H. d. V. p. 202. XIX.)

E si nus requeistes, ke nus vus feissons à savoir, quel ayde nus vus *frions*. (1282. Rym. I, 2, p. 202.)

Musarz estes, ce m'est avis,
Por foul me *feriez* tenir. (Chast. XIII, v. 80. 1.)

Sis unt laisez: qu'en *fereient* il el? (Ch. d. R. p. 114.)

Participe passé: *fait*, plus tard *feit, fet*.

Fait (F. d. V. l. 31. v.)
La pais que j'ai *feite* al evesque davant dit. (1240. H. d. Verd. p. 14.)

Au XIIIe siècle, *faire* s'employait dans le sens de *se porter*, de la manière suivante:

Lors li dist la dame: *Comment*
Le faites vous, biau tres dous sire? (R. d. C. d. C. v. 3488.9.)
Puis demande sans atargier
Comment Gerars li biaus *le fait*,
Qui joie et bonne aventure ait! (R. d. l. V. p. 40.)
Il li demandent de lur piere,
Coment le fesoit lur miere. (L. d'H. v. 562. 3.)
Qui est ce, dit la belle, qui m'a araisonee?
Damoisele, vo gaite cui voz maus desagree.
Comment le faites vous? Estes vous repassee.
(Gautier d'Aupais.)

M. Francisque Michel cite cet exemple et les précédents à la p. 40 de son édition du R. d. l. V.[1]

Fus-tu en France? — Dame, oïl.
— Veis mon fil? *Quel le fait il?*
— Dame, mout bien, et s'est si prous
Que il vaint les tournois trestous. (R. d. l. M. v. 3371-4.)

On a déjà eu souvent l'occasion de remarquer qu'on se servait du verbe *faire* à la place du verbe *dire* dans les façons de parler: *dit-il, dis-je,* etc. Les écrivains suivirent cet usage avec plus ou moins de rigueur jusqu'à la fin du XVIe siècle; nos paysans l'ont conservé, et les poètes comiques qui les ont fait parler, s'y ont conformés. On a cherché depuis à faire revivre cet emploi de *faire*, et on en trouve de nombreux exemples dans les romanciers du XIXe siècle.

Faire avec la préposition *à* et suivi d'un *infinitif*, s'employait à peu près dans le sens de *être digne, mériter; falloir*.

C'est Guinemans qui tant *fait à proisier*. (G. d. V. v. 260.)
Tu *faiz à mesprisier*,
Se soffres que il past de cà sanz ancombrier. (Ch. d. S. II, p. 43.)
Et voit le fronc del ost .i. liue estandu:
Ne *fait à mervoillier* se paor a au. (Ib. II, p. 106.)
Si Baudoins ot dote, ne *fait* mie *à blasmer*,
Que il voit venir Saisnes que il ne pot amer. (Ib. II, p. 107.)
Mult *fait à amer* iteus sire. (Ben. v. 15589.)
Si bien li lerres vait embler,
Fait il pur ce *à acuser*
Si l'om nel pot trover al ovre? (Ib. v. 25656-8.)

---

(1) Cette tournure s'est conservée dans la langue anglaise.

Ne *fait* mie sire *à prisier*
Qui en pais se fait haut et fier. (Brut, v. 4836. 7.)

Cette tournure se retrouve en provençal: Ela no *fay* pas *à blasmar*.

Cfr. plus bas régime des verbes.

Cette locution était encore d'un fréquent usage au XVIe siècle.

Plus *faict à louer* le scavoir bien user des biens que des armes: et plus encores *faict à reverer* le non les appeter que le bien en user. (Amyot. Hom. ill. Coriolanus.)

En eslisant et prenant ce qui *faict* principalement *à noter*. (Ib. ead. Paulus Aemylius.)

Faire joint à *que* et à un *nom*, donne lieu à une locution elliptique fort en usage aux XIIe et XIIIe siècles, et plus tard encore.

Et por ce si *fait que sage*, qui se tient devers le mielx. (Villeh. 459e.) c'est-à-dire: Et por ce si *fait ce que feroit un sage*, celui qui etc.

De çou fist il *que mal senes*. (Phil. M. v. 1213.)
Li fil Herbert n'ont pas *fait que felon*,
Nen vostre cort forgugier nes doit on. (R. d. C. p. 37.)
Mais tu *feiz* certes *que malvais rois*. (Ib. p. 234.)
Si *fereiz que preu et que sage*. (Euth. I, p. 118.)
S'il ne te tue, il *fera trop que lasches*. (A. et A. v. 2242.)

Cfr. le provençal:

C'om no ces auzes retraire
Quant ces *faitz que deschauzitz*. (Bertrand de Born.)

Dire, dans les mêmes conditions, donnait lieu à une locution semblable.

Or ne laira que il ne die
Que sages a *dit* Locmers.
Vos aves *dit que bacelers*. (P. d. B. v. 2426-8.)
Ore avez *dist ke corteis*. (R. d. R. v. 15817.)
Biaus sire, vous *dites que sages*. (Ruth. II, p. 81.)

Il existe encore un grand nombre de locutions où entre le verbe *faire*, mais je ne pourrais les citer ici sans outrepasser les bornes de cet ouvrage. On trouvera ces locutions dans mon Dictionnaire étymologique et comparé des dialectes de la langue d'oïl [2].

---

(1) Tous nos dictionnaires écrivent, au lieu de *avoir à faire de*, *avoir affaire de*, c'est-à-dire avoir besoin de; ce qui est une singulière faute. Il faut voir, dans cette locution, le verbe *faire* et non le substantif *affaire*; c'est ce dont on se convaincra en la comparant attentivement à cette autre: *n'avoir que faire de*, c'est-à-dire n'avoir pas besoin de.

Si Cato ... *n'a que faire de* Rome, certainement Rome *a à faire de* Cato, et aussy ont tous ses amis. (Amyot, Hom, ill. Cato d'Utique.)

V. Raynouard, Lex. rom. III, p. 261 col. 2. touchant l'emploi du verbe *faire* pour exprimer l'action de la copulation.

COMPOSÉS.

1. *Forsfaire*, *forfaire*, forfaire, nuire, outrager, offenser; encourir la perte de quelque chose, être passible d'une amende, d'une peine, pour un crime, un délit, être condamné.

Ensi comença la guerra, et *forfist* qui *forfaire* pot et par mer et par terre. (Villeh. 457ᵈ.)

    Ensemble avum estet e anz e dis;
    Ne m'fesis mal, ne jo nel te *forsfis*. (Ch. d. R. p. 79.)
    Rollans me *forfist* en or e en aveir
    Pur que jo quis sa mort e sun destreit. (Ib. p. 145.)
    Citeains i mist et borjois,
    Si lor dona preceps et lois
    Que pais et concorde tenissent,
    Et noiant ne se *forfesissent*. (Brut, v. 1292-4.)
    Trestot au doble aura d'eus plait
    De quanqu'il li auront *forfait*. (Ben. v. 22670. 1.)
    Là se *forfist* de mort Mares. (P. d. B. v. 3811.)

Forfait est de membres. (L. d. G. p. 180, 19.)

Seient *forfait* envers le rei de .vi. lib. (Ib. p. 187, 45.)

Voici un exemple où *forfaire* est pris en bonne part, dans le sens de *mériter*.

    La roïne le baise, que molt bien s'an refait;
    Et il li volentiers, par bien l'avoit *forfait*. (Ch. d. S. I, p. 236.)

Forfaire signifiait enfin *altérer*, *déguiser*.

Car il *forfont* lour faces qu'il apiergent as homes junantz [exterminant enim facies suas]· (Roquefort, s. v. *forfaire*.)

2. *Contrefaire*, contrefaire, imiter; déguiser; être difforme.

    Molt ot bien par ses armes son samblant *contrefait*.
              (Ch. d. S. I, p. 236.)

La seconde tournure de cet exemple très-significatif est l'affirmative de la première, et, dans les deux cas, *faire* a exactement la même valeur et le même sens. — La confusion qui s'est faite du verbe *faire*, dans la locution *avoir à faire de*, avec le substantif *affaire*, provient d'un usage orthographique de l'ancienne langue. On joignait d'ordinaire la préposition à l'infinitif; ainsi *prennent adesrengier* = *prennent à desrengier*, *avoir afaire* = *avoir à faire*, etc.; et, à l'époque de confusion qui commence à la fin du XIIIe siècle, redoublement du *f* par attraction, parce que sans doute on a cru voir, dans le mot *afaire*, une espèce de composé de *faire* avec la préposition *à*. Un cas semblable se présente à l'occasion du verbe *savoir*, dans les formules: *c'est à savoir*, *faire à savoir*, *laisser à savoir*; qu'on trouve orthographiées *c'est*, *faire*, *laisser asavoir*, *assavoir*; et personne jusqu'ici n'a prétendu créer un verbe *assavoir*.

  Ceo est *assaver*. (1270. Rym. 1, 2. p. 114.)
    A toutes genz qui ont savoir
    Fet Rustebues bien *asavoir*. (Rutb. II, p. I.)
     lisez: *à savoir*.

Voy. Régime des verbes.

3. *Desfaire, deffaire*, défaire; détruire; perdre; empêcher, changer.

>Jure que tu ne *defferas*
>Le temple. (R. d. M. p. 47.)

Se je vous ai de riens mesfait je le vous *desferai*. (Joinville p. 25.)

>Cele qui puet estre provee
>*Desfaite* est et en fu jetee. (Fl. et Bl. v. 2075. 6.)

Cfr.: Dinocrates ne leur donna pas le loisir de le faire mourir par justice, car il *se deffeit* luy mesme; et touts ceulx qui avoyent este d'advis qu'il falloit faire mourir Philopoemen, *se deffeirent* aussy eulx mesmes. (Amyot. Hom. ill. Philopoemen.)

Le participe se trouve souvent au sens de *décomposé*, *difforme*.

>Un malade out en l'ancien...
>A merveille par fu *desfait*...
>Ainz ne veistes tant si lait,
>Ne si boçu, ne si *desfait*. (Trist. I, p. 57. 58.)
>Sire Artus, rois, je sui maladès,
>Bociez, meseaus, *desfait* et fades. (Ib. I, p. 177.)

Cfr. le provençal:
Desfach d'uelhz e de cara que parlar non podia. (V. d. S. Honorat.) — Los contrafagz e los lebros e'ls *desfag* de lur membres. (Rayn. Lex. Rom. III, p. 275.)

4. *Mesfaire, meffaire*, méfaire, offenser, faire offense.

Mais Deus rendre à ces ki *mesfunt* sulunc lur malice. (Q. L. d. R. II, p. 133.) [Retribuat Dominus facienti malum juxta malitiam suam.]

>Je croy que ja n'i *mefferes*. (R. d. C. d. C. v. 3473.)
>Nous avons or este si aisse
>Et or nous metes en malaisse;
>Qui vous a riens *meffait* ne dit? (R. d. M. d'A. p. 6.)

On conseille au roi de Hongrie d'épouser sa propre fille, il répond:

>Signor, ce dist li rois, pour voir,
>Sacies pour riens ne le feroie;
>Trop durement me *mefferoie*. (R. d. l. M. v. 360-2.)
>Qu'il n'afiert à roi ne à conte,
>S'il entent que droiture monte,
>Qu'il escille homme, c'on ne voie
>Que par droit escillier le doie;
>Et se il autrement le fet,
>Sachiez, de voir, qu'il *se mesfet*. (Rutb. I, p. 72.)

5. *Malfaire, maufaire*, mal faire.

>Un autre fort chastel ferma
>Et oit jorz qu'iloc sejorna,
>Contre les reneiez Judas
>Qui de *maufaire* ne sunt las. (Ben. v. 38721-4.)

> *Maufeisiez* de eus si laidir,
> Trop par les voliez honir. (Ben. v. 16604. 5.)

La convoitise del monde qui tant a *maufait* nes laissa mie en pais. (Villeh. p. 100. CXXVI.)

6. *Parfaire*, parfaire (achever, terminer).
> Tun purpos e ta volente
> *Parface* il par sa bunte. (M. d. F. II, p. 439.)
> Puis que il eut *parfait* ce dit
> Vint à sa maison, car petit
> De voie jusque là avoit. (R. d. C. d. C. v. 2627-9.)

Cfr.: Car la où l'on estimoit chascun desdicts ouvrages debvoir à peine estre paracheve en plusieurs aages, et plusieurs successions de vies d'hommes les unes apres les austres, tous feurent entierement *faicts et parfaicts* dedens le temps que dura en vigueur le credit et l'aucthorite d'un seul gouverneur. (Amyot. Hom. ill. Pericles.)

S'en refaire s'est dit dans le sens que nous attribuons à *s'en donner* (à coeur joie).

> Car nule rien tant ne desir,
> Dist la vielle, com mal à faire:
> Des or *m'en* porrai bien *refaire*. (R. d. l. V. p. 29.)

LIRE (legere).

La forme primitive de ce verbe a été *leire*, qui se contracta en *lire*, dès le commencement du XIIIe siècle.

Le présent de l'indicatif a fait, dès les plus anciens temps: *lei*, *li*, *lis*; *leis*, *lis*; *leit*, *lit*, *list*; *leisons*, *lisons*; *leiseiz*, *liseiz*; *leient*, *lient*, *lisent* (?). La consonne *s*, étrangère à la racine, provient d'une permutation du *g* latin, analogue à celle qu'éprouvait le *c*, comme on l'a vu dans les verbes *faire*, *dire*, *gésir*.

Le parfait défini était *lis* ou *lui*; l'imparfait du subjonctif *leisse* ou *leusse*; le participe passé *leit*, *lit*, *leut*, *lut*.

> Loquel qu'il vosist *esleire*. (S. d. S. B. Voy. Roquefort s. v. *naître*.)
> Tant a à *eslire* entendu. (Chast. XXIV, v. 13.)
> Perte i unt faite, ço vos retrai
> Si cum jeol *lis* e cum jol sai,
> Mulz milliers d'omes, senz mentir
> Ne voldrent unques l'enchauz gerpir. (Ben. v. 2455-8.)
> Quant il a tout ainsi escrit,
> Devant ses compaignons les *lit*. (R. d. l. M. v. 3013. 4.)
> Le brief li porte et puis le *list*. (P. d. B. v. 2849.)

Molt avons plus de ceos ki enseuent cel aveule dont nos *leisons* en l'Ewangile, k'il ne facent cest nostre vovel apostle. (S. d. S. B. p. 558.)

> Mais *eslisons* le bon François,
> Qui est estables en nos lois. (P. d. B. v. 9025. 6.)

Voici la même forme sans *s :*

Apres nos *elions* nostre sepulture en l'eyuglise de Chier-Leu. (1277. M. s. P. I, 360.)

Dan chapelain, *lisiez* le brief,
Oiant nos toz, de chief en chief. (Trist. I, p. 123.)

Va, si parole à David, si li di que il *eslised* de treis choses quele que il volt mielz que jo li face. (Q. L. d. R. II, p. 217.)

Perdu en a le don; mais .i. autre en *eslise.* (Ch. d. S. I, p. 41.)
Et selonc l'escrit que jou *lui.* (Dol. p. 222.)
La chartre *lui,* ben en sai la devise. (O. d. O. v. 4170.)
Desous .i. aubespin .i. petit m'acointai:
Escrist en parkemin .i. livret i trovai;
Si *luc* dusqu'à la fin: mult durement l'amai. (Rutb. I, p. 232.)

Ne *leisis* tu dons onkes ceu k'escrit est, por cen qu'il les nurisset en la faim? (S. d. S. B. p. 565.)

Li capelains errant les (les lettres) *liut.* (Phil. M. v. 4608.)

Jo jucrai devant nostre Seignur qui m'*eslist* e plus m'ont chier que vostre pere e tut sun lignage. (Q. L. d. R. II, p. 142.)

Et les altres choses cui nos onkes ne *leisimes* de celui Juda. (S. d. S. B. p. 533.)

Li un(s?) *eslistrent* le chanceler. (Ben. t. 3, p. 469.)

E ruvad que il *esleist* quel membre que il volsist que il le poust mustrer à nostre Seignur (Q. L. d. R. II, p. 217.)

Et si dexendit por ceu qu'il à sun ues l'*esleisist.* (S. d. S. B. p. 533.)

Ce avons nos dit par treble entendement, ke nos à l'ancieuse anrme metissiens devant diverses drecies, et de ce ke miez li sembleroit en *elluist.* (M. s. J. p. 448.)

Ja n'en atendist le tierc jor
Qu'ele n'*esleust* le mellor. (P. d. B. v. 8651. 2.)

Nous avons *leit* en autre leu. (S. d. S. B. Voy. Roquefort, s. v. *leire.*)

Et qant *lit* furent li escrit. (Trist. I, p. 122.)

Eslit furent li message. (Villeh. 454[b].)

Qant li evangeiles fu *liz.* (Ben. v. 30066.)
Ainz que fust *lite* la peiaus. (Ib. v. 22659.)
Li cyrografes fut *leus*
Et li covans reconeus. (Dol, p. 220.)
Et puis la lettre desploia,
De chief en chief *lute* li a. (R. d. C. d. C. v. 8069. 70.)

On trouve *enlire,* au lieu de *eslire* (ellire), dans ce passage de Dolopathos:

Dist k'il faisoient grant folie,
Que si tres perillouse vie
Et si dolerouse *enlisoient.* (p. 234.)

Le Roman de Rou donne *liere* à la rime. (v. 14479.)

LOIRE (v. fo.), licere.

Ce verbe a sans doute existé d'abord sous la forme *lisir*, *lesir*, *losir*, ou *lire*, *lere*, *lore* (?); plus tard on le renforça et l'on eut, en Bourgogne et en Picardie: *loisir* ou *loire*; en Normandie: *lesir* ou *lere*, d'où *leisir* ou *leire*, dans les dialectes mixtes. (V. *plaire* et cfr. *taire*, *gésir*.) Notre substantif *loisir* est l'infinitif de ce verbe [1].

> Si l'on laus ceste gloire *loire*,
> Il n'en font une grant estoire
> Nes dou chanche de la charrue,
> Por coi il n'ont autre mimoire. (Ruth. I, p. 248.)

Présent de l'indicatif: *loist*, *leist*, *list*; du subjonctif: *leise*, *loise*; parfait défini: *lut*; imparfait du subjonctif: *leust*.

Cant il ne lur *loist* mie entendre à eaz, si lur plaist ravir avoc eaz ceaz à cui il sunt acompangniet. (M. s. J. p. 466.)

Mais sainz Paules. à cui totes choses *loisent* ne soi met desoz la posteit de nule d'eles. (Ib. p. 472.)

> Ha! sire, pour Diu! ne vous poist,
> Que plus sejourner ne me *loist*. (R. d. l. V. v. 5000. 1.)

Kar *leist* à faire damage à altre pur pour de mort. (L. d. G. 184. p. 38.)

> Haute est mult l'ovre e la matire,
> Et si i aurait trop à dire,
> E mei ne *list* pas demorer,
> Car mult i a de el à parler. (Ben. I. v. 179-82.)

Et quant lui *loist* faire ce ke li plaist, si penset ke bien *loiset* kanke lui plaist. (M. s. J. p. 472.)

> Nes li parlers en est vilains,
> Mais à parler en *loise* au mains,
> Por ce qu'à faire pas ne plaise
> Et por haïr si cuisant aise. (Ben. t. 3, p. 529.)

Luise, dans l'exemple suivant, est la forme *loise* écrite avec un *u* normand, au lieu que la véritable forme de la Normandie devrait être *leise*, dont je n'ai pas d'exemple.

> Recevez les vostre merci,
> Et sis me faites bien garder
> Tant que mei *luise* retorner
> De Mech où je sui esmeuz. (Chast. XIII, v. 208-11.)
> Cil del chastel point ne s'i feignent,
> Lor enemis as chans empeignent;
> Si ne lor *lut*, tant i tornassent
> Que lor abatuz en levassent. (Ben. v. 28358-61.)

---

(1) La plupart de nos lexicographes font dériver très-maladroitement *loisir* du latin *otium*, dont on aurait formé *oisir*; puis, en préposant l'article, *loisir*!!

Oiant tos ciaus qu'iestre là *liut*. (Phil. M. v. 4609.)

Il me requist ententivement ke li *leust* aler en Bethleem. (Q. L. d. R. I, p. 80.)

Confession li *leust* demander. (Ch. d. R. Intr. XXVI.)

Je n'ai pas d'exemple du participe passé: *leu* (?).

Ne avez vous point leu quoi David fist quant il familla et ceos qui ovec luy estoient: com il entra en la maison Dieu et maungea les pains de proposition que ne *lisoit* à li maunger. (Roquefort, s. v. *lisoit*.)

> Buer seroit nee qui à tel chevalier
> Seroit amie et espouse à mollier;
> Qui le *loroit* acoler et baisier
> Miex li volroit que boivre ne mengier! (R. d. C. p. 219.)

Remarquez la locution *loist à savoir*, qui répond au latin scilicet. (Voy. Roquefort, s. v. *dessovre*.)

Le verbe *loire* était encore d'un fréquent emploi au XVIe siècle.

METTRE (mittere).

Ce verbe a eu pour formes: *muttre*, dans la Bourgogne proprement dite, la Franche-Comté, la Lorraine et une partie de la Champagne; *metre*, dans les autres provinces. Dès le milieu du XIIIe siècle, on écrivit *maitre*, au lieu de *metre*, dans les provinces où l'*e* se prononçait très-large, dans le Hainaut et la Flandre orientale surtout. Cette orthographe pénétra plus tard jusque dans l'Ile-de-France; c'était aussi celle de la Lorraine, de la Franche-Comté et du Comté de Bourgogne vers 1300 [1]. *Maitre*, en ce dernier cas, ne représentait sans doute pas *metre* quant à la forme; c'était une diphthongaison de *matre*. On voit enfin paraître, à la même époque, *mestre* et *mectre*.

Eswarzent et si saichent c'un ne doit ne l'un ne l'atre *muttre* à nonchalor quant om lo puet faire. (S. d. S. B. p. 544.)

Nul ne doit *maitre* porc en lad. forest, fors que notre homme de la ville de. P. (Poligny), sauf ce que nos eu y poons *maitre* en notre conduit. (1292. M. d. P. II, p. 558.)

> Pour cele guerre *maitre* à fin. (Phil. M. v. 2179.)
> Et fist li dus faire un sarku
> A sun oes et *maitre* en .i. liu,
> Et cascun jour veoir l'aloit. (Ib. v. 15168-70.)
> Si commande la table à *metre*. (R. d. l. V. v. 483.)
> Por ço voel, par envoiseure,
> En escrit *metre* une aventure. (P. d. B. v. 69. 70.)
> Et force n'i voust *mestre* mie. (R. d. S. G. v. 411.)

Li anperures la fist *mestre* el feu, et la fist ardoir. (R. d. S. S. d. R. p. 76.)

---

(1) Les Bourguignons disent encore je *mai*, tu *mai*, al *mai*.

Présent de l'indicatif: *mat*, *met*, en Picardie, *mech*, *mec*: *maz*, *mez*, *mes*; *mat*, *met*; *matons*, *metons*; *mateiz*, *meteiz*, *metes*; *matent*, *metent* — et les variantes en *ai* radical. — Impératif: *met*, etc.

Ju ki ne sai assi cum niant et ki alkes cuyde savoir, ne me puys coisier, anz m'abandone et *mat* avant effronteiement et sottement. (S. d. S. B. p. 553.)

    Car je y *met* cuer et corps et desir. (R. d. C. d. C. v. 840.)
    M'ounor, mon cors, m'ame et ma vie
    Mech hui en vostre avoerie. (Poit. v. 544. 5.)

Respundi li prophetes: *Met* devant le pople, si mangerat. (Q. L. d. R. IV, p. 361.)

    Met les ensanlle, amiraus gentis hon. (O. d. D. v. 2543.)
    Urrake, dist il, est ce voir, | U tu me *mes* en faus espoir
    Que ma dame face pardon
    A son serf de sa traïsson? (P. d. B. v. 6057-60.)
    Si ne te *mez* en sa manaie. (Ben. v. 21119.)
    Se tu nes *mez* hors de prison. (St. N. v. 526.)
    Et s'il me *mait* en prison jouste soi. (J. d. B. v. 294.)

Li chevaliers au filz l'empereor *met* pie à terre. (R. d. S. S. d. R. p. 76.)

Si lur dist: *Metums* nus en fuie hastivement, que Absalon ne vienge. (Q. L. d. R. II, p. 174.)

Vos ki coneisseiz vostre exil, et ki nel *matteiz* mies en obli, oiez, car de ciel vos est venue li aiue. (S. d. S. B. p. 546.)

Atant se *metent* li trahitour à la voie apries nos chevaliers. (H. d. V. p. 209, XXIII.)

    Mors est, n'i a cel ne le plagne,
    Mais sour le conte de Canpagne
    Maitent sa mort tout li baron. (Phil. M. v. 28131-3.)

Présent du subjonctif: *matte*, *mette*, *mete*, *meche*, *mece*, *maice*.

Respundid David al prophete: Jo sui mult en destreit, mais mielz est que jo me *mette* en la manaie e as mains nostre Seignur. (Q. L. d. R. II, p. 217.)

    Robin, veus tu que je le (le chapelet) *meche*
    Seur ton chief par amourete? (Th. Fr. m. â. p. 108.)
    Par nos te mande et te desfant,
    Et sacent tuit chertainement,
    Que en France ton pie ne *metes*
    Ne ja de ce ue t'entremetes... (Brut, v. 12120-3.)

Il covient ke devant totes altres choses nos *mattet* lo nom de salveteit li engles de grant consoil. (S. d. S. B. Roquefort, s. v. *matre*.)

    A paines prent ele onques pain,
    Que li dus n'i *meche* sa main. (Poit. p. 8.)
    S'en prions à Dieu bonement
    Que s'arme *mece* à sauvement. (Chr. A. N. III, viij.)

Cil Diex ki fist pardon Longis
Maice vostre arme en paradis. (Phil. M. v. 9234. 5.)
En pareis les *metet* en seintes flurs! (Ch. d. R. p. 85.)
Et qui nos toz *mete* en son regne! (Romv. p. 424, v. 33.)

Ensi ke nos en nule maniere ne *mattiens* en negligence les pechiez d'enfermeteit et de nonsachance. (S. d. S. B. Roquefort, s. v. *matre*.)

Li rois por amor Dieu le voir
Lor ciet as pies et si lor prie
Qu'il le *mecent* en lor navie. (Chr. A. N. III, p. 78.)
Je lo qu'il *mechent* en estui
Lor lanches et lor escus nues. (R. d. l. V. v. 5979. 80.)

Parfait défini: *mis*.

Quant jo en mon consel le *mis*,
Haut le levai et fis justise. (P. d. B. v. 2552. 3.)
Bien seustes où je le *mis*. (R. d. S. G. v. 2272.)
Vrais Dex, qui le mont estoras,
Et l'air de la terre eslevas
Et el chiel les angeles *mesis*,
Esperitelment les fesis,
A grant merveille furent biel. (R. d. l. V. p. 242.)
Mult te devroit bien remembrer
Quel otreiance tu feis, | Ne saveir que tu *prameis*
De la corone e del reaume. (Ben. v. 37147-50.)
De la bataille jor *meis*
E à cel jor terme asseis. (R. d. R. v. 13051. 2.)

Sis descunfist e à glaive en ocist, e en fuie les *mist*. (Q. L. d. R. I, p. 74.)

La reyne *mist* el batel,
Haveloc tint souz son mantel. (L. d'H. v. 101. 2.)

E par coste cuvenance *meimes* mun fiz à quire, sil manjames. (Q. L. d. R. IV, p. 369.)

Vaspasyens leur demanda:
Fu il morz ainçois qu'il fust là,
Et se vous avant l'occistes
Et puis en la tour le *meistes?*
— Nennil; meis forment le batimes
Et puis là dessouz le *meismes*
Pour les folies qu'il disoit
Et que à nous touz respondoit. (R. d. S. G. v. 1984-90.)

Vos me *meistes* à escole. (R. d. S. S. d. R. p. 73.)

Moult *mesistes* France à segur
Quant conquesistes Sornegur. (P. d. B. v. 9259. 60.)
En croix vos *mistrent* li mal Jui felon. (G. d. V. v. 2841.)

Sor ces six *mistrent* lor affaire entierement. (Villeh. 434°.)

Li fil Herbert orent le liu molt chier.

Marsent i *misent* qui fu mere Bernier,

Et .c. nonains por Damerdieu proier. (R. d. C. p. 59.)

Nostre message i vinrent, et li Griphon les *misent* dedens le bourc sans autre noise faire. (H. d. V. 505 °. 506 °.)

Par pluisors fois i *missent* paine;

Mais ainc n'i orent bone estraine. (P. d. B. v. 8947. 8.)

Si *misrent* mineurs par desous terre, pour le mur faire verser. (Villeh. p. 116. CXLII.)

Leur oistes vous unques dire

Pour quoi le *mirent* à martire? (R. d. S. G. v. 1069. 70.)

Imparfait du subjonctif: *mesisse*, *meisse*.

Si bien avisee vous croy

Que pas ne cuidies qu'endroit moy

A telle amour je me *meisse*. (R. d. C. d. C. v. 5113-15.)

Ja de ço ne m'*entremesisse*,

N'en estudie ne me *mesisse*,

Si ne fust pur vostre priere. (M. d. F. II, p. 412.)

Por ceu commandet om à Ananie k'il sa main *mesist* sor saint Pol, mais cil, si cum saiges, et ki bien estoit apris, ne volt mies aparmennes faire ceste chose. (S. d. S. B. p. 560.)

Lendemain li dis que le suen fiz *meissums* à quire, e ele si l'ad musced. (Q. L. d. R. IV, p. 369.)

Ne devriez, pour mil mars d'or, penser

Qu'i *meissions* trois deniers monees. (G. l. L. I, p. 6.)

Mais miex est que en aventure

Nous metons, que tel creature

Et qui tant nous a fait de biens

Mesissons en si fors liiens. (R. d. l. M. v. 3787-90.)

En mi les pres, par d'autre part,

Se vous i *meissies* esgart,

Veissies en .I. lieus

Les grans caudieres sur les feus. (Ib. v. 7815-8.)

Certes, se vous m'en creissies,

Ja ne vous *entremesisies*. (R. d. l. V. p. 18.)

Ja *meissent* Berart en male sospecon

Qant François le secorrent à coite d'esperon. (Ch. d. S. I, p. 143.)

Rova qu'il se *mesissent* erammeut el retur. (Th. Cant. p. 112, v. 18.)

Le texte des M. s. J., publié par M. Leroux de Lincy, donne la forme *metissiens*, au lieu de *meissiens* ou *mesissiens*. Je ne suis pas à portée de vérifier l'authenticité de cette orthographe; mais quand même le manuscrit porterait *metissiens*, on devrait regarder le *t* comme fautif. (Voy. cette forme dans un exemple cité t. 2, p. 172, l. 25.)

Le futur et le conditionnel du verbe *mettre* se trouvent souvent écrits: *muterai*, *meterai*, *materoie*, *meteroie*; cependant *matrai*, *metrai*, *matroie*, *metroie*, sont plus ordinaires après le milieu du XIIIe siècle.

Mais ju lairai or ester lo los, et si *materai* avant les periz ki sunt en ceste voie. (S. d. S. B. p. 567.)

    Jou *meterai* toute ma terre
    Contre la soie. (R. d. l. V. p. 17.)
    Com je vous *metrai* en couvent. (R. d. l. M. v. 5836; cfr. 917.)
    Puet c'estre que cist rois me *matra* an prison.
                        (Ch. d. S. II, p. 85.)
    Où entrastes hors vus *mettruns*. (M. d. F. II, p. 445.)
    Quant il vus *mettrunt* en turment. (Ib. ead. p. 441.)

Ço est encuntre lur ydles e lur fals deus, kis *meterunt* à plur e à plainte e à desfaciun. (Q. L. d. R. II, p. 139.)

    Sachies de fi que pour desfendre
    I *meteroie* le mien cors. (R. d. l. V. v. 1654. 5; cfr. 4460.)
    Ja n'i *mettroie* vaillant un angevin. (G. l. L. I, p. 7.)
    S'avenoit cose que l'eusses tochie,
    Jamais en France ne *metroies* le pie. (O. d. D. v. 4275. 6.)
    Tu en *metreies* bien tel uit
    En la boche com je serai. (Chast. XIX, v. 72. 3.)

Et li castelains Hues lor dist qu'oncques de chou ne feussent en doutance, que ja n'i *meteroient* les pies. (H. d. V. p. 209, XXIII.)

    Cil vous *metroient* el torment. (Fl. et Bl. v. 1034.)

Imparfait de l'indicatif: *metoie* (R. d. l. V. v. 2245), *mettoie* (R. d. C. d. C. v. 3936), *meteie* (Chast. XXI, v. 60), etc.

Participe passé: *mis*.

    Par lor gre se departent, au retor se sont *mis*. (Ch. d. S. I, p. 154.)

Remarquez les expressions:

Mettre jus: a) mettre bas, à bas, poser, déposer.

    Mangierent ambedui ensamble . . .
    Et la dame en une cle mort
    Et puis tantost l'a *mise jus*. (Poit. p. 8.)

b) abolir, éteindre.

Le comte feit crier que il *mectoit jus* touts les subsides, impositions, quatriesmes et autres debittes; et pareillement avoit fait *mectre jus* à Peronne et à Mondidier.

    (Mém. de Jacques du Clercq, l. V, ch. XXX. Ed. Buchon.)

Mettre jus l'oreille, se coucher.

    Si s'endormi, ne fu mervelle,
    Des qu'ele ot *jus mise* l'orelle. (Roi Guillaume, p. 57.)

Le peuple de certaines provinces dit encore dans le même sens: *se mettre sur l'oreille*.

Mettre sus, *sur*, établir, réparer; lever (O. d. D. v. 6948); charger qqn. de qqch., imputer; s'en rapporter à un arbitre.

Tous le bestans de nos dous *meteroie*
Sor la belle k'ensi nos ait melleit. (W. A. L. p. 51.)
Car *sus* autre dame nel *meteroie*. (Ib. ead.)
Des ke *sor* vos ai *mise* la tenson. (Ib. ead.)

Mettre en ne ou *en ni*, nier, s'inscrire en faux.
   Cfr. Eissi cum retrait li Latins,
     De veir, senz mençonge e senz *ni*. (Ben. v. 40844. 5.)

Mettre à un, risquer, hasarder (jouer à quitte ou à double.)
     Va, dist li il, cum que t'en prenge,
     Si te combat e si nos venge;
     Met tot *à un*, qu'eissi le voil,
     Si fai remaindre cest orguil. (Ben. v. 32010-3.)

Des composés de *mettre*, je citerai:

Demettre, écarter, empêcher, détruire, sauver, excepter.
     Por ce vos di qu'en cest escrit
     Aura maint bien et maint mal dit:
     L'un et l'autre metrons en letre
     Por faire bien et mal *demetre*. (P. d. B. v. 129-32.)
     Se vous voles, nous l'i metrons:
     Ensi de mort le *demetrons*. (R. d. l. M. v. 3755. 6.)
     Tote fu l'ovre od tant *demise*. (Ben. v. 26844.)
     Qu'eissi le voleit le rei Herout,
     Que tuit fussent en renc assis
     Et li dizains fust sol *demis*. (Ib. v. 34081-3.)
     Asez est fels ki entr'els se *demet*. (Ch. d. R. p. 116.)

Cfr. le passage suivant où *se desmettre* a la signification de *se conformer, s'abaisser*.

Il fault se *desmettre* au train de ceulx avecques qui vous estes, et par fois affecter l'ignorance. (Montaigne, Essais III, 3.)

Ademettre, avancer tête baissée, se baisser, s'ébattre, s'élancer.
     Je le voi là, ce m'est avis,
     Lez le fosse tout *ademis*. (R. d. Ren. I, p. 218.)

Cfr. ibid. t. III, p. 326, v. 28761.
     Al tierc trestor fort s'*ademet*,
     Si lor ocit le bel Sauret,
     Nief Sornegur et fils son frere. (P. d. B. v. 2221-3.)
     Il s'*ademet*, par grant vertu,
     Fiert le sodan sor l'elme agu,
     Que une grande partie en trence. (Ib. v. 9869-71.)
     Francois m'enchausent: vez les toz *ademis*. (G. d. V. v. 1481.)
     Tant a ale et sus et jus
     Que droit au manoir est venus,
     Puis s'est devers le bosquet mis,
     Et vers l'uisset s'est *ademis*. (R. d. C. d. C. v. 2439-42.)

La signification d'*ademetre*, dans le passage suivant, est la même que celle de *demetre*.

>Li une al autre creantera
>A cheli ù premiers venra,
>K'en cel vregie terme li meche
>Et nous toutes sans *ademetre*,
>Et si faisons savoir le jour,
>Toutes i serons sans sejour. (L. d'I. p. 13.)

Admettre, confisquer. V. Roquefort, supplém. s. v.

Esdemettre, s'élancer avec violence, bondir, abandonner.
>Sun bon ceval i ad fait *esdemetre*. (Ch. d. R. p. 63.)

Entremettre, entremettre, tenter de, mêler, donner ses soins; s'employait ordinairement avec le pronom réfléchi, comme aujourd'hui.

>Li apostoille se est *entremis*. (Ben. t. 3, p. 623.)
>Quant hom mix vaut et il doit vivre,
>Dont t'*entremes* de lui ocirre. (Fl. et Bl. v. 757. 8.)
>Ele apelat un suen varlet
>Puis si le dit ore t'*entremet*
>Que mis cisnes seit bien gardez,
>E ke il eit viande asez. (M. d. F. I, p. 342.)

Cfr.: Il (Lycurgus) a à bon droict surmonte la gloire de tous ceulx qui se sont jamais *entremis* d'escrire ou d'establir le gouvernement d'auscun estat politique. (Amyot. Hom. ill. Lycurgus.)

Au temps mesme qu'il (Solon) s'*entremettoit* plus avant du maniement de la chose publicque, et qu'il composoit ses loyx. (Ib. ead. Solon.)

Entremettre s'est employé aussi dans le sens de *discontinuer*, *interrompre*, *cesser*, au lieu de *intermettre*.

(Le roy Numa) pensa, qu'il falloit que ses subjects ne veissent ny n'ouyssent rien du service divin par maniere d'acquit, en faisant austre chose, ains vouloit qu'ils *entremeissent* toute austre besongne. (Amyot. Hom. ill. Numa Pompilius.)

Au lieu de s'*entremettre*, on trouve s'*enmettre*.
>Car ne m'est vis qu'en aies tort
>Quant ci vos *enmetes* si fort. (P. d. B. v. 3565. 6.)

Malmettre, maltraiter; dissiper, tomber en ruine; déshonorer, avilir.
>Gardeiz k'il soit et retenus et pris,
>Mais k'il ne soit ne blesciez ne *malmis*. (G. d. V. v. 528. 9.)
>Si la gerpun qu'ele ne seit prise,
>Tute nostre ovre en ert *malmise*. (Ben. v. 4331. 2.)
>Or vos volez del tot *maumettre*. (Ib. v. 14552.)

Mesmettre, se mettre mal, faire un mouvement nuisible.

Mais kant ce vint à l'asemblee,
Une wespe s'est desseurce,
Si puint le chirf par les costez
Et il sailli si effreez
Qu'il se *mesmit* vileinement
Et la bende desrunt e fent. (M. d. F. II. p. 244.)

Pramettre, *promettre*, promettre.

Plus grant chose n'os puis ne maire
Offrir, *pramettre* ne doner. (Ben. v. 9057. 8.)

Promutoit (S. d. S. B. p. 546).

Berart de Mondidier l'avoit Karles *promise*. (Ch. d. S. I. p. 41.)

Il ne faut pas confondre ce mot avec *premettre*, qu'on trouve plus tard et qui signifie *préserver*, *mettre avant tout à l'abri*, *préférer à tout*.

Remettre, fondre, disparaître, s'anéantir.

Lor puins tordent dedens lor tentes
Les dames ki molt sont dolentes,
Li vif lour mors amis regretent,
En larmes de dolour *remetent*. (R. d. M. p. 76.)
La caroigne ont molt honerec
Et de tres chier bausme embasmee,
Que porrir ne puist ne *remetre*. (Ib. p. 78.)

Cfr. Roquefort s. v. *remetre*.

On trouve, dans la Ch. d. R., *demise* employé dans le même sens que *remise*.

Issi est neirs cume peiz ki est *demise*. (p. 58.)

Tramettre, v. ci-dessous les verbes composés avec la préfixe *tres*.

MOUDRE (v. fo.), molere.

La forme primitive de ce verbe a été *molre*, qui prit un *d* intercalaire: *moldre*. Mais dans quelques provinces, en Picardie, dans le nord de l'Ile-de-France et de la Champagne surtout, au lieu d'introduire le *d*, on assimila la lettre *l* au *r*, et l'on eut *morre*, qu'on trouve écrit moins régulièrement *more*. A l'ouest de la Picardie, de l'Artois et en Flandre, on remplaçait l'*o* de *morre* par *au*, d'où *maurre*, *maure*, formes qui passèrent dans l'Ile-de-France pendant la seconde moitié du XIIIe siècle. Vers 1250, *moldre* subit aussit un changement; il perdit son *l*, principalement au centre et au sud de la Champagne: *modre*, qui, à son tour, donna naissance à une forme en *au*: *maudre*. Enfin le *l* de *moldre* éprouva son fléchissement ordinaire en *u*: *moudre*, forme très-rare au XIIIe siècle; et l'*o* de *morre* s'assourdit en *ou: mourre*. Au XIVe siècle, apparaît *mieurre*. Voy. Roquefort, supplém. s. v. *mieure*.[1]

>Li dus ot puch, corde, selle et trallier,
>Molin et for, et ble en son gernier;
>Quant il velt *molre*, par soi le va cargier. (O. d. D. v. 8347-9.)
>Fist de sanc saillir plein boisel,
>Par le champ en cort le ruisel,
>Si c'un molin en peust *moldre*. (Ren. t. III, p. 371.)
>Tant i ferra chascuns dou bon branc acerin,
>Que dou sanc de lor cors porront *modre* molin.
>(Ch. d. S. I, p. 210; cfr. II, p. 66.)

Et s'il advenoit que gie n'ausse assez fors et molins à Collomiers, il ferront *morre* et cuire au regard.... (1231? H. d. M. p. 128.)

.... De *morre* ne de cuire à nos molins et à nos forgs. (1292. M. s. P. II, 558.)

On voit, par ce dernier exemple, qu'à la fin du XIIIe siècle, la forme *morre* avait acquis une grande extension.

>Il a molt ble chi devant vous
>Que doivent *maure* devent vous. (R. d. M. d'A. p. 2.)

Les formes du présent de l'indicatif de ce verbe se rapportaient toutes à l'infinitif *molre*, et diphthonguaient régulièrement l'*o* en *ue*, qu'on renversa plus tard en *eu*, d'où l'infinitif *meurre*, *mieurre*, dont j'ai parlé ci-dessus. — L'imparfait de l'indicatif était: *moloie;* le parfait défini: *molui;* le participe passé: *molu, moulu;* le futur et le conditionnel avaient des formes correspondantes à celles de l'infinitif.

>Seignor, j'ai encor trois molins
>*Molanz* farine, *muelent* tuit. (F. et Cont. I, p. 244.)
>A Aleus estoit il manniers,
>Le ble *moloit* il... (R. d. M. d'A. p. 1.)
>De maintes viles i ot gens
>Qui au molin *moloient* sovent. (Ib. p. 2.)
>Mais vous *morres* qant jon porrai. (Ib. ead.)

Il i cuiront tuit et *morront*. (H. d. M. p. 128.)

Et est à scavoir que li borjois de Collomiers cuiront et *mourront* à mes fors et à mes molins par autel marchie cum as autres. (Ib. ead.)

>Mouses ot ja *moulut* grant pieche. (R. d. M. d'A. p. 2.)

Moldre avait aussi la signification: *émoudre, aiguiser, affiler,* comme le composé *esmoldre*.

>Tuit aquiterent le païs
>E rescustrent as branz *moluz*. (Ben. v. 36139. 40.)
>Li vos haubers n'a pas mon colp tenu,

---

(1) La conjugaison actuelle de *moudre* est un mélange des formes *moldre* et *molre*.

Et si disies ne cremies un festu
Ne fier, n'espie, tant par fust *esmolu*. (O. d. D. v. 11376-8.)
Li fers en fu lons et agus
Et bien trançans et *esmolus*. (Brut, v. 14699. 700.)

NAITRE (v. fo.), nasci.

La forme primitive de ce verbe a sans doute été, *nascre*, *naxre*,[1] d'où, avec *t* intercalaire, *nastre*. La Normandie propre pourrait avoir eu *nascer*.

Por ceu volt il en terre dexendre et ne volt mies solement dexendre en terre et *nastre*, anz volt assi estre conuiz. (S. d. S. B. p. 550.)

Par suite de l'influence des formes renforcées de l'indicatif, on introduisit, dès le premier quart du XIIIe siècle, la diphthongaison *ai* à l'infinitif: *naistre*, qui prit les variantes orthographiques *neistre*, *nestre*. *Nestre* en quelques cas qui se rapportent aux provinces limitrophes de la Normandie, peut dériver aussi de *nastre*, par l'affaiblissement de l'*a*.

Cil qi à *naistre* sont plaindront ceste jornee. (Ch. d. S. II, p. 132.)
Quant pour homme si soutiument
Vout en terre *neistre* de mere
Sanz nule semence de pere. (R. d. S. G. v. 3600-2.)
E ceus qui de nos sunt à *nestre*. (Ben. v. 3198.)

Le présent de l'indicatif se conjuguait d'abord régulièrement fort: *nais*, *nais*, *naist*, *nassons*, *nasseiz*, *naissent*; mais les deux premières personnes du pluriel prirent la diphthongaison aussitôt qu'elle se fut introduite à l'infinitif. Il va de soi que les formes *neistre*, *nestre*, étaient aussi représentées à l'indicatif.

Nekedent li *naist* encor de le ancieneteit de vie ce ke il soffret. (M. s. J. p. 483.)

Il avient sovent que par l'eslection dou prior *neissent* grant escandre. (Roquefort, s. v. *prior*.)

L'isle qui *nest* en la mer, qui n'avient pas sovent, est à celui qui la porprant. (Ib. s. v. *nestre*.)

La forme pure, c'est-à-dire sans diphthongaison, se conserva assez longtemps au futur, cependant *naistrai* (*neistrai*, *nestrai*) était la forme ordinaire au milieu du XIIIe siècle.

Jamais ne *naistra* nus hom teus. (P. d. B. v. 3528.)
Tuit cil qui al siecle *nastront*. (Ben. v. 25609.)
Cil ki sunt ne e *nasterunt*. (R. d. R. v. 7012.)
Ains *nestront* tuit en vie glorieuse. (C. d. C. d. C. p. 86.)

---

[1] Roquefort, s. v. *naistre*, cite un exemple de St. Bernard où se trouve la forme *naixre*, qui ne me semble pas exacte; car à l'époque où l'on écrivait et prononçait *naxre*, l'infinitif n'avait pas de diphthongaison, puisque le même texte porte encore *nastre*.

Parfait défini: *nasqui (nasqi, naski)*; en Picardie, *naschi*.

Lasse! fait ele, pur quei *nasqui*? (Trist. II, p. 115.)

Qant je *nasqi* de mere, ce fu grant tenebror.
(Ch. d. S. II, p. 148.)

(Glorious Deus ki)
Dedans la virge preis anuntion,
Si en *naskis* en guise d'anfanton,
En Beliant, ke de fi le seit on. (G. d. V. v. 2827-9.)
Tu dis ke samedi *naskis*. (R. d. R. v. 13063.)
Dès cele eure que tu *naschis*. (R. d. S. G. v. 3326.)
Car al terme que il *nasqui*
Morut la mere, et il vesqui. (Brut, v. 131. 2.)
Ne *nasqui* plus large almosnier. (Ben. v. 20934.)
A que faire *nasquimes* nos? (Ib. v. 24332.)
Ha! douce riens cruels, tant mar vos vi,
Quant pour ma mort *nasquites* sanz merci. (C. d. C. d. C. p. 43.)

Participe passé: *neit*, *ne*, et, par analogie au parfait défini, *nascut*, *nascu*, surtout dans la Normandie, le Maine, l'Anjou et la Touraine. (Cfr. le provençal *nat* et *nascut*.) *Nascut* gagna plus tard du terrain, et, après le XIIIe siècle, on le trouve même avec la forme *nasqui*.

Et as pastors assi anoncet li engeles grant joye de ceu que li Salveires estoit *neiz*. (S. d. S. B. p. 548.)

Neiz suix de Genes, filz au comte Rainier. (G. d. V. v. 91.)
Valles fu *nes* de la payene. (Fl. et Bl. v. 169.)
Je ne sai où ele fu *nee*. (R. d. l. M. v. 1549.)
Liez ert li duc del champ vencu,
Liez est del cir qui est *nascu*. (Ben. v. 9752. 3.)
Qui porreit dignement parler | Ne enquerre ne porpenser
Saveir coment d'eternau fu
Coeternaus de lui *nascu*? (Ib. v. 24003-6.)
Deus del pere senz tens *nascuz*. (Ib. v. 24021.)

Pour les composés: *ainsne*, *mainsne*, *malne*, voy. les Adverbes *ains*, *moins*, et le Glossaire.

L'ancienne langue avait le verbe

IRAISTRE (irasci),

qui était sans aucun doute un verbe fort et se conjuguait exactement comme *naître*: c'est ce que prouvent les formes suivantes. *Iraistre* signifiait *irriter*, *mettre en colère*, ou bien *rendre triste, chagrin*.

Mais encor le fera *iraistre*
L'aloe et molt fort dementer. (R. d. l. V. v. 3906. 7.)
Mort m'a qui si l'a fet *irestre*. (Roquefort, s. v. *irestre*.)
Mais tant vos voil dire e mostrer,

> Por amor del pere le lais,
> Qu'en autre sen ne m'en *irais*. (Ben. v. 13156-8.)
> Si n'i out une puis autre plait
> Mais del eissir senz demorance,
> Od grant poür e od dotance
> Que li dux od eus ne s'*iresse*. (Ib. v. 10496-9.)
> *Iraissez* e ne vuillez peecher. (Rayn. Lex. rom. III, 575. 1. c.)

Quant au participe passé, on trouve deux formes: *irascut* et *ireit, irie, ire*, dont la signification est absolument la même, et l'on doit se poser la question: *Irascut* et *ireit* sont-ils, comme *neit* et *nascut*, des formes d'un seul verbe; ou bien *irascut* est-il le participe passé d'*iraistre*, et *ireit (irie, ire)*, celui du verbe *irer*, qui se montre aussi au XIIIe siècle? J'admets la première hypothèse, c'est-à-dire que *ireit* et *irascut* appartiennent au verbe *iraistre*. *Ireit* a été formé de *iratus*, comme *neit* de *natus*; et *irascut*, de même que *nascut*, d'après les radicaux des verbes *irasci, nasci*, d'un participe équivalent à *irascitus, nascitus* (cfr. *nasciturus*), selon l'analogie du verbe *vivre*. (Cfr. *benescut, vencut*.)

Le verbe *iraistre (irascre, iraxre, irastre)* paraît n'avoir pas été très-populaire; car, au XIIIe siècle, il tombait déjà en désuétude: l'infinitif est peu commun, les autres formes très-rares, à l'exception de celles du participe passé, qui étaient d'un fréquent emploi et passèrent aux âges suivants. C'est à cette circonstance, sans doute, qu'on doit la création d'un nouveau verbe, formé d'après l'analogie du participe *ireit* et des autres mots de la même famille (*iror, iros*, etc.). Le verbe *irer* (prov. *irar*; anc. esp., port. *irar*; it. *irare*) ne se montre en effet que vers la seconde moitié du XIIIe siècle.

Je dois encore faire observer que le participe *irascut* ne se restreint pas à l'ouest de la langue d'oïl, comme le participe *nascut*.

> Ne volt le rei d'Escoce *irer* en nule guise. (Ben. t. 3, p. 562.)
> Et quant il plus i perdent, et il plus s'en *irent*. (R. d. R. v. 1692.)
> Raoul le voit, le quer ot *irasqu*. (R. d. C. p. 58.)
> Cil Gautiers fu fiers et *irascus*. (Ib. p. 174.)
> Par ma fei! dist li reis, mult m'aveiz *irascud*. (Charl. v. 53.)
> Crient vers lui seit mult *irascuz*,
> Mult enchaeiz e offenduz. (Ben. v. 9430. 1.)
> Li reis l'entent, forment s'en est *ire*. (Ib. t. 3, p. 560.)
> Cil ki le cuer ot *irascu*
> De bon signeur k'il a perdu
> Par mort qui maint home a *irie*. (Cité ds. R. d. C. p. 175.)
> Sire quens, funt il, n'os plaigniez
> Ne ne seiez vers nos *iriez*. (Ben. v. 5581. 2.)

OCCIRE (occidere).

Ce verbe s'orthographiait ordinairement *ocire*, dans la Normandie; *ochire* et *ochirre*, dans le dialecte picard; *occirre*, au nord de l'Ile-de-France et à l'est de la Picardie propre; *ocire*, dans le dialecte bourguignon. Vers le milieu du XIIIe siècle, en Bourgogne et en Champagne, on remplaçait d'ordinaire le *c* par *ss* au participe passé, ce qui n'implique aucune différence de prononciation. (Cfr. le provençal *aucir*, *aussir*, *ausir*.) A la fin du XIIIe siècle, on voit paraître, à l'ouest de la Picardie, dans l'Artois, la forme *ocierre*, *occiere*, qui passa dans l'Ile-de-France, où elle était fort en usage au commencement du XIVe siècle. Un peu plus tard, on prit l'habitude de rapporter aussi *ocire* à la seconde conjugaison, et la forme de ce verbe flotta longtemps entre *occire* et *occir*.[1]

Celi ki la mort Saul me nunciad, ki quidout que nuvele ki mult me ploust portast, jol fiz prendre e *ocire*. (Q. L. d. R. II, p. 135.)

Sire empereres, dist li Danois Ogiers,
Ben me poes *ochire* et detrenchier. (O. d. D. v. 118. 9.)

Car il quidoient sor France gaagnier,
Kallon *ochirre* e François detrenchier. (Ib. v. 1076. 7.)

Et par si soit fais li recors
S'il me puet *occirre* et conquerre,
Que vous et toute vostre terre
Seres à son commandement.
(R. d. l. V. v. 1656-9; cfr. R. d. M. p. 66.)

Si com Diex le volt, si se deconfisent li Grieu, et les comencierent à batre et à *ocire*. (Villeh. 472°; cfr. R. d. C. p. 187.)

Un Engleiz a li dus veu,
A li *ociere* a entendu. (R. d. R. v. 13910. 1.)

Occierre (R. d. l. R. v. 12085).

Les exemples suivants donneront une idée de la manière dont se conjuguait le verbe *ocire*

Jai l'eust mort *ossis* et affole,
Com li escrie: Frans hom, ne m'*ocieiz*. (G. d. V. v. 774. 5.)

Les miens *ocient*
Sanz ce que pas ne me desfient. (Rutb. I, p. 78.)

Tout à fait qui li un les abatoient, sont aparillie li autre qui les *ochient*. (H. d. V. 495°.)

Et s'il est ensi toutes voies que nous nous *entreochions* en tel maniere, dont n'y a il plus mais que nous tout avant renoions Nostre Signour. (Ib. 501°.)

---

(1) Si l'on trouve *ocir* dans des textes du XIIIe siècle, on a tout lieu de douter de l'authenticité de la forme, à moins que ces textes n'aient été écrits sur les frontières de la langue d'oc.

E por ceo qu'il s'entretoleient,
Soventes feiz s'*entreoscieient*. (Ben. I, v. 545. 6.)

Jo meime l'*ocirai* ja devant tei. (Q. L. d. R. II, p. 187.)

Nel *ocires* mie, par m'ame (L. d'I. p. 24.)

Si tul veis, pur quei hastivement nel *oceis*. (Q. L. d. R. II, p. 187.)

J. de mes freres *oceis* à l'espee. (R. d. C. p. 224.)

Cil qui tant biens faisoit, tu l'*ocesis* sans faille.
(Roquefort, s. v. *ocesis*.)

Il la perdit el bruel soz la ramee
En la bataile ke molt fut redoutee,
Lai où l'*ocist* Maucon de Valfondee. (G. d. V. v. 2679-81.)

Renier mon frere *oceistes* osi. (R. d. C. p. 222.)

Une altre compagnie s'en embla par terre, et si s'en cuida aler par Esclavonie, et li païsant de la terre les assalirent et en *ocistrent* assez. (Villeh. 444^d.)

Je ne quit mie qu'il le rendist pour cent mil besans d'or que il ne l'*ocheist*. (H. d. V. 494^d.)

La reyne grant poour out | Et li prodoms qi la gardout
Que le chastel sus eus preist
Et le fiz le roi *occeist*. (L. d'II. v. 83-6.)

Mais Saul enveiad ses humes, la nuit, à la maisun David, qu'il le guardassent e retenissent e le matin *oceissent*. (Q. L. d. R. I, p. 74.)

S'il fust en terre il l'*occeissent*
Quar il *ocient*
La gent qui vers aus s'umelient. (Ruth. I, p. 206.)

Si vit qu'en voie et par cemin
Ne remanoient crestiien
Que n'*ocesisent* li paien. (Phil. M. v. 10255-8.)

Et s'aucuns preudom i alast,
Ki la foi Dieu lor anonçast,
Il l'*ocesisent* maintenant. (Ib. v. 28205-7.)

Par le cors Deu, miez vodroie estre *ossis*
Et ke il fust escourchiez trestoz vis. (G. d. V. v. 2058. 9.)

Ont li Persant à la mort mise
Trestoute lor gent et *occise*. (R. d. M. p. 76.)

Quant Jofrois Martiaus fu *ochis*. (Phil. M. v. 18444.)

Le verbe *ocire* s'employait au figuré, pour dire *faire de la peine, tourmenter*.

Partonopeus a son delit,
Li parlers de lui moult m'*ocit*;
Car il a tos biens de s'amie:
Jo n'en ai rien qui ne m'*ocie*. (P. d. B. v. 1873-6.)

Moult l'*ocit* qu'il li a mesfet. (Ib. v. 7423.)

Au XVIe siècle encore, le verbe *occire* était, pour ainsi dire, exclusivement employé pour *tuer*.

(Cato) ayant de longue main resolu de s'*occire* soy mesme, il prenoit tant de peine, et se travailloit avecques si grande sollicitude pour les austres, affin qu'apres les avoir mcis en seurete de leurs vies, il se despeschast luy mesme de la sienne. (Amyot. Hom. ill. Cato d'Utique.)

Remarquez encore, dans cette phrase, l'emploi réfléchi du verbe *dépêcher* = *se défaire de*.

Les composés d'*ocire* étaient:

Rocire, tuer à son tour, tuer encore, tuer une seconde fois.

 Rollant *ocistrent* Tur, moi *rociront* Escler. (Ch. d. S. II, p. 120.)
 Puis que Diex, por destruire pechie, volt perdre vie,
 Qui peche, il le *rocist*, ce semble, et crucefie.
         (Roquefort, s. v. *rocir*.)

S'entreocire, se tuer mutuellement. V. ci-dessus.

Parocire, achever de tuer, assassiner, assommer.

E les hummes Joab puis l'abatirent del chaidne, sil *parocistrent*.
         (Q. L. d. R. II, p. 187.)

 Ore sunt amdin mort abatuz
 Et Ereward et li Breton,
 Raol de Dol avoit à non;
 Mes Abselin le *paroceist*. (Chr. A. N. 1, p. 26.)

PAITRE (v. fo.), pascere.

Ce verbe a eu, comme *naître*, les formes *pastre, paistre, peistre, pestre*.

Si demanderai ju Saint Benoit trois pains dont je vos poie *pastre*. (S. d. S. B. Roquefort, s. v. *pastre*.)

 Si laissiez *paistre* un petit vos destriers. (A. et A. v. 946.)
 Senz sei moveir ne senz aidier,
 Senz sei ne *paistre* ne seignier,
 Eissi cum l'estoire remembre,
 Vesqui eissi desqu'em setembre, (Ben. v. 20086-9.)
 De sa vie esteit commencement
 De vivre tut diz honestement
  Senz vilenie
 De vestir e *pestre* poure gent. (Ben. t. 3, p. 474.)

Présent indicatif:

Dont font li filh convives par les maisons, cant chascune vertuz solunc son pooir *paist* la pense. (M. s. J. p. 497.)

 De la viande celesticl
 Nus *peist* nostre Sire del ciel. (M. d. F. II, p. 481.)

Il li donet à mangier, quar il lo *paist* de la science de sa parole. (M. s. J. p. 511.)

 Quant plus l'esgardent, plus leur plest;
 Del esgarder cascuns *se paist*. (R. d. l. M. v. 2335. 6.)

La male garde *pest* le leu.[1] (Fabliau de la Grue.)
Qu'ele meisme les (les pauvres) *pessoit*. (Rutb. II, p. 207.)
Au cheval out oste la sele,
De l'erbete *paisoit* novele. (Trist. I, p. 81.)

Parfait défini : *paui*, *pau*, *peui*, *peuch*, *peuc*, *peu*, *poi*. (Voy. *savoir*, parf. déf.)

Qant jou eu soif et faim et froit
Jou trouvai ton ostel destroit :
Ne m'escaufas, ne me *peuis*. (Phil. M. v. 3064. 5.)

Disons nos dunkes celui avoir esteit avoc soi ki s'en alat en une lointaine contreie ki deguastat la parzon cui il avoit prise, ki aerst en cele contreie à un des citains ki *paut* des pors, lesqueis il verroit mangier les leguns, et si auroit faim. (S. Grégoire. Roquefort, s. v. *parson*.)

Vortiger mult les onora,
Et bien les *pot*[2] et abevra. (Brut, v. 6759. 60.)

Imparfait du subjonctif :

Mes sires a une levriere que il a plus chiere que riens nee ; il ne soufferroit pas que nus de ses serjanz la ramuast de joste le feu, ne que nus la *peust* se il non. (R. d. S. S. d. R. p. 45.)

Participe passé : *paut*, *peut*, *peu* ; part. présent : *paissant*.

E sel varunt venant et *paut*, ki gisanz et *paissanz* ne polt estre davant veuz. (S. d. S. B. p. 528.)

François del esgarder ont bien lor oilz *peuz*. (Ch. d. S. II, p. 182.)

Ançois furent à grant delit
Bien *peu* et s'orent bon lit. (Rutb. II, p. 203.)

Ces exemples montrent que *paistre* signifiait *manger*, *nourrir*, *faire paître*, *repaître*, *donner à manger*, *rassasier*. Dans l'exemple de la Ch. d. S., *paitre* est employé au figuré où nous disons *repaitre*, bien que les poètes classiques se soient encore servis de *paître* en ce sens, p. ex. :

Mais la dame voulait *paitre* encore ses yeux
Du trésor qu'enfermait la bière.
(La Fontaine. La Matrone d'Ephèse.)

Se paistre, qui ne se dit aujourd'hui que des oiseaux carnassiers, s'est dit de l'homme jusqu'à la fin du XIIIe siècle :

Mon appetit est accommodable indifferemment de toutes choses de quoi on *se paist*. (Montaigne, III, 5.)

L'exemple tiré du R. d. l. M., donne *se paistre* au figuré,

---

(1) Ce vers est devenu proverbe.
(2) L'éditeur du R. de Brut, M. Leroux de Lincy, dérive *pot* de *potare*, et il traduit ce vers : *Il leur donna bien à boire*. De cette façon, abevra n'est pas rendu, ou bien il faut admettre que Wace a exprimé deux fois la même idée. *Pot* est la 3e pers. sing. du parf. déf. de *paistre*, tout aussi bien que la variante *peut* indiquée par M. Leroux de Lincy, et qui'l fait également dériver de *potare*.

où nous mettrions *se repaître*. Cet emploi de *se paistre* s'est également maintenu dans la langue jusqu'après la Renaissance, et il explique l'usage de ce verbe dans nos locutions: *Se paître de vent, de chimères.*

PLAIRE (v. fo.), placere.

La forme primitive de ce verbe a été *plasir* ou *plare*, d'où, de fort bonne heure, par suite de l'influence des formes renforcées de l'indicatif: *plaisir*, *plaire*; puis *pleisir*, *pleire*, *plesir*, *plere*. Il est assez difficile de décider si *plasir* a précédé *plare*, ou si les deux formes ont eu cours simultanément; cependant les formes du futur et du conditionnel semblent prouver, sinon l'existence de *plare*, du moins l'admission mentale de la syncope du *e*. Quoi qu'il en soit *plasir*, *plaisir* est beaucoup plus commun que *plare*, *plaire*, jusqu'à la fin du XIIIe siècle, et les premiers exemples de la forme contracte se montrent sur les confins de la Normandie. *Plaire*, *plere* passèrent promptement dans le langage de l'Ile-de-France, qui nous les a transmis. L'infinitif *plaisir* est resté dans notre substantif homonyme. (Cfr. l'esp. *placer*, le port. *prazer*, l'ital. *piacere*.)

Cument purrad il à sun seignur *plasir* mielz que par noz testes trencher? (Q. L. d. R. I, p. 112.)

Senz foi ne puet l'om *plaisir* à Deu. (M. s. J. p. 499.)

On devroit tenir à avule
Ki de nous .ij. devroit coisir,
Se miex ne devoie *plaisir*. (R. d. l. V. p. 150.)

Ne reduta mie à suffrir
Peine e turment pur Deu *pleisir*. (M. d. F. II, p. 437.)

Cest ovre te devreit mult *plaire*. (Ben. v. 21177.)

Plaisier, à la rime. (R. d. l. M. v. 550.)

Cfr. du reste 2e conjugaison.

Le présent de l'indicatif se conjuguait d'abord régulièrement fort: *plas* (cfr. *faire*) ou *plais*, *plais*, *plaist*, *plasons*, *plaseiz*, *plaisent*. Je ne puis, il est vrai, donner aucun exemple de *plasons*, *plaseiz*; mais l'infinitif *plasir* ne permet pas de douter de l'authenticité de ces formes. Du reste, je ferai remarquer que les deux premières personnes du pluriel se présentent, en général, plus rarement que les autres.

E s'il dit que jo ne li *plais*, prest sui, face de mei tut sun bon. (Q. L. d. R. II, p. 176.)

Mais tu ne *plais* pas as princes del ost. (Ib. I, p. 113.)

Mais il me *plaist* assi eswardeir la voie de son auvert avenement. (S. d. S. B. p. 528.)

Si terre lur plout à destruire,
Ore lur *replaist* plus à estruire
E à noblement ratorner. (Ben. v. 7068-70.)

En un lointain reaume, si Deu *pleist*, en irrez. (Charl. v. 68.)
Moult nos *plest* bien, ce dient tuit. (P. d. B. v. 6489.)

Mais cant il taisieblement pensent ke il les biens ne font se par ce non solement ke il à Deu *plaisent*. (M. s. J. p. 463.)

La forme primitive du subjonctif a été *place*, en Bourgogne et en Normandie; *plache*, en Picardie. (Cfr. *faire*.) Mais avant la fin de la première moitié du XIIIe siècle, on trouve des exemples de *plaise*, c'est-à-dire de la forme renforcée; sans que toutefois *place* ait cessé d'être en usage.

Ne *place* dam le Dieu que james me soit reprove que je fuye de camp et laisse l'empereor. (Villeh. 475ᵉ.)

Ço respunt Guenes: Ne *placet* danc-Deu! (Ch. d. R. p. 15.)
Jai Deu ne *plaice*, ne le ber S. Moris. (G. d. V. v. 1511.)
Ne *place* à Deu, Gerars li respondi. (Ib. v. 3550.)
Osmunt loe, joist e baise
N'oï chose qui plus li *plaise*. (Ben. v. 14117. 8.)

Biaus sire Diex, dit il, *plaise* vous que nous hui nous puissions vengier des Blas et des Comains, s'il vous vient à plaisir. (H. d. V. 494ᵉ.)

Le parfait défini de *plaire* se formait de *placui*, de la même manière que les parfaits définis de *savoir*, *avoir* de *sapui*, *habui*: c'est-à-dire que *placui* avait subi les changements *plauci*, *pleuci*, *plaui*, *plau*, *pleui*, *pleuc*, *ploi (plui)*, *plu*, *plou*.

Car por ceu ke li mundes ne pooit Deu conostre en sa sapience, si *plaut* à Deu k'il par la sottie de predication fesist salz les creanz. (S. d. S. B. p. 550.)

Revenir m'en voel à mon conte,
Qui ensi me trait et reconte
Que tant *pleut* au roi la meskine... (R. d. l. M. v. 1491-3.)
Car Nostre Seigneur ainsi *pleut*. (R. d. S. G. v. 1684.)
Puis, vesqui tant qu'il ot le poil flori;
Et quant Dieu *plot*, del ciecle departi. (R. d. C. p. 4.)
Ne lor *plot* plus à sejorner,
D'iluecques se volrent torner. (Dol. p. 281.)
Al abe e as monies *plut* mult sa conpaignie. (Th. Ct. p. 90, 15.)
Ecclesial religion
E sainte conversation
Li *plout* sor autres desiers. (Ben. v. 8042-4.)

Mais David amad l'altre fille Saul, ki fud apelee Micol; et la nuvele vint à Saul, e mult li *plout*. (Q. L. d. R. I. p. 71.)

Pur ço si apelad cele terre Chabul, kar nient ne li *plout*. (Ib. III, p. 269.)

E li reis Yram vint veer sa terre e ces chastels, mais nient ne li *plourent*. (Ibid.)

Des (queiz) li pluisor en plus secreie vie *plaurent* à lur faiteor. (Dial. de S. Grégoire, I.)

   Celes lor *plorent*, celes pristrent. (R. d. R. v. 14134.)

Après le XIIIe siècle, on trouve des exemples d'un parfait défini formé sur l'infinitif *plaisir*. (V. Froissart.)

Imparfait du subjonctif:

   Quant li rois vit Gerart venir | Et si bielement maintenir,
   Bien li fist, et miels li *pleust*
   Se Gerars gagnie eust. (R. d. l. V. p. 38.)
   Et cil respont: Biaus signors, volentiers;
   Car *pleust* ore à Diu le droiturier
   Que je eusse un des menbres tranchies,
   Mais qu'eussons le gentil chevalier. (O. d. D. v. 10094-7.)
   Je ne poroie chose faire
   Qui vous *pleuist* ne deuist plaire
   Que moult volentiers ne feroie. (R. d. C. d. C. v. 4913-5.)

Je passe aux formes de l'imparfait de l'indicatif, du futur et du conditionnel.

U tot ce ke (de) la moie occupation *desplaisoit* à moi.
            (S. Grégoire. Dial. I.)

   E s'il vous *plaisoit* à savoir. (R. d. l. V. p. 89.)
   Mes tant li *pleiseit* la chançon
   Que nule rien ne l'en sevrast
   Tant comme la chançon durast. (Chast. VI, v. 26-8.)
   Segnor, dist il, se vos *plesoit*. (P. d. B. v. 6483.)

Respunt li esquiers: Va, e fai ço que tei *plarrad*, e jo partut te siwerai. (Q. L. d. R. I, p. 46; cfr. II, p. 126.)

   Si veus, à ta Danesche gent
   M'enveie là où tei *plarra*,
   Saches ja ne me pesera. (Ben. v. 10238-40; cfr. v. 22335.)
   Dunt il en purra faire tut ço que li *plerra*. (Th. Ct. p. 92, v. 30.)

Or, dites ce que il vous *plaira*. (Villeh. p. 5. XI.)

E quanqué lur *plarreit* tut prendreient e tut l'enmerreient.
            (Q. L. d. R. III, p. 323.)

   Seigneurs baron, *pleroit* il vous entendre
   Bone chançon bien fete pour aprendre? (Phil. M. Intr. CLIX.)
   Mult *plaireit* al duc son pris
   Se en bataille l'aveit conquis. (Ben. v. 34735. 6.)

PRENDRE (préhendere).

Les formes de ce verbe se sont toutes dégagées de l'ancienne forme latine contracte *prendere*: elles peuvent être rapportées à trois classes fort distinctes. 1°. On syncopa le *r* radical et le *d* (v. Dérivation p. 40): *penre*: c'est la forme bourguignone, qui, plus tard, s'écrivit *panre* en Champagne. 2°. On syncopa simplement l'e de la terminaison, et l'on eut *prendre*. *Prendre* était la forme de la Picardie et de la Normandie. Dans cette dernière province, on a dit aussi *prender;* en anglo-normand *prendere*. Au XIIIe siècle, on écrivit *prandre* dans l'Artois et la Flandre (cfr. p. 84), orthographe qui fut aussi admise en Champagne, lorsque la forme picarde s'y introduisit. 3°. Vers le milieu du XIIIe siècle, dans le sud du dialecte picard et le nord de l'Ile-de-France, on syncopa le *d* de la forme *prendre*, d'où *prenre*.

Car ne fut mies covenaule chose ke tuit aussent tot affait dit, por ceu ke ceu nos deleitast, ke nos de pluisors puissiens *penre* diverses choses et rendre à un chascun tels graces cum droiz fust. (S. d. S. B. p. 548.)

Mais ensemble la pure intencion est assi mestiers ke li conversations soit teile k'il n'i ait ke *repenre*, ensi qu'il soit forme et examples de vie à ses sozgeiz. (Ib. p. 570.)

Penre disons nos à la foiz por tolir. (M. s. J. p. 507.)

Si m'aïst Deus, vos panseiz grant folie,
Ke cuidiez *panre* ceste cité garnie
Par tel essaut ne par tel envaie. (G. d. V. v. 1757-9.)
Sou me vuet consantir Jhesu vo creator,
Cui loi je doi tenir et *panre* sauz demor. (Ch. d. S. II, p. 183.)
Conseil prisent quel jugement
Il poront *prendre* de chelui
Ki lor a fait honte et anui. (L. d'I. p. 25.)
Qu'od jent semunse, od ost mandee,
Fiere, hardie e bien armee,
Vienge en France Huun plaissier,
Prendre, destruire e cissillier. (Ben. v. 18148-51.)
Nos chalonjons et cil calange,
Qui tot porra *prandre*, si prange. (Brut, v. 11184. 5.)
Car bien seit que li rois Karles asamble a
Molt grant gent por li *prandre* se le pooir en a.
(Romv. p. 345, v. 18. 19.)
Vaches et bues et *prenre* et retenir. (G. l. L. I, p. 167;
cfr. M. d. F. II, p. 372.)

La première personne du singulier du présent de l'indicatif de *prendre* offre les formes: *pren, pran, praig, prenc, preng*, et, à la fin du XIIIe siècle, dans l'Ile-de-France, *preing*. (Cfr. *tenir*, *venir*, t. 1, p. 385 et p. 216.)

L'avantage *pran* je, ja nel qier refuser. (Ch. d. S. II, p. 173.)
Se je *repraig* le tiers, Dex n'an fera neant. (Ib. II, p. 168.)
Et dist li uns: Jel *prenc* en main
Ke je le te ferai avoir. (L. d'I. p. 20.)

>   Quant on me fiert d'un roit espieu tranchant,
>   J'en *preng* vengance molt tost au riche branc. (R. d. C. p. 193.)
>   Se je *preing* autre, Dex, de moi qu'iert il dont! (A. et A. v. 1771.)

Cfr. R. d. R. v. 14331; R. d. l. M. v. 1631. 2415; H. d. V. 513[b]; Poit. p. 61; Ruth. I, p. 133. etc.

La seconde personne du singulier de l'impératif était d'ordinaire: *pren*, *pran*.

>   *Pren* mun bastun en ta main, si t'en va. (Q. L. d. R. IV, p. 358.)
>   Passe Mont Geu, *pran* Lombardie. (Brut, v. 11198.)

La seconde et la troisième personne du singulier du prés. de l'indicatif faisaient régulièrement *prenz*, *pranz*, *prens*, *prent*, *prant*.

>   Por quei *prenz* tu mes bues? por quei? (Chast. XX, v. 47.)
>   Se tu la teste à un cop ne me *prens*. (O. d. D. v. 11566.)
>   Et dist qu'ele a aillors à faire,
>   Et *prent* congie de sa seror. (P. d. B. v. 6760. 1.)
>   Puis *prant* le blanc destrier, à Sebile le baille. (Ch. d. S. I, p. 122.)

Les trois personnes du pluriel du présent de l'indicatif, et naturellement les deux de l'impératif, avaient pour formes: 1° *prenons*, *preneiz*, *prennent*, correspondantes à *prenre* et à *penre*, car, au présent, le *r* rentre dans le radical; 2° *prendons*, *prendez*, *prendes*, *prendent*, ou *prandons*, *prandes*, etc. dérivant de *prendre*, *prandre*; 3° enfin, dans la Normandie, le Maine, l'Anjou et la Touraine, souvent *pernum*, *pernom*, *pernes*, *pernent*, par transposition de la lettre *r*, fréquente dans ces contrées.

>   Ne *prenons* nos assi grant solaiz ci . . . ? (S. d. S. B. p. 550.)
>   Sacies, à estrous le perdrons
>   Se hastiu consel n'en *prendons*. (Fl. et Bl. v. 291. 2.)
>   Nous le vous loons
>   Et sur nous l'affaire *prendons*. (R. d. l. M. v. 355. 6.)

Prendons garde de com grant force il fut, cui li amors de tant oir n'enclinat à avarisce d'eritage. (M. s. J. p. 443.)

>   Tel cunseil ore en *pernum*, senz estrif de atie. (Ben. t. 3, p. 538.)
>   Mais vos ne faites pas issi,
>   Par haut consel *prendes* mari. (P. d. B. v. 9403. 4.)
>   Que faites vous, honi nous ont,
>   *Prendes* les moi, mar en iront. (Brut, v. 12170. 1.)
>   *Pernez* m'as braz, si me drecez en seant. (Ch. d. R. p. 109.)
>   Lors dist Adam, dame, *prenez*
>   Ceste brebis, si la gardez. (R. d. Ren. I, p. 3.)

Car li aguaitant visce *prendent* la face des vertuz, mais anemiablement nos fierent. (M. s. J. p. 453.)

>   Atant se *prendent* à consillier,
>   A ce consel en sont ale. (R. d. M. d'A. p. 14.)
>   Venent en Jerico, palmes i *pernent* aset. (Charl. v. 242.)

DU VERBE. 195

    Par mi les beles praeries
    Pernent Franceis herbergeries. (Ben. v. 15858. 9.)
De ceu est ceu ke li altre l'arguent et *reprennent*. (S. d. S. B. p. 567.)
Atant ez vos que les guetes viennent de la vile, si le *prannent*, en ce que cueuvre feu soneit. (R. d. S. S. d. R. p. 37.)

L'ancienne langue formait le présent du subjonctif de *prendre* de la manière suivante. (Voy. plus bas les verbes en ...*ndre* et t. I *tenir, venir*.)

    Cuidiez vos or que la croix *preingne*
    Et que je m'en voize outre meir...? (Rutb. I, p. 127.)
    Puis que merci ne m'i daigne valoir,
      Ne sai où nul confort *preigne*. (C. d. C. d. C. p. 43.)
    Jo m'ocirai por soie amor,
      Ains que je *prenge* altre segnor. (P. d. B. v. 7077. 8.)
Mielz est que tu *prenges* dous talenz. (Q. L. d. R. IV, p. 364.)
    Or em parlon, si te loon
    Que tu tot *pranges* et tot aies. (Brut, v. 2430. 1.)

Ceste faceon levet li vrais cristiens por ceu ke nuls ne *praignet* abaissement en lui, mais li ypocrites la defiguret quant il choses singuliers enseut et k'en us ne sunt mies. (S. d. S. B. p. 564.)

    Ne soit si hardiz qi à force la *praigne*. (Ch. d. S. I, p. 62.)
    Glorious Deus, *preigne* vos an pitie
    Des .ij. barons, où tote est m'amistie,
    Ke il ne soient honi ne vergoignie. (G. d. V. v. 2430-2.)
    Le bien *praingne* l'en quant l'en puet,
    C'on ne le prent pas quant l'en vuet. (Rutb. II, p. 62.)
    Ne ja por riens c'on li *apragne*,
    Ne laira Harpins ne la *pagne*. (Poit. v. 912. 3.)
    Mais tot avant comande al ame
    Son cors *repragne* isnelement. (Ben. t. 3, p. 521.)
    E! Raous sire, por Dieu le droiturier,
    Pitie te *pregne:* laisse nos apaissier. (R. d. C. p. 120.)
    Pour c'est il bon que nous alons | Au roi et de cuer li prions
    Qu'il *pregne* feme à nostre los. (R. d. l. M. v. 214-6.)
    Sui je des autres si partiz
    Que riens ne *prenge* ne riens n'aie? (Chr. A. N. 1, p. 290.)
    Prange. (Brut, v. 11185. V. l'infinitif.)
    Nul n'i vendra qui ne *prengum*,
    Nil ne levera que nel sachom. (R. d. S. p. 28.)

Por ceu ke il les loe de lour labour et de lour pacience, nos semont il que nous *preignons* examples. (Apoc. f. 3, v. c. 1.)

    Distrent as autres: N'est pas gent
    Que vers le duc *prenion* content. (Ben. v. 24487. 8.)
    Estre i poriez .xxvij. anz passeiz,
    Ainz ke *preigniez* la maistre fermete. (G. d. V. v. 3230. 1.)

Mes consaus est que vos *pregnies*
Cel qu'al tornoi ert miols proisies. (P. d. B. v. 6755. 6.)

Nous loons que vous le *prengies*, et moult vous en prions. (Villeh. p. 26. XLVIII.)

Mais une chose voz voil je bien monstrer,
Que ne *preingniez* compaingnie à Hardre. (A. et A. v. 561. 2.)
Karles li ampereres as François sovant prie
Que *praignent* vaingement de la gent maleie
Qui ont mort Baudoin an bataille arramie. (Ch. d. S. II, p. 188.)

Dans la Bourgogne et la Franche-Comté, on voit paraître, à la fin du XIIIe siècle, des formes en *oi* radical, au lieu de *ei*, *ai*. Le patois bourguignon se sert souvent encore de *oi* pour *ai*.

Apres nos volons que nul ne *proigne* sur lui discort, escot de taverne; et cil qui le prendroit ou diroit, seroit en emande de dix sols. (1288. M. s. P. I, p. 552.)

Le présent du subjontif du verbe *prendre* offre enfin des formes où le *d* radical est conservé; mais elles sont bien moins fréquentes que les autres, et puis, au pluriel, il est quelquefois assez difficile de déterminer si elles appartiennent au subjonctif ou à l'indicatif. Au milieu du XIIIe siècle, on les rencontre surtout dans le nord-est de l'Ile-de-France.

Ne soies mie assidueiz al homme irous, que tu par aventure n'a*prendes* ses voies et si *prendes* scandele à ta anrme. (M. s. J. p. 513.)

Il plore et crie à Dieu merci...
Qu'il *prende* de lui garde et cure. (P. d. B. v. 681. 3.)
Doucement li a conmande...
Que il l'euvre et *prende* son cuer. (R. d. C. d. C. v. 7595. 7600.)
Je vuel c'à moullier le *prendes*. (Poit p. 64.)
Li haut home ne vostre honor
Loent que vos *prendes* segnor. (P. d. B. v. 4985. 6.)

La forme primitive du parfait défini a été *pris*; mais, dès la seconde moitié du XIIIe siècle, on rétablit souvent le *n*: *prins*.

Si li reis me demande, dis que jo *pris* cunge à tei d'aler en Bethleem hastivement, pur uns festivals sacrefises que mi parent i funt. (Q. L. d. R. I, p. 78.)

Je la *prins*, sire, par tel devisement
S'il vous seoit et venoit à talant. (G. l. L. I, p. 122.)
Et dist: Sire, qui char *presis*
En la Virge et de li nasquis. (R. d. S. G. v. 2433. 4.)
Glorieus sire, que formas(t?) tot le mont,
Dedens la Virge *presis* anontion. (O. d. D. v. 226. 7.)
Li miens chiers freres qui France a à garder
Te donna armes, *prisis* les comme ber. (R. d. C. p. 139.)

Pur quei as fait cunjureisun encuntre mei, tu e le fiz Ysaï, e *preis* cunseil de nostre Seignur pur li. (Q. L. d. R. I, p. 87.)

Et feme en Norguege *prensis*. (Brut, v. 2823.)

E *prist* cunseil de nostre Seignur pur lui, e viande li dunad e la spee Goliath. (Q. L. d. R. I, p. 87.)

Vesci ses letres et son seel d'ormier.
Turpins les *prist*, la cire fist brisier. (O. d. D. v. 9477. 8.)
Fors de la chambre contre le roi issit:
Li empereres entre ses bras la *print*. (G. l. L. II, p. 3.)

On voit, dans cette dernière citation, *print* en rime avec un mot en *i* pur, ce qui fournit une preuve évidente que les formes en *n* radical ne sont pas primitives. (Cfr. Subst. t. I, p. 81. *c*.)

Lors *prinst* Hardrez congie li maus traïtres. (A. et A. v. 308.)

Ici le *s* est conservé à côté du *n* additif.

Les cles *presimes*, ainc ne s'i sot gaitier. (O. d. D. v. 8239.)
Car tant fist en nostre os li glos,
Con cil qui ert sire de tos,
Que quant à vos *presimes* jor,
Trestuit faillirent lor segnor. (P. d. B. v. 3787-90.)
Selunc ço ke feit nus avum;
La penitence ke *preimes*... (M. d. F. II, p. 477.)
A voz Franceis un cunseill en *presistes*. (Ch. d. R. p. 9.)
Mes dites où *preistes* cel rox et l'esprevier. (Ch. d. S. I, p. 224.)

Lors *prisent* conseil que il iroient vers Blaquie pour requerre la force et l'aide d'un halt home qui avoit nom Esclas. (H. d. V. 491*e*.)

Il *prissent* Durendal, s'espee, et son cor, et puis s'en alerent plus tost que il porent vers l'ost Carlon. (Cité ds. Phil. M. 1, 472.)

A la fin Cordeille *prisrent*
Et en une carte le misrent. (Brut, v. 2109. 10.)
Lor marcheandises vendirent,
Autres rechargierent et *prirent*. (R. d. M. p. 11.)

Ensi fina la chose, et de faire les chartres *pristrent* lendemain jor, et furent faites et devises. (Villeh. 436*b*.)

Defors la ville *prinrent* à chevauchier. (Ch. d. R. Int. XLIV.)
Jusqu'à la salle ne *prinsrent* onques fin. (G. l. L. I, p. 115.)

De *prinrent*, on forma plus tard *prindrent*, par l'intercalation ordinaire du *d*. *Prinrent* et *prindrent* sont encore les formes dont se servent le plus souvent Montaigne et Rabelais.

Quand les geans *entreprindrent* guerre contre les dieux, les dieux au commencement se mocquarent de telz ennemys. (Rabelais. Pant. III, 12.)

Imparfait du subjonctif: *preisse, presisse, prisisse, prensisse, prinsisse*.

Or ne sai femme en cest regne,
Se ma levriere m'eust morte,
N'en *presisse* justiche forte. (R. d. S. S. v. 2659-61.)

En ce fu lor consaus assis,
Que ja *presisce* à mon avis
Segnor por bontes et por mors,
Non por grans fies ne por honors. (P. d. B. v. 1345-8.)
Mult volontiers en *preisse* la venjance,
   Par Dieu le creator. (C. d. C. d. C. p. 61.)

Zaienayer t'enhortat li fel et li nonfeaules sers, ke tu par larencin *presisses* la royal corone. (S. d. S. B. p. 536.)

Oste e fai remaindre le pechied que jo preiai que venist sur mei, se venjance en *preisses* de mun marid. (Q. L. d. R. I, p. 100.)

Ki dont oïst com il s'est dementes,
Il n'est nus hom qui n'en *presist* piteis. (O. d. D. v. 10408.9.)
Il n'a el monde paien ne sarrasin,
C'il les veist, cui peitie n'en *prisist*. (R. d. C. p. 253.)
Une vois devine li dist
Laiast ceste oire, autre *prensist*. (Brut, v. 15220. 1.)

La forme suivante est une innovation de la fin du XIIIe siècle :

Son viaire taint et changa
Et si bien se deffigura
Hors de son conmunal estour
C'on ne l'aperceust nul jour
Qui moult pres ne s'en *prenist* garde. (R. d. C. d. C. v. 6616-20.)

On la retrouve souvent dans le Roman de la Rose.

Et por ceu mismes creat il des l'encommencement les hommes, ki cel leu *presissent* en leu des engeles. (S. d. S. B. p. 524.)

E ceus qui dedenz sunt enclos
Ne furent unques puis si os
Que d'els i *preissent* defense. (Ben. v. 11876-8.)

Le futur et le conditionnel offrent naturellement toutes les variantes des thèmes de l'infinitif.

Aude *panrai*, se il vos vient an gre. (G. d. V. v. 3074.)
Si ne sai se je dorm ou veil,
   Ou se je pens,
Quel part je *penrai* mon despens
Par quoi puisse passer le tens. (Rutb. I, p. 16.7.)
Jou *prendrai* vo seror à fame. (Poit. p. 64.)
Il lor dist : Signor, non ferai,
Jamais femme ne *prenderai*. (R. d. l. M. v. 225. 6.)
Dyalas, dit li rois, avec moi an vauras
An la cit de Tremoigne, où baptesme *panras*.
            (Ch. d. S. II, p. 164.)
Ten veissel o mon sanc *penras*. (R. d. S. G. v. 2469.)

Un veel od tei *prendras*. (Q. L. d. R. I, p. 58.)

Por ce fut dit al serpent : Ele *penrat* garde à ton chief et tu aguaiteras son talun. (M. s. J. p. 446.)

Enseigne nous comment l'aruns
Et comment nous le *prenderons*. (R. d. S. G. v. 287. 8.)
Nos en *penrons* conseil à nos amis. (G. l. L. I, p. 72.)
Ja par asalt nul jor ne les *prendres*. (O. d. D. v. 7600.)
Je n'an *panroie* mie trestot le mont à gre. (Ch. d. S. II, p. 98.)
Je la *penroie* vollentiers, non envis. (G. l. L. II, p. 41.)
Trop par *prendreie* hontos don
Por querre lor destruction. (Ben. v. 16700. 1.)
Et humanite i *prendroies*. (R. d. l. V. v. 5229.)
Li jugemens Diu si parfons
Est que nus hom n'i *prendroit* fons;
Et qui le poroit encerchier? (R. d. M. v. 219-21.)
Mes, se il le puet panre an iceste anvaïe,
N'an *panroit* nul avoir que solement la vie. (Ch. d. S. II, p. 7.)
Devant un an ne la *panriez* mie. (G. d. V. v. 1762.)

Il dient que se la pais ne poet en tel maniere venir, qu'il *prenderoient* deus homes et li empereres deus, et cil quatre *prenderoient* le cinquieme. (H. d. V. 504b.)

Puet bien estre ke clers plusur
Si *prenreient* sor eus mun labur. (M. d. F. II, p. 401.)

Imparfait de l'indicatif: *prenoie*, *prendroie*, *perneie*.

Ne me daigneroient servir
Se je te *prennoie* à signour. (R. d. M. v. 548. 9.)
Tant que par sort, à quelque peine,
D'une vez costume ancienne
Perneit l'om tute la joventé,
Et si meteit l'om grant entente. (Ben. I, v. 551-4.)
Al arcevesque grant pitie en *prendoit*. (O. d. D. v. 9363.)
Et vos honie reseries
Se vos un recreant *prendies*. (P. d. B. v. 9579. 80.)

Qar se il *prendoient* garde de com grant force il (l'adversaire) est, il ne murmurroient mie de ce ke il soffrent par defors. (M. s. J. p. 489.)

Il m'ert avis tot autresi
Que dui angre ceans veneient
Qui entre lor bras me *preneient*. (Chast. XVII, v. 95-7.)

Participe passé, d'abord *pris*[1], puis *prins*.

Pais ne acorde ne trive n'en fu *prinse*. (A. et A. v. 287.)

V. les composés.

Participe présent: *prenant*, *prendant*, *pernant*.

Li dus de Moriane aloit,
El tans que Morpidus vivoit,

---

(1) *Prece* pour *prese*, dans Aucassin et Nicolette (I, 413.). Cfr. le provençal *pres*, *presa*. Quant à *pree*, qu'on trouve au même endroit, c'est sans doute une faute de lecture.

> Par mer les rivages gastant
> Et les rices homes *prendant*. (Brut, v. 3439-42.)
> Hommes *prenant* et raimbrant. (Ib. I, p. 164, var. b.)

Le verbe *prendre*, suivi de la préposition *à* et d'un infinitif, se disait très-souvent pour *se mettre à, commencer à*. La langue fixée a conservé cette tournure, mais elle se sert du verbe pronominal: *se prendre à pleurer, se prendre à travailler*.

> Vers le chastel *prent à aler*. (R. d. C. d. C. v. 430.)
> Jours *prenoit* ja *à esclairier*. (Ib. v. 1048.)
> A la roïne *prist à dire*. (R. d. S. S. v. 5035.)
> Des espees *prist à ferir*
> Si que le feu en fist saillir. (Ib. v. 2420. 1.)
> Devant le jor *prist à toner*. (Trist. I, p. 195.).
> Adunc *prist* l'aube *à reclarzir*. (Ben. v. 22348.)
> Cil est montez en son destrer,
> E la lune *prist à raer*. (Ib. v. 35489. 90.)
> Vers son pere *prent à aler*. (R. d. l. M. p. 7131.)

Des composés de *prendre*, je citerai:

Desprendre, séparer, tirer; priver, déposséder, dénuer; découvrir, surprendre (Ordonnances des Rois de France, I, p. 537).

> J'estoie nus et *despris*
> Avant de toute courtesie. (Fab. et C. I, p. 108.)
> Alques *despris* et suffraitus
> E plein d'angoisse e rancurus
> S'essiloent pur melz aveir
> Tut par force, par estoveir. (Ben. I, v. 629-32.)
> En cestes treis (cites) a treis eglises
> Qui or sunt povres e *desprises;*
> Mais mult furent en grant honor. (Ib. v. 6903-5.)

Je ne connais de *desprendre*, signifiant *séparer, tirer*, aucun exemple qui remonte au XIIIe siècle; en voici du XVIe:

Or à un esprit si indocile, il fault des bastonnades; il fault rebattre et reserrer à bons coups de mail ce vaisseau qui se *desprend*, se descoust, qui s'échappe et desrobbe de soy. (Montaigne. Essais, III, 12.)

Pythagoras a faict dieu un esprit espandu par la nature de toutes choses, d'où nos ames sont *desprinses*. (Ib. II, 12.)

Ensprendre, esprendre — emprendre, enprendre, amprendre. Ces différentes formes se trouvent avec la signification de *allumer, enflammer, embraser. éprendre*. (V. le Glossaire.)

A savoir fait ke les alkanz *ensprent* tost irors et tost les guerpist (M. s. J. p. 514.)

Li altre sunt semblant à la pesant et à la dure lenge ki tardiement *ensprendent*, mais se il une foiz sunt *enspris*, griement les puet l'om estaindre. (Ib. p. 514. 5. Cfr. Roquefort, s. v. *ensprendre*.)

En cuir de cerf font la baron covrir,
Font une biere, le vassal i ont mis,
Et environ trente cierges *espris*. (G. l. L. II, p. 247.)
Li mes et les chandoiles mises
Es chandeliers totes *esprises*. (Romv. p. 458, v. 10. 11.)
Le soir viellerent chascun .i. sierge *espris*. (R. d. C. p. 324.)
Car aidier doit Karlon de saint Denise
Contre Agolant, que Dieu n'aime ne prise,
Qui a sa terre embrasee et *esprise*;
Devers Calabre l'ont ja tote porprise. (R. d'A. p. 2, c. 2.)
Tres fine amors qui tout mon coeur *esprent*. (Rayn. L. R. IV, p. 633.)

Cfr.: Toutesfois il y en a qui donnent une austre derivation et interpretation de ce mot de carmenta, qui est plus vraysemblable, comme si c'estoit à dire, carens mente, qui signifie hors de sens, pour la fureur qui *esprend* ceux qui sont inspirez d'esprit propheticque. (Amyot. Hom. ill. Romulus.)

Por escheveir le feu qui tout ades *emprant*. (Rutb. I, p. 146.)
Moult grant pitie l'*emprent*. (Berte, p. 69.)
Pitie l'*emprist*, si lor dona
Une verge. (R. d. Ren. I, g. 3.)
Il le *empristrent* la coliere de son cheval de feu grejois. (Joinville, p. 58.)

Emprendre, *enprendre*, signifiait en outre *allier*, *engager*, *liguer*; *choisir*, *fixer*, *entreprendre*, *commencer*.

Empris me sui al rei de France
Por Normendie aveir demeine
Tant cum de là en depart Seigne
Moi e mun eir senz parçonnier. (Ben. v. 14577-80.)
Solez e aquitez le vu
Dunt vers mei e vers mun nevo
Estes par serrement *empris*,
Si que n'en seit plus termes pris. (Ib. v. 16984-7.)
Ci oncor pas ne m'en remu,
Qu'al jor *enpris* movrai premiers
Od plus de set cenz chevaliers. (Ib. v. 14583-5.)
Ne ne s'en sunt treis si *enpris*,
Si esforciez ne si amis
Que l'uns i puisse al autre aidier. (Ib. v. 14768-70.)
Que contre tei devers eus l'aient
Enpris jurez à lor partie,
Del tot en force e en aïe. (Ib. v. 14362-4.)

Enpris jurez à lor partie c'est-à-dire lié par serment à leur parti.

Bien est foulz et mauvais qui teil voie n'*emprent*. (Rutb. I, p. 146.)
Errant a une dame *emprise*
Ceste chancon mignotement. (R. d. C. d. C. v. 991. 2.)
Puis que ma dame de Champagne

Vialt que romans à feire *anpreigne*,
Je l'*auprendrai* mult volentiers. (Brut. I, XXXVIII.)
Ce n'est pas vasselages d'*enprendre* hardement,
On puet tenir à fol celui qui ce *enprent*. (Ch. d. S. I, p. 128.)

Empernanz (Ben. II, v. 250), *enpernanz* (ib. v. 2652), *enprendans* (P. d. B. v. 2385), etc. pour dire *entreprenant*.

Esprendre signifiait encore *admirer*.

Adonc avoit ung chevalier au dehors du tournoy esgardant et *esprenant* la laine de son pis, la force de ses membres et la puissance de son cheval. (Perceforest. Cité par M. d'Orelli p. 232.)

Entreprendre, entreprendre, commencer; surprendre, attraper; étonner, embarasser, déconcerter.

Ou à ses hoirs qui *entreprenroient* la besoigne devantdite. (1265. H. d. B. II, 29.)

S'ensi se tient com il a *entreprins*,
Micudres de lui ains en cheval ne sist. (G. l. L. II, p. 193.)
Aus bois se traient, iluec cuident garir,
Mais ne puet estre, car trop sunt *entrepris*. (Ib. I, p. 166.)
Entrepris sui et enganes. (Fl. et Bl. v. 1756.)
Et vit le morsel en la corde,
Mais n'a talent que il i morde,
Einz jure qu'il i fera prendre
Son conpaignon et *entreprendre*. (R. d. Ren. t. 2, p. 321.)
Là veissiez plorer mainte haute marchise,
Qui devant son seignor estoit mate et conquise.

Nule n'en quiert merci: tant se sent *entreprise*. (Ch. d. S. I, p. 135.)

Quar celui cui li adversiteiz *entreprent* desporveut, troevet alsi com dormant ses anemis. (M. s. J. p. 515.)

Cil fu malement *entrepris*
Quer povres hom a poi amis. (Chast. XIV, v. 127. 8.)
Ensi avint ke par un jor
Fu *entrepris* à lairechin. (M. d. F. II, p. 308.)

Cfr. *Entreprendre* régissant un verbe à l'infinitif, sans l'intermédiaire d'une préposition:

Si aulcun de vous *entreprent combattre* contre ceulx cy, je vous feray mourir cruellement. (Rabelais. Pant. II, 29.)

Mesprendre, arriver mal à quelqu'un, l'offenser; commettre un délit; se tromper.

He! gentix rois de France, or voi que *mesprenez*;
Trop avez vilain cuer, que ne vos prent pitiez
De ceste lasse dame qi tant a de durtez. (Ch. d. S. II, p. 155.)

Dame, fait li empereres, et vous meismes i venrez; et se il ne nous laissent ens, il me semble que il *mesprendent* trop. (H. d. V. 505[b].)

Et non mie pour ceu que pour riens *mespresissent* envers iaus, ains lor monstroient... (Ib. 514[c].)

DU VERBE.

>Selonc decrez et loi cui je
>Que tei baron ont tort jugie:
>Bien i pueent avoir *mespris*,
>Je cuit qu'il aient antrepris. (Dol. p. 210.)
>E si li est de ren avis
>Que il unt encountre li *mespris*,
>>Il le amendrount. (Ben. t. 3, p. 622.)
>De ce que dient que pouerc esteit
>Quant vint au rei, ne dient mie dreit,
>>Mes unt *mespris*. (Ib. ead. p. 623.)

Cfr.: Et qu'elle punist ceulx qui auroyent *mespris* en cest endroict. (Amyot. Hom. ill. Demosthenes.)

Quant elles (les Vestales) viennent à *mesprendre* contre les dieux, elles perdent toute la franchise qu'elles ont pour la reverence du service des dieux. (Ib. ead. Tiberius et Gaius.)

Porprendre, *parprendre*, prendre de force, s'emparer, usurper, revager; investir, entourer; comprendre, contenir; circonvenir.

Hailas! chier sire Deus, ke ferons ke cil sunt li primier en ta persecution, qui en ta glise ont *porpris* les signeries et les honors? (S. d. S. B. p. 556.)

Mais que ajuet ce ke nos avons dit comment li irors *parprent* la pense, se nos ne disons coment l'om la doit apaisanteir. (M. s. J. p. 515.)

Porprise (R. d'A. V. plus haut *esprendre*).

>De la cuntree unt *purprises* les parz. (Ch. d. R. p. 129.)
>Les Bretons ont ariere mis
>Et tot le camp sor els *porpris*.
>Artur vit sa gent resortir
>Et cil de Rome resbaldir,
>Et le camp contre lui *porprendre*... (Brut. v. 13273-7.)
>Si fu *porpris* li avirons. (Ben. v. 5714.)
>Et vit Englois sor la montagne,
>Qui *pourprendoient* la campagne. (Phil. M. v. 17416. 7.)
>Ardane ert moult grans à cel jor,
>Et *porprendroit* moult en son tor. (P. d. B. v. 499. 500.)

Ki *porpris* sunt de pechiet. (S. d. S. B. fol. 10.)

>Li dus Gerard les conduisoit devant
>Sor un destrier ke les sans li *porprant*. (G. d. V. v. 464.5.)

Porprendre, dans ce dernier exemple, a la signification de *donner les devans*. (V. la préposition *por*).

Sorprendre, *sosprendre*, plus tard *soprendre*, *sousprendre*, *souprendre* et, en Picardie, *sauprendre*, surprendre, tromper, soumettre, surpasser, vaincre.

>Embrases est de s'amor et *sosprins*. (G. l. L. II, p. 4.)
>Les iols a gros, vairs et rians,
>Bien envoisies et *souprendans*. (P. d. B. v. 559. 60.)

De vos disent tantes bontes,
Tant buenes mors, tantes beautes,
Et ensement la gentelise,
Que sempres fui de vos *souprise*. (P. d. B. v. 1365-8.)
C'Amors l'ot *sousprise* et dechute. (R. d. l. V. v. 3176.)
De pour a le quor *sopris*. (Ben. v. 16384.)

Que par leur avoir veulent tous leurs amis *souprendre*. (Fabliaux, Jubinal, I, p. 128.)

Il estoit *saupris* d'amor. (Fabl. et C. I, p. 381.)

SOLDRE (solvere).

Soldre signifiait *livrer*, *délivrer*, *acquitter*, *payer*, *délier*, *absoudre*, *donner la solution*, *résoudre*. Ce verbe offre les mêmes variantes que *moldre* (moudre), et les explications que j'ai données touchant les thèmes de ce dernier, s'appliquent de tout point à *soldre*. Le composé *absoldre*, qui se trouve ordinairement orthographié *assoldre*, *asoldre*, signifiait *absoudre*, *délier*, *dégager*, *livrer*, *délivrer*.

Ne devez as prelaz defendre u comander
U d'*asoldre* cestui n de cestui damner. (Th. Ct. p. 68, v. 11.2.)
Por tel travail, por tel mise,
Li fist aveirs mult aporter
E mult par l'en fist presenter:
Soudre l'en voleit mult e rendre. (Ben. v. 10870-3; cfr. 41238.)
Et si li feroit *sorre* et rendre
Quan c'on i pot tolir et prendre. (Phil. M. v. 12263.4.)
Je ne l'ai de quoi *saure*. (Fabl. et C. III, p. 200.)
Dites, combien voudrez vous *saurre*? (Ib. ead.)
Feisuns le donc en teu menniere
Qu'il ne puist repeirier arriere,
Ne paller à ceus n'ens vooir
Qui de lui *assourre* unt pooir... (R. d. S. G. v. 3629-32.)
Se sainte Yglise escommenie,
Li Frere pueent bien *assaudre*,
S'escommeniez a que *saudre*. (Rutb. II, p. 60. 1.)

Le présent de l'indicatif offre les formes *sol*, *soil*. De prime abord, *soil* semble prouver que *soldre* était un verbe fort; cependant cette forme n'est pas primitive, elle ne remonte guère au-delà du milieu du XIIIe siècle, et l'*i* indique simplement un son mouillé du *l*. *Soil* appartenait au sud de la Picardie et à l'Ile-de-France.

Et je vous *assoil*, de Diu, de tous les pechies que vous onques feistes, jusques au point d'ore. (H. d. V. p. 182. VIII.)

Or tien vingt sous que j'ai ci en me borse, si *sol* ten buef. (Fabl. et C.)

>   A dreit se *sout* cil e aquite
>   Qui solum le fait rent la merite.   (Ben. v. 3599. 600.)
>   Di à mes amis, à ces trois.
>   Ke ne prestres ne Dex n'*assout*,
>   Chelui qui se dete ne *sout*
>   Ains que tu l'aies pris à quois.   (V. s. l. M. p. 25.)

L'*u* de *sout* représente le *l*, qui a subi son fléchissement ordinaire.

>   *Solez* e aquitez le vu.   (Ben. v. 16984.)
>   Trop ledement tuit cil s'endetent
>   Et si se tuent et afolent,
>   Quant riens promettent et nel *sollent*.   (Fabl. et C. II. p. 420.)

Présent du subjonctif: *solle*, *soille*.

>   Les evesques le me unt mande,
>   Que toleit unt ma dignete
>   Que jo les *asoille*.   (Ben. t. 2, p. 494.)
>   N'est si chaitis, Dex nel *asolle*,
>   S'elé l'en veut un poi requierre.   (Ib. ead. p. 516.)
>   Mais ce li requiert par amor
>   Qu'il le li quit e *soille* e rende,
>   Si que del suen rien n'i despende.   (Ib. v. 36555-8.)
>   Ains proi Dieu qui el cuer m'a mis
>   Que ce lor *soille* k'ai pramis,
>   Qu'il lor doinst longe vie, et grace
>   De bien vivre tot lor espace.   (V. s. l. M. p. 17.)
>   (Li reis vus mande)
>   Et que les evesques des païz
>   Que sunt en sentence miz
>   *Asolliez*.   (Ben. t. 3, p. 493.)

Le parfait défini faisait *sols* et *sous*.

E à tut li respundid li reis, e *solst* ses demandes e ses questiuns. (Q. L. d. R. III, p. 271.)

La forme *solui*, qui est celle de la langue fixée, existait-elle déjà au XIIIe siècle? Je ne saurais résoudre cette question d'une manière satisfaisante, vu que je n'ai rencontré aucun exemple de *solui* remontant à cette époque, et, je le répète, les analogies ne donnent pas la moindre certitude.

V. *toldre*, parfait défini.

Le participe passé avait deux formes bien distinctes: 1° *sols*, *sous* et, par suite de la syncope du *l*, *sos*; en Picardie, *saus* pour *sous*; 2° *solu*.

>   Ensement ad *asols* les moines del covent.   (Th. Cant. p. 117, v. 3.)
>   Mieus est, dist il, li premiers cols,
>   A cestui ai son loier *sols*.   (Brut. v. 9578. 9.)

Et (je) m'en tieng à *sols* et à paiet. (1288. J. v. H. p. 472.)
> Que si cum il unt deservi
> Lur seit rendu, *sous* e meri. (Ben. v. 4558. 9.)
> Sis donc li est *sous* c renduz
> Sis aveirs, si ravera sa terre. (Ib. v. 40290. 1 ; cfr. 34547.)
> Qantil furent *assot* trestuit de main sacree. (Ch. d. S. II, p. 57.)
> Puis s'est *assaus* de tous ses fais,
> Dont il sent cel jour confes. (R. d. l. M. v. 6889. 90.)
> Par bel latin ades a chascun puint *solu*. (Th. Cant. p. 43, v. 29.)

Quar à la foiz vult demesureie irors sembleir justice et *dissolue* remissions pieteit. (M. s. J. p. 453.)

> S'irons le joedi absolu
> De nos pechies estre *absolu*
> Là où l'apostoile sera. (R. d. l. M. v. 5809 - 11.)
> *Absolu* m'a de mes pechies. (R. d. l. R. v. 11309.)

Asoleit (Th. Cant. p. 117. v. 29), *assoloit* (Villeh. p. 33, LV), *assoldrai* (R. d. R. v. 11968), *assaudrons* (H. d. V. 502ᵈ), etc.

Persoldre, *pursoldre* (persolvere), payer.

E s'il ne pot aveir guarant ne testimoine, si perdrad e *pursoldrad*· (L. d. G. p. 181, 25.)

Je citerai enfin les exemples suivants, comme termes moyens de comparaison entre la langue d'oïl et la langue fixée, tant en ce qui concerne la conjugaison de *soldre* et de ses composés, que par rapport à leur emploi.

Infinies personnes ont essaye de corriger (les tables chroniques) jusques aujourd'huy et n'ont pourtant jamais sceu *soudre* et accorder les contrarietez et repugnances qui y sont. (Amyot. Hom. ill. Solon.)

Toutesfois on trouva qu'il y avoit plus grand nombre de ceulx qui l'*absouloyent* que d'austres. (Ib. ead. Cicero.)

Le peuble non seulement l'*absolut* de toutes les charges et imputations qu'on proposa contre luy, ains... (Ib. ead. Demosthenes.)

Ledict Panurge *solut* tres bien le probleme. (Rabelais. Pant. II, 16.)

(Les juges) n'abandonnerent point Demosthenes à ses ennemys, encores qu'ils feussent lors beaucoup plus puissants que luy... ains l'*absolurent*. (Amyot. Hom. ill. Demosthenes.)

Les nuees se *resolurent* en brouees et emplirent toute la plaine d'un brouillas obscur. (Ib. ead. T. Q. Flaminius.)

Voila vostre problesme *solu* et *resolu*, faictes vous gens de bien là dessus. (Rabelais. Pant. V, prol.)

A la fin ils (Pelopidas et Epaminondas) feurent tous deux *absouz*. (Amyot. Hom. ill. Pelopidas.)

Sans exception ne ambages tu me has apartement *dissolu* toute crainte qui me povoit intimider. (Rabelais. Pant. III, 27.)

Si par vous mon doubte n'est *dissolu*, je le tiens pour insoluble. (Ib. ead. III, 30.)

(On) estima qu'il (Ciceron) fust pour se joindre au party de Caesar, et est certain qu'il feut en tres grande perplexite, ne scachant comment s'*en resoudre*, et en grande detresse dans son entendement. (Amyot. Hom. ill. Cicero.)

Que Cicero, pere d'eloquence, traicte du mespris de la mort; que Seneque en traicte aussi : celuy là traisne languissant et vous sentez qu'il *vous* veut *resouldre de* chose *de* quoy il n'est pas *resolu*. (Montaigne. II, 31.)

SORDRE (surgere).

Ce verbe signifiait *sourdre*, *surgir*, *jaillir*, *lever*, *soulever*, *élever*, *se lever*, *venir*, *arriver*, *naître*. Il avait pour formes : *sordre*, en Bourgogne et en Picardie ; *surdre*, en Normandie. *Sordre*, *surdre* ont été formés de *surgere* (surg're) par la syncope du *g* : *surre*, *sorre*, d'où, avec intercalation ordinaire du *d* : *surdre*, *sordre*.

Il vivoit ancor quant om li forat et les mains et les piez, por ceu k'il de lui mismes fesist *axordre* (assurgere) quatre fontaines à nostre nes ki ancor sommes vif. (S. d. S. B. p. 540.)

  Si en porroit *sordre* tel guerre
  Qui en essil metroit la terre. (Brut. v. 5962. 3.)
  Surdre i vit grant peril e mult mortal desrei.
         (Th. Cant. p. 23, v. 25.)

Dès le milieu du XIIIe siècle, s'*o* s'assourdit souvent en *ou* : *sourdre*.

Bien que ce verbe fût d'un emploi très-fréquent, je ne l'ai rencontré qu'aux troisièmes personnes des différents temps. Voici leurs formes :

Présent de l'indicatif : *sort*, *sourt*, *surt*, où il y a changement du *d* final en *t* (v. t. I, p. 216), *surd*, *sordent*, *surdent*.

  Merveillanz furent del oïr
  E en grant creme de soffrir
  E d'endurer si fiere ovraigne
  Cume vers eus *surt* e s'engraine. (Ben. II, v. 385-8.)
  E de cele ymage *sourt* oles. (Phil. M. v. 10980.)
  Ensi s'est partie de court
  La male dame ù biens ne *sourt*. (R. d. l. M. v. 2421. 22.)
  Por un destruit en *sordent* set. (Ben. v. 20545.)
  Desor li *sordent* mult contraires
  E trop s'empire li afaires. (Ib. v. 32764. 5.)
  Venir s'en volt li emperere Carles
  Quant de paiens li *surdent* les enguardes [1]. (Ch. d. R. p. 115.)

Présent du subjonctif : *sorde*, *surde*.

---

(1) Le texte porte *enguardent*.

Mes il t'en puet mout bien aidier
Sanz ce que l'en *sorde* encombrier. (Chast. I, v. 43. 44.)
Ne vout vers tei haïne aveir
Ne noise n'i vout esmoveir
Dunt i *sorde* dissension,
Estrif ne gerre ne tençon. (Ben. v. 12049-52; cfr. v. 26371.)

Parfait défini: *sorst, surst; sorstrent, surstrent — sordi*, formé d'après le thème de la langue d'oïl.

Une bataille *surst* vers ces de Israel. e David vint en champ, encuntre les Philistiens. (Q. L. d. R. I, p. 74.)
Et *sorst* plentes de bons vasals. (P. d. B. v. 468.)
E eus e leur cite garnirent.
Grand noise i *surst* e grant effrei;
Chascun i out poür de sei. (Ben. I, v. 1336-8.)
Dunc nos *surst* Eurus li venz
Od neifs, od pluies, od tormenz. (Ib. II, v. 1705. 6.)
Al asemblee des douz genz
I *sorst* grant noise e granz contenz. (Ib. II, v. 499. 500.)
N'i *sorstrent* puis autre content
Ne mauvoillance ne mesfait
Qui mi seient dit ne retrait. (Ib. v. 24743-5.)

Surstrent, e as viles e as champs, une maniere de suriz, à la destructiun del païs, e fud la confusiun grande par tute la cite. (Q. L. d. R. I, p. 18.)

Cfr. R. d. R. v. 5977. 7833. 8439. 12986. etc.

Mes apres la mort de son pere,
Li *sordi* guerre moult amere. (Dol. p. 193.)

Imparfait du subjonctif: *sorsist, sursist, sorsissent, sursissent, sordist, sordissent.*

Por estre plus certains e meres
E qu'il n'i *sorsist* encombrier,
Revout l'ovre plus esforcier. (Ben. v. 36515-7.)

Il i ot si grant plente de tos biens comme on poroit soushaidier por cors d'omne aasier, et tout ausi com on les puisast en une fontaine où il *soursissent*. (H. d. V. p. 188. XII.)

Imparfait de l'indicatif: *sordoit, sordoient* (Villeh. p. 149, CLXVI; Romv. p. 583, 25), *sourdoient* (Villeh. 485°), *surdeient* (Ben. II, v. 71), etc. — Futur: *sourdera* (R. d. S. G. v. 3180), *sordront* (Brut, v. 850), *surdront* (Ben. II, v. 2362), etc.

Participe passé: *sors, sorse — surs, surse.*

Ici rest teus afaires *sors*
Dunt mainte lance fu croissie
E dunt maint d'eus perdi la vie. (Ben. v. 21571-3.)
Par qui ceste novele est *sorse*. (Trist. I, p. 54.)

Dunt sunt *sorses* les mauvoillances. (Ben. v. 34690.)

Participe présent: *surdant*, *sordant*, *sourdant* (R. d. C. d. C. v. 5177.)

La langue d'oïl fournit quelques exemples où le *d* est remplacé par *g*:

    Les dames *sourgent* toutes pars
    De courouc et d'ire enflammees. (L. d'I. p. 15.)
    Une fontaine *sorgoit* lès un vivier. (O. d. D. v. 4610.)

Ce *g* est-il une réminiscence du latin? Y a-t-il eu changement de la lettre intercalaire [1] en la primitive latine qui avait été syncopée?

Je citerai le composé *resordre*, qui signifiait *jaillir, sourdre de nouveau, resortir, revenir à, se relever, renaître, être ressuscité*.

    Saintefie de oile e de creisme,
    Viveiz son Deu, à lui servir,
    Que leiaument puissez morir
    E *resordre* al jur perillos
    Là ù Deus ait merci de vos. (Ben. v. 24314-8.)
    Devant le jugement quant li cors *resordront*. (Rutb. I, p.104.)

Pur ceo ne *resurdrunt* li felun el juise. (Trist. II, p. 241, c. 1.)

    Dedenz le puiz s'en avala
    James par lui ne *resordra*. (Chast. XX, v. 197. 8.)
    Quer se totes choses creeies,
    En plusors leus t'assoupereies
    Dont ne *resordreies* neient
    Sans aveir en grant marement. (Ib. ead. v. 257-60.)
    Ce m'a fait *resourdre* en sante. (R. d. C. d. C. v. 3065.)

Il est à regretter que le verbe *sourdre* vieillisse, car il est fort significatif et très-utile.

Cfr.: L'eau qui y *sourd*. (Amyot. Hom. ill. Lysander.)

(Auprès de Dyrrachium) y a un parc sacre aux nymphes, là où.... *sourdent* par cy par là des bouillons de flu qui fluent continuellement. (Ib. ead. Sylla.)

Et celle tant enviee puissance.... leur apparut alors esvidemment avoir este le rempart salutaire de la chose publicque, tant il *sourdit* et se descouvrit, incontinent apres son deces (de Pericles) au gouvernement de leurs affaires, de corruption et de mechancete. (Ib. ead. Pericles.)

Comme doncques les Romains eussent la guerre en levant contre le roy Antiochus...., il leur en *sourdit* une austre en occident du coste des Hespaignes. (Ib. ead. Paulus Aemylius.)

La liqueur *sourdante* d'icelle fontaine. (Rabelais. Pant. V, 42.)

Mais en la Grece, et aux environs d'icelle, ces meschancetez com-

---

(1) La permutation de *g* en *d* ou *t* et, vice versâ, de *d*, *t* en *g*, peut avoir lieu quand le premier s'est affaibli en un son sifflant.

mencerent de rechef à se renouveller et à *se ressourdre* plus que jamais. (Amyot. Hom. ill. Theseus.)

SUIVRE.

Ce verbe dérive de *sequere* pour *sequi*. (Cfr. t. I *mourir* et *naître* de nasci [nascere], *iraistre* d'irasci [irascere].)

Roquefort, MM. Diez et d'Orelli donnent à ce verbe les formes *segre*, *sigre*, *seguir*, *suigre*, mais sans en citer un seul exemple, de sorte qu'il est impossible de savoir sur quelle autorité ils se fondent pour les établir. *Seguir*, *segre* sont des formes provençales, qui n'ont jamais dépassé la frontière des dialectes mélangés de la langue d'oc et de la langue d'oïl. Si l'on en rencontre quelques exemples isolés dans les textes de contrées situées un peu plus vers le nord, on doit les attribuer à des inadvertances de copistes qui avaient d'autres habitudes de prononciation et d'orthographe. Je rejette *segre*, *sigre*, *seguir*, *suigre* comme formes pures de la langue d'oïl. (V. ci-dessous le participe passé).

Sevre, *seure*, *sievre*, *sieure*, *suir*, *suire*, *sivre*, *sivir*, *sievir*, *siure*, *sirre*, *soivre*, *sure*, *sore*, telles sont les orthographes qu'offrent, pour le verbe *suivre*, les textes publiés. Je dis „les textes publiés", parce que les manuscrits, on le sait, ne distinguent pas le *v* de l'*u*: toutefois le *v* et l'*u* sont admissibles, mais il faut établir des distinctions.

Sevre est la forme primitive de la Bourgogne et de la Normandie; *sivir*, celle de la Picardie; *sivre*, dans le nord de la Champagne et le nord-ouest de l'Ile-de-France. Le *v* se permuta d'abord en voyelle aux trois personnes du singulier du présent de l'indicatif, et, dès le premier quart du XIIIe siècle, ce changement se propagea sans doute à l'infinitif, dans les dialectes qui favorisaient les sons larges, dans la Touraine, l'Orléanais, le sud de la Picardie, plus tard en Champagne; de là *seure*, *siuir*, *siure*.

Dans les cantons où les formes en *i* radical étaient en contact avec celles en *e*, on introduisit l'*i* au radical des dernières et l'on obtint les nouveaux thèmes: *sievre*, *sieure*. Du moins, je ne pense pas que *suivre* soit un verbe fort, et que les formes à terminaison légère des thèmes en *e* aient d'abord renforcé l'*e* avec *i* préposé, puis que cet *i* ait été admis à l'infinitif; car le dialecte picard qui favorisait surtout la diphthongaison *ie*, ne connaissait pas les thèmes en *e*, et le dialecte bourguignon n'a jamais diphthongué l'*e* de *sevre*, *seure* avec *i* préposé.

A la fin du XIIIe siècle, les dialectes de l'Artois, de la Flandre et du Hainaut, admirent l'*ie* dont il vient d'être question, tout en conservant la terminaison *ir*: *sievir* ou *sieuir (?)*.

Quant à *suir*, forme de l'est de la Picardie propre et du nord-est de l'Ile-de-France, au milieu du XIIIe siècle, il provient du contact des formes *seure* et *siuir*: le son *eu* s'est contracté en *u*, et la terminaison picarde *ir* a été conservée au nouveau radical. *Suir* produisit, à son tour, un verbe de la quatrième conjugaison, par suite de l'influence des autres orthographes qui y rapportaient notre verbe: *sui-re*. C'est de ce dernier thème que dérive immédiatement la forme de la langue littéraire, par la réintercalation du *v*; mais *suivre*, dont on ne trouve aucun exemple au XIIIe siècle, n'était pas encore la forme fixe même au temps de Marot; on se servait aussi de *suivir*, qui est un mélange du radical *sui* et des formes picardes. *Suivir* paraît dans le premier quart du XIVe siècle.

A la même époque à peu près où *suir* s'introduisait dans la langue d'oïl, on trouve *sure*, au lieu de *seure*, en Champagne. *Sure* s'est-il formé sous l'influence de *suir*, ou est-ce une création propre? J'admets la seconde hypothèse.

Sore n'est qu'une autre orthographe de *sure*. *Soivre* est une diphthongaison irrégulière de la seconde moitié du XIIIe siècle; elle a sans doute été créée par analogie aux verbes en *oivre*. *Sirre* et même *sir* sont des formes rares des bas temps, qu'on peut considérer comme incorrectes, si l'on ne préfère les expliquer par la remarque que les sons vocals dérivés repassent souvent à leurs simples: *siure*, *siuir* seraient alors les primitifs de *sirre*, *sir*.

Dans les exemples suivants, je conserve l'orthographe admise par les éditeurs, bien que souvent je ne la croie pas exacte; mais toutes les suppositions qu'il serait possible de faire pour et contre les diverses leçons que fournit un seul et même texte ne donneraient une pleine certitude.

Car la majesteit ne la poostcit, ne la sapience ne poons nos *enseure*, ne mestiers ne nos est mies ke nos l'enseuiens. (S. d. S. B. p. 536.)

Quant nos la veriteit del hystoire avons gardee, ce ke nos oons charneilment poons nos *enseure* spirituellment. (M. s. J. p. 495.)

(Dunc cumandat Joiada que) si alcuns la (Athalie) volsist *sieure*, que errannment fust ocis. (Q. L. d. R. IV, p. 387; cfr. Ben. v, 21763.)

Kar *siure* nel pourent. (Ib. I, p. 116; cfr. Ben. v. 4647. 34379.)

E ço que l'um nel volt *sievre*. (Ib. I, p. 56; cfr. Ben. v. 15440; L. d. T. p. 78; Phil. M. I, p. 472.)

Ci remaindrunt mi chevalier
A tot ton bon *enseure* e faire. (Ben. v. 11945. 6.)
Cerf e bisse sout *sivre* e prendre
E grant sengler e fer atendre. (Ib. v. 17403. 4.)
Li empereres ne vost pas *sivre* tant.
(R. d. C. p. 233; cfr. H. d. V. p. 116. CXLI.)

Li cuens Loeys s'en issi des premiers à la soe bataille, et comence li Comains à *porsevre*. (Villch. 474 ᵉ).

Oublié ai chevalerie,
A *sevre* cort e baronie. (Trist. I. p. 105.)
Cascuns del duc *sivir* estrive. (Phil. M. v. 17413.)

Sire... hastez vous un poi plus tost de *sivir* nos deus batailles. (II. d. V. 510ʰ.)

Et de requerre et de pourchacier, *poursivir* et attaindre et rechevoir la paine... (1288. J. v. H. p. 475.)

Car Marsiles et Baligans apparelloient lor oire por lui *sievir*. (Cité ds. Phil. M. I, p. 471; cfr. H. d. V. 497ᵈ.)

A pie est: ne les puet *seure* ne anchaucier. (Ch. d. S. II, p. 145.)
Mais ne volrent à lui venir,
N'il n'en pot .i. sol *aconsure*
Onques nes finait de *porsure*... (Dol. p. 277.)
A ses amis vertus *suir*
Commanda et pechie fuir. (R. d. M. p. 39.)
Tant par l'a fait *suir* et dechacher. (O. d. D. v. 3368.)

Et pour la dite mise *poursuir* duskes en le fin... (1288. J. v. H. p. 473.)
Et cil li ensaigna quel part
Il porra les trahitours *suire*;
Tres bien les porra *aconsuire*
S'un petit esforchier se velt. (R. d. l. V. p. 211.)
Li autre *sirre* nes oserent. (Trist. I, p. 193.)
Tost ferai *soivre* le François. (P. d. B. v. 9146.)

Conformément à ces thèmes de l'infinitif, le verbe *suivre* se conjuguait de la manière suivante.

Présent de l'indicatif et impératif:
Au moins *enxui* .i. pou la trace,
Par quoi li boen ont los et pris. (Rutb. I, p. 131.)

Respundi nostre Sire: *Pursiu* les, senz dute les prendras, sis ociras. (Q. L. d. R. I, p. 115.)

Passe, passe: si me *sieu*. (Ib. IV, p. 377.)
Cil ki tu *pursieus* est cume uns chiens morz u une pulce. (Ib. I, p. 95.)
Por kai me *porseus* tu? (S. d. S. B. p. 555.)
Mais veons jui ceu ke *seut* apres. (Ib. p. 525.)
Apres icez les *seut* molt bele compaignie. (Ch. d. S. II, p. 60.)
Apres *sieut*. (M. s. J. p. 498.) — De ce *siut* apres. (Ib. p. 499.)
Mais, qui chaut, par tut les *ensiut*,
E les dechace e les *consiut*,

DU VERBE.

        Cum funt li chien le cerf alasse
        Qui del tut estanche e aclasse. (Ben. I, v. 847-50.)
        Car chi me *siut* mes anemis Ogiers. (O. d. D. v. 4697.)
        Partonopeus les *suit* de pres. (P. d. B. v. 2030.)
        S'il nous atendent si ferons,
        Et se il fuient sis *suions*. (Brut, v. 12914. 5.)
        Suies moi, jo ferai la voie. (Ib. v. 13285.)

Et or, ke plus grief chose est, *porseuent* cil mismes Crist, ki de luy sunt apeleit cristien. (S. d. S. B. p. 555.)

Es cuers des elliz naist li premiers des biens ki apres *sieuent*, li savoirs. (M. s. J. p. 499.)

        Son bon ceval, le noir, le bel,
        Enmaine od soi et ses levriers,
        Et il le *suient* volentiers. (P. d. B. v. 1956-8.)
        Breton qui les *suient* as dos
        Ne lor laient avoir repos. (Brut. v. 9118. 9.)
        Au dos le *siuent* tel cinq cent chevalier
        Qui tot le heent de la teste trancher. (O. d. D. v. 8996. 7.)

Nostre gent les *sievent* de si pres, que poi s'en faut qu'il ne les ateignent. (H. d. V. 507ᵃ.)

    Présent du subjonctif:
        Porquant les rois pas n'en forspart,
        Que jo n'en *sive* lor esgart. (P. d. B. v. 9141. 2.)
        Namporquant mie ne remaint
        K'il ne les *sive* de randon. (R. d. l. V. v. 2935. 6.)
        Repaire s'en, n'est qui l' *parsieue*. (Ben. v. 22178.)
        E ducement le vos requier,
        Qu'en cestes choses m'*ensuiez*. (Ib. v. 39416. 7.)

Et lors fait crier par tote la ville que il le *sievent* à tel besoing. (Villeh. 487ᶜ.)

    Parfait défini et imparfait du subjonctif:
        Mais Karles le *sivi* tantost
        A quank'il pot mener en ost. (Phil. M. v. 5088. 9.)

E une partie del ost que Deus out tuched les quers, le *sewi*. (Q. L. d. R. I, p. 35.)

E *sewid* les males traces sun pere. (Ib. III, p. 297.)

        Il levat sus, si me *siuvi*. (Trist. II, p. 124.)
        Par moi *sivistes* le saingler
        Qui vos amena vers la mer. (P. d. B. v. 1383. 4.)

Il *enseuirent* hui lo conduit de la novele estoile. (S. d. S. B. p. 550.)

Johannis se desloja, si chevaucha arriere vers son païs. Ensi le *suirent* par cinq jornees, et il ades s'en ala devant als. (Villeh. 483ᵈ.)

        Le moine et la fame *aconsurent*. (N. R. F. et C. II, p. 420.)
        Et ses gens *sivirent* apries,
        De lui aidier prest et engries. (Phil. M. v. 17466. 7.)

Cume Roboam vit que il fud afermed en sun regne, nostre Seignur guerpid e sa lei, e sa gent *sewirent* lur rei. (Q. L. d. R. III, p. 295.)

Cuides tu ke cil *porseuissent* solement Crist, ki son tres saint cors cloficherent en la croix, et nel *porseuist* mies cil ki encontre sainte eglise, ki est ses cors, forsennevet par felenesse haine? (S. d. S. B. p. 555.)

Et mande l'empereor Baudoin qui il le *porseust*. (Villeh. 475ª.)

Je *porseisse*, à la rime. (Chast. XXVII, v. 98.)

Imparfait de l'indicatif:

    Car .j. larron fossier *sivoie*. (R. d. l. V. v. 1198.)

    Et se Cheldric là le *suioit*,
    Plus asseur se combatroit. (Brut. v. 9366. 7.)

    En fut torne et cil apres
    Qui la *suoit* tost et de pres. (Dol. p. 291.)

    Nostre empereres le *siuoit* de plus pres. (O. d. D. v. 9004.)

    Au veneeur qui le *sieveit*. (M. d. F. II, p. 214.)

    Od cis cent armes les *suioient*. (Brut. v. 12542.)

    Sueient li dus kel part k'il tort. (R. d. R. v. 13774.)

Futur et conditionnel:

Ju te *seurai* tot cele part où tu iras. (S. d. S. B. p. 562.)

Jo en irai, e cungie prendrai de mun pere e de ma mere, e puis te *siwerai*. (Q. L. d. R. III, p. 322.)

    L'esgart *suirai* de vostre cort,
    Comment qu'à bien n'a mal me tort. (P. d. B. v. 3555. 6.)

    Mor, tu me fuis, jou te *siurai*. (Fl. et Bl. v. 773.)

    Or verra, ce dist, quil *suira*
    Et qui od lui en ost ira. (Brut. v. 9121. 2.)

    Vos le *siurez* à la feste seint Michel. (Ch. d. R. p. 2.)

    Si m'afiez la vostre fei
    Qe vus james ne me *sivrez*. (M. d. F. II, p. 212.)

    Tuit te *suirout* et sergant et pietaille. (R. d. C. p. 43.)

    A vivre et à morir vos *seuront* bonement. (Ch. d. S. II, p. 109.)

Qui un homme *suiroit*. (1312. J. v. H. p. 550.) — *Suvoit*. (Ib. ead.)

E que tut sun plaisir *siwercient*. (Q. L. d. R. IV, p. 380.)

Et qu'il *sivroient* Joffroi de Ville-Hardoin. (Villeh. p. 115. CXL.)

Le participe passé se présente sous les formes suivantes: *segut, seut, sui, soit, sivi, seui, suii*. L'admission du thème *segut* semble, au premier abord, me mettre en contradiction avec moi-même, puisque j'ai rejeté, pour la langue d'oïl, les infinitifs en *g*; mail il n'en est rien, car *segut* est une dérivation propre du latin *secutus*, dont le *c* a été permuté en *g*. Du reste, la forme *segut* se restreint aux provinces du sud-ouest de la langue d'oïl; elle n'a jamais pénétré plus avant que la Touraine. *Seut*, forme de Bourgogne et de Normandie, a été formé de *secutus*, par la syncope du *c*. Je n'ai rencontré *soit* que dans la Chronique de Ducs de Normandie. Les autres thèmes correspondent à des formes infinitives expliquées plus haut.

> Fors del gue fu li reis eissuz;
> Mais ne fu gaires *parseguz*. (Ben. v. 21532. 3.)
> Tant vint des lor à garisun
> Cum eschapa par esperon;
> Assez furent puis *parsoiz*,
> Ce me reconte li escriz. (Ib. v. 19936 -9.)

Tant soit Karles *scuz* c'on le truist et ataigne. (Ch. d. S. I, p. 62.)
> Puis a l'autre frere *suii*. (Brut. v. 13729.)

Participe présent: *seuant, sivant, suiant, siuant, suant.*
> S'aloient grant joie menant
> Et les autres apres *suant*. (L. d. T. p. 77.)

Et doit estre fais ces rapors dedans ces deux mois *ensuians*. (J. v. H. p. 438; cfr. Ch. d. R. p. 46.)
> Le bisclaveret li vet *siwant*. (M. d. F. Biscl. v. 162.)
> Car l'alons ore tuit *siuant*. (P. d. B. v. 5912.)

Montaigne et d'autres auteurs emploient *suivre* au lieu de *poursuivre, continuer* (un discours).

Il ne feut jamais, *suyvis*-je, que je n'eusse cet honneur que de communiquer à toutes celles (imaginations) qui vous venoient à l'entendement. (Montaigne. Lettre à Monseigneur de Montaigne.)

On a déjà trouvé le plus grand nombre des composés de *suivre*; je puis donc être très-bref en les rassemblant ici pour indiquer leur signification.

Consuivre, poursuivre, atteindre, rejoindre.
> Plus tost qu'il pot en la fuie c'est mis,
> Et Berneçons l'enchauce par aïr.
> Quant ne le pot *consivir* ne ferir,
> Il et sa gent se sont el retor mis. (R. d. C. p. 308.)

Cui il *consut* à cop, ne leva puis d'un mois. (Ch. d. S. II, p. 117.)

Aconsuivre, atteindre, rejoindre, rattraper, accomplir.
> Parmi son elme bien fu *aconseus*. (R. d. C. p. 175.)
> Et si tost com ele en voit liu
> S'en fuit vers les mons de Mongiu,
> Et el fu dusque là seue,
> Mais ne fu pas *aconseue*. (P. d. B. v. 334 - 7.)
> Mais ja par son gre nel saura
> Duskes à tant que il aura
> Sa volente *aconseue*. (R. d. l. M. 2025 - 7.)

Ensuivre, suivre, poursuivre, imiter, ressembler.
> Si unt apres lui chevalchie,
> *Enscui* l'unt od granz maisnees. (Ben. v. 8649. 50.)

Porsuivre, parsuivre, poursuivre, persécuter, tourmenter.

Mausuivre, mal venir, mal advenir, c'est-à-dire mal réussir. (Mém. d'Olivier de la Marche, t. II, p. 183; l. I, ch. XXVI.)

S'entresuivre, se suivre à la file.

Cfr.: Depuis qu'une fois la convoitise d'amasser or et argent se feut coulee dedans la ville de Sparte, et qu'avecques la possession de la richesse *se suivit* aussi l'avarice et la chicheté... Sparte se trouve incontinent destituee de plusieurs grandes et honnorables preeminances. (Amyot. Hom. ill. Agis et Cleomenes.)

Comme sont les effects de la vertu, lesquels, en les oyant ou lisant, impriment es coeurs une affection et un zele de les *ensuivre*. (Ib. ead. Pericles.)

Timocreon composa lors les vers qui *s'ensuivent* à l'encontre de luy (Themistocles). (Ib. ead. Themistocles.)

Mais au demourant qu'il eust sagement preveu les faustes que faisoyent ces capitaines atheniens, l'esvenement qui *en ensuivit* incontinent apres le tesmoigna evidemment. (Ib. ead. Alcibiades.)

La vengeance *s'en ensuit apres*. (Ib. ead. Comp. de Solon avec P. V. Publicola.)

TAIRE (v. fo.), tacere.

Les explications que j'ai données au sujet du verbe *plaire*, s'appliquent de tout point à *taire*. Ainsi nous avons la forme primitive *tasir* ou *tare*, d'où *taisir*, *taire*, puis *teisir*, *teire*, *tesir*, *tere*. Outre ces formes, on trouve *teiser* sur les frontières de la Normandie, thème qui peut avoir été précédé de *taser'* (taiser, teiser). (Cfr. le provençal *tazer*, *taiser*, *taizer*; l'italien *tacere*.)

Je n'ai aucun exemple des formes non renforcées de l'infinitif; voici les autres:

Nequedent *taisir* et cessier poons nos encor plus subtilement encerchier, quar taisirs est rastrendre la pense en sus de la voiz des terriens desiers. (M. s. J. p. 473.)

Ne vout la chose plus *taisir*. (Ben. v. 34878.)
Ki Deus ad done en science
De parler la bone eloquence,
Ne s'en deit *taisir* ne celer. (M. d. F. I, p. 42.)
Car si son estuide entrelait
Tost i puet tel chose *teisir*
Qui mult vaudroit plus à pleisir. (Brut. I, XXXVII.)
Di tost coment te fut aviz
De ceo dunt ainz *teiser* le fiz. (R. d. S. p. 16.)
De ce *taire* n'out quor ne soing. (Ben. v. 34885.)
Et quant Judas, qui de pute eire
Estoit, les vit ainsi touz *teire*. (R. d. S. G. v. 277. 8.)

Puis qu'il covient verite *tere*,
De parler n'ai je mes que fere. (Rutb. I, p. 188.)

Pour ce qui est des formes des différents temps, je vais en citer quelques exemples qui correspondent également à celles de *plaire*.

Tant vos en di, si ne vos *tes*,
Que volentiers les eschivast
Pot cel estre, se il osast. (Ben. v. 22145 - 7.)

Mesfait as en maint liu, dunt encore me *tes*. (Th. Ct. p. 64, v. 15.)

Tais, fet ele, mauves goupix. (M. d. F. II, p. 255.)
Teiz toi, ja mar en parleras. (R. d. R. v. 7055.)
Il se *test*, em bas resgarde,
De parler .j. petit se tarde. (R. d. M. p. 24.)
Li rois se *tuist* et cil s'en vont. (P. d. B. v. 2839.)
Si lor cria: *taisies, taisies*. (Brut, v. 10998.)
Et cele dit, *tesiez* vos en. (Romv. p. 470, v. 2.)
Car du bien qu'il sevent se *taisent*. (R. d. l. M. v. 19.)
Parolent qant deivent cesser
E *tesent* qant devreient parler. (M. d. F. II, p. 242.)
Si me vaut mix que je me *taise*
Que racontaisse ma mesaise. (R. d. l. M. v. 4871. 2.)
N'il n'est mie drois c'on se *taise*
De ramembrer cose qui plaise. (Ib. v. 37. 8.)
C'est ovre maude que l'om *tace*
Eissi que Tiebauz ne la sace. (Ben. v. 21184. 5.)

Apres sieut: Ne fis dunkes dissemblant? ne moi *tou* ge dunkes? [Nonne dissimulavi? nonne silui?] (M. s. J. p. 471.)

En apres nos mostret il queilz il fut en la boche, quant li dist: Ne moi *tou* ge dunkes? (Ib. p. 473.)

Bien avint ke nuls de ceos ne se *taut* del douz nom del Salvaor, car ceu fut maismement à mi plus grant mestiers. (S. d. S. B. p. 548.)

Gerars se *teut*, mot ne parla. (R. d. l. V. v. 6442.)
Quant li reis out tot escolte
E cil se *tout* ki out parle. (R. d. R. v. 1568. 9.)

Mais ceu dont li altre engele se *taurent* fut reserveit al nostre. (S. d. S. B. p. 548.)

Tot li devincor se *torent*
Et à Merlin dire ne sorent. (Brut, v. 7687. 8.)
Quant ot che dit, et puis se *teurent*,
A painnes respondre li seurent. (R. d. M. p. 67.)
François se *teurent*, li rois dist son corage. (O. d. D. v. 3511.)
Si que tantost con le connurent,
Pour la doute de lui se *turent*. (R. d. S. G. v. 273. 4.)
Ils respondent: Nous nous *tairons*. (R. d. l. M. v. 4829.)

Mult affliz et longement *tauz*. (S. Grégoire. Dial. I.)
Hiamunt parla: bien se sunt tuit *teu*. (R. d'A. p. 1, c. 1.)

Sire, bien est la chose seue,
Qui ne pot mais estre *teue*. (Ben. v. 12067. 8.)

TOLDRE (tollere).

Toldre signifiait *ôter*, *enlever*, *arracher*; il resta en usage jusqu'à la fin du XVIe siècle. C'est peut-être à tort que, partant du latin, je rapporte ce verbe à la quatrième conjugaison; car *tolir* (plus tard *tollir*), sa forme ordinaire durant tout le temps de son emploi, le faisait rentrer dans notre second conjugaison. Cependant on trouve, quoique rarement, le thème *toldre*, qui peut dériver directement du latin *tollere* (*tolre*, et, avec *d* intercalaire, *toldre*) comme le provençal *tolre*, *toldre*; ou bien *toldre* est une nouvelle création due à l'influence des futurs avec *d* intercalaire. La seconde de ces deux hypothèses est celle que j'admets comme la plus vraisemblable; car on ne rencontre nulle part *tolre*, dans la langue d'oïl, et nos plus anciens monuments ne connaissent pas *toldre*.

Ad une spede li roveret *tolir* lo chief. (Eul. v. 22.)
N'i a .i. qi ne voille Baudoin *tolir* vie. (Ch. d. S. II, p. 24.)
Bien nous loist ce par droit tenir
Que il solent as nos *tolir*. (Brut, v. 11110. 1.)
Qu'il voloient sa tiere *toldre*. (Phil. M. v. 29936.)

Le présent de l'indicatif se conjuguait de la manière suivante:

tol, et, avec *l* mouillé, *toil* — *tols*, d'où *tos*, *taus* — *tolt*, *tout*, *tot*, *taut* — *tolons* — *toleiz* — *tolent* — Enfin les formes irrégulières: *touls*, *toult*, etc. (Cfr. *vouloir*.)

Impératif: *tol*, *tolons*, *toleiz*.

Mais par celui c'on apele Jhesu,
Se ne te *toil* le chief de sor le bu,
Je ne me pris vallisant .i. festu. (R. d. C. p. 171.)

Tol, *tol* tei, fist li prophetes à Giezi. (Q. L. d. R. IV, p. 358.)

Va li Evereus asegier
Cele li *tol*, si la me baille. (Ben. v. 21969. 70.)

Tu li *tols* toutes ses honors,
Tu prens le miolz, le pior laisses. (P. d. B. v. 5442. 3.)

Di moi pour quoi tu ies si fos,
Que ceste tiere nos *tos*
U tes anciestres ne tes avies,
Ne tu, ki tant ies vious et savies,
N'euis onques vaillant .i. pois. (Phil. M. v. 5296-300.)

Quant doit avoir en son jovent
Joie, tu li *taus* soutiument. (Fl. et Bl. v. 759. 60.)

Tu prens le dormant en son lit,

Tu *touls* au riche son delit,
Tu fais biaute devenir fiens. (V. s. l. M. XVII.)

Il liet lo fort, et se li *tolt* ses vaissels. (S. d. S. B. p. 537.)

Mais cant il promet les plus granz choses, si *tolt* il mimes les plus petites. (M, s. J. p. 446.)

S'onor li *tout*, rien ne l'en lait. (Ben. v. 15656.)
Qui plus te het que riens qui seit,
Qui t'onor, ton fien e ton dreit
Te *tout* de tote Normendie. (Ib. v. 21930-2.)
Qant Baudoins l'antant, si mue son talant;
Ire li *tot* son duel, de coi il avoit tant. (Ch. d. S. II, p. 147.)
Li leus saut d'un buisson, | Se li *taut* .i. moton
Ançois que nus le voie. (Th. Fr. M. A. p. 37.)
Alons, alons Rome conquerre,
Si *tolons* as Romains la terre. (Brut, v. 11303. 4.)
Ne pais, ne foi ne nous tenes,
Nostre treu nous *retolez*. (Ib. v. 6348. 9.)
Toz jors vuelent sanz doner prendre,
Toz jors achatent sans riens vendre.
Il *tolent*, l'en ne lor *tolt* rien. (Rutb. 1, p. 219.)
Ne viellece ne jonete
Ne *tolent* la Dieu volente. (R. d. l. M. v. 109. 10.)

Et avec *l* mouillé:

Samblant faisoit que la volsist laidir,
Quant si home li *toillent*. (A. et A. v. 1136. 7.)

Présent du subjonctif:

Ja ne te toudra dous bordaus
Jeo ne li *toille* treis chasteaus. (Ben. v. 11950. 1.)
Si com l'ostoirs garde sa proie,
Quant famine li rueve et proie,
Qu'autres ne viegne ki li *tolle*. (Phil. M. v. 7630-2.)

Nullui ne *toille* à soun seinour sun dreit servise pur nul relais, que il li ait fait en arere. (L. d. G. p. 184, 34.)

La forme ordinaire du parfait défini était *toli*.

Par moi te mande li vassaus Aimeris
Que envers toi n'ait ancore pais quis
De son cheval ke tu ier li *tollis*. (G. d. V. v. 515-7.)
A qui tu Escoce *tolis*. (Brut, v. 2424.)

Hisboseth erranment la mandad, si la *tolid* à Phalthiel sun barun. (Q. L. d. R. II, p. 130.)

Fors fuit l'aubers, un millor ne demant:
Rois Eneas le *toli* Elinant
Par devant Troies en la bataile grant. (G. d. V. v. 2091-3.)
Rois Loeys fist le jor grant folaige,
Que son neveu *toli* son eritaige. (R. d. C. p. 10.)

Nus li *tolismes* l'ensaigne flambiant. (O. d. D. v. 784.)
Aymerias o le couraige fier,
Cui vos *tolistes* l'autre jor son destrier. (G. d. V. v. 2250. 1.)
Sissons *tollistes* au cortois Berangier. (G. l. L. I, p. 130.)

Enqui refu granz li estotz à la porte, et la tor *tolirent* par force, et les pristrent laienz. (Villeh. 451ᵃ.)

Que del col me *tolirent* la targe belvosine. (Ch. d. S. J, p. 127.)

Outre cette forme ordinaire du parfait défini, on en trouve une en *ui*, et, à la troisième personne du singulier, *tolst* (?), *tost*, *tout*. La terminaison *ui* est très-ancienne; mais *tost*, *tout* ne datent, que du dernier quart du XIIIe siècle. *Tost*, *tout* sont des analogies à *solst* (soldre) et surtout à *volst*, *vost*, *vout* (vouloir).

Chil qui tans livres et tans mars
Del avoir par le monde epars
Tolut à destre et à senestre. (V. s. l. M. XLVI.)
Bien a fet des ke il li plout;
Ceo pert as terres k'il lor *tout*. (R. d. R. v. 9551. 2.)
Mes peres fu rois de la terre
Que mes oncles me *tout* par guerre
Grant tort avoit et mespris a
Quant de la mort me desfia. (Brut, v. 4866-9.)
La dame prist à regarder:
Amours li *tost* si le parler,
Ou paours qui au cuer li touche,
C'un tout seul mot n'ist de sa bouche. (R. d. C. d. C. v. 174-7.)

Les formes de l'imparfait du subjonctif correspondaient à celles du parfait défini, mais *tolsisse*, *tosisse* se montrent plus tôt et plus souvent, au XIIIe siècle, que les correspondants du parfait défini. Ces anomalies, assez fréquentes dans notre vieille langue, ont déjà été expliquées trop souvent pour que j'aie besoin d'y revenir ici.

Un poi de rasuagement
Li *tolist* auques la dolur,
Dunt il ot pale la colur. (M. d. F. I, p. 80.)
Plus en a mort de la moitie;
Ja n'en laiast alor un pie,
Se la nuit oscure ne fust
Et se li bois ne li *tolust*. (Brut, v. 9324-7.)
Il n'aroit oir qui lor nuisist,
Ne qui la terre lor *tolsist*. (Ib. v. 9189. 90.)
Tant n'eurent dyable pooir
La chartre ne lor *tosissies*
Et que vous ne la rendissies
Celui dont l'ame ert envaie
Se ne fust vostre grant aie. (R. d. l. M. v. 5752-6.)

Futur: *tolrai*, *touroi*, *taurai*, *torrai*[1] (assimilation de *l* à *r*), *tourrai*, par suite du fléchissement de l'*o*, et, avec *d* intercalaire, *toldrai*, *toudrai*; conditionnel: *tolroie*, *touroie*, etc. (Cfr. *vouloir*.)

   Si te *tolrai* le moniage,
   Si te randrai ton eritage. (Brut, v. 6665. 6.)
   Et dist Ogiers: Le cief vos *tourai* jus. (O. d. D. v. 1852.)
   La premeraine refusee
   Taurai jou le cief al espec. (Poit. p. 59.)

Jo susciterai mal sur tei de ta maisun meime, e *tolderai* tei tes femmes devant des oilz. (Q. L. d. R. II, p. 159.)

Mais ma merci e ma misericorde ne li *toldrai* pas, si cum jo fis à Saul, que jo ai remued sur tei. (Ib. ead. p. 144.)

   Qui n'i sera, tres bien t'afiche
   Que lor *toudras* lor hirete. (Trist. I, p. 156.)
   Nos terres, ce dist, nous *tolra*
   Et à Rome pris nos manra. (Brut, v. 11178. 9.)
   Se il puet esploitier la teste li *taura*. (Romv. p. 345, v. 13.)

Voz champs, voz bones vignes, voz olivers, *toldra* e à ses serfs les durra. (Q. L. d. R. I, p. 27.)

   Ja par esforz qui en lui seit
   Ne vos *toudra* plein pe d'onur. (Ben. II, v. 306-7.)
   Jai, se Deu plaist, ke tot ait à jugier,
   Ne l'an *toreiz* valisant un denier
   Tant com je puise monter sor mon destrier. (G. d. V. v. 1317-9.)
   Et que vous riens ne me *tourrez*. (R. d. S. G. v. 1546.)
   Por quei ne con faiterement
   La *toudreiz* à un innocent
   Pour doner la à un sathan. (Ben. v. 15088-90.)
   Ces dels aura tosjors od lui,
   Auques li *tolront* son anui. (P. d. B. v. 1853. 4.)
   Ensi nos terres nous *torront*
   U tous aservir nous volront. (R. d. M. v. 1622. 3.)
   Ensemble ont lur consail pris
   Q'au valet sa femme *toudront*. (L. d'H. v. 688. 9.)
   La tere, ce dist, li *tolroit*
   Et s'il pooit, il l'ociroit. (Brut, v. 4481. 2.)
   Se de Melans venoit à som,
   Constantinoble li *toroit*
   Et sa volente en feroit. (Phil. M. v. 29892-4.)

E pres tut le realme li *toldreit* fors un lignage k'il li larreit. (Q. L. d. R. III, p. 277.)

   Porpensa sei qu'il li *toudreit*
   Par aucun engien, s'il poeit. (Chast. XV, v. 65. 6.)

---

(1) Dans la seconde moitié du XIIIe siècle, on trouve souvent *torai*, au lieu de *torrai*, orthographe qui, à vrai dire, doit être considérée comme incorrecte.

Tant de paroles orriies
Et de ma dame et d'autre gent
Qu'il vous *toldroient* le talent
Dont vous me dites vo voloir. (R. d. l. M. v. 1966-9.)

Imparfait de l'indicatif: *toloie* (Poit. p. 63), *toliies* (R. d. l. M. v. 4935), etc.

Le participe passé avait pour formes: *toloit*, *toleit*; *tolu*; *teus*, à la rime (Trist. I, 99).

L'on ne tient mie ce de droit
Que l'on a par force *toloit*. (Brut, v. 11108. 9; cfr. v. 8857.)

Nekedent si soi esjoist li malignes enemis de ce ke il les at aleune chose *toloit*. (M. s. J. p. 500.)

Cil ki serunt remeis serunt *toloit* fors d'eas. (Ib. p. 511.)

Se combati od cel seignor
Qui si li out *toleit* s'onor. (Ben. v. 7592. 3.)
Kar la cite nos est *toleite*. (Ib. II, v. 895.)
Kant entre auz .ij. descendit une nue
Qui as barons ait *tolu* la veue. (G. d. V. v. 3023. 4.)
Au dyable fu *retolus*
Par repentir Theophylus. (R. d. M. p. 68.)
Au valet ont sa femme *tolue*. (L. d'H. v. 698.)

Cfr.: Dieu sera juste estimateur de nostre different, lequel je supplye plustost par mort me *tollir* de ceste vie, et mes biens desperir devant mes yeulx, que par moy ny les miens en rien soit offense. (Rabelais, Garg. I, 46.)

Par leur vol, ilz (les pies et les geais) *tollissoyent* la clairte du soleil aux terres subjacentes. (Ib. Pant. IV, Anc. prol.)

Tu la *tolluz* la romaine banniere,
Qu'on avoit faict au traict du parchemin. (Ib. Garg. I, 2.)

(Il) s'esclata de rire enormement, continuement, que l'exercice de la ratelle luy *tollut* toute respiration, et subitement mourut. (Ib. Pant. IV, 17.)

COMPOSÉS.

Destoldre, *destolir*, ôter, arracher, détourner, empêcher, retenir.

Cunte ne duc ne li roi corune
Ne se poent de la mort *destolir*. (Ben. t. 3, p. 459.)
Le mal voudreit mult *destolir*
Qu'en paiz fust la crestientez. (Ib. v. 20692. 3.)
Nis pur poi qu'il nel orent ocis e abatu
Del bastun de la cruiz; mais Deus l'ad *destolu*.
(Th. Cant. p. 139, v. 29. 30.)
Bataille i ert, se il ne s'en *destolt*. (Ch. d. R. p. 125.)

Dans l'exemple suivant, *destolu* signifie *écarté*.

D'une part l'a mene en un liu *destolu*. (Berte, p. 168.)

Retollir, *retoldre*, enlever encore de nouveau.

Li derompt tote la maille,
Et si li *retout* son escu. (N. R. Fab. et C. II, p. 24.)

Et se tu vas rien parlognant,
Que si nel faces com jo mant,
Mont Giu à force passerai,
Bretaigne et France *retolrai*. (Brut, v. 10975-8.)

Maltolu, *mautolu*, pris par force et contre justice, ravi. (Voy. Roquefort, s. v.)

Cfr.: *Tolte*, impôt, taxe; *maletolte*, maltôte, tributum quod injuste et male tollitur; *tol* (L. d. G. 175, 3), privilége dont un seigneur jouissait dans l'étendue de sa terre, et qui consistait à être exempt de toute taxe et de tous droits pour le transport, l'achat et la vente des marchandises et denrées. Cette signification de *tol* n'est cependant pas la primitive, il signifia d'abord taxe sur les denrées et les marchandises, ordinairement *tonlieu* dans la langue d'oïl, en basse latinité *tolenium*.

TRAIRE (v. fo.), trahere.

Le thème primitif de ce verbe n'a pas encore été retrouvé; les plus anciens textes connus de la langue d'oïl portent déjà *traire*. Comme *faire*, le verbe *traire* passa donc de fort bonne heure à la conjugaison faible. Toutefois il nous est parvenu assez d'exemples des formes non renforcées, qui plus tard prirent aussi l'*i* de la diphthongaison régulière, pour ne laisser aucun doute sur le caractère fort de *traire (trare)*. Cfr. l'espagnol *traer*, l'italien *trarre*.

Les thèmes de l'infinitif étaient les mêmes que ceux de *faire* (v. ce verbe): *traire*, *treire*, *trere*.

Cumandad que l'um enseignast as fiz as Judeus *traire* de arc. (Q. L. d. R. II, p. 122.)

    Quant tout li crestiien linage
    Aurai fait à durte mort *traire*. (R. d. M. p. 46.)
    D'un arbaleste ne poet *traire* un quarrel. (Ch. d. R. p. 88.)
    Se commença à estrangier
    Et *treire* à la foïe arrier. (R. d. S. G. v. 225. 6.)
    Et vist celui si bien aider
    Que il les fet tuz *trere* arere. (L. d'H. v. 736. 7.)

Présent de l'indicatif (et impératif): *tras*, *tres*, puis *trai*, *trei*; *trais*, *treis*, *tres*; *trait*, *treit*, *tret*; *traons*, puis *traions*; *traeiz*, puis *traiez*; *traïent*, *treient*. (Cfr. *faire*.)

    De corrouz et d'anui, de pleur et d'amistie
    Est toute la matière dont je *tras* mon ditie. (Rutb. I, p. 136.)
    A tesmoing (j')en *trai* nostre Sire. (R. d. M. p. 30.)

Or *trai* de là un poi ariere. (P. d. B. v. 10679.)
Ausi cumme d'une partie
Leisse, que je ne *retrei* mie... (R. d. S. G. v. 3501.2.)
Conment tu *trais* rasoir de casse
Pour chiaus rere qui n'ont que prendre. (V. s. l. M. XX.)
Sor les estriers s'afiche de randon,
Et *trait* l'espee dont à or fuit li pon,
Et fiert le roi desus son elme an son. (G. d. V. v. 1573-5.)
Apres ce li demanderas
En quel liu li cuers le *treit* plus. (R. d. S. G. v. 3120.1.)

Lors li gita ses braz au col, et il se *tret* arrieres. Elle le prent par le menton... (R. d. S. S. d. R. p. 10.)

De tot *traion* Dex à garant. (R. d. R. v. 14047.)

Traez vus en sus, fist Saul à tut le pople, une part. (Q. L. d. R. I, p. 51.)

N'*atraez* pas sor vos ceste gent sanz creance. (Ch. d. S. II, p. 102.)

Traes vous, fait Merlins, en sus. (Brut, v. 8349.)

Alez, fait il, *traiez* mon fil de la jeoille, si le destruiez. (R. d. S. S. d. R. p. 15.)

Por ceu voil bien, chier frere, ke vos sachiez ke tuit cil enseuent l'anemin avuertement, ki aucune chose de la sainte Escripture *traient* maliciousement et orguillousement à lor sens. (S. d. S. B. p. 573.)

Tantost li *traient* fors le hauberc girone. (Ch. d. S. II, p. 34.)

Sajetes *traient*, pieres ruent. (R. d. M. p. 74.)

Ces terres trestout vraiement
Se *treient* devers occident. (R. d. S. G. v. 3125.6.)

Présent du subjonctif:

De mes aveirs pren, tant en aies
Que de cest grant peril me *traies*. (Ben. v. 16650.1.)

Ceu di ju, chier frere, car je doz k'entre nos ne soit aucuens ki cuist estre enlumineiz par songe solement, ensi k'il jai ne voillet mies soffere ligierement c'un lo *tracet* à la main, anz voillet estre conduisieres d'altruy. (S. d. S. B. p. 560.)

Par tant doit l'om soniousement penseir quand li pechiez commencet à blandir com à grant mort il *traiet* la pense. (M. s. J. p. 456.)

Couvient que toute ceste gent
Se *treie* devers occident. (R. d. S. G. v. 3353.4.)

Parfait défini: *trais*; imparfait du subjonctif: *traisisse*, *traisse*. Mais ore dirras ces paroles à David de la meie part: Jo te *trais* de là ù tu guardas les berbiz que tu fusses dues sur mun pople de Israel. (Q. L. d. R. II, p. 143.)

Et à ton mal, en cest païs,
Paiens et Saisnes *atraisis*[1]). (Brut, v. 7753.4.)

---

(1) L'éditeur du Roman de Brut, M. Le Roux de Lincy, écrit à tort *a traisis*, prenant *traisis* pour le participe de *traire* et *a*, pour l'auxiliaire *avoir*. Outre que *traire* n'a jamais eu de participe *traisis*, le composé *atraire* convient beaucoup mieux au sens.

L'ame dou cors fu en enfer
Et brisa la porte d'enfer;
Tes amis *tressis* de leans. (Rutb. II, p. 21.)
Pour chou revint à lui apres .
Jhesu, et de lui se *traist* pres,
Et dist . . . (R. d. M. p. 41.)
  Jehan l'oncle Anfelise,
Que Forques par amors *traist* puis à son servise,
Qant fu regeneree à loi de sainte eglise. (Ch. d. S. I, p. 253.)

Et les plus senez de cele citee prendront une veale del arment, que ne *trahist* jug, ne te trencha la terre par sook. (Deuteronome. Roquefort, s. v. *veale*.)

C'est à tort que quelques philologues ont pensé que le *h* de cette forme et semblables était primitif dans la langue d'oïl, et que *trais*, *traist*, etc. étaient des syncopes de *trahis*, *trahist*, etc. Les formes en *h* médial datent toutes d'une époque où la prononciation commençait à s'altérer, et on introduisit cette lettre pour l'indiquer aux yeux.

Nos *trassimes* la viez cotte, mais nos que peise nos tant l'avons plus malement revestie. (S. d. S. B.)

Cette forme a induit Roquefort à admettre un verbe *trassir*, qui n'a jamais existé. C'est la forme primitive avec *s* intercalaire; plus tard on admit au radical l'*i* qui s'était fixé à l'infinitif. Les deux *s* sont une réminiscence du *x* latin.

Droit en ynfier vous en alastes,
Dous Dex; les portes en brisastes
Si en *traisistes* vos amis,
Que dyable i avoient mis. (R. d. l. V. 5310-13.)
Le umbre veistes ke je vi,
Si vus en *traisistes* arere. (Trist. II, p. 128; cfr. I, 233.)
Droit à infer fu vos chemin tenant,
Fors en *traistes* vos amis maintenant. (O. d. D. v. 11662. 3.)

Vos me *tresistes* vers vos .iii. foiz. (R. d. S. S. d. R. p. 73.)

Et le vendredi matin si *traistrent* les ues et les galies et les autres vaissials vers la ville si com ordene ere. (Villeh. 160ᵃ.)

Od ce que mult fu dreiz li venz,
Traistrent les veiles, si siglerent,
Au rei des ceus se comanderent. (Ben. v. 37031-3.)
Et li Flament orent Galisse,
Braibençon *traisent* en Venise. (Phil. M. v. 6294. 5.)
Moult des Normans, jel sai de fi,
Se *traisent* au roi par afi,
Et il entra en Normendie. (Ib. v. 16464-6.)
Par les piez me *traissent* à terre. (Dol. p. 261.)

Si se *trairent* arrieres et passerent la montaigne d'autre part devers Nique. (Villeh. p. 161. CLXXV.)

Lorsque les formes du parfait défini eurent été altérées dans leur prononciation primitive, probablement par suite surtout de l'influence des orthographes en *e* pour *ai*, on écrivit *tres*, *trest*, *trestrent*, au lieu de *trais*, *traist*, *traistrent*, qui étaient devenus *trais*, *traist*, *traistrent*.

Vos me preistes par le col, et me voulsistes baissier. Je me *tres* arrieres, sanz parler. Vos me deistes . . . (R. d. S. S. d. R. p. 73.)

L'autrier i *tres* une dure jornee;
Tant i souffri de noif et de gelee
Que n'i dormi de si qu'en l'ajornee. (R. d'A. p. 4, c. 1.)
En sus se *trest*, et si cria
Si durement qe l'esveilla. (L. d'H. v. 439. 40.)
Li seneschaus se regarda,
Vers lui se *trest*, si l'acola. (Ib. v. 871. 2.)
Il se *trestrent* ariere, e il esteit muntez
Sur un grant cheval blanc . . . (Th. Cant. p. 36, v. 13. 4.)
Si me fiasse tant en mei,
E je m'en osasse entremetre,
Ce qu'en truis escrit en la letre
En *retraisisse* cherement. (Ben. v. 23614-7.)
Son avoir ne *traisist* uns cars
K'il avoit ensamble atinc. (R. d. l. V. p. 162.)
Sire Raoul, valroit .i. rien proiere
Que .i. petit vos *traisisies* ariere. (R. d. C. p. 54.)
Tos les sergans et les archers
Et les vaillans arbalesters
Mist des deus pars, fors de la presse,
Qu'il *traisissent* à la traverse. (Brut, v. 12790-5.)
Tel fais amaine de cauch et de moilon
Ne le *traissent* quatre destrier gascon. (O. d. D. v. 10556. 7.)

Voici quelques exemples des formes de l'imparfait de l'indicatif, du futur et du conditionnel:

Mais s'un petit te *traioies* en ça
De mort novele mes cors t'avestira. (R. d. C. p. 133. 4.)
Et entroient es barges, et *traioient* à nous. (Villeh. p. 70. XCVI.)
Et cil d'ultre mer assailleient,
Et bien sovent se *retraeient*. (R. d. R. v. 13191. 2.)

Si li dist: Va, si m'aporte les sactes que jo ci *trarrai*. (Q. L. d. R. I, p. 81.)

Gé melerai mes cles es franges del tablier, si me leverai, si *trerai* tout adonc à moi. (R. d. S. S. d. R. p. 47.)

Le lait metras devant mun hus,
Puis te *trairas* un po en sus. (M. d. F. II, p. 272.)

Encontre saint iglise ad este lungement,
Mais des ore *trarra* à sun delivrement. (Th. Ct. p. 59, v. 16. 7.)
En quel partie qu'il vourra
Et lau li cuers plus le *trerra*. (R. d. S. G. v. 3115. 6.)|
Treira. (Ib. v. 3360.)

E *trarum* enz un ewe, si que neis une perrette n'en seit truvee. (Q. L. d. R. II, p. 182.)

De li aillors vos *retrarrom*. (Ben. v. 24958.)

Rendreiz en l'eve s'alme al moine,
Fors l'en *trarreiz* tornez en vie
E si que vos nel soprengiez mie. (Ib. v. 25761-3.)

Plus lonc que ne *trairoit* uns ars
S'est eslongies li uns del autre. (R. d. l. V. v. 1897. 8.)

Et quant l'empereriz vit ce qu'elle ne *treroit* parole de lui, ne qu'il ne diroit mot. (R. d. S. S. d. R. p. 10.)

Et deviserent entriaus que li les *treroient*. (H. d. V. 507ᵈ.)

A lor chasteaus sus s'en *trairoient*. (Trist. I, 30.)

Participe passé: *trait, treit, tret.*

Em paradys, dont puis maint a
Avoec lui *trait* de ses amis,
Et en sa gloire avoec lui mis. (R. d. M. p. 17.)

Par une vaute sousterine
Entra en la cambre perine,
L'iaume lachie, l'espee *traite*. (L. d'I. p. 23. 4.)

Naymes l'a *trete*; si l'a Karlon livree. (R. d'A. p. 4, c. 1.)

Les exemples précédents montrent que le verbe *traire* signifiait: tirer, retirer, traîner, entraîner, attirer, extraire, arracher, mener, prendre — lancer des flèches, lancer, jeter. — *Se traire*, se rendre, se placer quelque part.

Traire signifiait encore *couper, frapper de taille.*

Il tint Cortain, si le fiert par devant,
Amont en l'iaume l'a consuit en *traiant*. (Fierabras, p. 179.)

Je vous *trairai* à m'espee le chief. (G. l. L. I, p. 130.)

Traire, joint à quelques mots, formait des locutions consacrées, dont voici les principales:

Traire mal, paine, male vie, souffrir, avoir de la peine.

Dont j'ai *trait* lonc tans *male vie*. (R. d. l. M. v. 6174.)

Car n'ert apris de nul *mal traire*. (P. d. B. v. 660.)

Pur aveir pris *traist* mainte *paine*. (Ben. v. 7630.)

Grant fu la joie e li reveaus
Entre la grant gent citaaine
Qui le jor orent *trait la paine*. (Ib. v. 18969-71.)

Traire à chef, à fin, achever, venir à bout, mener à fin.

Mais del desfaire e del oster
En voil par ton conseil ovrer,

E sil voudrai tot *à chef traire*
Cum tu le me loeras faire. (Ben. v. 15180-3.)
Que n'a sos ciel mais chevaler
Qu'à tel peril n'à teu meschief
Traisist mais si faite ovre *à chef*. (Ib. v. 21629-31.)
Se de ce champ *traien(t)* paien *à fin*
Jamais en France n'orra(i) messe à matin. (Fierabr., p. 171, c. 2.)
Cfr.: Par ce *vient* bien *à chief* de qanq'il entreprant. (Ch. d. S. I, p. 94.)
Traire des fils, travailler à l'aiguille.
An chambre à or se siet la belle Beatris;
Gaimente soi forment, en plorant *trait ces fis*. (W. A. L. p. 1.)
Traire avant, augmenter.
K'il gairt son prix et se lou *traice avant*. (Ib. p. 31.)
Traire à la geste, tenir des qualités, des vertus, de sa race, etc.
Voit le Gerars; toz li mua li fron,
K'il *traioit à la geste*. (Fierabras, p. 166, c. 1.)
Aymerit nies, cuer aveis de bairon,
Bien *traies à la geste*. (Ib. p. 167, c. 1.)

COMPOSÉS.

Attraire, *atraire*, attirer, entraîner, décider à, amener, se procurer, ramasser, gagner, préparer, avancer.
A coignies tranchanz vont le bois trabuchier;
Plus *atraient* sor Rune que ne lor fu mestier. (Ch. d. S. II, p. 43.)
Et li Romain les asalirent
Qui de lor gent mult i perdirent,
Car li Breton les *atraioient*
Al bois et si les ocioient. (Brut, v. 12326-9.)
Mais onques ne le peuc *atraire*
A çou, que ele se doutast
Tant, que son anui me contast. (R. d. l. M. v. 6238-40.)
Quant Brutus ot sa cite faite
Et de sa gent grant masse *atraite*. (Brut, v. 1289. 90.)
Bien faire *atreit* la boenne fin. (R. d. l. M. v. 3912.)
Ne soufera qu'aies dolor,
Ne couros, n'ire, ne soufraite,
Despuis qu'aures s'amor *atrete*. (P. d. B. v. 4396-8.)
Je di fortune est non voianz...
Les uns *atret*, les autres boute. (Rutb. I, p. 88.)
Gaainz, labors et norcture,
N'ahanages n'anz planteis
Ne les deffent d'estre chaitis,
De quantqu'*atreient* les esnuent. (Ben. v. 26692-5.)
U se il la cuvenance me volt afiancier,
Ke fist le cunestable de Werc avant ier,
Senz guarnisun *atraire* e senz rien esforcier. (Ib. t. 3, p. 552.)

Cfr.: Ceste dame avoit beaucoup de grace pour *attraire* un homme à l'aymer. (Amyot. Hom. ill. Pompeius.)

(La parole) de Tyberius au contraire, (estoit) plus doulce et plus *attrayante à* pitie. (Th. ead. Tiberius et Gaius.)

Detraire, décrier, médire, calomnier — traîner, jeter à bas, dehors, enlever; traîner de côté — tirer, arracher, déchirer, mettre en pièces, écarteler.

Et tot ensi ot ceos kel loent, cum ceos kel laidangent, tot ensi ot ceos kel losengent, cum ceos kel *detraient,* anz nen ot ne les uns, ne les altres, car il est morz. (S. d. S. B. Roquefort, s. v. *detraire*.)

   Et la vielle l'a retret jus,
   Moult le *detret* et sache et tire. (Fab. et C. III, p. 157.)
   Que si chaiel la *detrairunt*
   E forz de l'uis la bouterunt. (M. d. F. II, p. 88.)
   Mais ele briement dit li a
   Qu'ele ainçois se lairoit *detraire*
   Qu'ele pust ja jour son cuer plaire. (R. d. l. M. v. 2386-8.)
   Pendus seres e *detrais* à somiers. (O. d. D. v. 6084.)
   S'il ont este (li martir) por Dieu deffet,
   Rosti, lapide ou *detret*... (Rutb. I, p. 11.)
   Si que par force le restuet
   Escorchier u des oilz desfaire
   U à chevaus rumpre e *detraire*. (Ben. v. 20520-2.)
   El rocher ot deux lions braire,
   Iluec se volt laissier *detraire*. (P. d. B. v. 5754. 5.)
   Ses biaux cevex tire et *detrait*. (Poit. p. 21.)

Cfr.: (Le senat) tascha de rappeler par honneurs et par presents les armees qu'il avoit autour de luy, et luy *distraire* ceste si grande puissance, disant qu'il n'estoit plus besoing de force pour la deffense de la chose publicque. (Amyot. Hom. ill. Cicero.)

Entraire, tourner, avoir du penchant, incliner.
   Poi *entrait* à bonne nature. (R. d. S. S. v. 215.)

Estraire, extraire, faire paraître, mettre au jour, faire descendre, former l'origine de qqn.; au participe, extrait, issu, descendu.

   Les dames dient k'il doit faire
   Une loi nouviele et *estraire*
   Par le commandement de Diu,
   Chi apres en tans et en liu. (R. d. M. p. 54.)

Nous vous faisons assavoir qu'il ne nous convient pas ores à retraire qui nous somes, ne d'où nous somes venus, e de quels gens *estrais*. (Roquefort, s. v. *estrais*.) V. t. II p. 108, 1. 27. Poit. v. 764.

Fortraire, tirer, mettre dehors; éloigner, retirer, enlever subtilement, séduire, suborner.

   Se li *fortraist* celeement
   Bien grant partie de sa gent,

Par promesse et par metre ostage
D'els francir de lor culvertage. (P. d. B. v. 227-30.)

Une fame qui haoit une autre fame, par ce qu'elle lui *fortraioit* son baron. (Roquefort, s. v. *fortraire*.) V. *mestraire*.

Maltraire, maltraiter, mal recevoir; souffrir, peiner.

Mestraire, mal tirer, jouer à faux, tricher au jeu.

Mors en une heure tot fortrait,
Qui ne pert nul giu par *mestraire*. (V. s. l. M. XXVII.)
Sovent nos mesjeue et *mestrait*. (Ben. t. 3, p. 517.)
Sempres i eust mereau *mestrait*
E à Gui teu damage fait
Qui ne fust pas del an entier
A restorer sain ne leger. (Ib. v. 36566-9.)

M. F. Michel explique *mereau mestraire*, par jouer vilain jeu.

Portraire, former, représenter, dessiner, peindre.

Li sorcil, qui estoient brun,
Et estoient si bel chascun,
Com s'il fussent de main *portret*. (Romv. p. 591. 2.)
A grant mervelle fu bien faite
Et moult soutiument *portraite*
Par menue neelure. (Fl. et Bl. v. 447-9.)

Mettre en évidence, étaler, déployer.

Sor Mahomet font un engien *portraire*
Dont tot li ost resplendist et esclaire. (Agolant, v. 650. 1.)

Retraire, retirer, se retirer, retenir, détourner, s'abstenir, renoncer, ne pas accomplir un voeu, etc.; dire, exposer, retracer, rapporter, raconter; avoir les inclinations de sa race.

Car adies l'esgarda el vis.
Chascun sambla et fu avis
Qu'ele ne pot ses iex *retraire*.
Asses vous poroie *retraire*
De ses regars et de s'amour. (R. d. l. V. p. 158.)

Et quant l'empereres Alexis vit ce, si commença ses genz à *retraire*. (Villeh. 453ᵈ.)

Mais ensi est k'el n'en puis faire:
Lacie m'aves, n'en puis *retraire*. (Fl. et Bl. v. 2267. 8.)
Unkes de mal faire ne se voleit *retraire*. (Ben. t. 3, p. 583.)
Quant des veus voles *retraire*. (P. d. B. v. 4177.)
Bien sunt de par le duc semuns
Qu'à Roem viengent senz *retraire*
Tuit prest de sun servise faire. (Ben. v. 8453-5.)

Sans retraire, signifie sans appel, sans y manquer.

Car vo grans sens et vo biautes,
Vostre maniere, vo nobletes,
Et le bien qu'a Diex en vous mis,

> Font que je sui vos vrais amis
> Et serai, dame, sans *retraire*. (R. d. C. d. C. v. 199-203.)
> Car ele est trop de grant francise,
> Ele est tant france et debonaire,
> Ne se poroit longes *retraire*
> De vos amors por nule rien. (P. d. B. v. 6072-5.)
> Tant ot en son cuer de pitie,
> De charitei et d'amistie,
> Que nuns nel vos porroit *retraire*. (Rutb. I, p. 52.)
> Kar me seit or dit e *retrait*
> Quel tort jeo vos aveie fait. (Ben. v. 2883. 4.)
> Ne pueent as vilains *retraire*
> Por noreture qu'il en aient,
> A lor gentillece *retraient*. (Roi Guillaume, p. 94.)

Cfr.: Ayant perdu une bataille à la contree des Orcyniens... par trahison de l'un de ses gents;... il ne donna jamais le loisir au traistre de se saulver de vistesse, et de se pouvoir *retraire* devers les ennemys. (Amyot. Hom. ill. Eumenes.)

Il jecta en terre... un cuir tout sec et *retraict* de grande seicheresse. (Ib. ead. Alexandre.)

Pour retourner à Pericles, estant encores jeune il redoubtait fort le peuple, pour ce qu'il sembloit *retraire* un peu de visage à Pisistratus. (Ib. ead. Pericles.)

Sortraire, séduire, corrompre, débaucher.

> El li a conte de son fils,
> Del cune dusqu'en la raïs,
> Con une fee l'a *sortrait*,
> Et con i vient tos sels et vait,
> Et sel desfent de li veoir. (P. d. B. v. 4353-7.)

Sostraire, soustraire, détourner, ravir; *se sostraire*.

Kar pur veir si il i ussent cumpaignie, lur quers del servise Deu *sustrarreient* e à deubles e ydles servir les attrarreient. (Q. L. d. R. III, p. 275.) V. t. I, p. 226, l. 19.

VAINCRE (v. fo.), vincere.

Le thème primitif de ce verbe a été *vencre*, dont on renforça, avec *i* postposé, l'*e* radical, devant les terminaisons légères; mais l'*i* s'introduisit de bonne heure à l'infinitif, et, par suite, *vencre* passa à la conjugaison faible, sous les formes *veincre*, *vaincre*.

Li visce ki nos roubent, se nos malement somes liet, ne nos puent *vencre*, se nos bonement somes dolent. (M. s. J. p. 453.)

Dont repenrunt il lur cors ki ci les aidout *vencre*, et en cel jugement acquerront l'entreie del celeste regne. (Ib. p. 491.)

Se me pues *veincre* em bataille campel. (O. d. D. v. 1359.)

En estur pur *veincre* la gent. (M. d. F. II, p. 437.)
Nos esteura *vaincre* u morir. (P. d. B. v. 2421.)

Au lieu de *veincre*, on trouve souvent *veintre* dans plusieurs textes publiés; p. ex. dans la Chanson de Roland, p. 86, v. 3. 5; *veintrat*, p. 29 v. 19; *veintrum*, p. 48 v. 24, p. 62 v. 1; dans les Quatre Livres des Rois, I, p. 13, *veintereient*; dans la Chronique des Ducs de Normandie, *veintre*, 1, v. 493, II, v. 442, 4247, 4760, 6098, 6159, 23029, 26178, 30739; *veintrai*, v. 23596, etc. etc. Ce *t* est-il correct? Je le crois, bien que souvent il soit difficile de distinguer les lettres *c* et *t* dans l'écriture de nos anciens monuments. On a quelques autres exemples du changement de *c* en *t*, et, au contraire, de *t* en *c*.

Voici quelques exemples des formes de *veincre*.

Se tu me *vains* al espee tranchant,
Toute ma terre aras à ton commant. (R. d. C. p. 98.)
S'il *vaint*, il aura le ligance
De tot le roiame de France. (P. d. B. v. 2811. 2.)

Dunkes à penseir fait ke la envoisure des biens ne nos sorplantet cant nos *venquons* les malz. (M. s. J. p. 448.)

Ne purquei les choses menors
Prennent e *venquent* les plus granz. (Ben. I, v. 252. 3.)
Dont veissies pule fremir,
Homes et femes fors issir,
Saillir sor mur et sor maisons,
Et reclamer Deu et ses nons,
Que cil *venque* qui pais lor tiegne,
Si que mais guerre ne lor viegne. (Brut, v. 10278-83.)
Feres, fait il, bon crestien,
Que ne vos *venquent* li paien! (P. d. B. v. 2189. 90.)
Des que tu Cesio *venquis*. (Brut, v. 2423.)
N'ere mais amie ne drue
A home nul s'à celui non
Qui orains *vainqui* le lion. (Poit. p. 29.)
Au roi Gunter se combati
Et as Danois, sis *venqui*. (L. d'H. v. 31. 2.)
La bataille *vanqirent* androit none sonant. (Ch. d. S. II, p. 78.)
Puis lour a dit se il *vencuit*
Que à cascuns son fief croistroit. (Brut, v. 12486. 7.)
Se ma dame me *vaincoit*. (C. d. C. d. C. p. 26.)
Certes je *vaincrai* le tornoi. (P. d. B. v. 7585.)
Qui *vencus* iert, si soit deshonores,
Et qui *vaincra* s'en ait les herites. (O. d. D. v. 4542. 3.)
Sire, fait il, bataille aurons,
Et, se Deu plaist, bien le *vaincrons*. (P. d. B. v. 2379. 80.)
Li hardi *vaincront* les coars. (Ib. v. 2360.)

DU VERBE. 233

Bien se fioit qu'il le *vaincroit*. (P. d. B. v. 9532.)
Dont il *veincroit* son enemi. (L. d'H. v. 1053.)
Que sans dotance les *vaincroient*. (Brut, v. 12665.)

Et jai at *vencuit* lo pechiet en sa propre personne, quant il l'umaine nature recent senz totes taiches de pechiet. (S. d. S. B. p. 537.)

Mez il furent *veincu*, et en fuie tornerent. (R. d. R. v. 1054.)
Si souvent que *vaincue* suy. (R. d. C. d. C. v. 3529.)
Ce m'est avis que jo i soie
E que jo ja *vainqus* les voie. (Brut, v. 11301. 2.)
N'en court de bataille *venchu*. (R. d. S. G. v. 927.)
Ge ne vos rende sempres coi et *venchu*. (R. d'A. p. 1, c. 1.)

Ce *ch* pour *c* fort a déjà été expliqué fort souvent.

Vainqant (Ch. d. S. II, p. 79).

Remarquez le composé *sorvaincre*, vaincre, subjuguer, dominer, triompher.

Cuide me tu *sorvaincre?* tu as le san perdu. (Ch. d. S. II, p. 162.)

VIVRE (vivere).

Le verbe *vivre* faisait, au parfait défini, avec affaiblissement de l'*i* en *e*, *vesqui*, *veski*, *vesqi*, *veschi* (sk, squ, sch, sc = x), au participe *vescu*, *veschu*, et, vers la fin du XIIIe siècle, *vesqui*. (V. *naître*.)

Li bons devroit *vivre* à loisir. (P. d. B. v. 5439.)
Bien cuidai *vivre* sans amour
Des ore en pais tout mon ae. (C. d. C. d. C. p. 25.)
E or sai ben n'avons guaires à *vivere*. (Ch. d. R. p. 75.)
Kar por seint eglise maintenir,
Voudrat u *vivere* u morir
A honour. (Ben. t. 3, p. 623, c. 1.)
Certes c'est grans desloiautes
Que jou *vif* et vous iestes mors. (Phil. M. v. 8641. 2.)
D'aler à li or ai quis l'achoison
Dont je morrai; et si je *vif*, ma vie
Vaudra bien mort. (C. d. C. d. C. p. 90.)
Vif e regne paisiblement,
Ceo ottrei e voil, tei e ta gent. (Ben. II, v. 643. 4.)

Or meismes lai où il en luy, et en ayer luy *vit* plus bienaurousement (S. d. S. B. p. 554.)

Suffre que jo *vive* si cume jo ai este od tun pere, od tei, si te plaist, serrai. (Q. L. d. R. II, p. 177.)

Quar il covient que cil sols *vivet* bestialment ki par humaine raison ne soi atempret. (M. s. J. p. 513.)

Pour la miudre dame ki *vive*
A fait et rimee ceste oevre. (R. d. I. V. v. 6639. 40.)
Unques puis qu'il *vesqui* nul jor

Ne fist al duc si servir non
Od quor de bone entention. (Ben. v. 10068-70.)
Tant com il *vesqui* et raina
Tos autres princes sormonta
De cortoisie et de proesce. (Brut. v. 9262-4.)
Enpres cest fet rois Aelsis
Ne *vesquit* mes qe quinze dis. (L. d'H. v. 1091. 2, cfr. 1084.)

Cette orthographe en *t* finale était très-rare, et n'appartient pas aux bons temps.

Et quant plus ensamble *veskirent*
Et tant plus bonne amour maintinrent. (R. d. l. V. v. 6632. 3.)
Nuls biens ne me peust venir
A nul jor mais que jeo *vesquisse*
Se issi malement vos perdisse. (Ben. v. 6026-8.)
Mult ere à ceo volenterif
Cum *vesqueisse* contemplatif. (Ib. v. 11249. 50.)

Vesqueisse est sans doute une analogie à *queisse* et autres formes semblables.

Ja ne poi geo merci avoir
Que jeo *vesquisse* dusqu'au soir. (M. d. F. II, p. 378.)

Vequisse (?) (G. l. L. II, 240).

E veirement le sai que si Absalon *vesquist*, tuz i fussums morz, e ço te plarreit. (Q. L. d. R. II, p. 191.)

D'euz toz en fust icist la flors,
Se fust que longement durast,
Qu'il *vesquist* plus e qu'il regnast. (Ben. v. 30013-5.)
Et sanz doute, se il *veschist*
Vaspasien, se il vousist
Garessist de sa maladie,
Ne fust si granz ne si antie. (R. d. S. G. v. 1063-6.)
Dont sont il mort? Par foi, ce enten ge,
Car s'il *vescuissent*, ja Renars
N'euist corone... (R. d. Ren. IV, p. 61.)

Vivoient (M. s. J. p. 465), *vivrai* (P. d. B. v. 6102); Poit. p. 29; Th. F. M. A. p. 40), *viverai* (Trist. II, p. 104), *viveras* (Q. L. d. R. IV, p. 416), *viverad* (ib. I, p. 81; Ch. d. R. p. 153), *vivrons* (Ben. v. 24979), *vivreiz* (ib. v. 24369), *viveront* (Fabl. et C. I, p. 285), *vivreie* (Trist. II, p. 79), *viveroie* (R. d. C. d. C. v. 8117), *vivreit* (Ben. v. 15357), etc. etc.

Diex, pour qui j'ai *vesqui* en terre. (N. R. F. et C. II, p. 289.)

On lit dans les S. d. S. B. p. 554:

Quant sainz Polz fut convertiz, si devint ministres de ceste conversion par tot lo munde, car il mainte gent convertit à Deu par l'office de predication, za en ayer quant il ancor estoit en char, et s'il donkes ne *veskivet* jai mies selonc la char.

Cette forme *veskivet*, reconnue par Roquefort, est une faute de copiste. La construction et le sens de la phrase repoussent l'imparfait de l'indicatif; on doit remplacer *veskivet* par *veskist*, c'est-à-dire par la troisième personne du singulier de l'imparfait du subjonctif.

La forme suivante est également incorrecte:

Dunkes bien est demostreit, quand la terre des païens est ramembreie, ke li bieneurous Job *viscat* entre les felons. (M. s. J. p. 441.)

Vivre s'employait souvent avec le pronom *se* au sens de *se nourrir, se sustenter*.

E la vitalle de coi nos *nos vivron*. (R. d'A. p. 5, c. 2.)

Afin d'éviter des redites, j'ai réservé, pour en parler en commun, deux classes de verbes qui font partie de la quatrième conjugaison: ceux en ...*ndre* et ceux en *uire*[1].

A. Voyons d'abord les verbes en ...*ndre*, qui, dans le principe, dérivaient tous de primitifs latins en *ngere*.

Dans l'ancienne langue, on avait l'habitude d'écrire *gn*, lorsque la nasale *n*, simple ou redoublée, était suivie d'un *i* ou d'un *g* adouci *(j)*; puis, souvent encore, on diphthonguait avec *i* la voyelle précédente, en Bourgogne et en Picardie; p. ex. *Campania*, *Champaigne*, etc. Aujourd'hui ce *gn* a le son de *nj*, et, au treizième siècle, il en était sans doute déjà ainsi, puisque les auteurs allemands du moyen-âge écrivaient *Schampanje*, etc. Néanmoins la place du son guttural doit avoir été celle que lui donne l'ancienne orthographe, et le *g* se prononçait alors comme *n* nasal, d'où, avec assimilation des consonnes[2], *gn* = *ngn*. En fixant ainsi la prononciation de *gn*, on se base: 1º sur ce que les mêmes assimilations nasales se retrouvent avant le *gn* de l'ancienne langue latine, lequel a également pour nous le son *nj*, mais que les Romains prononçaient *ngn* (cfr. *singnum* des inscriptions); 2º sur les nombreuses orthographes en *ngn*

---

(1) Je me sers des dénominations *ndre*, *uire*, pour éviter des circonlocutions; mais je n'entends pas dire que *ndre*, *uire* soient des terminaisons.

(2) On a vu, à l'article Dérivation, que très-souvent les consonnes produisent un changement des voyelles. Le cas contraire a lieu aussi, c'est-à-dire que certaines voyelles influent sur les consonnes. a) Le son de la consonne est déterminé par la voyelle suivante, p. ex. *c* sonne autrement devant *a* que devant *i*. b) Le renforcement des voyelles et l'assimilation de la 2e et 3e espèce (v. Dérivation) influent sur la consonne suivante, quand celle-ci est une liquide, c'est-à-dire qu'on la redouble. On a vu p. ex. *aimme*, de *amer*, *faillir*, après que l'*i* se fut introduit dans le radical, etc. Cet usage n'était cependant pas une règle générale.

de la langue d'oïl [1]. (V. Wackernagel, Altfranzösische Lieder und Leichen, pp. 154-7.)

Les observations qu'on vient de lire étaient nécessaires pour expliquer l'orthographe primitive de nos verbes en *ndre*, c'est-à-dire *gnre*, en Bourgogne et en Picardie.

Et si ne porras mies *atignre* (attingere) à lei. (S. d. S. B. p. 528.)

Certes, forz est amors si cum morz, et dure si cum enfers chariteiz, dont tu leis en un altre leu, ke les granz awes ne poront mies *estignre* (exstinguere) la chariteit. (Ib. p. 569.)

Estignre, plus tard *estaindre*, *esteindre*, signifiait éteindre, ne pouvoir plur respirer, étouffer, mourir, détruire.

Si est epris ne puet *estaindre*. (R. d. l. M. v. 475.)

Si tu à la parsomme vis de foit ensi k'il ne covignet mies *plaignre* (plangere) ke tu ayes oblieit ton pain à maingier. (S. d. S. B. p. 534.)

Ancor te di plus, ne mies solement *oygnre* (ungere), anz lo (lo chief) covient nes engraissier. (Ib. p. 565.)

Oignre, plus tard *oindre*, signifiait oindre, frotter, enduire; flatter, s'insinuer. On verra plus bas le composé *enoindre* (in-ungere), oindre, frotter, enduire.

Dès la fin du XIIe siècle, on fit l'intercalation ordinaire du *d* entre *n* et *r*, et l'on n'écrivit plus le *g*, d'où *ndre*.

La Normandie orthographiait *ngre*, *nger*, et le *g* se conserva même encore après qu'on eût intercalé le *d*.

E requist le rei de Moab que sis peres e sa mere fussent entur lui, dès ci qu'il soust que Deus li freit ki l'out fait *enuingdre* à rei sur Israel. (Q. L. d. R. I, p. 85.)

Avant d'aller plus loin, il faut se demander: Les verbes en *ndre* dont la voyelle radicale était *a* ou *o*, doivent-ils être comptés parmi les verbes forts? Les plus anciens thèmes auxquels il est possible de remonter nous les montrent déjà tous renforcés, néanmoins il nous est resté quelques formes qui permettent de répondre affirmativement à cette question. Ici, comme partout, le renforcement des formes à terminaison légère a passé au thème de l'infinitif, mais ce passage doit avoir eu lieu dès la seconde moitié du XIIe siècle.

Quant aux verbes en *ndre* qui avaient *i* pour voyelle radicale, le son de l'*i* devant *n*, favorisé par l'analogie à ceux en *a* radical, fit introduire, selon les provinces, *a* ou *e* au thème de l'infinitif, et cette diphthongaison irrégulière passa aux autres formes. On remplaça même assez souvent l'*ai* ou l'*ei* par *oi*;

---

(1) Cette remarque fournit en même temps l'explication complète des orthographes *n*, *ny*, *gn*, *ngn*, *g*, pour indiquer le son nasal.

toutefois ces formes irrégulières en *oi* appartiennent, pour la plupart, à la seconde moitié du XIIIe siècle.

Voici quelques exemples des infinitifs en *ndre*.

Lascher, *faindre* ne resortir
Ne se voleit de Deu servir. (Ben. v. 8894. 5.)
Ne volez pas celer ne *faindre*
A quei l'om pot à vos *ateindre*. (Ib. v. 9312. 3.)

Faindre, *feindre* (fingere) signifiait dissimuler, déguiser, feindre, tromper, — et comme verbe réfléchi, se faire passer pour, se cacher, se ménager, travailler nonchalamment.

Ce violt que soit li siens mestiers
De vos *çaindre* premiers l'espee. (P. d. B. v. 2014. 5.)

Çaindre (cingere) avait le sens de ceindre, revêtir, être revêtu.

Composés : *açaindre*, enceindre, entourer, environner, enclore. *Deçaindre*, ôter une ceinture.

Granz colz se donent es escus de quartier
Desoz les boucles les font *fraindre* et brisier. (G. d. V. v. 2357. 8.)
Homs ne doit *freindre* ne desjoindre
Cels q'asembler velt Diex et *joindre*. (N. R. F. et C. t. I, p. 34.)

Fraindre (frangere) signifiait rompre, briser, casser, séparer ; enfreindre.

Composés : *Esfraindre*, *effraindre*, détruire, rompre, briser. *Refraindre* [1], réprimer, référrer, renoncer, rabattre, apaiser, modérer, soulager.

Ainz que lor dol puissent *refraindre*. (Ben. v. 28803)
Cil ne valdrent mie remaindre,
Ne de lor requeste *refraindre*. (Brut. v. 591. 2.)

Enfraindre, enfreindre.

En la chambre revint arriere
Que le feu *desteindre* cuida. (Chast. XXIII. v. 98. 9.)

Desteindre, avait la signification de éteindre, calmer.

En Rencesvals à Rollant irai *juindre*.
De mort n'aurat guarantisun pur hume. (Ch. d. R. p. 37.)

Joindre (jungere) signifiait joindre, unir, lier ; engager un combat, assaillir.

---

[1] Il ne faut pas confondre, comme cela est souvent arrivé, le verbe *refraindre* avec *refrener* (refraenare), tenir en bride, arrêter.
Qu'austresi cumo riens desvee
Qui ne pot estre *refrenee*.
Les vait desmembrer e ocire. (Ben. v. 38713-5.)
Ço li respunt le cunte : *Refrenez* cel talent. (Ib. t. 3, p. 546.)
Cfr. *afrener*, arrêter, retenir, mettre un frein.
Lor mautez savelt *afrener*,
Vengier, apaisier e dampner. (Ben. v. 17431. 2.)

Composés: *Conjoindre*, conjoindre, réunir, contracter. *Desjoindre*, *dejoindre*, disjoindre. *Enjoindre*, enjoindre. *Ajoindre*.

Plaindre se doit, qui est batus. (Romv. p. 531.)

Plaindre, plaindre, regretter, gémir, soupirer, lamenter.

Composés: *Complaindre*, plaindre, gémir, lamenter, avoir du chagrin. *Desplaindre*, plaindre fort.

Dont moult m'a fait palir et *taindre*. (R. d. C. d. C. v. 3156.)

Taindre (tingere) signifiait teindre, colorer, changer de couleur, avoir l'air blême, défait, défiguré.

Cil qui *poindre* devoient. (H. d. V. 495^d.)

Poindre (pungere) avait le sens de piquer, aiguillonner, stimuler, exciter, poindre; donner des éperons à un cheval, aller au galop, en toute hâte, s'élancer.

Composés: *Repoindre*. *Apoindre*, donner des éperons, se hâter, s'empresser.

On trouvera plus bas des exemples d'un verbe *empaindre*, *empeindre*, dans lequel il faut bien se garder de voir un composé de *poindre*, bien que la seconde moitié du XIIIe siècle fournisse des formes en *oi*, au lieu de *ai*, *ei* radical. *Empaindre* dérive de *impingere*; il signifiait heurter, frapper, pousser, élancer, lancer, jeter — heurter contre quelque chose — embarrasser.

Je citerai enfin le verbe *straindre*, serrer, resserrer, mettre à l'étroit, étrangler; qui disparut de bonne heure et fut remplacé par le composé *estraindre* (exstringere), étreindre, serrer, resserrer, presser, réduire, restreindre. A la même racine appartenaient encore: *a) Destraindre* (destringere), arrêter, réprimer, punir avec sévérité, forcer, opprimer, tourmenter, maltraiter, contraindre par saisie des biens.

En tele maniere que il nous devoit *destraindre* par son chastel et guerroier. (H. d. V. 508^b.)

b) Restraindre (restringere), restreindre, resserrer, retirer, replier.

S'eslaissa li cuor e tant crut,
Ne pout *restreindre* quant il dut. (R. d. R. v. 7545. 6.)

c) Astraindre, astreindre.

A la fin du XIIIe siècle et au commencement du XIVe, l'influence des formes qui avaient *gn*, fit créer des infinitifs où cette combinaison se retrouve; mais comme la prononciation du *gn* s'accordait mal avec *re*, on rapporta ces nouveaux thèmes à la première conjugaison.

Le présent de l'indicatif des verbes en *ndre* se conjuguait d'abord de la manière suivante, p. ex.:

plaing, plains, plaint, plagnons, plagneiz, plaignent,

c'est-à-dire que la première personne du singulier n'ayant aucune terminaison, le *g* conservait la place qu'il avait dans le latin; qu'on syncopait le *g*, comme les autres consonnes, devant les terminaisons *s (z)* et *t* de la seconde et de la troisième personnes du même nombre; qu'enfin on écrivait *gn* au pluriel pour la raison que j'ai donnée ci-dessus.

Le présent du subjonctif s'écrivait *gn* pour la même cause.

Au lieu de *ng*, à la première personne du singulier du présent de l'indicatif, on orthographia souvent en *g*, dès le milieu du XIIIe siècle. (Voy. tenir.)

Après l'introduction de la forme *ndre*, on conjugua quelquefois comme si le *d* eût été radical, c'est-à-dire qu'on le conserva à toutes les formes où l'on admettait la consonne finale. Cette méthode est celle que suit le texte des oeuvres de S. Grégoire. (Cfr. prendre.)

   Dex! dist la dame, qui le mont a sauve,
 Or ne *plaing* pas ce que lui ai donne. (R. d. C. p. 161.)
 En recordant ma grant folie....
 Me *plaing* .vij. jors en la semaine
   Et par reson. (Ruteb. I, p. 30.)
 Et ge me *plaig*, si ai reson. (Romv. p. 531.)

Quant tu averas, dist il, geuneit, *oing* ton chief. (S. d. S. B. p. 563.)

Dist nostre Seignur à Samuel: Lieve, si l'*enuing;* cist est mis esliz. (Q. L. d. R. I, p. 59.)

   Tot ton message à ce *estreing*
   Qu'à jeter l'en essaiereies. (Ben. v. 15203. 4.)
   Tot le poeir de lor noisance,
   Od la vertu de ta puissance
   Fraing e abat, oste e confunt. (Ib. v. 13249-51.)
   Dame, dist il, pas ne me *faing*,
   N'en moi n'a orguel ne desdaing. (P. d. B. v. 1209. 10.)
   Ha! fortune! chose legiere,
   Qui *oins* devant et *poins* derriere,
    Comme es marrastre! (Ruteb. I, p. 82.)

Nostre Signor *oynt* cil ki en toz leus est sa bone odors. (S. d. S. B. p. 563.)

E qui *enfraint* la pais le rei en Merchenelae, cent solz les amendes. (L. d. G. p. 174. 1.)

   Qu'en .ij. moitiez li *freint* le col. (Chr. A. N. I, p. 26.)
   Tant se porront dedenz deffendre
   Cum il i auront que mangier,
   Qu'entors les doves deu terrer
   Cort Lisle e *aceint* de toz liez. (Ben. v. 33845-8.)
   Le destrier *point* des esperons doreiz. (G. d. V. v. 630.)
   Fous est qui le feu *esteint* sofle. (Ben. v. 15362.)

Si bien l'*enpaint* Geris li viex floris,
Que Berniers a les estriers guerpis. (R. d. C. p. 135.)
Jofroiz li Angevins an la presse s'*anpaint*. (Ch. d. S. I, p. 201.)

Et avec *oi* pour *ai*:

Enpoint le bien, si l'ait fait trabuchier. (G. d. V. v. 270.)
Qant le voit Guiteclins, d'ire *taint* comme pois. (Ch. d. S. I, p. 201.)
Joouse porte droite là où a grant luor,
Sovantes foiz la *taint* de vermoille color. (Ib. II, p. 147.)
Car amors ne se *faint* niant. (P. d. B. v. 6812.)
Ainssi ses grans sens li *destraint*
Li feus d'amours et li *estaint*. (R. d. C. d. C. v. 803. 4.)

Adont *estraint* li quens son conseil entre lui et ses Lombars. (H. d. V. 501ᵇ.)

Mais alsi com nos nos *complaindons* à nostre Sanior, quant nos cez choses avons oïes, et nos li disons.... (M. s. J. p. 491.)

Quantes foiz nos *rastrendons* les turbilhous movemenz del corage desoz la vertut de mansuetudine. (Ib. p. 513.)

Maintes foiz turnons nos mimes les visces el usage de vertuz, se nos nos *astraindons* encontre eaz par fort estude. (Ib. p. 455.)

Poignons avant plus sommes nos .iii. tans. (R. d. C. p. 153.)
Et nous aussi ne nous *faignons*. (Renart le Nouvel. t. IV, p. 174.)
Poignes, François: demandeiz ki feri. (G. d. V. v. 494.)

Ne pour chose dont vous vous doutez de lui, ne *destraingez* auques de plait; mais, pour Dieu, *restraingez* vostre coer entre vous. (H. d. V. 501ᵃ.)

Et veïr les angeles montanz et descendanz est esgardeir les citains del sovrain païs, et aperzoivre u par com grant amor il soi *adjoindent* à lur faite desor ceaz, u par com grant compassion de cariteit il descendent à nos floibeteiz. (M. s. J. p. 480.)

Isnelement *ceignent* lur branz. (Ben. v. 5248.)
Ceingnent espees del acer vianeis. (Ch. d. R. p. 39.)
Ceinent espees enheldees d'or mier. (Ib. p. 149.)
Çaingnent espees od les brans vienois. (O. d. D. v. 6799.)
Chaignent espees, es cevaus sont saillis. (Ib. v. 7828.)

Il li deslacent son vert elme à or mier,
Puis li *descaignent* son bon branc qu'est d'acier. (R. d. C. p. 62.)
Rune et mi anemi m'*açaignent* de toz lez. (Ch. d. S. II, p. 19.)
Cil del chastel point ne s'i *feignent*,
Lor enemis as chans *empeignent*. (Ben. v. 28358. 9.)
Ja li volsist la teste rooignier,
Quant au rescorre *pognent* mil chevalier. (O. d. D. v. 3309. 10.)

Jofrois et Miles de Braibans *repoignent* chascun à la soie (eschiele). (H. d. V. 495ᵉ.)

Karles sona .i. cor por sa gent ralier,
Et li baron *apoignent* à la voiz por aidier. (Ch. d. S. II, p. 138.)
Si s'entreviennent par tel forche

Que tout aussi comme escorche
Esclicent les lanches et *fraignent*. (R. d. l. V. v. 5528-30.)
Li .j. fuient tout esperdu,
Li autre cachent et *ataingnent,*
Tant bon cheval illuec *estaingnent.*
(Ib. v. 6057-9; cfr. P. d. B. v. 4504.)

De ceu est ceu ke li altre l'arguent et reprennent et dient k'il soffrir ne puient la perece de sa tevor, cuy il assi cum par uns avvillons *destraignent* et bottent assi cum à lor mains. (S. d. S. B. p. 567.)

Par lor dols cans les fols *ataignent.* (Brut. v. 741; cfr. Villeh. p. 209.)

Mais quant l'a trait vers ses orelles,
Cierges *estingnent* et candelles. (P. d. B. v. 1113. 4.)
Pitusement plurent andui,
Plangent lur bone companie
K'isi brefment ert departie. (Trist. II, p. 52.)
Dont encor s'en *plagnent* les armes. (Phil. M. v. 1915.)
Mult crem qu'al departir m'en *plaingne.* (Ben. v. 10420.)

Si avient à la foiz ke la pense plus haitie, soi *joindet* un pau plus largement al rait de son esgardement. (M. s. J. p. 484.)

Urake li dist qu'il le *çuigne* (l'espee). (P. d. B. v. 6831.)
Que Melior li *çaingne* espee. (Ib. v. 6899.)

Li altres geunet par rancor et par impascience, et à cestui est mestiers k'il son chief *oignet.* (S. d. S. B. p. 565.)

Rainelet, il convient c'on *oigne*
Ten pauc, lieve sus .j. petit. (Th. Fr. M. A. p. 64.)
Ors ne lion n'est, ne beste sauvage,
Qui tel folz est ne *fraigne* son voloir
De fere mal et ennui et damage. (C. d. C. d. C. p. 100.)

Et totevoies ne lait il mies por cen k'il ne requieret ke nos l'*oigniens* (nostre chief). (S. d. S. B. p. 563.)

Je vous commande à tous, en nom de peuitence, que vous *poigniez* encontre les anemis Jhesu Crist. (H. d. V. p. 182. VIII.)

N'i targent plus ne ne feignent,
Qu'es granz undes de mer s'*enpeignent.* (Ben. v. 27315. 16.)

Le parfait défini des verbes en *ndre* se conjuguait de la manière suivante:

oins, oinsis, oinst, oinsimes, oinsistes, oinstrent, oinsent, etc.

et l'imparfait du subjonctif correspondant:

oinsisse, oinsisses, oinsist, oinsissiens, oinsissieiz, oinsissent.

E nostre Sire te mandet ces paroles: Jo te *enuins* à rei sur Israel e de Saul de delivrai. (Q. L. d. R. II, p. 159.)

Quant tu fus humbles e petiz, Deus te fist chief sur tut sun pople de Israel; Deus te *enuignst* à rei, sur son pople de Israel. (Ib. I, p. 55.)

Il l'*oinst* davant toz les altres et si assemblat sor luy toz les oygnemenz de benigneteit, de mansuetume et de suaviteit. (S. d. S. B. p. 563.)

Mazelainne (Madeleine)
De ses larmes plorant lava
Les pies Jhesu k'il ot moult biaus,
Et resua de ses cheviaus,
Et puis les *oinst* d'un ongement
Qu'ele avoit gardet longement. (Phil. M. v. 10709-13.)

Cume ço oïd li poples, forment s'en *plainst* e plurad. (Q. L. d. R. I, p. 36.)

E *ateinst* l'umme Deu, si i parlad desuz un arbre ù il le truvad. (Ib. III, p. 288.)

Tout son afaire a atourne,
En France vint, et moult se *plainst*
Del roi Ricart qui si l'*atainst*. (Phil. M. v. 19792-4.)
Maudit tute sa destinee
E l'ure qu'om li *ceinst* espee
E l'ure qu'il fu chevalier. (Ben. v. 5431-3.)
Geri li *sainst* le branc forbi d'acier
Qui fu Raoul le nobile guerrier. (R. d. C. p. 149.)
.... Et il l'*estrainst* par les costes. (P. d. B. v. 1288.)

Et furent mult destroit et mult irie, et mult se *plainstrent* de cels qui avoient faite la mellee entre l'empereor et le marchis. (Villeh. 466ᵈ.)

Pesa lor mult, assez le *plainstrent*. (Ben. v. 12797.)
Et bien s'i prouva li soudans,
Quar à nos gens fist moult de bien,
Ne de lui ne se *plainsent* rien. (Phil. M. v. 22924-6.)
Al cors du mort porter espeissa la medlee,
Quer Alemanz i *poinstrent* come gent desvee. (R. d. R. v. 4007. 8.)

Chil as quèls il fu commande *poinsent* premiers, et li autres l'esgarderent, si com drois fu. (H. d. V. p. 183. IX.)

Bien les chacierent et *ataintrent*,
Qui d'ax abatre ne *se faintrent*. (Brut. v. 12638. 9.)
Mirmande, un chastel orgoillos,
E vers eus mult contralios,
Ceinstrent d'environ e d'entor. (Ben. v. 29615-7.)

Deus me enveied jesque à tei, que jo t'*enuignisisse* rei sur sun pople de Israel. (Q. L. d. R. I, p. 53.)

Li espiriz nostre Signor manut sor luy; et coment dotteroit nuls k'il nel *oinsist*? (S. d. S. B. p. 563.)

Li archevesques mors estoit! Qui enoindre le roi devoit;
N'i ot altre qui l'*enoinsist*,
Et qui sa main mettre i volsist. (Brut. v. 6681-4.)
Quant veit li reis Henris qu'il nel purra aveir,
Quida qu'il se *fainsist* tut pur lui deceveir. (Th. Cant. p. 15, v. 21. 2.)
Le meillor hume e le plus sage
E le plus eslit chevalier
Qui unc i *ceinsist* brant d'acer... (Ben. II, v. 946-8.)

Fille, dist il, je vos ai mariee
Au millor home qui ainc *çainsist* espee. (O. d. D. v. 2515. 6.)
Drois empereres au coraige vaillant,
Je ne volroie, por l'onor de Mellant,
Qu'autres que je en *çainssist* ja le brant. (R. d. C. p. 193.)

Et mestiers fut ke ele andous cez choses *conjoinsist* ensemble. (M. s. J. p. 442.)

Dunc cumandad que il a *enpeinsissent* aval de cel solier, e il si firent. (Q. L. d. R. IV, p. 378.)

Et avec *d* (cfr. *prendre*):

Qui voies fosseroit, ou terre d'autrui, et on se *plaindist*, il en seroit à XL s. (1312. J. v. H. p. 551.)

Et elle estoit si fine belle,
Que n'avoit dame ne pucelle
Ens el païs qui l'*ataindist*. (R. d. C. d. C. v. 151-3.)

Le participe passé des verbes en *ndre* se terminait en *nt*.

Et totevoies ne redottet mies à oygnre Marie Madalene cest chief, jai soit ceu ke li Peres l'aust *oynt* si largement. (S. d. S. B. p. 562.)

Nostre Sire me seit propice, que jo mal ne li face, kar il est reis *enuinz* par nostre Seignur. (Q. L. d. R. I, p. 94.)

Si avint chose ke une femme aportat lo corselet de son fil ki astoit *estinz*. (Dial. de S. Grég. I.)

Je voi vos garnemanz *tuinz* et ansanglantez. (Ch. d. S. II, p. 155.)

Puis a *chaint* le sien branc demainne,
Que millour ne pooit avoir. (R. d. l. V. v. 1772. 3.)

A paines porai le tissu
Deviser dont ele estoit *çainte*. (R. d. l. M. v. 2216. 7.)

Si disons et tesmoingnons, ke celi mardi li dis dus fu del tout en defaute de faire chou ke nous li aviemes *engoint*. (1288. J. v. H. p. 478.)

Sa gorge fu et maigre et *tainte*,
Sa grant biautez fut tote *estainte*. (Dol. p. 276.)

Bien nous ont monstre tuit li saint
Qui tant furent por Dieu *destraint*,
Ke ce que Dex dist n'est pas fable,
Ne ce n'est contrueve ne *faint*
Chou que sainte Escripture *paint*
De mort, de vie parmanable. (V. s. l. M. XXXVIII.)

D'or e d'azur, de inde e de blef
I out mainte bele ovre *peinte*.
De tantes parz fu l'ovre *aceinte*
Qu'en nule, ce quit bien e pens,
N'out tant fait en si poi de tens. (Ben. v. 26077-81.)

Ogiers a trait Cortain sa bone espee,
Et fiert un autre sus la targe doree,
Qu'en deus li a e *frainte* e tronçonee. (O. d. D. v. 5085-7.)

...Thodres li Ascres... avoit trives à l'empereour Henri et ne li avoit mie bien tenues, ains les avoit *enfraintes*. (Villeh. p. 150. CLXVII.)

Outre ce participe régulier de la langue d'oïl, le verbe *fraindre* en avait un second qui dérivait directement du latin *fractus*.

>Et cil le fiert si en l'escu
>Que il li a *frait* et fendu. (P. d. B. v. 3015. 6.)
>M'espee est *fraite* joste le heux devant. (G. d. V. v. 2629.)
>Naymon l'a *frete*, que tres bien l'asena. (Agol. v. 574.)

Les autres formes des verbes en *ndre* n'exigent aucune remarque particulière, les quelques exemples suivants suffisent à en donner une idée.

Imparfait de l'indicatif:

>Gerard encontre, ki *apoignoit* vers li. (G. d. V. v. 1661.)
>Et del aguilon le *poignoit*. (R. d. S. S. v. 1266.)
>Entre les mors navres gisoit
>Et de paor là se *fagnoit*. (Phil. M. v. 7750. 1.)
>Jai aloient par le boscaige,
>Et bestes et oisiax prenoient,
>Au philosophe repairoient
>Qui d'aus norrir ne se *fingnoit*. (Dol. p. 276.)

K'ele (la lumière) *straindoit* les cuers... (S. Grégoire. V. Roquefort, s. v. *straindre*.)

Li autres des sages estoit chiches et si avers qu'il ne vouloit riens despendre; et si angeleus que tout ce qu'il avoit il gardoit et *estreignoit* moult durement. (R. d. S. S. d. R. p. 30.)

>Des esperons le *destraingnoit*,
>Et du chevestre le feroit. (R. d. Ren. t. I, p. 9.)
>Et li Romain les encauçoient
>Qu'à lor pooir les *destragnoient*. (Brut. v. 12252. 3.)
>La gent qui aucun mal avoient
>S'en *oignoient*, si garissoient. (S. N. v. 1360. 1.)

Futur et conditionnel avec *d* intercalaire:

>Tant cum je mais *ceindrai* espee
>Cum me peust il plus honir? (Ben. 15235. 6.)
>En non Dieu, nies, je vos *saindrai* l'espee. (R. d. C. p. 143.)
>E se li reis m'a point el gras,
>Certes jeo *poindrai* lui el maigre. (Ben. v. 15383. 4.)

Et jo te musterai que tu fras, e quel que jo te musterai à rei *enuinderas*. (Q. L. d. R. I, p. 58.)

E si l'*enuingderas* que ducs seit sur mun pople de Israel. (Ib. I, p. 30.)

>De ceo nel mescreez vos mie;
>Mult volentiers, se il poeit,
>Ja ce sachiez, ne s'en *feindreit*. (Ben. v. 15331-3.)

Cele nuit deviserent lor batailles, et ordenerent liquel *poinderoient* premerains, se ceu venoit al assembler. (H. d. V. 493[d].)

Participe présent:
>Devant les autres vait *poignant* Aymeris. (G. d. V. v. 1492.)
>Si s'entrecorent à vigor,
>Romain vont cà et la *pognant*. (Brut. v. 12561. 2.)

Qui donques fust là à cel point, adonques peust veoir... l'empereour qui vait ses batailles ordenant et *destraignant* de l'une partie. (H. d. V. 494ª.)

>Tot soavet en *estraignant*
>L'a reboutee sor l'enfant. (P. d. B. v. 1275. 6.)

Et por ce ke pluisor lo desirent et nekedent ne parvinent mie de ci ke à la haltece de cele perfection, si dient il en *complaindant* à droit. (M. s. J. p. 465.)

Cfr.: Comme font les leons, qui sans auscunes armes ne *feignent* point de s'aller ruer au milieu d'un troupeau de bestes timides. (Amyot. Hom. ill. M. Cato.)

Ses familiers et amys le (Solon) tançoyent, disants qu'il seroit bien beste si, pour crainte du nom seulement d'estre appelle tyran, il *feignoit* d'accepter la monarchie, laquelle devient incontinent juste royaulte, si celuy qui la prend est homme de bien. (Ib. ead. Solon.)

(Cato) ne *feignit* point d'entrer en picque et en querelle avecques le grand Scipion, qui pour lors, encores qu'il feust jeune, contendoit avecques l'aucthorite, puissance et dignite de F. Maximus. (Ib. ead. M. Cato.)

Brisson, courant contre Alexandre, *se feignit* en la course. (Montaigne. Essais, III, 7.)

Ce qui *poinct*, touche et esveille mieulx que ce qui plaist. (Ib. ead. III, 8.)

La maladie se sent; la sante peu ou point; ny les choses qui nous *oignent*, au prix de celles qui nous *poignent*. (Ib. ead. III, 10.)

On se sera peut-être étonné de n'avoir pas vu figurer *craindre* parmi les exemples que je viens de citer au sujet des verbes en *ndre*. J'avais, pour l'omettre, une fort bonne raison: Pendant toute la durée de la langue d'oïl, *craindre* s'est conjugué d'une manière propre, fort différente de celle des verbes en *ndre*.

CRAINDRE (v. fo.)

dérive du latin *tremere*. Après le changement du *t* initial en *c*, ce verbe prit les formes *cremir*, dans le nord et l'est du dialecte picard; *cremer*, *cremre*, en Normandie; *cremeir*, dans les dialectes mixtes. Quant au thème primitif bourguignon, la forme *cremmoir* des M. s. J. permet de conclure à *cremor*. De *cremre*, on forma *crembre* par l'intercalation ordinaire du *b* entre *m* et *r*. En quittant la Normandie, le *m*, qu'affectionnait cette province, devint *n*, et alors la combinaison *nr* prit sa lettre intercalaire, c'est-à-dire *d*, d'où *crendre*.

L'influence des formes renforcées des présents fit introduire l'*i* de la diphthongaison dans ces deux derniers thèmes, et l'on eut *criembre, criendre*.

Pendant la seconde moitié du XIIIe siècle, *criembre* se rencontre dans toute l'Ile-de-France et même en Champagne. Pour ce qui est de la partie ouest et sud-ouest de la première de ces provinces, *criembre* peut y avoir passé des dialectes voisins; mais ce thème a une origine propre dans l'est et en Champagne. Le futur et le conditionnel faisaient ici, après l'introduction de l'*i* de la diphthongaison au thème de l'infinitif, *criemrai, criemroie*, et, avec intercalation du *b*, *criembrai, criembroie*, d'où l'on forma, par analogie, le nouvel infinitif *criembre*.

Après 1250, on trouve les orthographes *crimbre, crindre*; puis, vers 1300, *creindre*. *Creindre* provient d'une nouvelle diphthongaison de la forme *crendre*. Comme je l'ai déjà fait observer plusieurs fois, cette diphthongaison avec *i* postposé est fréquente dans l'ouest de la Picardie et l'Artois, pendant la seconde moitié du XIIIe siècle. C'est de ces thèmes *crindre, creindre*, que se développa, par analogie aux verbes en *ndre*, la conjugaison que nous avons adoptée. Toutefois les anciennes formes de *craindre*, que je vais citer, restèrent encore en usage longtemps après le XIIIe siècle.

Faute d'avoir remarqué les transformations successives et tout à fait normales qu'éprouva le latin *tremere*, quelques philologues, se fondant sur ce que les verbes en *ndre* dérivent d'un primitif latin en *ngere*, ont pensé que *tremere* n'était pas la racine de *craindre*, et ils l'ont cherchée à tort dans les idiomes celtiques [1].

Voici quelques exemples des différents thèmes de *craindre:*

Quar el esgardement de la divine grandece aprent l'om com humilement l'om doit *cremmoir* sa venjance. (M. s. J. p. 489.)

    Se vous me voles afranchir
    Ne vous estuet de riens *cremir*. (R. d. M. p. 25.)

Cremir deivent lur princes paien e cristien. (Th. Cant. p. 81, v. 3.)
Devom plus *cremer* e doter. (M. d. F. II, p. 415; cfr. 414.)
Kar chascuns riches hum, qui Deu ne volt *cremeir*,
Alieve sur sa gent custume à sun voleir. (Th. Cant. p. 83, v. 2. 3.)

---

(1) On a encore objecté que *tremere* se retrouve sous la forme *tremir* dans l'ancienne langue. Cela est relativement vrai, c'est-à-dire suivant que l'on étend plus ou moins les limites de l'ancienne langue. *Tremir* est une création postérieure à la langue d'oïl, il date d'une époque où l'on avait perdu de vue l'origine de *craindre*. Le noveau dérivé de *tremere*, *tremir*, s'employait, du reste, dans un sens différent de celui de *craindre*; on s'en servait surtout pour exprimer l'idée de *trembler, frissonner, frémir*.

> Mult est musars qui Dieu ne croit
> Et cil mauves qui se recroit
> De celui Seignor *criembre* et croire
> Qui nule foiz ne set recroire
> D'acroistre cels qui en lui croient. (Rutb. II, p. 160.)
> Mult funt à *crendre* les seraines
> Car de felonies sunt plaines. (Brut. v. 753. 4,)
> E senz Deu *criendre* e senz raison. (Ben. v. 40658.)
> Qui se fait et *crimbre* et amer. (V. s. l. M. VIII.)

Le présent de l'indicatif de *craindre* se conjuguait régulièrement fort en Bourgogne et en Picardie; ainsi

criem, criens, crient [1], cremons, cremeiz, criement;

plus tard: creim, creins, creint, cremons et creimous, cremeiz et creimeiz, creiment.

Par suite de l'influence de la seconde et de la troisième personnes du singulier, et des thèmes de l'infinitif en *ndre*, le son nasal s'introduisit souvent à la première personne du même nombre, dès le milieu du XIIIe siècle, et, pour le mieux marquer, on orthographia même *ng*. Cette orthographe, l'admission successive du *n* à d'autres formes, celles du subjonctif qui étaient souvent en *ge*, rendirent l'analogie avec les verbes en *ndre* plus palpable et favorisèrent aussi l'admission de *craindre* parmi les verbes de cette classe. Le dialecte normand ne diphthonguait pas.

Impératif: criem, cremons, cremeiz.

Voici des exemples des présents et de l'impératif:

> Chi vient une beste salvage,
> Mult me *criem* que mal ne vous face. (Poit. p. 25.)
> Je *criem* que n'avienge entre nos
> Com entre un rei qui France tint
> Et un soen fableor avint. (Chast. IX, v. 124-6.)
> Si senz garde remaint, jo *creim* que ele soit perdue.
> (Charl. v. 322; cfr. M. d. F. Biscl. 35.)
> Fait i aurai maint lait pechie
> Dunt *crem* Deus seit vers mei irie. (Ben. v. 11257. 8.)
> N'i remaint dame qui n'i vienge.
> Las! ja n'en tornerunt mais, ce *crien* ge. (Ib. l, v. 1681. 2.)

Le *n* final de ce dernier exemple paraît être pour la rime avec *vienge*, mais la consonne initiale du pronom sujet placé après exige le son nasal.

> Hastez vous tost, car je me *crieng* morir. (G. l. L. I, p. 114.)

---

(1) Les formes *criens*, *crient*, où le *m* est remplacé par *n*, prouvent entre autres, que dès les plus anciens temps, le *m* a pris le non nasal devant une consonne.

Ne *criem*, ne dote, ne t'esmaies. (Ben. v. 39525.)
Comme son signor puis cele eure
De cuer l'aimme, *crient* et honeure. (R. d. M. p. 50.)
Qui ainme Dieu et sert et doute
Volentiers sa parole escoute:
Ne *crient* maladie ne mort. (Rutb. I, p. 48.)
Sours est Carlles, ne *crent* hume vivant. (Ch. d. R. p. 22.)
En la vile, denz la cloison,
Là où li reis sont plus fort place,
Que mais ne *crienge* lor manace,
Fist faire tors, portaus e murs... (Ben. v. 37960-3.)

Cfr.: Ibid. I, v. 497; II. v. 689. 4221. 12195. 12235. 22879. 29582. 34431, etc.

Metons arriere dos la paour de nostre Signour, en tel maniere que nous de mal faire ne le *cremons*. (H. d. V. 503ᵉ.)

De ço somes espoente,
Mult en *creimon* estre esgare. (R. d. R. v. 10888. 9.)

Onques de moi ne vous *cremez*. (H. d. V. 503ᵉ.)
Ahi las e chaitif! dites mei que *cremez*?
Cremez vus que vus toille li reis vos poestez? (Th. Cant. p. 8, v. 21. 2.)
Suer, dist Urrake, ne *cremes*. (P. d. B. v. 9719.)
Cil se *criement* de son morir. (Fl. et Bl. v. 400.)
Mai(s) or *criement* que ocis soie
Por ce que il ne m'ont veu
Puis que li rois u castel fu. (Brut. v. 9002-4.)
Mais nepuroc lor genz conreient,
Tant n'i *crement* ne ne s'effreient
Qu'il ne facent lor establies. (Ben. v. 8670-2.)
Toz jorz *crement* que lor deserte
Sur les cous lor chee e reverte. (Ib. v. 22476. 7.)
Assalt ne *creiment*, ne traire, ne lanchier. (O. d. D. v. 3448.)
Lor parenz *creinent* encuntrer. (R. d. R. v. 15493.)

Le parfait défini avait trois formes: les deux premières, dérivant des thèmes primitifs en *m* final, *cremi* et *cremui;* la troisième, *crens*, *criens*, *creins*, formée sur les thèmes en *ndre*, par analogie déjà aux verbes que j'ai réunis sous cette dénomination.

L'imparfait du subjonctif avait des formes correspondantes: *cremisse, cremusse, crensisse, criensisse, creinsisse*.

La forme du défini *cremui* paraît ne remonter pas au-delà du dernier tiers du XIIIe siècle, et sa correspondante de l'imparfait du subjonctif est extrêmement rare.

Pecchied ai en ço que n'ai tenu le cumandement Deu e tes paroles, pur ço que jo *cremi* e obei al pople. (Q. L. d. R. I, p. 56.)

Le diex d'amors onc ne *cremut*. (R. de la Rose, v. 6913.)

Si s'enfui li quens de Cartres,
Qui *cremi* le duc et ses cartres. (Phil. M. v. 15640. 1.)
Quant vit Osmunt si travaillie,
Si errant, si abesoigne,
Dota e *crienst*, merveilla sei. (Ben. v. 14077-9.)
Dota e *crienst*, si out sospeçon
Que ce fust sa destruction. (Ib. v. 17940. 1.)
Mais cil qui Deu *cremirent* e qui l'orent ame,
En unt od grief suspir celeement plure. (Th. Ct. p. 29, v. 24. 5.)
Mult le *cremurent* tuit e loingtain e veizin. (R. d. R. v. 2292.)

Li fiz Amon s'aperchurent qu'il ourent mespris vers David, si se *criemstrent*. (Q. L. d. R. II. p. 152; cfr. III, p. 237.)

Mult l'en *crienstrent*, mult le doterent,
De lui mesfaire se garderent. (Ben. v. 17695. 6.)
Qui *crcinstrent* que Rous fust venus. (Ib. v. 5901.)
Se je lui veoir ne *cremisse*,
Riens plus volentiers ne veisse. (R. d. l. M. v. 5971. 2.)
Si n'en *crensisse* estre blasme,
N'i eust rien de la tor rendre. (Ben. v. 32227. 8.)
Quant l'aventure oent del moine, | E cum li dus la testemoine,
N'i out un sol ne s'en *crensist*
E sa fole ovre n'en gerpist. (Ib. v. 25928-31.)
Sempres les *criensist* comparer. (Ib. v. 28521.)
N'i ot baron qui il *criensissent*,
Ne por qui rien faire volsissent. (Brut, v. 8971. 2.)
U k'il volsissent la preissent
Seurement, rien ne *cremissent*. (R. d. R. v. 14716. 7.)

Imparfait de l'indicatif:

Ne sai, feit il, mais je *cremeie*
Que de la nef getez sereie. (M. d. F. II, p. 326.)
Por ço se *cremoit* et doutoit,
Et en ses cambres se muçoit. (P. d. B. v. 417. 8.)

Tes serfs mis mariz est morz, e bien le seus que pruzdum ert e que il *cremeit* Deu. (Q. L. d. R. IV, p. 355.)

Normant ne altre ne *creimeit*. (R. d. R. v. 10960.)
Li vos haubers n'a pas mon colp tenu,
Et si disies ne *cremies* un festu
Ne fier, n'espic, tant par fust esmolu. (O. d. D. v. 11376-8.)

Li autre remestrent en Constantinople en grant mesaise com cil qui *cremoient* perdre la terre. (Villeh. 478ᶜ.)

Qant ere iriez mult se *cremeient*
Seur tute rien trop me duteient. (M. d. F. II, p. 111.)
Por ço dotoent e *creineient*
K'à lor parenz se cumbatreient. (R. d. R. v. 15498. 9.)

Futur et conditionnel:

Adonc si ne *crendras* ncient. (Ben. v. 15563.)
Ja mar *crendrez* nul hume à mun vivant. (Ch. d. R. p. 31.)
Mult les *criendrunt* Englcis, Peitevin et Normant.
(Th. Cant. p. 168, v. 19.)
Baron, dist Baudoins, j'an *criembroie* aviler.
(Ch. d. S. II, p. 108; cfr. p. 182.)
Se si tost m'an fuioie, j'an *criembroie* avillier. (Ib. II, p. 152.)
Crendreit, si la chose ert oïe,
Torne li fust à coardie. (Ben. v. 25168. 9.)
Tuit *crendreient* estre eissillie. (Ib. v. 30656.)

Participe passé: *cremut, crent, crient.*

Dunt del tot fust aseurez
E forz e *crenz* e redutez... (Ben. v. 17751. 2.)
De totes choses est *cremuz.* (Chast. prol. v. 123.)
Franc, dist Rollans, bonne gent honoree,
Sor toutes autres *cremue* et redoutee,
Com voz voi hui de seignor esgaree! (Ch. d. R. Intr. XXI.)

On voit par les exemples qui précèdent, que le verbe *cremir* s'employait avec le pronom *se*, non pas comme aujourd'hui pour signifier se redouter, avoir peur de soi, se redouter réciproquement, mais dans la signification que nous donnons à *craindre*.

Le verbe *geindre*, dont nous nous servons encore quelquefois, avait eu pour forme primitive *gemir, gemer* = gémir, déplorer. *Gemir* (v. fo.), dérivé de *gemere*, a subi les mêmes transformations que *cremir*; il se conjuguait de la même manière que ce dernier, excepté qu'il n'a pas eu de forme en *oir* et que le participe passé faisait *gemi* (mais aussi *gent, gient*). Ainsi *gemir* et *geindre* sont primitivement un seul verbe, dont on a fait plus tard deux verbes fort distincts dans leur conjugaison.

Parfont sospire et *gient* apres
Bas et soef, et gist en pes. (P. d. B. v. 1241.)
Mult s'alentist et aperece,
Vers les esperons plie e *gient*,
Qu'à peine sor les piez se tient. (Ben. v. 28467-9.)
Jure e patible e noise e *gient*. (Ib. v. 21880.)
Qui armes baille à ennemi
S'il meurt, ne doit estre *gemi*. (Robert. t. II, p. 363.)

Epreindre (exprimere), *empreindre* (imprimere), etc. ont encore passé de la même façon que *craindre, geindre* dans la conjugaison des verbes en *ndre*. Voilà pourquoi j'ai dit au commencement de cet article que, dans le principe, les verbes en *ndre* dérivaient tous de primitifs latins en *ngere*.

B. Je viens aux verbes en *uire*, qui dérivent de primitifs latins en *ucere*, *ocere*, *uere*.

Quant à leur conjugaison: les verbes en *uire* forment, dans la langue d'oïl, deux classes fort distinctes: *a)* Les uns se conjuguaient de la même manière qu'aujourd'hui, c'est-à-dire qu'aux XIIe et XIIIe siècles, on employait le *s* (= c) comme dans la langue fixée, à l'exception toutefois que cette lettre se montre aussi à l'infinitif; *b)* les autres rejetaient complètement le *s*.

a) Nuire (nocere), *luire* (lucere), et leurs composés, appartiennent à la première subdivision.

Nuire (v. fo.)

a eu pour forme primitive, en Bourgogne et en Picardie, *nosir;* en Normandie, *nure*. *Nosir* ne fut pas de longue durée; on introduisit de bonne heure *u* au radical, en partie par analogie au verbe *luisir*, en partie par suite de l'influence des formes renforcées des présents; d'où *nuisir*. *Nure* devint *nuire* et même *noire* (v. trouver) sur les confins des dialectes normand et picard, normand et bourguignon. Plus tard *nure* reparut comme une variété de *nuire*.

Bernier l'oï, si commence à rougir.
Signor, fait il, penseiz de moi *nuisir?* (R. d. C. p. 192.)
Qui o Deu se veut bien tenir,
N'est rien qui li puisse *noisir*. (Chast. pr. v. 185. 6.)
Qui sen forfait en tel maniere
Venistes aidier as Waucreis
Pur *noire* mei e mes Daneis. (Ben. v. 2886-8.)
Maint engin pur mei *nuire* sovent avant mis unt..
(Th. Cant. p. 79, v. 6.)
Il ne peuent *nure* n'aider. (Fabl. et C. IV, 172.)

Le présent de l'indicatif se conjuguait sans doute régulièrement fort: *nuis* (v. mourir), *nues*, *nuet*, *nosons*, *noseiz*, *nuesent*; mais, dès la fin du XIIIe siècle, la diphthongaison *ui* s'était introduite à l'infinitif et elle passa rapidement à toutes les formes.

Cil qui *nuist* nuese ancore, et qui est justes soit saintifieis ancores. (Apoc. f. 48. r. c. 2.)

Des corages d'esgaiemenz
Qui mult *nuisent* à foles genz. (Ben. v. 12753. 4.)
Jusqu'an terre le fondent et les motes deffont,
Que ne *nuisent* an l'ost qant c'iert que passeront.
(Ch. d. S. II, p. 55.)

Parfait défini: *nui;* imparfait du subjonctif: *neusse*.

Mais lor orgoel, je croi, lor *nut*,
Et cil vainquit qui vaincre dut. (Brut, v. 9145. 6.)

Ne lor *nut* tant nord est ne bise
Qu'en Danemarche n'arivassent
Queu mer orrible qu'il trovassent. (Ben. v. 27552. 4.)

Cfr. Chast. XII, v. 242; R. d. R. v. 10244, etc.

Si ke li rois ne le seust
Et que de riens ne nous *neust*. (R. d. l. M. v. 3747. 8.)
N'estre n'en deit, qu'il nos *neust*
Mult volentiers, se il peust. (Ben. v. 9204. 5.)

Cfr. *noisissent* (v. t. I, p. 353, l. 3.)

Participe passé: *neu*.

Mult ont greve, mult ont *neu*. (Rutb. I, p. 199.)

Neu (v. t. II, p. 107, l. 29.)

Luire

avait les formes *luisir* et *luire*, qui probablement avaient été précédés de *lusir, lure;* mais on ne retrouve aucun exemple de ces derniers. *Luire* signifiait *luire, briller*.

Governale vit une charire
En une lande *luire* arrire. (Trist. I, p. 82.)
Ainz est la meson si obscure
C'on ni verra ja soleil *luire*. (Rutb. II, p. 35.)
Escuz e helmes *reluisir*. (R. d. R. v. 9091.)
Si cum li lumiere ke *luist* en tenebres. (S. d. S. B. p. 525.)
Cuntre le ciel sur tuz les altres *luist*,
Siet el ceval qu'il cleimet Salt Perdut. (Ch. d. R. p. 62.)
Plus *reluist* que carbons par nuit. (Poit. p. 41.)
L'elme li freint ù li carbuncle *luisent*
Trenchet le cors e la cheveleure. (Ch. d. R. p. 52.)
Par la lune qui cler raiout
Et *luiseit* dedenz la maison. (Chast. XXI, v. 12. 13.)

Enmei la malvaise et perverse genz entre cui vos *luisiez* si com lumieres el monde. (M. s. J. p. 441.)

Lusanz (Charl. p. 11); *relusant* (t. I, p. 387, l. 4); *luisant* (t. II, p. 162).

Remarquez encore les composés *transluire, tresluire*, être transparent, reluire; *entreluire*, luire à demi, luire à travers plusieurs choses.

b) La seconde subdivision des verbes en *uire* comprenait *duire* (ducere) et ses composés; les dérivés du simple latin *struere*, qui n'a pas été admis dans la langue d'oïl.

Duire signifiait conduire, diriger, guider, instruire, enseigner, apprendre, s'instruire, convenir, plaire, appartenir, ajuster, caresser, échapper.

Aduire, amener, conduire, emmener, emporter, saisir — participe passé: porté à, accoutumé, instruit.

Conduire, conduire, mener, guider, protéger.

Aconduire, amener.

Deduire, se deduire, desduire, se divertir, s'amuser, se réjouir; s'occuper de quelque chose, se donner du mouvement.

Esduire, écarter, éconduire, éloigner; *s'esduire*, échapper.

Entreduire, introduire, enseigner, former, rendre sage.

Sosduire, séduire, engager subtilement qqn. à qqc., amener adroitement qqn. à ses fins.

Surduire, séduire, débaucher.

Reduire (se), se rassembler, se réunir.

Reduire, remettre, reconduire, ramener.

Enduire, induire, amener — enduire — faire entrer, enfoncer.

Enstruire, estruire, instruire, instruire à fond, initier.

Estruire, construire, édifier.

Destruire, détruire, ruiner, consumer, mettre à mort. (V. t, II, p. 68, l. 23.)

Pardestruire, détruire de fond en comble.

Construire, construire, établir.

>Bien sout esprevier *duire* e ostour e falcon. (R. d. R. v. 3825.)
>Je vuel entre mes voisins estre
>Et moi *deduire* et solacier. (Ruth. I, p. 130.)

Il avint jadis, en ceste vile, par .i. jor qui est apelez le roi des diemenches, c'est le jor de la Trinité, que tuit chevalier se doivent *deduire* sor lor chevaus et pendre les escuz au(s) cos. (R. d. S. S. d. R. p. 17.)

E venud fud de Rogelim pur *cunduire* le rei vers le flum. (Q. L. d. R. II, p. 194.)

>Devis e parti e espars
>Se sunt pur le païs *destruire*
>E pur le grant aveir *aduire*. (Ben. I, v. 1052-4.)
>Ne s'en sevent mais si *esduire*
>Qu'à cinc cenz d'eaus senz purloignier
>N'en facent les testes seignier. (Ib. v. 16147-9.)
>Encor querra force e aïe
>A *pardestruire* Normendie
>E à vengier sa grant dolor. (Ib. v. 16678-80.)
>Si terre lur plout à *destruire*,
>Ore lur replaist plus à *estruire*
>E à noblement ratorner. (Ib. v. 7068-70.)

Uire a-t-il été la forme primitive de ces verbes? Tout ce que l'on a vu jusqu'ici des thèmes primitifs de nos verbes permet déjà de répondre négativement à cette question, et l'on a en outre des exemples de *ure*, qui a précédé *uire*, (*dedure*, Trist. II, p. 115 *destrure*, Charl. v. 226); mais ces exemples ne se rencontrent que dans des textes normands ou dans ceux où l'influence normande est notoire. Les plus anciens monuments bourguignons et picards portent déjà *uire*, ce qui prouve que *uire* a disparu de fort bonne heure dans ces deux dialectes. *Uire* s'établit promptement aussi en Normandie.

Les exemples suivants donneront une idée de la manière dont ces verbes se conjuguaient.

    Ki ço *duit* e governet ben deit estre puant. (Charl. v. 97.)
    Il n'ainment joie ne deduit;
    Qui lor done, si les *deduit*,
    Et les solace, et les conforte. (Rutb. II, p. 70.)
    Et Baudoins retorne an la cite antie,
   Biau s'anvoise et *deduit* avecques sa maisnie. (Ch. d. S. II, p. 103.)
    Conoist que Lowis s'en fuit,
    Que de la bataille s'*esduit*. (Ben. v. 16398. 9.)
    Cil à cui tu paroles te *sosdut* et enchante. (Ch. d. S. I, p. 239.)

Cette orthographe en *u* pur dans un texte champenois de cet âge, me paraît fort douteuse. On en a de semblables qui sont encore plus nouvelles, je le sais; mais d'ordinaire elles se trouvent à la rime.

    Or entendes, segnor trestuit,
    Con faitement il le *sosduit*. (P. d. B. v. 4367. 8.)
    En iteu sen n'en tel maniere
    N'oï une mais faire preiere
    Que je me *destruic* e ocie. (Ben, v. 16690-2.)

Si famine vient en la terre, u corrumpuz seit li airs e pestilence descunfise e *destruie* les blez. (Q. L. d. R. III, 262.)

    Si comanda sor tote rien
    L'enfant à garder par maistrie
    Sor lur menbres e sor lor vie,
    Qu'il n'enchapt ne qu'il ne fuie
    Ne que Osmunt ne l'en *esduie*. (Ben. v. 13716-20.)
    I velt q'avec sei le reteingne,
    Des ars l'*entreduie* et enseigne. (Dol. p. 159.)
    Senz autre terme qui'n seit pris
    Cunduium là nostre navie. (Ben. v. 3876. 7.)
    Cist enchaucent, li autre fuient
    Qui n'unt leisir que de els s'*esduient*. (Ib. II, v. 2745. 6;
            cfr. t. I, p. 185, l. 23.)
    Par droite force et par destroit
    Od les armes qu'il *conduioit*... (Brut, v. 12318. 9.)

Quand sainz Paules *enstruioit* son chier disciple... (M. s. J. p. 511.)

    Homes et femes ocioient,
    Tote la terre *destruioient*. (L. d. M. p. 54.)

Joffrois li marechaus de Champagne chevaucha devant et les *conduist*. (Villeh. 476ᵈ.)

    Li emperere en tint sun chef enbrunc,
    Si *duist* sa barbe, afaitad sun gernun. (Ch. d. R. p. 9; cfr. p. 31.)

DU VERBE. 255

> Dunc prist l'arcevesque en sa main,
> Si *aconduist* le conte Alain
> Au duc por faire son voleir. (Ben. v. 31206-8.)

Et corrurent par tot le païs, et gaaignerent granz gaains, et *destruistrent* une cite qui avoit nom Aquile. (Villeh. 485ᵉ.)

Li Deu az genz de par la terre ne pourent encuntrester à mes ancestres, ens *destruistrent* tute Gozam, e Aran, e Reseph, e les fiz Eden ki mestrent en Thelassar. (Q. L. d. R. IV, p. 412.)

> Si *destruisent* Bruges et Gant...
> Et parmi Hainau s'en alerent
> Droit à Condet, là sejornerent
> De la tiere *destruisent* moult... (Phil. M. v. 12822.5-7.)

Kar à nus dut estre manded primerement que nus nostre seignur le rei *cunduissuns* à sun paleis. (Q. L. d. R. II, p. 196.)

Mais jo te *conduirai* avant del flum. (Ib. p. 195.)

Destruisissent (t. II, p. 117, l. 44).

> Qu'à grant dolor *destruiriez*
> Si tost cum plus tost porriez. (Ben. v. 16696. 7.)
> Ensi com cil m'a enditie
> Qui le (l'esprevier) m'a afaitie et *duit*,
> Si l'emporteres por deduit. (R. d. l. V. v. 2459-61.)
> Cil sont *duit* de granz cox recevoir et doner. (Ch. d. S. II, 72.)
> Nus ne se pot vis escaper
> S'il ne fust bien *duit* de noer. (R. d. R. v. 10379. 80.)
> *Duit* e sage sunt del mestier. (Ben. v. 33516.)
> Le cop par grant vertu *conduit*,
> Par mi le pel li a *enduit*
> Le fier trenchant plus d'une espane. (R. d. l. V. v. 4874-6.)
> Li graindre anemi Diex si sunt li renoie,
> Quant il sunt à mal faire *aduit* et avoie.
> (Test. de J. d. Meung., v. 641. 2.)

Souduit (v. t. I, p. 272, l. 25.) *Sosduite* (v. t. II, p. 49, l. 5.)
Estruis (v. t. I, p. 156, l. 29.)

> Par tes grans tribulations
> Sera la loys Jhesu *destruite*,
> Et la malvaise lois *estruite*. (R. d. M. v. 154-6.)

Vers le milieu du XIIIe siècle, ce mode de conjugaison commença de se troubler; en Picardie et en Bourgogne, on introduisit le *s*, qui nous est resté. Cependant les cas où *s* est employé doivent encore être considérés comme de rares exceptions.

Li dus Gerard les *conduisoit* devant. (G. d. V. 464.)

Cfr.: ... Comme si l'on ne debroit pas former les moeurs des enfants, et les *duire* et addresser dès et depuis leur naissance à une mesme fin. (Amyot. Hom. ill. Comp. de Lycurgus avec Numa Pompilius.)

Ce que ceux là faisoyent par vertu, je me *duis* à le faire par complexion. (Montaigne. Essais, III, 10.)

L'exemple de Grus ne *duira* pas mal en ce lieu. (Ib. ead. III, 6.)

Il luy voulut donner l'abbaye de Bourgueil, ou de Saint Florent, laquelle mieulx luy *duiroit*, ou toutes deux s'il les prenoit à gre. (Rabelais. Garg. I, 52.)

Par telles escarmouches, ils en devindrent plus hardis, plus agguerris, et mieulx *duicts* aux armes qu'ils n'estoyent auparavant. (Amyot. Hom. ill. Pelopidas.)

Et *duisant* aux armes les souldards qu'il avoit rallies. (Ib. ead. Demetrius.)

Or allez de par Dieu qui vous *conduye*. (Rabelais. Pant. V, 47.)

Laquelle nouvelle entendue, sortirent au devant de luy tous les habitants de la ville en bon ordre, et en grande pompe triumphale, avec une liesse divine, et le *conduirent* en la ville. (Ib. ead. II, 31.)

Puisque vous l'avez accorde, il le vous fault supporter patiemment, et ne perdre pas le courage pour cela, vous *reduisants* en memoire que vos ancestres, par le passe, ont quelquefois donne la loy aux austres. (Amyot. Hom. ill. Phocion.)

Les jeunes gents es lieux où ils se *reduisoyent* ensemble pour s'esbattre aux exercices de la personne. (Ib. ead. Nicias; cfr. Lycurgus.)

Il (Furius Camillus) *induisit* les hommes, qui n'estoyent point mariez, à espouser les femmes vefves. (Ib. ead. Furius Camillus.)

Theoxena ne peut estre *induicte* à se remarier, en estant fort poursuyvie. (Montaigne. Essais, II, 27.)

Notre verbe *cuire* (coquere) paraît avoir flotté entre les deux classes des verbes en *uire*, cependant le mode de conjugaison actuel était le plus répandu au XIIIe siècle. *Cuire* était souvent employé pour *brûler*, en parlant du supplice du feu.

Cuire (v. t. II, p. 182, l. 13 et 14).

Lendemain li dis que le suen fiz meissums à *quire*. (Q. L. d. R. IV, p. 369.)

> Au gastel qui *coeit* alai,
> Dou feu le trais et sil menjai,
> Auques ert cruz, mes que chaleit? (Chast. XVII, v. 136-8.)

Coisiez del polment à noz ovriers. (Dial. de S. G.)

> Que fas-je donc? Sans plus parler,
> Je vueil qu'il y voit tout nu piez,
> Si que les plantes li *cuisez*
>   Et ardez toutes. (Th. Fr. M. A. p. 273.)
> Que la lasse d'ame *cuira*
> En enfer. (Rutb. II, p. 2.)

Cuiront (v. t. II, p. 182, l. 34. 35).

> Des garcz en i out de *quiz*. (Ben. v. 26825.)

Enfin *bruire* mérite quelques observations particulières. Ce verbe, qui se montre aussi sous la forme *bruir*, avait deux significations: 1° *bruire*, 2° *brûler*. M. Diez, après Ménage, dérive *bruire* du latin *rugire*, en admettant que le *b* est peut-être dû à l'influence de l'allemand *brausen*; mais il ne s'explique pas sur *bruire* = *brûler*, ce qui semble prouver qu'il regarde *bruire*, dans ses deux significations, comme deux verbes différents. Quoi qu'il en soit, je crois que M. Diez se trompe en rapportant *bruire* à *rugire*. *Bruire* = *bruire* et *brûler*, dérive d'une seule racine, et elle appartient aux langues germaniques. Il est de la même famille que l'allemand *brauen*, *braten* (vieux *brihan*, *brahan*, brûler), affiliés à *brennen*. Ces mots ont désigné primitivement l'idée de bruire, pétiller, mugir dans l'action de brûler, et ensuite le brûler même. *Brauen* signifia d'abord le bruit que fait la chose qui cuit, qui rôtit; *brausen*, dont parle M. Diez, est une extension de forme de ce verbe et sert à présent à désigner le son que produit la chose en cuisson, tandis que *brauen* = cuire, ne s'emploie plus que pour le cuire de la bière (brasser). *Brauen*, en anglo-saxon *brivan*; *braten*, rôtir, en anglo-saxon *braedan*, *bredan*, rôtir; *brastlian*, brûler, bruire, mugir, rompre; *brennen*, faire de la chaleur, préparer par la chaleur, briller, en gothique *brinnan*, en anglo-saxon *byrnan*, brûler, *bernan*, allumer [1].

Voici quelques exemples de ce verbe.

<blockquote>
Trestoute tierre en deuroit *bruire*. (R. d. S. S. v. 1670.)
Ferai les espines *bruir*,
Avant que nus i puist venir. (R. d. l. M. v. 933. 4.)
</blockquote>

Brut (v. t. II, p. 70, l. 12).

<blockquote>
Et la chandele jus chai,
Tot mist en cendre et tot *brui*. (Chast. XXIII, v. 95. 6.)
Et les nues tot mesle mesle
Getoient [2] noif et pluie et gresle,
Li tonoirre et li vent *bruioient*,
Si que trestot l'air destruioient. (Romv. p. 529, v. 8-11.)
Il leur respont qu'ele est *bruie*. (R. d. l. M. v. 1035.)
De male flame soit *bruie!* (Poit. p. 19.)
</blockquote>

Bruant (v. t. I, p. 132, l. 10).

---

(1) Pour ce qui est de la terminaison *re*, rien n'empêche d'y voir une imitation de la forme latine *rugire*, à laquelle on préposa de bonne heure un *b* (brugit pour rugit, dans la L. d. Alam.), moins sans doute pour créer une onomatopée, que par suite de l'influence allemande. — Si l'on ne veut pas reconnaître que *bruire*, dans ses deux significations, était un seul et même verbe, on devra toujours admettre l'origine indiquée pour *bruire* = brûler, qui nous est resté dans *brouir* et *bruir*. L'occitanien *braouzi* = *brauzir* prouve que la racine a eu un *o* long ou *au* pour voyelle radicale.

(2) Le texte porte *gesoient*, qui ne donne aucun sens.

APPENDICE.

I. L'ancienne langue avait une conjugaison périphrastique complète de la forme active. On la faisait en joignant *être*, *aller*, *venir*, au participe présent d'un verbe quelconque. Cette réunion de deux verbes sert à exprimer certaines idées secondaires que ne rend pas le verbe simple; on évite ainsi l'emploi d'autres parties du discours, et la brièveté y gagne.

a) Le participe présent joint à *être* exprime la persévérance de l'action. Cette tournure était d'un fréquent usage dans la langue d'oïl; Marot l'emploie encore assez souvent; aujourd'hui elle est vieillie.

V. les exemples t. I, p. 96, l. 13; p. 185, l. 30; p. 190, l. 8; t. II, p. 47, l. 12; p. 91, l. 41; p. 207, l. 30; etc. etc.

b) Aller avec le participe présent exprime une action continue. A la fin du XVIe siècle, cette tournure tombait déjà en désuétude, et depuis on ne l'employa plus guère qu'au sens propre, c'est-à-dire p. ex. que *il va lisant*, signifie *il va et il lit;* ou bien, selon Ménage, au sens impropre, pour exprimer la continuité de l'action. *Aller* avec un participe présent précédé de la préposition *en*, exprime une idée de progression [1].

V. les exemples t. I, p. 76, l. 11 et 13; p. 129, l. 5; p. 135, l. 29; p. 148, l. 4; p. 163, l. 23; p. 217, l. 23; p. 222, l. 36; p. 288, l. 29; p. 387, l. 6; t. II, p. 47, l. 9; p. 200, l. 1; etc. etc.

c) La combinaison de *venir* avec le participe présent est trop ordinaire dans la langue fixée pour que j'aie besoin de m'y arrêter.

II. La langue, dans son développement progressif, cherche à individualiser les idées et à distinguer de plus en plus les formes qui servent à les exprimer. La plupart des verbes étant devenus transitifs, le besoin se fit sentir de désigner d'une manière bien marquée la signification intransitive qu'on leur donna, et la langue créa la forme *réfléchie*. Pour se faire une idée juste de la valeur de cette forme, il est nécessaire de la comparer aux formes correspondantes des autres langues. Le moyen du grec n'est, dans le principe, qu'une forme réfléchie: τύπτομαι équivaut à τύπτω με. Le passif se développa ensuite du moyen. Les verbes déponents du latin sont aussi composés avec le pronom réfléchi ($r = se$, pour les trois personnes), et, comme en grec, la signification passive s'est dégagée plus tard de la signification réfléchie.

---

(1) Je ferai observer en passant que le verbe *aller* sert à exprimer le futur : je *vais* travailler.

La forme *passive*, déjà très-défectueuse en latin, n'a pas de formes particulières pour ses temps dans les langues romanes. Nous avons recours, pour former le passif, au participe passé et au verbe *être*, que les Latins employaient à plusieurs temps, p. ex.: *je suis aimé, j'étais aimé* etc.; mais il faut bien observer que *je suis aimé* répond au latin *amor*, et non pas à *amatus sum*. Ainsi *sum* est pour le présent, *eram*, pour l'imparfait, *fui*, pour le parfait défini, etc.

Être sert encore à former les temps composés de la forme active des verbes intransitifs, et à conjuguer les verbes réfléchis, parce que la signification de ces derniers, comme on vient de le voir, se rapproche beaucoup de celle des verbes passifs.

La forme réfléchie sert aussi à exprimer l'action de plusieurs sujets les uns sur les autres: *se battre, se toucher*. Souvent, pour exprimer avec plus de clarté ce sens *réciproque*, on ajoute *l'un l'autre*, ou un des adverbes *réciproquement, mutuellement*, ou l'on place le mot *entre* avant le verbe. On a déjà pu remarquer que ce dernier moyen était celui dont se servait presque exclusivement l'ancienne langue. Voyez le Glossaire aux mots *entracoler, entrafier, entraider, entramer, entraprocher, entrassembler*, etc.

On trouve, dans l'ancienne langue, un grand nombre de verbes conjugués avec le pronom réfléchi, que la langue fixée rejette le plus souvent. Les verbes de cette espèce sont d'ordinaire ceux qui expriment un mouvement corporel ou le repos. Au contraire, beaucoup de verbes réfléchis perdent le pronom, sans que, pour tout autant, leur signification en soit changée. Ainsi on disait *s'aller, s'en aller, s'en issir, se disner; se dormir, coucher* et *se coucher, laver*, etc. Enfin beaucoup de verbes dont l'ancienne langue faisait encore usage dans leur emploi primitif, n'ont été admis par la langue fixée que sous la forme réfléchie, p. ex. *moquer*.

> Car dure et mauvaise seroie
> S'à essient je vous *moquoie*. (R. d. C. d. C. v. 2189. 90.)
> Il ne dengna plourer, tant eust de hachie,
> Ains en *moquoit* les autres et tanchoit à la fie...
> (Fierabras p. III, c. 2.)

On trouve encore *mocquer un mal*, dans Ronsard.

Dans la langue d'oïl, beaucoup plus souvent qu'aujourd'hui, l'infinitif prenait une signifiation passive.

> Plus ont paor de mort que de metre an prison. (Ch. d. S. I, p. 39.)

c'est-à-dire *ils ont plus peur de la mort que d'être mis en prison*. (V. t. II, p. 47, l. 44).

On exprime souvent les temps du passif par la forme active avec le pronom réfléchi : *ces fruits se vendent* = *venduntur*, c'est-à-dire *vendunt se ;* ainsi il y a décomposition exacte du latin. Il est bon de remarquer que cela n'a lieu qu'aux troisièmes personnes.

Enfin le passif peut encore être rendu par *on : on dit* = *dicitur*.

III. La langue se sert de la forme *impersonelle* du verbe, quand on affirme dans la phrase une action sans un sujet de l'action. Ainsi, en disant *il pleut*, nous affirmons une action sans nous représenter un être comme le sujet de cette action. Cependant nous sommes accoutumés à regarder toute action comme l'action d'un être, et, lors même que nous ne nous représentons aucun sujet de l'action, nous désignons un sujet dans la phrase au moyen du pronom personnel neutre de la troisième personne. Ce pronom, qui sert simplement à compléter la forme de la phrase, prend le nom de sujet grammatical, pour le distinguer du sujet logique, au moyen duquel on désigne un être comme le sujet de l'action.

Les verbes impersonnels étaient beaucoup plus nombreux dans l'ancienne langue qu'aujourd'hui. Nous avons perdu entre autres : *il ajorne, il avesprit, il anuite, il afiert, il (m')abelist, il me membre, il loist*, etc.

Pour indiquer simplement l'existence d'un objet, on se sert de *il est (était, fut)* et de *il y a*. Touchant *il y a*, dans l'ancienne langue, voy. t. I, p. 258.

Il sunt quatre manieres del mal d'idropisie. (Th. Cantb. p. 170, v. 13.)

J'ai déjà parlé des phrases impersonnelles : *être beau, laid, tart, vis, mestier*. (V. t. I, p. 258. 273. 274.)

Le sujet grammatical, que nous exprimons toujours, se sous-entendait souvent dans l'ancienne langue. Notre *n'importe, reste à savoir, plût à Dieu* sont des restes de cet usage.

VI. Remonter aux premiers temps de la langue, déterminer la forme du régime de chaque verbe et la comparer à celle du latin, poursuivre cette recherche de siècle en siècle, fixer l'époque où il s'est fait un changement et indiquer, autant que possible, les nuances de signification ou autres causes qui ont amené ce changement : ce serait là un travail aussi intéressant qu'utile, mais trop étendu pour trouver place dans cette grammaire. Voici quelques exemples de verbes auxquels la langue d'oïl donnait un régime différent de celui qui a été admis par la langue fixée.

Consentir, verbe actif, ne s'emploie aujourd'hui qu'au palais et dans le langage diplomatique. Corneille aime à donner à ce verbe un complément direct.

Du moins César l'eût fait, s'il l'avait consenti.

C'est le souvenir d'un ancien usage, v. t. I, p. 403, l. 31. Mais aussi *consentir à qqch,*, v. t. I, p. 66, l. 34. *Consentir qqch. à qqn.*, v. t. I, p. 300, l. 2; *consentir à qqn.*, v. t. I, p. 65, l. 31. V. le Glossaire pour la signification.

Croire avec un complément direct ou indirect (préposition *en*). V. t. I, p. 237; p. 278, l. 13; p. 74, l. 42; t. II, p. 136-38.

Gauchir (guenchir), aujourd'hui intransitif, s'employait autrefois transitivement.

Pur ço atendi iluec, ne volt la mort guenchir. (Th. Cantb. p. 145, v. 9.)

Gémir qqch.

Pour ce à terre cy m'asserray,
Et mon pechie cy gemiray
Amerement. (Th. F. M. A. p. 467.)

Mocquer qqn. V. ci-dessus II.

On trouve quelquefois *prier à qqn.*

Pria leur qu'il li pardonaissent. (R. d. l. M. v. 6811.)

Sembler, ressembler qqn. V. t. II, p. 85, l. 13.

Par tels paroles vus resemblez enfant. (Ch. d. R. p. 69.)

Ressembler qqn. se trouve encore dans Rabelais, Amyot et Montaigne.

Il blasmoit et hayssoit neantmoins le plus asprement qu'il est possible ceulx qui le ressembloyent. (Amyot. Hom. ill. Marcus Crassus.)

Servir qqn. et *à qqn.* V. t. I, p. 74, l. 43; p. 231, l. 31; p. 235, l. 28; p. 127, l. 10; p. 129; p. 183, l. 25; etc. Cfr.:

Un grant coutel à quisinier,
Qui sert de la car despicier,
A sour le dreceoir trouve. (R. d. l. M. v. 681-3.)

(Les Lacedaemoniens) estimoyent tous, qu'ils n'estoyent point nays pour servir à eulx mesmes, ains pour servir à leur païs. (Amyot. Hom. ill. Lycurgus.)

V. L'infinitif peut se joindre à un autre membre de la phrase au moyen d'une préposition, alors il remplace en général le gérondif ou le participe futur passif du latin. Il tient en outre la place du supin, du participe futur actif et de l'infinitif de la langue latine. La littérature romaine n'offre aucun exemple de l'infinitif joint à une préposition.

Dès les plus anciens temps de la langue d'oïl, on trouve devant l'infinitif les mêmes prépositions qu'aujourd'hui; mais leur emploi différait en bien des cas de celui que l'usage moderne a consacré. Voici quelques exemples de ces différences.

Nous disons *désirer faire* ou *de faire*; l'ancienne langue connaît la première construction, mais elle se servait de la préposition *à* au lieu de la préposition *de* dans la seconde. *Désirer à faire* était plus ordinaire que *désirer faire*.

> Nous *desirons* mout *à* oïr
> Pour coi il l'a faite morir. (R. d. l. M. v. 4113. 4.)
> Qu'il *desiroit* moult *à* savoir
> Dou penser la dame le veir. (R. d. C. d. C. v. 4155-7.)

V. encore t. I, p. 50, l. 10; p. 280, l. 35; p. 181, l. 42; t. II, p. 67, l. 29; etc.

Commander à au lieu de *commander de*:

> Puis *commanda* la table *à* mettre. (R. d. C. d. C. v. 2665.)
> Il *commanda* l'uis *à* fremer. (R. d. S. S. v. 1217.)

Commencer à et jamais *commencer de*:

> *Comenceai* tuz cels *à* murdrir
> Qu'il avoit pris por lui servir. (St. N. v. 1218. 9.)

Cfr. t. I, p. 51, l. 9; R. d. C. d. C. v. 6754; R. d. M. p. 55. 59; L. d'I. p. 25, etc. — et le synonyme *prendre à* t. II, p. 200.

Savoir à:

J. jor manda li rois tout son barnage, pour ceste merveille savoir, se ancuns li *sauroit à* dire que ce porroit senefier. (R. d. S. S. d. R. App. p. 99.)

Menacer à:

> Ains le *manachent à* tuer. (R. d. S. S. v. 2129.)
> Que le *manace* li Danois *à* tuer. (O. d. D. v. 8675.)

Penser, suivi d'un infinitif, signifiant *être sur le point de*, s'employait avec *de* dans l'ancienne langue.

> Et li baron *penserent de* monter. (R. d. C. p. 13.)

La langue d'oïl offre un assez grand nombre d'exemples de *pour à* devant un infinitif, au lieu de *pour*, et alors le pronom régime se place entre les deux prépositions. C'est tout à fait l'allemand *um ... zu*.

V. les exemples t. I, p. 131, l. 22; t. II, p. 39, l. 46; p. 165, l. 3; etc.

Or ne dotteir mies, k'il venuiz est por vencre cez dous anemins et *por ti à* delivrer[1] et del un et del atre. (S. d. S. B. p. 537.)

---

(1) Le texte porte *adelivrer*; mais c'est une simple faute typographique, comme le prouve le *por ti à* delivrer qui se trouve 6 lignes plus haut.

CHAPITRE VII.

DE L'ADVERBE.

Les parties invariables du discours ont éprouvé de grands changements dans les langues romanes. La plupart des formes latines ont été abandonnées, sans doute parce que la valeur des sons composants était trop minime pour être rendue d'une manière efficace dans une nouvelle création. Mais ces pertes ont été amplement réparées, soit en admettant de nouveaux radicaux, soit par dérivation ou par composition des mots existants.

Les adverbes latins dérivent de certains cas des autres parties du discours, p. ex. *multum*, *partim*, *foras* (accusatif), *tuto*, *cito*, *gratis* (ablatif), *domi*, *heri*, (locatif); ou bien ils ont été formés au moyen de terminaisons dérivatives adverbiales: *e*, *ter* (*iter*, avec la voyelle de liaison), *tim*, *sim*, *tus*, *ous*, *ti* (u-ti), *ta* (ī-ta). Les langues romanes ont conservé en partie la première espèce de dérivation; la seconde a été rejetée, bien que l'on trouve quelques terminaisons qui semblent se rapporter au même principe, p. ex., en français, *à genoillons*, *à reculons*, etc., où *ons* indique la position du corps ou la manière dont s'opère un mouvement.

La formation adverbiale la plus importante des langues romanes se fait au moyen du substantif latin *mens*, qui se joint comme simple suffixe aux mots dont on veut former un adverbe. *Mens* se montre déjà souvent en latin avec la signification que lui ont attribuée les langues romanes, p. ex.: Bona mente factum, ideo palam; mala, ideo ex insidiis (Quint. V, 10, 52). Une autre preuve certaine de l'origine de notre terminaison *ment*, c'est que l'adjectif auquel on la joint est toujours mis au féminin. Les adjectifs generis communis font seuls une exception apparente à cette règle; cependant on perdit souvent de vue l'usage suivi à l'égard du féminin des adjectifs de cette espèce, pour se conformer à la loi générale de la formation des adverbes en *ment*. *Mens* s'employa d'abord à l'égard des êtres animés, puis on en étendit l'emploi aux êtres inanimés.

Au lieu de *ment*, on écrivait, au XIIIe siècle, *mant*, dans une partie de la Champagne et en Lorraine.

La finale *l* des adjectifs de cette terminaison, subissait son fléchissement ordinaire en *u*: *loialment*, *loiaument* (t. I, p. 154, l. 17; p. 272, l. 39), *morteument* (Ben. v. 38321).

Les adjectifs qui avaient *l* ou *t* pour finale, perdaient souvent cette lettre. P. ex. de *vassal*, *grant*, on forma *vassalment*, *grantment* (Phil. M. v. 4556), qui devinrent *vassaument* (Ben. v. 37283), *vassament*, *granment* (Ben. v. 37905), d'où enfin *gramment*, par attraction. Ces formes proviennent des usages orthographiques dont j'ai parlé à l'article du substantif. Au lieu de *nm* ou *mm* des formes adverbiales dérivées d'adjectifs en *t* final, on trouve *um* dans les textes anglo-normands surtout, et en général dans ceux où l'influence normande est notoire: *erraument* (Ben. v. 37058), *soufisaument* (Rym. I, 2. p. 51).

Les adverbes en *ment* dérivés d'un adjectif generis communis en *f* final, se formaient d'ordinaire, dans la Bourgogne et la Picardie, en rejetant simplement le *f*: *brief*: *briement* (t. I, p. 153, l. 18). Cependant, au XIIIe siècle, il n'est pas rare de voir le *f* conservé: *briefment* (Rutb. II, 82). En Normandie, le *f* final était généralement maintenu: *grefment* (Ben. v. 39316).

Il serait inutile de donner ici des exemples détaillés, vu qu'il y a un grand nombre d'adverbes en *ment* dans les citations des chapitres précédents. Le Glossaire indique du reste la page et la ligne où ils se trouvent.

Je ferai seulement observer encore que les adverbes en *ment*, comme d'autres adverbes, s'employaient, dans l'ancienne langue, pour l'adjectif: Comment es tu si *probrement* (Roquefort).

Le degrès de comparaison des adverbes se formaient de la même manière que ceux des adjectifs.

Dans beaucoup de cas où nous emploierions aujourd'hui le superlatif, l'ancienne langue se servait du comparatif.

V. t. I, p. 309, l. 2; p. 386, l. 40; t. II, p. 51, l. 37; p. 134, l. 2; etc.

Le matin, li reis fist faire un brief e mandad à Joab qu'il meist Urie là ù li esturs fust *plus* forz en la bataille. (Q. L. d. R. II, p. 156.)

   Et le jouel bien tost aray
   Qu'elle garde *plus* chierement. (Th. F. M. A. p. 452.)

Quant nous plaçons le superlatif après son substantif, nous

sommes obligés de répéter l'article; p. ex.: l'homme *le* plus présomptueux. Il n'en était pas ainsi dans la langue d'oïl.

> Vai, met ma selle sor mon corant destrier,
> Et si m'aporte mes garnemans *plus* chier. (G. d. V. v. 405. 6.)

Plus chier = *les plus chers*.

J'ai parlé, au chapitre des adjectifs, du renforcement du superlatif par le mot *tres*; le même cas se présente pour les adverbes.

> Coscuns a sa confesse dite
> *Au plus tres* belement qu'il seut,
> E *au plus tres* briefment qu'il peut.
> (Fabl. et C. I, 214. Cité par M. d'Orelli.)

Cfr.: Sa femme vit molt dolouser,
> Et *molt tres durement* plorer. (R. d. S. S. v. 1319. 20.)
> Ne poet muer que il nel plaigne:
> E si fait il amerement
> E *si tres dolerosement*
> Que par poi qu'il n'esrage vis. (Ben. v. 19003-6.)

Mieux, pis, plus, voy. ci-dessous.

Voici quelques-uns des principaux adverbes de la langue d'oïl [1]. On trouvera les autres dans le Glossaire.

A Bandon.

Je profite de l'occasion que m'offre *à bandon*, pour expliquer plusieurs mots qui ont la même origine: *ban, banal, bannir (bandir)*. Tous ces termes dérivent de l'allemand *bannen, bann*. *Bannen* dérive du gothique *bandvjan*, faire signe, indiquer par signes, faire entendre (bandva, bandvo, signe); *bandvjan* devint *banvjan*, qui, à son tour, donna naissance à *bannan, bannen* ($nn = nv$, par assimilation). *Bannen* signifie proclamer, ordonner décréter, défendre, chasser, bannir; toutes significations qui découlent facilement l'une de l'autre et de la primitive. Cela posé, nous avons l'explication des formes de la basse latinité *bandum, bannum*, et de celles en *d* ou sans *d* de la langue d'oïl.

Ban (DC. bandum = all. band, signe, signe militaire, drapeau) signifiait étendard, enseigne, drapeau.

Ban (v. h.-al. pan pannes, al. m.-â. ban bannes) a eu les significations: 1° Juridiction d'un magistrat ou d'un ecclésiastique, d'un seigneur; 2° Étendue du territoire sur laquelle le magistrat

---

(1) Les formes dialectales des adverbes, des conjonctions et des prépositions ne reposant d'ordinaire que sur quelques lettres dont les rapports mutuels ont déjà été indiqués fort souvent, il serait inutile de répéter ici ces explications. Je ne m'arrêterai qu'aux formes qui présentent des différences fort marquées.

où le seigneur avait pouvoir; 3° Proclamation, mandement du pouvoir pour faire connaître, ordonner ou défendre quelque chose; 4° Proclamation faite pour convoquer les gens de guerre, et, par suite, pour désigner les troupes convoquées sous les drapeaux; 5° Publication d'un jugement, sentence d'un juge, condamnation à une amende, et surtout condamnation à l'exil.

L'adjectif *banal* s'employait en parlant des choses à l'usage desquelles le seigneur était en possession d'assujettir ses vassaux dans l'étendue de son fief, pour retirer d'eux certains droits, certaines redevances. (V. *Ban* 2°.)

Bannir, *banir* (bandir, en provençal) signifia d'abord proclamer, permettre ou défendre quelque chose par ban, accorder un droit; convoquer les gens de guerre; condamner à une amende, à une peine, et surtout à l'exil; confisquer, saisir.

Le substantif *bandon* (DC. abandum) signifiait proclamation, mandement, autorisation, permission, pouvoir de faire quelque chose; par extension, pouvoir d'agir à sa volonté (v. Rom. de la Rose v. 5845; Chron. de B. du Guesclin I, p. 41). Delà la locution adverbiale *à bandon*, à ban; à volonté, à discrétion. *Mettre, donner quelque chose à bandon*, mettre, livrer quelque chose sans réserve, à discrétion; *être à bandon*, être à discrétion, à l'abandon; *laisser quelque chose à bandon à quelqu'un*, l'en laisser le maître absolu. *A bandon* prit encore les significations librement, promptement, en toute hâte, avec rapidité, sans retard, fortement, tout à fait.

On s'habitua de bonne heure à réunir la préposition *à* et le substantif *bandon*, et l'on obtint *abandon*, auquel on donna de nouveau la préposition *à: à abandon*. *Abandon* produisit *abandoner*, abandonner, livrer, se livrer sans retenue à quelque chose, désirer vivement, passionnément.

>Va, si li di qu'il vigne à mei
>M'amor li metrai *à bandun*. (M. d. F. I, p. 488.)
>Le nostre prennent *à bandon*
>Senz nul autre defension. (Ben. v. 8194. 5.)
>Kar il ne sunt fi ne certain
>D'aveir nule defension:
>Eissi ert la terre *à bandon*. (Ib. v. 33085-7.)
>Brehus cevalche à force et *à bandon*. (O. d. D. v. 9846.)
>Li rois fu ocis el doignon,
>Et trestuit si fil *à bandon*,
>Fors seul Helain qu'en escapa. (P. d. B. v. 285-7.)
>Grant cop li done sor l'escu *à bandon*,
>Ke il li perce et fant desci an son. (G. d. V. v. 1563. 4.)

V. les exemples t. I, p. 81, l. 26; p. 131; l. 25; p. 221, l. 44; p. 338, l. 36; p. 408, l. 27; etc.

E lerrai les destrers aler *à lur bandun*. (Charl. p. 21.)
Cfr.: Qui tute lur larreit *en bandun* la riviere. (Th. Cantb. p. 166, v. 24.)
Mais tost s'en parte *à habandon*. (Fab. et C. I, p. 70.)

Cette orthographe en *h* initial se trouve assez souvent. Voy. O. d. D. v. 9844. 9917. etc.

Li rois de France a l'escu pris,
Si s'est devant les autres mis:
Abandones est de joster,
Qu'il violt faire de soi parler. (P. d. B. v. 8661-4.)
Tex se fait ore de guerre *abandonne*,
Se l'empereres estoit là aroutes,
Ja n'i mestroit .i. denier monee. (G. l. L. I, 81.)

V. R. d. C. d. C. v. 380; W. A. L. p. 57; etc.

Pour terminer, je citerai l'adverbe *abandoneement*, *abandonneement*, impérieusement, d'un air d'autorité (DC. *abandonnare*); sans réserve, tout à fait.

On tient plus chier la chose desirree,
Ke ceu c'om ait *abandoneement*. (W. A. L. p. 47.)

V. Raynouard Lex. II, p. 178, c. 1.

Adenz, adens, adent,

proprement les dents contre terre (as denz) — prosterné, le visage contre terre.

E il tant tost cume il cunut Helye, chaïd *adent* devant lui, si li dist: Es tu ço, mis sires Helye? (Q. L. d. R. III, p. 314.)

L'un gist sur l'altre e envers e *adenz*. (Ch. d. R. p. 65.)
A cest pense a fait maint tor
Par sont lit enverse et *adens*. (Ben. t. 3, p. 763.)
Sus la terre gisent *adenz*
Mil en i unt les cors sanglenz. (Ib. v. 16568. 9.)
Sus le plancher se jut *adenz*. (Ib. II, v. 2101.)

V. t. I, p. 347, l. 5; t. II, p. 20, l. 17.

Ades, adies,

dérive du latin *ad ipsum*. Il signifiait incontinent, aussitôt, sans interruption, sans cesse, toujours. *Adies* était la forme picarde.

Sostignent assi nostre Signor en tote pacience et si soient *ades* en oreson et en priere. (S. d. S. B. p. 560.)

S'une fois en chiet bien, fols est cil qui s'atent
Que il l'en doie *ades* cheoir si faitement. (Ch. d. S. I, 128.)
Aniables et tost tornes
Est li viellars . . .
Il est *adies* plains de rihote. (R. d. M. p. 21.)

> Sire, fait ele, or atant pes,
> De ce reparlerons *ades*. (P. d. B. v. 1777. 8.)
> Or le querez donques *ades*. (R. du Ren. III, p. 85.)

On renforçait la signification de cet adverbe, en lui préposant, *tout, trestout*.

> Moult aves longes sis en pes:
> Si aves pense *tot ades*. (P. d. B. v. 3861. 2.)

Ades... ades signifiait *tantôt... tantôt*.

A genoillons = à genoux.

Les formes de cette locution adverbiale étaient les mêmes que celles du mot *genou*. On trouve: S. R. le *genuil* (Q. L. d. R. III, 322), al *genoul* (Phil. M. v. 18969), P. R. as *genols* (P. d. B. v. 1296), lor *genoz* (S. d. S. B. p. 551), de devant ses *genuilz* (Ch. d. R. p. 85), à *genoilz* (Ben. II, 267), vers les *jenoiz* (ib. v. 37444), etc. De même:

> Devant le roi s'asiet *à genoillons*. (R. d. C. p. 26.)
> Chascuns *à genillons* se ploie. (R. d. M. v. 1434.)

V. Ben. v. 25070; Rutb. I, p. 268; Chr. A. N. I, p. 42; etc.

Alkes, alques, auques, alches, auches,

d'abord pronom (v. t. I, p. 171), fut de bonne heure employé comme adverbe, avec la signification *un peu, quelque peu, assez passablement*.

A tant cessad David à pursieure Absalon, kar *alques* fud le dol amesured e atempred de la mort Amon. (Q. L. d. R. II, p. 167.)

> Robert fu dus emprez sun frere,
> Ki *alkes* traist as murs sun pere. (R. d. R. v. 7453. 4.)
> Et si vus plest à escoter
> Sa dulce vie voil mustrer
> *Alkes* verrement. (Ben. t. 3, p. 461.)
> Quant il furent d'eus *auques* pres. (Ben. v. 28755.)
> Forz fu la tor e haut li mur
> *Auques* i furent aseur. (Ib. v. 29485. 6.)
> Se il vit longes et *auques* puet durer,
> Mult sara ben son anemi grever. (O. d. D. v. 7597. 8.)

Si parlerent tant ensemble que li conestables s'amolia *auques*. (H. d. V. 511ᵉ.)

> Li fromaches fu *auques* mox. (R. du Ren. I, v. 7249.)

Cume il out mangied, *alches* fud cunfortez e avigurez. (Q. L. d. R. I, p. 115.)

Oza estendid sa main vers l'arche, si la tint pur ço que li buef eschalcirrouent e *alches* l'enclincrent. (Ib. II, p. 140; cfr. p. 167; III, p. 282.)

> Li reis, fist dunc Reinalz *auches* iriement,
> T'a mande... (Th. Cantb. p. 138, v. 11.)

Alsi, ausi — altresi, autresi.

Alsi, forme primitive de notre *aussi*, dérive du latin *aliud sic*; *altresi* vient de *alterum sic* et signifie *de même, pareillement*.

Par l'umbre de mort *alsi* entend l'om la mort de la char. (M. s. J. p. 458.)

Li cuer des renfuseiz sunt *alsi* en amertume, car lur malvais deseier les afflient. (Ib. p. 465.)

Si vos proient comme à seignor que vos vos y metez *alsi*. (Villeh. 467c.)

De cco te prie ici chascuns,
Ausi tuz li poples comuns. (Ben. v. 8214. 5.)
Croi le pere et le fil *ausi*
Et si croi le st. esperi. (Phil. M. v. 5962. 3.)

Au lieu de *aussi*, où l'on redoubla le *s* lorsque l'on confondit la prononciation du *s* et du double *s*, on orthographia souvent *ossi*.

En Bourgogne, dans les plus anciens temps, on écrivait *assi*, par assimilation.

Et tu *assi*, o tu hom, tu vois lo lairon et si cours ensemble lui. (S. d. S. B. p. 523.)

De *alsi, ausi*, on forma *alsiment, ausiment*, aussi, de même, pareillement.

Ke il *alsiment* la mort ki anaises à trestoz est poine, amevet alsi com entreie de vie. (Dial. d. S. Gr. I.)

Guiteclin ai perdu, Baudoin *ausimant*. (Ch. d. S. II. p. 167.)

La forme picarde suivante, de la seconde moitié du XIIIe siècle, est-elle une altération de *ausiment*, ou bien faudrait-il lire *ansement*? (V. plus bas *esement*.)

Tout ausement comme li ciers
Fuit devant les ciens en travers. (Phil. M. v. v. 7348. 9.)

A un altre tens, *altressi* por une cause, del monstier par lo comant del abeit ki vint apres son maistre Honoreit s'en alat Libertins à Ravenne. (Dial. de S. Gr. I.)

Et Oliviers refiert lui *autresi*. (G. d. V. v. 851.)

Renforcé avec *tout*:

De cest siecle est sanz mençonge
Tout autresi comme de songe. (Chast. XXIV, v. 53. 4.)

V. *altresi* (Serments, t. I, p. 20, l. 2) t. I, p. 271, l. 24; *autressi* p. 278, l. 5; *autresi* t. II, p. 142, l. 12; etc.

Her, er, hier, ier — ersoir — l'altrer, l'autrer, l'altrier, l'autrier.

Her, er, ier, du latin *heri*, hier; — *hersoir, ersoir, herseir, iersoir, erseir* (herisero), hier soir; — (li) *l'altrer, l'autrer, l'altrier, l'autrier*, l'autre jour.

Ne veil hui pas si jeuner
Comme ge fis *er*, par seint Jaques... (R. du Ren. III, p. 91.)
Je ne manjai tres *avant er*. (Ib. p. 131.)

> Dont me revient çou, douce Dame,
> Que *devant hier* estoie dame
> De la riens que je plus amoie. (R. d. l. M. v. 4603-5.)

E mes sires me guerpi pur ço que *ier* e *avant ier* enmaladi. (Q. L. d. R. I, p. 115.)

> Ma dame de Coucy *hersoir*
> Me manda que je y alaisse. (R. d. C. d. C. v. 674. 5.)
> Jo si nen ai filz ne fille ne heir;
> Un en aveie, cil fut ocis *herseir*. (Ch. d. R. p. 106.)
> Quant vint *ersoir* que prime m'endormi. (R. d. C. p. 328.)
> Herberjai les *ersair* en mes cambres perines. (Charl. v. 631.)
> Li *altrer* fut ocis le bon vassal Rollans. (C. d. R. p. 123.)
> Par Dieu, lechieres, trop estes prisantier
> Raler i viex; batus i fus l'*autrier*. (E. d. C. p. 84.)

Voici un exemple où l'*autrier* est employé pour un temps assez long. Le roi d'Ecoce est en France où il a déjà remporté le prix dans quelques tournois etc.; il y reçoit une lettre de sa patrie et il en dit le contenu à ses chevaliers:

> Se me mandent mi consillier,
> Que avoec li (la reine) laissai l'*autrier*,
> Que leur reface isnelement
> Savoir mon bon et mon talent. (R. d. l. M. v. 3257-60.)

Cfr. ibid. v. 3409; Rutcb. I, p. 213.

Amont — aval.

Le premier de ces adverbes signifie *amont*, *en haut;* l'autre *aval, en bas, bas*.

> Kar si chevaus par tot foleie.
> Primes *amunt* et puis *aval*. (Ben. v. 16395. 6.)
> Menes fu *amont* et *aval*. (R. d. C. d. C. v. 3331.)

V. encore t. I, p. 401, l. 32; t. II, p. 22, l. 31; etc.

De même: *contremont*, en amont, contremont, en haut; *contreval*, en aval, en bas.

> Le fist haut *cuntremont* voler. (R. d. R. v. 5757.)

Et montent *contremont* le mur par force. (Villeh. 461 b.)

> Tote plaine sa lance l'abat ou gue parfont,
> La teste *contreval* et les jambes *amont*. (Ch. d. S. I, p. 168.)

Cuntreval (t. II, p. 19, l. 44; p. 23, l. 2.)

Les mêmes mots employés comme prépositions:

Amunt Seine (t. II, p. 117, l. 26).

> De par le roi vont criant
> Li hiraut *contreval* la vile. (R. d. l. M. v. 2910. 11.)
> Ainc ne fu veus si grans deus
> Qu'il demainent *aval* la vile. (Ib. v. 4370. 1.)
> Li roi et li baron *contreval* la riviere. (Ch. d. S. I, p. 83.)

V. t. I, p. 325, l. 29; t. II, p. 166, l. 16; etc.

Anqui, enqui, enki — iqui, iki — qui.

Adverbe de lieu, qu'on employait quelquefois en composition pour désigner le temps. Il dérive du latin *eccu' hic*. (Cfr. le prov. et l'esp. *aqui;* l'ital. *qui*.)

> Li autre .ij. s'an fuient, n'ont cure de sermon ;
> N'arrastassent *enqi* por tot l'or de Dijon. (Ch. d. S. I, p. 229.)
> L'aloete chanta et *enqi* et aillors. (Ib. II, p. 174.)

Lors se herberja en la ville il et sa gent, et *enqui* sejorna tant que l'empereres Baudoin vint. (Villeh. 465 ª.)

Ensi sejorna *iqui* par deux jors... Lors se parti de cele cite à toz ses gaains, et chevaucha à une altre cite long *de qui* à une jornee. (Ib. 485. ª.)

Et vindrent à la cite d'Archadiople, si se herbergierent enz, *enqui* sejornerent un jor, et *d'enqui* murent, si s'en alerent à une altre cite appellee Burgarofle. (Ib. 473. c.)

> Ez vos atant grant aleure
> Le chastelain, par avanture,
> Qui toz souz *par anqui* venoit. (Dol. p. 291.)
> Une eve rade descendoit *par enki*. (O. d. D. v. 7207.)
> Ceval li baillent, si l'enmainent *d'enki*. (Ib. v. 7551.)

Il lor jurcroient sor sainz loialement que *dès enqui en avant*, à quele eure que il les semonroient dedenz les quinze jors, que il lor donroient navie à bone foi. (Villeh. 446 ᵈ.)

Sauf ce qu'il a retenu tote la terre et les fies qu'il tenoit *dès enqui en amont*. (1233. M. s. P. I, 341.)

Anz, ans, ainz, ains, einz, eins, enz — anzois, ancois, anchois, anceis, aincois, ainchois, etc.

Anz, ans, etc. sont des dérivés du latin *ante*[1]; *anzois, ancois,* etc. de *ante ipsum*[2]. *Anz, anzois* signifiaient *avant, auparavant, plutôt, mais, au contraire.* (V. la conjonction.)

Nos ne wardons mies ceste jeune per nos, *anz* la wardent assi tuit cil ki en l'uniteit de la foit sunt assambleit. (S. d. S. B. p. 561.)

A luy deussions nos voirement *anzois* aleir qu'il venir à nos. (Ib. p. 526.)

Ne por ecu ne tolut nule chose, *anz* donat *anzois* donnes as hommes (Ib. p. 533.)

> Je vous diroie tel merveille
> C'*ains* ne fu oïc d'oreille. (R. d. M. p. 53.)
> Kar pas ne dotad nul peril,
> *Einz* out le secle tot dis vil,
> Deques à la mort. (Ben. t. 3, p. 622.)

---

(1) Le *s* paragogique que l'on voit ici, se retrouve dans un grand nombre d'autres particules. Nos plus anciens monuments ne le connaissent pas encore.

(2) Cet *ipsum* qui s'ajoutait à beaucoup de mots, doit être considéré comme neutre ou comme adverbe.

> Li vileins à sa fame dit
> C'unques mais de ses elz ne vit
> Nul pre faukie si igaument.
> Cele respunt hastiwement,
> *Ainz* fu od les forcez tranciez.
> Dist li vileinz: *Ainz* fu fauciez.
> *Ainz* est, fist la feme, tonduz. (M. d. F. II, p. 380.)
> La bataille est merveilluse e pesant,
> Ne fut si fort *enceis* ne puis cel tens. (Ch. d. R. p. 131.)

Mais à ce ne tendoient il point dou droit, *ancois* le voloient il tenir à lor oes tout proprement. (H. d. V. 498ᵉ.)

> Unques *enceis* ne s'en partirent. (Ben. I, v. 1842.)
> Atant li manniers se repaire,
> Main *anchois* ot dit à sa feme
> Qu'ele pense de sa parente. (R. d. M. d'A. p. 5.)

L'ancienne langue se servait de *qui ains ains* pour dire à *l'envi l'un de l'autre*, de la même manière que nous employons *à qui mieux mieux*, que la langue d'oïl connaissait aussi; mais, à ce qu'il semble, la signification de *qui ains ains* était un peu différente de celle de *qui mieux mieux*. *Qui ains ains* renferme l'idée d'une priorité de situation.

Puis cume vint à la bataille, la descunfiture turna sur Israel; et fuirent tuit *ki einz einz*, chascuns à sun tabernacle. (Q. L. d. R. I, p. 15.)

> Auberis siuent *qui ains ains* longuement. (Romv. p. 218.)

Et cil des vissiers saillent fors et vont à la terre, *qui ainz ainz*, *qui mielz mielz*. (Villeh. 452ᵈ.)

> Moult tirent entrels qui *miols miols*. (P. d. B. v. 3339.)

Cette gémination sert simplement à ajouter à l'idée exprimée par le mot répété.

E crut la noize e li criz, e de luinz l'oïrent *mielz e mielz*. (Q. L. d. R. I, p. 47.)

Cfr.: Il ne demandent mie chascuns qui doit aler devant, mais qui *ainçois* peut, *ainçois* arrive. (Villeh. 450ᵉ.)

Remarquez encore:

> *Com ainz* l'arez tolli, *ainz* sarez à repos. (R. d. R. v. 2601.)

c.-à-d. (le) plus tôt (que) vous l'aurez toli, plus tôt etc.

Ains est souvent suivi de la particule *de*; c'est le *de* pour *que* du comparatif.

> Et se vous en l'uisset entres
> *Ains de* lui mot ne parleres. (R. d. C. d. C. v. 4329. 30.)

C'est de cet adverbe *ains* et du participe passé de *naître* que dérive notre mot *aîné*: *anneit* sans le *s* paragogique de la forme *anz*, *ans*; *ainsneit*, *ainsnes*, *einzned* (Q. L. d. R. I, p. 309).

Del *anneit* frere. (M. s. J. p. 499.)

> Deus beaus fiz out de son seignur:

Joufrei Martel fu li *ainznez*,
E Helyes l'autre *puisnez*. (Ben. v. 42144-6.)
S'ot d'une autre feme .ij. fius:
Theobiers ot non li *ainsnes*,
Et Theoderis li *mainsnes*. (Phil. M. v. 691-3.)

Ainsne = né avant les autres, plus tôt né, premier né — *mainsne* = moins âgé, puîné, cadet — comme *puisne*, né après les autres, puîné. (V. *Moins*, *Puis*.)

Remarquez encore le composé *ainsunkes*.

De ce dist sainz Pieres: Tems est ke li jugemenz commencet à la maison Deu, et se li justes serat *ainsunkes* salz ù apparront li fel et li pecheor. (M. s. J. p. 474.)

Dans les textes picards, on trouve souvent l'adverbe *ains* confondu avec *anc*, *ainc* = jamais. Cela vient de ce qu'on remplaça, au XIIIe siècle, le *s* final de *ains* par le *c* picard, si ordinaire en pareille position.

Voici quelques exemples de *anc*, *ainc*, *enc*, qu'on écrivait aussi *ainques*, *ainkes*.

Ne fu teus hom *ainc* puis ses jors. (P. d. B. v. 158.)
E la meillor chevalerie
Qu'*enc* fu seu ne oïe. (Ben. I, v. 1179. 80.)
Entr'aus dient tot li baron
C'*ainc* si cortois leu ne vit on. (L. d. M. p. 61.)
Je ne vos serf mie de losengier,
Ains vos aim, sire, plus que nul chevalier.
Ainc ne vos vi un boart commencier. (Fierabras p. 158, c. 2.)
Ferai qu'*ainques* mais ne fist rois. (R. d. l. M. v. 4328.)
Et s'*ainkes* de riens li fausai,
Ja n'i puisse je recouvrer. (Romv. p. 287.)

Raynouard (Lex. rom. t. II, p. 80) en parlant de *anc*, qui correspond à l'adverbe français, prétend que ce mot dérive de *unquam*. La forme du mot *anc*, *ainc*[1], répugne à cette dérivation, de plus il existe un dérivé de *unquam* (ital. unqua, unque; prov. oncas; langue d'oïl oncques, onkes), qui prouve la fausseté de l'interprétation de Raynouard au sujet de l'origine de *anc*, *ainc*, *enc*. Roquefort confond *ains* et *ainc*. Il faut, je crois, chercher la racine de *anc*, *ainc*, dans le latin *ad hanc* sc. *horam*.

Ensi, ansi, einsi, ainsi, insi, ensine, ensinques, ansinc, einsinc, ainsinc, ainsint, einsint.

Toutes ces formes représentent notre adverbe *ainsi*. On a

---

(1) Si même on admettait le changement de *o* en *a* pour le provençal (cfr. *ara* de *ora*), on n'a aucun précédent qui permette cette supposition à l'égard de la langue d'oïl. Cfr. en outre l'italien *anco*, *anche*.

déjà beaucoup discuté sur l'origine de ce mot: Ménage le fait venir de *in sic;* d'autres le dérivent de *adeo sic, aeque sic;* M. Diez enfin propose *ante sic.* La racine *adeo sic* ne mérite pas qu'on y pense. *Ante sic* se justifierait peut-être en admettant les significations *avant tout, surtout de cette manière, justement de cette manière;* cependant je crois cette dérivation trop recherchée. Reste à se décider entre *in sic* et *aeque sic.* La signification du latin *aeque* concorde fort bien avec celle de notre mot; toutefois le *n* fait quelque difficulté. On ne peut admettre que le *qu* ou *c* final (*aeque* se serait contracté en *ec*) s'est permuté en *n;* cela arrive en espagnol, mais pas en français, que je sache. Il faut donc supposer que la finale *que (c)* a été apocopée et *n* intercalé. C'est ce que j'admets. *In sic* ne répond pas aussi bien, quant au sens, à notre *ainsi.*

Tot *ensi* cum il visibles vint une fieie en char, por faire la salveteit, ennnei la terre, *ensi* vient il en espirit et nient visibles, chascun jor, por saneir l'airme d'un chascun. (S. d. S. B. p. 527. 8.)

S'*ensi* est, certes nos ne sommes mies digne de la compaignie de cest chief. (Ib. p. 561.)

    Ansi alai .ij. jors antiers. (Dol. p. 252.)

  Insi com dessus devise l'avons. (1262. H. d. B. II, p. 27.)

    Cuidiez vos toz jors *einsi* faire? (Ruteb. I, p. 119.)

    Ne croi pas à muable chose

    Se la sentense en ai esclose:

    Ensi vint servages avant. (R. d. M. p. 30.)

La chartre fu delivree as messages; *ensi* pristrent congie à l'empereor Sursac et tornerent en l'ost arriere. (Villeh. 454 d.)

Et tuit cil qui vindrent en la chace, qu'il porent retenir, si les mistrent en lor bataille, et ceste chace si fu entre none et vespres *ensinques* retenue. (Ib. 475 c.)

    Or a la dame *ainsine* vescu. (Ruteb. II, p. 185.)

Ainsint (v. t. II, p. 160, l. 21.)

Au lieu de *ensi,* on employait:

    Eissi, issi, isi, issiques, issine, issint.

Eissi, puis *eissi, issi,* etc. est la même forme que la précédente, sans le *n* intercalaire. (Cfr. l'ancien espagnol *ansi* et la nouvelle forme *asi;* le portugais *assim;* le provençal *aissi).* C'est probablement à l'influence de la forme *eissi,* qui appartenait à la Touraine et aux cantons environnants, que l'on doit en grande partie l'introduction de l'*i* dans *ensi (einsi,* puis *ainsi).*

    Les out trestoz *eisi* vencuz. (Ben. v. 3843.)

    Tot *eisi* a Rou conseil pris. (Ib. v. 3897.)

Mais Saul *issi* nel fist, e en ço vers Deu mesprist. (Q. L. d. R. I, p. 44.)

Se vos *issi* partes de moi. (P. d. B. v. 4219.)
Des que *isi* est, i entendez. (Ben. v. 6133.)
Honni somes se nos lesson
A lui *issiques* defoler. (R. d. Ren. I, p. 231.)

Antan, entan — oan, ouan, uan (owan) — maisoan, mesoan.

Atan dérive de *ante annum; oan*, de *hoc annum*. Le premier signifie *l'année passée, ci-devant, autrefois;* le second, *cette année, dernièrement, désormais, jamais. Maisoan, mesoan,* composé de *mais* (v. ce mot) et de *oan,* signifiait *à l'avenir, un jour.* Rabelais s'en est encore servi.

Les perdrys nous mangeront les aureilles *mesouan*. (Garg, I, 39.)
Sacent tout ... que Jehans le Beghins a vendut à Gillon Mousket xiij. verghes de warance, ki sieent deriere sa maison, ki fut *antan* plantee sour le tiere ki fut Gerart le Quatit. (1276. Charte de Tournay citée dans Phil. M. Suppl. p. 27. 8.)

Anten nos vint dire uns Norois
Que sains segnor erent François. (P. d. B. v. 2489. 90.)
Se chascuns endroit soi c'en fust si entremis,
Ancor *oan* eust Charles mult moins d'anemis. (Ruteb. I, p. 147.)
Oan mais ne m'ert reprove
Que par moi aiez fest folie. (Trist. II, p. 32.)
Nos quidons ben ne soit *oan* baillies. (O. d. D. v. 9097.)
Vos n'iriz pas *uan* de mei si luign. (Ch. d. R. p. 10.)
(V. Ben. v. 18756. 19382. etc.)
Orthographié *auan* (O. d. D. v. 9091); *awan* (R. d. l. M. Préf. VIII.)
Cfr.: Voit Castel-Fort sus la roche seant,...
Et Mont-Chevrel que il ferma l'*autr'an*. (O. d. D. v. 6429. 31.)

Apermesmes, apermismes, aparmenmes, aparmannes, aparmain.

Cette locution dérive de *ad per metipsissimum* (tempus), et signifie *à l'instant, tout de suite, sur le champ*.

Car *apermismes* que li scels fut brisiez, si vint *apermenes* apres li amers departemenz et li triste discorde. (Roquefort, s. v. *aparmain*.)
Et dist Gautiers: *Apermain* le saurez. (R. de Roncevaux, 32.)
Sire reis, ço t'ai *aparmunnes* escrit. (Th. Cantb. p. 64, v. 16.)
V. t. I, p. 220, l. 5; t. II, p. 96, l. 41; p. 177, l. 19.

Assez, asez, asseiz, aseiz, asses (ad satis).

Je ne cite cet adverbe que pour faire remarquer les combinaisons suivantes:

Li leus a vulentiers jure
Plus assez k'il n'unt demande. (M. d. F. II, p. 188.)
Raous vos nies ot molt le cuer entort,
Mais *aseiz plus* vos voi felon et fort. (R. d. C. p. 134.)
Baptizet sunt *asez plus* de .c. milie. (Ch. d. R. p. 142.)
L'eve qui sanz corre tornoie

> *Assez plus tost* .i. home noie
> Que celle qui ades decort. (Ruteb. I, p. 248.)
> Moult est bien fete par devant,
> *Assez miex* que n'est par derriere. (Ib. II, p. 29.)

Plus assez, assez plus, assez mieux, signifiaient *beaucoup plus, beaucoup mieux*.

Voy. *aset* (t. II, p. 194), c'est-à-dire la forme primitive avant l'introduction du *s* (z = ts).

Dans la seconde moitié du XIIIe siècle, paraissent aussi les locutions *d'assez, qu'assez*, qui, à vrai dire, sont, comme les combinaisons précédentes, des renforcements du comparatif. *D'assez* fut d'un fréquent emploi jusqu'à la fin du XVIe siècle.

> Li homs est pire que desvez
> Mes la fame vault pis *d'assez*. (Romv. p. 384.)
> Pou d'espoirs en sorcuidance
> Me fait douloir plus *qu'assez*. (Trouv. Artés. p. 127.)

Le *de* et le *que* sont ceux du comparatif.

Buer — mar.

Dès le commencement du moyen-âge, on avait dit *bona hora* = à la bonne heure, par bonheur; *mala hora*, à la male heure, par malheur. Toutes les langues romanes admirent ces expressions. L'ancien français disait *en bone heure* ou *bone heure*, *en male heure* ou *male heure*, puis on se servit simplement de *bone* (R. du Ren. I, p. 108, v. 2858), *male*, auxquels on donna ordinairement les formes *bor*, plus tard *buer* avec diphthongaison de l'*o*, *mar*. Le *r* final est un reflet de celui de *hora* et sert à rappeler ce mot sousentendu. *Buer* signifiait heureusement, bien, à propos; *mar*, mal, malheureusement, mal à propos, à tort.

> Com *buer* fuit neiz qui en tal ost ira
> Por tel pardon conquerre! (G. d. V. v. 4012. 3.)
> Urrake, je sui vostre sers,
> *Buer* i passase jo les mers. (P. d. B. v. 6083. 4.)
> Baruns, esveilliez vus. *Bor* vus fud anuitie
> Tele chose ai oie, dunt jo vus frai haitie. (Ben. t. 3, p. 610.)

V. t. II, p. 174, l. 9.

> Et jure Dieu qui soufri passion
> *Mar*[1] prist Raoul de la terre le don. (R. d. C. p. 82.)
> Je sui cele qui *mar* fui nee. (P. d. B. v. 4753.)
> Quides le tu chacier de France,
> Ja *mar* en auras esperance
> Ne s'en ira mie fuiant. (Bon. v. 21104-6.)

---

(1) La forme *mare*, pour *mar*, qui se montre plusieurs fois dans la Ch. de R., est une simple habitude orthographique anglo-normande.

Je n'irai mie, ja *mar* en douterez. (G. l. L. 1, p. 102.)
Mar est bailliz, e mal li vait. (Ben. v. 26925.)

V. t. I, p. 303, l. 30; p. 332, l. 22; t. II, p. 3, l. 9; p. 27, l. 41; p. 133, l. 26; etc.

Deus! com *mar* fu de ço qu'il trice! (P. d. B. v. 4474.)

On voit ici *mar* employé avec *être;* il n'en est pas moins adverbe, mais il signifie *malheureux, à plaindre.*

Esement, essiment, ensement, ansement, ansiment.

Roquefort rapporte à tort l'adverbe *ensement* à *ensemblement* (s. e. v.). Ces deux adverbes n'ont rien de commun. La forme primitive de *ensement* a été *esement, essement* et *essiment;* le *n* n'est qu'intercalaire. *Esement* est un dérivé de *ipse* = roman *eps, eis, es.* La forme provençale correspondante était *epsamen, eissamen,* et quelquefois *ensament. Esement, ensement,* signifiaient *pareillement, de même, de la même manière.*

E les saintes e leiz *ensement.* (Ben. I, v. 887.)

Variante: *esement* t. III, p. 400, c. 2.

En icel meisme tens, *essiment* vint Bucillenus avec les François es contreies de Campangne. (Dial. de S. Grég. 1.)

Si le prendront, ceu dient, quant il dormira en son lit, et *ensement* s'en vengeront ensi qu'il ont enpense. (H. d. V. 513ᵉ.)

Cil corn sunent e buglent e sunent *ensement*
Cumme taburs u toneires u grant cloches qui pent. (Charl. v. 358. 9.)

Si com lions que fains destraint
Ocit bestes quanqu'il ataint,
Tot *ansement* li bons rois fait. (Brut. v. 13299-301.)

Por ce fu Dieux lor boens amis
Et li autre saint *ansiment.* (Ruteb. I, p. 123.)

Ayer, ayere, arriere, ariere, ariers, airier, arere, erriere, errier — daiere, dariere, derrier, derier. — Avant, davant, devant.

(V. les prépositions aux mots *riere, enz.*)

Arriere s'employait comme adverbe avec la signification de *ci-dessus, ci-devant,* soit seul, soit en combinaison avec *çà en.* (Cfr. l'article suivant.)

Arriere, avec les verbes, signifiait *de nouveau, de retour* (au lieu d'on était parti), *en arrière.*

Ayer était la forme bourguignonne, qui disparut de bonne heure.

O cum bienaurouse aveuleteit! por kai li oil aveulent sainement en la conversion, ki *za en ayer* estoient malement enlumineit en la prevarication. (S. d. S. B. p. 559.)

Paien la firent lonc tans *sai en arier.* (G. d. V. v. 3468.)

Çay en *arriers* (1269. M. s. P. II, 597) — çai en *arriere* (1285. Ib. II, 684.)

Quant il welt *ayere* raleir. (S. d. S. B. p. 567.)

>Congie prent l'apostoiles, maintenant s'an repaire,]
>*Erriere* s'an reva, que il plus n'i atarde. (Ch. d. S. I. 79.)

Lors ert de France reis Henris,
Eissi cum *arere* vos dis. (Ben. v. 32139. 40.)

V. *ça en arriers* t. II, p. 114, l. 22; *cha en arriere* t. I, p. 380, l. 10; *zai en ayer* t. II, p. 198, l. 7; *ça ennars* t. II, p. 115, l. 27; et les exemples t. I, p. 288, l. 4; p. 309, l. 30; p. 312, l. 27; t. II, p. 41, l. 24; p. 51, l. 3; p. 53, l. 14 et 24; etc. etc.

Il estoit voyrement *davant*. (S. d. S. B. p. 546.)

>Alez *avant*, g'irai apres. (R. d. Ren. t. I, p. 117.)
>Et *devant* et *derier* vont tant Saisnes tuant
>Que parmi la jonchiere font de cors pavement. (Ch. d. S. II, 113.)
>Cels *derier* ne pot parmi fendre
>Et cels *davant* n'osa atendre. (Brut. v. 4715. 6.)
>Il est *darere* od cele gent barbee. (Ch. d. R. p. 128.)
>Tant comme il est devant la gent
>Mes par *darrier* n'en fet neient. (Chast. pr. v. 147. 8.)

Za davant correspondait à *za en ayer*.

Et Criz parolet en la salme et si dist: je suis dist il, fichiez et lum de la meir, nos fumes jai *za davant* luns de paradis, mais or sommes nos luns de meir. (S. d. S. B. Roquefort, s. v. *lum.*)

Et *là davant:*

Ceu doiens nos or encerchier, selone l'ordene ke nos *là davant* proposames. (Ib. p. 526.)

Davant s'employait pour *à l'avance, d'avance.*

'Quar cil *davant* notet soniousement les malz ki avenir li puent, atend, voilanz en aguaiz, les assalz de son anemi. (M. s. J. p. 515.)

Avant signifiait aussi *plus tard, dans la suite; plus bas.*

>Et partout li fisent homages,
>Cil ki tierre vorrent tenir
>A *en avant* et maintenir. (Ph. M. v. 4421. 3.)
>Henris, ce retrait li escriz,
>Refu de Warewic puis quens fait,
>Si cum *avant* sera retrait. (Ben. v. 32079-81.)

Devant s'employait dans le même sans que notre *avant*.

>Je vieng de ci pres besoingnier,
>Si ne fui puis des *devant* hier
>A ma maison: or y revois. (R. d. C. d. C. v. 2571-3.)

Çà, ci. — *Là.*

Çà, dérivé de *ecce hac*, avait la forme *za, sai*, puis *cai, sai*, en Bourgogne; *ça*, en Normandie; *cha*, en Picardie. *Ci* dérive de *ecce hic*, et s'écrivait *chi* en Picardie. *Ci* s'employait le plus souvent pour *ici*. *Là*, vient de *illac*, et s'est écrit *lai* en Bourgogne. On trouve quelquefois *ila*, correspondant à *ici*, qui nous est resté.

Voici quelques exemples de ces mots, seuls ou combinés avec d'autres.

Et ceste voye doyens nos molt diliantrement querre *lai* où nos poyens dignement aleir encontre luy. (S. d. S. B. p. 527.)

Por ceu k'il delivrement poient corre et *zai* et *lai*. (Ib. p. 569.)

Qui aucune fois faisoit celebrer *ilà* mesmes. (H. d. M. p. 135.)

Tor *là* ton vis et *çà* ton dos,
Ge monterai comme vaslet...
Ysent la bele chevaucha,
Janbe *de çà*, janbe *de là*. (Trist. I, p. 187.)

Les guaites Saul s'aperceurent ki esteient en Gabaa Benjamin, e virent l'ocisiun *de chà*, les morz gesir e les vifs *chà* e *la* fuir. (Q. L. d. R. 1, p. 47.)

De çà remenrai tant que là outre seront. (Ch. d. S. II, p. 55.)

Li anchiien sont de lui pres;
Apres sont li jone baron
De chà et *de là* environ. (R. d. M. p. 55.)

Elduine tint del Hombre *en là*,
Et Cadualan rena *de çà*. (Brut. v. 14475-6.)

Cil chevalier furent par le jardin
Çà dis, *çà* trente, *là* quarante, *là* vint. (G. l. l. II, p. 154.)

D'Ynde la grignor *par de là*
Dusk'à septentrion *de chà*. (R. d. l. M. v. 5513. 4.)

Que *chi* n'en trouveres vous rien. (R. d. l. V. v. 1598.)

Vous aves bien oï pieca,
.Xxv. ans a *en es çà*
Que Baudoins li preus, li bons,...
Se fu pour l'amour Dieu croisies. (Phil. M. v. 21463-5. 8.)

Cfr. loc. prép.: Et quanque *de chà* mer avoit. (R. d. S. S. p. 3.)

De là la mer (t. I, p. 369, l. 15); *de là* le bras (t. II, p. 120, l. 30.)

V. t. I, p. 193, l. 34; p. 233, l. 12; p. 286, l. 7; p. 292, l. 16; p. 294, l. 4; p. 301, l. 33; p. 331, l. 15. 28; p. 335, l, 40; p. 369, l. 16. 19; etc. etc.

Là était souvent suivi le l'adverbe *où* (t. II, p. 23, l. 28; p. 46, l. 37), et on les trouve contractés sous la forme *lau*.

Li boens pescherres s'en ala...
En la terre *lau* il fu nez,
Et Joseph si est demourez. (R. d. S. G. v. 3456. 9. 60.)
Et *lau* li sans couloit l'a mis. (Ib. v. 564.)

V. ib. v. 633. 2504. 3116, etc.

Pour en finir avec *là où*, je dirai qu'il ne s'employait pas seulement pour le lieu. On s'en servait, comme conjonction, à l'égard du temps, dans le sens de *au moment que, tandis que*.

>   *Là ù* il vunt einssi pallant
>   Deus chiens virent venir curant. (M. d. F. II. p. 388.)
>   Ci puet on veoir dou felun
>   Qui velt trichier sun conpaingnun ;
>   Il meismes est encunbrez
>   *Là ù* li autre(s) est delivrez. (Ib. p. 266.)

Remarquez l'expression :

>   Tant le jeta (l'anelet) *de toi en moi*
>   Qu'il est venus devant le roy. (R. d. l. M. v. 6089. 90.)

de ci de là, de l'un à l'autre.

Caenz, caienz, caiens, chaiens, caians, ceanz, ceenz, ceienz. — Laenz, laienz, laiens, laians, leanz, leenz, leienz, leinz.

Ces deux adverbes sont composés de *cà, là* et de *enz, ens* (v. les prépos.). Ils signifiaient *céans, ici dédans — là, là dedans.*

>   Beax filz, ne soiez si dolenz ;
>   Venez *caienz* entre noz genz. (P. d. B. v. 5287. 8.)
>   Son de note, ne cri d'oisiel
>   N'ierent mais *chaiens* chier tenu. (R. d. l. V. v. 1372. 3.)
>   Karlemaines me tient *ceanz* an sa prison,
>   Et bien puet de moi faire son voloir et son bon.
>   (Ch. d. S. II. p. 165.)
>   Dux Naymes est à pie, sanz cheval, an la pree ;
>   *Leanz* an la cite an lieve la huee. (Ib. II, p. 178.)
>   Quatre jors ont demene tuit
>   *Laiens* grant feste et grant deduit. (R. d. M. p. 53.)
>   De *laians* issir ne pooie.
>   N'i avoit c'une soule entree
>   Et celle estoit moult bien fermee. (Dol. p. 245.)

V. *ceienz* (Chast. IX, v. 67), *caiens* (Villeh. p. 454°; R. d. C. p. 189), *caians* (Brut. v. 11240), *ceenz* (Charl. v. 756) ; *laenz* (Ben. I, v. 1559), *leenz* (Ruteb. II, p. 43), *leinz* (Trist. II. p. 150. 2), etc.

Certes — à certes — par certes.

Certes (variante picarde *chertes*) était un dérivé du latin *certus*, qui signifiait *certes, assurément*. Le composé *à certes* signifiait *certainement, sérieusement, de propos délibéré, instamment*, et, après le XIIIe siècle, il prit encore la signification de *avec certitude*.

Certes li planteiz et li habondance des choses temporels avoit ameneit l'obliement et la besoigne des permenanz. (S. d. S. B. p. 527.)

>   *Certes* vers moi mesprenes
>   Qui sui en vostre justice. (Romv. p. 250.)
>   *Chertes* molt m'atraisistes
>   Jouet[1] à chel mestier. (Ib. p. 294.)

---
(1) Le texte porte *jo nec*, ce qui ne donne aucun sens.

Dedens Pavie ai je *certes* este,
Et Desier *certes* vi je asses,
Lui et Ogier le Danois d'outre mer,
Et vo message *certes* lor ai conte. (O. d. D. v. 4470-3.)
Dont cuide Ogier qe il desist *à certe*. (Ib. v. 11796.)
De lui envaïr n'est nus leus
De nos, n'*à certes* ne à geus. (Ben. v. 20617. 8.)
Garins fu el palais, qui *à certes* juait. (Romv. p. 351.)
Moult set fainme, et moult est hardie
D'outraige faire et de follie;
Puis c'*à certes* s'an antremet,
Plus volontiers aimme et si fet
D'une mensonge ke d'un voir
Et la follie c'un savoir.
N'est hons vivans ki tant seust
Que fame ne le deceust,
S'*à certes* pener s'an volloit. (Dol. p. 274.)
Trop *à certes* m'en apelez,
Fet ele, si le vos dirai. (Romv. p. 470.)
Par certes vos n'en irez mie. (R. d. Ren. I, p. 93.)

Dans quelques traductions bibliques, on trouve *acertes*, comme conjonction, pour le latin *autem*. Au lieu de l'orthographe *acertes*, ces traductions écrivent quelquefois *adecertes*.

Dieu li comanda et dist: maungues de chescune fust de paradis, si ne maunges *acertes* de fust de science de bien et de mal. (Roquefort, s. v. *fust.*)

Si vos *adecertes* ne voillez, soit feu issu de chimenee et devorge les cedres du Liban. (Ib. s. v. *chimenee.*)

De *certes*, on fit *certement* = certainement, avec certitude.

Et qui mult quident *certement*
Que terre tienge hautement. (Ben. v. 17203. 4.)
Quant Flores s'amie ot nomer
Et de li *certement* parler,
De la joie tos s'esbalsi. (Fl. et Bl. v. 1315-7.)

Cum, com, con, come, comme, conme, coume, cun. — *Cument, coment, conment, comment, coument.*

Cum, etc. dérive du latin *quomodo*. De *com*, on forma avec la terminaison *ment*, l'adverbe *coment* (quomodo — mente).

Quand on fait une demande directe, on emploie aujourd'hui *comment;* l'ancienne langue se servait aussi de *comme* dans ce cas. Pour le discours indirect, nous employons *comme* et *comment*, mais *comme* est d'ordinaire mis pour indiquer le degré, *comment*, la manière. La langue d'oïl n'observait pas toujours cette distinction. Comme aujourd'hui, on se servait de *com* dans les exclamations, emploi qui s'explique par la distinction que je viens de mentionner.

Lorsqu'on voulait déterminer approximativement une idée de quantité, on se servait de *comme* (= environ, presque).

O *cum* douz reconciliement et *cum* douce amendise! (S. d. S. B. p. 549.)

    Amis, *com* as-tu non? (R. d'Alex. p. 399.)

    Qui atendre osera
    Con li avient, s'on voit que ses biens fais
    Le deserve, grant werredon aura. (Romv. p. 292.)
    Helas! fait il, *con* sui honis,
    Et *con* sui par Mares traïs! (P. d. B. v. 2541. 2.)
    Pis n'aura *comme* se fust m'ame. (R. d. M. d'A. p. 5.)
    Lessez gesir les morz tut issi *cun* il sunt. (Ch. d. R. p. 94.)
    Por che en parol *comme* ires. (Romv. p. 249.)
    Tout ausi *coume* l'arsure
    Fait kanqu'ele ataint bruir. (Ib. p. 262.)

Il perdit aussi *comme* tout son sens. (Chroniques de S. Denis.)

    Comant m'an fuirai je? dist Karles au vis fier,
    Comant porra ce estre tant com je soie antier? (Ch. d. S. II, p. 152.)
    Oies *coument* il l'en avint. (Phil. M. v. 14326.)
    Puis li demande: *Comment* vos est, amis?
    Dist Beneois: Mult ben, la Deu mercis. (O. d. D. v. 6905. 6.)
    Deus set asez *cument* la fins en ert. (Ch. d. R. p. 149.)
    Si m'esmerveil *comment* peut avenir. (Romv. p. 253.)
    Faites de moi çou qu'il vous plest:
    Je vous ai dit *comment* il est. (R. d. l. M. v. 4251. 2.)

c'est-à-dire: Je vous ai dit la chose telle qu'elle est, ce qu'il en est.

Les formes *coume*, *coument*, sont de la seconde moitié du XIIIe siècle. *Cum* a d'abord été commun aux dialectes bourguignon et normand; mais dès le commencement du XIIIe siècle, *com* s'était fixé en Bourgogne. C'est dans le dialecte picard que *con* prit naissance. Au lieu de *comme*, les manuscrits écrivent souvent *comm* quand le mot suivant commence par *e*.

Com, conjonction, régissait souvent le subjonctif.

Après *plus*..., la phrase comparative commence souvent par *comme* au lieu de *que*.

    Que li charbons seur (lis. sos) la cendre
    N'art pas plus covertement [1]
    Con fait li las qui atent. (Romv. p. 864.)

---

[1] Le texte porte: N'ait pas plus contenement, vers qui ne convient nullement au sens. (V. La Borde II, 218.)

Dementre, dementres, demettres, endementre — dementiers, endementiers.

Dementre dérive de *dum interim*, comme le prouve la forme provençale *domentre*. On confondit de bonne heure *do* avec *de*, de là notre forme. Le pléonasme qui se trouve dans la réunion de *dum* et *interim* ne repousse pas la dérivation indiquée; il est tout à fait populaire. *Dementiers* vient de *dum interea*. Cette locution signifie *pendant ce temps là, dans l'intervalle, sur ces entrefaites*.

  Ses messages tost li tramete
  E tant *dementres* s'entremete
  De faire assembler la navie... (Ben. v. 36716-8.)
  Rous *demettres* qu'iloc esteit
  Vit le mostier Saint Beneeit. (Ib. v. 5071. 2.)
  La bataille est aduree *endementres*. (Ch. d. R. p. 55.)
  Li batiaus vient *endementiers*,
  Dusc'al rivage n'arresta. (R. d. l. M. v. 1192. 3.)
  Mais li honurez reis de France Loewis
  L'endementieres s'est durement entremis
  Que il fesist le rei e saint Thomas amis.
        (Th. Ctb. p. 96, v. 16-8.)

V. *andementiers* (t. I, p. 288, l. 21), *endementier* (t. I, p. 346, l. 39), etc.

Au lieu de *endementiers*, on trouve *entrementiers*.

Nekedent *entrementiers* nus n'usa en son non de l'usage k'il avoit en pré. (Roquefort, s. v.)

Enfin, il y a quelques rares exemples d'une forme *entremente*, et il s'agirait de savoir si elle est correcte ou si le *r* a été omis. Dans le premier cas, il faudrait le dériver de *interea mente*.

Dons, dont, donc, donkes, dunc, dunkes, donques, dunches — adonc, adunc, adonques, adunques, adont — idonc, idonques.

Ces mots sont des dérivés du latin *tunc*. *Adonc* (ad tunc), *idonc* (in tunc) doivent être regardés comme les formes primitives, et *donc*, comme une forme abrégée de celles-là. En partant du point de vue contraire, le *d* de *donc* n'est pas explicable, tandis que le changement en *d* du *t* devenu médial par la composition est tout à fait selon les lois de la dérivation. Quelques philologues ont voulu voir dans *donc* un dérivé du latin *de unquam*; mais l'idée du mot *donc* repousse une pareille étymologie. *Adonc, idonc, donc* signifièrent d'abord *alors,* et c'est de l'idée de temps que se développa la signification conclusive de *donc*. (Cfr. le vh.-all. *danne* = *tum* et *ergo*.)

Voici des exemples des divers emplois de ces mots.

Dunc (Fragm. de Val. 7. v°)

Et molt fu convenaule chose et à droite ke *dons* venist li permenauleteiz quant la temporaliteiz avoit plus grant force. (S. d. S. B. p. 527.)

En joiose prosperite
Ert *dunc* la terre e le païs. (Ben. v. 38818. 9.)

Se Baudoins ot ire, *donques* ne la desploie;
Ne voit or tans ne leu. (Ch. d. S. II, p. 58.)

Donques lor vint deus batailles de nos gens qui les secoururent. (H. d. V. 510ᵃ.)

E li deniers saint Piere fu *dunkes* retenuz. (Th. Ctb. p. 53, v. 26.)

. . . . Or voil *dunches* saveir. (Ib. p. 83, v. 12.)

Selonc la coustume et la guise
Ki ou païs *adonc* estoit. (R. d. M. p. 6.)

Adont comence li conrois à joster. (O. d. D. v. 7905.)

Adunques li a mult enquis
Saveir que l'en esteit avis. (Ben. v. 7790. 1.)

L'altre respond: *Idunc* me aidez. (Ib. t. 3, p. 462.)

Idunc plurerent .c. milie chevalers. (Ch. d. R. p. 149.)

On trouve *dès donc*, *de donc*, pour dire *dès lors*.

Un petit nos recontet sainz Lucaz del enfance nostre Signor, mais *dès dons* enjosk'à cest trentisme an nen atroz ju nule chose de luy. (S. d. S. B. p. 553.)

Mais *dès dunc* furent costumier
E sunt uncor des cors gaitier. (Ben. v. 25272. 3.)

Et de ces trois mille livres li dus devant dis doit acquerre hyeretage dedens Liege, et *de donc* en avant lever la rente achetee de ces trois mille livres. (1286. J. v. H. p. 442.)

Cfr. la préposition *tres*, *tries*.

Donc — *donc*, *donc* — *ore*, s'employaient pour *tantôt* — *tantôt*.

Juste Saine ala tant musant
Dunc ariere e *dunc* avant,
Ke Richart fu à la fenestre . . . (R. d. R v. 7189-91.)

Issi traverse l'aventure,
Dont est soes et *ore* est dure. (P d. B. v. 3303. 4; cfr. v. 723.)

Un poi s'estut pensive et morne;
Dont vait avant, et *dont* retorne,
Et *dont* s'asiet et *dont* se lieve. (Ib. v. 8623 - 5.)

Donkes cil ki saiges welt estre devignet sos por ceu k'il saiges soit. (S. d. S. B. p. 550.)

Nomme le *dont*, quant est si gens. (L. d'I. p. 11.)

Les Romains avaient les particules *num*, *ne*, *an* pour indiquer l'interrogation. Les langues romanes ne les ont pas admises; mais la langue d'oïl se servait de *donc* dans la phrase interrogative, pour traduire à peu près le *numquid* latin.

Ne sunt *dons* li fil des princes prince, et roi li fil des rois? (S. d. S. B. p. 522.)

Dum ne vint sor mei liez e baut
Od sa force li quens Tiebaut
Gaster ma terre à tel dolor? (Ben. v. 22984-6.)
Qu'avez vos fait del duc Richart?
Dun nel m'amenez vos pris? (Ib. v. 27332. 3.)

Dont, dunt — unt — où.

Dont, proprement *d-ont*, dérive du latin *de unde* et signifie *d'où*. Il avait plusieurs variantes, que j'ai citées t. I, p. 162. *Unt*, dérivé de *unde*, s'unissait à la préposition *par: par unt = par où, par quel moyen*. *Unt* ne se montre guère que dans les textes normands. *Où*, du latin *ubi*, remplaça plus tard *dont (d'où)*; il avait les variantes *u*, en Normandie, *o*, dans les dialectes mixtes.

Or me redittes, s'il vos plait, verite:
Dont estez vos et de kel parante. (G. d. V. v. 1809. 10.)
Don venez vos, dist il, Justamonz l'alosez? (Ch. d. S. II, p. 14.)
Si me dites *donc* vos venez,
Qui vos estes et *où* alez. (P. d. B. v. 7793. 4.)

Dont es, *dont* viens, que demandes, que quiers? (O. d. D. v. 9395.)

David reparlad al bacheler ki la nuvele portad, si enquist *dunt* il fust. (Q. L. d. R. II, p. 121.)

N'ai beu ne vin ne el *par unt* l'um se poisse enivrer. (Ib. I, p. 4.)

Mais rochiers e derubes esteient merveillus puignanz e tranchanz *par unt* Jonathas dut venir al ost. (Ib. I, p. 45.)

E uns charmes truvad *par unt* il soleit asuager les mals. Unes cunjureisuns truvad *par unt* l'um pout deable del cors de hume jeter. (Ib. III. p. 241.)

Li plus orgoillos se porpense
Par unt il se purra foir
Ne del estor senz mort eissir. (Ben. v. 30993-5.)

Voy. encore Q. L. d. R. III, p. 304; Ben. v. 18646. 28606; M. d. F.; Lai du Fresne v. 179; Eliduc v. 176; etc. Dans Tristan I, p. 180, l. 15, il faut lire *par ont* au lieu de *par out*.

En cel lieu *u* tu serras. (Q. L. d. R. II. p. 175.)
Vunt les ferir là *o* il les encuntrent. (Ch. d. R. p. 137.)

Dans l'ancienne langue déjà et même avec plus de liberté qu'aujourd'hui, *où* s'employait pour le *datif* du pronom relatif.

Et por la sainte croiz *où* Jhesus fu penez. (Ch. d. S. II, p. 155.)
Je n'ai consoil for vos, *où* me puisse fier. (Ib. p. 89.)
Ses amis apela et cez *où* plus se fie. (Ib. p. 7.)
Le duc Rollan *où* tant ait baronie. (G. d. V. v. 1304.)

Je rappellerai encore l'emploi de *où* pour le temps. (Cfr. *là où*.)
Où voit Rollan, si l'an ait apelle. (G. d. V. v. 663.)

Les exemples de cette espèce sont innombrables.

Remarquez enfin *où que* dans les phrases où l'ou généralise l'idée de lieu.

Où que che soit, ou près ou loing. (R. d. l. V. v. 2164.)

A tuz ces chevals truverent furre e provende *à ke* fust li reis. (Q. L. d. R. III, p. 240.)

Par tut *ù k*'il seroient troveit. (J. v. H. p. 452.)

Ekevos, eikevos, cykevos, ellevos, eisvos, ezvos, esvos, evos, estesvos, estevos, estivos, esteslesvos, estelevos, etc.

Ekevos est un composé de *eke*, dérivé de *eccum*, et de *vos*, pronom de la 2ᵉ personne du plur. (cfr. l'italien *eccomi, eccoti, eccolo*, etc.). *Ellevos* se décompose en *e-lle-vos*. La voyelle initiale *e* provient, par apocope, du latin *eo* ou du roman *eke*: le second membre de la composition est le pronom *le*, dont on a redoublé le *l* après la syncope du *e* et peut-être pour l'indiquer; enfin *vos* est le pronom de la 2ᵉ personne (cfr. l'espagnol *ele, elo, ela = ec-le, ec-la, ec-la*). *Eis, es, ez (e)* des autres formes dérivent de *ecce; vos* est de même le pronom de la 2ᵉ personne, et *le, les*, celui de la 3ᵉ du sing. et du plur. De *es, ez* on créa un pluriel avec flexion verbale: *es-tes-vos;* mais on employa bientôt cette forme pour les deux nombres, tout en retranchant quelquefois le *s* de *estes* quand on rapportait la forme à un singulier. *Estivos* n'est qu'une altération de *estesvos*. Il va de soi, que *vos* prenait ses formes dialectales.

Au lieu de *ez, es* on trouve l'orthographe *ais, us* dans la Ch. d. R.

Aisli un angle ki od lui soelt parler (p. 95.)

Aisvos le caple e dulurus e pesmes (p. 132.)

Atant *asvos* Guenes e Blanchandrins (p. 17.)

La signification de ces adverbes était *voilà* (voici), *le, la voilà, les voilà*.

Ekevos ke cist vient saillanz ens montaignes. (S. d. S. B. p. 528.)

Eykevos cist vient saillanz ens montaignes. (Ib. cad.)

Cykevos uns bers vient. (Ib. cad.)

Ce *cykevos*, s'il est exact, paraît être une forme composée de *cy* et de *eke*, de sorte qu'elle contiendrait deux fois le même radical.

Elleros li Sires passet, granz espirs et forz, abatanz les monz. (M. v. J. p. 487.)

Encore parlevet cil et *ellevos* uns altres entranz enz. (Ib. p. 502.)

A ces paroles *eisvos* poignant Alier

Et Anseis... (O. d. D. v. 10048. 9)

Atant *ezvos* un chevalier menbrey. (G. d. V. v. 725.)

Estesvous venu .j. message. (R. d. M. v. 1828.)

Esteslesvos venuz au chaple demanois. (Ch. d. S. II, p. 161.)

E *estelevus* Deu ad dune l'esperit de mencunge à tuz tes prophetes ki ci sunt. (Q. L. d. R. III, p. 337.)

Estlesvuz li fiz le rei entrerent. (Ib. II, p. 167.)

On voit ici *est* au lieu de *estes*.

On employait aussi simplement *ez*, *es* ou *ezle*, *ezles*.

Es l'arcevesque qi monta les degres,
Li rois le voit, si l'en a apele. (O. d. D. v. 9516. 7.)

A tant *ez* les messages qi ne sont pas frarin,
L'apostole saluent et li font grant anclin. (Ch. d. S. I, p. 63.)

François corent as armes, *ezles* aparoilliez. (Ib. I, p. 243.)

Dès le XIIIe siècle, on commença de remplacer ces formes par une composition du verbe *voir* et de *ci*, *là*, *çà*: *vois*, *voiz*, *vees*, *veez*, *ves*, *vez ci*, *çà*, *là*, d'où notre *voici*, *voilà*.

He, Baudoin! fet ele, trop te puez atardier;
Voizci sor toi venir la gent al aversier. (Ch. d. S. II, p. 22.)

Ne voi venir avril ne may:
Vezci la glace. (Ruteb. I, p. 27.)

Vescha mon frere en dolerous peril. (O. d. D. v. 7127.)

Veschi la gent le roi de Saint Denis. (Ib. v. 7152.)

Encore.

Encore avait deux formes principales: *ancore*, dérivé de *hanc horam* = jusqu'à cette heure, et *uncore*, de *unquam hora*. Ces deux formes prirent des variantes orthographiques que les exemples suivants feront connaître.

Ancore me coyse ju des altres choses. (S. d. S. B. p. 527.)

Uncore le mande l'un que il plege truse. (L. d. G. 45.)

N'out *uncor* pas lor deslei fin. (Ben. v. 38692.)

Ne fu *unquore* autre lou pris. (Ib. v. 3424.)

E *oncore* ii devant dit rois de France donra... (1259. Rym. I, 2, p. 45.)

Beulz fiz, *onquor* te veil conter
D'un autre dont oï parler. (Chast. XIV, v. 255. 6.)

Qu'*oncor* te vout autre rien faire. (Ben. v. 13477.)

Enquores (1288. M. d. B. Ploërmel. p. 1086).

Qant l'antant Baudoins, onques ne fu si liez;
Qar *onqor* n'estoit mie de s'ire refroidiez. (Ch. d. S. I, p. 244.)

En morront cent qui *aincores* sunt vis. (G. l. L. I, p. 214.)

A la belle dirais ke je seux *eincor* vis. (W. A. L. p. 9.)

Remarquez *encore* avec le subjonctif, où nous mettrions *encore que*:

Ancor ait il grant gent, n'est mie asseurez. (Ch. d. S. II, p. 50.)

Enne: n'est-ce-pas? vraiment, donc.

Enne est sans aucun doute un composé de *et*, particule interrogative (voy. la conjonction *et*), et de la négation *ne*.

Malvais chetif, c'avez vous fait? *Enne* savez vous que je estoie là ù vos fesistes cest mal? (Jeu de St. Nicolas p. 262.)

Enne poroit bien avenir
Que li rois perdus revenroit. (Roi Guillaume p. 128.)

Bien dis, fait Renars. *Enne* voire,
Fait Isengrin... (R. du Ren. IV, p. 23.)

De là *ennement:* vraiment, en vérité.

> Ma dame, vous plaist il dancer?
> Et grant mercy, se me dist elle,
> *Ennement* je ne puis aller. (Coquillart. Roquefort, s. v.)

Enz, ens,

dérivé de *intus*, signifiait *dedans*. (Cfr. *ens*, préposition.)

> En une cambre l'emmena:
> Quant il fu *ens*, l'uis si ferma. (L. d. M. p. 65.)

Lendemain furent *enz* traites les nes et les vaissiels et les galies et les vissier. (Villeh. 451ᵃ.)

> Entrat en un muster de marbre peint à volte,
> Là *ens* ad un alter de sancte paternostre. (Charl. p. 5.)

Il voloient moi et mon enfant de toute nostre terre deshireter pour le marchis mettre *ens*. (H. d. V. 504ᵃ.)

Ensorquetot, enseurquetout, ensurketut, ensurchetut etc. (insuper quae omnia),

locution adverbiale qui signifiait *par dessus tout, outre cela, de plus; surtout*.

> Comment ossas, sains mon congie,
> En ma cité metre ton pie,
> En la cité ne el castel,
> Sains mon congie, sains mon apel,
> Et em mon lit *ensorquetout?* (P. d. B. v. 1149-53.)

Ensorquetut si ai jo vostre soer. (Ch. d. R. p. 13.)

(Il) manderent à lor seignor et l'empereor que il les secorust, que se il n'auroient secors il ne ne porroient tenir, et *ensorquetot* si n'avoient point de viande. (Villeh. 489ᵃ.)

E nous defendun que l'un christien fors de la terre ne vende n'*ensurchetut* en paismune[1]. (L. d. G. p. 185, 41.)

Entresait, entreseit, entreset.

Quelle est l'origine de cette locution? La forme provençale *astrasag, atrasach*, nous met sur la voie, en faisant voir que l'*en* d'*entresait* est la préposition *in*, tout comme l'*a* d'*atasag* est la préposition *ad*. Reste donc *tresait, trasag*, qui sont des dérivés de *transactum*, du verbe *transigere*: pousser à travers. On a voulu exprimer avec ce mot un manque de tous égards, une non-observance de formalités.

Entresait signifia *sans détour, certainement, inopinément, de suite*.

> Lors dist qu'il veult tout *entrezait*
> Plus tost qu'il poet la mer passer. (R. d. C. d. C. v. 7548.9.)

---

[1] *Paismune* est une faute; il faut lire *paisinime* ou *païnime* (v. Assises de Jérusalem t. II, p. 161), c'est-à-dire pays habité par les païens, les infidèles, nom sous lequel on désignait tous les peuples qui n'étaient pas chrétiens *ensorquetot* les musulmans.

Mais al partir de Sornegur,
Li est avis qu'à mal eur
L'avoit acointie ne veu,
Quant *entresait* l'a si perdu. (P. d. B. v. 3745 - 8.)
Car tuit saurons quanqu'avons fait
Quant veue sui *entresait*. (Ib. v. 4675. 6.)
Parmi les flans le sodan prent
Si *entresait* qu'il le soprent. (Ib. v. 8843. 4.)
Nostre sires velt *entresait*
Que uns seus hom .x. femmes ait. (R. d. M. p. 75.)
Dist ne se movra *entreseit*
D'avec ces genz que Diex si peit
De la grace dou Seint Esprist. (R. d. S. G. v. 2697 - 9.)
Mes je voel trestout *entreset*
Sans nul si que vous demoures. (R. d. C. d. C. 486. 7.)
Dunc dist al duc: Vezci le rei
E sa grant ost environ sei...
Ce quident bien tot *entreshet* | Que ja contr'eus n'aiez recet
Ne defense n'arestement. (Ben. v. 21344. 5. 8 - 50.)
Quant il furent tout assemble,
Vaspasyens ha demande
Que il unt dou prophete feit:
Savoir le vieut tout *entreseit*. (R. d. S. G. v. 1789 - 92.)

Entrues (inter hoc ipsum),

signifiait pendant ce temps, dans ce temps, en ce moment.

Entrues li pape s'acouça
D'un mal ki al cuer li toça. (Phil. M. v. 2190. 1.)
Entrues est Berengiers levez. (Fabl. et C. III. p. 351.)

Envis, enviz, à envis (invitus).

Envis signifiait malgré soi, contre son gré, à regret; difficilement, à peine.

Quant il de moi se departi,
Envis quidasse que parti
M'eust tel jeu à si brief tens. (R. d. l. M. v. 3865 - 7.)
Enviz le fist Randulf, mais nel osa veer. (Th. Ctb. p. 33, v. 15.)
Si baron l'ont d'iluec tot à force torne;
Molt l'a fait *à enviz*, n'an doit estre blasme:
Ou proverbe dit on que force paist le pre. (Ch. d. S. II, p. 121.)
Et dist Ogiers: Volentiers, non *envis*. (O. d. D. v. 7348.)
Qui là descent, moult puet estre esbahis,
Le remonter feroit il *à envis*. (G. l. L. I, p. 38.)
A enviz se pout onques felonie celer. (R. d. R. v. 4257.)

Voy. P. d. B. v. 335; Ben. v. 32410. 24578. 24898; R. d. l. M. v. 3012; Brut, v. 5226; etc.

Entor — environ.

Entor dérive de in et de tornus. *Environ* se disait pour *environ*, *autour*, *tout autour*. On dérive ordinairement *environ* de in gyrum, comme *virer* de gyrare. Ce changement du *g* en *v* n'est guère possible, et la racine *vir* n'appartient sans doute pas à la langue latine. Pline (33, 3, 12.) indique déjà les mots *viriae*, *viriola*, qui contiennent aussi la racine *vir*, comme celtiques. (Cfr. Humboldt, Üb. d. Urbew. Hispaniens, p. 78. 9.)

>Richars de Normandie, o lui si compaignon,
Vont recerchant les raus *antor* et *anviron*. (Ch. d. S. II, p.63.)
La cites est tote assise *environ*. (G. l. L. I, p. 175.)
Eissi est close *d'environ*
Tresqu'en Germanie vient e dure. (Ben. I, v. 274. 5.)

Cfr.: E cil quiderent *d'environ*
>Que ce ne fu si eschar non. (Ben. v. 40781. 2.)

A escient.

Cette locution adverbiale, qui signifiait *avec intention*, *sciemment*, nous est restée sous la forme *à bon escient*, sciemment, tout de bon, sans feinte, sérieusement. Elle est composée de la préposition *à* et du substantif *scient*, de *sciens*, auquel on préposa *e: escient*. *Scient*, *escient* signifiait *science*, *sens*, *esprit*, *avis*, *sentiment*, *discernement*.

>Maistres oi de grant *essient*. (P. d. B. v. 4577.)
E que tuit cil se merveillerent
Qui aveient entendement,
Sen e raison e *escient*. (Ben. v. 17360-2.)

V. t. I, p. 104, l. 19; p. 364, l. 44 — par le mien esciant (Ch. d. S. II, p. 150), mien ensciant (R. d. C. d. C. v. 3236), tel essient (M. d. F. I, p. 546) — et cfr. l'adjectif *essientos* (Brut, v. 8054) = sage, prudent, avisé, etc. La Ch. d. R. donne à *escient* la forme *escientre*. V. t. II, p. 4, l. 39; p. 20, l. 44.

On trouve *assiantre* dans les S. d. S. B.

Et si vos wardeiz desormais k'aucuens de vos ne tignet à petit cum petit *assiantre* forfacet. (p. 557.)

Escientre, aux endroits cités, est un véritable substantif, tandis que *assiantre* (a-siantre) représente la locution *à escient*. La forme *assiantre* permet-elle d'admettre un adverbe *scientre*, composé sous l'influence de *scienter*, auquel on aurait préposé la préposition *à*, par analogie à la locution *à escient?* Oserait-on: à l'égard de *escientre*, dire que l'adverbe *escientre* a été employé plus tard comme substantif, toujours par analogie à *escient?* Ce sont là des problèmes dont la solution complète me paraît difficile. (Cfr. *soventre*, et le glossaire s. v. *nuitantre*.)

N'est dreit kc pur pramesse face tel hardement
Qu'il destruie la terre le viel rei *à scient*. (Ben. t. 3, p. 542.)
Por Mez ne por trestout l'avoir
Ne volroic je dit avoir
A escient faus jugement. (R. d. l. V. v. 5418-20.)
Bien surent cil tut *à scient* [1]. (M. d. F. I, p. 152.)
Ocis l'eust, sachies *à esciant*,
Mais Diex et drois aida Berneçon tant,
Lez le coste li va le fer frotant. (R. d. C. p. 121.)

Espoir, espeir,

première personne du singulier prés. ind. du verbe *esperer*, employée adverbialement, avait la signification: *peut-être, vraisemblablement, probablement.*

Aimme ore une pucelle dont il me fabloia,
Que il onques ne vi, *espoir*, ne ne fera. (Romv. p. 362. v. 14. 5.)
Et dist: Merciers, ales avant
Devant vous ci droit à Faiël,
Espoir as tu aucun jouel
Qui faura no dame et sa gent. (R. d. C. d. C. v. 6641-4.)

V. t. I, p. 229, l. 41. 2; p. 401, l. 26; p. 402, l. 2; etc.

A estros, à estrous, à estrus.

Cette locution adverbiale dérive de *ad* et *extrorsum*, formé par analogie à *introrsum* ou *introrsus*, et comme le contraire de cet adverbe. *Introrsum* signifiant *du côté de l'intérieur, dedans*; *extrorsum* a été pris pour *du côté de l'extérieur*, au figuré *sans réserve, sans arrière pensée. A estros* signifiait sans détour, franchement; à l'instant, sur-le-champ, aussitôt, promptement; définitivement.

Et que lor dites *à estros*
Que cestui prendres à espous. (P. d. B. v. 4999. 500.)
Et sacies bien *tout à estrous*
Ce que je vous requier et prie
Çou est sans penser vilonnie. (R. d. l. M. v. 1936-8.)
Car il *tout à estrous* beoit
Comment les peust engignier. (R. d. S. G. v. 3728. 9.)
Mais dès or nos targe *à estros*
Qu'autre conrei ne prenz de nos. (Ben. v. 15532. 3.)
Car *à estros* mal li estait. (P. d. B. v. 8496.)
Ge vos di bien *tot à estros*,
Certes trop estes orgellox. (R. du Ren. III, p. 69.)

V. t. I, p. 238, l. 26; t. II, p. 92, l. 39; p. 95; l. 31; p. 194, l. 26; etc.

De *estros*, on forma *estroseement, estrousement*.

(1) Le texte porte *ascient*.

Si l'enmainent *tot estrousement* pris — qu'il se jette tot *estrouseement* de la presse. (Auc. et Nic. p. 389.)

Cfr.: *A la parestrusse*, Samuel od Saül en alad. (Q. L. d. R. I, p. 57.)

Mes *à la parestrusse* dirrad que mar me vit. (Ben. t. 3, p. 555.)

A la parestrusse, à la fin (finalement). *Parestrusse = parestrusse*, ce qui suppose un *par estros*.

Faitement.

La langue d'oïl employait *si fait*, *com fait*, en guise de pronoms indéterminés, le premier pour dire *tel*, le second, *quel*. On en peut voir des exemples t. I, p. 354, l. 29; p. 395, l. 13; t. II, p. 37, l. 26; p. 47, l. 29; etc.

Onques *si faites* (pieres) ne vit on. (L. d. M. p. 49.)

De là les locutions adverbiales *si faitement:* de telle manière, ainsi; *com faitement:* de quelle manière, comment.

Alez tost, si le faites prendre,
Si le faites ardoir ou pendre,
Ou sel castiez *si faitement*
K'essanple i prengnent si parent. (M. d. F. II, p. 251. 2.)
Partonopeus reconte al roi
Toutes ses coses en secroi,
Com faitement il a erre,
Et ù il a tant demore. (P. d. B. v. 10021-4.)
Et dient tot, tant mal i furent,
Quant *si faitement* morir durent. (Fl. et Bl. v. 2931. 2.)
Et puis qu'il est *si faitement*. (R. d. C. d. C. v. 8081.)
Mais que me dies t'aventure,
Par quel guise et *con faitement*
Tu venis chi si souticument. (M. d. F. I. p. 564.)

On trouve encore *issi*, *eisi*, *ensi faitement*; et, au lieu de *faitement faiterement*. P. ex.: *Issi faiterement* (M. d. F. II, p. 445), *eisi faiterement* (Ben. v. 10131), *si faiterement* (ib. v. 16382), etc. V. t. II, p. 53, l. 17; p. 59, l. 13; p. 221, l. 26; etc.

A la fois — toutefois.

Les langues romanes rendent les adverbes numéraux *semel*, *bis*, *ter*, etc. par un nombre cardinal et un substantif. La langue d'oïl nous offre les formes *fie*, *voie(s)*, dans le composé *toutevoies*, *foie*, *foiz*, *fiee*, *fieie*, *feiee*, *feie*. Le provençal se sert de *vetz* (vice); l'italien, de *via* (via: voie). Il s'agit de savoir si toutes les formes citées de la langue d'oïl dérivent de *via;* dont le *v* s'est permuté en *f*, ou bien si *vice* y est aussi représenté, avec la même permutation du *v* en *f*. Je crois qu'il faut admettre partout la racine *via*, *fia*. *Voie(s)*, *foie*, *fois* donnent clairement *via*, *fia* après la diphthongaison de l'*i*: *fie* est une forme sans diphthongaison, avec affaiblissement de l'*a* en *e*; *fiee*, une syncope de *fiede* (tierce *fiede* Q. L. d. R. 1, p. 11), extension de la forme *fia*, comme le *fiata* italien. Les autres variantes se rangent facilement autour de celles-là.

A la foie, foiz, etc. répond, pour la forme, à notre *à la fois*, mais il avait la signification de *parfois, quelquefois, de temps à autre*, et répeté: *tantôt — tantôt.*

A savoir fait ke la pense est *à la foiz* greveie d'engresse temptacion es prositeriteiz, et *à la foiz* soffrons nos adversiteiz par defors et dedenz nos lasset li assalz de temptacion. (M. s. J. p. 451.)

En trois manieres moinet la sainte Escriture l'omme: *à la foiz* par la nature, *à la foiz* par lo pechiet, *à la foiz* par la floibeteit. (Ib. p. 456.)

Et avoc eaz mucrent lur trois serors, car *à la foie* est par les flaieaz turbee la cariteiz, par la cremor la sperance, par les questions la foiz. (Ib. p. 504.)

A la feie Engleiz ruserent, | Et *à la feie* retornerent,
E cil d'ultre mer assailleient,
E bien sovent se retraeient. (R. d. R. v. 13189-92.)

A une foiz se trouve avec la signification de *à la fois, du même coup*. *A une voie*, t. I, p. 292, l. 28.

Dame, faites vo volente,
Ou de morir, ou de sante
Donner à moi *à une fie*. (R. d. C. d. C. v. 525-7.)

On disait *à cele foiz, à ceste fois*, pour *cette fois* (v. t. II, p. 51, l. 45; R. d. Ren. II, p. 83, v. 11832).

Une locution adverbiale semblable se faisait avec le mot *tor = tour*.

Li rois respont, en Dieu amor
Por vos li pardoing *à cest tor*. (R. d. Ren. II, p. 83.)

Et de même *à la fois, à sa fois à son tour*.

Si n'est nulz biens, combien qu'il tarde,
Qui *a la fois* ne monte en hault. (R. d. C. d. C. v. 1267.)

Voici quelques exemples de *toutevoies = toutefois*.

Une chose est *totevoies* où li apostles et li engeles se concordent ki de la naissance de Crist parolent: c'est el nom del Salvaor. (S. d. S. B. p. 548.)

Mult fu contraliez de cil qui volsissent que l'ost se departist, mes *totesvoies* fu fais li plaiz et otroiez. (Villeh. 440ᵉ.)

Tuteveies lancent et traient
E mult oscient d'els e plaient. (Ben. I, v. 1741. 2.)

V. t. I, p. 171, l. 40; p. 216, l. 27; p. 227, l. 10; t. II, p. 36, l. 17; etc.

Fuer,

avec les variantes *fuor, feor, feur*, dérive du latin *forum*, et signifiait *prix*, *taux*, *valeur* (L. d'I. p. 98). De là les locutions adverbiales: *à fuer de*, en guise de, à la manière de; *à nul fuer*, *à nesun fuer*, à nul prix, en aucune manière, aucunement.

> Et quant li marcheanz revint,
> *A fuer de* sage se prova. (Fabl. et C. III, 216.)
> Mais s'il seust çou *à nul fuer*
> Que cil eust vers lui boisie,
> Nel eust pas laiens laissie. (Fl. et Bl. v. 1926-8.)
> Ice ne soefre *à nul fuer*
> Ne n'endure nul gentil quer. (Ben. v. 17537. 8.)
> Mais ne voudreit *à nul for*
> Que ce remasist qu'il vos mande. (Ib. v. 12410. 1.)

V. t. I, p. 182, l. 9; p. 240, l. 21; p. 336, l. 23; t. II, p. 157, l. 1; etc.

Le mot *fuer* s'est conservé dans notre locution *au fur et à mesure*, *à fur et à mesure*, *à fur et mesure*.

Gaires.

Cet adverbe, qui signifiait *beaucoup*, *bien*, est devenu peu à peu notre *guères*, *guère*. On a fait différentes suppositions touchant l'origine de *gaires*. On l'a successivement dérivé du latin *parum*, *varium*, *valide*, *avare*; du provençal *granren*; de l'allemand *gar*. Les quatre premières étymologies sont au-dessous de tout examen.

Granren, *ganren*, c'est-à-dire grand'chose, d'où beaucoup, a été proposé par Raynouard. Cela est très-ingénieux; mais, quant à la forme, *granren* et *gaires* sont bien éloignés l'un de l'autre (v. plus bas). Du reste, supposant même cette dérivation exacte pour le provençal, le serait-elle pour la langue d'oïl? Cette dernière a-t-elle eu un *granren*, *ganren*? Non, que je sache. On serait donc forcé d'admettre que le *gaires* de la langue d'oïl a été emprunté au provençal; supposition qui paraîtra fort hasardée, si l'on fait attention que tous les dialectes de la langue d'oïl se sont servis de cet adverbe dès les plus anciens temps, et sans que la proximité ou l'éloignement de la langue d'oc influe sur sa fréquence.

La dérivation de l'allemand *gar* a été faussement établie sur une simple petite ressemblance de son: ni la forme de *gar*, ni sa signification primitive: *préparé*, *achevé*, ni même les significations dérivées: *entièrement*, *complètement*, qu'emploie déjà Ottfried, ne concordent à la forme et à la signification primitives de *gaires*.

Durant tout le XIIIe siècle, l'orthographe ordinaire de notre adverbe a été *gaires*; le texte des S. d. S. B. fournit *waires*, l'anglo-normand avait *guaures*, on trouve en outre les variantes *guires*, *guieres*, et, vers le dernier tiers du XIIIe siècle seulement, notre forme actuelle commence à devenir fréquente. Remarquons encore que l'italien a *guari*, et que le patois actuel de la Lorraine se sert de *vouère*, *rouè*, *ouâ*, celui de la Picardie de *wère*. Toutes ces formes nous reportent à une racine allemande en *w* initial, ou à une racine celtique en *gw* (= *w*, *v*).

Si la signification primitive de *gaires* avait été l'intensitive, nous aurions l'ancien haut-allemand *wâri* = versus, qui nous fournirait, par la transposition de l'*i*, la racine cherchée. *Wari* aurait été pris adverbialement, et les significations véritablement, vraiment, fort, très, beaucoup découlent sans difficulté l'une de l'autre. Mais le rapport est renversé; l'idée de nombre, de quantité a été la primitive, et il faut, je crois, remonter à la racine allemande à laquelle appartient le gothique *vair* homo, dont se sont développés plusieurs mots exprimant l'idée en question, ou à la racine celtique *gwer* (intimément liée à la racine *gwâr* par quelques-unes de ses significations), qui se retrouve dans le kymri *gwerin* = viri, multitudo.

Ancor nen est *waires* ke nos avons celebreit la feste de sa nativiteit... (S. d. S. B. Roquefort s. v.)

S'eust *gaires*, ce quit e crei,
D'iteus compaignons oue sei,
A peine fust del champ partiz. (Ben. v. 33718-20.)
Sis plus demaines chamberlens,
Ainz que passast *gaires* de tens...
Li rocistrent à grant deslei. (Ib. v. 31911. 5. 8.)
Por Diu menoit si dure vie;
Car toz honnis estre cuidast,
Se son cors *gaires* reposast. (R. d. M. p. 7.)
A une mult grieve chose aprendre,
Nel covenait *gaires* entendre;
Kar mult l'aveit tost retenue. (Ben. v. 20900-2.)
Ainz que li jorz fust *gaires* granz. (Ib. v. 4409.)
Ne chevaliers n'autres aidis
N'avez vos *gaires*, ceo m'est vis. (Ib. v. 2901. 2.)
La paiz fu afermee, ki *gaires* ne dura. (R. d. R. v. 901.)
Mais ne puis *gaires* bien parler,
Por ce me covient à haster. (L. d. T. p. 80.)

Guires (M. d. F. II, 391), *guieres* (ib. II, 191), *guaures* (Ben. I, v. 1862).

Cfr. le Glossaire s. v. *guersoi*.

Notre adverbe *naguere* n'est autre chose que *ne a guère* (ne a = il n'y a; v. t. 1, p. 256. 7).

Uns entrad, *n'ad guaires*, el paveillun le rei, pur li ocire. (Q. L. d. R. I, 104.)

>   Chers dux, e ù est dunc le vo,
>   Les serremenz c'unquor *n'a gaires*
>   Li feis sor les saintuaires
>   De ta main destre, mun veiant? (Ben. v. 14525-8.)
>   Veistes vos, nel nos celez,
>   Guillaume passer par ici?...
>   Oïl, fait il, uncor *n'a gaires*. (Ib. v. 35047. 8. 52.)

Remarquez la locution: *n'être gaires de*, pour dire n'importer guère, faire peu de cas de, ne s'inquiéter pas de.

>   Vous cantes et je muir d'amer:
>   *Ne* vous *est gaires* de mes maus. (R. d. l. V. v. 3141. 2.)
>   *Ne* li *est* mais *gaires* de moi,
>   De moi ketif ne li est cure. (R. d. l. V. p. 156, note.)
>   *Ne* m'*est gaires* d'altrui manace. (R. d. R. v. 11387.)

On employait *peu* de la même manière et avec une signification semblable.

Cfr.: Nous ne voyons ni *gueres* loing, ny *gueres* arriere. (Montaigne. Ess. III, 6.)

Ceulx du païs qui n'avoyent point encores de familiarite et de cognoissance avecques Agesilaus, parloyent peu et *non gueres* souvent à luy. (Amyot. Hom. ill. Lysander.)

Un personnage qui *n'*estoit *pas de gueres* grande qualite... advertit les tribuns militaires d'une chose qui meritoit bien qu'on y pensast. (Ib. ead. Furius Camillus.)

La maison dont estoit Themistocles *n'a pas gueres* ayde à sa gloire. (Ib. ead. Themistocles.)

Les austres (gualeres) qui *n'*estoyent *pas gueres* moins de deux cent, furent toutes prinses et emmeinees captifves. (Ib. ead. Alcibiades.)

Hui, hoi, ui, oi — demain, demein.

Hui, etc., dérivé de *hodie*, signifiait *aujourd'hui*; *demain*, composé de la préposition *de* et de *main* (= *matin*) dérivé du latin *mane*, n'a jamais varié dans sa signification.

>   Et à ma dame, à cui je sui,
>   Me requeres *demain* u *hui*. (P. d. B. v. 10281. 2.)

Hier tant se valt, chà venis, e *ui* en viens od nus ki en fuiums. (Q. L. d. R. II, p. 175.)

>   Chascun jor li mondes empire,
>   *Hui* est mauves et *demain* pire. (Dol. p. 155.)
>   Feluns Franceis, *hui* justerez as noz. (Ch. d. R. p. 47.)
>   *Oi* n'en perdrat France dulce sun los. (Ib. p. 48.)
>   Sel voles (à lui jouster), grandement s'onnour
>   En acroistera *hui* cest jour. (R. d. C. d. C. v. 1625. 6.)

On disait aussi: *cest jour de hui* (v. t. II, p. 60, l. 29), *al jour de hui*, d'où *aujourd'hui*. On trouve *en hui* (R. d. R. v. 12652) pour aujourd'hui. *Hui matin* (t. I, p. 315, l. 1) signifiait (aujourd'hui matin) ce matin.

En Champagne, dans la seconde moitié du XIIIe siècle, on a dit *hue* pour *hui* (t. I, p. 262, l. 22).

De *hui* et de *mais* (voy. ce mot) on forma *huimais*, *maishui*, dès aujourd'hui, aujourd'hui, désormais, encore.

Or n'i a plus, li jorz est pres,
Si nos traium vers eus *uimes*. (Ben. v. 22324. 5.)

Veez sor nos venir la gent al aversier :
Huimais devez panser de vostre duel vangier. (Ch. d. S. II, p. 138.)

As fils Herbert em prist Raoul tel plait,
Com vos orrois en la chançon *huimais*. (R. d. C. p. 3.)

Dame, dist il, bien est saison
Dès *huimes* que nos nos dormons. (Chast. XXI, v. 85. 6.)

Par seinte croix! fet li empereres mes filz ne morra *meshui*. (R. d. S. S. d. R. p. 68.)

Mais nous ne pescerons *maishui*. (R. d. l. M. v. 4899; cfr. v. 6135.)

Huemais (t. I, p. 272, l. 11.)

Un autre composé fort en usage de *hui*, était *anchui* (= anc-hui; pour *anc*, v. *ains*), ce jour, aujourd'hui, et, par extension, avant peu, quelque jour. Cet adverbe se présente sous les formes : *ancui*, *encui*, *ancoi*, *encoi*, *anqui*, *enqui*, *enquoi*, *anoue*.

Que *anchui* verres avenir. (R. d. l. V. v. 1738.)
Faites *ancui* vos bries escrire. (P. d. B. v. 4990.)
Se je m'en vois *encui* par nuit. (R. d. M. d'A. p. 3.)
Encui orrunt autres noveles
Ainz que li soleiz se resconst. (Ben. v. 9251. 2.)
Se tu conquiers *ancue* le duc Rollant. (G. d. V. v. 2932.)
Uns des barons del escuele
Le servi, cui Dieus destourbier
Doinst! qu'il avint grant encombrier
A la damoisele par lui,
Ainsi com vous orres *ancui*. (R. d. l. M. v. 300-4.)

Ancoi (Romv. p. 316), *encoi* (Ch. d. R. p. 46), *enquoi* (ib. p. 47), *enqui* (ib. p. 108), *anqui* (O. d. D. v. 11469), etc.

Je citerai encore ici les adverbes *anuit*, *ennuit* (a-nuit), cette nuit, aujourd'hui; *anquenuit*, *enquenuit* (anque-nuit), cette nuit. *Anque* est probablement le même mot que *anc*, qu'on vient de voir dans *ancui*; on a sans doute écrit *que* au lieu de *c*, pour faciliter la prononciation du son guttural devant le *n*.

Od la lune serie *anuit* eschilguaitiez. (Ben. t. 3, p. 536.)
M'avisions d'*anuit* iert par tans esprovee. (Ch. d. S. II, p. 178.)
Ne le rendroie à home qui soit vis,
Ains le pendrai *anuit* o le matin. (O. d. D. v. 2116. 7.)

> Bien sai quans *anuit* le sara,
> Que demain congie me donra. (R. d. C. d. C. v. 4663. 4.)

Ennuit (t. II, p. 85, l. 20.)
> Et se vos *anquenuit* songiez
> Mauves songe, si remanez. (Romv. p. 535.)
> Quar *enquenuit* dedenz mon lit,
> Feroiz de moi vostre delit. (Fabl. et C. I, p. 250.)

Isnel le pas, *isnelement* — *ignel le pas*, *ignelement* — *en es le pas* — *chalt pas*.

Les quatre premières de ces formes ont leur racine commune dans l'adjectif *isnel:* agile, prompt, vif, rapide, léger. *Isnel*[1] dérive du v. h.-all. *snel* (aujourd'hui *schnell*) belliqueux, prompt, rapide, auquel on a préposé *i*, au lieu de *e*. Par syncope du *s*, on eut *inel* et *ignel* (*gn = ngn = n*). *Isnel le pas* (pas = passus), *isnelement*, etc., signifiaient promptement, vite, sur-le-champ, à l'instant même.

En es le pas est composé de la préposition *en*, du substantif *pas* et de *es* dérivé de *ipsum*, que nous avons déjà vu souvent; il avait la même signification que *isnel le pas*.

Chalt pas, *chaut pas*, proprement *d'un pas chaud*, était encore une combinaison qui exprimait la même idée que *isnel le pas*.

Isnel ou *inel le pas* fut défiguré plus tard en *isnele pas*, *inele pas*, *ignele pas*; mais il faut remarquer qu'on disait régulièrement, sans l'article, *isnel* (inel, ignel) *pas*.

> *Isnel le pas* l'orez cessa. (St. N. v. 260.)
> Tuit se lievent *isnel le pas*. (Ruteb. 1, p. 323.)
> *Isnelement* montait sor un destrier. (G. d. V. v. 69.)
> Affranchi est *isnielement*. (R. d. M. v. 754.)

Ignel pas (Ben. t. 3, p. 504), *ignele pas* (R. d. S. p. 16), *inele pas* (Ruteb. II, p. 77), *isnele pas* (Chast. XXV, v. 44), *ignelement* (Ben. t. 3, p. 601), etc.

Isnel s'employait adverbialement:
> Venez tost et *isnel*. (R. d. C.)
> Que m'endormi *en es le pas*. (Ruteb. II, p. 66.)
> Cil respondit ke bien savoit
> C'ossis ne les avoit il pas;
> Mais bien cuidoit c'*an es lo pas*
> Qu'il les laissait, morir deussent. (Dol. p. 277.)

Pur ço *chalt pas* cumandad que l'um meist sa sele, tost fud mise e cil muntad. (Q. L. d. R. III, p. 288.)

---

(1) M. d'Orelli dérive *isnel* d'*ignitus!* Comment la terminaison latine *itus* aurait-elle pu produire *el?* Cfr. l'italien *snello*.

Atant prist Helyes sun mantel, sil pleiad, e ferid en l'eve, et li fluns *chalt pas* se devisad. (Q. L. d. R. IV, p. 348.)

Voy. encore ibid. I, p. 111; II, p. 150, p. 218; III, p. 325; *chaut pas* (Trist. II, p. 98), etc.

 Cfr.: Un jor qu'au palais ert venu,
   Aveit iloc pris un lion,
   Ce ne sai pas, chevre u multon.
   Devoree fust *en eis l'ore*
   Quant cist Tosteins li corut sure. (Ben. v. 36185-9.)
   Dont s'acorda *en es cel an*
   Li rois al conte Galeran. (Phil. M. v. 18164. 5.)

En eis l'ore = à l'heure même, à l'instant même —; *en es cel an*, dans cette année même, dans la même année.

Au lieu de *isnel*, *isnel pas*, etc., on trouve *enhel curs*, *enhelement* dans les Dial. de S. Grégoire.

Et li oz del duc ci devant dit *par enhel curs* parvint al fluet. (Dial. 1)

Enhelement estendit sa destre, si mist encontre lui l'enseigne de la croiz. (Ib. ead.)

Par enhel curs = anhelo cursu; *enhelement* = anhela mente.

Iluc, iloc, ilec, iluques, iloques, ileques, iluec, iloec, ilueques,
    ilueches, iloeques,
formes dérivées du latin *illic, illuc*, les cinq dernières avec diphthongaison. Ces adverbes, qui signifiaient *là*, s'écrivaient aussi avec deux *l* et la finale paragogique *ques* était souvent encore précédée d'un *v*.

 D'*iluc* (Q. L. d. R. III, p. 247).
   A Caunterebire est de *iluc* ale. (Ben. t. 3, p. 625.)
   Kar Daneis sunt si d'ire espris
   De ceo que tant unt *iloc* sis,
   C'ui, s'il poent, lo mosterunt. (Ben. v. 4415-7.)

Moult ot *ilec* grant pitie au pueple de la terre et as pelerins. (Villeh. p. 21. XL.)

   D'*ileques* Joseph se tourna. (R. d. S. G. v. 473.)
   Iluec ne volt demorer plus. (L. d. T. p. 73.)
   Marchander s'en vont em Perse;
   D'*illuecques* vont as Indiiens. (R. d. M. p. 11.)

Car saint Thomas aveit *iluches* ovoec sei. (Th. Ctb. p. 113, v. 2.)

Au lieu de ces formes, on trouve *ilau* dans le Roman de Rou. *Ilau* dérive probablement de *illac*, et l'*u* provient peut-être d'une imitation de la forme *lau* = là u. (Voy. *là*.)

   D'*ilau* murent, là repairierent. (R. d. R. v. 435.)
(Cfr. ib. v. 493. 941. 4575. 7220 etc.)

L'ancienne langue avait aussi *cilec* (ecc' illic).
   Li autre dient: Nous avuns
   Cilec un de nos compéignuns. (R. d. S. G. v. 3685. 6.)

Outre ces formes, on trouve les suivantes:
Luec, aloc, aluec, eluec,
dont jusqu'ici personne n'a encore fait mention.

Luec est un adverbe de lieu qui dérive du latin *locus, loco,* de même que l'ancien adverbe de lieu italien *loco,* répondant au latin *hic* (Brunetto Tes. ed. Zannoni p. 90. 221). *Aloc, aluec* et, par suite de l'affaiblissement de l'*a* en *e, eluec,* sont des composés du même *locus,* avec la préposition *ad* (ad locum).

  A Beruic s'en retourna,
  Que .iij. jours *luec* ne sejourna. (R. d. l. M. v. 2937. 8.)
  Volentiers par *luec* revenra. (Ib. v. 3163.)
   Quant ce entent,
  Lueques ne se va alentant. (Ib. v. 3189. 90.)
  Tant que sa nes fu aprestee:
  A Dan, *lueques* ert aancree. (Ib. v. 4061. 2.)
V. ib. v. 3185; *loeques;* v. 1137. 2296. 3845. etc.
  Quand el enfern dunc a salit,
  Fort Satanan *alo* venquet. (Passion d. J.-C. str. 93, ed. Diez.)
V. *allo,* ib. str. 103; *d'alo,* ib. str. 50.
  Mist en un bois, solonc un tertre,
  Qui *aloc* estoit à senestre. (Brut. v. 12720. 1.)
  Qu'ot ferut el coste *aluec*. (Phil. M. v. 30870.)
  Mes par cel chant ben entendi
  Ke pres d'*eluec* ot sun ami. (Trist. II, p. 150.)

     Jai, ja,
du latin *jam,* répondait à son dérivé *déjà* (de-ja), et signifiait en outre *désormais, un jour, jadis, jamais. Jai* servait de particule affirmative.

Mais tens est *jai* ke nos eswardiens lo tens quant li Salveires vint. (S. d. S. B. p. 527.)

  L'aisnee d'une amor parloit
  A sa seror que moult amoit,
  Qui fu *ja* entre deus enfans,
  Bien avoit passe deus cens ans... (Fl. et Bl. v. 49-52.)
  Ne *ja* si grant dun ne dunast
  K'asez petit ne li semblast. (R. d. R. v. 7587. 8.)
  Dites moi dont vos estes nee
  Et que ici vos a menee:
  Cele respont: Jel vos dirai
  Que *ja* de mot ne mentirai. (L. d. M. p. 47.)

A ja: à jamais.
De là *ja-dis,* avec *s* paragogique, de *jam diu.*
  Virgilles fu *jadis* à Romme;
  En cest siecle n'ot plus sage homme. (R. d. S. S. v. 3924. 5.)
De *ja* et de *mais* (v. plus bas) on forma *jamais.*

Cfr.: *Ja* Dieu ne plaise, dict il, que je sois jamais assis en siege de gouverneur. (Amyot. Hom. ill. Aristides.)

Il estoit *ja* sur le soir quand il y arriva. (Ib. ead. Coriolanus.)

Tu ne me persuades jamais en jouant, ny ne me persuaderas encores *ja* en promettant. (Ib. ead. Demosthenes.)

J'ay este contrainct de recourir comme humble suppliant à ton fouyer, *non ja* pour saulver et asseurer ma vie...., mais pour.... (Ib. ead. Coriolanus.)

Quand le soir feut venu et qu'il (Cicero) se voulut retirer en sa maison, passant par la place, le peuple le reconvoya *non ja plus* en silence sans mot dire, ains avecques grandes clameurs à sa louange et battements de mains par tout où il passoit. (Ib. ead. Cicero.)

Jus — sus.

Jus dérive du latin *deorsum* (de-vorsum de verto), qui devint de bonne heure *jusum, josum*. — *Sus* vient de *susum* pour *sursum* (sub-vorsum). *Jus* signifiait *en bas, à bas, à terre; sus* avait la signification *dessus, debout, en haut*. On employait souvent *sus et jus* avec un verbe exprimant l'idée d'un mouvement corporel, pour dire *çà et là, de côté et d'autre, partout, aller et venir dans un endroit*.

> Et fiert Ernaut sor son elme à or mier,
> Que flors et pieres en fait *jus* trebuchier. (R. d. C. p. 102.)

Or seons *jus*. (R. d. C. d. C v. 5757.)

> Tant ala *sus et jus* harpant
> Et de la cite aproçant,
> Que cil del mur l'ont entercie,
> Si l'ont à cordes *sus* sacie. (Brut. v. 9348-51.)

Ne fiert Engleis ki *sus* remaigne. (R. d. R.)

Sus salent, si se vont requerre. (R. d. l. V. p. 91.)

Puis s'en levad e par cele chambre *sus* e *jus* alad. (Q. L. d. R. IV, 359.)

> Et s'en tourne vers le bos droit,
> Et tant et *sus* et *jus* et là
> Que la damoiselle encontra. (R. d. C. d. C. v. 3006-8.)

On trouve cependant *sus et jus* employé avec d'autres verbes, p. ex.:

> Et *sus et jus* tant li monstra
> Que la dame li ottroia. (R. d. C. d. C. v. 2765. 6.)

Sus ou palais an prist à repairier. (G. d. V. v. 1975.)

Puis est montee *sus* el palais voltis. (R. d. C. p. 204.)

Grans fu la cors *sus* el palais plagnier. (Ib. p. 189.)

Dans les exemples semblables aux trois derniers, on a souvent considéré *sus* comme une préposition. C'est une erreur; il faut lire *repairier sus, monte sus, fu sus* (la cors fu grans el palais plagnier *en haut*). Cfr. prép. *ens*, et *issir fors, aller encontre*, etc. La plupart des prépositions sont en même temps des adverbes de lieu et peuvent, en cette qualité, se joindre immédiatement à l'idée exprimée par le verbe, sans influence sur un cas quelconque de la phrase.

Mettre jus avait souvent la signification de *mettre de côté, conserver.*

Les adverbes *jus*, *sus*, servaient à former les composés suivants:

>Allez, dist il, errant *là jus*
>Avec Joseph d'Arymathye. (R. d. S. G. v. 502. 3.)
>Ce fu cil meismes Jhesus
>Qui o nous conversa *çà jus*
>Et qui les miracles feisoit. (Ib. v. 2189-91.)
>O lui emmena ses amis
>*Lassus* ou ciel, en paradis. (Ib. v. 3521. 2.)
>Li cuers le conte est à Citiaux
>Et l'arme *là sus* en sains ciaux. (Ruteb. I. p. 59.)

On voit, par ces trois derniers exemples, que *çà jus* s'employait pour notre *ici-bas*, et *là sus* (*lassus*, par attraction), pour notre *là-haut*.

Lassus = ci-dessus.

Mimes à la foiz, si com nos *lassus* avons dit, tremblent li juste en lur bones oevres et plorent continueilment ke il par alcune repunse error ne desplaisent à Deu. (M. s. J. p. 460.)

>Tes sires ert mis *audejus*,
>Et tu seras tout audesus. (R. d. S. S. v. 2694. 5.)

An sus, en sus: à quelque distance, de côté, à l'écart, loin — ensuite, après — en haut.

>*An sus* se trait por la joste esgarder. (G. d. V. v. 762.)
>*En sus* au partir del forfait
>Se sunt li Aleman retrait
>Auques en loinz de la cite. (Ben. v. 18972-4.)
>Tirez aveit ses dras *en sus*
>Si cum pucles unt en us. (Ib. v. 31228. 9.)

V. t. II, p. 224, l. 14, l. 17; p. 226, l. 45; etc.

Lues.

Lues signifiait *aussitôt, tout de suite, à l'instant*. Il dérive de *locus, loco*, comme le prouvent les formes *luego* de l'espagnol, *logo* du portugais, *luec* du provençal, et la variante *luec* de la langue d'oïl.

(Il est question d'un chapon „ricement atornes por mengier". Hérodes avait juré que si ce chapon ne reprenait pas ses plumes et ne remontait pas à la perche en chantant, il ne croirait pas J.-C.:)

>Vertus feistes, biaus peres, roi amant,
>Il ot *luec* eles et plumes et vivant. (O. d. D. v. 11624. 5.)

Tote ta terre te serra *lues* rendue. (O. d. D. v. 10315.)
Ses mains et ses iex lieve au ciel,
Diu commencha à proier *lues*. (R. d. M. p. 60.)
Et je li euc *lues* en couvent. (R. d. l. M. v. 4433.)

Lueus (O. d. D. v. 11293).

Cfr. plus haut *luec*.

Mais, mes.

Mais, dérivé du latin *magis*. a d'abord signifié *plus*, *davantage*. Employé pour le temps, il avait la signification *plus*, *encore*; *plus longtemps*, *jamais*, *désormais*. De là *ne — mais*, répondant à notre *ne — plus*.

Heriçone sunt li destrier
De saettes od fers d'acer;
Treis cenz en unt perduz e *mais*. (Ben. v. 21728-30.)
Od treis cenz chevaliers e *mais*
Assist à mangier el palais. (Ib. v. 19206. 7.)
Si avoit moult de gent li rois
A son mangier, et .iiij. mes
Avoient sans plus et non *mes*. (Phil. M. v. 2963-5.)
Fui, fait ele, ne dire *mais*. (Romv. p. 567, v. 13.)
Il ne scut *mais* où aler. (R. d. l. M. v. 5531.)
Rou li a demande, se *mez* le cumbatreit. (R. d. R. v. 1128.)
Sens et savoir, or et argent,
A chou entendent *mais* le gent:
Tolu sont et remes li don,
Et nus hom n'ert *mais* guerredon. (L. d'I. p. 5.)
Dame, dist il, por Deu, merci!
Ne plores *mais*, je vos en pri. (L. d. M. p. 49.)
Par fei! je ne sai *mais* que dire. (Ben. v. 16767.)

V. t. II, p. 112, l. 15.

Cil qi çà t'anvoia avoit de toi anvie,
Ne voloit que durast *mais en avant* ta vie. (Ch. d. S. II, p. 12.)
Avant, arriere encore ala,
Et puis de chà et puis de là
Aussi con s'il riens n'en seust,
N'*onques mais* este n'i eust. (R. d. M. p. 76.)
De bisclaveret fu fet li lais,
Pur remembrance *à tut dis mais*. (M. d. F. Bisc. v. 317. 8.)
Et remanra *à tos jors mais* la guerre. (R. d. C. p. 224.)

A toz ses jors mais, t. I, p. 353, l. 7.

Telz chevaliers *ainz mais* ne fu veu
El bernaige de France. (G. d. V. v. 321. 2.)

Ne mais — que signifiait *seulement*, *excepté*, *hormis*, *si non*. On employait aussi *mais que* sans *ne*, ou *ne mais* sans *que*, dans le même sens.

Franceis se taisent, *ne mais que* Guenclun
En piez se drecet, si vint devant Carlun... (Ch. d. R. p. 9.)
Tuz sunt ocis cist franceis chevalers,
Ne mes seisante que Deus i ad esparniez. (Ib. p. 66.)
Prenons bataille à .i. jor ademis,
Que n'i ait home qui de mere soit vis,
Ne mais que .ij. qui diront el païs
Li qeus de nous en escera ocis. (R. d. C. p. 167.)
Ne sofri qu'en li feist rien
Ne mais tot enor et tot bien. (Ben. v. 38839. 40.)

Cfr. t. II, p. 146, l. 9.

N'iront o lui *mais ke* .vij. chevalier. (G. d. V. v. 3449.)
La dame fu en la forest,
Mes que de nuit ne prent arest. (Ruteb. II, p. 121.)

Voici quelques exemples de la locution *n'en pouvoir mais*, regardée aujourd'hui comme familière.

Malvais est, mes il *n'en puet mais*,
Quer ses lignages est malvais. (Chast. III, v. 111. 2.)
Qant je aim ce qui n'aime mei
Je *n'en puis mes*; si puis: comment? (Ib. XI, v. 150. 1.)
Quant veit que faire li estot,
Par estoveir *(kar mais n'en puet)*,
Dotose e od grant suspeçon
En est alee al duc Huun. (Ben. v. 17083-6.)

Manes, manois, maneis, manais, menois, demanois, demaneis (de manu ipsum) — *maintenant, de maintenant.*

On a regardé *maintenant* comme le participe du verbe *maintenir*; c'est une erreur. *Maintenant* est un composé de *in manu tenens*, tenant dans la main, de là tenir prêt, sans préparation, sans retard.

Les locutions adverbiales *manes*, *maintenant* signifiaient *aussitôt, sur-le-champ, à l'instant, promptement, incontinent.*

Quant nos ramenons à nostre cuer les malz cui nos avons faiz, *manes* en somes hontous et griement dolent; *manes* fruitet el corage la turbe des penses, si nos atriublet la dolors et deguastet li angoisse. (M. s. J. p. 459.)

Ce ferai jurer à mes rois
C'omage li feront *manois*. (P. d. B. v. 2717. 8.)
Quant dite fu e celebree (la messe),
Maneis, senz autre demuree,
Unt la biere e le cors assis
Là ù il deveit estre mis. (Ben. I, v. 1699-1702.)
Quant Daneis veient l'ost de France,
Manais, senz autre demorance,
Se sunt arme e eus garniz. (Ib. v. 3747-9.)

Li uns al autre le va *menois* conter. (G. l. L. I, p. 11.)
Et quant il vindrent, *demanois*
La messe oïrent, si s'armerent. (R. d. l. M. v. 2686. 7.)
At Aleman, Saisne et Tiois
Vienent al socors *demanois*. (P. d. B. v. 2345. 6.)
As armes saillent *demaneis*. (Ben. v. 12951.)
Hai! dist la dame, mal fessis
Qant *maintenant* nes oceis. (Dol. p. 277.)
Se aucuns me convie o sei,
Dei li *meintenant* otreier
Ou je m'en dei faire preier. (Chast. XXII, v. 220-2.)
Le roi *maintenant* salua,
Et en apries l'araisonna. (R. d. S. S. v. 2059. 60.)
Et li deist *de maintenant*. (Ib. v. 87.)

On trouve aussi *tot*, *trestot maintenant*:
Lors prist la dame par la main
Tout maintenant le chastelain. (R. d. C. d. C. v. 169. 70.)

Maismement

Maismement dérive du latin *maxime*; il signifie *principalement*, *surtout*. Il ne faut pas confondre, comme l'a fait Roquefort, ce *maismement* avec *meismement* dérivé de *meisme*.

Necessaire est voyrement une chose et *maismement* necessaire, car ceste est li tres bone partie ke tolue nen iert mie. (S. d. S. Roquefort, s. e. v.)

Voy. S. d. S. B. p. 543; t. II, p. 217, l. 31.
Dunc fu sovent li dus requis
Puis del evesque de Paris
E de Raol *maismement*. (Ben. v. 17681-3.)
Maement (M. s. J. p. 471.)

Mieux.

Cet adverbe avait toutes les variantes que l'on a vues aux substantifs en *l* final: *mielz*, *miels*, *miez*, *mieux* (mieulz), *mieus*, *miex* (mielx); *melz*, *meuz* (s), *mex* (melx); *meilz*; *mils*, *mius*, *mis*, *mix* (milx); *miols*, *mious*, *mios*, *miox*; *mials*, *miaz*, *miaus* (x, z), *miax* (mialx), *muels*, *muez*; *meaus*, *meax*.

Car ele voit *miez* en quantes choses ele astoit discordeie de le regle de veriteit. (M. s. J. p. 479.)

Qu'à maint homme avient mainte fois
Que il fait *miex* autrui esplois
Et *miels* garde les autrui biens
Souvent que il ne fait les siens. (R. d. M. p. 22.)

Et que *mielz* valoit cil domages à soffrir que la perte d'Andrenople (Villeh. 489ᵉ.)

Si se sauroient *mieus* aidier de la terre. (Villeh. p. 49, LXXIII.)
Mais nepurquant si est il asez *melz*. (Ch. d. R. p. 68.)

Ne sereit tis quers *meuz* assis. (Ben. v. 24885.)
La dolente volt *mex* mentir
Qe pur voir dire mort soufrir. (M. d. F. II, p. 190. 1.)

Meus (Trist. I, p. 29), *mils* (Brut. v. 13719), *mius* (ib. v. 10255), *mix* (R. d. Ren. IV, p. 429), *mis* (O. d. D. v. 381), *milx* (ib. v. 5891), *mielx* (Villeh. 440°), *miols, mious, mios* (Phil. M. v. 14491. 2. 12274), *mieuls* (ib. v. 20372), *mieulz* (Ben. v. 5452), *mieus* (ib. v. 5574), *miaz* (Ch. d. S. I, p. 215), *miauz, miaux* (R. d. l. V. v. 456. 1110), *miax* (Brut. v. 10797. 8), *muez* (Dol. p. 156), etc. etc.

Moins (Minus).

Moins, dont la forme primitive bourguignonne a été *moens*, présente encore les variantes *meins*, *mains*.

Si Deus nen espargnat mies les engeles orguillous, cum *moens* espargnerat il à ti ki vers es et porreture. (S. d. S. B. p. 523.)
De ti, chier sire, parfaiz ceu ke ju *moens* ai de mi. (Ib. p. 549.)
Mains dote ore l'aive q'il n'avoit fait devant. (Ch. d. S. I, p. 124.)
Nequedent, se *mains* convenable
Estoit à moi que ne deust,
U en soi *mains* noblecche eust. (R. d. M. p. 28.)
S'il ont le droit et nos le tort,
Serons nos dont por ço *mains* fort. (P. d. B. v. 2479. 80.)
Si n'atendi ne plus ne *mains*. (R. d. C. d. C. v. 4545.)
Kar asez *meins* i suffisist. (R. d. R. v. 7489.)
Au mains qu'il onques puet demeure. (R. d. l. M. v. 2598.)
K'ainc puis ne fu un jor n nuit qu'il eust pes,
Que il ne fust batuz cinc feiz u quatre ades
U treis *à tut le mains*. (Th. Cantb. p. 96, v. 3-5.)

Mon.

Cette particule signifie *assurément, sans contredit, en vérité, effectivement, ainsi*. L'origine de *mon*, en normand *mun*, a déjà donné bien de la besogne aux étymologistes. On l'a successivement dérivé de μῶν, *num*, *numquid*, *modo*, *admodum*: mais, soit à cause du sens, soit à l'égard de la forme, toutes ces étymologies n'ont pas la moindre apparence de vérité. M. Diez (II, 399, note 2) se demande si *mon* ne serait pas l'adverbe *munde*. Quant à la signification, on pourrait, au besoin, se ranger à l'opinion du savant professeur; pour la forme, au contraire, la racine *munde* est, selon moi, plus que problématique. En effet, pourquoi le dialecte normand, qui favorisait extrêmement la lettre *d* et qui s'en servait encore comme finale plus d'un siècle après que les autres dialectes eurent rejeté leur *t*, pourquoi le dialecte normand, dis-je, ne connaît-il pas de *mund*? Comment se fait-il que le *t* final, très-fixe en Bourgogne jusqu'à l'année 1230 environ, n'ait laissé aucune trace dans ce mot? On ne prétextera sans doute pas le voile qui couvre l'origine de *mon* pour expliquer une pareille apocope du *d* ou du *t;* ce serait une simple échappatoire; il faudrait avant tout prouver que ce voile existait déjà aux XIIe et XIIIe siècles. La seule raison plausible en faveur du rejet de *d* ou de *t* serait qu'on a senti le besoin de distinguer *mund* = monde, en Normandie, *mont* = montagne, mont, en Bourgogne et en Picardie, de la particule *mund*, *mont*. Cependant je ne la crois pas valable, parce que ces scrupules orthographiques ne datent guère des premiers temps de la langue.

Mon, *mun* dérive, selon moi, du gothique *muns* (subst. masc., plur. *muneis*), opinion, pensée, dessein, projet, volonté, soin, prévoyance; ou du moins de la racine *mun* qui se retrouve, entre autres, dans les mots suivants: *munan*, croire, estimer, penser, juger, considérer — *ga-munan*, se souvenir, se rappeler — *munan* (verbe faible), prendre un parti, se décider, vouloir — *gamunds*, souvenir, mémoire, conscience — a. h.-a. *bimunigôn*, affirmer par serment d'une manière solennelle. *Mon* répond exactement, et pour la forme et pour le sens, à la racine que je propose.

  Rous est à ire e à mesaise...
  En treis manieres est dotis...
  Saveir s'en Dace turt u nun
  Sur le rei traitur felun...
  U *saveir mun* s'il aut en France
  Senz plus targer, senz demorance,
  U *saveir mun* si cele Anglee
  Que de morz a ensanglantee
  Gastera plus ne destruira... (Ben. II, v. 1334...48.)
  Demande li coment ce vait,
  Ne *saveir mun* por quel forfait
  Li dux l'a eu si por vil
  Que loinz l'ait chascie en cissil. (Ib. v. 17675-8.)

V. ibid. v. 3283. 29157. 36494. etc.; Th. Cantb. p. 124, v. 30.

  Ernol, fait ele, dit aves
  Que mon voloir n'i esgardes.
  Bien sai que se ne *faites mon*,
  U mal gre vos en sace u non,
  Ne vos ne soles pas mentir
  Por dire à home son plaisir. (P. d. B. v. 9043-8.)
  Mes tenez vos, si *oiez mon*
  Que dedenz cest brief ici a. (R. d. Ren. III, p. 79.)
  Ce *sera mon*, cascuns respont. (Ib. IV, p. 224.)

A folie me font entendre.
A folie, voir, ce *font mon;*
Car je n'i voi nule raison. (R. d. l. M. v. 459-61.)
Sire, dist ele, che *soit mon!* (Ib. v. 6527.)
S'est teus? — *C'est mon.* (Th. F. M. A. p. 81.)
Or n'i a fors que del huchier
Nos voisins. — Certes *ce n'a mon.* (Fabl. et C. III, 45.)
Il a plus cuer que un lion.
Cil respondent que *ce a mon.* (N. R. F. et C. I, p. 228.)

Rabelais, Amyot, Montaigne font encore un fréquent usage de cette particule.

Tu penses à quelque chose, Phocion — Ce *fais mon*, certes, respondict il. (Amyot. Hom. ill. Phocion.)

Un medecin vantoit à Nicocles son art estre de grande auctorite: Vraiment, *c'est mon*, dict Nicocles, qui peult impunement tuer tant de gents. (Montaigne. Essais II, p. 37.)

Les geographes de ce temps ne faillent pas d'asseurer que meshuy tout est trouve, et que tout est veu. *Scavoir mon*, si Ptolemee s'y est trompe aultresfois, sur les fondemens de sa raison, si ce ne serait pas sottise de me fier maintenant à ce que ceulx cy en disent. (Ib. II, 12.)

Enfin on retrouve *ça mon* dans Molière:
Ça mon vraiment! il y a fort à gagner à fréquenter vos nobles.
(Bourg. gent. III, 3.)
Ça mon, ma foi! j'en suis d'avis, après ce que je me suis fait.
(Mal. im. 1, 2.)

Il faudrait proprement écrire *ç'a mon.*

Molt, mult, mout, mut, moult.
(Cfr. t. I, p. 181.)

Molt signifiait *beaucoup, bien, très.*

Li dux de Venise qui ot nom Henris Dendole, et ere *mult* sages et *mult* prouz, si les honera *mult*, et il les autres gens, et les virent *mult* volentiers. (Villeh. 434ᵈ.)

Fist Saul à David: Beneit seies tu, bel fiz David, e certeinement *mult* fais, e plus fras, *mult* poz ore, e plus purras. (Q. L. d. R. I, p. 106.)

Armans a non, si est *moult* fiers,
Moult grans et *moult* buens cevaliers. (P. d. B. v. 8101. 2.)
Ançois quart jor le comparra *mout* chier! (R. d. C. p. 76.)
Come celui qui *mout* le vodroit et *mout* le desire. (1283. Rym. I, 2, p. 218.)

Jeo vus aim *mut* parfitement. (M. d. F. Grael. v. 116.)
E doner *mult* poi à mangier. (Ben. v. 29585.)
Mult pres des murs de Chaelons. (Ib. v. 29643.)
Amoneste unt *mult plusor*
Conte Robert qu'à paiz entende. (Ib. v. 29970. 1.)
Vout la cite *mult meuz* gerpir
Qu'il i veist la gent morir. (Ib. v. 30280. 1.)

Les textes de la seconde moitié du XIIIe siècle fournissent une forme *mont* pour *molt*. Il y a eu permutation de *l* en *n*[1].
>Dex les a *mont* honorez. (Bible Guiot v. 1763.)

Remarquez l'emploi suivant de *mult*:
>Mult l'onure, mult la cherie,
>Sovent li plaist *mult que* la veie. (Ben. v. 4153. 4.)

Nes, neis, nis.

Cet adverbe composé de la négation et de *ipsum*, répond ordinairement à notre *même*, *et même*, bien que sa signification primitive, encore en usage au XIIIe siècle, ait été *pas même*. (Cfr. *nesun* t. I; p. 181.)

Il at mis el soloil son tabernacle, por ceu qu'il receleiz ne soit, *nes* al oil ki torbeiz est. (S. d. S. B. p. 547.)

>*Nes* contre moi, por Dieu amor
>Me doi ge penner de s'amor. (P. d. B. v. 6501. 2.)
>Plus crent cortois et vaillant,
>*Neis* li povre païsant
>Que chevalier en autres regnes. (Brut. v. 10779 - 81.)

E *neis* à mei quierent mal e mort. (Q. L. d. R. III, p. 321.)

Alad querre David *neis* sur les rochiers e les derubes ù à peine mule bestiole pout cunverser. (Ib. I, p. 93.)

>Je n'en perdra *nes* le fer d'une lance. (R. d. C. p. 32.)
>A plus hardi est tel paour venue
>Ke il ne porent dire *nes* Deu aue. (G. d. V. v. 3026. 7.)
>*Nis* la chevesce de sun frein
>Li fu coupee en sun cheval,
>Que del chef li chai aval. (Ben. v. 16367 - 9.)
>N'i remaneit rien à rober
>*Nis* les vignes à estreper. (Ib. v. 35647. 8.)

Oïl = oui.

Dans l'introduction de cet ouvrage, j'ai dit que l'on donnait le nom de langue d'*oïl* à l'idiome roman du nord de la France, et de langue d'*oc*, à l'idiome roman du midi. On a émis diverses opinions sur l'origine de ces deux désignations, ainsi qu'on peut le voir dans les Recherches de Pasquier I, 13; dans Ménage, article Languedoc; et dans Du Cange, article Lingua. Ces deux derniers se rangent à l'avis des auteurs qui pensent que la langue d'*oïl* et la langue d'*oc* ont été ainsi appelées de la manière d'énoncer l'affirmation: *oïl* dans le nord et *oc* dans le midi. Aujourd'hui cette opinion est généralement reçue.

---

(1) La permutation de *n* en *l* avait aussi lieu, on le sait, et l'on trouve, à la même époque, un *molt* pour *mont* = *monceau, amas*. Voy. G. d. V. v. 2444 et cfr. ib. v. 1689; R. d. C. d. C. v. 1442. 1745. etc.

Oïl est une forme composée de l'adverbe primitif d'affirmation *o* et du pronom de la troisième personne *il*, ainsi *o-il* [1]. On dérive ordinairement l'adverbe *o* et son correspondant provençal *oc*, du latin *hoc* (v. Raynouard, Lex. rom. s. v. *oc*; Diez, Gramm. II, 401); mais cette interprétation est erronnée. M. J. Grimm (Gramm. III, 768) prétend que *oc*, *o* ne sont pas empruntés au latin, et je serais assez porté à le croire. La différence de forme qui existe entre l'adverbe négatif (*no* et *non* *noc*) et l'adverbe affirmatif du provençal, le manque d'un verbe français dérivé de la particule d'affirmation: telles sont les raisons sur lesquelles M. Grimm se fonde pour rejeter la dérivation de *hoc*. J'ajouterai à cela que si *o* était un dérivé de *hoc*, le *c* latin aurait certainement été traduit dans le dialecte picard, et on ne trouve nulle part la moindre trace d'un *c*. M. J. Grimm essaie de dériver *oc* de l'allemand *ja ih* (ich); mais il avoue lui-même que cette interprétation de *oc* n'est pas satisfaisante. Quant à moi, je n'ai aucune conjecture solide à faire sur l'origine de l'adverbe *o*, *oc*.

Oïl n'a pas toujours eu la prononciation que j'indique; on le trouve souvent monosyllabe. Par l'assourdissement de l'*o* en *ou*, *oïl* produisit *ouïl*, qui nous a donné notre *oui*. Outre *ouïl*, on rencontre les variantes: *oal*, *ouail*, *ol*, *odil*, *awil* (Roquef. suppl. s. v.)

> Karles l'enfant, ne dist nen *o* ne non. (G. d. V. v. 1596.)
> Je n'en sai plus ne *o* ne non. (L. d'I. p. 30.)
> Que il ne puet dire *o* ne non. (R. d. l. M. v. 4258.)

O ne se montre que dans les locutions de ce genre.

Viens tu ci en amur e en pais? Respundi Samuel: *Ol*. (Q.L.d.R. I, p. 58.)

Dun nen as tu plus fiz? Respundi Ysai: *Ol*, un petit ki guarded noz berbiz. (Ib. I, p. 59.)

> Et ne dist plus ne *ol* ne non. (P. d. B. v. 7502.)
> Est çou Amours? *Oïl*, je cuit. (R. d. l. M. v. 1537.)
> Et se l'en demandant lor vait
> Se le bien firent qu'il ont fait,
> N'en dient *oal* ne nenil,
> Mes Dex le set, seignors, font il. (Chast. pr. v. 157-60.)

E liverunt mei li burgeis de Ceila e ces ki od mei sunt en la main Saul? Respundi nostre Seignur: *Oal*, il te liverunt. (Q. L. d. R. I, p. 90.)

> *Ouail*, pour .iiij. deniers le livre. (Romv. v. 317.)

---

(1) On réunissait de la même manière *non* et *il*: *nenil*. L'ancienne langue avait aussi une combinaison semblable de *o*, *non* et de *je*, *tu*, *nos*, *vos*, sans qu'il en soit résulté des mots particuliers. Même procédé en allemand, voy. Grimm, III, 765, 6.

>   Or aves fait tos vos talens,
>   Est-ce vos nus amendemens?
>   *Odil*, dame, fait il, si grans,
>   Qu'à tos jors en serai joians. (P. d. B. v. 1313-6.)

Cfr. ibid. v. 6129. 7330. etc.

Vels tu faire mon conseil? — Certes, dame, *ouil*. (R. d. S. S. d. R. p. 43. 4.)

Onkes, unkes, onques, unques, unches, unc, onc.

Cet adverbe, dérivé du latin *unquam*, signifie *jamais*. Il s'est conservé jusqu'à nos jours (onc, onques ou oncques); cependant il a vieilli et on n'oserait guère l'employer que dans le style marotique et dans la poésie badine.

>   Niule cose non la povret *onque*[1] pleier. (Eul. v. 9.)

Mais ki connit *onkes* lo sen nostre Signor, ou ki fut *onkes* ses consilliers? (S. d. S. B. p. 522.)

Et li alquant sunt ki les biens de ceste vie aiment, mais *unkes* n'i parvinent. (M. s. J. p. 510.)

Unc ne dotai chastel plus k'un mulon de fain. (R. d. R. v. 1247.)

La sajette Jonathas, fist David, *unches* ariere ne turnad e la spee Saul en vain al fuerre ne repairad. (Q. L. d. R. II, p. 123.)

Voy. *unches*, Th. Cantb. p. 79, v. 30; Ch. d. R. p. 25, 57. etc.; *onkes*, t. I, p. 278, l. 16; *onques*, t. I, p. 103, l. 6. 9. 24; p. 279, l. 1; t. II, p. 311, l. 25; *unques*, t. I, p. 104, l. 21; p. 285, l. 19; *onc*, t. II, p. 96, l. 21; etc. etc.

L'ancienne langue avait aussi *nonques*, dérivé de *nunquam*; mais les exemples en sont rares. *Nunquam*, dans les Serments; *nonque*, Eul. v. 13.

Remarquez le composé *avisunkes* = à vis (latin vix) *unkes*, à peine.

Et por ce ke la humaine pense, par com grant vertut ke unkes soit, soi ait estendue, conoist *avisunkes* poies choses des deventrienes. (M. s. J. p. 488.)

Et ke encor plus gries chose est, quant ge turbleiz des grans fluez sui porteiz, *avisonkes* pois ge ja veoir lo port cui je ai laissiet. (Dial. de S. Grég. l.)

Ore, ores, or.

Ore, dérivé de *hora*, signifiait *maintenant, présentement, actuellement, il est temps de, tantôt, or.*

>   Se trestoutes les gens del mont,
>   Qui onques furent et *or* sont. (Fl. et Bl. v. 1779. 80.)

---

[1] M. Hoffmann de Fallersleben a lu *omqi*; il a pris pour un *i* le signe d'abréviation qui se trouve après le *q*. V. 13 de la même cantilène, il faut également lire *nonque*, au lieu de *nonqi*.

>Ne vout, ne *ore* ne autres feiz,
>Que de lui vos desfianceiz. (Ben. v. 9164. 5.)
>*Or* de bien faire, por Diu de majeste. (Fierabras p. 168, c. 1.)
>S'*or* estez prouz, *or* vos arait mestier. (G. d. V. v. 2293.)
>*Or* est assez, li dux Hervis a dit,
>*Or* aus eglises, aus chevaus, aus roncins. (G. l. L. I, p. 9.)
>Li estors est si perellos,
>Et si divers, et si guiscos,
>Et à cascun de tel maniere,
>C'*ore* est avant et *ore* ariere;
>*Or* est desus, *ore* est desos. (P. d. B. v. 3293-7.)

Dans l'exemple suivant, *ore* à la signification de notre *prochain*:

>Ma dame, si vous lo encore
>Que à Chauvigni jeudi *ore*
>Ales as noches liement. (R. d. C. d. C. v. 2743-5.)

D'ores en altre, *à altres*, signifiait de temps à autre.

>Tant les ont ales porsivant
>*D'ores à altres* ataignant. (Brut. v. 8671. 2.)
>*D'ores en altre* s'est tornez. (R. d. R. v. 11010.)

Ore entrait dans la composition de plusieurs locutions, dont quelques-unes nous sont restées.

Lores, *lors* (illa hora), lors, alors.

Lores levad li reis de terre ù il giseit. (Q. L. d. R. II, p. 160.)

>Quar tot cil qui *lores* moroient
>Sempres à infier s'en aloient. (Phil. M. v. 10600. 1.)

Et *lors* envoya li empereres chevaliers avant pour savoir se Lombart avoient le pont desfait. (H. d. V. 509ᶜ.)

Dès ore (de ex hora), *dès ore mais* (de ex hora magis), *ore mais*, avec la même signification que *dès ore mais*, *d'ore en avant* (de hora in ab ante), *dès ore en avant* (de ex hora in ab ante), dorénavant.

>*Dès ore* camencet le plait de Guenelun. (Ch. d. R. p. 143.)
>*Dès ore* vous dirai ma vie. (Fl. et Bl. v. 2251.)
>*Des ore mais* m'aures à compaignon
>As colz de la bataile. (G. d. V. v. 1616. 7.)
>*Dès or mais* me cuidoie deduire et reposer
>Oiseler an riviere et an forest berser,
>Et mon cors par conseil de mires delivrer:
>*Or* m'estuet de rechief mon cors renoveler. (Ch. d. S. II, p. 129.)
>Diex, qui ensi le puet bien faire,
>Le consaut! qu'ele ara *or mais*
>Asses et painnes et esmais. (R. d. l. V. v. 1088-90.)
>*Or* poons nous veoir comment
>Il ouverra *d'ore en avant*. (R. d. C. d. C. v. 2648. 9.)

> *D'or en avant* el grant fer de ma lance
> Est vostre mort escrite sans faillance. (R. d. C. p. 71.)

V. t. I, p. 389, l. 7; t. II, p. 15, l. 17.

De *ore* et de *ains*, on avait formé *orains*, *orainz*, *orans*, il y a peu de temps, tout à l'heure, naguère.

> Sire, fait cil, dont ales prendre
> Les armes d'un mort chevalier
> Qui là gist desous cel lorier,
> C'*orains* al assambler occis. (R. d. l. V. v. 4464-7.)

> Et si n'en puis mon cuer tenser
> Que tous jours ne pense à celi
> Qui tant me plout et abeli
> *Orains* et ier et cascun jour. (R. d. l. M. v. 1532-5.)

> Del offre que feis *oranz* par folestez,
> Or vos est à cest point molt bien guerredonez. (Ch. d. S. II, 175.)

V. *orans*, G. d. V. v. 187; *orainz*, P. d. B. v. 6626; *orains*, ib. v. 8505. 8566. 8590. etc.

Remarquez enfin *orendroit*, *orendroites*, maintenant, à cet instant, de suite, justement. Répété, *orendroit* s'employait comme notre tantôt — tantôt.

> Quar qui me metroit à l'essai
> De changier ame por la moie,
> Et je à l'eslire venoie,
> De toz cels qui *orendroit* vivent...
> Si penroie ainz l'ame de lui... (Ruteb. I, p. 66.)

> Je vos promet et vos afi,
> Se vos failliez Dieu *orendroit*,
> Qu'il vos faudra au fort endroit. (Ib. I, p. 118.)

> Ou pren t'espee *orendroit*, ci m'ocis. (R. d. C. p. 204.)

> Et dist Primaut, je m'i acort
> Qu'il soient venduz *orendroit*. (R. d. Ren. t. I, p. 140.)

> Mais *orendroites* vous renomme
> Renommee plus que nul homme. (R. d. M. p. 56.)

> Fame se chainge en petit d'eure:
> *Orendroit* rit, *orendroit* plore,
> Or châce, or fuit, or het, or aimme. (Dol. p. 186.)

On disait *en petit d'ore*, *en po d'ore*, *à po d'ore*, pour en peu de temps (brevi).

> Si avint il qu'en *petit d'ore*. (Phil. M. v. 23564.)
> Mes assez *en po d'ore* ot son conte desfait. (Ch. d. S. I, p. 237.)
> Mainte tante i ot lors *à po d'ore* fichie. (Ib. II, p. 47.)

Pour exprimer l'idée du présent, Montaigne se servait de la composition *asture = à cette heure*.

Moi *asture*, et moi tantost, sommes bien deux; mais quand meilleur, je n'en puis rien dire. (Montaigne. Essais III, 9.)

Par, per.

Cette particule n'est que la préposition *par* (v. plus bas); elle servait à ajouter à la signification des mots auxquels elle était jointe ou à donner plus de force à l'idée exprimée dans la phrase.

>Oncles, dist il, com tu *par* ies gentis. (Romv. p. 236.)
>Quant la roïne a ce veu
>Que par ce nel a deceu
>Dont *par* est ele trop dolente. (Dol. p. 177.)
>*Ansi par* estoit parvertis,
>Maint preudome ait à tort tucit. (Ib. p. 233.)

Richars de Normendie, qi *tant par* est prodom. (Ch. d. S. II, p. 90.)
Si *tres par* ert grant lor esmais. (Ben. v. 38304.)

>*Mult par* est proz Pinabel de Sorence. (Ch. d. R. p. 151.)
>*Trop par* porreit granz mals venir
>Par delivrer vos, ce vei bien. (Ben. v. 16709. 10.)

Poc, pau, poi, po, pou, pouc, peu.

Toutes ces formes dérivent de *paucus* et signifient *peu*. Pour l'explication des permutations qu'éprouva *pauc*, v. *avoir*, *savoir*, *pouvoir*, parfait défini.

Et por ceu k'il legiers est et petiz ne fait mies *poc* à preisier. (S. d. S. B. p. 549.)

>De ce est ke un *pau* apres siut. (M. s. J. p. 480.)
>Mais il en eut *pau* de deduit. (R. d. l. M. v. 4076.)
>Soris ki n'a c'un trau *poi* dure. (L. d'l. p. 19.)

Michaelis oï qu'il estoient à si *pou* de gent en la terre. (Villeh. 471ᵉ.)
>Et *pouc* lor soit du blame de la gent. (W. A. L. p. 62.)

Cfr. *gaires*, *petit*.

On trouve quelquefois *peu* employé comme adjectif.
>Veit sa jent est morte e vencue
>E *mult*est mais *poie* s'ajue. (Ben. v. 16386. 7.)

V. t. II, p. 311, l. 31.

A poi, par un poi, par poi, por poi, signifiaient à peu de chose près, peu s'en faut, presque.

>Qant ne la voi *à po* ne deve. (Trist. I, p. 219.)
>E *à bien poi* tote perdue. (R. d. R. v. 497.)

Qant l'antant Baudoins, *per po* n'est anragiez. (Ch. d. S. II, p. 17.)
Et vos ai *par .i. po* à terre crevante. (Ib. II, p. 34.)

Même locution avec *petit*:
Pur .i. petit nel a à la terre verse. (Ib. II, p. 33.)

V. *petit*.

En poi de terme, en peu de temps. — *En si peu de jour* (R. d. l. M. v. 806) avec la même signification que *en si poi d'ore*.

Remarquez enfin *cum pau ke soit*, tant peu que ce soit.

Se il, *cum pau ke soit*, ne vivoient à lui (al munde) senz failhe, il nes amaist mie à son oes. (M. s. J. p. 465.)

Cfr. *petit*, où il y a des exemples de *poi* en opposition avec *grant*.

Petit — Grant.

Dans les articles précédents, on a vu le mot *petit* remplacer l'adverbe *peu*, dont il avait la signification. Il s'agit maintenant d'indiquer son origine. Quelques lexicographes ont dérivé *petit* de *petilus*. La terminaison *ilus* prouve de prime abord la fausseté de cette interprétation. M. Diez propose, comme racine de *petit*, „*petitum*, Erbetenes, Bettel, Kleinigkeit". C'est là une étymologie sans le moindre fondement. D'autres enfin ont essayé de rattacher *petit* à la racine *peth*, qui est celle de notre mot *pièce* (v. plus bas); mais ils n'ont pas pris en considération un grand nombre de formes soit de la langue d'oïl et de ses divers rameaux, soit des autres langues romanes; formes qui ont une étroite liaison avec *petit* et dont la voyelle radicale *i* ne permet pas d'admettre une racine en *e* radical. La racine de *petit* se trouve dans le kymri *pid*, pointe. Ainsi l'idée primitive des mots de cette famille a été celle de quelque chose de grêle, de menu, d'effilé. Les exemples suivants prouvent, entre autres, la justesse de cette interprétation, soit quant à la forme, soit quant au sens. Provençal *pitar*, becqueter; ancien français *apiter*, toucher de la pointe des doigts; *pite*, espèce de petite monnaie; ancien italien *pitetto*, petit; wallon *piti*, petit; vieux français *peterin*, très petit, chétif, vil; etc. Mais, m'objectera-t-on sans doute, qu'est-ce que la terminaison *it*? Le français ne connaît pas de diminutifs en *it*. On a écrit *petit* au lieu de *petet*, par euphonie; comme les italiens disent aujourd'hui *petitto*, tandis que l'ancienne forme était *pitetto*. Cfr. encore le diminutif *petitet*, qui régulièrement aurait été *petetet*, formé insupportable à l'oreille.

Grant, dérivé de *grandis*, s'employait comme adverbe avec la signification de *beaucoup*.

> Curuz de rei n'est pas gius de petit enfant:
> Qu'il comence à hair, seit pur *poi* u pur *grant*,
> Ja mais nel amera en trestut sun vivant. (Th. Ctb. p. 19, v. 16-8.)

>   A la parfin se porpensa
>   Que son conpere proiera
>   Que por Dieu li doint, s'il commande,
>   Ou *poi* ou *grant* de sa viande. (R. d. Ren. I, p. 37.)

>   Quer me dites que je ferai,
>   Se *petit* ou mout mengerai. (Chast. XXII, v. 269. 70.)

Petit redotent Saisne et lor ruste fierte. (Ch. d. S. I, p. 247.)
S'est si povres com dites, laissiez li gaaignier;
Quar *de petit de* chose se porra acointier. (Ib. II, p. 10.)
Del colp fu si Bernecons esperdus,
Parmi la boche li est li sans corus:
Por .i. petit ne chei estendus. (R. d. C. p. 175.)

Cfr. *ore*, *poo*.

Le diminutif *petitet* signifiait *un peu*, *fort peu*, *très peu*.
Ne demora c'un *petitet*. (Trist. I, p. 75.)
De la dame vos voldrai dire
Un *petitet* de sa beaute. (Fabl. et C. IV, p. 408.)

Piece — *Pieça*, *piecha* [1] — *Pose*.

J'ai dit, dans l'article précédent, que *piece* était d'origine celtique, et j'ai indiqué le kymri *peth* comme sa racine. De *peth*, fragment, morceau (breton *pez*, *pec'h*), la basse latinité fit *petia*, *petius*, *petium*, et c'est de ces formes en *ti* (= *ci*) que les langues romanes dérivèrent les leurs. Les mots *rapiecer*, *rapieceter* (lmâ. repeciatus, peciatus), se rapportent à la même racine [2]. *Piece*, *une piece* se disait pour *quelque temps*. On employait encore dans le même sens: *grant piece*, *bonne piece*, *une piece de tens*. *Pieça* et la forme picarde *piecha*, ne sont rien que *piece a*, *pieche a* = il y a longtemps. On dit encore, dans le langage du peuple: Il y a un bout de temps, un bon bout de temps. *Pose*, dérivé de *pausa*, signifiait *longtemps* et s'employait de la même manière que *piece*.

Tu as *piece* le roi hai,
Que me donra se jol ocis? (Brut, v. 8449. 50.)
De juste cel pui avalout,
Une *piece* suls i estout,
Mult s'esmerveilla où il fu. (M. d. F. II, p. 461.)
Quant li rois ot *une pieche* demene son duel. (Phil. M. 1, p. 472.)
Si vint en France et en Bretaingne:
Grant piece i a este chierie. (Ruteb. I, p. 106.)
Une *grant piece* fu ensi. (L. d. M. p. 44.)
D'une *grant piece* apres n'i fu .i. moz sonez. (Ch. d. S. II, p. 39.)
E eust dure li debas par *aucune pieche te tens*. (1281. Rym. I, 2, p. 193.)

Cfr.: Veir avez dit, leissuns ensi
Cum il a este *grant tens a* . . . (M. d. F. fab. 6.)
Nos te volum, funt il, mustrer
Que ne nos as tu reconte
Iceo que Charles t'a mande

---

(1) *Piza*, *piça*, dans Tristan; souvent *piesa*, durant la seconde moitié du XIIIe siècle. V. Ruteb. I, p. 42.

(2) *Rapetasser* a une origine latine; il dérive de *pittacium*, lmâ. pitacium.

Pieca par dous sons chevaliers. (Ben. v. 7505-8.)
>Et cil qui l'ont reconneu
>Qui *piecha* nel orent veu,
>Sont molt joiant quant il le voient,
>Que *piecha* veu nel avoient. (R. d. l. V. v. 6084-7.)

Piece avec un temps passé, au lieu du présent.
>A lendemain eou raconta
>Al roi Pepin kil ascouta,
>Et si n'i ot estet *piece* ot. (Phil. M. v. 2246-8.)

On disait encore *à piece*[1], *en piece, en grant piece.*
>Ains ne veistes plus plaisant...
>Ne ne verres, ce quit, *en pieces.* (R. d. C. d. C. v. 1117.8.)
>Si grant peur a et si grant ire
>A au cuer qu'*en grant piece* dire
>Ne li puet çou qu'au cuer li gist. (R. d. l. M. v. 4185-7.)

De piece = de longtemps; *de pieça*, depuis longtemps.
>Ne poeit l'om le jor choisir,
>Ne ne fit l'om *de piece* puis. (Ben. v. 25015. 6.)
>Bien sai que ceste destinee
>Me fu vouee *de piecha*. (R. d. l. V. v. 1102. 3.)

A chef de piece signifiait à *la fin.*
>Al chief de piece veit l'escrit. (M. d. F. 1, p. 344.)
>Lungement i out sejorne,
>E France *pose* en paiz este,
>Quant Rou à Roem ariva. (R. d. R. v. 745-7.)
>El sarkeu unt li cors porte,
>K'il ot *grant pose* ainz apreste. (Ib. v. 5919. 20.)
>Bretun remestrent deshaitie,
>*De grant pose* ne furent lie. (Ib. v. 6923. 4.)

Et, comme pour *piece*, *pose a*, contracté en *posa.*
>Des custoumes lur ad maunde,
>E que encrist l'ad trove
>>*Pose ad* de Roume. (Ben. t. 3, p. 623.)
>En France, à mun realme, m'en estut returner;
>*Posat* que jo n'i fui, si ai mult demurret,
>E ne set mis barnages quel part jo sui turnet. (Charl. p. 9.)

Pis (pejus).

Je n'ai à faire remarquer que la forme *peix*, dont on se servait dans le Comté de Bourgogne et les provinces voisines, durant la seconde moitié du XIIIe siècle.

Dans l'ancienne langue, comme aujourd'hui, la forme du superlatif s'employait substantivement avec le sens d'un sub-

---

(1) On trouve, dans P. d. B. v. 313, un *à pieces*, qui parait signifier *à péché*. D'où vient alors *pièces*? Si la signification *péché* est exacte, ne vaudrait-il pas mieux lire *à pecies*, forme de notre mot péché dans l'Ile-de-France?

stantif abstrait (neutre), et les adverbes *pis* et *mieux* (voy. ce mot) se mettaient déjà pour *pire* et *meilleur*.

> Si mal fu ains, or est mult *pis*. (Brut, v. 1945.)
> Por ce ai par moi un consel pris,
> U face miols, u face *pis*. (R. d. l. V. v. 2871. 2.)
> ... Dame, se esties morte
> Li affaires en vauroit *pis*. (R. d. C. d. C. v. 2740. 1.)
> *Pis* fist que devant fet n'avoit,
> Quar *du pis* fist qu'ele savoit. (Ruteb. II, p. 112.)

Noz ... lour devons chescun an ... cent et trois livres de tele menoie come il corra comunaiment en l'arceveschee de Besançon, soit qu'elle vaille *peix* que telle que court au jour de hui, soit que elle vaille muelz. (1301. M. et D. p. 467.)

On voit par ces exemples que *pis* s'employait quelquefois où nous nous servirions de *moins*.

Plus.

Plus, qui avait la variante *pluis* (t. II, p. 64, l. 17; p. 134, l. 2), en Champagne, dans la seconde moitié du XIIIe siècle, s'employait très-souvent pour *le plus*.

> Gentis rois, dit la dame, por Deu qi maint là sus,
> Je vos commant la rien el monde que j'aim *plus*.
> (Ch. d. S. I, p. 85.)

Molière, Racine, Bossuet ne se faisaient encore aucun scrupule de dire *plus* pour *le plus*.

Je rappellerai ici l'expression *sans plus*, où *plus* doit être considéré comme une espèce de substantive neutre, fonction que ce mot a quelquefois. *Sans plus*, dont nous nous servons pour indiquer l'exclusion d'un *plus* quantitatif, s'employait, dans l'ancienne langue, pour l'exclusion de toute extension quantitative et de toute gradation qualitative.

> Cuer et cors doi avoir sousfrant
> De çou *sans plus* c'osai coisir
> Amer en si haut lieu vaillant. (Romv. p. 275.)
> Or savoient ices noveles
> .Iiij. *sanz plus* de ses damoiseles. (Ruteb. II, p. 171.)
> Ses compaignes furent batues
> *Sanz plus* de chemises vestues
> Por le demorer qu'eles firent
> Puis que son messagier oïrent. (Ib. p. 180.)

Poroc, poruec, porvec, puroc, pourvouec, poreuc, pruec, proec, pruech: pour cela, donc.

Cet adverbe est un composé du pronom *o, oc* dérivé du latin *hoc*, et de la préposition *por*. Le pronom *o* = *ce, cela*, se lit dans les Serments: in *o* quid; et on le retrouve encore fort tard non-composé dans les chartes de quelques provinces: s'il *o* fasset (Cout. de Berry, p. 99. Ed. Thaumassière). La Cantilène sur Ste. Eulalie a *poro* (v. 11 et 20), forme que porte aussi le Fragment de Valenciennes: E *poro* si vos avient (l. 27 v°). La finale *uec* pour *oc* est une diphthongaison de l'*o*[1], et les formes *pruec, proec, pruech* représentent une contraction de *poruec*.

Poroc, poruec, etc. peut quelquefois remplir le rôle d'une conjonction, de même que *por ce*. (V. la Conjonction *par ce que*.) Souvent il était suivi de *que* et signifiait *pour que, pourvu que*.

En la demonstrance de si mervilhous signe, avec la foid de la femme soi assemblat la vertuz del un et del altre, et *porvec* aesme ge ke Libertins pot cez choses. (S. Grég. Dial. I.)

Porvec soies sonious, ke tu ne soies feruz del serpent. (Ib. fol. 113. v°.)

Sains om fu et de bone vie . . .
. . . . *poruec* en fu
Li rois dolans quant il moru. (Phil. M. v. 2806. 8. 9.)
Dist li rois, com t'as grant envie
Sour ce chaitif où jou t'envie
Que tu le me voises *pourhuec*. (R. d. Ren. IV, 71.)
Où vas, dist il? Esta ileuc.
Por qoi, fait il? Par foi *porenc*. (Ib. I, p. 261.)
Proec que[2] fins cuers qui bet à haut hounour
Ne se porroit de tel cose desfendre,
Pour ce, dame, ne m'en deves reprendre. (Romv. p. 258.)
Car il novise sont dou fait,
Non mie *pruech* qu'ensi ne vait
Que teus se melle de Renart
Qui n'en siet . . . . (R. d. Ren. IV, p. 115.)
Et cele qui m'iert à corage,
Pruec qu'ele soit de haut parage,
S'iert ma fame et jou ses maris. (Poit. p. 53.)

Cfr. *neporoc*, conjonction.

Pues, puis, poiz, pois,

dérive de *post*. Cet adverbe signifiait *puis, après*. (V. prépos. et conj.)

A qui l'om fist *puis* meinte gerre. (Ben. v. 24929.)
Maint gentil homme torna *puis* à pesance. (R. d. C. p. 33.)
Pois l'arche sur le char aseez. (Q. L. d. R. I, 21.)

---

(1) Les poètes faisaient ordinairement *hic* et *hoc* (nominatif et accusatif) longs. Cela semble contredire la règle de la diphthongaison que j'ai établie (t. I, p. 25); cependant *hic* et *hoc* sont brefs par eux-mêmes, et il est probable que le peuple avait conservé cette prononciation. (V. Schneider p. 666 et suiv.)

(2) Le texte porte *pro et que*, ce qui ne donne aucun sens.

Quant Beatris lou voit son cuer ait rehaitie;
Pues li ait son voloir et son boen enchairgie. (W. A. L. p. 3.4.)

Pro, prou, pru, preu, prod, prout.

Ces formes sont celles d'un adverbe répondant au latin *satis*; il avait les significations: *assez, suffisamment, beaucoup, abondamment.* Quelle est l'origine de *pro, prou*, etc.? Avant de répondre à cette question, je dois faire observer qu'il se trouve, dans l'ancienne langue, un substantif dont les formes étaient les mêmes que celles de notre adverbe, et qu'on a quelquefois regardé le substantif et l'adverbe comme identiques; qu'il existe en outre un adjectif *prot, prud, prod*, que M. Diez, entre autres, rapporte à la racine du substantif *pro*. (Gram. rom. II, 47, note 2.)

Voyons ce qu'il peut y avoir de vrai dans ces diverses opinions.

Le substantif *pro, prou*, etc. signifiait *profit, bénéfice, avantage, gain.* Je pense avec M. Diez qu'il dérive de la particule latine *pro* employée substantivement. Les formes *pro, pru, prou, preu* s'adaptent fort bien à *pro*: mais comment expliquer le *d* et le *t* de *prod, prout*? Oserait-on admettre l'influence du latin *prodesse*? Ou bien est-ce simplement une finale ajoutée pour donner au mot une forme substantive plus ordinaire? L'influence de *prodesse* me paraît plus vraisemblable, l'addition d'une finale étant contre les lois générales de la dérivation. Quoi qu'il en soit, les formes en *t* et *d* sont les primitives.

A nul *pro* ne lui puet venir. (Chast. 2º trad. XXII.)
Plus ala li soen *prou* ke li vostre querant. (R. d. R. v. 3412.)
Ains est d'un chevalier si *preu*
Qu'en maint lieu fist d'armes son *preu*. (R. d. C. d. C. v. 59, 60.)
Li est avis que paiz aquerre
Al *pru* del poeple e de la terre,
Est tut le mielz qu'il puissent faire. (Ben. v. 3109-11.)

Mais manes ke la raisuns repairet al cuer, manes soi rapaisentet la granz noise, et alsi com anceles soi rapressent taisieblement à lur comandeie oevre, quant les penses soi atornent à alcun *prout*. (M. s. J. p. 496.)

Ben l'avez fait, mult grant *prod* i averez. (Ch. d. R. p. 28.)

V. encore t. I, p. 156, l. 21; p. 173, l. 10; p. 238, l. 19; p. 329, l. 16; etc.

L'adjectif *prot, prud, prod* n'a rien de commun avec le substantif *pro*. C'est faute d'avoir remarqué la forme primitive de cet adjectif, que M. Diez a été induit à le rapporter à la racine *pro*: il écrit *pro*, tandis qu'il faut orthographier *prot* ou *prod*, comme on le verra tout à l'heure. La même inadvertance a fait que Raynouard (Lex. Rom. t. IV, p. 659 s. v. *pros*) s'est cru autorisé à dériver *prot* de *probus*. Roquefort a rencontré juste en cherchant l'origine de *prot* dans le latin *prudens*.

L'adjectif *prot*, *prod* est, dans le principe, le même mot que nous retrouvons en composition dans *prodhom;* c'est de la même signification de *prudens*, attribuée au *prod* de *prodhom*, que l'on est parti pour l'adjectif *prot*, dont nous avons fait *preux*. *Prudens*, qui sait, qui connaît — qui a l'expérience des choses; de là prudent, sensé, sage, utile, capable, brave, généreux, vaillant; — voilà à peu près la manière dont les significations de *prot* ont dû se développer.

Comparons maintenant les formes de *prod* en composition (t. I, p. 79), à celles de *prot* (*t* final pour *d*, en Bourgogne et en Picardie), *prod* employé seul.

Qui mult ere sage e *proz*. (Villeh.)
    Chascuns dist que je sui si *proz*
    Et que j'ai tant sens et savoir. (R. d. Ren. I, p. 206.)

Saul s'apercent que *pruz* fud David e vaillanz e de plus l'eschiwid. (Q. L. d. R. I, p. 71.)
    De lor seinnur ke mout est *pruz*. (Ben. t. 3. p. 619. c. 2.)

On n'a pas oublié que le *z* équivaut à *ts* en Bourgogne, à *ds* en Normandie.
    Si n'est il mes nule Lucrece...
    Ni *prode* fame nule en terre. (R. de la Rose v. 86. 95.)

Pendant la seconde moitié du XIIIe siècle, le dialecte picard fit subir à *prot* les changements ordinaires dans les mots de cette espèce, c'est-à-dire que le *t* ayant disparu, on écrivit, par analogie, *eu* au lieu de *o*, *ou*, d'où *preu*, qui nous est resté.

L'orthographe *preux*, que nous suivons, provient d'un abus dont j'ai donné l'explication au chapitre des substantifs; et M. Diez (l. c.) a tort de faire remonter l'origine de la finale *x* à la lettre *s* du provençal *pros*.

Voilà pour la forme; quant à la signification, voyez encore Ch. d. R. CCXXXVI, v. 13; III, v. 3; CCXXII, v. 2; etc.

Ces comparaisons prouvent, je crois, l'identité de *prod* en composition et de *prot*, *prod*, employé seul. Or il n'y a aucun doute à élever contre la dérivation *prod* de *prudens;* forme et signification sont en parfait accord.

On m'objectera sans doute avec M. Diez (l. c.) que les formes provençales *pro*, *pros* = preux, sont contraires à la dérivation défendue par moi. Comment cela? D'abord, ce que ne dit pas M. Diez, on trouve, aujourd'hui encore, l'orthographe *proz* ($z = d$). La variante *pro* peut dériver directement de *prod*, *prot* par l'apocope du *d* ou *t* final; ou bien, ce qui est plus vraisemblable, le z(=d) de *proz*, étant tombé devant le *s* de flexion, on a formé le nouveau radical *pro* aux cas obliques. Quant au *pros*, indéclinable, la finale *s* y représente bien moins le *s* de flexion qu'un souvenir du z = d radical, qui avait été retranché pour la facilité de la prononciation.

Le féminin italien *prode* nous reporte également à un masculin en *d* final. En comparant cette forme à celles de la langue d'oïl, on voit de prime abord que M. Diez a eu tort de la regarder comme irrégulière, en tant que le *d* y serait intercalaire. Apocopée au masculin, l'euphonie exigeait qu'on conservât cette finale au féminin.

Je ferai observer en passant que notre *prude* n'est autre chose que la forme normande pour *prode*, dont la signification primitive était *sage, vertueuse, pudique*.

Les formes adverbiales: provençal *prozamen*, italien *prodemente*, langue d'oïl *prozement*, ajoutent une nouvelle preuve à la déduction précédente. A côté de *prozamen*, *prozement* ou *prosement*, on a, il est vrai, *proosamen*, *proosement* ou *prousement*, qui ne s'adaptent pas, à cause du redoublement de la voyelle *o*, aux formes adjectives citées. Mais ne serait-il pas permis d'expliquer *ou*, *oo*, par un souvenir du latin *providens*, *providenter?*

Venons enfin à notre adverbe *pro*. Les formes *prod*, *prout* ne permettent pas de le dériver de *probe*, comme quelques philologues l'ont proposé, bien que, pour le sens, rien ne s'oppose à cette étymologie. Et puis, pourquoi chercher au loin ce qu'on a sous la main? La langue d'oïl et toutes les langues romanes fournissent assez d'exemples d'un substantif employé adverbialement, et rien ne s'oppose à admettre l'identité de *pro* substantif et de *pro* adverbe. Formes et signification concordent on ne peut mieux [1].

> Quant la parole out *pru* dure. (Ben. I, v. 1945.)
> Grant joie li fait li pomiers
> Qu'il a trove si faitement
> Assez en quit e *pro* en prent. (Ib. v. 25347-9.)
> Ne s'en saveit pas *pro* aidier. (Ib. v. 36934.)
> Li bons osberes ne li est guarant *prod*. (Ch. d. R. p. 50.)
> Ki tant ne set nel ad *prod* entendut. (Ib. p. 81.)

Cfr. le Dictionnaire de l'Académie s. v. *prou*.

---

(1) Le provençal *pro* = *prou* est aussi identique avec le substantif; le catalan *prou*, au contraire, peut dériver de *probe* (*u* = *b*). (V. Rayn. Lex. rom. s, v. pro. IV, 64.)

Quant: quand.

Quant, dérivé du latin *quando*, s'écrivait généralement par un *t* final; cependant quelques textes qui favorisent la lettre *d*, les M. s. J. p. ex., donnent aussi l'orthographe *quand*.

Quant jure l'auras et promis. (R. d. M. p. 47.)
Qant vos poes si revenes. (R. d. M. d'A. p. 9.)
Quand la terre des païens est ramembreie. (M. s. J. p. 441.)

Quant s'employait quelquefois dans le sens du latin *quoniam*, *quia*.

Quant il est vostre huem liges, il vus deit fei porter,
E tenir en tuz lius vostre honur e guarder. (Th. Cantb. p. 27. v. 26. 7.)

Randon.

Randon, force, violence, impétuosité; *randonee*, impétuosité; *randoner*, courir, s'empresser, aller avec impétuosité, prendre un violent élan sur quelque chose, pousser vivement; *randir*, s'approcher, s'avancer avec impétuosité, presser vivement. On a voulu dériver *randon*, etc. de l'allemand *rennen*, mais le *d* étant organique et non intercalaire, cette dérivation est tout à fait impossible. D'autres ont considéré la lettre *n* comme intercalaire et, selon eux, *randon* appartient à la même famille que le vieux français *rade*. *Rade*, se rapporterait ou à la racine germanique *hrad* dont dépendent, dans divers dialectes, des formes adjectives et adverbiales qui expriment l'idée de *rapidité*, *agilité*; — ou à la racine celtique *gradh*: gallois *grad* = subitus, festinus; irabundus; *graide*, celeritas, etc. Cette racine est très-étendue dans les langues celtiques, mais *randon* ne s'y rapporte pas[1]. La lettre *n* n'est pas plus intercalaire que le *d*.

Randon est un dérivé du v.h.-all. *rand*, *rant*, bord, extrémité (islandais *raund*, *rond*, ancien norois *rönd*). De *rand*, les provençaux firent *randa* = bord d'une chose, qui n'a pas été admis dans la langue d'oïl, et de *randa*, la locution *a randa*: près, entièrement, violemment, d'une manière pressante. Toutes ces significations découlent facilement de la primitive, et je les signale pour l'explication de celles des dérivés français de *rand*. Le premier dérivé immédiat de *rand*, pour la langue d'oïl, est, d'un côté, *randir* (cfr. le bas-saxon *anranden*, atteindre à qqch., s'étendre jusqu'à qqch.) et, de l'autre, *randon* avec les dérivés *randoner*, *randonee*.

---

(1) M. Diez dérive *rade* de *rapidus*. Il a raison de remonter au latin; mais il aurait dû dériver de *rabidus*, comme le prouve le mot espagnol *raudo* (u = b), qui équivaut à notre *rade*. Du reste, pour le sens, *rabidus* convient aussi mieux, *rade* signifiant impétueux, fougueux.

> Partonopeus le vait ferir
> Quanque cevals li puet *randir*,
> Et li sodans vait ferir lui. (P. d. B. v. 8051-3.)

Randon servait à former les locutions adverbiales: *de* et *à randon*, avec force et violence, impétueusement, rapidement, soudainement — *de* et *à grant randon* — *de tel randon*.

> Va s'ent Ogiers à coite d'esperons,
> Sus Broiefort qui li cort *de randon*. (O. d. D. v. 6440. 1.)
> Sor les estriers s'afiche *de randon*. (G. d. V. v. 1573.)
> Le Franceiz point *de grant radon*. (R. d. R. v. 9194.)
> Le sanc li saut *à grant randon*. (R. d. Ren. I, p. 239.)
> Vers lui en vient volant *de tel randon*. (Fierabras LV. c. 2.)

Voy. *Randonee* (P. d. B. v. 8048; Ben. t. 3, p. 549; R. d. C. p. 72; etc.).

> Li borgois ont la grant cloche sonee
> Et la petite tot d'une *randonee*. (Ben. I, p. 529. c. 2.)

Randoner (G. d. V. v. 8048; Ben. t. 3, p. 543; R. d. R. v. 3975; R. d. Ren. III, p. 99. 193; etc. etc.).

Sempres, sempre.

Dérivé de *semper*, cet adverbe perdit de bonne heure sa signification primitive *toujours*, pour prendre celle de *aussitôt, incontinent, sur-le-champ*.

M. d'Orelli cite l'exemple suivant, où *sempres* signifie *toujours*: Sempres ert mol com pelice. (Fabl. et C. IV, p. 390.)

> Tot afeltre l'amaine ci
> *Sempres* à le lune luisant. (P. d. B. v. 5530. 1.)
> Mais au desfendre fu ocis,
> Et li castiax fust *sempre* pris. (Brut, v. 8981. 2.)
> Quant pris furent li serement,
> *Sempres* mancis tot eraument
> Apela li reis ses barons. (Ben. v. 17243-5.)
> *Sempres* courut la renommee
> En Vermendois par la contree. (R. d. C. d. C. v. 6966. 7.)
> Adubez vus: *sempres* averez bataille. (Ch. d. R. p. 121.)

Senoc, senuec, etc.: sans cela.

Cet adverbe est un composé de la préposition *sens*, avant l'introduction du *s* paragogique (v. la préposition), et du pronom *o, oe* (v. *poroc*.)

> Par foi, bien estes *senuec*
> Et des deniers et de l'amie. (Fab. et C. I, 370.)
> Il n'en venra mie *senoec*
> Si con je pens et adevin. (Th. Fr. M. A. p. 192.)

Tant.

atant — itant, à itant, aitant — de tant — par tant — trestant — entretant — altant — altretant.

Nous avons vu *tant* perdre peu à peu sa forme variable, pour prendre celle qui lui est restée dans la langue fixée (voy. t. I, p. 191). *Tant* signifiait tant, autant, beaucoup, si, tellement. *Atant*, signifiait à ce point, alors; aussitôt, à présent. *Atant* a encore été employé par La Fontaine (Calendr. des Vieillards). *Itant*, tant, autant; — *à itant*, alors, en ce moment; — *de tant*, d'autant, en conséquence; — *par tant* (per tantum, par autant), par conséquent, partant; — *trestant* était un renforcement de tant; — *entretant* (inter tantum) signifiait pendant ce temps, sur ces entrefaites; — *altant*, autant, d'abord usité avec le même sens que son primitif *tant*, s'en est séparé de bonne heure pour prendre la signification que nous lui donnons encore.

>*Tant* li promet, *tant* l'espoente,
>*Tant* met en lui traïr s'entente,
>*Tant* l'a par losenge encante,
>Toute en fera sa volente. (P. d. B. v. 4423-6.)
>La douce riens qui *tant* est bien aprise. (C. d. C. d. C. p. 65.)
>E il pluveit *tant* fort qu'il ne voleit cesser. (Th. Cantb. p. 32, v. 28.)

On voit par ces derniers exemples, et on a déjà pu le remarquer souvent, que l'emploi de *tant*, par rapport à *si*, n'était pas réglé comme aujourd'hui.

>Quant eles entrent el mostier,
>Tot l'en veissies esclairier
>*Tant* por les pieres, *tant* por l'or,
>*Tant* por la beaute Melior. (P. d. B. v. 10723-6.)

Remarquez la réunion de *tant* et de *seulement:*

>Nonpourquant encor gaitera
>Deus nuis ou trois *tant seulement*. (R. d. C. d. C. v. 4419. 20.)

Et li ai promis et promet foi et lealte et service comme à ma dame à sa vie *tant seulement*, et à la moie . . . (1276. M. s. P. II, p. 601.)

Cfr. la locution conjonctive:

>Li rois i est venus matin . . . . . .
>Et Marcs, qui nel puet amer;
>Seul tant qu'il le voit moult li coste. (P. d. B. v. 2893. 6. 7.)

Seul est là pour *seulement*, emploi très-fréquent dans l'ancienne langue:

>*Sol* une nuit sont en un leu. (Trist. I, 70.)

Tant com plus = d'autant plus, tant plus:

>*Tant com plus* pres du port serons,
>Plus tost ces noveles saurons. (R. d. l. M. v. 4117. 8.)

En tant de, suivi des mots *tens*, *ore*, s'employait pour désigner un court espace de temps:

> Unques ne quit que tante lerme
> Fust mais *en tant de tens* plorce. (Ben. v. 27763. 4.)
> Derompent sei à si grant fes
> Que nule genz n'oïstes mes
> *En tant d'ure* si maubaillie. (Ib. v. 28412-4.)
> *Atant* une arme vint al lit. (P. d. B. v. 1121.)
> Moult s'en puet bien tenir *atant*. (Ib. v. 2970.)
> *Itant* savom bien que li munz
> Est tuz egaus e tuz rounz. (Ben. I, v. 29. 30.)
> *Atant* uns hom lor aparut
> Qui en la nief od els estut,
> Et *itant* at à els parlie. (St. N. v. 256-8.)

E li dus l'arena e poiz li dist *itant:*
> Jo ferai volentiers du tut vostre comant. (R. d. R. v. 2328. 9.)

Mais d'*itant* sui esbahis. (C. d. C. d. C. p. 49.)

Samuel ces paroles bien escultad, e à Deu meisme les mustrad, ki la requeste lur otreiad; e Samuel à *itant* les cungead, puis chascuns al suen turnad. (Q. L. d. R. I, p. 28.)

> Sun espirit *aitant* rend. (Trist. II, p. 85.)
> Fist tant que li monz touz le seut,
> Et *de tant* plus grant joie en eut. (R. d. S. G. v. 3841. 2.)
> E que plus ert malades, *de tant* plus l'anguissa.
> (Th. Cantb. p. 15, v. 18.)

Par tant covient ke la pense soi ellievet ensi de sa sainteteit, ke ele soniousement soi abaisset en humiliteit, et *par tant* cant il disoit del saint home ke il à un test raoit la purreture. (M. s. J. p. 450.)

Mais de luxure ont *par tant* tuit honte, ke tuit ensemble conoissent que ele est laide. (Ib. p. 507.)

> Se le truant mentoit, que *trestant* le batroient
> Que jusques à un an les costes li deudroient. (Roi Guillaume p. 187.)
> Iij. jours a laiens demoure.
> *Entretant* le levent et baingnent. (R. d. l. V. v. 4987. 8.)
> As Bretons pais et trive prisent,
> *Entretant* à Guermont tramisent. (Brut, v. 13859. 60.)
> Et se vesques muert *entretant*,
> Li rois a tot le remanant. (Phil. M. v. 1110. 1.)

E restore *altant* chevaliers cume ocis i furent de ta privee maignee. (Q. L. d. R. III, p. 326.)

Hysboseth dist *altant* com hom de confusion. (M. s. J. p. 444.)

On a vu *altretant* déclinable; mais, la plupart du temps, il s'employait comme adverbe. (V. t. 1, p. 192.)

> Mais li Breton s'entrorgillerent
> Et sa semonce desdaignerent,

>   Por ce q'altre si franc estoient
>   Et *altretant* ou plus avoient. (Brut, v. 9107-10.)
>   En tot li mond n'a *altretant*
>   De si fort gent ne si vaillant
>   Come vos estes asemblez. (R. d. R. v. 12585-7.)

Remarquez enfin *tant ne* ... = à quel point que.

>   ... Por vostre anel que je portoie.
>   Jamais mere tel ne donra
>   A son fil: *tant ne* l'amera. (Fl. et Bl. v. 3228-30.)

Je porterai ici l'attention sur les corrélatifs:

> *Quantes fois* = combien de fois.
> *Tantes fois* = tant de fois.

A savoir nos est que nos, quant la Scriture dist: Tu, Sire, juges totes choses en paix, *tantes foiz* nos enforceons de repairier à la semblance de nostre faiteor, *quantes foiz* nos rastrendons les turbilhous movemenz del corage desoz la vertut de mansuetudine. (M. s. J. p. 513.)

> *Tant et quant* = peu et beaucoup; de toute manière, de son mieux;
> *Ne tant ne quant* = ni peu ni beaucoup, nullement, rien du tout; en aucune manière.
>   E se il vait plain pie avant,
>   U pie, u pas, u *tant* u *quant*,
>   Aut li deables, si la prenge
>   Sainz cuntredit e sainz chalenge. (R. d. R. v. 5616-9.)
>   Las qui bien trente anz ai este
>   En ce reclus en povrete,
>   Où j'ai Dieu servi *tant et quant*,
>   Onques ne me fist nul semblant
>   Qu'il seust que je fusse nez. (N. Fab. et C. II, 211.)

Cfr.: Et cist rois Guiteclins si est fiers et puissans,
>   Plus de .xxx. rois a desoz lui mescreans,
>   Ne poons pas à lui assambler *atanquans:*
>   Por ce m'estuet mander toz mes arrieres bans ... (Ch. d. S. I, p. 150.)

Var. *à tant quanz, à tans quans.*

Chier Sire, quels chose est li hom que tu *ne tant ne quant* lo preises, ou li filz del ome ke tu ton cuer tornes à luy. (S. d. S. B. p. 547.)

>   Li uns est sour l'autre verses,
>   Chascuns se gist tous enverses;
>   *Ne tant ne quant* ne se remuent. (R. d. l. V. v. 1942-4.)
>   Entr'iaus s'assist, fist biel samblant,
>   Ne s'esmaiu *ne tant ne quant.* (R. d. S. S. v. 754.5.)
>   Bien ot Deu à garant,
>   C'onques mal ne li firent ou cors *ne tant ne qant.* (Ch. d. S. I, p. 123.)

Pour éviter des répétitions, je citerai ici les corrélatifs conjonctionnels *quant plus — tant plus* = plus — plus.

Et *quant* je *plus* sui loinz de sa contree,
Tant est ses cuers plus pres de ma pensee. (R. d. C. d. C.)

Ces corrélatifs s'exprimaient encore des diverses manières suivantes:

Car *de tant cum* il est or *plus* legiers, *de tant* serat il ci apres plus gries. (S. d. S. B. p. 549.)

Com *plus* ot de mal, *plus* fu liez. (De l'Ermite qui s'enivra.)
Quar com *plus* dure et *plus* s'esgaie. (Pyramus et Tisbé.)
Et qu'il *plus* torne, plus s'enlace. (R. d. Ren. I, v. 5087.)
Quant *plus* l'esgardent, *plus* lur plest. (R. d. l. M. v. 2335.)
Quant *plus* la connoissent, *plus* l'aiment. (Ib. v. 2411.)

Tandis.

Tandis dérivé de *tamdiu*, s'employait adverbialement pour *pendant ce temps*. Les exemples suivants prouveront qu'on a confondu quelquefois *dis*, venant de *diu*, où le *s* est additif, avec *dis* signifiant *jour*, et pris *tan* pour le pronom *tant*.

Ses mires fist li rois venir
Pour lui et li lupart garir.
Trives requist Renart *tandis*
Viers le roi sans plus quinse dis.
Volentiers li rois li douna.
Tandis Renars se rebourda.... (R. d. Ren. IV, p. 271.)
Et vos pores veoir *tans dis*
Et son gent cors et son cler vis. (P. d. B. v. 6855. 6.)
En Engleterre erent *tanz dis*
Li dui seneschal que jo vus dis,
Que li bons reis laissie i out,
Kar en genz plus ne se fiout. (Ben. v. 38187-90.)

Cfr.: Oit jorz les tint li dux assis;
Assauz i out *entre tanz dis*
Pesmes, grejos e durs e fiers
Des geudes e des esquiers. (Ben. v. 37703-6.)

et la conjonction:

Tanz dis qu'en cure e en penser
Esteit li dux de mer passer. (Ib. v. 36866. 7.)

Tos jors — tos dis — tos tans.

(Pour les variantes voy. *tout* t. I, p. 195.)

Tos jors, *tos dis* signifiaient *toujours*; le premier seul nous est resté. *Tos tans* voulait proprement dire *en tout temps*, et, par extension, *toujours*.

Car c'est li drois neus del vilain,
Qu'il soit *tos jors* de bone main
Vers celui de cui a peor
Tant que de mal faire ait laissor. (P. d. B. v. 2661-4.)

Tu iez suers, espouze et amie
Au roi qui *toz jors* fu et ere. (Ruteb. II, p. 9.)
Si prierat *tuz jurz* por noz peccez. (Ch. d. R. p. 73.)

E tis nums seit magnified *tuz dis*, que l'um die que li Sire des oz, li Sires puissanz, est Deu sur Israel. (Q. L. d. R. II, p. 145. 6.)

Carles mi sire nus est guarant *tuz dis*. (Ch. d. R. p. 49.)
Ne ja à son vivant ne lor sera requis
Autrement que lor pere le servirent *toz dis*. (Ch. d. S. I, p. 74.)
Li vergiers est *tos tans* floris. (Fl. et Bl. v. 2021.)
Com Diex nostre sires fera,
Qui *toz tens* fu, iert et sera. (Chast. XXV. v. 52. 3.)
Car il l'avoit *tos tans* amee
Et ele li fu creantee. (Brut. v. 57. 8.)

Par *totens* doblent li felon encontre eaz mimes. (M. s. J. p. 509.)
Tu tens. (Ch. d. R. p. 72.)

Del tot en tot.

Del tot en tot signifiait *tout à fait*; suivi d'une négation, il avait le sens de *pas du tout, nullement*.

Que moi et tot le mien metroi
Du tot en tot en tot esgart. (Ren. I, p. 194.)
Dans rois, fait il, foi que vous doi,
Del tot en tot pas nel otroi. (Fl. et Bl. v. 2761. 2.)

Tost.

L'origine de cet adverbe, notre *tôt*, est fort douteuse. On l'a fait venir du kymri *tost*, qui signifie *prompt, vif*: du grec θοός; du latin *cito, subito, adesto, tostus*; du v. h.-all. *turstcliho*. M. Diez (II, 392) enfin propose *tot-cito*, en rappelant *tout-à-l'heure, tout-à-coup*. Le participe *tostus* est celle de toutes ces étymologies qui me paraît la plus probable (cfr. plus haut *chalt pas*), quoique la signification de *tot cito* convienne aussi fort bien; mais *tot cito* présente des difficultés pour la forme. *Tost* signifiait *vite, promptement*.

Grant aleure e *tost* s'en vait,
Mais neporquant mult erent agait.
La planche vout mult *tost* passer,
Qu'aillors ne poeit tant doter. (Ben. v. 25552-5.)
Tost mue tens, *tost* mue afaire. (Ib. v. 17822.)
Tost orent .j. grant cerf trove,
Tost l'orent pris et descople. (L. d. M. p. 46.)
S'on ne met au retenir cure,
Tost est ale, che m'est avis,
Chou c'on a en lonc tans aquis. (R. d. M. p. 20.)

Dans la seconde moitié du XIIIe siècle, on trouve la variante *tos*:

Se li rois l'ot, *tos* iert venus. (Phil. M. v. 7493.)

Tantost signifiait *aussitôt, au plustôt, promptement.* (Voy. la Conjonction.)

> Onques puis n'eumes voisin
> Qui od nous guerre ne prensist
> Et qui *tantost* ne nous venquist. (Brut. v. 6502-4.)

Ne confondez pas ce *tantost* avec *tant tost* = si vite, si promptement.

> E li reis enquist chalt pas pur quei *tant tost* fussent repaired. (Q. L. d. R. III, p. 345.)

Tempre.

Tempre dérive de *temperi*. *Temperius*, dit Du Cange, pro *temporius*, cui opponitur *serius*. *Tempre* signifiait de bonne heure, du matin, promptement.

> Al matin *tempre* al ajourner
> Se vot li chastelains lever. (R. d. C. d. C. v. 813. 4.)
> Lendemain bien *tempre* au matin
> S'apresta et mist au chemin. (Ib. v. 2769. 70.)
> Ne pense à el *tempre* ne tart. (Ib. v. 3744.)
> Car le servise Deu *tempre* u tart n'obliad. (Th. Cantb. p. 30, v. 24.)

De là *temprement* = promptement, en diligence.

> Et puis li dist: Dame, sachies
> Que *temprement* sera heties,
> Et que il vous venra veir. (R. d. C. d. C. v. 2919-21.)

Rom. d. Renart. t. IV, p. 24.

Trop.

La racine immédiate de cet adverbe est le substantif de la basse latinité *troppus* = *grex* (v. Du Cange s. e. v.) Quelle est l'origine de *troppus*? Les uns voient dans *troppus* l'allemand *trupp*; mais on ne peut guère admettre cette dérivation, car jusqu'ici on n'a pas su expliquer exactement l'origine de *trupp* par les idiomes germaniques. Les autres ont eu recours au celtique, et, selon eux, *troppus* et ses dérivés romans (en français: *trope*; *tropel* aujourd'hui *troupeau*, d'où *atropeler*, *trop*), ainsi que les formes correspondantes des idiomes allemands dérivent de cette source. Le seul mot celtique auquel *troppus* pourrait se rattacher avec quelque vraisemblance est *torf, torv,* qui, en effet, signifie *troupe*. Cependant la forme *torf, torv,* ne se rapproche pas plus de *troppus* que le latin *turba*, qu'on a proposé depuis longtemps comme racine du mot litigieux. Pour moi, j'admets la dérivation de *turba*. On sait que plusieurs peuplades allemandes ne pouvaient pas distinguer le *b* du *p* (c'est encore aujourd'hui le cas) et elles auront prononcé *turpa* au lieu de *turba*. Puis, par le rapprochement du *r* à la consonne initiale, *turpa* devint *trupa*, et finalement *truppus*, *troppus*. Voilà comme je m'explique le changement de *turba* en *troppus*. Quant à la différence du genre, il y a des analogies qui prouvent, au moins, qu'une pareille transformation est possible.

Peut-être m'objectera-t-on la futilité de la cause pour un si grand changement. Je la reconnais ; mais on doit avouer aussi que des causes plus futiles encore ont produit de bien plus grands effets dans les langues.

Quoi qu'il en soit, *trop* signifia d'abord *beaucoup*, en parlant des choses qui se peuvent compter ; puis il passa à la signification de *beaucoup* = *bien, fort, très, extrêmement*; et enfin il prit le sens qu'il conserve encore.

> Et ce fait il à *trop* de gent
> Senz prendre salaire n'argent. (Th. F. M. A. p. 297.)
> Jou sai bien
> Que vous l'amiez sor toute rien,
> Et il *trop* vous, comme celui
> Ki cuer et cors ot mis en lui. (Phil. M. v. 26721-4.)
> Jenz fu e fort, large e plenier
> E *trop* resembla chevalier. (Ben. v. 19194. 5.)

Sire, lisies souvent ce livre, car ce sont *trop* bones paroles. (Joinville p. 97.)

> Robins n'est pas de tel maniere,
> En lui a *trop plus* de deduit. (Th. F. M. A. p. 104.)
> Li chastelains *trop mieux* amast
> Que de deus jours ne fust souper. (R. d. C. d. C. v. 230. 1.)
> Il est *trop mieulx* tailliez de servir .i. bouvier
> Qu'il ne soit de veoir jouster ne tournoier.
> (XIVe siècle. Bertr. d. Guésclin. v. 350.1.)
> Plus sui de vos courecies et ires
> Que de mon mal dont je ai *trop ases*. (Romv. p. 203.)
> *Trop* sunt fort gent, *trop* sunt sachant,
> *Trop* sevent d'armes li Normant. (Ben. v. 19318. 9.)

Vias — *veals, veaus, viuls, viaus, viax.*

M. d'Orelli regarde ces formes comme identiques et il les dérive du latin *vivax;* M. Diez (II, 392. 412) les distingue, sans pouvoir retrouver l'origine de *viaus*, qu'il traduit par *igitur;* moi enfin, j'ai rangé *veals, veaus* parmi les formes de *vouloir* (t. II, p. 83. 4. 7). Erreur de tous côtés.

Vias dérive de *vivax* et signifiait *vite, promptement, sur-le-champ, à l'instant même.*

Veals, veaus, viaus, viax, etc. sont des dérivés du latin *vel* dans sa signification de *même, aussi*, et le *s* final est paragogique. *Veals* ne répond pas à l'*igitur* latin, mais à *saltem;* il signifiait *au moins*, *du moins*. On préposait souvent *si* à ces formes, de la *siveals*, *siveaus*, etc., *si au moins*, *si seulement*.

La rencontre de la forme primitive *vels*, dans la chanson de saint Alexis, m'a mis sur la voie des erreurs que je viens de relever. Néanmoins, si l'on considère la ressemblance des formes dialectales de *vouloir* et de *vels*, au XIIIe siècle, on est tenté de croire que l'on a fini par les confondre en partie. Quoi qu'il en soit, les formes *veals*, *veaus* doivent être retranchées du nombre de celles de *vouloir*, et les exemples 7. 8, 14, 15, 16 de la page 85, et 1ᵉʳ de la page 86 du t. II, trouvent ici leur place.

Une dernière remarque qui prouve encore la différence d'origine des formes *vias*, *viaus*, c'est que *vias* est d'ordinaire dissyllabe et *viaus* monosyllabe.

> Or tost, fait il, biax nies, adobez vos *vias*. (Ch. d. S. I, p. 178.)
> Or en voies! *viaz! viaz!* (Ben. t. 3, p. 521.)
> Mal del cure que je fui nee,
> Quant ne moru iluec *vias*
> Qu'il me tenist veaus en ses bras! (P. d. B. v. 6986. 8.)
> S'en sordroit *vias* maus esplois. (Ib. v. 7184.)
> Mais Deus m'en face aucun reles,
> Et doinst *veaus* une carite
> De baisier et d'estre acole. (Ib. v. 7582-4.)
> Mes se Diex fust assez cortois,
> Tant m'eust *viaus* preste s'aïue. (Fabl. et C. I, 144.)

NÉGATION.

La négation primitive *non*, dérivé de *non*, qui aujourd'hui ne sert plus que comme negation d'une particule ou d'un nom, s'employait aussi, dans l'ancienne langue, avec les verbes, mais seulement quand ces verbes complétaient *la réponse négative*. En pareille occasion, le verbe était d'ordinaire *faire*, mis pour un autre verbe qu'on ne voulait pas répéter. Partout ailleurs, on se servait déjà de *ne (n')*; les Serments, la cantilène sur Sᵗᵉ Eulalie font seuls exception, ils ont dans tous les cas la négation pleine *non* [1].

Ce *ne*, qui tient la place du *non* et du *nec* latin, est assez difficile à dériver. Devant les voyelles, on verra plus bas *nen* pour *ne* et *ni*. *Nen* = *non* a-t-il précédé partout *ne*; en d'autres termes *non* a-t-il, comme le pronom personnel, éprouvé le changement de *o* en *e*, et *nen* = *ni* dérive-t-il de *nec*? Je ne saurais décider cette question.

---

[1] Le Fragment de Valenciennes emploie *ne*.

Remarque. La plupart des éditeurs écrivent à tort *n'en* ou *ne n'* pour *nen*. L'on trouvera, dans les citations de cet ouvrage, quelques erreurs pareilles qui me sont échappées lors de la correction ; le lecteur voudra bien les rectifier.

Au lieu de *non*, *ne*, on trouve *nu*, *no* dans les réponses ou avec le verbe *faire*. Ce *nu* est une syncope normande de *nun*, et *no*, d'ordinaire, une forme dialectale mélangée pour *nu*. Je dis d'ordinaire, parce que *no* se rencontre quelquefois dans les dialectes qui ne connaissent que *non*. Il ne faut pas confondre le *nu* = *nun* avec la forme contracte *nu* = *ne lu* (t. I, p. 135)[1].

Toutes les langues cherchent à renforcer la négation, et cela se fait de deux manières : 1° on redouble la négation[2] ; 2° on réunit la négation avec une expression positive, qui quelquefois tombe peu à peu au rang de simple adverbe et ne prend plus l'article. Ces expressions positives étaient fort nombreuses dans l'ancienne langue ; elles donnaient à la rime une grande variété et rendaient souvent l'idée très-pittoresque. Je n'essaierai pas d'énumérer ici ces expressions, mais je ferai observer que quelques-unes paraissent avoir été employées de préférence dans telle ou telle province, que d'autres ont eu cours seulement durant une certaine époque, sans que toutefois il soit possible de fixer des bornes à cet égard.

Les exemples positives servant à renforcer la négation, dont je m'occuperai ici, sont les suivantes :

1° *Pas*, dérivé de *passus*, désigne une très-petite mesure, quantité, etc. On employa *pas* si fréquemment, qu'il perdit peu à peu toute sa valeur ; il ne sert plus que de complément à la négation, de sorte que *ne pas* représente la négation pleine, le *non* latin. *Pas* n'a par lui-même aucune signification, cependant les anciens auteurs, ceux du XVIe siècle et leurs successeurs immédiats du XVIIe, se servent de *pas* sans *ne* dans la phrase interrogative. Au XIIIe siècle, *pas* avait la variante *pais* dans tout l'est du dialecte bourguignon et en Bourgogne même.

2° *Point* est dérivé de *punctum*. Comparé à *pas*, il exprime une négation absolue. Comme *pas*, on le trouve employé sans *ne*.

3° *Mies*, *mie*, dérivé de *mica* : *miette*, a la même valeur que

---

(1) J'ai cité là, par erreur, un exemple tiré des Q. L. d. R., où *nu* est negation et non pas forme contracte pour *ne lu*.

(2) Nos grammaires latines posent en règle que deux négations dans la même phrase forment une affirmation. Mais comme il y a un grand nombre d'exemples où les deux négations se renforcent, on a eu recours au grec et à différents moyens spécieux pour expliquer ces prétendues exceptions. Si l'on avait consulté l'usage de la langue populaire, on n'aurait pas eu besoin de se donner tant de peine en pure perte.

pas, avec la négation ; il dit plus que *ne*, mais du reste il équivaut au latin *non*. Quelques ouvrages emploient de préférence *mies* à *pas*, p. ex. la traduction des S. d. S, B. *Mie* est aujourd'hui familier et l'on ne s'en sert guère que dans quelques expressions consacrées.

4° *Neant* (de *nec* ou *ne ens*), avec les variantes *niant, nient, naienz, neiant, woiant, noians, neent, nent*, signifiait *rien (quelque chose), néant*. *Neant* renforçait la négation de manière à donner à peu près le sens de notre *nullement*. J'indiquerai plus bas les autres emplois de ce mot.

5° *Rien*, dérivé de *res*, joint à la négation, s'employait dans le même sens que *neant* [1].

6° *Goutte*, du latin *gutta*, se rencontre beaucoup plus souvent dans l'ancienne langue que dans la moderne.

7° *Gens, giens* = point. Cette particule exclusivement attribuée au provençal (*gens, ges*, aujourd'hui *ges, gis*) et au catalan, se trouve aussi dans la langue d'oïl. On a dérivé *gens* du génitif partitif *gentium*, qui, chez les Romains, servait à renforcer certains adverbes de lieu, et aussi *minime*, de sorte que *non gens* serait l'équivalent de *non gentium* = minime gentium. Je préférerais dériver *gens* du latin *genus : non gens = non genus*, c'est-à-dire pas la manière, pas l'ombre d'une chose. Toutefois cette étymologie ne me paraît pas satisfaisante ; peut-être faut-il chercher l'origine de *gens* dans les idiomes celtiques.

Giezi li servanz le prophete Helyseu se purpensad, si dist: Mis sires *ne* volt *giens* prendre de Naaman; mais si veirement cume Deu vit, apres lui currai e queque seit i prendrai. (Q. L. d. R. IV, p. 364.)

Mult l'avait escrie, e *nel* dist *giens* en bas. (Th. Canteb. p. 29. v. 3.)

Au lieu de *non*, on avait encore *nenil* (variantes *nenal, nanal*) qui a été expliqué ci-dessus, et *naie*, dérivé du vieux norois *nei*, gothique *nê*.

Afin d'éviter des répétitions, je m'occuperai ici de la conjonction *ni*. *Ni*, dérivé de *nec*, avait les formes *ne, ni* dans la langue d'oïl. Les trouvères firent toujours usage de *ne* de préférence à *ni*, et *ne* appartient sans aucun doute au premier temps de la formation de la langue. Il est permis de croire que *ni*

---

[1] M. J. Grimm (III, 748.) veut voir dans *ne rien* une combinaison due à l'influence de l'allemand *n-eo — wiht =* nicht irgend ein Ding. — Schlegel avait déjà admis, en général, une influence germanique touchant la manière dont les langues romanes expriment la négation. Les peuples romans ont reçu leur méthode du latin ; p. ex. *nikil* n'est rien que *ne hilum, nemo* est égal à *ne homo (hemo*, en vieux latin) etc. etc. On trouve souvent, même dans le latin écrit, des expressions semblables à celles-ci: *flocci pendere, pili facere*, avec et sans *non*; et la langue du peuple était sans doute fort riche à cet égard.

provient souvent des fautes de copistes, cependant des manuscrits, du reste fort corrects, portent bien clairement *ni*, et l'on ne peut nier son authenticité. *Ne*, que l'on trouve écrit *ned* devant une voyelle dans la cantilène sur Ste Eulalie, et *nen*, en pareille position, dans des textes postérieurs, resta fort longtemps en usage. Robert Estienne traduit encore *nec* par *ne*, mais il admet déjà *ni* devant *ne*, adverbe de négation.

L'ancienne langue se servait de *ne* = *nec*, au lieu de *et* dans les phrases interrogatives, et dans les incidentes qui expriment une idée négative, dubitative ou indéterminée. Cependant il arrive quelquefois que *ne* est employé d'une manière tout à fait positive dans les phrases incidentes, c'est-à-dire que les auteurs l'ont confondu avec *et*. Ce sont des inadvertances.

La syntaxe de la négation n'ayant jamais beaucoup varié, je me contenterai de faire quelques remarques que les exemples suivants éclairciront.

Ne (n') = *ni* demande comme aujourd'hui une seconde négation. Il est fort rare qu'on la sousentende.

Les pronoms négatifs et les adverbes avaient également besoin de la demi-négation, bien qu'on ait des exemples de sa suppression, surtout quand ces pronoms ou ces adverbes sont placés avant le verbe.

Ja et *mais*, qui remplacent notre *jamais*, *aine* et *oncques* demandent la demi-négation (v. ces mots). Il en est de même de *fors* et de *si non* qui ont la signification de notre *que* restrictif (nisi).

La vieille langue employait *ne* dans les phrases principales affirmatives, quand on ne voulait pas appuyer sur la négation; dans les phrases conditionnelles après *si*, *quant*, *qui*.

En général, *pas* ayant encore, en grande partie du moins, sa valeur primitive dans la langue d'oïl, la demi-négation suffisait souvent où nous ajoutons *pas*. Ce *ne* pour *ne pas* s'est même conservé jusqu'à la fin du XVIe siècle. On trouve ordinairement *ne* au lieu de *ne pas* dans les répliques de peu d'étendue, devant les substantifs sans article, qui sont déterminés par les propositions accessoires suivantes.

Après les verbes qui expriment l'idée de *ne pouvoir s'empêcher*, *s'abstenir de quelque chose*, après *peu s'en faut*, la langue d'oïl employait *ne*.

Non lo stanit. (Serm.)
   La pelle sempre *non* amast lo Deo menestier. (Eln. v. 10.)
   Que ferai dont? je la penrai.
   Penrai! que di ge? *non* ferai. (R. d. l. M. v. 1547. 8.)

> Callos li fel est vers moi parjures;
> Il m'afia qu'il n'i seroit gardes:
> De traïson le puis ben apeler.
> Puis dist apres: *Non* fait, par verite. (O. d. D. v. 8929-32.)
> Cil respondirent: *non* devon
> Quar no arcevesquie avon
> Qui a son sie à Carlion. (Brut. v. 14282-4.)
> Vos m'avez oblie à dire
> En quel maniere mengier dei
> Se je mainjuz devant le rei.
> Bel fiz, *non* ai, quer en toz tens
> Deiz mengier par tot en un sens. (Chast. XXII, v. 160-4.)
> Est ele bele, beaus amis?
> — *Ne* sai, dame, je vos plevis.
> — Coment est ce que *nel* saves,
> Quant veue l'aves asses?
> Par foi, ma dame, *non* ai *pas*. (P. d. B. v. 3889-93.)

Li evesches respundi: *Nun* fis. (Q. L. d. R. I, p. 11.)

Respundi la pulcele: *Nu* faire, bel frere, *nu* faire tel sotie encuntre lei e encuntre raisun. (Ib. II, p. 163.)

> *Ja* Deus *ne* voille que mais face
> Chose qu'à nul jor vos desplace!
> *No* ferai jeo: *n*'en ai corage. (Ben. v. 2953-5.)
> Par foi, fait ele, *no* ferai. (P. d. B. v. 5997.)

Et por kai *ne* seroit commune à toz cristiens li jeune de Crist? Por kai *nen* enseuroient li membre lor chief? (S. d. S. B. p. 561.)

Et *nen* est *mies* sottie, s'il en ceste digniteit se welt glorier. (Ib. p. 526.)

Ne farrat li persecutions al cristien *nen* (= ni) à Crist assi. (Ib. p. 555.)

> Por vos rant quitte Lanbert le berruier,
> K'il *n*'ait perdut *nen* armes, *ne* destrier,
> *Nen* autre chose ke vaille un soul denier. (G. d. V. v. 1162-4.)

Voy. d'autres exemples de ces *nen* t. I, p. 46. 220. 263. 265. 272. 285. 303. 304. 334. etc. etc.

A la foiz *ne* il malmet l'entencion, *ne* il engingnet en la voie, mais la fin de la bone oevre enlacet. (M. s. J. p. 445.)

C'est là un des rares exemples où la seconde négation est omise.

> Ses tu, bons rois, por saint Nicols,
> Pour coi l'en fait la feste as fols?
> *Naie*, dist il, par saint Denis... (R. d. S. S. v. 2348-50.)
> Dit nos qui s'en alout od lui.
> — *Naie*, certes, unques *n*'i fui. (Ben. v. 28562. 3.)
> Feres m'en vous lait *ni* anui?
> *Nenil*, ja *ne* diras tel mot. (L. d'I. p. 20.)
> Est ce tes fis, as les tu engenret?
> — *Nannil* voir, sire, par sainte charite. (R. d. C. p. 311.)

E portout il un esperver?
— Va! *nenal*, fol, ainz ert armez. (Ben. v. 28559. 60.)
E cist qui parjurer vos fait,
Quidez por meillor vos en ait?
Nunal, qu'il *ne* vos crera *ja mais*,
N'o vos n'aura treve *ne* pais.
S'aveir en poeit leu e tens. (Ib. v. 14556-60.)

Tu *ne* dexens *mies*, si cum je voi, solement en terre, mais nes ausi en enfer, et *ne mies* si cum vencuz, mais ausi cum cil ki frans est entre les morz. (S. d. S. B. p. 525.)

Ce texte porte toujours *mies*, mais la plupart écrivent sans *s*.

Ne vos merveillez *mie* se li termes est lons, car il covient mult penser à si grant chose. (Villeh. 435 b.)

Ce *ne* sai *pas* ne *ne* vei *mie*
S'il pensout ja felonie
Quant il le laissa en tenance. (Ben. v. 36644-6.)
Si ras terres d'entor sei
Qu'il n'i a home fors sol tei,
Al grant esforz qu'il pot mener,
Qui *pas* li osast contrester. (Ib. v. 20453-6.)[1]

Vus n'estes *pas* evesque: le sul nun en portez;
Ço que à vus apent, *un sul puint ne* guardez. (Th. Cant. p. 8. v. 24. 5.)
Mais pur si grant pramesse n'i met *un puint* s'entente.
(Ib. p. 73. v. 2. cfr. p. 15. v. 2, p. 44. v. 30.)
Sire, dist il, je *non* ferai,
Sachois, *point* ne vus en dirai... (R. d. S. S. v. 3058. 9.)
Puis me ge *point* fier en toi? (Ib. v. 3128.)
Mors, je t'envoi à mes amis,
Ne mie comme à anemis,
Ne comme à gent que je *point* hace. (V. s. l. M. IV.)
A la fosse vont erranment,
Que il *nul point* n'i demorerent. (Fl. et Bl. v. 987. 8.)
N'esfreiz n'ert ne *point* dotanz. (Ben. v. 25074.)
Mais ja d'aillors secors n'auront,
Ne quident *pas* que *point* en aient,
Mult se criement e mult s'esmaient. (Ib. v. 34426-8.)
N'aveit regne *pas* longement. (Ib. v. 26660.)
Ne vesqui *pas* puis longement. (Ib. v. 32047.)
Outre le Humbre s'en passerent,
Là où granment *pas ne* doterent. (Ib. v. 38971. 2.)
Car el qu'il *ne* pensoit disoit. (R. d. C. d. C. v. 7103.)
Ne nuls nul mandement *ne* tenist *ne* guardast
Que pape u l'arcevesque Thomas i enveiast. (Th. Cantb. p. 54.)

---

(1) Cet exemple et quelques-uns des suivants sont destinés à montrer comment *pas* et *point* ont passé de leur signification propre à l'usage qu'on en fait actuellement.

A partir de la signification primitive des mots, il y a là trois négations de suite. Cela se retrouve souvent dans l'ancienne langue.

Deus est si dreituriers, *ne* poet faire *fors* dreit. (Th. Cantb. p. 116. v. 7.)

Ne se puet tenir qu'il *ne* voic
Sa dame quant le poet veoir. (R. d. C. d. C. v. 424. 5.)

Que ja mais secors n'auront
D'ome vivant ne de vitaille.
Ne peut estre queu ne lor faille:
Si fist ele par tens assez. (Ben. v. 33857-60.)

.... E *crient* qu'il *ne* seit autre feiz essilliez. (Th. Cantb. 133. v. 29.)

Kar il *ne crienstrent pas* nostre Seignur, *ne ne* guarderent *pas* ses cumandemenz *ne* sa lei, *ne* ço qu'il out cumanded as fiz Jacob, nummeement que pour *n*'eussent des deus avuiltres e que il *nes* aurassent, e que *ne* lur sacrefiassent. (Q. L. d. R. IV, p. 405.)

N'en *set* que croire ne que faire. (R. d. C. d. C. v. 4247.)
De tel chose *ne sai* que faire. (Chast. XIV, v. 113.)
Et se me voules fianchier
Que vous envers moy pourchacier
Ne vorres *riens* ma deshonnour.... (R. d. C. d. C. v. 2249-51.)

Einz fu si esbloiz qu'il *ne* vit *nule gouste*, ne nulle clarte. (R. d. S. S. d. R. p. 76.)

Dame, dist il, *n*'oes vous *goute*? (R. d. M. v. 820.)
De tote rien qui muert et seche
Mors mostre ke *noiens* est tout. (V. s. l. M. XXIX.)

Quant sentance est donee *noians* est de plus querre. (Ruteb. I, p. 144.)

Tuz li poples i est turbez
E morz e à *neient* turnez. (Ben. II, v. 123. 4.)
Fuions nus en hastiwement
Se nus i demouruns *noient*
N'i aura ja un seul de nous
Qui sos la coe n'en ait dous. (M. d. F. II, p. 245.)

Se nus i demouruns noient, c'est-à-dire proprement si nous y demeurons quelque chose, si nous tardons.

Sire, fait il, *por niant* an parleiz. (G. d. V. v. 2206.)

Por niant signifiait *en vain*.

Pur neient me tiens en teu paine. (Ben. v. 11757.)

At perdut la lumiere des *nient* veables choses. (M. s. J. p. 484.)

Et par tant ke la pense est az *nient* coustumeies choses ravie. (Ib. p. 485.)

Ceo dit la lettre e li escriz
Que Noe out li velz treis fiz:
Sem, Japhet e Cham, *nent* plus. (Ben. I, v. 353-5.)
E! Bernier, ce dist li quens chaele,
Ne viex pas droit, s'en pren amende bele,

Noient por ce que je dout rien ta guere,
Mais por ice que tes amis vuel estre. (R. d. C. p. 70.)
Li sire n'a *nient* en sa terre. (Ruteb. I, p. 72.)
Jo n'i sai *noient* d'altre droit. (Brut. v. 2419.)
Kar ço pensout e ço voleit
Aler en Engleterre droit,
Nent à cheval, mais tut à pe. (Trist. II, p. 90.)

De *neant* et de *moins*, nous avons fait *néanmoins*.

Que fait il an no terre? por coi i esta tant?
Qant il *ne* s'an avance de petit *ne* de grant,
N'il n'i essaut chastel *ne* tor *ne* desrubant. (Ch. d. S. I, p. 163.)
Por coi me faites *ne* batre *ne* ferir. (Romv. p. 206.)
Et si *ne* voit dedens (la nef) *nului*
Qui la conduie *ne* ne maine. (R. d. l. M. v. 1186. 7.)
Se vous outrage *ne* folie
Li disiies, à vilonnie
Le vous poroit on atourner. (Ib. v. 4817-9.)
Retenu fu Heraut e pris;
Mais au duc Guillaume a tramis
Por faire li saveir cel plait
Ne où li est *ne* cum li vait. (Ben. v. 36546-9.)
Que mal ait duc, prince *ne* rei
Qui laisse sa gent entor sei
Morir de faim e de mesaise.... (Ib. v. 17529-31.)
Et quant il velt *ne* boivre *ne* mengier,
Sa table met, n'a autre despensier. (O. d. D. v. 8359. 60.)
Se tu veus terre *ne* manoir
N'autre cose que puisse avoir,
Se il est en ma roiaute
Tu l'auras à ta volente. (L. d. M. p. 45.)
Ainssi pensoit et repensoit,
Si que petit but *ne* menga. (R. d. C. d. C. v. 3820. 1.)

En totes les manieres.... que vos lor saurez loer *ne* conseiller, que il faire *ne* soffrir puissent. (Villeh. 435ª.)

Remarquez encore la locution *n'avoir que faire:*

Mes apres i out grant dehait,
Quer tel sorvint as napes traire,
Dont il n'i *eussent que faire,*
Ce fu li mariz qui revint. (Chast. IX, v. 18-21.)
De la vois n'auroit il *que faire,*
Car autant li vausist de braire. (R. d. S. S. v. 2041. 2.)

CHAPITRE VIII.

DE LA PRÉPOSITION.

Les langues romanes ont abandonné plusieurs prépositions latines, p. ex. *ab*, *eis*, *ex*[1], *ob*, *prae*, etc.; mais elles ont remplacé ces pertes en combinant entre elles diverses prépositions, et en employant comme telles des substantifs, des adjectifs, des participes et des adverbes.

J'ai déjà fait remarquer que plus les cas tombèrent en décadence, plus les prépositions se développèrent. On en étendit beaucoup l'emploi, et, à cet égard, les langues romanes ont naturellement fait un grand pas sur le latin. Voici les différences qui méritent une attention particulière. 1° La préposition et le nom régi par elle peuvent former une espèce d'unité, de façon que tous deux se placent sous le même rapport de dépendance: *avec de la viande*, les pays *d'outre mer*. 2° On réunit deux prépositions pour désigner le rapport avec plus de précision et rendre l'intuition aussi sensuelle que possible: passer *par devant* la maison[2]. 3° La préposition peut être suivie d'un adverbe, ce qui arrive fort rarement en latin: *après demain*. 4° L'infinitif des verbes s'unit avec beaucoup de facilité aux prépositions; l'infinitif devient alors un véritable substantif sans perdre les propriétés du verbe. On exprime de cette manière les rapports les plus variés des phrases. P. ex.: Il a été renvoyé *pour avoir* mal *parlé*: il faut réfléchir *avant de parler;* il lui est dévoué *jusqu'à mourir* pour lui, etc. etc.[3].

A.

Cette préposition représente *a*, *ab*, *ad* de la langue latine. Outre cet *a*, les langues d'oc et d'oïl avaient *ab* (variantes *ap*, *amb*, *am*, aujourd'hui *emb*, en provençal): *ab* Ludher (Serm.),

---

(1) *Ex* s'est cependant maintenu dans quelques composés: *dès* = de ex; *desenz* = de ex ante.
(2) Cet usage existait en germe dans la langue populaire latine, p. ex. *ex ante diem*.
(3) On a en latin quelques rares exemples de cet usage.

ad, devant une voyelle: *ad* une spede (Ste Eulalie), et, parallèlement à ces formes, *et, od, o* (v. plus bas). M. Diez (II 405.) suppose avec raison que *ab* dérive de *apud*, comme *cab* (cap) de *caput*. Raynouard pense que *ab* existe encore dans notre préposition à, en tant qu'elle signifie *avec, au moyen de*. Cette supposition est juste.

Les principales significations de *a* étaient les suivantes: *avec, au moyen de, auprès de, contre, devant, vers, envers, de, en, dans, par, durant, pour, à l'effet de, en qualité de, comme, selon, d'après, sur*.

 Aprenneiz, dist il, à (latin *a*) mi, ke je suys suels et humles de cuer. (S. d. S. B. p. 553.)

A avec cette signification principale du latin *a, ab*, est assez rare.

   Le col li rumpt à ses deus meins,
   De ceo fist il ke trop vileins. (M. d. F. Laus. v. 115. 6.)

Cet *à* employé devant le nom d'un instrument qui sert à exécuter une action, remplace l'ablatif instrumental latin.

   Dunc m'estuet *à doel* murir. (M. d. F. Gug. v. 408.)

A, employé de cette façon avec un substantif abstrait, indique les circonstances qui accompagnent une action; il répond au latin *cum*.

   L'escut li freint ki est *ad or e à* flur. (Ch. d. R. p. 53.)
Cfr.: Chandelier *à* branches; — l'Aurore *aux* doigts de rose.
   Si'n vont Urrake et Persewis
   A Melior od le douc ris. (P. d. B. v. 6915. 6.)
   E od barnage e od richece,
   Passa la mer *à* son seignor
   Qui mult l'ama de grant amor. (Ben. v. 38494 - 6.)
   Quant il fu venus en ae
   A chevalier l'unt adoube. (M. d. F. Yw. v. 469. 70.)
   Icil fu *à* rei coronez. (Ben. v. 26145.)
   Que Lohers fu levez *à* rei. (Ib. v. 20125.)
   Pere est Deus apelez e diz
   A dreit, kar il a Deu *à* fiz. (Ib. v. 23883. 4.)
   Une seror avez, *à* moillier la demant. (R. d. R. v. 2319.)
   Androgeus n'em pot faire el
   Qui le roi sot *à* si cruel. (Brut. v. 4495. 6.)
   A fol e *à* mauves s'encuse
   Que ceste requeste refuse. (N. Fabl. et C. II, p. 188.)
   Il vos fait tenir *à* cruel
   Por son forfait et non por el. (P. d. B. v. 2687. 8.)
   A Renart de rien ne tenciez. (R. d. Ren. II, p. 256.)
   A cest secle ad pris conge. (Ben. t. 3. p. 496.)
   A une voiz tuz s'escrioient. (M. d. F. II, p. 458.)

Car certes s'il n'est autre vie, | Entre ame à home et ame à truie
N'a donques point de différence. (V. s. l. M. XXXIV.)
Ki se faiseit amer à tus. (M. d. F. Lanv. v. 225. 6.)
Et faire à tote gent hair. (P. d. B. v. 2692.)
Brichemer fu chief de la rote,
A lui s'encline la cort tote. (R. d. Ren. t. I, p. 338.)
S'alme seit es cous coronee,
Qui tanz hauz faiz od son grant sens
Fist à sa vie e à son tens. (Ben. v. 25277-9.)
Mes il meismes les va querre
A plain e à bois et à terre. (R. d. Ren. I, p. 335.)
Briens parti de sa soror
Qui por lui ert à grant paor. (Brut. v. 14733. 4.)
C'est ja mult doleros torment
Qu'à vivre à crieme e en dotance. (Ben. v. 22479. 80.)
Nous ferons à vos volentes. (R. d. S. S. v. 2399.)
E à glaive faire murir. (Ben. v. 22965.)
Ki à force l'en ad mence. (M. d. F. II, p. 72.)
Dieux! dist li chevaliers, à qui sui je assenez?
(B. du Guesclin v. 465.)

Por faire as bestes devorer,
A leus, à lions u à ors. (P. d. B. v. 9452. 3.)
Antrer vuel an sa terre à mon barnage fier. (Ch. d. S. I, p. 13.)
A .x. mile homes est en no terre entrez. (R. d. C. p. 79.)
Jo t'en muverai un si grant contraire
Ki durerat à trestut ton edage. (Ch. d. R. p. 12.)
Rendirent tot par estoveir
E cors e vies à aveir. (Ben. v. 27772. 3.)
Or de rechef sunt repairrie
A destruire le remanant. (Ib. I, v. 1936. 7.)

Or poez savoir que mult de cels del ost alerent à veoir Constantinople. (Villeh. 455ª.)

Ainsi que s'ils estoient nes seulement à boire et à manger. (Al. Chartier p. 316.)

A la terre entre deus eschames
S'asiet sa queue entre ses james. (R. d. Ren. II, p. 12.)
Al escu estroer, al eaume pecoier,
A derompre les ners et à la char tranchier,
Porrez apercevoir com faiz sui chevalier. (Ch. d. S. II, p. 172.)

Remarquez les locutions: *à Dieu soyez* c'est-à-dire *Dieu soit avec vous* — *à Dieu congie* c'est-à-dire *à la garde de Dieu*.

A Dieu soyez, je m'en revois. (N. F. et C. II, 349.)

Par ellipse on a dit *à Dieu*, d'où nous avons composé notre substantif *adieu*.

Or tost, fait il, à Dieu congie. (M. d. F. Ep. v. 218.)

Cfr.: Si on la luy vouloit bailler *à* femme. (Amyot. Hom. ill. Cimon.)

Quand il (Sylla) dit qu'il estoit mieulx né *à* la fortune qu'*à* la guerre, il semble qu'il.... (Ib. ead. Sylla.)

Nous sommes nayz *à* quester la verite. (Montaigne III, 8.)

Les empereurs tiroient excuse *à* la superstition de leurs jeux et montres publicques, de ce que leur auctorite despendoit aulcunement... de la volonte du peuple romain. (Ib. III, 6.)

Comme elle (la nature) nous a fourny des pieds *à* marcher, aussi a elle de prudence, *à* nous guider en la vie. (Ib. III, 13.)

Cette antipatie que j'ai *à* leur art (des medecins) m'est hereditaire. (Ib. II, 37.)

J'escris mon livre *à* peu d'hommes et *à* peu d'annees. (Ib. III, 9.)

C'est tousjours gaing de changer un mauvais estat, *à* un estat incertain. (Ib. III, 9.)

Qui ne vit aulcunement *à* aultruy, ne vit gueres *à* soy. (Ib. III, 10.)

Ce qu'on me veult proposer, il fault que ce soit *à* parcelles. (Ib. II, 17.)

Se laisse gouverner *au* plus sage. (Amyot. Hom. ill. Comp. de Pericles avec Fabius Maximus.)

Od, ot, o.

J'ai cité plus haut, en passant, la forme *od*, avec les variantes *ot*, *o*, parallèle à *ab*, *ad*. *Od* a la même origine que *ab*, c'est-à-dire qu'il dérive de *apud*; le *d* n'est dû qu'au souvenir du *d* de la forme latine, comme le prouve la variante *ob* pour *ab* dans le Vie de saint Léger (str. XXV. v. 2.). (Cfr. t. 1, p. 49. l. 29.) La signification principale de *od* était *avec*.

Sire, grant marement ai oud pur amur nostre Seignur de ço que li fiz Israel unt enfrainte la cuvenance que il ourent fermee *od* lui. (Q. L. d. R. III, p. 321.)

Si fait à savoir que li ancien enfooient lur morz *od* lur richeces. (M. s. J. p. 468.)

Il dit: Ma dame, *od* moi venes. (R. d. M. p. 36.)

Là ù ma terre est plus demeine
Seez em paiz e *od* amor. (Ben. II, v. 1828. 9.)

Rolland e Oliver en ad *ot* sei amenez. (Charl. p. 3.)

Q'autrement ne voloient *o* le roi demorer. (Ch. d. S. II, p. 95.)

Un escuier *o* lui avoit
Ki son bercerie portoit. (L. d. M. p. 48.)

La forme suivante n'est sans doute que *oue* (ove), dont l'*e* a été omis. (Voy. *avec*.) Cependant ce peut être aussi un assourdissement de la forme *o*.

Antres *ou* li, ne sai quanz
Countes e barouns vaillaunz
I alerent. (Ben. t. 3. p. 620. c. 2.)

Od signifiait quelquefois *à*.

> Une kievre vuleit aler
> Là ù pasture pust truver;
> Ses chevrax apela *od* li,
> Si lur preia et deffendi.... (M. d. F. II, 365.)

Atot, atout, atut.

A signifiant *avec*, se joignait souvent avec *tot*, qui perdit sa variabilité. *Atot* avait la même signification que la préposition simple. Cette combinaison n'est pas des premiers temps de la langue; elle paraît avoir pris naissance vers le second quart du XIIIe siècle. Le texte de Villehardouin, p. cx. ne fait pas encore un composé de à = *avec* et de *tot*; *tot* est toujours ici le pronom indéterminé et variable.

L'empereres Morchuflex oï dire les novelles que cil estoient issuz del ost., et partit par nuit de Constantinople à grant partie de sa gent, et lors se mist en un agait où cil devoient revenir; et les vit passer *à totes* lor proies et *à toz* lor gaains. (Villeh. 458ᵉ.)

> Chevax de garde li a .xxx. dones,
> Et convoier *atot* mil turs armes,
> Et il meismes le convoia asses. (R. d. C. p. 314.)

> Fu il ço qu'orains me tendi
> Sa lance *atot* le gonfanon. (P. d. B. v. 8590. 1.)

Premier ne demanderent c'un pou de repostaille,
Atout .i. pou d'estrain ou de chaume ou de paille. (Ruteb. I, p. 176.)

Atot, qui eut sa grande vogue dans le XIVe et le XVe siècles, était encore d'un fréquent usage au XVIe.

Et neantmoins ne s'osoit *atout* cela presenter à la bataille. (Amyot. Hom. ill. Pompeius.)

Regardez pourquoy celuy là s'en va courre fortune de son honneur et de sa vie *atout* son espee et son poignard. (Montaigne. III, 10.)

Un manœuvre des miens, *atout* ses mains et ses pieds, attira sur soy la terre en mourant. (Ib. III, 12.)

Atout laquelle... (Ib. II, 12.)

Avec.

Cette préposition est un composé de la préposition romane *ab*, dont j'ai parlé ci-dessus, et du latin *hoc*. (Cfr. *senuec* = sine hoc: *sans cela*; *poruec* = pro hoc: *pour cela, donc*.). *Avec* avait les variantes: *avoc, avoques, avoec, avocques, avoech, avuec, avueques, aveuc, ove* (oue), *ovoc, ovoques, ovvec, auveques* (auvecques), *auvec, oveque, awech, avec, aveques, uoc*. Les formes en o initial dérivent de *od, o*.

Avec s'employait quelquefois adverbialement, et il signifiait alors *outre cela, de même*.

> Adont fait aporter le fruit
> Li ostes Daires por deduit,

Puns de grenat, figes et poires;
Et *avoec* fu moult boins li boires. (Fl. et Bl. v. 1685-8.)
Rois sui d'Espangne, si en aras ton don,
Et Gloriande *avoques* te dourons. (O. d. D. v. 1931. 2.)
Avoec s'en mesla jalousie,
Desesperance et derverie. (Romv. p. 323.)

Voici des exemples des différentes formes de *avec*, préposition.
Vos estes mort et vostre vie est *avoc* Crist repunse en Deu. (M. s. J. p. 468.)

Li emperercs commanda à quarante chevaliers qu'il fuissent aparille pour aler *avoeques* lui, et bien autres soixante qui entrerent *avoec* tous les quarante maugre tous ciaus qui les portes gardoient. (H. d. V. 503ᵃ.)

Vous ires *avuec* mon maistre. (R. d. M. d'A. p. 3.)
Li Flamenc vienent *aveuc* li. (R. d. C. d. C. v. 683.)
Sun bastun porta *avuec* soi. (St. N. v. 759.)

Et en tiesmongnage de chou ay ge pendut men saiiel à ces presentes lettres *avoeech* le saiiel mon chier segneur. (1277. Charte de Tournay. Phil. M. Intr. CCCX.)

Tut issi cume Deu ad este *ove* tei, mun seignur, si seit il od Salomun. (Q. L. d. R. III, p. 224.)

Ove li ad auques demore. (Ben. t. 3. p. 620.)
Li reis vait cunseillier *oue* sa barunie. (Ib. t. 3. p. 542.)
Ovoc Tristran en cel endroit. (Trist. I, p. 31.)
Tient se il *ovoc* mei? vait nus il guerrciant. (Ben. t. 3. p. 591.)

E, tant come nous serons en nostre pelerinage *ovoqes* le roy de France, nous li obeierons en bone foi. (1269. Rym. I, 2. p. 113.)

Oveque la gent k'il meneit. (R. d. R. v. 9023.)
Car saint Thomas aveit ilueches *ovoec* sei. (Th. Cantb. p. 113. v. 2.)
.X. chevaliers a *auvec* lui menez. (R. d. C. p. 51.)
Auveques lui est .i. vasals montez. (Ib. p. 171.)
A Loon est *auvecques* ses amis. (Ib. p. 324.)
Et demoura *aveques* aus. (R. d. S. G. v. 51.)

Awech mon chier signeur. (1289. J. v. H. p. 495.)
Vait s'en li reis Willame *uoc* son grant barnage. (Ben. t. 3. p. 556.)

Cette dernière forme n'est sans doute qu'une aphérèse de *ovoc*.
Avec signifiait quelquefois *chez*.

Vostre merchi, cel huis ouvres,
Et *avoec* vous me recheves. (R. d. S. S. v. 2199. 200.)

Anz, ans, ainz, ains, einz, eins, enz.

Cette préposition dérive du latin *ante* et signifiait *avant*. (Cfr. l'adverbe.)

Ainz un an trespasse. (R. d. R. v. 3263.)
Et vait bien *ains* jors al mostier. (P. d. B. v. 7994.)
Tant l'unt sa gent bien secoru
Qu'*einz* midi fu le champ vencu. (Ben. II, v. 2263. 4.)
Enz l'anuitant furent tuit enz. (Ib. v. 37030.)

A la fin du XIIIe siècle, *ançois* se trouve aussi employé quelquefois comme préposition.

Du même mot *ante* joint à *ab*, on forma *avant* (ab ante); puis on préposa *de* à ce dernier, d'où *davant*, plus tard *devant*.

Devant et *avant* s'employèrent longtemps indifféremment. Bossuet dit encore *devant le déluge* (Hist. univ. 3ᵉ part.); Pascal, *devant ce temps* (Sur l'amour).

Lieu *de avant* dist. (Frag. de Valenc. 37. v°.)

Ne mies solement *davant* Dieu, mais nes assi *davant* les homes. (S. d. S. B. Roquefort s. v.)

Si tu demandes ce k'est qu'il aportat, il aportat *davant* totes les altres choses la misericorde. (S. d. S. B. p. 538.)

E pis que nuls ki *devant* lui oust ested devers nostre Seignur uverad. (Q. L. d. R. III, p. 309.)

A la foiz gettet *devant* noz oez l'ymagene de discretion et si permainet à laz d'indiscretion. (M. s. J. p. 454.)

De ce dist bien *davant* nos uns sages hom. (Ib. p. 514.)

  Tot dreit à lui tienent la veie:
  Senz nul autre porloignement
  Sunt *davant* lui en un moment. (Ben. v. 25697-9.)
  Le fis ardoir *devant* le jour. (R. d. l. M. v. 937.)

Devant avait quelquefois la signification du latin *prae*.

Mais par tant k'ele amoit une femme sainte nonain en cel meisme monstier *devant* les altres. (S. Grég. Roquefort. s.-e. v.)

Remarquez la forme *dedavant*, *dedevant*. Cette composition, quoique tout à fait semblable à notre *dedans* (voy. *ens*), n'a jamais été d'un fréquent emploi.

  Les plus hauz primes d'Alemaigne
  E les meillors de sa compaigne
  A fait *dedavant* sei venir. (Ben. v. 19286-70.)
  Dedevant lui sa muiller Bramimunde
  Pluret e criet, mult forment se doluset.
      (Ch. d. R. p. 100; cfr. p. 85. 126.)

Contre — vers.

Contre dérive du latin *contra*; *vers*, de *versus*. — *Contre* signifiait *contre* (souvent pour le temps), *vers*, *vis-à-vis*, *en comparaison de*, *à la rencontre*, *au-devant*. *Encontre (en-contre)*, composé de *contre*, s'employait dans le même sens que le simple. *Contre* et *encontre* se disaient également des intentions, des desseins pacifiques et hostiles. *Vers* n'avait pas la signification que nous lui donnons aujourd'hui, on s'en servait pour *envers* et *contre*. Ainsi *vers* signifiait *vers, envers, contre, en comparaison de*, et le composé *envers (en-vers)* avait le sens de *vers, envers contre, du côté de, auprès, en comparaison de.* Vers avait encore les composés: *avers (a-vers)* en comparaison de, à côte de; *devers (de-vers)*: vers, devers, du côté de, envers. Devers se joignait souvent à la préposition *par: par devers,* encore usité aujourd'hui en style de pratique: *par devers le juge,* et dans la locution: *par devers soi.* Quant à l'orthographe *ver,* qu'on trouve quelquefois, c'est sans doute une faute des copistes.

    Yseut s'est *contre* lui levee. (Trist. I, 151.)
    Li emperere le vit, si est *encuntre* lui levet. (Charl. p. 6.)
    Boin est, fait il, que nous alons
    A Beruic *contre* le roy. (R. d. l. M. v. 4098. 9.)
    Droit à Lyons qui sor le Rosne sist
    Vint l'apostoiles *contre* Charlon son fil. (G. l. L. I, p. 3.)
    Quant el l'oï, mut en fu lie;
    Cuntre lui s'est apareillie. (M. d. F. Elid. v. 957. 8.)
    Là nos atendent li ange en chantant
    Contre vos ames vont grant joie menant. (Agol. p. 185. c. 2.)
    Contre le douc tans de mai. (Romv. p. 283.)
    Ancontre le tens novel. (W. A. L. p. 74.)

Aller *contre* raison. (t. II, p. 107. l. 19.)

Nous warderons les devantdis cytains, de force, *encontre* l'eveske et les dites eglyses de Liege, et *encontre* leur aiies, ki les aideront *encontre* les dis citains, ens es cas dexeurdis. (1286. J. v. H. p. 442.)

    Encontre la pasche est venuz. (M. d. F. II, p. 420.)

L'uns point *ancontre* l'autre par granz enemistiez. (Ch. d. S. II, p. 139.)
Sebile la roïne, qi tant ot de biaute,
  Ancontre le roie vient jusqu'au maistre degre. (Ib. II, p. 154.)

Il est avis à lor paroles que, si vos ne faisiez ce qu'il vos mandent, que il seroient *encontre* vos. (Villeh. 468ᵃ.)

Et li baron et les autres genz alerent *encontre* lui, et le reçurent à grant honor come lor seignor. (Ib. ead.)

    N'*encontre* lui ne parleront. (L. d. M. p. 44.)
    Jamais n'ert hume ki *encuntre* lui vaille. (Ch. d. R. p. 15.)

Si hom peche *vers* altre, à Deu se purrad acorder, e s'il peche *vers* Deu, ki purrad pur lui preier? (Q. L. d. R. I, p. 8. 9.)

    Droit *ver* Jehan retorne maintenant. (R. d. C. p. 108.)
    (Plaie) *Vers* qui ne puet herbe ne jus. (Fab. et C. IV, 327.)
    Plus avez nostre honor volue
    E *vers* tote gent defendue
    Que nus que seit, ce sai je bien. (Ben. et 20575-7.)
    E mult out *vers* Deu grant amor
    E *vers* toz ceus qui al servise
    S'erent donez de saint iglise. (Ib. v. 29894-6.)
    Vers le conte sunt mult mari. (Ib. 29952.)
    Charles fu engres *vers* lui. (Ib. 41901.)

Dame, pour Dieu, ne soiez mie contre mon droit, car donques feriez vous grant desloiaute *vers* moi et *vers* vous. (H. d. V. 503e.)

> Li quens Estases se parti
> De Douve, et moult s'en aati
> *Viers* le roi, et moult iries fu. (Phil. M. v. 17680-2.)
> Et dit que clerc ne sevent mie
> *Vers* chevaliers un tot seul as. (Fabl. et C. IV, 361.)

Voy. t. II, p. 63. l. 2.

> E la dame li demanda
> Pur qu'il *palloit* ensi *vers* li. (M. d. F. II, p. 209.)

Cfr. *crier vers* qqn. t. I, p. 89, l. 30.

Quel grace averoit il *envers* son signor? (S. d. S. B. p 557.)

Car ja, si m'aït Diex, *envers* vous ne ferai vilounie, si vous tout avant ne le faites *envers* moi. (H. d. V. 503e.)

> Cil out *envers* le rei grant ire. (Ben. v. 41640.)
> Ses .ij. mains jointes *anvers* le ciel tendi. (R. d. C. p. 327.)
> *Envers* cele part s'en ala. (L. d. M. p. 51.)
> Je sui tos pres ichi à deraisnier
> Et de conbatre *vers* un suel chevalier
> Et *envers* lui (Ogier) s'il s'en ose drechier... (O. d. D. v. 4336-8.)
> *Envers* s'espee ne pooit valoir arme. (Ib. v. 2962.)
> Que neifs ert pale e flors de lis
> *Avers* la soe grant blancheor. (Ben. v. 31237. 8.)
> Sis cors parut si tres bien faiz
> Qu'*avers* le suen esteient laiz
> Toz ceus... (Ib. v. 31450-2.)
> Au dreit n'en iert plus *devers* mei.
> Ceu saches bien, que *devers* tei. (Ib. v. 25690. 1.)
> *Deves* le vent mist l'escu en chantel. (Fierabras LVIII. c. 2.)

Ce *deves* pour *devers* est sans doute une faute du copiste ou de lecture; *ves, deves* appartenaient à la langue d'oc.

> Guardez amunt *devers* les porz d'Espaigne. (Ch. d. R. p. 44.)
> *Devers* Ardene veeit venir .xxx. urs. (Ib. p. 99.)

On a vu plus haut *dedavant*, on trouve de même *dedevers*.

> Mil en laissent *dedevers* destre,
> E mil e plus *devers* senestre. (Ben. v. 19858. 9.)

Cfr. Ib. 34315. 40103. etc.

Et se nous avons mains de gens *par deviers* nous que il n'ont, nos avons Deu *par deviers* nous en la nostre aide. (H. d. V. p. 175. 6. V.)

> Jakenes Blians qui fu nes *par devers* Blaveguines. (H d. V. 507e.)

Dès.

Cette préposition dérive de *de ex* et non de *de ipso*, comme le disent Raynouard, M. Diez (II, p. 494) et après lui M. d'Orelli. *Dès* est une composition exclusivement prépositive, et *ipse* ne sert à former que des mots qui s'emploient comme adverbes,

La signification primitive de *dès* est: *à partir* d'un point quelconque de l'espace, ce point y-compris. La langue moderne considère la chose d'une autre façon, surtout quand *dès* a rapport au temps; elle ne songe guère qu'au commencement de la ligne dans l'espace ou dans le temps.

Dès avait la variante *dois* à l'est du dialecte bourguignon, durant la seconde moitié du XIIIe siècle.

Le chastel qui siet sur la mer, *des* l'une mer jusques al autre. (Joinville, 108.)

Tot ce que nos et notre femme aviens *dois* la Soune jusques à la Jou. (1251. M. s. P. I, 348.)

  Je vous di deseur ma creance
  Que ceste dame *des* enfance... (Ruteb. II, 161.)
  Des quant summes nus si parent? (M. d. F. II, 290.)

En.

Cette préposition dérivée de *in*, avait les variantes *an*, *am*, *em* (Cfr. *en*, pronom indéterminé).

La différence que nous établissons entre *en* et *dans* (voy. ci-dessous *ens*) n'était pas la même dans l'ancienne langue; celle-ci se fondait davantage sur la signification: *en* était l'expression générale, *dans* se rapportait plus spécialement à l'intérieur d'un objet.

Outre l'usage que nous faisons de *en*, on l'employait pour indiquer l'extérieur d'une chose; et bien plus souvent qu'aujourd'hui, d'une manière abstraite, avec beaucoup de verbes. Dans ce dernier cas, la signification fondamentale de repos ou de mouvement était très-marquée, et avec l'idée de mouvement, *en* désignait le but, comme la préposition *à*.

Les principales significations de *en* étaient: *en*, *dans*, *à*, *sur*, *de*, *en qualité de*, *comme*, *entre*, *parmi*, *par*, *selon*, *durant*.

Chascuns va *an* sa terre et *an* son chasement. (Ch. d. S. I, p. 23.)
  En la terre de Logres esteient
  Et mut suvent la damageient.
  En la Pentecoste *en* este
  I aveit li reis sejurne. (M. d. F. Lanv. v. 9-12.)
  S'*en* l'an meismes n'a secours. (Ruteb. I. p. 113.)
Ne se puet apaier ne soit toz jorz *am* plor. (Ch. d. S. II, p. 169.)
  Euriaut fait *em* prison metre. (R. d. l. V. v. 4123.)
  Puis sunt muntez *en* lur curanz destrers. (Ch. d. R. p. 149.)
  Puis est *en* un cheval montez. (Ben. v. 19199.)
  En ceval monte, prist l'escu et l'espie. (O. d. D. v. 8252.)
  Mais c'est folie *en* ce doter
  Que Deus vout *en* chascon ovrer. (Ben. v. 25426. 7.)
  Li chevaliers ad graunte
  Qu'*en* lur cunseil femme prendra. (M. d. F. Fr. v. 328. 9.)

>   Assez en a dure le plait
>   E li contenz e li estris
>   Tant qu'*en* tei nos en sommes mis. (Ben. v. 25731-3.)

Cfr. t. II, p. 178 *mettre sus.*

>   *En* lui ot nobille vassal. (R. d. C. d. C. v. 1112.)

Cet emploi de *en* avec *avoir* impersonnel est très-ordinaire.

>   Qui as paiens en vait *en* messagier. (Fierabras LVI. c. 2.)

Ne se esleezeent *en* mei li mien enemi. (Rayn. L. r. III, 122.)

Salve mei *en* la tue misericorde. (Ib. ead. p. 121.)

Annunciez *en* pueples. (Ib. ead.)

>   *En* tel maniere n'*en* tel guise. (R. d. Ren. II, p. 6.)
>   *En* l'honur de vos, nobles reis. (M. d. F. II, p. 44.)
>   Rois deit estre moult dreturiers
>   *En* justice roides et fiers. (Ib. II, p. 134.)
>   Or sai de voir qu'*en* mon vivant
>   Ne fis chose qui vausist tant. (R. d. Ren. III, p. 16.)
>   Tote s'entente e son poeir
>   Ert *en* aquerre or e argent. (Ben. v. 27829. 30.)

Endroit, endreit.

Endroit, du latin *in directum*, s'employait tantôt avec *de*, tantôt sans *de*. *Endroit* signifiait *vers*, *vis-à-vis*, *auprès*, *quant à*, *pour*, *à l'égard de*, *environ*, *justement* (du temps).

Notre substantif *endroit* n'est autre chose que ce mot; il signifie donc proprement ce qui est situé vis-à-vis ou devant les yeux. *Contrée* dérive de même de *contre*.

>   Chascuns saisi de la terre *endroit* soi tant com li plot. (Villeh. 464ᵈ.)
>   De ceo te requert e semunt
>   Chascuns cum pere e sire e rei,
>   E je toz premiers *endreit* mei. (Ben. v. 13251-3.)
>   Et chascuns *androit* soi son mautelant pardone. (Ch. d. S. I, p. 78.)
>   *Endroit de moi* vous puis je dire. (Ruteb. I, p. 77.)
>   *Androit de moi* me samble que soit musarderie. (Ch. d. S. II, 99.)

Nous gisions si à estroit que mes piez estoient *endroit* le bon conte Perron de Bretaigne, et les siens estoient *endroit* le mien visage. (Joinville. Cité p. M. d'Orelli.)

>   *Endreit* cel tens e cel termine. (Ben. v. 27125.)
>   *Endroit* le vespre uns valles vient (P. d. B. v. 5509.)

Cfr.: Chascuns ot duel et honte *pour endroit* sa moillier.
>   (Ch. d. S. I, p. 131.)

Variante: *par endroit*.

Endroit s'employait comme adverbe et signifiait *directement, en plein*.

>   Garir se quidoit en fuiant, | Et il le fiert en ateignant;
>   Nel par ataint pas *endroit*, mes
>   Porquant la quisse el plus espes,

Desriers la hanche. a conseue. (P. d. B. v. 5789-93.)
Ici ou *là endroit: directement, justement ici, là.*
   Ici endroit gist un cors saint. (R. d. Ren. I, p. 178.)
   Si voil *iloec endreit* gesir. (R. d. R. v. 7284.)

Roquefort a admis avec raison que, dans les combinaisons de cette espèce, le mot *endroit* était destiné à ajouter à l'idée d'*ici*, *là*: c'est ce que prouve le vers shivant, où *illec* remplace *endroit*.
   Ci illeques en gist le cors. (R. d. Ren. I, p. 178.)

Cfr. tot droit le leu (II, 98.).

Ens, anz, enz: dans.

Ens dérive de *intus*. Au chapitre de l'Article (t. I, p. 55), j'ai parlé d'une forme *ens*, qu'on regarde ordinairement comme la préposition dont je m'occupe ici, et je crois avoir prouvé par un assez grand nombre d'exemples que c'était simplement une forme composée de l'article. *Ens* a été primitivement adverbe.
   Car vous *gires ens* en mon lit. (R. d. M. d'A. p. 7.)
   Guiteclins de Sessoigne *descendi anz* ou pre. (Ch. d. S. I, p. 145.)
   Le confenon de soie *anz* ou cors li *repont*. (Ib. I, p. 168.)
   Jambes levees l'*abati ens* ou prey. (G. d. V. v. 772.)
   Ens el chemin .i. petit s'*aresta*. (R. d. C. p. 113.)
   Preus est Ogiers et chevaliers ites,
   Ens en cest mond ne seroit tes *troves*. (O. d. D. 7573. 4.)
   Qu'il iert *ales ens* en un bois cachier. (Ib. v. 8262.)

Cfr. *issir fors, corir sur*, etc.

Il paraît qu'au lieu de rapporter *ens* à son verbe, on prit peu à peu l'habitude de le joindre au mot suivant, et alors on le considéra comme une préposition. Mais on n'employa pas la forme du régime direct de l'article; on conserva celle du régime indirect que demandait la construction primitive avec *ens* adverbe. Dans cette opération, on ne s'inquiéta pas ou plutôt on ne s'aperçut pas du pléonasme que la nouvelle préposition faisait avec les formes composées de l'article (al = à le, el = en le, etc.). Telle est, je crois, l'explication de l'emploi pléonastique de *ens* devant le régime indirect de l'article dans les citations suivantes.
   Si asauciez la loi Deu et son non,
   Vos en arois molt riche gueredon
   Et les vos airmes en aront mantion
   Avockes lui *enz ou* ciel. (G. d. V. v. 3048-51.)
   Par sainte revelation
   Conut l'occise e vit le trait
   Enz el hore que ce fu fait. (Ben. v. 40858-60.)

On préposa *de* à *anz, ans, enz, ens*, d'où *danz, dans, denz, dens*. *Denz* se joignit à son tour avec *de*, d'où *dedanz*, etc.

Dedanz se mettait souvent pour *dans*: il s'employait comme préposition et comme adverbe. Cet usage a duré fort longtemps: Molière, La Fontaine, Pascal, Bossuet, donnent encore un complément à *dedans*. Il est vrai qu'on leur a reproché cela comme un solécisme; mais c'est un solécisme posthume. Je ne vois pas sur quelle autorité on se fonde pour restreindre *dedans* au rôle d'adverbe. Cette remarque s'applique à *dessus, dessous*.

Les malvaises penses ne cessent de turnoier *dedenz* eles les noises des temporeiz choses, mimes eant eles oisouses sunt. (M. s. J. p. 473.)

 Eissi en cel tens que vos oez,
 Par tot *denz* les affinitez
 De Normendie out païs entiere. (Ben. v. 34234-6.)
 Dedenz est por tot acomplir
 E defors por tot garantir
 Eissi que *dedenz* sa puissance. (Ib. v. 23949-51.)
 Dedenz les murs s'esterent quei. (Ib. v. 19060.)
 Or ne m'en chalt que l'en me tiengne
 Ver u oisel, mais que jeo viengne
 Dedenz la fiente d'un cheval. (M. d. F. II, p. 283.)
 Dedans Viane est li quens Olivier. (G. d. V. v. 397.)
 Si connoist il et cuer et cors
 Et par *dedens* et par defors. (Ruteb. I, p. 53.)

Ensemble.

Ensemble, dérivé de *in simul*, s'employait comme adverbe et comme préposition. Outre sa signification actuelle, *ensemble*, adverbe, avait celle de *en même temps*. De *ensemble*, on forma *ensemblement*. *Ensemble*, préposition, était cependant fort souvent suivi de *od* ou *avec*. La forme primitive de ce mot a été *ensemle*, d'où, avec l'intercalation ordinaire du *b* entre *m* et *l*, *ensemble*. *Ensemble* donna naissance à *ensenle, ensanle*, par suite de la permutation de *m* en *n*.

Voyez des exemples de *ensemble*, adverbe, t. I, p. 88, l. 7; p. 190, l. 26. etc.

 Qu'*ensanble* li a tel mescine
 Qui de biauté vaut la roïne. (M. d. F. Grael. v. 633. 4.)
 Ci ai ma chambre et ma chapele
 Ensanble od mei ceste pucele. (Ib. Gug. v. 355. 6.)
 Ensanle od lui dux Naimes à la barbe. (O. d. D. v. 3498.)

V. t. I. p. 192, l. 13; p. 234, l. 31; p. 400, l. 44; t. II, p. 3, l. 21. etc.

Entre, antre.

Inter est la racine de cette préposition, qui, outre la signification qu'elle a aujourd'hui, prenait souvent celle de *conjointement*, *ensemble*, *à la fois*.

Molt fu la corz pleniere *antre* midi et none. (Ch. d. S. I, p. 78.)
Vielz hom sui, n'ai mestier des ore de grevance;
Antre ma gent serai et an ma connoissance. (Ib. II, p. 102.)
  Entre les prisons e la preie
  Valurent deus cenz mile mars. (Ben. v. 22065. 6.)
  Siex chenz e seisante homes, de cels k'il out menez,
  I perdi en un jor *entre* morz e nafrez. (R. d. R. v. 4852. 3.)
  Le jor n'ara de pain que un quartier,
  Et plain hanap *entre* eve et vin vies. (O. d. D. v. 9580. 1.)
Einsi furent dunc trei *entre* els dous e le rei. (Th. Cantb. p. 113. v. 4.)
  Entre lui et Gobert s'en vont,
  Que plus de compagnie n'ont. (R. d. C. d. C. v. 7364. 5.)
  Apres se metent ou chemin
  Entre Hersent et Ysengrin. (R. d. Ren. I, p. 21.)
  Entre moi et vos somes ci
  Tot sol à sol en cest repere. (Ib. cad. p. 135.)

Entor — Environ.

Voy. les adverbes p. 290. *Entor* et *environ* s'employaient pour désigner des rapports de lieu et de temps. On mettait souvent *entor* où nous nous servirions d'*environ*.

Subitement, ce dist sainz Lus, vint *antor* lay li lumiere de ciel. (S. d. S. B. p. 554.)
  Qant Karles ot ses homes *antor* lui raliez. (Ch. d. S. II, p. 139.)
Et cil qui furent *entor* le marchis le sosteindrent. (Villeh. 491ᵇ.)
  Antor son col sa chaanete. (Dol. p. 278.)
Entor un an apres ces choses. (Rec. des Hist. d. France VI, 139.)
Entour vespres. (Roquefort. s. v. Atineuscment.)
Pur ço David d'iloc s'en turnad od tuz ses cumpaignuns, *entur* sis cenz que il i out. (Q. L. d. R. I, p. 90.)
  Saisne s'arment à force parmi la praierie,
  Et Baudoins sa gent *anviron* soi ralie. (Ch. d. S. II, p. 126.)
Environ la feste de la Purification. (Miracles de St. Louis.)

Remarquez qu'on disait aussi *environ de*:

Environ de la dite demoiselle de Bourgogne estoit parle de plusieurs mariages pour elle. (Comines I, 357.)

On employait *d'entour* comme préposition après un substantif. Tous ses chevaliers *d'entour* lui. (Joinville.)

Au lieu de *environ*, on trouve *par environ*:

Et les filz de Aaron verseront son sank *par environn* del altier. (Roquefort s. v. *past*.)

Estre.

Cette préposition dérivée du latin *extra*, signifiait *hors*, *excepté*, *outre*, *contre*.

E à sa quesine furent asis, chascun jur, dis bues gras de guarde e vint ki veneient de la cumune pasture, e cent multuns, *estre* la veneisun de cers, e de cheverols . . . . . (Q. L. d. R. III, p. 239. 40.)

E *estre* ices i out treis milie e treis cenz ki maistre furent sur l'ovre e sur les overiers. (Ib. III, p. 245.)

.Xiiij. et xx .m. homes s'an vont parmi cel raine
De riche baronie, *estre* la gent vilaine. (Ch. d. S. I, p. 81.)

Trois (gardes) en a el cief d'un estage
Estre le maistre le plus sage. (Fl. et Bl. v. 1905. 6.)

Rois Sornegur a moult grant gent,
Estre le secors qu'il atent. (P. d. B. v. 2329-30.)

A se gent par se poeste
Le fera faire *estre* lor gre. (Ib. v. 9013. 4.)

Fors.

Fors, dérivé de *foras*, *foris* (D. C. s. v. foras), est la forme primitive de notre mot *hors*. On trouve à ce mot les variantes: *foers*, *foer*, *fur*. Le XIIIe siècle offre déjà des exemples de *hors*.

Ja de vous *fors* bien ne diront. (R. d. M. v. 571.)
Et en mon lit n'a *fors* la paille. (Ruteb. I, p. 3.)
Que plus vos aim ke hom ke soit ne,
Fors Karlemaine, le fort roi corone. (G. d. V. v. 3068. 9.)
Onques home, *fors* vos, n'amai. (L. d. M. p. 47.)
Suz cel n'ad gent que Carles ait plus chere,
Fors cels de France ki les regnes cunquerent. (Ch. d. R. p. 117.)

Fors était souvent suivi de la préposition *de* ou de *que*.

De trestotes lor autres bierres
Ne lor est *fors de* cele gaires. (Ben. v. 18985. 6.)
C'on n'i demena autre bruit
De tournoier ne de jouster,
Fors de danser et caroller,
Et *de* bien donner à mengier. (R. d. C. d. C. v. 3892-5.)

E li rois d'Angleterre ne doit ces deniers despendre *fors que* el servise Deu ou del eglise. (1259. Rym. I, 2. p. 51.)

Si aucun ait derriers sa maison autre maison en laquelle il n'ait entree de rue *fur que* par la maison devant, il soit quitte de paier les deniers des toises pour cele maison. (1292. M. s. P. II, p. 559.)

Car *fors que* pour bien ne le fis. (R. d. C. d. C. v. 4825.)
Ne de nule autre amor joie n'atent
Fors ke de li, ne sai ce c'iert jamais. (Ib. v. 7387. 8.)

Remarquez encore les combinaisons:

Livre l'ont a la damoisele
Por çou qu'ele estoit sage et bele,
A norrir et à muistroier,
Fors seulement del alaitier. (Fl. et Bl. v. 179-82.)

Et d'autre part del bras saint Jorge ne tenoient *fors que seulement* le cors de la cité del Espigal. (Villeh. p. 127. 8. CL.)

> Car au plus quoiement qu'il pot
> Se departi de sa maison,
> *Fors tant* qu'il dist à se garçon
> Qu'il l'atendit sus l'ajourner. (R. d. C. d. C. v. 4024-7.)

Fors était souvent adverbe; il signifiait *hors, dehors.*
Si escit *foers* de la civitate. (Fragm. d. Valenc. 8.)

> *Fors* issirent sor le gravoi. (L. d. M. p. 62.)
> Cunseil pristrent que *fors* istreient,
> E *fors* al plein les atendreient. (R. d. R. v. 6655. 6.)
> *Fors* as pleins chans nos volent traire. (Ben. v. 19806.)

On préposa *de* à *fors*, d'où *defors*: dehors, hors, préposition et adverbe.

E ces de Jabes errannment à cels *defors* manderent: Le matin à vus vendrum, e en vostre merci nus metrum. (Q. L. d. R. I, p. 37.)

Il li ensengerent un cercle en la terre *defors* loquel il n'osast en nule maniere lo piet forstraire. (S. Grég. v Roquefort.)

> *Defors* la ville se logent enz es preiz. (G. d. V. v. 3911.)

Quant il furent *defors* la porte. (Villeh. 457ᵈ.)

Li clarteiz de Deu vint entor luy *par defuers*, dont il ancor ne pooit estre enlumineiz par dedenz. (S. d. S. B. p. 555.)

Il sevent ke la pense, cant ele est *par defors* apresscie del blandiant ensongement, soi derivet aleune foiz volentiers az deforaines choses. (M. s. J. p. 463.)

Un autre composé de *fors* était *forsmis*, d'où notre *hormis*.

Ne ne poons nous, ne nostre enfant aiwer celui qui encontre ceste pais iroit, *forsmis* le evesque de Liege. (1284. J. v. H. p. 431.)

Mis est le participe de *mettre* (fors mettre): En est *fuers mis* (1301. M. et D. i. p. 467.)

Joste, jouste, juste.

Joste dérive du latin *juxta*; il signifiait *proche de, près de, le long de.*

> Traveillie furent et pene
> En .j. bois *joste* Duveline. (L. d. M. p. 54.)
> Li rois a Ydel apele,
> Se l'assist *joste* son coste. (Ib. p. 61.)
> *Joste* les autres s'est couchiez. (Chast. XVII, v. 77.)
> Tant le mainne une fausse voie
> K'il vinrent à une posterne
> Ki estoit *jouste* une cisterne. (R. d. I. V. v. 2602-4.)
> L'apostolies l'asiet *juste* lui errammnent. (Th. Cantb. p. 43. v. 11.)
> Il va son fil acoler et baisier;
> *Joste* la face li vit le sanc raier. (R. d. C. p. 73.)

Composés: *dejoste, par dejoste.*

Aiglente fu à la fenestre
De la plus haute tour perine;
Dejouste li fu Flourentine... (R. d. l. V. v. 4162-4.)
En la grant ille s'en vint toz eslaisiez,
Dedans s'asist *dejoste* le rochier. (G. d. V. v. 1904. 5.)
Dejouste lui la fille au sor Geri. (R. d. C. p. 251.)
Les denz en la coe li bote,
Que il li a rompue tote,
Et *par dejoste* le crepon
N'i remest que le boteron. (R. d. Ren. II, p. 264.)

Au lieu de *joste*, on employa plus tard le participe présent de joindre: *joignant, joindant*. L'exemple suivant montre de quelle manière *joignant* en est venu à jouer le rôle de préposition.

Li cops trespasse *joignant* desus la teste. (O. d. D. v. 11850.)

Voy. Roquefort Suppl. s. v. *Vaussure*.

Lez, les, leiz, leis — Encoste.

Lez est le substantif *lez* (latus): côté, flanc (G. d. V. v. 163. Ben. v. 22251 etc.), qu'on employa comme préposition, pour dire *à côté, près de, auprès de*.

L'ancienne langue avait une composition avec le mot *coste* (costa), dont la signification était la même: *encoste*.

Or fu Geris *lez* l'oriere del bos. (R. d. C. p. 132.)
Lez lui fu li dus Naymes, qi molt ot le cuer fin. (Ch. d. S. I, p. 65.)
Sonjai un sonje mirabilous et fier,
Ke il estoit aleiz esbanoier
Leiz la riviere sor un courant destrier. (G. d. V. v. 1899-1901.)
Ensi en vait grant ambleure
Envers la forest à droiture,
Les la riviere par le pre
U avoit flors à grant plente. (L. d. T. p. 74.)

Lez à lez ou *lez et lez* (V. et conjonction) signifiait *à coté l'un de l'autre, côte à côte*.

Iloc dedens fu enteres
Joste son frere, *les à les.* (Brut, v. 9241. 2.)
Et troverent l'empereor Alexis et l'empereor Sursac son pere seans en deux chaieres *lez à lez*. (Villeh. 457[b].)
Lors chevauchent ensamble belement *lez et lez*. (Ch. d. S. I, p. 174.)
Ilueques fu abatus Beneois
Deles les bares *encoste* le marois. (O. d. D. v. 6871. 2.)

Composés: *delez, dales, dedelez, par delez — dencoste.*

Deleiz le roi s'est Rollan acouteiz. (G. d. V. v. 1227.)
Un jour chevauçoit un chemin
Dales Fayel par un matin. (R. d. C. d. C. v. 427. 8.)
Qant le voient gesir *dedelez* .i. rochier. (Ch. d. S. II, p. 90.)

> Ains se siet aussi que pasmes,
> Et ses senescaus *dedeles*. (R. d. l. M. v. 4259. 60.)
> D'autre par cort li Rones *par deleiz*. (G. d. V. v. 3229.)
> Pres de Fere *par dales* Oise. (R. d. C. d. C. v. 1827.)
> Car li bois *par dules* estoit. (Ib. v. 1833.)
> Si s'est *dencoste* l'uis assis. (R. d. C. d. C. v. 2446.)
> Ses armes ot *dencoste* lui cochie. (O. d. D. v. 9224.)

Malgre.

Malgre, formé de l'adjectif *mal* et du substantif *greit*, *gre* (gratus), prit de bonne heure la forme *maugre*, par suite du fléchissement de la lettre *l*. Amyot, Montaigne, Rabelais emploient encore *maugre*.

Malgre se joignait aux pronoms *mien*, *nostre*, *tien*, *vostre*, *sien*, *lor*, et formait ainsi une locution spéciale, qui signifiait malgré moi, toi, vous, lui, eux.

> *Malgre* aus tos est en arcon saillis. (O. d. D. v. 7496.)
> Mes Herupois chevauchent, li noble chevalier,
> Qui lor feront le siege tot *maugre* ax laissier. (Ch. d. S. II, p. 153.)
> *Maugre* le hontos rei de France. (Ben. v. 14098.)
> Que *malgre sien* li en convient foïr. (G. l. L. II, p. 138.)
> Ainz me combatrai *maugre vostre*. (Romv. p. 480. v. 13.)
> Mes ge t'aurai ja tost basti
> Tel plet que trestot *maugre toen*
> T'estoura fere tot mon boen. (Ib. p. 480. v. 18-20.)

Cfr.: Et vouloit corrompre le lit
> Son pere, *maleoit gre tien*. (Dol. p. 185.)[1]

Je profite de l'occasion que m'offre *malgre*, pour citer la locution *mal gre en aie je*, etc., que nous avons conservée dans notre *malgré qu'il en ait*.

> J'en (de la terre) conquerrai au fer e al achier,
> Si en arai que *mal gre en aies*. (O. d. D. v. 1535. 6.)
> Pour lui rescoure en vienent plus de mil;
> Le cheval print, *mau gre en aient il*. (G. l. L. I, p. 173.)

Oltre, ultre, outre.

Oltre, dérivé du latin *ultra*, s'employait comme adverbe et comme préposition; il signifiait *outre*, *au-delà*.

> Et quant li empereres fu *outre*, si monta sur un sien cheval ferrant. (H. d. V. 510e.)
> Empeinst le ben, tut le fer li mist *ultre*,
> Pleine sa hanste, el camp mort le tresturnet. (Ch. d. R. p. 50.)
> Et s'en passe *oltre* od son espie. (P. d. B. v. 3005.)
> *Oltre* s'en passe sains fraiture. (Ib. v. 3009.)

---

(1) Le texte porte *rien* au lieu de *tien*, ce qui ne donne aucun sens.

Abatu l'a, si est passes
Tres parmi els, loing *oltre* es pres. (Ib. v. 8327. 8.)
Ultre Saine passa, si asist la cite. (R. d. R. v. 2150.)
Quant il fu *ultre* l'ewe, sor la rive s'estut. (Ib. v. 4589.)

La Chr. d. D. d. N. donne la forme *utre*, qui peut être une faute pour *ultre*, ou bien l'*u* provient d'une traduction de l'*ou* (*outre*) en *u* normand.

Ja cil qui *utre* Seigne iront (v. 19300.)

Per, par.

Cette préposition dérivée du latin *per*, est notre *par*. *Per* est la forme des Serments, du Fragment de Valenciennes; elle se conserva dans la Bourgogne propre et dans l'est du dialecte bourguignon (Comté de Bourgogne, Franche-Comté, Suisse) jusque bien après le XIIIe siècle. La cantilène sur Ste Eulalie porte *par*, qui fut prédominant dans les deux autres dialectes de la langue d'oïl et qui finit par se fixer dans le français.

Il se combat en sa conversation et *per* paroles et *per* exemples en la bataille k'il fait encontre lo pechiet. (S. d. S. B. p. 537.)

Ensaigniez *per* homme. (Ib. 559.)

Par .i. juesdi matin, ore que prime sone,
Ezvos .i. chevalier qi à force esperone. (Ch. d. S. II, p. 105.)
Raoul parole *par* grant humeliance. (R. d. C. p. 71.)
Dont penserent en quel maniere
Le porroient arriere metre?
Ne *par* doner ne *par* promettre,
N'en pooient venir à chief. (Dol. p. 197. 8.)

Cfr. *por*.

Par moi, toi, soi, etc. signifiaient souvent *pour moi, toi*, etc.
Contr'eus furent tuit li trei rei,
Od lor granz genz chascon *par sei*. (Ben. v. 27954. 5.)
Eissi s'en sunt li trei courei
Tuit devise, chascon *par sei*. (Ib. v. 28242. 3.)
Vole *par* toi et si t'aïe. (M. d. F. II, p. 373.)

c'est-à-dire vole *pour toi seul* et t'aide.

Tout ensi la roïne *par soi* se dementa. (Romv. p. 351.)

On a déjà eu nombre de fois l'occasion de remarquer l'emploi de *per, par* dans les contrats et dans les traités: *par* moi ne *par* autrui, etc.

Une combinaison assez remarquable est celle de *par* avec la préposition *de* postposée.

Par de treis parz les assaillirent
E *par* treis lieus les envaïrent. (Ben. v. 27956. 7.)
Karles li rois de France, qi lor vient en aïe,
S'est ambatuz an l'ost *par del* autre partie. (Ch. d. S. II, p. 126.)

Voy. *par entre* t. II, p. 124, l. 14.

De par. Cette combinaison très-ordinaire dans l'ancienne langue, ne s'est conservée que dans les formules: *de par le roi, la loi, la justice.* Les uns regardent ce *par* comme une préposition, les autres comme une altération du mot *part.* A qui donner raison?

La langue d'oïl et la langue d'oc [1] employaient, il est vrai, *de part* (de parte) où nous mettrions *de par.*

O petite Belleem, mais jai magnifieye *de part* nostre Signor, cil ki faiz est en ti, t'at magnifieit, cil qui petiz est devenuz de grant. (S. d. S. B. p. 532.)

Samuel li prophetes vint à Saul *de part* Deu, si li dist. (Q. L. d. R. I, p. 53.)

   Dedenz la maisun vus serrez
   Tant de bons messages aurez,
   De part Deu à vus parlerunt
   E si vus reconforterunt. (M. d. F. II, p. 436.)

Mais, à côté de *de part*, et même beaucoup plus souvent que ce dernier, on trouve, au XIIIe siècle, la formule *de par.*

Sire, nos somes à toi venu *de par* les hals barons de France qui ont pris le signe de la croiz por la honte Jesu Christ vengier. (Villeh. 435ᵃ.)

   Vous gardes *de par* moi la vile. (Phil. M. v. 867.)
   Grigois estoit *de par* son pere
   Et Troyens *de par* sa mere. (Brut. v. 191. 2.)

Par se dit entre autres de l'agent médiat, si j'ose m'exprimer ainsi, par qui l'action passe, pour ainsi dire. Cet agent peut être auteur de l'action ou bien servir d'intermédiaire passif: le peuple excité *par* Mirabeau — il est étranger *par* sa mère.

Seignor, je sui emperere *par* Dieu et *par* vos. (Villeh. 455ᵇ.)

Cfr. t. I, p. 391, l. 1.

En comparant ces significations de *par* à celles que *de par* a dans les exemples cités, on reconnaîtra sans doute l'identité des deux formes.

Il faut donc admettre que *de part* [2] disparut de bonne heure et qu'on lui substitua la préposition composé *de par.* L'habitude que l'on avait de préposer *de* à un grand nombre de particules, aura favorisé la composition *de par.*

Le substantif *mei, mi*, joint aux prépositions *per, par* et *en* a formé les composés: a) *parmei, parmi*: par le milieu, au milieu, à travers, par, de, moyennant, au moyen de — b) *enmei, enmi*: au milieu.

---

(1) Le provençal moderne se sert encore *de part.*
(2) On rencontre des exemples de la formule *de part* jusqu'au XVIe siècle; mais relativement à *de par*, ce sont de très-rares exceptions ou plutôt des archaïsmes.

Si tu trespesses *parmei* lo feu, ju me tenrai à ti. (S. d. S. B. p. 562.)

Li saint homme, à la foiz de ce dont il soffrent amenuissement de lur deseiers, ont plus granz guains *parmei* ce ke li altre enconvertissent. (M. s. J. p. 466.)

Mais par tant despitent li renfuscit les elliz, que li ellieut tendent à la nient veable vie *parmei* la veable mort. (Ib. 512.)

De ce est dit *parmei* Salomon: Cil ki crient Deu ne met rien en negligence. (Ib. cad.)

Ensi Moyses, el desert enseigniez del angele, aprist comandement, lo queil il ne conut pas *parmei* homme. (Dial St. Grég. I.)

Ne ne puet en nule maniere
Li cuers veoir fors *parmi* eus (yeux). (R. d. l. M. v. 1432. 3.)

Il (li Salveires) vint, si cum vos mismes saveiz bien, ne mies al encommencement del tens, ne *enmei* lo tens, mais en la fin. (S. d. S. B. p. 527.)

Mais *enmi* eus se lance e cole. (Ben. v. 18767.)

Voy. d'autres exemples de ces prépositions t. I, p. 813, l. 12; p. 825, l. 11; p. 329, l. 14 et l. 22; p. 354, l. 39; p. 356, l. 6; p. 373, l. 37; p. 391, l. 38; t. II, p. 55, l. 43, p. 76, l. 7; p. 96, l. 43; p. 130, l. 32; p. 177, l. 29 etc. etc.

Plusieurs éditeurs ont écrit *par mi*, *en mi*, et j'ai conservé quelquefois, mais à tort, cette orthographe dans mes citations.

Parmi partomes le gaaing. (Fl. et Bl. v. 1562.)

Parmi signifie ici *par moitié*, et peut-être serait-il mieux d'écrire en deux mots.

Cfr. *tres*.

Por, pour, pur.

Por dérive du latin *pro* par transposition de la lettre *r*. *Pro* est encore dans les Serments. Dans la basse latinité, on confondit *per* et *pro*, de là vient p. ex. que l'italien et le provençal ont *per* = pour. La langue d'oïl offre quelques traces de cette confusion, c'est-à-dire qu'elle emploie quelquefois *par* au lieu de *pour* et vice versâ.

O naissance plaine de sainteit, honoraule al munde, amiaule as hommes, *por* lo grant benefice qu'il receut en ont. (S. d. S. B. p. 530.)

Deus i fist grant vertut *pur* amur Carlemaigne. (Charl. v. 791.)

Por la chalor ota son mantel gris. (R. d. C. p. 64.)

Je ne sai com plus ricement
Peüist on dame recevoir,
Ne *pour* biaute, ne *pour* avoir,
Ne *pour* nule autre signorie. (Phil. M. v. 31256-9.)

Uns suls d'els *pur* le rei ne volt un mot tinter. (Th. Cantb. p. 23, v. 10.)

Pur = à cause de, en consideration de (du roi, etc.).

E coment vus quereie ne mal ne desbonur?

Qui jo tienc e dei faire *pur* rei e *pur* seignur
E de tut le reaume e rei e successur. (Ib. p. 126, v. 6-8.)
Quant la gent saint Thomas les oirent venir,
Cum berbiz *pur* lous s'en pristrent à fuir. (Ib. p. 144, v. 11. 12.)
    Ne les porent unques flechir
    Por prametre ne *por* offrir. (Chr. A. N. I, p. 253.)
Et *per* ce faire ele obligea. (1261. H. d. B. II, XXVI.)
Pur les oils Deu; — *par* les oils Deu. (Th. Cant. p. 14, v. 5. 10. 17.)

La préposition *par* servait surtout dans les serments, cependant *pour* la remplace quelquefois.

E li reis enveiad *pur* sa fille Thamar. (Q. L. d. R. II, p. 163.)
    Pur ses aidanz a enveie. (M. d. F. II, p. 243.)
    Va *por* lo fol, si lo m'amoine. (Trist. 1, p. 227.)

Le *pour* de ces derniers exemples se pourrait traduire par *chercher*, *quérir*. On le trouve fréquemment dans ce sens.

Pres.

L'ancienne langue avait deux mots différents pour exprimer l'idée de notre préposition *près: prop*, dérivé du latin *prope*, et *pres*, de *pressus*.

Prop avait les variantes *prof*[1], *proef*, *pruef*, *prouf*, *preuf*, *pref* (L. d. G. §. 42.) *preu*. Il s'employait aussi comme adverbe, et signifiait *proche*, *près*, *auprès*.

    L'arcevesque est amiable
    En sa parole mult estable
    Et *prof* e loin. (Ben. t. 3. p. 487.)
    Normendie ert bien *prof* destruite e confundue.
    (Th. Canteb. p. 166. v. 1.)
    Mes puis est la chose empeire,
    Et ben *proef* tute amenuse. (St. Nicholay. p. 303.)
    Puis si le sieut de *preu en preu*. (R. d. Ren. p. 294.)

Composés: *aprop*, *aprof*, etc., *enpruef*: après.

Que si alter veinged *apref*. (L. d. G. §. 6.)
    Gent à cheval e gent à pie
    Prouf de Drewes unt chevalchie. (R. d. R. v. 6618. 9.)
    Si se merveille que il ait
    Ki *pruef* de li itant se trait. (Trist. II, 26.)
    Apruef mei lungement vivrez. (Ib. II, p. 78. cfr. 79.)
    E *enpruef* li Kaherdin
    Venqui les altres par engin. (Ib. II, p. 38.)

Pres n'avait d'autre variante que *pries*, en Picardie, puis dans l'Ile-de-France. *Pres*, adverbe, signifiait *près*, *presque*.

Ne *pres* ne loin. (M. s. J. 560.)
    Dont il ot *pries* la mort reciute. (Phil. M. v. 19661.)

---

(1) Pour ce *f*, cfr. *chef*, *seif* de *caput*, *sepes*.

Ja soit ce ke nos *pres* en toz lius pechons en pensant, en parlant, en ovrant. (M. s. J. p. 471.)

C'est de ce *près* joint à *que*, que dérive notre *presque*.

Le tref Callot volrent *de pres* gaitier. (O. d. D. v. 8904.)

Pres, préposition, s'employait ordinairement avec *de*, cependant on a des exemples où ce dernier est omis.

L'an secunt que li ber eicel issil suffri

E qu'il out *pres* dous anz este a Punteigni. (Th. Cantb. p. 87, v, 26. 7.)

E il a ja od nus *pres de* dous ans este. (Ib. p. 88, v. 27.)

Hierbergierent à une vile,

*Pries d'*une citet, ki là fu. (Phil. M. v. 19850. 1.)

Les composés de *pres* étaient: *apres*, après, près de; *en apres*, après, ensuite; — *enpres*, *empres*, *anpres*, auprès, près de, après.

Adv. Andui se sont d'ilec torne

Renart devant et il *apres*. (R. d. Ren. I, p. 43.)

Nequedent *en apres* lur plaist par assentement. (M. s. J. p. 452.)

Car cant la cariteiz vient *(Prép.) apres* lo cremor, si est la culpe, ki premiers eret relenquie par cremor, *en apres* descalchie par lo proposement de la pense. (Ib. p. 494.)

Et *en apres* son anel li commande. (G. d. V. v. 4035.)

Forment l'abaia le gaignon,

Empres se reschigne e abaie. (Ben. v. 28507. 8.)

Del eve but, *empres* enfla,

Taint et noircist, sempres fina.

Et tot cil qui del eve burent

Prép. *Empres* la mort al roi morurent. (Brut. v. 9229 - 32.)

Sa feme *apries* lui s'en ala. (Phil. M. v. 20375.)

Apres se trouve avec le sens de *juxta* (voy. joste).

E li poples Deu vint encuntre; e *apres* la pierre de Adjutorie se alogierent, e lur tentes i tendirent. (... *juxta* lapidem adjutorii.) (Q. L. d. R. I, p. 14.)

Ha! ki me porterad del ewe de la cisterne *apres* la porte de Bethleem? (.... in Bethlehem *juxta* portam.) (Ib. II, p. 212.)

Là fu partot e là ala

Où Jesu Crist plus conversa

Nuz piez, la haire *enpres* sa char. (Ben. v. 31722 - 4.)

Enpres la mort, si cum jeo vei. (Ib. v. 27473.)

Anpres ico i est Neimes venud. (Ch. d. E. p. 31.)

Por sa proece et por ses mors

Orent li roi, *enpres* ses jors,

Marovels lonc tans à sornom

Por ramembrance del baron.

Enpres lui ses fils Childeris

Fu fors rois et poesteis. (P. d. B. v. 437 - 42.)

Quant i volres, beaus fils, aler?
— Demain, fait il, *enpres* disner. (Ib. v. 3909. 10. cfr. 4145.)

Puis, pues, poiz, pois.

Puis, dérivé du latin *post* (cfr. adverbe); conserva longtemps la signification que nous donnons à son composé *depuis*.

Comme son signor *puis* cele cure
De cuer l'aimme. (R. d. M. p. 50.)
Et sy croy qu'elle va pensant
Un petitet no convenant
Puis les joustes del autre fois. (R. d. C. d. C. v. 2227-9.)
Poiz Rollant ne *poiz* Olivier,
N'out en terre tel chevalier. (R. d. R. v. 14061. 2.)

Ras, *res* (rasus) — *à ras* — *ras à ras*.

Mes nel toucha, la Deu merci,
Mon seignor Yvain fors que tant,
C'*à res* son dos li vient glaçant,
Si qu'ambedeus les esperons
Li trencha *à res* des talons. (Romv. p. 546.)

Ensi s'en alerent *res à res* des murs de Constantinople. (Villeh. 449e.)
De Joiouse le fiert .i. cop tant roidement,
Res et res des espaules la teste o l'eame prant. (Ch. d. S. II, p. 150.)

Cfr. *et* conjonction.

Rier, riere.

Rier, dérivé de *retro*, est le simple de nos mots *arrière* (a-riere) *derrière* (de-riere). Par l'affaiblissement de l'*a* en *e*, la langue d'oïl avait fait *erier*, *eriere* pour *arier*, *ariere*. Le texte des S. d. S. B. emploie les formes *ayer*, *aiere*, *daiere;* il y a là syncope du *r*. *Ayer*, *daiere*, se retrouvent de loin à loin dans les textes bourguignons du XIIIe siècle. *En ayer* signifiait *chez, auprès*.

O cum bienaourous li cuers, chiers Sires, *en ayer* cui tu feras mansion. (S. d. S. B.)

Ancor nen ay je mies *en ayer* mi chose, que ju vos poie mettre davant. (Ib.)

Adam mismes se volt covrir contre nostre Signor, de la femme par cui il avoit pechiet, assi cum il *par daiere* son dos se volsist eschuir de la scette. (Ib.)

Si tu quiers *en ayers* Deu lor meritte por kai il soient coroneit, dons quier assi *en ayer* Herode lo forfait por kai il furent ocis. (Ib. p. 543.)

Voy. t. I, p. 339, l. 25.

Vint as Lunbars, *rier* lui les a laissies. (O. d. D. v. 4683.)
Rier lui regarde et vit maint chevalier. (Ib. v. 5877.)

Derriere mon dos. (Dial. de St. Grég. l.)

Tu nen as nule huute, *ariere* dos l'as mise. (Th. Cantb. p. 80, v. 30.)

Sans.

Dérivée de *sine*, cette préposition a eu pour forme primitive *sens*, *senz*, et, plus tard, dans les cantons où *e* se prononçait très-ouvert: *sans*. Ces formes se diphthonguèrent avec *i*: *seins*, *seinz*, *sains*, *sainz*. Le *s* final est additif.

Jhesu ne vient mies *senz* salveteit, ne Criz *senz* onction, ne li filz de Deu *senz* glore. (S. d. S. B. p. 531.)

A Saint Quentin vinrent *sens* demorer. (R. d. C. p. 319.)
Que mort l'abat *seinz* altre descumfisun. (Ch. d. R. p. 74.)
L'enor dou ciel et de la terre
Que nus ne puet *sanz* sens conquerre. (Chast. pr. v. 69, 70.)
Sains trecerie et *sains* desvoi. (Phil. M. v. 28504.)
E Rou *sainz* mescreance plusors feiz le veinqui. (R. d. R. v. 1101.)

Segont, second — Selon.

Segont, du latin *secundum*, paraît n'avoir pas été d'un fréquent emploi dans la langue d'oïl; du moins, les exemples en sont fort rares et ils appartiennent presque tous aux provinces voisines de la langue d'oc, où *segont* étoit fort en usage. On remplaça *secundum* par un dérivé de *longum*: *long*, *lonc*, *lunc*, qui paraît s'être mélangé avec *secundum*, d'où *selonc*, *selunc*. Au lieu de *selonc*, on trouve *solonc*, *solunc*, *sulunc*. Ces formes représentent simplement un changement de la syllabe *se* en *so*, *su*, auquel on était habitué, p. ex. *sejorner*, *sojorner*, *sujurner*. M. d'Orelli prétend dériver *solonc*, *sulunc* de *sub longum*; il aurait dû avant tout expliquer la signification qu'on peut attribuer à *sub longum*, car ce n'est pas facile à découvrir. Outre *selonc*, *selunc*, *solonc*, *solunc*, *sulunc*, on trouve *solum*, *solom*, *sulon*, *selum* et même *selume*, en anglo-normand; puis les formes contractes *som*, *son*, *sun*.

Selonc signifiait selon, le long, à côté — *long* avait le sens de le long, selon.

Segont droit et *segont* la costume d'Orliens. (Roquefort s. v. *forbanier*.)
Secong raison m'avez vaincu. (Ib. s. v. *dru*.)
De ces montaignes isseit et vint il racine Jesse, *selonc* ceu ke li prophete dit. (S. d. S. B. p. 528.)
Selonc la forme et la maniere des lettres. (1288. J. v. II. p. 471.)
Cist fist ço que à Deu plout *sulunc* ço que sis peres out uvered, e il si fist. (Q. L. d. R. IV. p. 395.)
Loenges m'en convenra faire
De lui, *selonc* mou examplaire. (R. d. M. p. 49.)
Or est la Manequine à aise,
Selonc l'anui et le mesaise
Que ele avoit devant eue. (R. d. l. M. v. 1347-9.)

Vers la mer s'en va cevauchant
Et *selonc* la mer estabant. (Ib. v. 5009. 10.)
François *selonc* la rive alumerent maint fu. (Ch. d. S. I, p. 207.)
Selonc la voie il s'est couchiez. (R. d. Ren. I, p. 294.)
Mist en un bois, *solonc* un tertre
Qui aloc estoit à senestre. (Brut. v. 12720. 1.)
Selonc la roce fu descendus Ogiers. (O. d. D. v. 5998.)
Solon Naymon avoit si pres passe. (Fierabras LVIII. c. 1.)
Nel dient pas *sulum* Breri. (Trist. II, p. 40.)
Solum la costume e *son* les leis
Qu'en Danemarche unt li Daneis. (Ben. v. 4157. 8.)
Isnelement, *sulon* son poeir. (Ib. v. 4502.)
Donna terres *selum* sun buen. (Ib. v. 6991.)

Selume les obligacions avant fetes entre le avantdit rey e le avantdit cunte e nus. (1278. Rym. I, 2. p. 170.)

Sum la merite le loijer. (Ben. v. 16422.)
...... E dist *som* son poeir
Ne faudreit ja jor à son eir. (Ib. v. 15676. 7.)
Kar north e man, *som* lur usage,
Venz est e hom en cest languaige. (Ib. I, v. 671. 2.)
Son vos poeirs e *son* voz sens. (Ib. II, v. 363.)
Gent aturnez *sun* lor usage. (Ib. II, v. 1873.)
Qu'il lor rendoit cens demorance
Lonc le pechie la penitance. (Ruteb. I, p. 52.)
Et condampne *lonc* lor mesfait. (R. de Ren. IV, p. 442.)
Lonc çou que j'orai me tenrai. (Ib. IV, p. 451.)
Lunc un alter belement l'enterrerent. (Ch. d. R. p. 144.)

Lonc ne serait-il pas quelquefois une aphérèse de *selonc*?

Sous.

Cette préposition dérive du latin *subtus*. Le Fragment de Valenciennes a *sost* (l. 14.), une traduction de la Bible *south* (Roquefort s. v. Detestabletez). Cfr. l'italien *sotto*, le provençal *sotz*. Aux XIIe et XIIIe siècles, les formes de *sous* étaient: *soz*, *sos*, *sous*, *suz*.

Sos une cloie s'est mucies. (L. d. M. p. 51.)
O ton nevo *soz* cel pin fui. (Trist. I, p. 22.)
Suz la cite, en une pree
Tendirent trefs e pavillons. (Ben. v. 9113. 4.)
Suz les chapes aiez muscees
Les espees e les coignees
E les cuteaus lons, granz, d'acer. (Ib. I, v. 1653 - 5.)

De *soz*, on forma *desoz*, en préposant *de*. *Desoz* avait la signification du primitif *soz*.

Et li dux de Venise... commanda la rive à aproichier qui *desoz* les murs et *desoz* les tors estoit. (Villeh. 452°.)

Et par grant haltece de cuer sternissent et les biens et les malz del munde *desoz* lor piez. (M. s. J. p. 464.)

Et ja soit ce ke eles defors ne facent riens, nekedent si travailhent eles dedenz soi mimes *desoz* lo faihs de lassant repous. (Ib. p. 473.)

Adv. Ke cil n'oset pas estre dessovre ki n'aurat apris estre *dessuz*. (Dial. St. Grég. I.)

On trouve aussi *dedesoz*, comme on a vu *dedevant*, *dedeles*, etc.

Lur chevals laisent *dedesuz* un olive,
Dui Sarrazin par les resnes les pristrent. (Ch. d. R. p. 104.)

Par desoz

Tot droit *par desoz* un auvant. (N. R. F. et C. I, p. 16.)

Sur.

Le latin *super* est la racine de notre préposition *sur*, qui a eu pour formes: *sovre* (Eul. v. 12), *sore*, déjà dans le Fragm. de Valenciennes l. 11; *sor*, en Bourgogne; *sour*, *seur*, *seure*, trois formes nées dans le dialecte picard et qui pénétrèrent de bonne heure dans l'Ile-de-France; enfin *sur*, *sure*, en Normandie. Au XIIIe siècle, *sore*, *seure*, *sure*, s'employaient surtout quand *sur* était mis adverbialement. Les formes en *e* final doivent être dérivées de *supra*.

Adv. Il lor vont *seure*, ses assalent. (Fl. et Bl. v. 89.)

Il traist l'espee, *sore* li est coru. (R. d. C.)

Seure li court, s'i la feru. (Phil. M. v. 5838.)

Dans les deux derniers exemples et semblables, il faut bien se garder de considérer *sore*, *seure* comme une préposition; la construction est: Il traist l'espee, (il) li est *coru sore*, de même qu'on disait *gesir ens*, *issir fors*, etc.

Que vif maufe li corent *sore*. (P. d. B. v. 1120.)

Quant l'arcevesque veit que tuit li curent *sure*.
(Th. Canteb. p. 101, v. 1.)

Cfr. adv. *sus*.

Prép. Lo mantel mettre *sor* lo viaire est covrir la pense dele consideration de sa floibeteit. (M. s. J. p. 488.)

De celui ki *sor* ols doit comandeir. (S. d. S. B. p. 599.)

Del destre pie l'a tout desestrive,
Et *sor* la crupe del destrier acline. (R. d. C. p. 159. 60.)

E li apellur jurra *sur* lui. (L. d. G. §. 16.)

Lor eschieles ordene ont
Et *sour* les chevaus monte sunt. (R. d. M. p. 73.)

Par nos seremains ke nous avons fait solempnement *sour* les sains ewangiles, touchies de nos mains. (1291. J. v. II. p. 540.)

Et touttes ces choses devantdites, promettons nous, *seur* no sairement, à warder et à tenir, *seur* la paine devantdite. (1283. Ib. p. 425.)

Seur nous soit ses sans espanduz,
Seur nos enfanz granz et menuz! (R. d. S. G. v. 423. 4.)

Composé: *desor*, qui s'employait dans le même sens que le simple.

Adv. Maintes foiz, si com nos avons là *desor* dit. (M. s. J. p. 469.)

Là desor = ci-dessus.

Loquel fais *dessovre* venant. (Dial. de St. Grég. I.)

Cfr. *desoz*. Voy. t. I, p. 373, l. 1.

Prép. Es portes serat tes pechiez et *desor* toi serat ses talenz et tu aras saniorie *sor* lui. (M. s. J. p. 460.)

    Raoul l'oï, *desor* ces pies sailli. (R. d. C. p. 27.)

    Desour une coute vermeille

    Fu li rois Locys tous seus. (R. d. l. V. v. 719. 20.)

    Mais *desour* toutes, che me samble,

    En a Aiglente plus parle. (Ib. v. 2721. 2.)

    Je vous di *deseur* ma creance. (Ruteb. II, p. 161.)

    L'ewe beneite jetterent

    Desur lui, apres l'amenerent. (M. d. F. II, p. 434.)

Tot *par desor* le port. (Villeh.)

A côté des formes *sor*, *sour*, *sur*, etc., on trouve, avec la même signification, *sus*, qui nous est resté dans quelques formules, comme locution prépositive: *en sus de*, et dans le composé *dessus*. *Sus*, préposition simple [1], est surtout une forme du Berry, de la Touraine, d'une partie de l'Anjou et du sud de l'Orléanais; provinces d'où elle passa dans l'Ile-de-France, qui nous l'a transmise.

A la fin du XIIIe siècle, l'emploi de *sus* avait déjà acquis une grande extension; et les copistes de cette époque mirent très-souvent *sus* au lieu de *sor*, *sour*, *sor*, que portait l'original. On peut se convaincre de ce fait en comparant les divers manuscrits d'un même texte.

D'ordinaire, on regarde *sus* comme une altération de *sur*; mais *sus* et *sur* n'ont rien de commun quant à leur origine. *Sus* dérive de *susum*: on l'a déjà vu figurer parmi les adverbes. (Voy. *jai-sus*.)

    Assise *sus* dous granz quarreaus. (Ben. v. 25062.)

    Devant l'autel *sus* les degrez. (Ib. v. 25228.)

    Qu'il estoit ja *sus* l'annitier. (R. d. C. d. C. v. 5539.)

    Par sus les morz passent li vif. (Ben. v. 5326.)

    E si soefre paisiblement

    Que cist aient seignorement

    Dedesus tei. (Ib. v. 39515-7.)

Dedesus, comme on a vu *dedesoz*, *dedevers*, etc. Remarquez aussi la différence d'orthographe entre ce *sus* et *soz*, qui, dans

---

[1] Je dis préposition simple, pour la distinguer momentanément de la locution prépositive *en sus de*.

les mêmes provinces, s'écrivait ordinairement avec *u*. Le *s* de *sus* représente le *ts*: su(*b*)t(*u*)s.

Si ke il par entencion ne voisent mie *en sus de* perfection. (M. s. J. p. 466.)

Si avient il or en grant partie, quant noz deventrainetez sunt par deleit ravies *en sus des* noises des temporeiz desiers. (Ib. p. 468.)

Car vraiement nostre pense ne puet en nule maniere estre ravie en la force de la deventriene contemplation, se ele premiers n'est soniousement endormie *en sus del* frinte des temporeiz desiers. (Ib. p. 481.)

E s'en fuient *en sus de* li. (M. d. F. II, p. 342.)

Ces dernières citations, que je pourrais multiplier à l'infini, sont encore une preuve de la différence d'origine de *sur* et de *sus*: *sus* y conserve bien clairement sa signification locale primitive, et puis les trois premières sont tirées d'un texte qui ne connaît d'ailleurs que *sor*.

Soventre, soentre, suentre.

M. Diez dérive *soventre* de *sequente*, et il cite à l'appui de cette opinion le provençal *seguentre* (voy. Rayn. V, 180.), le grison *suenter*. Ce dernier répond exactement à *soentre*, *suentre*, dont M. Diez paraît n'avoir pas eu connaissance [1].

Soventre s'employait comme adverbe et comme préposition; il signifiait *après, d'après, selon — à la suite*.

Adv. L'espee nue an la loge entre.
Le forestier entre *soventre*,
Grant erre apres le roi acort. (Trist. I, p. 97.)
Tant est alez qu'en lur terre entre;
Une davant ne puis ne *suentre*
Ne fu si livree a dolur. (Ben. v. 2489-91.)
Tel li fait joie e bel semblant
Qu'el munt n'a rien sos ciel vivant
Qu'il vousist plus aveir *soventre*
Trait od ses mains le quor del ventre. (Ib. v. 14858-61.)
S'enseigne escrie, et el camp entre;
Si compaignon en vont *soentre*. (P. d. B. v. 3449. 50.)
La damoisele enpres lui entre;
Et li autre vienent *soantre*. (Ib. v. 5881. 2.)
Anascletus en la voie entre
Il va [2] avant et cil *soantre*. (Brut. v. 433. 4.)

Prép. *Sorentre* li chevalchent e Breton e Normant. (R. d. R. v. 3989.)
Alons *soentre* cels qui fuient
Qui mon fie et les vos destruient.

---

(1) Le provençal avait aussi *soentre*. (Ray. Lex. rom. VI, 15. c. 2.)

(2) Le texte porte *ve*, qui n'est rien; il faut lire ou *vet* ou *va*. L'éditeur du R. de Brut nous apprend en outre dans une note qu'il ne comprend pas bien ce vers. Il est cependant fort clair: Il va devant et (ceux-ci) les autres à sa suite, après lui.

Quant li rois ot un pou este
Et à ses homes ot parle
Soentre les fuitis alast.
Ja por l'enferte nel laiast. (Brut. v. 9171-6.)
D'une dame veve, Mabile,
Ot en sognentage une fille:
Soentre la mere ot à non. (Phil. M. v. 2760-2.)
Se deviserent en la sonme
Que *soentre* la loi de Roume
Traitast on la crestiente. (Ib. v. 3471-73.)

Tres, tries.

Cette préposition dérivée du latin *trans*, signifiait *derrière; proche, près, auprès; dès, depuis.* Aujourd'hui nous n'employons *très* que comme adverbe.

Por ensuire les granz compaignes
Laissent *tres* eus set cenz enseignes,
Enz entremi eus les escrient. (Ben. v. 19852-4.)
Partonopeus fuit *tries* se gent. (P. d. B. v. 2217.)
Tries les rens les voit assambler. (Ib. v. 8761.)
La dame le prent, si l'enmaine
Desor le lit à la meschine,
Tres un dossal qui por cortine
Fu en la chambre apareilliez. (M. d. F. Gug. v. 366-9.)
Donne li a si grant colee
Que *tres* le chief li est coulee
L'espee desi en la terre. (R. d. l. V. v. 1830-2.)
Et desous son pooir le mist
Tres Mongui jusques à la mer. (Ph. M. v. 602.3.)
Tres icele oure ke je ci vos devis
Fuit en Viane cil Juis Joachis. (G. d. V. v. 2035. 6.)
Le cors li trenchet *tres* l'un costet qu'al altre. (Ch. d. R. p. 59.)
Tres l'aube crevant
Jusques à miedi sonnant. (R. d. Ren. t. IV, p. 201.)
C'est plait nous va Karaheus bastissant,
S'il le puet faire *tres* cest pas en avant,
Ne nos laira de terre demi gant. (O. d. D. v. 2302-4.)
Bataille atent, mantee l'a *tres* ier. (Ib. v. 2390.)

On employait *tres dont* pour dire *dès lors* (cfr. adverbe *donc*).

A Tors, el mostier saint Martin,
Guerpi Mahom et Apolin,
Et mescrei la fole loi
Et pris la crestiene foi:
Tres dont me heent mi parent,
N'ainc puis n'euc d'als veir talent,
Tres dont ai vescu de soldee,
Si l'ai sovent cier comperee. (P. d. B. v. 7821-8.)

Tres dont en avant — dès lors en avant, dorénavant.

    Si se jurerent feaute
    A porter *tres dont en avant,*
    Et lors se vont entrebaisant. (Phil. M. v. 16215-17.)

Cfr. plus haut *tres cest pas en avant.* (O. d. D.)

Le Rom. de Renart offre la variante *trers* (II, p. 110), ce qui semble indiquer ici un mélange de *rieres*, *rere*, avec *tres*.

On préposait *tres* à diverses particules pour en renforcer la signification; mais, en bien des cas, *tres* ne s'incorporait pas tellement au mot auquel il était joint, qu'il ne conservât quelque chose de sa propre signification. Confrontez, p. ex.

    Ala li dux *tres devant* l'amire. (O. d. D. v. 2559.)
    Esvos Bernier e sa route qui vint.
    Tres devant lui vait un paien ferir. (R. d. C. p. 308.)

Si s'en passent *tres par devant* Constantinople, si pres des murs et des tours que à maintes de lor nes traist on. (Villeh. 448ᵃ.)

Pur ço, tu e ti cumpaignun *tres par* matin vus en alez. (Q. L. d. R. I, p. 113.)

    Andui s'abatent *tres enmi* le garais. (R. d. C. p. 101.)
    Mort le tresturnent *tres enmi* un guaret. (Ch d. R. p. 54.)
    Dont s'arouterent *tres parmi* un larris. (O. d. D. v. 603.)
    Mais morteument fu encontrez,
    Kar *tres parmi* les deus costez
    Li a passe li dux s'enseigne. (Ben. v. 21406-8.)

Tres avait le composé *detres* (de-tres): *derrière*.

Adv. Mal a devant, *detries* noauz. (Ben. v. 19890.)
Prép. Les mains *detres* le dos liees. (Ben. v. 27169.)
    Ça *detries* vos sunt tel li brait
    Que teus cinc cenz en i travaillent.
    Des voz qui à la mort baaillent. (Ib. v. 16563-5.)
    S'arere guarde averat *detres* sei mise. (Ch.d.R. p. 23.)
Sun lit unt, veant tuz, enz el mustier porte,
Detries le grant autel e fait e aturne. (Th. Cantb. p. 31, v. 7.8.)

Jusque.

L'idée de *jusque* s'exprimait de diverses manières dans l'ancienne langue. Je vais les passer en revue.

1) *Deci* (de ci), *desci* (dès ci), *desi*, *dessi*, *deschi à*, en — *deci*, *desci que*.

    Qar Karles i manda qanq'à lui fu anclin
    Dès le chief de Calabre *deci an* Costantin,
    Dès Espaigne la grant *deci à* saint Bertin
    Qi tient à Danemarche où croissent li sapin. (Ch. d. S. II, p. 65.)
    Chevaliers i a mis dou miaz de son roion
    Trestoz coverz de fer *deci à* l'esperon. (Ib. II, p. 51.)

Endroit le cuer sous la mamiele
Le trenchant coutiel apointa,
Desi au manche li bouta
El cors, illuecques l'a mordrie. (R. d. l. V. p. 192.)
Desci es dens l'a tout fendu. (Ib. v. 2889.)
Il plore et mainę grant dolor,
Tote la nuit, *desci al* jor. (P. d. B. v. 749. 50.)
Ains amerai toutes encore
Si que j'ai fait *desci à* ore. (L. d'I. p. 18.)
Dessi à Rains ne se va argant. (O. d. D. v. 10273.)

Nostre consaus nous apporte que nous volons avoir toute la tierre de Duras, *deschi à* la Maigre. (H. d. V. p. 198. XVIII.)

Or n'a baron *deci que* en Ponti,
Ne li envoit son fil ou son nourri. (R. d. C. p. 21.)
Dès le major *desci qu'*au mendre
N'i out en qui n'eust deshet. (Ben. v. 35544. 5.)
E il en unt en gre servi,
C'avum veu *deci que* ci. (Ib. v. 8570. 1.)

On trouve aussi quelquefois simplement *ci que* dans le même sens:

Ne se feist pas coroner,
Por rien qu'em li seust loer,
Ci que sa femme fust venue. (Chr. A. N. I, 221.)

2) *Tant que*,

Et come il venissent en cele terre, Abraham s'en vaist la terre *tant que* al noble val. (Roquefort s. v.)

Je ferai remarquer en passant que *tant qu'à* se disait quelquefois pour *quant à*.

3) *Dusque, jusque*.

Les formes primitives de notre préposition *jusque* ont été *dusque, desque*, dérivées de *de usque*. On trouve encore le simple *usque* dans la passion de J.-C. str. 96. p. 19. (éd. Diez) et quelques autres anciens monuments. De *dusque, desque*, on forma *jusque* ou avec *o, josque*, ce qui n'implique aucune différence, et *jesque* (cfr. *jus* de *deorsum, deosum; jour* de *diurnum*; et, pour l'emploi de *de* touchant la direction vers un but, la préposition *devers*). Au lieu de *que*, on trouve des orthographes en *k, c, ch*, qu'on sait s'expliquer.

Si avoient les ganbes nues
Dusc'as genols, et tos les bras
Avoient desnues de dras
Dusc'as coutes molt laidement. (L. d. T. p. 78.)
Si covient à Dieu reson rendre
De quanques fist *dusqu'à* la mort. (Ruteb. I, p. 38.)

E descunfist l'ost as Philistiens dès Gabe *desque* Gazar. (Q. L. d. R. II, p. 139.)

*Desqu'*à cele eure qu'en iert vengemens pris. (R. d. C. p. 22.)

De la matinee *juske* à l'avespree est li pechierres fors trenchiez: quar dès lo commencement *juske* à la fin de sa vie lo navrent les oevres de sa felonie. (M. s. J. p. 509.)

Quant il out ço eslit, nostre Sires enveiad pestilence en Israel, dès le matin *jesque* al ure que l'um soleit faire sacrefise al vespre; si en murerent del pueple, dès Dan *jesque* Bersabee setante milie humes. (Q. L. d. R. II, p. 217.)

Gesques al rei Gormond n'areste. (Phil. M. Intr. t. II, p. XI.)

On voit ici un *s* additif, comme dans nombre d'autres particules. Cette orthographe en *s* final était très-ordinaire dans la seconde moitié du XIIIe siècle.

Enz el verger l'enmeinet *josq'*al rei. (Ch. d. R. p. 20.)

*Jusch'*à demain enquerons terme. (R. d. S. S. v. 936.)

Au lieu de *jusque*, le texte des S. d. S. B. porte ordinairement *enjoske*, c'est-à-dire que la préposition *en* est encore préposée à la composition.

*Enjosk'*à ti mismes vai encontre Deu ton signor. (S. d. S. B. p. 528.)

Sire, el ciel est ta misericorde et ta veritez *enjosk'*à nues. (Ib. p. 536.)

Cist montent *enjosk'* à ciel et si dexendent *enjosk'*à en enfer. (Ib. p. 569.)

Ce dernier exemple semble prouver qu'on regardait *enjoska* comme un seul mot, puisqu'il est encore suivi de *en* (cfr. le provençal *juscas*).

A côté de ces formes, on rencontre:

4) *Trusque, trosque, tresque, entresque.*

M. Diez a dérivé *trusque, trosque, tresque*, du latin *intro usque*, et M. d'Orelli pense que la variante *entresque* justifie pleinement la dérivation du savant professeur. La forme et le sens de ces mots concordent au radical proposé, cela est vrai; néanmoins je suppose une autre origine à *tresque, trosque, trusque, entresque*.

On vient de voir *deci* = *de ci, desci* = *dès ci*, etc. signifiant *jusque*. On se souvient aussi que *tres* s'employait avec le sens de *dès, depuis*. De même que la préposition *de* des composés *deci, desci* sert à désigner la direction vers un but, *tres*, qui avait pris la signification de *des* (= de ex), s'employa de la même manière, d'où *tresci, tresci que* et enfin simplement *tresque*. Par suite de l'influence des formes en *o* et en *u* de *jusque*, on écrivit ensuite *trosque, trusque*.

Quant à *entresque*, il s'est formé, par le même procédé, de *entre ci que*.

Le *s* de *tresque* s'explique déjà par celui de *tres*; quant à celui *d'entresque*, il ne fait aucune difficulté. *S* et *c*, on l'a déjà vu nombre de fois, s'écrivaient l'un pour l'autre, de là *tres-si-que*, *entre-si-que* pour *tres-ci-que*, *entre-ci-que*, comme *des-si-que* pour *des-ci-que*, etc.

Les citations suivantes fournissent la preuve de la dérivation que je propose.

Il attendirent *tresci* quart jor que il lor ot mis. (Villeh. 435ᵃ.)

A cel message fu eslis li cuens Hues de Saint Pol et Jeffrois li mareschaus de Champaigne, et chevaucherent *tresci* à Pavie en Lombardie. (Ib. 439ᵉ.)

Ensi porprist le feu dessus le port à travers *tresci que* parmi le plus espes de la ville, *trosque* en la mer d'autre part. (Ib. 456ᶜ.)

Va ferir .i. paien sor son heaume d'acier,
Trestot l'a porfandu *antreci* ou braier. (Ch. d. S. II, p. 62.)

Voy. t. I, p. 235, l. 14.

N'ot plus bel chevalier *antreci* q'à Baudas. (Ib. I, p. 178.)

Manda ses homes de par tot son roion,
De Saint Omer *dessi* à Carliom;
Et de Poitiers *entresi* qu'à Digon,
Ne remest il chevalier ne prodon
Qu'il ne soit prest du servise Kallon. (O. d. D. v. 9851-5.)
Toute fremist *entreci* qu'au talon. (Romv. p. 238, v. 17.)

Une circonstance encore parle en faveur de mon opinion, c'est que les formes *tresque*, *trosque*, *trusque*, *entresque*, ne sont pas des premiers temps de la langue, comme *desque*, *dusque*, qu'on pourrait également décomposer en *des ci que*, *dessique*, si *desque* n'avait précédé *des ci que* = *jusque*. *Desci*, *tresci*, etc. ne remontent pas au-delà de 1240 ou 1230. Le Roman de R. d. C. emploie encore *desci*, dans sa signification primitive, à côté de *dusque*.

En .i. batel se sont en Sainne mis;
Ains n'aresterent *desci dusqu*'à Paris. (p. 253.)

Voici quelques exemples de *tresque*, *trusque*, *trosque*, *entresque*.

Icele nuit est chascuns reposeiz,
Tresc'al demain ke li jors parut cleirs. (G. d. V. v. 3213. 4.)
Que Asye prent son comencement
Dès midi *tresqu*'en Orient. (Ben. I, v. 225. 6.)
Venu en sont *trosqu*'al rivage. (Phil. M. v. 101.)
Si l'a tenut .i. an trestot antier
Trosqu'à .i. jor que vos sai devisier. (R. d. C. p. 280.)

Cfr. P. d. B. v. 414. 1446. 2254. 5238. 5803. etc.

Dont naissoit li blanque gorgete
Trusk'as espaules sans fosete. (Romv. p. 321, v. 27. 8.)

> L'osberc li rumpt *entresque* à la charn. (Ch. d. R. p. 50.)
> Tel saut feistes qu'il n'a home
> De Costentin *entresqu*'à Rome
> Se il le voit n'en ait hisdor. (Trist. I, p. 115.)
> N'a chevalier en son roiaume
> Ne d'Eli *d'antresqu*'en Dureaume
> S'il voloit dire que... (Ib. I, p. 108.)

Ce dernier exemple, où l'on voit *de* préposé à *antresque*, est une novelle preuve en faveur de la composition *antre ci que*.

Cfr. la conjonction *dusque*.

CHAPITRE IX.

DE LA CONJONCTION.

En considérant le rôle important que la Conjonction joue dans la phrase, on trouvera sans doute les données suivantes bien sèches et bien mesquines. Je sens cette imperfection mieux que personne, mais je ne pouvais m'étendre davantage sans sortir des limites que je me suis prescrites. Il aurait fallu, avant tout, faire une classification des différentes espèces de phrases, vu que les distinctions établies dans nos grammaires françaises sont, à cet égard, d'une imperfection désolante. Puis j'aurais eu à expliquer les combinaisons grammaticales que chacune de nos conjonctions sert à opérer, leur synonymie, et, pour rendre le travail complet, j'aurais été forcé d'établir des comparaisons entre la langue d'oïl et la langue fixée. C'est un ouvrage entier à faire. Comme à l'ordinaire, je me suis donc restreint, en général, à la partie étymologique.

A ce que: afin que; comme, pendant que.
En ce que: pendant que — parce que.

Qu'il te garde e deffende de tous maulx, par especial de mourir en pechie mortel, *à ce que* nous puissions une fois, apres ceste mortelle vie, estre devans Dieu ensemble. (Joinville.)

A ço qu'il al pruveire parlad, merveillus tumult en l'ost levad. (Q. L. d. R. I, p. 47.)

Cfr.: Et nous n'avons mie mestier de perdre nos homes, quar trop en avons petit *à ce que* nous en avons à faire. (Villeh. p. 40. LXII.)

à ce que = pour ce que.

    A ço qu'il siglent leement
    Leve li chlaz. (Trist. II, p. 80.)
    En çou que ele ensi parloit
    Li rois le regarde, si voit
    Les larmes des ix qui li cieent. (R. d. l. M. v. 1305-7.)

En ce qu'eles passoient la porte, si troverent la dame sor le pont. (R. d. S. S. d. R. p. 20.)

Il s'en partirent; et *en ce qu*'il avalerent les degrez de la sale, et il entrerent en la rue, le cri lieve de la gent qui pitie avoient du vallet qui alloit à sa destruction. (Ib. p. 24. 5.)

Car quant nos requerons lo repaus de la permanable pais, u *en ce ke* nos n'entendons voisousement u *en ce ke* nos ne savons humilement, si somes nos alsi com el numbre del robileu. (M. s. J. p. 496.)

Ans, ains, etc. — *Ançois, aingois*, etc.
(Cfr. Adverbe, Préposition.)

Cette conjonction adversative signifiait *mais, mais bien, mais bien plutôt;* elle resta en usage jusqu'au XVIe siècle. Il est à regretter que la langue fixée l'ait rejetée. On a déjà vu quelques exemples de *ains*, conjonction, au chapitre de l'adverbe [1].

La sapience ne gist mie en la deforaineteit des choses, *anz* s'atapist es choses nient veables. (M. s. J. p. 467.)

Il ne dort pas, *ançois* somelle,
Et or se dort et dont s'evelle. (P. d. B. v. 721. 2)

Ains que, anzois que, ains comme = antequam.

Mais *ains que* levast le soleil
Furent il es nefs par matin. (Ben. 1, v. 1276. 7.)
Eins qu'il seit en l'isle venu. (Trist. II, p. 62.)
Ains que .viij. jors passes eust
Mahons à sa dame revient. (R. d. M. p. 19.)

Anzois ke li humaniteiz fust apparue, si estoit receleie li benigneteiz. (S. d. S. B. p. 516.)

Gieres *anzois ke* ele manjoust sospiret ele, car premiers gemist ele es tribulations. (M. s. J. p. 470.)

Anchois k'issies de cest repaire,
Ares guerredon d'omme faus
Con trahitres et desloiaus. (L. d'I. p. 16.)

Ençois que cil assaut commençast, le samedi matin s'en vint un mes batant en Constantinople. (Villeh. 487 c.)

Un poi *ainceis que* jorz parust. (Ben. II, v. 704.)
Elas, tant ai dolour,
Ains con puis joie avoir d'amour. (Romv. p. 265.)

Al ains que signifiait *aussitôt que, le plut tôt que.*

Congie prist et sa veie tint
Et *al ainz que* il pout revint. (Chast. XIII, v. 35. 6.)

Com ains avait la même signification.

El chastel vint *cum il ains* pot. (R. d. R. v. 8476.)

Ainc que. Cfr. Adverbe p. 273.

---

(1) Je saisis cette occasion pour faire une remarque qui a été omise au chapitre de l'adverbe. Soit pour ménager l'espace, soit pour éviter des répétitions, j'ai souvent indiqué, hors de leur lieu, les divers emplois d'une particule. Ensuite, en ce qui concerne les adverbes et les conjonctions, un grand nombre des premiers s'employant en même temps comme conjonctions, il est souvent difficile de tirer la ligne de démarcation où une telle particule cesse d'être adverbe pour prendre le rôle d'une conjonction.

Or oies mervelles de Deu
Ki pour le roi vaillant et preu,
Faisoit miracles et vertus,
Ainc qu'il fust à se gent venus. (Phil. M. v. 3390-3.)

Alsi, ausi, aussi com et *que.*

Mais vos morreiz si com homme, *alsi com* se ele overtement disoit si com pecheor. (M. s. J. p. 456.)

Mais *alsi com* nos nos complaindons à nostre Sanior, quant nos cez choses avons oïes. (Ib. p. 491.)

Alsi savons nous bien que tu feroies de nos *alsi com* tu as fait des autres. (Villeh. 482ᵉ.)

Icis, *alsi ke* nos avons dit, quant il en Aurelie ot cure de sa herde, en ses jors fut uns hom d'onorable vie del mont ki Argentiers est apeleiz. (Dial. St. Grég.)

Dunkes cil ki sunt en amertume d'anrme convoitent del tot morir al munde, ke *alsi ke* il riens ne quierent el munde, alsi nes ait li siecles dont tenir. (M. s. J. p. 465.)

Plus tard, *alsi com, que* prit à peu près la signification de: *presque, pour ainsi dire.*

Ainsi que, ensi que, eissi que, issi ke.

Cette conjonction signifiait *ainsi que, de façon que, de sorte que, afin que.* Plus tard on lui donna le sens de *au moment que.*

Car ainsi plaist il à ols mismes, c'est k'il or poient faire franchement lor volenteit *ensi ke* nuls n'en parost. (S. d. S. B. p. 556.)

Se nos allons en Surie, l'entree del iver ert quant nos y vendrons, ne nos ne porrons ostoier; *ensi que* ert la besoigne nostre Signor perdue. (Villeh. 455ᵈ.)

Quant Renier de Trit le sot en la ville, si dota que il ne le rendissent à Johannisse, *ensi que* s'en issi à tant de gent com il pot et s'esmut à une jornee. (Ib. 479ᵉ.)

Par dreit besoig e par destrece
Estut Aulrez le tot gerpir
Eissi qu'il l'en covint foïr. (Ben. v. 27785-7.)

.... Et la presence de ceus ke le roy de Engleterre i enverra al jor et au leu avaunt nomez, *issi* k'il pussent veer ke cestes choses seiunt en bone foy acomplies. (1289. Rym. I, 3. p. 57.)

Car.

Dérivé du latin *quare*, ce mot a eu pour formes: *quar, kar, car, quer* (cuer, Trist. 1, 140). Outre l'emploi que nous faisons de *car*, l'ancienne langue s'en servait dans les phrases impératives et optatives. Nous remplaçons de *car* par une particule conclusive *(donc).*

Karles estoit à Aiz plains de duel et de rage,
Quar tuit li sont failli et prive et sauvage. (Ch. d. S. I, p. 64.)

Or n'en deit nus aveir pitie,
Quer il fu mort par malvestie. (Chast. XI, v. 111. 2.)
Quer qui sens a, si est montez
A totes les autres bontez. (Ib. prol. v. 57. 8.)

Cette forme *quer* est normande-picarde, de la seconde moitié du XIIIe siècle.

Naaman li cunestables de la chevalerie al rei de Sirie esteit huem de grant afaire, e mult henurez de sun seignur; *kar* nostre Sires out fait grant salud par lui en Sirie. (Q. L. d. R. IV, p. 361.)

Ceste pulcele parlad à sa dame, si li dist: Ha! *kar* fust mis sires od le prophete ki est en Samarie, pur veir tut en serreit guariz del mal dunt il est truvailliez. (Ib. ead.)

Damoisele, vos avez tort.
Car fussiez vos à lui au port
O il arriva hui matin! (Trist. I, p. 232.)
Roïne nete et pure,
Quar me pren en ta cure
Et si me medecine. (Ruteb. II, p. 100.)
Cumpainz Rollant, l'olifant *car* sunez. (Ch. d. R. p. 42.)
Dunt vus vient il, kil vus dona?
Kar me dites kil vus bailla. (M. d. F. Fr. 433. 4.)
Douce dame, *car* m'otroiez pour De
Un douz regart de vous en la semaine. (C. d. C. d. C. p. 56.)
Baron, dist li ainznez, et *qar* me consoilliez. (Ch. d. S. II, p. 96.)
Sires damoisiaus, *quar* chantes,
Par amors si vous confortes. (R. d. l. V. v. 3324. 5.)
Rois, *car* chevalche; porquoi es alentis? (O. d. D. v. 305.)

Car se trouve quelquefois comme terme d'affirmation.

Quant une altre ancele l'ot veut, si dist à ceos ki lai encore esteivent: *car* cist est de ceos. (Roquefort.)

Combien que: combien que; autant que; quoique, bien que.

Et por ce ke chascuns, *combien ke* il unkes ait en ceste vie esploitiet, sent ancor l'aguilhon de sa corruption. (M. s. J. p. 483.)

Ne vout covrir plus son deslei
Ne sa maute ne sa nonfei,
Cumbien que il s'en fust celez. (Ben. v. 30386-8.)
Combien que c'est chose assez accostumée. (Comines.)

Com que: quelque que, de quelque manière que (comment que);
comment que.

Car davant la fazon del onction de Crist ne porat esteir nule enfermetez de cuer, *cum* enviezice k'ele soit. (S. d. S. B. p. 532.)

Cum que li afaires seit laiz,
Ne *cum qu*'il seit vers tei mesfaiz,
Prie à genoilz de bon corage
Cum à seignor..... (Ben. v 23153-6.)

Mais, *cum que* seit ne cum avienge
Gart que le chastel puis ne tienge. (Ib. v. 29331. 2.)

Quar cil ki, *coment ke* soit, esgardent l'avenement de la diviniteit, eissent ja alsi com fors del habitacle de la char. (M. s. J. p. 488.)

Je di que nus hons . . . .
Comment que tres bien die ou face
Tant soit boins, ne biaus, ne parfais,
C'on ne sace à dire en ses fais. (R. d. l. M. Préf. VII.)
Mais nonpourquant pour moi deduire,
Comment ke il me doie nuire,
Enprendrai l'estore à rimer. (Phil. M. v. 44-6.)
Que ja tant com soie vis
N'isterai de sa baillie,
Comment que soie baillis. (Romv. p. 298.)

De ce, de ce est ke, de coi,

signifiaient *d'où vient que, voilà pourquoi.*

Et *de ce* semble à saint Paule ke . . . (M. s. J.)

Et *de ce* avient à la foiz ke il homme ki apres l'orguelh chient en luxure, ont . . . (Ib. p. 507.)

De ce dist bien li espouse ki sospiroit el desier de son espous. (Ib. p. 466.)

De ce est ke ceste visions est apeleie nocturneiz. (Ib. p. 479.)

Anzois desimes nos ke l'om devoit par lo ciel entendre l'air, *de ce est ke* nos disons li oiscal del ciel. (Ib. p. 500.)

Deci que, desci que, dessi que, deci adont que, deci atant que: jusqu'à ce que.

Desi ke en Bretaine sont. (R. d. R. v. 427.)
Au message creantet ont
K'eles jamais ne mangeront
*Desci qu'*eles poront savoir
S'il est u mors u vis por voir. (L. d'I. p. 25.)
Ains ne fina d'esperoner
*Dessi k'*il vint as cols donner. (R. d. l. M. v. 2751. 2.)
Et si s'afiche bien et jure
C'ariere ne retornera
Deci adont que il aura
Le rossegnol que il n'avoit
Oï .j. an passe estoit. (L. d. T. p. 74.)
Deci atant que prime sonne. (N. R. F. et C. I, 323.)
Ce dont à muser me donna
Que huimais aise n'en seray
Desy atant que le saray. (R. d. C. d. C. v. 3946-8; cfr. 4208.)

Des que, simplement, dans le même sens. (V. L. d. G. p. 184, 35.)

Dementres, dementiers que — endementres, endementiers que: tandis que.

Dementres qu'od lui sejorna,
Maint riche aveir li presenta. (Ben. v. 30748. 9; cfr. 10839.)
Dementiers que li plais dura,
Graelent pas ne s'ublia. (M. d. F. I, p. 534.)
Endementres ke là irai ... (R. d. R. v. 12063.)

Endementiers que l'empereres Alexis fu en cele ost, si ravint une mult grant mesaventure en Constantinople. (Villeh. 456[b].)

Andemantiers qu'il parolent ainsis,
Esvos la dame qui de la chambre issi. (R. d. C. p. 321.)

Dès que: dès que; aussitôt que; depuis que.

Sacies que il les vengeront
Dès que lui et aise en aront. (Brut, v. 535. 6.)
*Dès qu'*ele l'ocoison saura,
S'ele puet, oblier li fera ... (Fl. et Bl. v. 325. 6.)

Et ce fu li tiers feus en Constantinople *dès que* li Franc ... vindrent el païs. (Villeh.)

Devant que — devant ce que — par devant ce que.

Comme on a vu *devant* pour *avant*, on trouve *devant que* pour *avant que*, et même *par devant que* dans le même sens. *Devant ce*[1] *que* et *avant ce que* signifiaient simplement *avant que*.

Ne me puis an mon cuer trover nule raison
Que pardoner li puisse ne ire ne tançon
Devant que je l'aie feru sor le blazon. (Ch. d. S. II, p. 31.)
Ja de cest camp vis ne fuirai
Devant que venqus les arai. (Brut, v. 13289. 90.)

Mais ço li mandad que devant li ne venist *devant ço que* il li menast Micol la fille Saul ki out ested femme David. (Q. L. d. R. II, p. 130.)

Quant me fera Dieu ceste grace que veoir le puisse une fois, *avant ce que* la mort me prengne? (Roquefort.)

Honors et terres assez nos donries
Si con faisies à poures soldoiers,
Par devant ce que en prison fussies. (O. d. D. v. 10250-2.)

Dusque; jusque, josque; jesque; tresque, trosque, etc.
(Cfr. *jusque*, préposition.)

Ains nel crei li rois *dusque* l'ot esprove. (R. d'A. p. 339, v. 8.)

... Quant li Judeu mainent en fuillees, en monument e remenbrance que il mestrent lunges à mesaise, en loges e en fuillees, *jesque* Deu les mist en terre de promissiun, en certaine statiun. (Q. L. d. R. I, p. 2[a].)

---

(1) Cette intercalation du pronom *ce* se faisait après les prépositions *dès, avant, devant, jusqu'à, après, pendant, sans, pour, par*. Il ne nous est resté de cet ancien usage que *jusqu'à ce que, par ce que*.

En France dulce le voeil aler querant,
Ne finerai en trestut mun vivant
Josqu'il seit mort u tut vif recreant. (Ch. d. R. p. 103.)
Quant Menelax ot Troie assise
Ainc n'en torna *tresqu*'il l'ot prise. (Brut, I, XXIII.)

Au lieu de ces formes simples, on employait encore des combinaisons semblables aux suivantes:

Dont apiela le mareschal, et li dist que il ne se meust *tresch'adont que* li castiaus fu refremes ensi comme il estoit devant. (H. d. V. p. 186. XI.)

Querons lor qu'il le nos aient à conquerre et nos lor respiterons les trente mille mars d'argent que il nos doivent, *trosque adonc que* Diex les nos laira conquerre ensemble nos et els. (Villes. 440ᵈ.)

O cum est bienaurouse li conscience où tels maniere de lute est ades, *enjosk'atant ke* ceu ke morz est soit absorbit par la vie et *enjosk'atant ke* li crimors soit esvendiee ki en partie est et li leece encomenst ke parfeite est. (S. d. S. B. Roquefort suppl. *auros*.)

Doncies lur sunt unes blanches stoles, et dit lur est k'eles reposassent encore un poi de tens, *des atant ke* li numbres de lur peirs sers et de lur freres soit acomplis. (St. Grég. Dial. Roquefort *stole*.)

Trosque, *tresque*, s'employaient pour *dès que*, *aussitôt que*. C'est encore une preuve pour l'origine que j'attribue à ces formes.

Qui dame trice u qui li ment,
Trosqu'ele l'aime loiaument,
Cil soit par tot le mont trecies,
Et mal venus et mal traities. (P. d. B. v. 5475-8.)
Mais *tresque* vus, amis, l'orrez (ma mort)
Jo sai ben que vus en murrez. (Trist. II, p. 76; cfr. p. 84.)
Tresque premiers remirai sen viaire. (Romv. p. 299.)

L'idée de *dès que*, *depuis que*, *aussitôt que*, s'exprimait encore par *tres dont que*.

Qui faite m'a si grant honeur
Que par sa debonairete
M'a jetee de povrete
Tres dont k'escapai de la mer? (R. d. l. M. v. 1856-9.)
Car *tres dont que* premiers vo vi
Et que vostre biaute choisi. (R. d. C. d. C. v. 3515. 6.)
Et la fu Jacop entieres
Tres dont k'il fu à fin ales. (Phil. M. v. 11036. 7.)

Remarquez enfin *tres çou que* = dès, depuis que.

Si comme cil ki soujourne
I ot lonc tans . . . . . .
Tres çou k'il ot vencu Jaumont. (Phil. M. v. 4578. 9; 82.)
Tres che que jou l'esgardai. (Romv. p. 286.)

Entrues que, *entreus que:* pendant que.

Et ses mençongnes li disoit,
Entrues que ses gens combatoient,
Ki la mort proçaine atendoient. (Phil. M. v. 9671-3.)
Hyraus crioient ja lachies,
*Entrues qu'*il en la ville entroit. (R. d. C. d. C. v. 3268. 9.)

Et, e: et.

Les Serments donnent à cette conjonction la forme *et;* le Fragment de Valenciennes, *et, e;* la cantilène sur S¹ᵉ Eulalie *et* (un seul exemple et devant une voyelle). Les monuments des âges suivants offrent presque sans exception *et*, dans les dialectes bourguignon et picard; *e*, dans le dialecte normand et les provinces immédiatement soumises à son influence. La position devant une voyelle ou devant une consonne n'a aucune influence sur la forme de *et*, tandis qu'en provençal on écrivait *e* devant les mots qui commencent par une consonne, *et* devant ceux qui commencent par une voyelle.

Et bien moi ramembret ke jo droites choses ai fait. (M. s. J. p. 483.)
Et en estant raparilhat les ocz. (Ib. p. 485.)
Regehons *et* aorons en la soveraine Triniteit. (S. d. S. B. p. 522.)
Et si nos eswardons la cause de nostre exil. (Ib. ead.)
E leverent un cri Saul *e* ces ki furent od lui. (Q. L. d. R. I, p. 47.)
E encuntre Deu ne pecherez. (Ib. I, p. 50.)

Et ne se place d'ordinaire que devant le dernier membre d'une énumération, cependant pour appuyer, on peut, comme en latin, le répéter devant chacun de ces membres.

Et in adjudha *et* in cadhuna cosa. (Serments.)
Cors est li ciez *et* la terre *et* la meirs, *et* totes les veables choses....
(M. s. J. p. 484.)

L'emploi de la conjonction *et* ne se restreignait pas à la liaison des phrases; elle servait souvent d'intermédiaire au passage de la compellation [1] à la demande, à l'exclamation ou à la réponse.

Sire pere, fait il, *e* vus que m'en loez? (Th. Cantb. p. 14, l. 19.)
Comment as tu en non? Ne me le celes ja;
Et tes freres ensement, où tant de biaute a.
Et Regnaut respondi: *et* on le vous dira. (Fierabras III.)
Amis, dist il, *e* jel otrei. (R. d. R. v. 7287.)

Nous disons: *tête à tête, mot à mot, seul à seul, près à près*, etc. L'ancienne langue se servait, dans ce cas, de *à* et de *et*.

Onques rien n'i laissa por nule coardie
Que ce que li rois mande *mot et mot* ne lor die. (Ch. d. S. II, p. 46.)

---

(1) On me permettra d'employer le substantif *compellation*, puisqu'on se sert de l'adjectif *compellatif*.

E li dux lor conte e retrait
La grant merveille eissi tresot
Cum il li avint, *mot à mot*. (Ben. v. 25215-7.)
Ben se desfent li Danois et sa gent
Que *per à per* n'i perdist il noiant;
Mais tant i vienent Angevin et Normant... (O. d. D. v. 7989-91.)
Bras à bras furent longuement. (R. d. l. M. v. 6510.)
Petit e petit est venuz à repentance. (Th. Cantb. p. 93, v. 12.)
Atant une arme vint al lit,
Pas por pas, petit *et* petit. (P. d. B. v. 1121. 2.)
E furent il dui *sul e sul* al champ. (Q. L. d. R. III, p. 279.)
Par *dous et dous* tant solement. (Chast. X, v. 60.)
En ordre viengent *un et un*. (Ib. XIII, v. 173.)
Li barunz manda un e un. (R. d. R. v. 11282.)
Pres à pres vienent lor conrei,
Desoz les heaumes mu e quei. (Ben. v. 33478. 9.)
Jamais jour ne serai restans
En .j. leu .ij. nuiz *pres à pres*;
Ains cerquerai et lonc et pres
Tant que jou en sarai nouviele. (R. d. l. V. v. 4282-5.)

Giers, gieres.

Conjonction conclusive signifiant *ainsi, donc, c'est pourquoi*. *Giers* doit dériver de *ergo* de la manière suivante: de *erg* on fit *ierg*, puis l'*i* devint *j*, d'où *jer, ger*, qu'on diphthongua de nouveau en *gier*, et, avec *s* additif, *giers*. *Giers* ne se trouve du reste que dans quelques-uns des plus anciens monuments de la langue d'oïl.

Giers mult devons estre sonious ke pau ne soit de noz biens et ke il ne soient senz discussion. (M. s. J. p. 447.)

Gieres de totes parz nos vient devant la sovraine mezine. (Ib. p. 506.)

Ja soit ce que, ja soit que.

Cette locution conjonctive est restée longtemps en usage au palais, sous la forme *jaçoit que*. La Harpe a blâmé J. B. Rousseau de s'en être encore servi. *Ja soit ce que, ja soit que* signifiaient *quoique, bien que*. Inutile de dire que le présent du subjonctif *soit* pouvait être remplacé par l'imparfait *fust*.

Car cil ki apres lo visce de lor malvoisdie repairent az ploremenz, *ja soit ce ke* il pris soient, nequedent ne muerent mie. (M. s. J. p. 446.)

Ja seit iço que il nostre Seignur cultivassent, à ces ydles servirent que les genz cultiverent dunt il furent venuz. (Q. L. d. R. IV, p. 404.)

*Ja feust ce k'*il ne feussent mie venuz... (Rym. I, 2. p. 320.)

*Ja soit k'*il li ait anoie. (R. d. M. p. 48.)

On trouve encore *ja soit ce chose que, tout soit que* et même *tout*, employé seul, dans le même sens. *Tout* pour *quoique* est de la fin du XIIIe siècle.

Lues que: dès que, aussitôt que.

Mais *lues qu*'il furent fors issu
Cil del ost i sunt acoru. (Brut, v. 13575. 6.)
Tout maintenant la compaignie,
Lues que la parole a oïe,
Li proie . . . . . (R. d. M. p. 28.)
  Mais ce vos prueve
Que Dex sans faille o eus n'est pas,
Lues qu'il issent de ceste esprueve,
Et rendent l'ame ou vies ou nueve
Qui tos les biens et les maus troeve,
Lues qu'ele est venue au trespas. (V. s. l. M. XLII.)

Mais, meis, mes, mex.

Ne nos covient donkes mies resteir, et molt moens nos covient ancor rewardeir ayere, ou nous ewier as altres, *mais* mestier nos est ke nos corriens et ke nos nos hastiens en tote humiliteit. (S. d. S. B. p. 567.)

Ensi ke tu ne quieres mies ta glore, *mais* la seye. (Ib. p. 563.)

Sire, touz jours vous ei ame;
Meis n'en ai pas à vous palle. (R. d. S. G. v. 801. 2.)

Mex nos cuens de B(orgogne) en porriens retenir en cest cas trois mille livres. (1291. M. s. P. I, p. 377.)

Mais formait avec *que* une locution conjonctive, dont la signification était *pourvu que*.

Et vostre volente ferons
Mais que nous partissons tout .iij.
Au gaaig. (R. d. l. M. v. 4830-2.)
Il ne lor chaut, *mes qu*'il lor plese,
Qui qu'en ait paine ne mesese. (Ruteb. I, p. 193.)
Mais or n'i ait nul contredit
Ains me prestes armes nouvieles,
Moi ne caut, ou laides ou bieles,
Mais que fors soient et serrees. (R. d. l. V. v. 1752-5.)
Se or le m'ofre, ja refuser nel quier,
Et pardonrai trestot, par saint Richier;
Mais que mes oncles puisse à toi apaier. (R. d. C. p. 90.)

Manes que: aussitôt que.

Manes ke il out entremelleit de la grevance dele enferteit, si mostrat il par sormonte de discretion, par com grand songe l'om doit enquerre les pechiez. (M. s. J. p. 511. 2.)

Mais *manes* ke la raisons repairet al cuer, manes soi rapaisentet la granz noise. (Ib. p. 496.)

Nes que — ne que,
signifiaient *non plus que, pas plus que.*

Ne li grevoient cop d'espee
Nes que englume fait martel. (R. d. C. d. C. v. 3306, 7.)
Je ne me fie en eulx *nes qu*'en oysel volant. (Bert. Guesclin v. 11104.)
Li hauberz ne li vaut *ne que* feist cendax. (Ch. d. S. II, p. 114.)

Voyez une orthographe *neques* (Ib. p. 140), qui est incorrecte.

Des yex dou cuer ne veons gote,
Ne que la taupe soz la mote. (Ruteb. I, p. 245.)
Il n'a ne creance ne foi
Ne que chiens qui charoingne tire. (Ib. I, p. 217.)
Mes ne valut *ne que* devant. (Ib. II, p. 113.)
Que ne durent terme n'espace,
Ne que la fleur des champs qui passe. (Th. Fr. M. A. p. 306.)
Richart, *ne que* espuchier
Puet on la mer d'un tamis,
Ne vous vauroit mais caitis
C'on ne puet musart castoier. (Romv. p. 327.)

Ces phrases comparatives où les deux membres sont également niés (ne ... ne que), se trouvent rarement renversées comme dans le dernier exemple, où *ne que* est dans le premier membre.

Cfr. le latin non...non (aliter) quam au sens de non...non magis, que la langue d'oïl rendait encore par *ne...ne (nient) plus com.*

Nekedent, nequedent. — Porquant. — Neporquant, nonporquant, namporquant. — Portant. — Nonportant.

Toutes ces formes signifiaient *pourtant, cependant, néanmoins.* *Nequedent* se décompose en *ne-que-dent*, et *dent* est une altération de *dont* (Cfr. le provençal *nequedonc* Lex. Rom. IV, 313, que Raynouard dérive très-faussement de nequando). *Porquant* = *por-quant* est le corrélatif de *portant* = *por-tant*. (Voy. l'adverbe.)

Ellevos en ta main est, mais *nequedent* l'anrme de lui garde. (M. s. J. p. 448.)

Et cant il saillent en paroles de rampounes, si perdent la cause de pieteit par cui il erent là venut; et *nekedent* ce ne font il mie par male entention. (Ib. p. 475.)

Nequedent par lo main puet la prosperiteiz, et par lo vespre li adversiteiz de cest munde estre signifie. (Ib. p. 509.)

S'ame et infier grant painne a:
Nequedent la gent forsenee
Cuident que el ciel soit montee. (R. d. M. p. 78.)
Al disme an fu Hector ocis:
S'en estut mal à ses amis,

Porquant moult bien se desfendirent
Et grans estors as Grius rendirent. (P. d. B. v. 247-50.)
Mes à char nel tocha par male destinee,
Porgant si bien l'ampaint q'il l'abat an la pree. (Ch. d. S. II, p. 118.)
Purquant pur cele messe que il idunc canta
Li evesques de Lundres, qui pur le rei parla,
Par devant l'aspostolie puis l'en acusa. (Th. Cantb. p. 17, v. 26-8.)
Voy. Ben. v. 36395. R. d. M. p. 67. R. d. C. p. 87. etc.
Mais *neporquant*, se leus estoit,
Sens et memoire d'ome avoit. (L. d. M. p. 51.)
Nel puet nomer, et *neporquant*
Balbie l'a en souglotant. (P. d. B. v. 7245.6.)
Ne porent à terre venir,
Ne en Normendie revertir,
E *nepurquant* si prez se tindrent,
Que en l'isle de Gersui vindrent. (R. d. R. v. 7933-6.)
Namporquant je pris miex savoir
C'avoir. (R. d. l. V. v. 4. 5.)
Cfr. v. 1979. L. d'I. p. 19. etc.

La syllabe initiale de la forme *namporquont* représente une altération de *non*, dont le *n* final s'est permuté en *m* devant le *p*. (Cfr. neporoc.)

Neporoc, *neporhuec*, *nepuroc*, *namporoc*, etc.

s'employaient dans le même sens que les locutions conjonctives précédentes. (Cfr. *poroc*, adverbe.)

Nonporhuec por lo test puet l'om entendre la fragiliteit de nostre mortaliteit. (M. s. J. p. 449.)

Nonporhuec par les tenebres puent estre signifiiet li repuns jugement. (Ib. p. 457. 8.)

Et *namporoc*, s'en ai grant paine. (Brut, v. 11823.)

La forme suivante prouve que le syllabe initiale *nam* est une altération de *nom* pour *non* (cfr. namporquant).

Nomporoc bien les consilla. (Brut, v. 3353.)
E *neporoc* nen out haut home
Dès Alemaigne desqu'à Rome,
Qui ne desirast cherement
Le suen sage seignorement. (Ben. v. 41721-4.)
E *nepuroc* quant il voleient,
Del un liu al autre veneient. (M. d. F. II, p. 473.)
Par foi! asses le dehaignon;
Nonpruec me sanle il trop vaillans,
Peu parliers et cois et chelans,
Ne nus ne porte meilleur bouque. (Th. Fr. M. A. p. 81.)

Partant ke, portant ke: parce que.

Cest jor ne requieret mie Deus et nel alume mie de lumiere, quand il en la venjance del dairien jugement ne choset mie, *partant ke* nos l'avomes vengiet par repentance. (M. s. J. p. 457.)

Dunkes *partant ke* li anrme sentet tost son pechiet, et restrendet en repentant sa tyrannie desoz sa sengnerie, soit dit à droit... (Ib. p. 461.)

Dunkes, *partant ke* des aerienes poesteiz vient la flamme d'envie encontre la netteit de noz penses, si vient li fous del ciel az berbiz. (Ib. p. 501.)

Je lui dis que bien en estoie certains, et le croi fermement, *pourtant que* ma mere le m'avoit dit par plusieurs fois. (Joinville.)

Pues que, puis que, pois que: depuis que, dès que, puisque.

Ke poroie ju dotteir, *puez ke* li Salveires est venuiz en ma maison? (S. d. S. B. p. 548.)

Quels chose puet estre plus nondigne, et ke plus facet à haïr et plus griement à vengier, ke ceu ke li hom s'esliecet desormais sor terre, *puez k*'il voit ke Deus est devenuiz petiz. (Ib. p. 535.)

Sulunc tutes les ovres que fait unt, *poi que* jos menai hors de Egypte, desqu'à cest jur. (Q. L. d. R. I, p. 27.)

Puis ke fame enprent une chose,
Moult à enviz dort ne repose,
Tant k'ele en puist à chief venir,
Que q'apres en doie avenir. (Dol. p. 171.)

Puis que Diex eut establies les lois,
Par nule guere ne fu si grans effrois. (R. d. C. p. 97.)

C'est grant pities et grant doleur
Quant jentil femme pert s'oneur,
Puis qu'elle voelle à bien entendre. (R. d. l. M. v. 5117-9.)

Ja *puis qu*'il ert sacrez, n'ert à vos leis suzmis. (Th. Cantb. p. 14, v. 23.)

Puis que somes ausamble, s'or estoie .i. bergier
Ou gaite de chastel ou ribaut ou fornier,
Si vos covient à moi, ce m'est vis, tornoier... (Ch. d. S. II, p. 171.)

Et il jura que *puis que* Lombart ne voelent enviers lui faire pais ne accorde, que il saura se Lombart aront pooir contre lui. (H. d. V. p. 221. XXIX.)

Mais je lairai le duel ester,
Pour vous me volrai conforter,
Puis ke hebregies estes chi. (R. d. l. V. v. 1643-5.)

On voit que *puis que* s'employait: *a)* quand on voulait indiquer dans la phrase subordonnée le moment *après* lequel le contenu de la phrase principale se réaliserait; *b)* quand on désignait la durée à partir d'un moment déterminé; enfin *c)* pour exprimer l'idée de causalité.

A poi que-ne; à petit que-ne: peu s'en faut que ne.

Li maronier l'ont escrie,
Et de lor aviron gete;
Li uns l'a d'un baston feru:
A poi k'il *ne* l'ont retenu. (L. d. M. p. 52.)

Et Lorois, qui les esgarda
A poi que il *ne* s'en pasma. (L. d. T. p. 79.)
Salorez est cheuz, dus Naymes chancelez,
A petit que il *n*'est do tot desafautrez. (Ch. d. S. II, p. 174.)

On disait aussi *por* ou *par poi, petit que-ne*, ou avec l'article indéterminé *por un poi, petit que-ne*. (Cfr. Adverbe).

Por ce que ou *par ce que:* parce que.

La première de ces combinaisons est la plus fréquente dans l'ancienne langue; elle resta en usage jusqu'à la fin du XVIe siècle. J'ai déjà parlé de la confusion de *per* et *pro:* j'ajouterai ici que la raison immédiate de l'emploi de *pour que* dans les phrases causatives se trouve déjà dans le latin.

Par ce que nous donne la cause et le motif, il répond au latin *quia* et *quod*. *Por ce que*, *par ce ke*, *por que* et *par que*, servaient aussi pour notre *afin que, pour que*.

Par ce ke la fumeie tuerblet l'oelh, si at nom la confusions de nostre pense fumeie. (M. s. J. p. 459.)

Et *par ce ke* nos veons ce ke fait est, nos merveilhons nos del force del faiteor. (M. s. J. p. 478.)

Mais la raihnable creature, *par ce ke* ele est faite al ymagene de son faiteor, est gardeie ke ele à nient ne trespasset. (Ib. p. 485.)

Car li set filh ne puent parvenir à la perfection del numbre de dis, se tot ce ke il font n'est en foid et en sperance et en cariteit; et *par ce ke* cest habundance de vertuz ki devant s'en vat, sict plaintive pense de bones oevres, vient à droit apres. (Ib. p. 495.)

Dunkes diet l'om ù il demorat, *par ke* ses los croisset, cant il fut bons entre les malvais. (Ib. p. 441.)

Si guerroierent lor segnor:
Per ço qu'il orent bone aïe
Desdegnierent sa segnorie. (P. d. B. v. 174-6.)

Et por kai dient eles ceu? *Por ceu k*'eles en lor vaissels nen ont poent d'oile. (S. d. S. B. p. 564.)

Pur ço que tu as oud fiance al rei de Syrie, e nient en nostre Seignur, li oz de Syrie te est eschapez. (Q. L. d. R. III, p. 304.)

Por que (Fragm. de Val. 1. 12 v°).

Quar quand li bon ont mal et li mal bien, pues cel estre l'om entent ke ce soit *por ce ke* li bon se il ont aleun mal fait, en rezoivent ci la paine, *por ke* il plus plainement soient delivreit de la permanable dampnation; et li mal truisent ci lur biens cui il font por ceste vie, *por ke* il en l'altre soient plus delivrement trait az tormenz. (M. s. J. p. 463.)

Je rappellerai ici les combinaisons *par ce* et *por ce, por quoi* et *par quoi*, qui signifiaient *(c'est) pour cela (que), (c'est) pour quoi*.

Par ce est dit ù li sainz hom demoroit, ke li merites de sa vertut soit expresseiz. (M. s. J. p. 441.)

Par ce siut bien apres. (Ib. p. 505.)

Por ceu voil bien, chier frere, ke vos sachiez ke tuit cil enseuent l'anemin avuertement... (S. d. S. B. p. 573.)

Atant entendid Jonathas que sis peres out estrussed que David ociroit. *Pur ço de la table à grant ire levad, e al jur de pain ne gustad.* (Q. L. d. R. I, p. 81.)

Pour quoi, par quoi étaient tout aussi indépendants dans leur emploi que *por ce,* et on les trouve souvent après un point au commencement d'une phrase.

C'est aux XIVe, XVe et XVIe siècles, que *pour quoi* et *par quoi* eurent leur grande vogue.

Por quoi s'employait encore pour *pourvu que.* (Fabl. et C. II, p. 152.) Je dirai en passant que *por que* se trouve avec le même sens. (R. d. l. M. v. 5603.) Cfr. Adverbe *poroc.*

Que.

Cette conjonction doit dériver de *quid*, ainsi que le prouvent les formes *quid* des Serments, et *qued* (devant une voyelle) de la cantilène sur sainte Eulalie v. 14. 27. Le pronom *quid* serait donc devenu d'abord pronom relatif abstrait, c'est-à-dire qu'il n'aurait plus eu de genre, puis il aurait pris le rôle d'une conjonction.

Outre ce *que*, il y en a un qui sert à lier le second membre de la phrase comparative; il répond au latin *quam* (ut, ac, atque). *Que* est-il ici le même que l'autre ou dérive-t-il de *quam?*

La conjonction *que* (quod) peut être supprimée, soit que grammaticalement les deux phrases soient séparées, c'est-à-dire que le verbe de la seconde est à l'indicatif; soit que les deux phrases soient grammaticalement unies, c'est-à-dire que le verbe de la seconde est au subjonctif. Cette dernière suppression du *que* était encore en usage au XVIe siècle.

Quant l'arcevesque vit, tuit se tindrent al rei. (Th. Cantb. p. 102, v. 1.)

Jamais en cort ne series troves
Come traitres ne fussies demostres. (O. d. D. v. 4526. 7.)

Garde plus ne li faces mal. (Ben. v. 25655.)

Par sainte obedience defent nes (les leis) tiengiez mie.
(Th. Cantb. p. 23, v. 30.)

Je porterai l'attention sur une ellipse semblable du *que* comparatif devant une phrase complète.

Fi, fi, plus puent ne fait fienz. (Fab. et C. I, p. 284.)

Miex vault prendre, ce m'est avis,
Ne face atendre le cuidier. (Romv. p. 381.)

On se souvient que *de* remplaçait *que* après le comparatif; ce *de* peut également être supprimé, surtout devant les noms de nombre, après *plus*.

Fiers e hardiz plus leoparz,
Od les glaives les esboelent. (Ben. v. 22375. 6.)
Paien d'Arabe s'en turnent plus .c. (Ch. d. R. p. 137.)

Que avait le sens exact ou approximatif de: *afin que, pour que, parce que, vu que, de manière que, de sorte que.*

Filz, esgarde com li formiz
Porchace son vivre en este,
Que en hiver en ait plante. (Chast. prol. v. 192-4.)
Ses homes fist Artus armer
Et ses batailles ordoner;
Quel hore que Romain venissent
Que prestement les recoillisent. (Brut, v. 12708-11.)

Sa victoire i fist metre, escrire et seeler,
A beles letres d'or dou meillor d'outremer:
Ce fist il *que* li Saisne s'i poissent mirer;
Sovantes foiz avoient telant de reveler. (Ch. d. S. II, p. 189.)

Por ce que sermoner me grieve,
Le prologue briefment achieve,
Que ma matire ne destruie. (Ruteb. II, p. 158.)

A la curt en ala sainz Thomas li bons prestre,
E prist les armes Deu, *que* seurs peust estre. (Th. Cantb. p.20, v.27.8.)

L'autrier .i. jor jouer aloie
Devers l'Auçoirrois saint Germain,
Plus matin que je ne soloie,
Que ne lief pas volentiers main. (Ruteb. I, p. 213.)

Adonques traist l'espee *q*'il se voloit ocire. (Ch. d. S. II, p. 148.)

E mistrent grant paine à la ville prendre; mais ne poet estre, *que* la ville ere mult fort et mult bien garnie. (Villeh. 479ᶜ.)

Affuble toi *que* trop es nus. (Fab. et C. I, 378.)
Li preudon fu viex devenu
Que viellece l'et abatu,
Qu'au baston l'estuet sostenir. (Ib. t. IV, p. 479.)

Que — que: et — et, soit — soit.

M. Diez (III, 73.) range ce *que-que* parmi les pronoms. Pour s'expliquer *que-que* de cette manière, il faut considérer *que* comme un pronom neutre, et on ne peut partir de ce point de vue sans faire violence au génie de la langue d'oïl. M. Diez s'est probablement laissé tromper par la comparaison d'un emploi assez extraordinaire de l'allemand *welches, was. Que-que* répond exactement, pour le sens, au latin *qua-qua: Qua dominus, qua advocati* (Cic. Att. 2, 19). La permutation de *qua* en *que* n'a en outre rien que de fort naturel; aussi regardé-je *que-que* comme une simple traduction du latin *qua-qua*.

En trente leus esteit l'occise
Del englesche gent entreprise;

Qu'en cler sanc d'eus, *que* en boele,
Qu'en piez, qu'en mainz, *que* en cervele,
I entroent, ce sui lisant,
Desqu'as chevilles li Normant. (Ben. v. 27255-60.)
An .viij. jors plains, ce saichies, sans targier,
Que d'un *que* d'autre orent .xxx. millier. (R. d. C. p. 331.)
Bien en ont .xxx., *que* mors, *que* confondus,
Et bien .L., *que* pris, *que* retenus. (Ib. p. 152.)
E furent bien mil chevalier.
Que d'une part, *que* d'autre, au mains. (Romv. p. 497.)
De pite eurent bien leur part,
Que pour leur dame, *que* pour lui,
Qui par traison ont anui. (R. d. l. M. v. 5406-8.)

Que que, coi que: au moment que, pendant que.
Que q'ansi vont disant, vers lui sont aprochie. (Ch. d. S. I, p. 254; cfr. II, 78. 79.)

Et *que que* il s'esmerveilloit
Fors de la forest issir voit
liij .xx. dames tot alsi. (L. d. T. p. 77.)
Aucune foiz sa robe ardoit
Que que vers le ciel regardoit. (Ruteb. II, p. 214.)
Coi que la biche se gaimente,
Gerars revint de pasmison. (R. d. l. V. v. 2085. 6.)
Coi que les pucieles contendent,
Li Saisne lor chevaus destendent
Quant voient abatu Gontart. (Ib. v. 2754-6.)

Se — Si.

Je réunis ces deux formes afin de les mieux différencier. *Se* dérive du latin *si*; c'est notre conjonction *si*. (Italien et portugais *se*; provençal et espagnol *si*.) La forme primitive de *se* paraît avoir été *si*: mais, déjà à la fin du XIIe siècle, on voit tantôt *si*, tantôt *se*; puis *se* devient général, sans doute pour le différencier de *si*, adverbe et conjonction. Cependant *si* ne disparut pas entièrement, mais les exemples qu'on en trouve au XIIIe siècle, doivent être le plus souvent considérés comme des fautes des copistes (cfr. ne). On trouve même *si* pour *se* et *se* pour *si*. En Normandie, *si* se maintint un peu plus longtemps que dans les autres dialectes.

Dans les conjurations et dans les serments, on se servait du subjonctif après *se*, qui reste cependant conditionnel. *Se Dieus me consaut, me saut*, etc. sont des phrases qui reviennent à chaque instant.

Si dérive du latin *sic*; il avait divers emplois que je vais chercher à expliquer.

Si avait la fonction de simple copule, comme notre *et*. On l'employait en poésie et en prose, mais surtout dans le récit. Les auteurs du XVe siècle en faisaient encore usage. *Si* s'employait d'ordinaire quand le sujet des phrases restait le même; il se plaçait au commencement de la phrase, immédiatement avant le verbe, à moins qu'il n'y eût des pronoms qu'on prépose toujours à ce dernier ou des négations.

E il en despit del rei asistrent les cieus, e les clops, e les leprus as kernels de la cited, *si* distrent al rei. (Q. L. d. R. II, p. 136.)

E l'um le nunciad al rei que il ert venuz, *si* vint devant le rei, *si* aurad à terre le rei, puis *si* li dist. (Ib. III, p. 223.)

La seconde phrase a-t-elle un nouveau sujet, on l'unit à la première par *et*.

E cil de Gadre vindrent encuntre David e il les saluad. (Ib. ead.)

Cependant, à la fin du XIIIe siècle surtout, il n'est pas rare de voir figurer *si* pour *et*, quand les sujets sont différents. C'est une extension abusive de l'emploi de *si*, occasionnée sans doute par la fréquence de ce mot.

On rencontre souvent *et* où *si* aurait pu trouver place. C'était, en certains cas, pour varier les formes; autre part, la négation semble avoir de l'influence sur l'emploi de *et*.

E David guastout tute la terre, e n'i laissad vivre home ne femme. (Q. L. d. R. I, p. 107.)

E li Philistien s'asemblerent e vindrent en terre de Israel, *si* s'alogierent en Sunam. (Ib. ead. p. 108.)

Fort souvent la conjonction *et* prenait sa place ordinaire devant le *si*.

Oiez chançon, et si nos faites pais. (R. d. C. p. 3.)

Jo te liverai tun enemi, e si li fras quanque te plarrad. (Q. L. d. R. I, p. 93.)

Si, *et si* servaient en outre de conjonctions adversatives.

Si, adverbe, remplaçait, en nombre de cas, le composé *ainsi*, et il n'est pas rare qu'on le puisse traduire par *aussi*, *pareillement*.

Bien moins souvent que les autres langues romanes, le provençal et la langue d'oïl faisaient usage de *si* (= sic, synonyme d'*ita*) comme adverbe d'affirmation. D'ordinaire, on l'employait en opposition immédiate avec *non*, et quand il s'agissait de répondre à une assertion négative ou à une demande qui exprime le doute. Cependant ce n'est pas une règle fixe, et, dans les plus anciens temps surtout, on voit souvent *oïl* où *si* pourrait figurer.

Je ne parle pas de *si* adverbe de comparaison (Voy. *tant*.).

Et *se* ceu ne li est mies asseiz, *se* li donrai ancor avoc ceu lo sien cors mismes, car cil est del mien cors, *et si* est miens. (S. d. S. B. p. 549.)

Si Criz donat son propre sanc por lo rachatement des ainrmes, ne te samblet il... (Ib. p. 555.)

Et por ceu ke li nons et li malice des persouors soit lonz de nos, *si* vos prei ju... (Ib. p. 557.)

Mais nen est ancore mies asseiz *se* li serjanz lait.... (Ib. ead.)

E puis, *si* te plaist, cunge me dunc que jo repaire à ma cited. (Q. L. d. R. II, p. 195.)

Se nos par lo jor entendons la joie del delit, à droit est dit le ceste nuit. (M. s. J. p. 462.)

Se uns mors et uns vis astoient en un liu, ja soit ce ke li mors ne veist lo vif, *si* verroit li vis lo mort. (Ib. p. 465.)

 Pour coi vous estes revenu
 Ne sai, *se* vous ne le me dites. (R. d. M. p. 55.)
 Se jo ne sui fille de roi,
 Si sui je fille à rice conte,
 Si me covient garder de honte. (P. d. B. v. 10216-8.)
 Povre sont tuit et jo *si* sui. (Ib. v. 2583.)
 Li rois respont: Or soit dont *si*. (Ib. v. 2795.)
 Partonopeus nel fait pas *si*. (Ib. v. 7608.)
 Lez fu donques, n'out este *si*. (St. N. v. 1408.)
 Hon dit: Ce que tu tiens, *si* tien;
 Ci at boen mot de bone escole. (Ruteb. I, p. 126.)
 Mais ele n'a pas cuer si droiturier
 K'à moi n'afiert; *si* ne puis joi kuidier
 K'en li ne soit et pites et mercis. (Romv. p. 277.)
 Quer mult le redotoent e *si* l'amoent tuit. (R. d. R. v. 2294.)

Dou domage des morz est durement iriez,
Si n'est pas ancor tant de gent afabloiez
Que il n'ait bien ancor .x.m. chevaliers. (Ch. d. S. II, p. 139.)
 Biaus fiuz, jou vueil, *si* vous en pri. (R. d. S. G. v. 1740.)
 Ki fuir porent, *si* fuirent. (R. d. R. v. 7655.)
 Mais j'aim miex por noient servir
 A li et morir en amant,
 Que de toutes autres joir;
 Si m'en facent amours joiant. (Romv. p. 276.)
 Mais or ne puis plus soustenir
 Sie grief fais, ne nus n'eust tant
 Soufert nel convenist morir,
 S'il n'amast esragiement. (Ib. p. 275.)
 Qui riches est *s'*a parente. (Ruteb. I, p. 226.)

Dans les deux exemples précédents, on voit que l'*e* de *se* et l'*i* de *si* pouvaient être élidés, quoiqu'ils ne le fussent pas toujours, quand le mot suivant commençait par une voyelle.

Sire, dist li vallez, *non* ferons — *Si* ferons, dit li peres. (R. d. S. S. d. R. p. 31.)

Dame, je crois bien qu'il est vostre filz, mes il n'est mie filz de vostre seingneur. — Sire, *si* est, dist la roïne. — *Non* est, dame, et *se* vos ne me dites autre chose, je m'en irai. (Ib. p. 26. 7.)

Remarquez les locutions:

> Gaudins esgarde son ami,
> Et sus et jus *et si et si*. (P. d. B. v. 8265. 6.)
> Car il n'en poroit à cief traire,
> Tant fort le gardent si ami,
> Ne s'ociroit *ne si ne si*. (Ib. v. 5464-6.)

Pour exprimer la possibilité de la manière, on se sert de *comme si*. Dans l'ancienne langue on pouvait retrancher le *se* (si).

Et ensi repairent à lur propres afaires *com* eles unkes ne s'en partissent. (M. s. J. p. 496.)

Remarque. Notre *comme* sert surtout à joindre à la phrase principale l'incidente qui exprime une égalité qualitative ou une ressemblance, et alors on lui donne quelquefois pour corrélatif démonstratif l'adverbe *ainsi;* mais, en général, la langue moderne n'oppose à *comme* aucun corrélatif. L'ancien français employait volontiers dans l'incidente les corrélatifs correspondants à *sic, ita, talis*, etc., et même il redoublait souvent le corrélatif démonstratif, c'est-à-dire qu'il le mettait dans la phrase principale et le répétait dans l'incidente qui était préposée à cette dernière.

Si com se traduit par *comme* et *que*.

> Sire, ce dit li dus, *si comme* vos commandez. (Ch. d. S. II, p. 156.)
> Sempres *si cum* fu arivez
> En Engleterre, reis Alvrez
> Reprist le regne senz content. (Ben. v. 27926-8.)
> Si fist l'on *si cum* il le dist. (Ib. v. 22492.)

Prometons nos loiament à tenir et faire tenir par nos aidans et nos aloies toutes choses desusdites, tout *si com* il le dira et l'ordenera. (1288. J. v. H. p. 468.)

> *Si ke:* de manière que, tellement que.

Quant li poil sunt raseit, si remanent les racines en la char et si receissent *si ke* à retrenchier font. (M. s. J. p. 483.)

Dous anz estut Absalon en Jerusalem *si qu*'il ne vint devant le rei. (Q. L. d. R. II, p. 171.)

Cume li pruveire furent oissud del saintuarie, une nieule levad par cel temple, *si que* li pruveire ne pourent ester, ne le servise faire pur la nieule e pur l'oscurted. (Ib. v. 259.)

Vers la fin du XIIIe siècle, on trouve quelques exemples où *si que* a la signification de *ainsi que, comme*.

Mes pour couvrir son couvenant
Se maintint en celle vespree
*Si qu'*elle estoit acoustumee. (R. d. C. d. C. v. 6793-5.)

Par si que: pourvu que.

Mout desiroit, se il peust
Par si que honte n'en eust
Qu'il peust des tournois partir
Et vers Escose revertir. (R. d. l. M. v. 4003-6.)
Biaus amis, vostre anel vous rent:
Car par lui ne voel pas garir
Par si que vous voie morir. (Fl. et Bl. v. 2806-8.)
Agoulans vit que la cite
Ne pot tenir à sauvete,
Si manda trives à Carlon,
Par si que tout si compagnon
Peuissent de la ville issir
Tot sauvement, pour aus garir,
Quar il se viout à lui combattre. (Phil. M. v. 5264-70.)

Si là que: jusqu'à ce que.

Cette locution conjonctive n'est pas très-ordinaire ; elle paraît être une altération de *de ci là que*.

Regarderent le dos Moyse, *si là qu'*il fust entrez en la tentorie. (Exode. v. Roquefort.)

Se (si) — non.

Se (si) — non répond au latin *nisi*. On séparait d'ordinaire les deux membres de la composition.

Que entent om par lo test, *se* la vigor *non* de destrenzon, et par lo venin la male pense? (M. s. J. p. 449.)

Et là si a un flum qui fiert en la mer, que on n'y puet passer *se* par un pont de pierre *non*. (Villeh. 451 b.)

N'i remest *se* li enfes *non*,
Qui tut sul gardoit la meison. (St. N. v. 1186. 7.)

Cfr.: Nulz ne vient al Pere *se* par moi *n'*est. (M. s. J. p. 486.)

Tant com: tant que, aussi longtemps que.

Raoul donnastes autrui terre en baillie.
Vos li jurastes devant la baronie
Ne li fauriez *tant com* fussies en vie. (R. d. C. p. 213.)
Tot mon roiame ai ame poi
Tant come jo perdu vos oi. (P. d. B. v. 9277. 8.)

Tant que: jusqu'à ce que.

Si se tenront en nostre loi
*Tant qu'*il nos aient pris al broi. (P. d. B. v. 9017. 8.)

De legier laisse peire et meire,
Et fame et enfans et sa terre,
Et met por Dieu le cors en guerre,
Tant que Dieux de cest siecle l'oste. (Ruteb. I, p. 48.)
Secorez la, c'or est mestiers.....
N'atendez pas *tant que* vous emble
La mors l'ame. (Ib. I, p. 93.)
Maint dur estor, mainte bataille,
Lor tindrent pris ades e mais,
Tant que la terre fu en pais. (Ben. v. 39060-2.)

Tantost (= tant tost) *com*, *tantost que* — *sitost com*, *sitost que*: aussitôt que.

Atant s'en turnad la dame e vint en la citet de Thersa, e *tant tost cume* ele mist le pie en sa maisun, li enfes murut. (Q. L. d. R. III, p. 293.)

Tantost comme li empereres ot ainsint commande à ses serjanz, il fu faiz. (R. d. S. S. d. R. p. 12.)

Et *tantost comme* en eut mengie,
Pourpensa soi qu'il ot pechie. (R. d. S. G. v. 117. 8.)
Tantost que venir le verray,
A vous venray par un sentier,
Bien le saray adevancier. (R. d. C. d. C. v. 4326 - 8.)
Mais foi ke doi toz mes amis,
Droite vanjance t'an ferai,
Tantot ke revenus serai. (Dol. p. 227.)
Sitost comme il fu repentans. (R. d. l. M. v. 5747.)

CHAPITRE X.

DE L'INTERJECTION.

Avoi, (*aoi*, *aë*, dans les refrains).

Cette interjection sert en général à exprimer l'étonnement, avec une idée de contrariété, de mécontentement, d'irritation. L'on a émis diverses opinions sur son origine. M. Diez (II, p. 413) dit: „*avoi*, d'où notre allemand du moyen-âge *avoy*, proprement *ha voi*, italien *eh via* (= voie), *ei was*, proprement *ei weg*." M. F. Michel (Chanson de Roland, Gloss. s. v. *aoi*) se demande si *aoi* (avoi) ne serait pas une altération du mot anglo-saxon *apeg*, maintenant *away* en anglais. M. Génin (Ch. d. Roland p. 340) traduit *avoi* par *à voie! allons! en route!* F. Wolf (Ueber die Lais p. 189) trouve dans *avoi* un refrain d'église: *evovae*[1]. D'autres enfin ont pris *avoi* pour l'*evoe* classique.

Avoi me paraît tout simplement être une composition de *ha* ou *ah* interjectif et de *voi*, du verbe *voir*. L'espagnol a une interjection tout à fait identique dans *afé* = *ave*, c'est-à-dire *a -ve*: *a* interjectif et *ve* = vide. (V. Diez p. II, p. 387.)

> *Avoi!* sire, che dist Gerars;
> Puis que mesires Lisiars
> Velt gagier, por moi ne remaigne. (R. d. l. V. v. 288-90.)

Copes moi la teste. — *Avoi!* biaus pere, ce ne ferai ge mie. (R. d. S. S. d. R. p. 32.)

> *Avoi!* dist li pere, beals filz… (Chast. XXII. v. 255.)
> Quant à lui vindrent si chadaine
> E li meillor de sa compaigne,
> Tuit plein d'esmai e de contraire
> De ce que li dux voleit faire:
> *Avoi!* funt il, sire, entent nos… (Ben. v. 21778-82.)

---

(1) La dérivation d'*evovae* est tout à fait impossible; ce mot n'aurait jamais pu produire qu'*evoe*, trissyllabe.

Avoi! funt il, franc duc corteis,
Qu'est ce dunt tu nos aparoles?
Tot apertement nos afoles. (Ib. v. 23528-30.)
Havoi! sire rois, vos pour coi
Aves çou dit. (Ren. IV, p. 79.)
Avoi! lion, ocies Floire. (Fl. et Bl. v. 948.)
Avois! chastelains, et comment
Quidies vous estre si secres
Que je ne sache où vous ames? (R. d. C. d. C. v. 5095-7.)

Dehait, mal dehait.

Le simple de ce mot est *hait*, qui signifiait *plaisir, satisfaction, gré, joie, allégresse, bonne disposition de l'esprit ou du corps, courage*. De là le verbe *haiter, haitier*, encourager, conforter, ranimer le courage, faire plaisir, réjouir, au participe, dispos, en bonne santé; *dehait*, déplaisir, chagrin, mauvaise disposition de l'esprit ou du corps, abattement, maladie; d'où *dehaiter, dehaitier*. Il nous est resté *souhait*, désir secret; *souhaiter*. *Hait* dérive du vieux norois *heit* = votum, promissum, d'où s'est développée la signification *désir, voeu*, qu'on retrouve dans la locution *à hait*, à souhait, au gré de ses désirs, et dans *souhait*.

Nen ourent pas tel *hait* en l'ost ne hier ne avant hier. (Q. L. d. R. 1, p. 15.)
[Non enim fuit tanta *exultatio* heri et nudius tertius.]

Or quit qu'à mult male aise sunt
Cil te la tor desus d'amont:
N'en devalent, n'à eus ne vait
Nus qui lor dunt confort ne *hait*. (Ben. v. 32508—11.)
Car nus hom n'ert ja tant iries
S'auques i est ne soit *haities*. (P. d. B. v. 1104. 5.)

U Jonathas le fiz Saul vint à lui, sil cunfortad e *haitad* en Deu. (Q. L. d. R. I, p. 91.)

Bien sot au roi aler entor
A guise de losangeor.
Un jor trova le roi *haitie*
Si l'a à consel afaitie. (Brut. v. 7007-10.)
Quant il ot la lettre leue,
La coulour li est revenue,
Et se commence à *rehaitier*. (R. d. C. d. C. v. 2889-91.)
Por le *deshet*, por le contraire
N'i vout longe demore faire. (Ben. v. 32594. 5.)
Que monte cis diols et ceste ire
Qui nos *deshaite* et vos empire? (P. d. B. v. 4953. 4.)

Remarquez encore *haitement* = hait.

Haitement pernez e confort. (Ben. II, v. 1869.)
Et faisoit sovent faus bries faire
Por moi à *haitement* atraire. (P. d. B. v. 10033. 4.)

Cfr. t. I, p. 127, l. 9; p. 148, l. 35; p. 235, l. 29; brocher ad *eit*. t. I, p. 324, l. 25, etc.

On disait aussi *mal dehait* et, par opposition, *bon hait*.

Pour qui lonc temps eut *mal dehait*
Tout celui jour fu en *bon hait*. (R. d. C. d. C. v. 2417. 8.)

Dehait ou *mal dehait* s'employait comme interjection.

Dehait qui chant mes que soies garie. (Fierabras LXVIII, c. 2.)

Souvent on disait, en prenant *dehait* pour un substantif: *dehait ait, cent dehez ait, mal dehait ait!*

Dehe ait que puis le crendreit! (Ben. v. 9103.)
Dient Franceis: *Dehet ait* ki s'en fuit! (Ch. d. R. p. 41.)
Cent dehez ait qui ja mes vous faudra! (Agol. v. 596.)
Mal dehait ait ke nos done a maingier! (G. d. V. v. 3460.)

On trouve enfin l'orthographe *dahait, dahe*, qui est certainement altérée. (G. l. L. I, p. 275, 283.)

Diva.

Cette interjection se montre plus tard sous la forme *dea*, et nous l'avons conservée dans oui-*da*, nenñi-*da*. *Diva* exprimait une invitation pressante, une prière, et quelquefois un reproche.

Ménage dérive *diva (dea)* de νὴ τὸν Δία de ou νὴ δή. M. Fr. Michel propose *diva* i. e. *Maria* (Charl. p. 74. s. v. *diva*), comme racine de *diva*. *Diva* explique, selon M. P. Paris, par *dis valet = dic puer* (G. l. L. I, p. 295, II, p. 23. cfr. ib. II, p. 155.). Ces étymologies ne sont basées sur rien de solide.

M. Chabaille (Rom. du Renart Suppl. p. 16 note) écrit *di, va* au lieu de *diva*, et il voit dans cette locution un gallicisme qui peut se traduire par *allons, dis; parle, je t'en prie*. Il a eu tort d'écrire *di, va*, et *diva* n'est sans doute pas un gallicisme à la manière dont il l'entend; mais il a rencontré juste en décomposant *diva* en *di* et *va*.

Va est l'impératif d'*aller*, qui s'employait souvent dans le même sans que *diva*.

Lesse, *va*, tost les chiens aler. [1] (R. d. Ren. I, p. 47. v. 1220.)
Qui es tu, *va*, qui vas par ci? (Ruteb. II, p. 101.)

Ce *va* se retrouve encore dans le provençal moderne. (Voy. Honorat, Dict. prov. franc. s. v. *vai, va, vaine*.)

On préposa ensuite à *va* l'impératif de *dire, di*; sans doute

---

[1] L'éditeur ponctue maladroitement: Lesse, va tost, les chiens aler.

pour renforcer la signification de *va*. C'est ce que prouve le vers suivant où *di* est répété.

> Et tu, *diva di*, fax noienz,
> Tu ne sai pas vaillant un pois. (Ruteb. I, p. 335.)

Voici quelques exemples de cette interjection.

Diva! fet le rois, garde se tu me porras garir. (R. d. S. S. d. R. p. 39.)

Divai, fait il, car nos viele un son. (Fierabras p. 166, c. 2.)

On voit ici *va* avec la forme bourguignonne: *vai*; nouvelle preuve en faveur de l'origine que j'attribue à *diva*.

> Li hermites tost li respont:
> *Diva!* cis Dex que fist le mont
> Il vus donst voire repentance. (Trist. I, p. 70.)
> *Diva!* fet il, où sont ale
> Les ames que je te lessai. (Fabl. et C. III, p. 294.)
> *Diva!* conte, qu'as tu trouvé? (R. d. C. d. C. v. 4064.)

Dea faust il que vous austres parliez aussy de la guerre, qui ressemblez proprement aux casserons? (Amyot. Hom. ill. Themistocles.)

Pourquoy non *dea?* (Montaigne Ess. III, 5.)

Haro, harou, hareu.

Du Cange, Ménage, Roquefort, etc. font dériver cette interjection de „*ha* et de *Raoul*, à cause de Raoul, premier duc de Normandie, qui se rendit célèbre et cher à ses sujets, par son amour pour la justice et sa sévérité à la rendre," M. Diez (II, 414.) semble se ranger à la même opinion, ce qui m'étonne fort de la part de cet illustre linguiste; il aurait dû voir que l'interjection *ha* n'est ici nullement à sa place. Je ne parle pas de l'invraisemblance qu'il y a à faire passer si lestement cette interjection normande dans les autres provinces.

Haro, de même que les verbes *haroder, harer* ou *harier*, dérivent des idiomes germaniques. *Haro* et *haroder* ont leur racine dans le v. h.-all. *herot* = huc, en vieux saxon *herod* (Grimm III, p. 179. 174.); *harer, harier*, ont la leur dans la forme simple *hera* et *hara*, dont la signification est la même que celle de *herot* (Grimm, ib. p. 178.). Ainsi *haro* signifie tout simplement *ici! venez çà! Haroder* signifiait crier *haro*. *Harier*[1]) avait le sens de *agacer, harceler, défier, provoquer au combat*.

Haro fut plus tard employé comme substantif dans le sens de *cri, clameur, tumulte*.

Harou, harou! he aidiez moi! (M. d. F. II, p. 114.)

---

(1) Cfr. le vorbe faible du v. h.-all. *harên*, crier, appeler. Indi suachanti trahtin In managi linteô, hwemu deisu *harêt*, wërahman sinan, afar qaldit. (Kero, version interlineaire de la Regula St. Benedicti, Introduction.) [Et quaerens dominus in multitudine populi, cui haec *clamat*, operarium suum, iterum dicit.]

Hareu, hareu! ki est deu
A mon enfant. (W. A. L. p. 80.)

La noise et *le haro* monta, et tant que plusieurs gens en furent effrayes. (Froissart. 1, XCIX.)

Je mors, je poins, j'argue et puis *harie*. (Roquefort s. v. harier.)

Un sanglier ay hui tant chacie
Que j'ay toutes mes gens laissie
Et me sui ou bois esgare;
Tant ay fort le sanglier *hare*. (Th. F. M. A. p. 582.)

Passe avoit deux cents ans que ils ne se fussent guerroies et *haries*. (Froissart. LV.)

On a dit aussi *hari* (R. d. l. Rose) pour *haro*. (Cfr. Roquefort s. v. haro.)

Cfr. Du Cange s. v. *haro*.

Hélas.

Hélas se compose de *hai*, *ha* et de *las*. *Las*, de *lassus*, s'emploie encore aujourd'hui comme interjection (voy. le Dict. de l'Académie s. v.); mais, dans l'ancienne langue, il était variable. *Las*, adjectif, signifiait *las*, *malheureux*, *misérable*. Quant à *hai*, *ha*, il représente certainement le latin *ai* (*aï*) et le *h* n'est qu'un signe muet. (Voy. plus bas *hai*.)

Si fist que *las*,
Quant fu al ovre senz mester. (Ben. t. 3, p. 492.)

He lasse moy! (P. d. B. v. 5681.)

Lasse! que porrai devenir? (Ruteb. I, p. 310.)

Lasse! fait ele, com est fole
Qui home croit por sa parole. (P. d. B. v. 4689. 90.)

Hailas! chier sire Deus, ke ferons ke cil suut li primier en ta persecution, qui en ta glise ont porpris les signeries et les honors? (S. d. S. B. p. 556.)

Alas! dist il, je sui honiz. (Chast. XXII. v. 163.)

Allas! cum fait dol d'Aquitaine! (Ben. I, v. 1071.)

Halas! fait il, dolanz, chetis,
Qui dedens mei t'esteies mis. (M. d. F. II, p. 242.)

Quand *las* n'était pas employé comme interjection, on le faisait souvent suivre de la préposition *de*.

Quant issi do cors, molt gemi
Et dolosa la *lasse* d'ame,
Et molt reclama nostre Dame. (Ben. t. 3, p. 513.)

De *las*, on forma le substantif *laste* (Berte a. g. p. p. 64), lassitude, chagrin.

Wai, guai.

Cette interjection traduit le latin *vae* (grec οὐαί), mais elle n'en dérive pas, comme le prouvent le *w* et le *gu*, qui représentent le *w* allemand. *Wai*, *guai* ont en effet leur racine dans le gothique *vai!* v. h.-all. *wê;* anglo-saxon *vea*, *vâ*. (Italien, espagnol, portugais: *guai!*)

Wai à ti, ki onkes tu soies, ki vuels repairier al brau et retorneir à ce ke tu as vomit! (S. d. S. B.)

Wai celui par qui vient escanles d'escunbrier! (Th. Canth. p. 79, v. 5.)

De ce dist la Scriture des dampneiz: *Guai* à ceaz ki ont perdue la soffrance. (M. s. J. p. 448.)

Dont uns sages dist bien: *Guai* al pecheor entrant en la terre par dous voies! (Ib. p. 494.)

C'est de cette interjection que dérive notre *ouais*.

Hai.

Hai, forme que nous avons vue plus haut (s. v. hélas), s'employait avec le pronom *mi*: *haimi*, *aimi*, puis *hemi*, *ainmi*. Ces interjections exprimaient la plainte.

Hai! cume as ested ui glorius. (Q. L. d. R. II, p. 141.)

Haimi! sire, por Diu mierchi... (R. d. Ren. IV, p. 79, v. 2182.)
Hemi! dist ele que m'avient. (R. d. C. d. C. v. 5669.)
Aymi! j'atendoie mercy. (Ib. v. 3443.)
Ainmi! com m'aves ahontee! (Ib. v. 5812.)

A, ah, ahi — O, oh, ohi.

Ces interjections, comme la précédente, servaient pour la plainte.

A! terre à pleindre, doleruse. (Ben. I, v. 1113.)
Ahi! dist ele, fel traitor. (Chast. XXII. v. 191.)
Ahi! Tristran, si grant dolors
Sera de vos..... (Trist. I, p. 42.)
Ohi! Jesus! *ohi!* bel sire. (R. d. S. p. 12.)
Ohi! Ysolt, *ohi!* amie,
Hom ki ben aime tart ublie. (Trist. II, p. 123.)

Cfr. *Hahai* (R. d. Ren. t. IV, p. 239.)

Heu.

Heu, comme *hailas*, servait pour la plainte, et on le trouve même en composition avec *las*: *heulas*. *Heu* était en outre une exclamation d'horreur, d'effroi.

Grant hide en a et grant freor.....
Heu! fet il, frere, *heu!*
Dites moi tost, se lou savez,
Quel maladie vous avez. (N. R. F. et C. II, 23.)

Hu,

exclamation de moquerie, de mépris, de colère, ou cri pour effrayer, épouvanter. C'est la racine de *huer*, *huard*, criard, *huette*, hulotte et petit duc. Il se pourrait cependant que ce dernier dérivât immédiatement du h.-all. *hûwo*, chouette.

>Veez le fol! *hu! hu! hu! hu!* (Trist. II, 101.)
>
>*Hu! hu!* faite ele, vilanaille,
>Chien arage, pute servaille. (Ib. p. 246. c. 2.)

Hu n'a été emprunté à aucune langue, quoiqu'il se retrouve dans les idomes germaniques et dans le celtique; c'est une onomatopée.

Remarquez l'expression: *lever le hu* sur quelqu'un.

On jurait par le corps, par le sang, par la chair, etc. de Dieu, par la mort de J.-C., par les clous de la croix, etc. etc.; de là les interjections: *par, por Dieu, mort Dieu, le cor Dieu, la car Dieu*, etc. qu'on changea en *par bieu, mor bieu* (aujourd'hui morbleu), *cor bieu* (corbleu), *car bieu*, etc. par respect pour le nom de Dieu.

>Dame, fait il, par vo merchi,
>*Por Diu cor* m'emportes de chi. (R. d. l. V. v. 2099. 2100.)
>*Le mort* et *les claus* a jure
>Que maintenant sera vengies. (Ib. p. 262.)
>*Par le car biu!* mar i fut fait. (L. d'I. p. 13.)
>*Por le cuer bieu* la moie cope. (R. d. Ren. II. 23.)
>*Por le cuer be*, sire Coart. (Ib. ead. p. 62.)

On voit que les formes du mot *Dieu* se reproduisaient dans la transformation *bieu*.

Roquefort cite le mot *wacarme* comme une interjection française, et M. Diez (II, 413.) l'admet aussi. C'est une erreur; la langue d'oïl n'a jamais connu d'interjection *wacarme*. G. Guiart dit déjà que ce mot est belge (V. DC. s. v. *Wacharmen*). Les vers suivants confirment en quelque sorte cette donnée.

>Flament seut, si cria *waskarme!*
>Hiere Renart goude kenape. (R. d. R. IV, p. 239, v. 2882. 3.)

Wacarme est en effet l'interjection néerlandaise *wacharme*, qui répond à l'allemand *weh armer*. C'est de *wacharme* que dérive notre substantif *vacarme*, comme le fait fort justement observer M. Diez (l. c.)

Imprimerie de la Maison des Orphelins à Halle.

www.ingramcontent.com/pod-product-compliance
Lightning Source LLC
Chambersburg PA
CBHW071900230426
43671CB00010B/1415